원리강론

세계평화통일가정연합

문 선 명 선 생

유색(有色) 표준횡서판을 내면서

서기 1966년 5월 1일 〈원리강론〉 제1쇄(第一刷)를 발행한 이래, 이제 여기 그 제39쇄(第三十九刷)를 내보내게 되니 감개무량한 바 없지 않다. 제1쇄(第一刷)는 종서 국한문 혼용체이었고, 세월이 흐르는 동안에 한글세대를 위하여 횡서판, 순한글판, 한자(漢字)의 사용빈도를 줄인 판, 한글만으로는 이해가 어려운 단어 뒤에 괄호를 치고 한자를 그 속에 넣어 준 판 등 몇 가지의 판형이 나왔다.

여기 유색(有色) 표준횡서판에서는 기존의 표준횡서판인 제36쇄(第三十六刷)의 지면에 세 가지의 색깔을 첨가하여, 내용 중 가장 핵심이 되는 부분과 그에 부연(敷衍)되는 부분들을 구분해 보았다. 본서의 가장 핵심적 내용에 우선 주목하고자 하는 사용자께서는 분홍색 줄을 따라 읽으면 될 것이고, 그 다음이 분홍색 및 하늘색, 그 다음이 분홍색 · 하늘색 · 노란색, 그리고 내용 전체를 알고자 하는 분은 색깔에 구애되지 않고 순서대로 전문(全文)을 다 읽어나가면 될 것이다.

본서를 펼치는 모든 사용자들에게 하나님의 은총이 함께 하기를 빈다. *

목 차

전 편

후 편

〈도 표〉

총 서

인간은 누구나 불행을 물리치고 행복을 찾아 이루려고 몸부림치고 있다. 개인의 사소한 일로부터 역사를 좌우하는 큰 일에 이르기까지 그것들은 결국 하나같이 보다 행복해지려는 삶의 표현인 것이다.

그러면 행복은 어떻게 될 때 오게 되는 것인가? 인간은 누구나 자기의 욕망이 이루어질 때 행복을 느끼게 된다. 욕망이라고 하면 우리는 흔히 그 본의(本意)를 흐려서 생각하기 쉽다. 그것은 그 욕망이 선(善)보다도 악(惡)으로 나아가기 쉬운 생활환경 가운데서 우리가 살고 있기 때문이다. 그러나 불의(不義)를 맺는 욕망은 어디까지나 인간의 본심(本心)에서 나오는 것은 아니다. 인간의 본심은 이러한 욕망이 자신을 불행으로 이끌어 간다는 것을 잘 알고 있기 때문에, 악을 지향하는 욕망을 물리치고 선을 추구하는 욕망을 따라 본심이 기뻐하는 행복을 찾으려고 필사적인 노력을 하고 있는 것이다. 이것이 바로 사망의 어두움을 헤치고 생명의 빛을 찾아 고달픈 길을 더듬고 있는 인생이다.

불의의 욕망을 따라가서 본심이 기뻐하는 행복을 누려 본 사람이 어디에 있었던가? 인간은 누구나 그러한 욕망을 채울 때마다 양심의 가책을 받아 고민하게 된다. 자식에게 악을 가르치는 부모가 어디 있으며, 제자에게 불의를 넣어 주는 스승이 어디 있을 것인가? 악을 미워하고 선을 세우고자 하는 것은 누구나 다 가지고 있는 본심의 발로이다.

특히 이러한 본심(本心)이 지향하는 욕망을 따라 선을 이루려고 몸부림을 치는 것이 바로 도인(道人)들의 생활이지만, 유사이래 그 본심대로만 살다 간 사람은 하나도 없는 것이다. 그러기에 성서에 의인은 없나니 하나도 없으며 깨닫는 자도 없고 하나님을 찾는 자도 없고(롬 3 : 10~11)라고 하였으며, 또 인간의 이러한 참경(慘境)에 직면하였던 바울은 내 속 사람으로는 하나님의 법을 즐거워하되 내 지체 속에서 한 다른 법이 내 마음의 법과 싸워 내 지체 속에 있는 죄의 법 아래로 나를 사로잡아 오는 것을 보는도다 오호라 나는 곤고한 사람이로다(롬 7 : 22~24)라고 개탄하였던 것이다.

이제 우리는 여기에서 선의 욕망을 성취하려는 본심의 지향성과 이에 반하여 악의 욕망을 달성하려는 사심(邪心)의 지향성이 동일한 개체 속에서 각기 상반된 목적을 앞세우고 치열한 싸움을 하고 있는 인간의 모순성(矛盾性)을 발견하게 되었다.

존재하는 것은 무엇이든지 그 자체 내에 모순성을 갖게 될 때에는 파멸된다. 따라서 이와 같이 모순성을 가지게 된 인간 자체는 바로 파멸상태에 놓여 있는 것이다. 그런데 이러한 인간의 모순성은 당초 태어날 때부터 가지고 있었을 리는 만무하다. 왜냐하면 어떠한 존재도 모순성을 내포하고서 생성(生成)할 수는 없기 때문이다. 그러므로 인간이 생겨나기 전부터 이러한 모순성을 내포한 운명적인 존재였다면 애당초 생겨날 수도 없었을 것이다. 따라서 인간이 가지고 있는 그러한 모순성은 후천적인 것이라고 볼 수밖에 없는 것이다. 인간의 이러한 파멸상태를 일러 기독교에서는 타락(墮落)이라고 한다.

이런 관점에서 볼 때 우리는 인간이 타락되었다는 결론에 이르게 되며, 누구도 이것을 반박할 여지가 없을 것이다. 인간은 이와 같이 타락되어 자기 파멸에 이르고 있는 것을 알고 있기 때문에, 사심으로부터 오는 악의 욕망을 물리치고 본심으로부터 일어나는 선의 욕망을 따라 하나의 목적을 지향하는 것으로써 그 자체의 모순성을 제거하려고 필사적인 노력을 하고 있다. 그러나 애석하게도 우리는 궁극(窮極)에 있어서 선과 악이 무엇인가 하는 문제를 풀지 못하고 있다. 이를테면 유신론(有神論)과 무신론(無神論)을 두고 볼 때, 그중의 어느 하나가 선이라고 하면 다른 하나는 악이 될 것인데, 우리는 아직까지 이에 대한 절대적인 정설(定說)을 가지고 있지 못하다. 더구나 인간들은 선의 욕망을 일으키는 본심이 무엇이고, 이 본심을 반하여 악의 욕망을 일으키는 사심은 어디로부터 온 것이며, 인간으로 하여금 이러한 모순성을 갖게 하여 파멸을 초래케 한 근본 원인은 어디에 있는가 하는 것 등의 문제에 대하여는 전혀 모르고 있는 것이다. 그러므로 우리가 이제 악의 욕망을 물리치고 선의 욕망을 따라 본심이 지향하는 선의 생활을 하기 위하여는 이 무지(無知)를 완전히 극복함으로써 선악(善惡)을 판별할 수 있어야 한다.

인간의 타락을 지적인 면에서 본다면, 그것은 바로 인간이 무지에 떨어진 것을 의미한다. 그런데 인간은 마음과 몸의 내외(內外) 양면으로 되어 있기 때문에, 지적인 면에 있어서도 내외 양면의 지(知)를 가지고 있다. 따라서 무지에도 내적인 무지와 외적인 무지의 두 가지가 있게 된다. 내적인 무지란 종교적으로 말하자면 영적인 무지를 말하는 것으로서, 인간은 어디로부터 왔으며, 생(生)의 목적은 무엇이며, 사후(死後)에는 어떻게 되는가, 그리고 내세(來世)와 하나님에 대한 존재 여부, 또 위에서도 말한 바와 같이 선과 악은 무엇인가 하는 문제 등에 대한 무지인 것이다. 그리고 외적인 무지란 인간의 육신을 비롯한 자연계에 대한 무지를 말하는 것으로서, 모든 물질세계의 근본은 무엇이며, 그 모든 현상은 각각 어떠한 법칙에 의하여 일어나는가 하는 것 등에 대한 무지인 것이다.

인간은 유사이래(有史以來) 오늘에 이르기까지 쉬지 않고 무지(無知)에서 지(知)에로 극복하기 위하여 진리를 찾아 나왔다. 그리하여 내적인 무지에서 내적인 지에로 극복하기 위하여 내적인 진리를 찾아 나온 것이 종교(宗教)요, 외적인 무지에서 외적인 지에로 극복하기 위하여 외적인 진리를 찾아 나온 것이 과학(科學)이다. 이와 같이 알고 보면 종교와 과학은 인생의 양면의 무지에서 양면의 지에로 극복하기 위하여 양면의 진리를 찾아 나온 방편임을 알 수 있다. 그러므로 인간이 이 무지로부터 완전히 해방되어 가지고 본심의 욕망이 지향하는 선한 방향으로만 나아가 영원한 행복을 누리기 위하여는, 종교와 과학이 통일된 하나의 과제로서 해결되어 내외 양면의 진리가 상통하게 되지 않으면 안 된다.

인생의 실제에 있어서 인간이 밟아 온 과정을 두 가지로 대별(大別)하여 본다면, 첫째는 물질로 된 이 결과의 세계에서 인생의 근본문제를 해결하려는 길이다. 이러한 길을 지상(至上)으로 생각하고 걸어온 사람들은, 극도로 발달된 과학 앞에 굴복하여 과학의 만능과 물질적인 행복을 자랑하고 있다. 그러나 인간은 과연 이러한 육신을 중심한 외적인 조건만으로 완전한 행복을 누릴 수 있을 것인가? 과학의 발달이 아무리 안락한 사회환경을 이루고 그 속에서 아무리 부귀(富貴)와 영화(榮華)를 누린다 한들 그것으로써 어찌 속사람의 정신적인 욕구까지 근본적으로 만족시킬 수 있을 것인가? 육신의 낙(樂)을 즐기는 속인(俗人)의 기쁨은 청빈(淸貧)을 즐기는 도인(道人)의 기쁨에 미칠 수 없으리라. 왕궁의 영화를 버리고 마음의 보금자리를 찾아 정처 없는 구도(求道)의 행각을 즐긴 것은 비단 석가뿐이 아닐 것이다.

사람에 있어서 마음이 있음으로써 온전한 사람이 되는 것과 같이, 기쁨에 있어서도 마음의 기쁨이 있음으로써 비로소 몸의 기쁨도 온전한 것이 되는 것이다. 육신의 낙을 찾아 과학의 돛을 달고 물질세계를 항해하는 사공이 있는가? 그가 이상(理想) 하는 그 언덕에 닿아 보라. 그곳이 바로 그 육신을 묻어야 할 뫼인 것을 알게 되리라.

그러면 이제 과학(科學)의 갈 곳은 어디일 것인가? 지금까지의 과학의 연구 대상은 내적인 원인의 세계가 아니고 외적인 결과의 세계였으며, 본질(本質)의 세계가 아니고 현상(現象)의 세계였다. 그러나 오늘에 이르러 그의 대상은 외적이며 또한 결과적인 현상의 세계에서 내적이며 또한 원인적인 본질의 세계에로 그 차원을 높이지 않을 수 없는 단계에 들어오고 있다. 그리하여 그 원인적인 심령세계(心靈世界)에 대한 논리, 즉 내적 진리가 없이는 결과적인 실체세계(實體世界)에 대한 과학, 즉 외적 진리도 그 궁극적인 목적을 달성할 수는 없다고 하는 결론을 얻기에 이르렀다. 이제 과학의 돛을 달고 외적인 진리의 항해를 마친 사공이 또 하나의 종교의 돛을 달고 내적인 진리의 항로에로 들어오게 될 때, 비로소 그는 본심이 지향하는 이상향(理想鄕)에로 항행(航行)할 수 있게 될 것이다.

인간이 밟아 온 과정의 그 둘째는 결과적인 현상세계(現象世界)를 초월하여 원인적인 본질세계(本質世界)에서 인생의 근본문제를 해결하려는 것이다. 그런데 이 길을 밟아 온 이제까지의 철학이나 종교가 많은 공헌을 한 것이 사실이지만, 그 반면에 우리에게 너무나 많은 정신적인 짐을 지워 주고 있는 것도 사실이다. 그리하여 역사상에 왔다간 모든 철인(哲人)들과 성현(聖賢)들은 인생의 갈 길을 열어 주려고 각각 당시대에 있어서 선구적인 개척의 길로 나섰던 것이었으나, 그들이 해 놓은 일들은 모두 오늘의 우리에게 더 무거운 짐이 되고 말았다.

이제 다시 냉철히 생각해 보자. 어느 철인이 우리의 고민을 풀어 주었으며, 어느 성현이 인생과 우주의 근본문제를 해결하여 우리의 갈 길을 뚜렷이 보여 주었던가? 그들이 제시한 주의(主義)와 사상(思想)이란 것은 도리어 우리들이 해결하고 가야 할 잡다한 회의(懷疑)와 수많은 과제들을 제기해 놓은 데 지나지 않았던 것이다. 그리고 모든 종교가 어둠 속에서 헤매던 당시대의 많은 심령(心靈)들에게 비춰 주던 소생(蘇生)의 빛은 시대의 흐름과 더불어 어느덧 꺼져 버리고, 이제는 타다 남은 희미한 불똥만이 그들의 잔해를 드러내고 있다.

온 인류의 구원(救援)을 표방하고 2천년 역사의 소용돌이 속에서 성장하여 오늘날 세계적인 판도를 가지게 된 기독교(基督教)의 역사를 들추어 보라. 로마제국의 그 잔학무도(殘虐無道)한 박해 속에서도 오히려 힘찬 생명의 불길을 던져, 로마인들로 하여금 돌아가신 예수님 앞에 무릎을 꿇게 하였던 기독정신(基督精神)은 그 후에 어떻게 되었는가? 이윽고 중세 봉건사회(中世封建社會)는 기독교를 산 채로 매장해 버리고 말았던 것이다. 이 무덤 속에서 새로운 생명을 절규하는 종교개혁(宗教改革)의 봉화는 들렸었으나, 이 불길도 격동하는 어둠의 물결을 막아낼 수는 없었다. 에클레시아(ecclesia)의 사랑이 꺼지고 자본주의의 재욕(財慾)의 바람이 유럽의 기독교 사회를 휩쓸어 기아(饑餓)에 허덕이는 수많은 서민들이 빈민굴에서 아우성을 칠 때, 그들에 대한 구원의 함성은 하늘이 아닌 땅으로부터 들려 왔던 것이다. 그것이 바로 공산주의(共産主義)다. 하나님의 사랑을 부르짖고 나선 기독교가 그 구호만을 남긴 에클레시아의 잔해로 돌아갔을 때, 거기에서 그렇게 무자비한 하나님은 있을 수 없다고 하는 반기가 들렸던 사실은 있을 만하기도 하다.

이렇게 되어 나타난 것이 바로 유물사상(唯物思想)이다. 그리하여 기독교 사회는 유물사상의 온상이 되었다. 공산주의는 이 온상에서 좋은 거름을 흡수하면서 무럭무럭 자랐다. 저들의 실천을 능가할 수 있는 능력을 잃어버렸고 저들의 이론을 극복할 수 있는 진리를 제시하지 못한 기독교는, 저들이 바로 자기의 품속에서 싹트고 자라서 그 판도를 세계적으로 넓혀 가는 것을 보면서도 속수무책(束手無策)이니 이 어찌 한심스러운 일이 아니겠는가? 그뿐 아니라 온 인류가 한 부모의 후예(後裔)임을 교리로써 가르치고 또 그와 같이 믿고 있는 기독교국가의 바로 그 국민들이 다만 피부의 빛깔이 다름을 인하여 그 형제들과 자리를 같이할 수 없게 된 현실은, 그리스도의 말씀에 대한 실천력을 잃어버리고 회칠한 무덤같이 형식화해 버린 현하(現下) 기독교의 실상을 드러내고 있는 그 대표적인 예라 하겠다.

이와 같은 사회적인 비극은 인간의 노력에 따라서는 종식될 날이 올는지도 모른다. 그러나 인간의 노력으로는 도저히 수습할 수 없는 사회악(社會惡)이 또 있다. 음란(淫亂)이 바로 그것이다. 그러므로 기독교의 교리는 이것을 죄 중의 가장 큰 죄로 다루고 있으면서도, 오늘의 기독교 사회가 현세인들이 몰려가는 이 윤락(淪落)의 길을 막을 수 없게 되었으니, 이 또한 얼마나 눈물겨운 실정인가!

이와 같이 오늘의 기독교(基督教)가 이러한 세대의 흐름 가운데서 혼돈되고 분열되어, 패륜(悖倫)의 와중(渦中)으로 끌려 들어가고 있는 생명들에 대하여 속수무책으로 바라보고만 있는 현실은 무엇을 의미하는 것인가? 이것은 바로 종래의 기독교가 현대 인류에 대한 구원섭리(救援攝理)에 있어서 얼마나 무능한 입장에 있는가 하는 사실을 여실히 증명하는 것이라고 볼 수밖에 없는 것이다.

그러면 내적인 진리를 찾아 나오던 종교인(宗教人)들이 오늘에 이르러 그 본연의 사명을 다하지 못하게 된 원인은 어디에 있는 것일까? 본질세계(本質世界)와 현상세계(現象世界)와의 관계는 비유컨대 마음과 몸과의 관계와 같아서 원인적인 것과 결과적인 것, 내적인 것과 외적인 것, 그리고 주체적인 것과 대상적인 것의 관계를 가지고 있다. 마치 마음과 몸이 완전히 합해야만 완전한 인격을 이루는 것과 같이 본질과 현상의 두 세계도 완전히 합치되어야만 이상세계(理想世界)를 이룰 수 있는 것이다. 그러므로 마치 마음과 몸이 그러하듯이 본질세계를 떠난 현상세계가 있을 수 없고, 현상세계를 떠난 본질세계도 있을 수 없는 것이다. 따라서 현실(現實)을 떠난 내세(來世)는 있을 수 없는 것이므로, 진정한 육신의 행복이 없이 그의 심령적(心靈的)인 기쁨도 있을 수 없다.

그런데 지금까지 종교(宗敎)는 내세를 찾기 위하여 현실을 부정하기에 필사적이었으며, 심령적인 기쁨을 위하여 육신의 행복을 멸시하기에 몸부림쳐 왔다. 그러나 끊어 버리려야 끊어 버릴 수 없는 현실과, 떼어 버리려야 떼어 버릴 수 없이 그림자처럼 따라다니는 육신적인 행복욕(幸福慾)은 집요하게 도인(道人)들을 붙들어 오뇌(懊惱)의 골짜기로 몰아가고 있다. 우리는 여기에서 종교인들의 도(道)의 생활에도 이러한 모순성이 있는 것을 발견하였다. 이 모순성을 내포한 도인생활의 파멸, 이것이 바로 오늘의 종교인들의 생태인 것이다. 이와 같이 자가당착(自家撞着)을 타개하지 못하고 있는 데에 현대의 종교가 무위화(無爲化)한 주요한 원인이 있는 것이다.

이제 종교가 이와 같은 운명의 길을 가게 된 또 하나의 주요한 원인이 있다. 즉 과학의 발달에 따라 인간의 지성(知性)이 최고도로 계발(啓發)된 나머지 현대인은 모든 사물에 대한 과학적인 인식을 필요로 하고 있음에도 불구하고, 구태의연(舊態依然)한 종교의 교리에는 그의 과학적인 해명이 전적으로 결여(缺如)되어 있다는 사실이다. 즉 위에서 이미 언급한 바 내적인 진리와 외적인 진리가 서로 일치된 해명을 가지지 못한 데 그 원인이 있는 것이다.

종교(宗教)의 궁극적인 목적은 먼저 마음으로 믿고 그것을 실천함으로써 달성되는 것이다. 그런데 그 믿음은 앎이 없이는 생길 수 없다. 우리가 경서(經書)를 연구하는 것도 결국은 진리를 알아서 믿음을 세우기 위함이요, 예수님이 오셔서 이적(異蹟)과 기사(奇事)를 행하심도 그가 메시아 됨을 알려서 믿게 하기 위함이었던 것이다. 그리고 안다는 것은 곧 인식하는 것을 의미하는 것인데, 인간은 논리적이며 실증적인 것 즉 과학적인 것이 아니면 인식할 수 없으며, 따라서 그것을 알아 가지고 믿는 데까지 이를 수도 없게 되어 결국 종교의 목적을 달성할 수 없게 되는 것이다. 이와 같이 내적인 진리에도 논증적인 해명이 필요하게 되어, 종교는 오랜 역사의 기간을 통하여 그 자체가 과학적으로 해명될 수 있는 시대를 추구해 나왔던 것이다.

이와 같이 종교와 과학은 인생의 양면의 무지(無知)를 타개하기 위한 사명을 각각 분담하고 출발하였기 때문에 그 과정에 있어서는 그것들이 상충하여 서로 타협할 수 없을 것 같은 양상(樣相)을 보여 왔으나, 인간이 그 양면의 무지를 완전히 극복하여 본심이 요구하는 선(善)의 목적을 완전히 이루자면, 어느 때든지 과학을 찾아 나온 종교와 종교를 찾아 나온 과학을 통일된 하나의 과제로서 해결해 주는 새 진리가 나와야 하는 것이다.

새 진리(眞理)가 나와야 한다는 주장은 종교인들, 특히 기독교 신도들에게는 못마땅하게 생각될는지도 모른다. 왜냐하면 그들은 그들이 가지고 있는 경서가 이미 그것만으로써 완전무결한 것이라고 생각하고 있기 때문이다. 물론 진리는 유일(唯一)하고 영원불변(永遠不變)하며 절대적(絶對的)이다. 그러나 경서란 진리 자체가 아니고 진리를 가르쳐 주는 하나의 교과서로서, 시대의 흐름과 더불어 점차로 그 심령과 지능의 정도가 높아져 온 각 시대의 인간들에게 주어진 것이기 때문에, 그 진리를 가르쳐 주는 범위나 그것을 표현하는 정도와 방법에 있어서는 시대를 따라서 달리하지 않을 수 없는 것이다. 그러므로 우리는 이러한 성격을 띠고 있는 교과서마저 절대시해서는 아니 되는 것이다(전편 제3장 제5절 참조).

위에서 이미 언급한 바와 같이, 인간이 그 본심(本心)의 지향성에 의하여 하나님을 찾아 선의 목적을 이루는 데 필요한 방편으로 나오게 된 것이 종교(宗敎)이기 때문에, 모든 종교의 목적은 동일한 것에 있는 것이다. 그럼에도 불구하고 그 사명분야와 그를 대하는 민족에 따라, 또 시대의 흐름에 따라 위와 같은 이유로 그 경서를 서로 달리하게 되는 데서 필연적으로 각양각이(各樣各異)한 종교가 나오게 되는 것이다. 그러므로 경서란 진리의 빛을 밝혀 주는 등잔과 같아서 주위를 밝힌다는 사명은 동일하지만, 보다 밝은 등불이 나올 때는 그것으로써 낡은 등잔의 사명은 끝나는 것이다.

위에서 논한 바와 같이 오늘의 어떠한 종교도 현세인(現世人)들을 사망의 어두운 골짜기에서 생명의 밝은 빛 가운데로 인도해 낼 수 있는 능력을 발휘하지 못하고 있기 때문에, 이제는 새 빛을 발하는 새 진리가 나와야 한다는 것이다. 이와 같이 새로운 진리의 말씀을 주실 것은 성서(聖書) 가운데에도 여러 군데 기록되어 있는 것이다(전편 제3장 제5절 참조).

그러면 그 새 진리(眞理)는 어떠한 사명을 다해야 할 것인가? 이 진리는 위에서 이미 논술한 바, 종교가 찾아 나온 내적 진리와 과학이 찾아 나온 외적 진리를 통일된 하나의 과제로서 해결해 줄 수 있는 것이기 때문에, 모든 인간들을 내외 양면의 무지(無知)에서 내외 양면의 지(知)에로 완전히 극복할 수 있게 하여야 한다. 그리하여 타락인간으로 하여금 사심(邪心)이 지향하는 그 악의 길을 막고 본심이 추구하는 바를 따라 선의 목적을 이루게 함으로써, 선악(善惡) 양면의 지향성을 가지고 있는 인간의 모순성과 위에서 이미 논한 바 종교인들이 당면하고 있는 도(道)의 생활의 모순성을 극복하게 할 수 있어야 한다. 타락인간에 있어 앎은 생명의 빛이요 또한 소생의 힘이 된다. 그리고 무지는 사망의 그늘이요 또한 파멸의 요소인 것이다. 무지에서는 어떠한 정서(情緖)도 일어날 수 없으며, 무지와 무정서(無情緖)에서는 어떠한 의지(意志)도 생길 수 없다.

이렇듯 인간에게 있어 지(知)·정(情)·의(意)가 제구실을 못 하게 될 때에는, 거기에 인간다운 인간의 생활이 있을 수 없는 것이다. 인간이 근본적으로 하나님을 떠나 가지고는 살 수 없도록 지어졌다면, 하나님에 대한 무지야말로 우리 인생을 얼마나 비참한 길로 몰아내고 있는 것인가? 그러나 하나님의 실재성(實在性)에 대하여는 성서를 보아도 명확히 알 도리가 없다. 하물며 하나님의 심정(心情)에 대해서랴. 그러므로 이 새 진리는 하나님의 실재성에 관하여는 말할 것도 없고, 하나님의 창조의 심정을 비롯하여, 하나님이 자신을 반역하는 타락인간을 버리지 못하시고 유구(悠久)한 역사의 기간을 두고 구원(救援)하시려고 애써 오신 애달픈 심정을 우리에게 알려 줄 수 있어야 한다.

선과 악의 두 면을 지향하는 인간들의 상충적인 생활로써 형성되어 온 인류역사는 거의 싸움으로 엮어져 내려왔다. 그 싸움은 바로 재물 빼앗기 싸움, 땅 빼앗기 싸움, 그리고 사람 빼앗기 싸움 등의 외적인 싸움이었다. 그러나 오늘날에 와서는 이러한 외적인 싸움은 점차로 종식되어 가고 있다. 그리하여 민족의 차별이 없이 한데 모여 한 국가를 이루고, 이제는 도리어 전승국가(戰勝國家)들이 식민지를 해방하고 그들에게 열강(列强)들과 동등한 권한을 부여하여 유엔의 회원국가가 되게 함으로써, 함께 세계정부(世界政府)의 실현을 도모하고 있다. 뿐만 아니라 불구대천(不俱戴天)의 국제관계가 하나의 경제문제를 중심하고 완화되어 더불어 하나의 공동시장체제를 형성해 가고 있는 실정이다. 더구나 오늘날 문화면에서는, 각 민족의 전통적인 이질성(異質性)을 극복하고 동서양(東西洋)의 거리를 초월하여 아무런 거리낌도 없이 서로 유통(流通)하고 있는 형편이다.

그러나 우리 앞에는 피할 수 없는 마지막 싸움이 하나 남아 있으니 그것이 바로 민주주의(民主主義)와 공산주의(共産主義)와의 내적인 이념(理念)의 싸움이다. 그들은 서로 무서운 무기를 마련하고 외적인 싸움을 겨루고 있으나, 그 실은 내적인 이념의 싸움의 판가리를 하기 위함인 것이다. 이 최종적인 이념의 싸움에 누가 승리할 것인가 하는 것은 하나님의 실재(實在)를 믿고 있는 사람이라면 누구나 민주주의라고 대답할 것이다. 그러나 위에서 이미 논술한 바와 같이, 오늘의 민주주의는 공산주의를 굴복시킬 수 있는 아무런 이론도 실천력도 갖추지 못하고 있다. 그러므로 하나님의 구원섭리(救援攝理)가 완전히 이루어지려면 바로 이 새 진리가 지금까지 민주주의세계에서 주창해 온 유심론(唯心論)을 새로운 차원으로 승화시켜 유물론(唯物論)을 흡수함으로써 온 인류를 새 세계에로 옮겨 놓을 수 있어야 한다. 이와 같이 이 진리는 역사 이래의 모든 주의나 사상은 물론 모든 종교까지도 하나의 길로 완전히 통일시킬 수 있어야 한다.

인간이 종교를 믿지 않으려는 것은 하나님의 실재(實在)와 내세(來世)의 실상을 알지 못하기 때문이다. 아무리 영적(靈的)인 사실을 부인하는 사람이라 할지라도 그것들이 과학적으로 증명되기만 한다면 믿으려 하는 것이 인간의 본성(本性)이다. 뿐만 아니라 현실세계에다 인생의 궁극적 목적을 세우고 나아가는 그 누구도 마침내 허무를 느끼지 않을 수 없게 되는 것은 역시 인간의 천성(天性)의 발로로서 피할 수 없는 일인 것이다. 그러므로 새 진리에 의하여 하나님을 알게 되고, 영적인 사실에 부딪혀서 인생의 근본 목적을 현실세계에다 둘 것이 아니라 영원한 세계에다 두고 가야 할 것임을 깨달을 때에는, 누구나 이 한 길을 통하여 하나의 목적지에서 하나의 형제로서 만나지 않을 수 없게 되는 것이다.

그러면 온 인류가 하나의 진리(眞理)에 의하여 하나의 형제로서 하나의 목적지에서 만나게 된다면, 거기에서 이룩된 세계는 어떠한 세계일 것인가? 이 세계는 유구한 역사의 흐름을 따라 인생의 양면의 무지(無知)에서 헤어나려고 몸부림쳐 온 인간들이 그 흑암으로부터 벗어나 새로운 진리의 빛 가운데서 함께 만나 가지고 하나의 대가족(大家族)을 이룬 세계이다.

그런데 진리의 목적이 선을 찾아 이루려는 데 있고, 선의 본체가 바로 하나님이시므로, 그 진리에 의하여 도달된 이 세계는 바로 하나님을 부모로 모시고 서로 형제애(兄弟愛)에 얽혀 사는 세계인 것이다. 자신의 이익을 위하여 이웃을 희생시킬 때에 느껴지는 불의(不義)한 만족감보다도 양심의 가책으로부터 오는 고통의 도(度)가 더 크다는 것을 알게 될 때에는 결코 그 이웃을 해칠 수 없게 되는 것이 인간의 상정이다. 그러므로 사람이 그 마음의 깊은 곳으로부터 진정한 형제애가 솟구칠 때, 도저히 그 이웃에 고통을 끼치는 행동을 할 수는 없는 것이다. 하물며 시간과 공간을 초월하여 자신의 일거일동(一擧一動)을 살피시는 하나님이 부모가 되시어 서로 사랑하기를 바라고 계신다는 것을 실감하게 될 그 사회의 인간에 있어서랴. 그러므로 이 새 진리가 인류 죄악사를 청산한 새 역사의 시대에서 이루어 놓을 새 세계는 죄를 지으려야 지을 수 없는 세계인 것이다.

지금까지 하나님을 믿는 성도(聖徒)들이 범죄를 하게 되었던 것은, 실상 하나님에 대한 그들의 신앙이 어디까지나 관념적이요, 실감적이 아니었기 때문이다. 하나님의 존재성(存在性)을 실감하는 자리에서 범죄한 인간은 부득이 지옥(地獄)으로 보내질 수밖에 없는 천법(天法)을 안다면, 거기에서 누가 감히 죄를 범할 수 있을 것인가? 그러므로 죄 없는 세계를 천국(天國)이라 할진대, 타락인간(墮落人間)이 오랜 역사의 기간을 두고 찾아 나온 이 세계야말로 바로 그 천국인 것이다. 그리고 이 천국은 지상의 현실세계에서 이루어지는 것이므로 지상천국(地上天國)이 되는 것이다.

우리는 이제 여기에서 하나님의 구원섭리(救援攝理)의 궁극적인 목적이 지상천국을 이루시려는 데 있다는 결론을 얻었다. 위에서 인간이 타락(墮落)되었다는 사실과 이 타락은 인간이 생성된 이후에 되어진 것이 아닐 수 없다는 사실을 밝힌 바 있거니와, 이제 하나님의 실재를 인정하는 입장에서 볼 때, 인간 시조가 타락하기 이전 창조본연(創造本然)의 세계에서 하나님이 이루려 하셨던 그 세계가 어떠한 것이었던가 하는 데 대한 답은 너무도 자명(自明)하다. 그에 관해서는 전편 제3장에서 논하겠거니와, 그 세계야말로 하나님의 창조목적(創造目的)이 이루어진 지상천국인 것이다. 그러나 인간은 타락됨으로 말미암아 이 세계를 이루지 못하고 죄악세계(罪惡世界)를 이루어 무지에 떨어졌었기 때문에, 타락인간은 오랜 역사의 기간을 두고 내 외 양면의 진리를 더듬어 이 무지를 타개하면서 선(善)을 지향하여 부단히 하나님의 창조본연의 세계인 지상천국을 되찾아 나왔던 것이다.

우리는 여기에서 인류역사는 하나님의 창조목적(創造目的)을 완성한 세계를 복귀(復歸)하여 나아가는 섭리역사(攝理歷史)라는 사실을 알았다. 따라서 새 진리는 타락인간을 그 창조본연의 인간으로 돌아가게 하기 위하여, 하나님이 인간을 비롯한 피조세계를 창조하신 목적이 무엇이었던가 하는 것을 가르쳐 줌으로써, 복귀과정(復歸過程)에 있는 타락인간의 궁극적인 목적이 무엇인가를 알게 해야 된다.

그리고 인간은 과연 성서(聖書)가 말하는 문자 그대로 선악과(善惡果)라는 과실을 따먹고 타락(墮落)되었는가? 그렇지 않다면 타락된 원인은 어디에 있는가? 또 완전완미(完全完美)하신 하나님이 어찌하여 타락될 가능성이 있는 인간을 창조(創造)하셨고, 전지전능(全知全能)하신 하나님께서 그들이 타락되는 것을 아시면서도 그것을 막을 수 없었던 이유는 어디에 있었으며, 더 나아가서 하나님은 왜 그 창조의 권능을 가지고 일시에 죄악인간을 구원(救援)하지 못하시는가 하는 것 등, 실로 오랜 역사의 기간을 두고 깊이 생각하는 사람들의 마음을 괴롭혀 온 모든 문제들을 완전히 풀어 줄 수 있어야 한다.

우리가 피조세계(被造世界)에 비장(秘藏)되어 있는 과학성을 살펴볼 때, 그것을 창조하신 하나님이야말로 과학의 근본이기도 한 분이시라는 것을 미루어 알 수 있다. 그런데 인류역사가 하나님의 창조목적을 완성한 세계를 복귀하여 나아가는 섭리의 역사임이 사실일진대, 그와 같이 모든 법도(法度)의 주인이신 하나님이 이처럼 오랜 복귀섭리(復歸攝理)의 기간을 두시고, 아무 계획도 없이 무질서하게 이 역사를 섭리해 나오셨을 리는 없는 것이다. 그러므로 인류의 죄악역사가 어떻게 출발하여 어떠한 공식적인 섭리의 과정을 거쳐서 어떠한 모양으로 종결되어 어떠한 세계에로 들어갈 것인가를 아는 것은 우리에게 긴절(緊切)한 문제가 아닐 수 없다. 그러므로 이 새 진리는 이러한 근본문제들을 하나도 빠짐없이 명백하게 풀어 줄 수 있어야 한다.

이러한 문제들이 명확하게 풀리게 될 때 우리는 역사를 계획하시고 이끄시는 어떠한 주체, 곧 하나님이 계시다는 것을 더욱 부인할 수 없게 될 것이며, 따라서 이 역사상에 나타난 모든 사실들이 바로 타락인간(墮落人間)을 구원하여 나오신 하나님의 심정(心情)의 반영이었다는 것을 깨닫게 될 것이다.

또 새 진리는 오늘날 문화권(文化圈) 형성의 세계적인 사명을 띠고 있는 기독교의 많은 난해(難解)한 문제들을 명백히 풀어 줄 수 있어야 한다. 지성인들은 누구나 단순히 예수님은 하나님의 아들이시요, 인류의 구주(救主)라는 정도의 지식만으로는 만족할 수 없기 때문에, 이 문제에 대한 보다 깊은 뜻을 체득(體得)하기 위하여 지금까지 신학계(神學界)에서는 많은 논쟁을 벌여 나왔던 것이다. 그러므로 새 진리는 하나님과 예수님과 인간과의 창조원리적인 관계를 밝혀 주어야 한다. 뿐만 아니라 이에 못지않게 난해한 문제로 되어 있는 삼위일체(三位一體)에 대하여도 근본적인 해명이 없어서는 안 될 것이다.

그리고 하나님의 인류에 대한 구원(救援)은 어찌하여 그 독생자(獨生子)로 하여금 십자가(十字架)에 달려 피를 흘리게 하셔서만 가능하였던가 하는 것도 응당 풀고 넘어가야 할 문제인 것이다.

더 나아가서 예수님의 십자가 대속(代贖)으로 인하여 분명히 구속(救贖)함을 받았다고 믿고 있는데도 불구하고 역사 이래 어느 한 사람도 구주의 속죄(贖罪)가 필요 없이 천국 갈 수 있는 죄 없는 자녀를 낳아 보지 못하였다는 사실은, 그들이 중생(重生)한 후에도 여전히 원죄를 그 자녀들에게 유전하고 있다는 것을 증거하는 것이 아닐 것인가? 이러한 실증적인 사실로 보아, 십자가 대속의 한계는 과연 어디까지인가 하는 것이 커다란 문제가 되지 않을 수 없는 것이다.

사실상 예수 이후 2천년 기독교 역사의 기간을 두고, 예수님의 십자가(十字架)의 피로써 완전히 사죄(赦罪)함을 받았다고 자부하는 신도들이 그 얼마나 많았던가? 그러나 실제에 있어서 죄 없는 개인이나 가정이나 사회를 이루어 본 일은 한 번도 없었을 뿐 아니라, 위에서 이미 논한 바와 같이 날이 가고 해가 거듭할수록 기독정신(基督精神)은 점점 쇠미(衰微)해 가고 있는 것이 사실일진대, 지금까지 우리가 믿어 온 바 십자가 대속(代贖)의 완전 속죄(贖罪)와, 그 결과적 사실의 불일치(不一致)에서 초래되는 모순을 무엇으로써 어떻게 합리화할 것인가 하는 것 등 우리를 궁지에 빠뜨리고 있는 난문제(難問題)들이 허다하다. 그러므로 우리가 고대하고 있는 새 진리는 이에 대한 해답도 명백히 해 줄 수 있어야 한다.

뿐만 아니라 이 진리는 예수님이 왜 재림(再臨)하셔야 하며, 또 그의 재림은 언제 어디로 어떻게 하실 것인가 하는 것과, 그때에 타락인간의 부활(復活)은 어떻게 이루어질 것이며, 천변지이(天變地異)가 일어나서 하늘 땅이 불에 소멸되어 없어질 것이라고 기록되어 있는 말씀은 무엇을 의미하는 것인가 하는 것 등, 상징과 비유로 기록되어 있는 성서의 허다한 난문제들을 이미 예수님 자신이 직접 말씀하신 바와 같이 비사(比辭)로써가 아니고 누구나 공통하게 알 수 있도록 밝히 가르쳐 줄 수 있어야 한다(요 16 : 25). 이러한 진리로써만 비유와 상징으로 되어 있는 성구(聖句)를 저마다 각양각이하게 해석함으로 인하여 일어나는 교파 분열의 필연성을 지양(止揚)하고, 그것들을 통일할 수 있게 될 것이다.

이와 같이 인간을 생명의 길로 인도하는 이 최종적인 진리는 어떠한 경서(經書)나 문헌에 의한 종합적인 연구의 결과로나, 혹은 어떠한 인간의 두뇌에서 나올 수는 없는 것이다. 그러므로 이미 성서(聖書)

에 많은 백성과 나라와 방언과 임금에게 다시 예언하여야 하리라(계 10 : 11)고 말씀하신 바와 같이, 이 진리는 하나님의 계시(啓示)로서 우리에게 나타나지 않으면 아니 된다.

그런데 하나님은 이미 이 땅 위에 인생과 우주의 근본문제를 해결하게 하시기 위하여 한 분을 보내셨으니, 그분이 바로 문선명 선생(文鮮明 先生)이시다. 이분은 수십 성상(星霜)을 두고 역사 이래 어느 누구도 상상조차 할 수 없었던 창망(滄茫)한 그 무형세계(無形世界)를 헤매시면서 하늘만이 기억하시는 진리 탐구의 피어린 고난의 길을 걸으셨다. 인간으로서 걸어야 할 최대의 시련의 길을 다 걷지 않고는 인류를 구원할 수 있는 최종적인 진리를 찾을 수 없다는 원리를 아셨기에, 선생은 혈혈단신(孑孑單身)으로 영계(靈界)와 육계(肉界)의 억만 사탄과 싸워 승리하신 것이다. 그리하여 예수님을 비롯한 낙원(樂園)의 수많은 성현(聖賢)들과 자유로이 접촉하시며, 은밀히 하나님과 영교(靈交)하는 가운데서 모든 천륜(天倫)의 비밀을 밝혀내신 것이다.

여기에 발표하는 말씀은 바로 그 진리(眞理)의 일부로서, 이것은 지금까지 그의 제자들이 듣고 본 범위의 것을 수록한 데 불과한 것이다. 때가 이르는 대로 더 깊은 진리의 부분이 계속 발표될 것으로 믿고 또 고대하는 바이다.

어둠길을 헤매던 수많은 생명들이 세계 도처에서 이 새로운 진리의 빛을 받아 소생(蘇生)해 가는 것을 볼 때마다 감격의 눈물을 금할 길이 없다. 어서 속히 이 빛이 온 누리에 가득 차기를 기원하는 바이다.

전 편

제 1 장 창조원리

인간은 오랜 역사의 기간을 두고 인생과 우주에 관한 근본문제를 해결하기 위하여 고민하여 왔다. 그러나 아직까지 아무도 이 문제에 대하여 석연(釋然)한 대답을 해 준 사람이 없었으니, 그것은 본래 인간이나 우주가 어떻게 창조되었는가 하는 구극(究極)의 원리를 알지 못하였기 때문이다. 나아가 우리에게는 보다 더 근본 된 선결문제(先決問題)가 남아 있다. 그것은 결과적인 존재에 관한 것이 아니라, 원인적인 존재에 관한 문제인 것이다. 그러므로 인생과 우주에 관한 문제는 결국 그것을 창조하신 하나님이 어떠한 분으로 계시는가 하는 것을 모르고서는 풀리지 않는 것이다. 창조원리(創造原理)는 이러한 근본적인 문제들을 광범하게 다루고 있다.

제 1 절 하나님의 이성성상과 피조세계

Ⅰ. 하나님의 이성성상

무형으로 계시는 하나님의 신성(神性)을 우리는 어떻게 알 수 있을 것인가? 그것은 피조세계(被造世界)를 관찰함으로써 알 수 있다. 그러므로 바울은 창세로부터 그의 보이지 아니하는 것들 곧 그의 영원하신 능력과 신성이 그 만드신 만물에 분명히 보여 알게 되나니 그러므로 저희가 핑계치 못할지니라(롬 1 : 20)고 기록하였다. 마치 모든 작품은 그 작자의 보이지 않는 성품의 실체적인 전개인 것같이, 피조세계의 삼라만상(森羅萬象)은 그것을 창조하신 하나님이 그의 보이지 않는 신성을 그의 실체대상으로 전개해 놓으신 것이다. 그러므로 작품을 보아 그 작자의 성품을 알 수 있는 것같이, 이 피조만물(被造萬物)을 보아서 하나님의 신성을 알 수 있는 것이다.

이제 우리는 하나님의 신성(神性)을 알기 위하여, 피조세계(被造世界)에 보편적으로 간직되어 있는 공통사실을 찾아보기로 하자.

존재하는 것은 무엇이든지 그 자체 내에서뿐만 아니라, 다른 존재들과의 사이에서 양성(陽性)과 음성(陰性)의 이성성상(二性性相)이 상대적 관계를 맺음으로써 비로소 존재하게 된다.

이에 대한 실례를 들어 보면, 모든 물질의 궁극적인 구성요소인 소립자(素粒子)들은 모두 양성 음성 또는 양성과 음성의 중화에 의한 중성(中性) 등을 띠고 있는데, 이것들이 이성성상의 상대적 관계를 맺음으로써 원자(原子)를 형성한다. 그리고 이러한 원자들도 양성 또는 음성을 띠게 되는데, 이것들의 이성성상이 상대적 관계를 맺음으로써 물질의 분자(分子)를 형성하는 것이다. 이와 같이 형성된 물질들이 또한 서로 이성성상의 상대적 관계에 의하여 식물 또는 동물에 흡수됨으로써 그것들의 영양이 되는 것이다.

그리고 모든 식물은 각각 수술과 암술에 의하여 존속하고, 또 모든 동물은 각각 수컷과 암컷에 의하여 번식 생존한다. 인간을 보더라도 하나님이 남성인 아담을 창조하시고는 독처(獨處)하는 것이 좋지 못하다고 하시면서(창 2 : 18) 그의 대상으로 여성인 해와를 창조하신 후에야 선하다고 하셨다(창 1 : 31).

그리고 전리(電離)된 양이온이나 음이온도 또한 각각 양자(陽子)와 전자(電子)의 결합으로 형성되어 있는 것과 같이, 수술이나 암술 또는 수컷이나 암컷들도 역시 각각 그 자체 내에서 양성(陽性)과 음성(陰性)의 이성성상(二性性相)이 상대적 관계를 맺음으로써 비로소 존재하는 것이다. 따라서 인간에 있어서도 남성에는 여성성상(女性性相)이, 여성에는 남성성상(男性性相)이 각각 잠재해 있는 것이다. 그뿐 아니라 삼라만상의 존재 양상이 표리(表裏), 내외(內外), 전후(前後), 좌우(左右), 상하(上下), 고저(高低), 강약(强弱), 억양(抑揚), 장단(長短), 광협(廣狹), 동서(東西), 남북(南北) 등과 같이 모두 상대적으로 되어 있는 것도 모든 피조물이 이성성상의 상대적 관계에 의하여 서로 존재하도록 창조되어 있기 때문이다.

우리는 위에서 모든 존재가 양성과 음성의 이성성상으로 인한 상대적 관계에 의하여 존재하고 있다는 사실을 밝혔다. 나아가 우리는 모든 존재를 형성하고 있는, 보다 근본 된 또 하나의 이성성상의 상대적인 관계를 알아야 하겠다.

존재하는 것은 무엇이든지 그 외형(外形)과 내성(內性)을 갖추고 있다. 그리고 그 보이는 외형은 보이지 않는 그 내성을 닮아 난 것이다. 따라서 그 내성이 눈에 보이지는 않으나 반드시 그 어떠한 꼴을 가지고 있기 때문에 그것을 닮아 난 그 외형이 눈에 보이는 그 어떠한 꼴로써 나타나는 것이다. 이에 전자를 성상(性相)이라 하고 후자를 형상(形狀)이라고 한다. 그런데 성상과 형상은 동일한 존재의 상대적인 양면의 꼴을 말하는 것이어서, 형상은 제2의 성상이라고도 할 수 있는 것이기 때문에 이것을 통틀어서 이성성상이라고 한다.

이에 대한 예로서 인간을 들어 보기로 하자. 인간은 몸이란 외형과 마음이란 내성으로 되어 있다. 그리고 나타나 보이는 몸은 보이지 않는 그 마음을 닮아 난 것이다. 따라서 마음이 어떠한 꼴을 가지고 있기 때문에 그 마음을 닮아 난 몸도 어떠한 꼴을 가지게 되는 것이다. 관상(觀相)이나 수상(手相) 등 외모로써 보이지 않는 그의 마음과 운명을 판단할 수 있는 근거는 여기에 있다. 이에 마음을 성상(性相)이라 하고 몸을 형상(形狀)이라고 한다. 여기에서 마음과 몸은 동일한 인간의 상대적인 양면의 꼴을 말하는 것이어서, 몸은 제2의 마음이라고도 할 수 있는 것이기 때문에, 이것들을 통틀어서 이성성상(二性性相)이라고 한다. 이로써 우리는 모든 존재가 성상과 형상에 의한 이성성상의 상대적 관계에 의하여 존재하고 있다는 사실을 알게 되었다.

그러면 성상과 형상은 서로 어떠한 관계를 가지고 있는 것인가? 무형(無形)의 내적인 성상이 원인이 되어 그것이 주체적인 입장에 있기 때문에, 그의 형상은 유형(有形)의 외적인 결과가 되어 그의 대상의 입장에 서게 되는 것이다. 따라서 이 양자는 서로 내적인 것과 외적인 것, 원인적인 것과 결과적인 것, 주체적인 것과 대상적인 것, 종적인 것과 횡적인 것의 상대적인 관계를 가지게 되는 것이다.

이에 대한 예로서 다시 인간을 들어 보자. 마음과 몸은 각각 성상과 형상에 해당하는 것으로서, 몸은 마음을 닮았을 뿐만 아니라 마음이 명령하는 대로 동(動)하고 정(靜)하기 때문에, 인간은 그 목적을 지향하여 생(生)을 유지한다. 따라서 마음과 몸은 내(內) 외(外), 원인(原因)과 결과(結果), 주체(主體)와 대상(對象), 종(縱)과 횡(橫) 등의 상대적인 관계를 가지고 있는 것이다.

이와 같이 어떠한 피조물(被造物)에도 그 차원은 서로 다르나, 무형의 성상 즉 인간에 있어서의 마음과 같은 무형의 내적인 성상이 있어서 그것이 원인 또는 주체가 되어 인간에 있어서의 몸과 같은 그의 형상적인 부분을 움직여서, 그 개성체(個性體)로 하여금 어떠한 목적을 가진 피조물로서 존재하게 하는 것이다.

그러므로 동물에게도 인간의 마음과 같은 것이 있어서 이것이 어떠한 목적을 지향하는 주체적인 원인이 되어 있기 때문에, 그 육체는 그 개체의 목적을 위한 생(生)을 영위하게 된다. 식물에도 역시 그러한 성상적인 부분이 있어서, 그것이 인간에 있어서의 마음과 같은 작용을 하기 때문에 그 개체는 유기적인 기능을 유지하게 되어 있다.

그뿐 아니라 인간이 서로 결합하게 되는 것은 그들 속에 각기 마음이 있기 때문인 것과 같이, 양이온과 음이온이 결합하여서 어떠한 물질을 형성하는 것도 이 두 이온들 속에 각각 그 분자(分子) 형성의 목적을 지향하는 어떠한 성상적인 부분이 있기 때문이다. 그리고 양자(陽子)를 중심하고 전자(電子)가 회전하여 원자(原子)를 형성하는 것도 역시 그것들 속에 각각 그 원자 형성의 목적을 지향하는 성상적인 부분이 있기 때문이다.

한편 오늘의 과학에 의하면, 원자를 구성하고 있는 소립자(素粒子)는 모두 에너지로 되어 있다고 한다. 그렇다면 그 에너지가 소립자를 형성하기 위하여는 반드시 그 에너지에도 그로 하여금 소립자 형성의 목적을 지향하게 하는 성상적인 부분이 없어서는 안 된다. 한 걸음 더 나아가 우리는 이와 같이 성상(性相)과 형상(形狀)을 갖추고 있는 그 에너지를 존재케 함으로써 모든 존재계의 궁극적인 원인이 되는 한 존재를 추구하지 않을 수 없게 되는 것이다. 이 존재는 바로 모든 존재의 제1 원인으로서, 그 모든 것들의 주체적인 성상과 형상을 갖추고 있지 않으면 안 된다. 존재계의 이러한 제1 원인을 우리는 하나님이라고 부르며, 그 주체적인 성상과 형상을 하나님의 본성상(本性相)과 본형상(本形狀)이라고 한다.

우리는 이제 바울이 논증한 바와 같이, 모든 피조물들에게 공통적으로 간직되어 있는 사실들을 추궁(追窮)함으로써 마침내 하나님은 본성상(本性相)과 본형상(本形狀)의 이성성상의 중화적 주체(中和的主體)로서 모든 존재계의 제1 원인으로 계시다는 것을 알게 되었다.

우리는 이미 위에서, 존재하는 것은 무엇이든지 양성(陽性)과 음성(陰性)의 이성성상(二性性相)의 상대적 관계에 의하여 존재한다는 사실을 밝혔다. 그러므로 삼라만상의 제1 원인 되신 존재인 하나님도 역시 양성과 음성의 이성성상의 상대적 관계에 의하여 존재해야 된다는 것은 당연한 결론이 아닐 수 없는 것이다. 창세기 1장 27절에 하나님이 자기 형상 곧 하나님의 형상대로 사람을 창조하시되 남자와 여자를 창조하시고라고 기록되어 있는 말씀으로 보아서도 하나님은 양성과 음성의 이성성상의 중화적 주체로도 계시다는 것을 바로 알 수 있는 것이다.

그러면 성상(性相)과 형상(形狀)의 이성성상과 양성(陽性)과 음성(陰性)의 이성성상은 서로 어떠한 관계를 가지고 있는가?

본래 하나님의 본성상과 본형상은 각각 본양성과 본음성의 상대적 관계를 가지고 있기 때문에, 하나님의 본양성과 본음성은 각각 본성상과 본형상의 속성(屬性)인 것이다. 그러므로 양성과 음성은 각각 성상과 형상과의 관계와 동일한 관계를 가지고 있다. 따라서 양성과 음성은 내 외, 원인과 결과, 주체와 대상, 또는 종과 횡 등의 상대적 관계를 가지고 있는 것이다. 하나님이 남성인 아담의 갈빗대를 취하여 그의 대상으로서 여성인 해와를 창조하셨다고 기록되어 있는 이유는 바로 여기에 있는 것이다(창 2 : 22). 우리는 여기에서 하나님에 있어서의 양성과 음성은 각각 남성과 여성이라고 칭한다.

하나님을 중심하고 완성된 피조세계(被造世界)는 마치 마음을 중심하고 완성한 인간 하나와 같아서, 하나님의 창조목적(創造目的)대로

만 동하고 정하는 하나의 완전한 유기체(有機體)인 것이다. 따라서 이 유기체도 성상과 형상을 갖추어야 할 것이니 그의 성상적인 존재가 하나님이시요, 그 형상적인 존재가 피조세계인 것이다. 하나님이 피조세계의 중심인 인간을 하나님의 형상이라고(창 1 : 27) 하신 이유는 바로 여기에 있다. 따라서 피조세계가 창조되기 전에 있어서의 하나님은 성상적인 남성격 주체로만 계셨기 때문에, 형상적인 여성격 대상으로 피조세계를 창조하셔야만 했던 것이다. 고린도전서 11장 7절에 남자는 하나님의 형상과 영광이니라고 기록되어 있는 성구는 바로 이러한 원리를 입증하고 있는 것이다. 이와 같이 하나님은 성상적인 남성격 주체(男性格 主體)이시기 때문에 우리는 그를 아버지라 불러 그 격위(格位)를 표시하는 것이다.

상술(上述)한 내용을 요약하여 볼 때, 하나님은 본성상(本性相)과 본형상(本形狀)의 이성성상의 중화적 주체(中和的 主體)인 동시에, 본성상적 남성(男性)과 본형상적 여성(女性)의 이성성상의 중화적 주체로 계시며, 피조세계에 대하여는 성상적인 남성격 주체로 계시다는 사실을 알 수 있다.

II. 하나님과 피조세계와의 관계

위에서 논술한 바에 의하여, 피조물은 모두 무형의 주체로 계시는 하나님의 이성성상을 닮아 실체로 분립된 하나님의 실체대상이라는 것을 알았다. 이러한 실체대상을 우리는 개성진리체(個性眞理體)라고 한다. 인간은 하나님의 형상적인 실체대상이기 때문에 형상적 개성진리체라 하고, 인간 이외의 피조물들은 상징적인 실체대상이기 때문에 그것들은 상징적 개성진리체라고 한다.

개성진리체는 이와 같이 하나님의 이성성상을 닮아 실체로 분립된 것이기 때문에, 그것들은 하나님의 본성상적 남성을 닮은 양성(陽性)의 실체와 그의 본형상적 여성을 닮은 음성(陰性)의 실체로 분립된다. 그뿐 아니라 이와 같이 분립된 개성진리체는 모두 하나님의 실체대상이기도 하기 때문에, 그것들은 각기 하나님의 본성상과 본형상을 닮아서 그 자체 내에 성상과 형상의 이성성상을 갖추게 되며, 그에 따라서 양성과 음성의 이성성상을 함께 갖추기도 하는 것이다.

여기에서 이성성상(二性性相)을 중심하고 본 하나님과 피조세계와의 관계를 요약하면, 피조세계는 무형의 주체로 계시는 하나님의 이성성상이 창조원리에 의하여 상징적 또는 형상적인 실체로 분립된 개성진리체로써 구성되어 있는 하나님의 실체대상이다. 즉 만물은 하나님의 이성성상이 상징적인 실체로 분립된 실체대상이요, 인간은 그것이 형상적인 실체로 분립된 실체대상이다. 그리고 하나님과 피조세계는 성상과 형상과의 관계와 같아서 내 외, 원인과 결과, 주체와 대상, 종과 횡 등 이성성상의 상대적인 관계를 가지고 있는 것이다.

이제 우리는 창조원리(創造原理)에 입각하여 동양철학(東洋哲學)의 중심인 역학(易學)의 근본을 알아보기로 하자.

역학에서는 우주의 근본은 태극(太極, 無極)이며, 그 태극에서 음양(陰陽)이, 음양에서 금(金) 목(木) 수(水) 화(火) 토(土)의 오행(五行)이, 그리고 오행에서 만물이 생성되었다고 주장한다. 그리고 음양을 '도(道)'라 이르고(一陰一陽之謂道), 그 '도'는 곧 '말씀'(道也者言也)이라고 하였다. 이 내용을 종합하면 태극에서 음양 곧 말씀이 나왔고, 이 말씀에서 만물이 생성되었다는 뜻이 된다. 따라서 태극은 모든 존재의 제1 원인으로서 음양의 통일적 핵심이며 그 중화적 주체임을 의미한다.

그런데 이것을 요한복음 1장 1절 내지 3절에 기록된 바 말씀은 곧 하나님이시고 이 말씀으로 만물이 창조되었다고 한 그 내용과 대조해 보면, 음양의 중화적인 주체인 그 태극(太極)은 이성성상의 중화적 주체이신 하나님을 표시한 말이라는 사실을 알 수 있다.

창조원리(創造原理)로 보더라도 '말씀'이 이성성상으로 되어 있기 때문에 그 말씀으로 창조된 피조물도 이성성상으로 되어 있는 것이다. 따라서 음양이 곧 '말씀'이라고 한 역학(易學)의 주장은 타당한 것이다. 그러나 역학은 다만 음양을 중심하고 존재계를 관찰함으로써 그것들이 모두 성상과 형상을 갖추고 있다는 사실을 몰랐었기 때문에, 태극이 음양의 중화적 주체인 것만을 밝혔을 뿐 그것이 본래 본성상(本性相)과 본형상(本形狀)에 의한 이성성상의 중화적 주체라는 것을 밝히지 못하였다. 따라서 그 태극이 인격적인 신(神)이라는 사실에 관해서는 알지 못하였던 것이다.

이제 우리는 여기에서 역학에 의한 동양철학의 근본도 결국 창조원리에 의하여서만 해명된다는 사실을 알게 되었다. 그리고 근래에 한의학이 점차 그 권위를 더해 가게 되는 것도, 그것이 음양을 중심으로 한 창조원리적 근거에 입각하고 있기 때문임을 알 수 있는 것이다.

제 2 절 만유원력과 수수작용 및 사위기대

I. 만 유 원 력

하나님은 모든 존재의 창조주(創造主)로서 시간과 공간을 초월하여 영원히 자존(自存)하시는 절대자(絶對者)이시다. 그러므로 하나님이 이러한 존재로 계시기 위한 근본적인 힘도 영원히 자존하는 절대적인 것이며, 동시에 이것은 또 피조물이 존재하기 위한 모든 힘을 발생케 하는 힘의 근본이기도 하다. 이러한 힘의 근본 된 힘을 우리는 만유원력(萬有原力)이라고 한다.

II. 수수작용

모든 존재를 이루고 있는 주체(主體)와 대상(對象)이 만유원력에 의해 상대기준(相對基準)을 조성하여 잘 주고 잘 받으면, 여기에서 그 존재를 위한 모든 힘, 즉 생존과 번식과 작용 등을 위한 힘을 발생한다. 이러한 과정을 통하여 힘을 발생케 하는 작용을 수수작용(授受作用)이라고 한다. 그러므로 만유원력과 수수작용의 힘은 각각 원인적인 것과 결과적인 것, 내적인 것과 외적인 것, 주체적인 것과 대상적인 것으로서의 상대적인 관계를 가지고 있다. 따라서 만유원력은 종적(縱的)인 힘이요, 수수작용의 힘은 횡적(橫的)인 힘이라고도 말할 수 있는 것이다.

그러면 우리는 여기에서 만유원력과 수수작용을 중심하고 하나님과 피조물에 관한 것을 좀더 구체적으로 알아보기로 하자.

하나님은 그 자체 내에 영존(永存)하는 이성성상(二性性相)을 가지고 계셔서, 이것들이 만유원력에 의하여 상대기준을 이루어 영원한 수수작용을 하게 된다. 이 수수작용의 힘에 의하여 그 이성성상은 영원한 상대기대(相對基臺)를 조성하여, 하나님의 영원하신 존재기대를 이룸으로써 하나님은 영존하시며, 또한 피조세계를 창조하시기 위한 모든 힘을 발휘하시게 되는 것이다.

한편 피조물(被造物)에 있어서도, 그 자체를 이루고 있는 이성성상

(二性性相)이 만유원력에 의하여 상대기준을 이루어 가지고 수수작용을 하게 된다. 그리고 이 수수작용의 힘에 의하여 그 2성(二性)은 상대기대(相對基臺)를 조성하여 그 개성체(個性體)의 존재기대(存在基臺)를 이룸으로써, 비로소 그 개성체는 하나님의 대상으로 서게 되며, 또 스스로가 존재하기 위한 모든 힘도 발휘하게 된다.

이에 대한 예를 들면, 양자(陽子)와 전자(電子)의 수수작용에 의하여 원자(原子)가 존재하게 되고, 그의 융합작용 등을 일으킨다. 그리고 양(陽) 음(陰) 두 이온의 수수작용에 의하여 분자(分子)가 존재하게 되며, 또 화학작용이 일어나기도 한다.

한편 양전(陽電)과 음전(陰電)의 수수작용에 의하여 전기가 발생하며, 모든 전기작용이 일어나게 된다.

식물에 있어서는 도관(導管)과 사관(篩管)의 수수작용에 의하여 식물체의 기능이 유지되며, 그의 유기적인 성장을 하게 된다. 그리고 암술과 수술의 수수작용에 의하여 번식을 하게 되는 것이다.

동물도 수컷과 암컷의 수수작용에 의하여 그의 생(生)을 유지하며 또한 번식한다. 그리고 동식물간에 있어서도 산소와 탄산가스의 교환, 벌과 꽃의 수수작용 등에 의하여 그들은 공존(共存)하고 있다.

천체(天體)를 보아도 태양과 혹성(惑星)의 수수작용에 의하여 태양계(太陽界)가 존재하면서 우주 형성을 위한 운행을 하고 있으며, 또 지구와 달도 서로의 수수작용에 의하여 일정한 궤도를 유지하면서 공전(公轉)과 자전(自轉)의 운행을 계속하고 있는 것이다.

인간의 육체는 동·정맥, 호흡작용, 교감신경과 부교감신경 등의 수수작용으로써 그 생을 유지하고 있고, 그 개성체는 몸과 마음의 수수작용에 의하여 존재하면서 그의 목적을 위한 활동을 한다.

그리고 가정에 있어서는 남편과 아내가, 사회에 있어서는 인간과 인간이, 그리고 국가에 있어서는 정부와 백성이, 더 나아가서 세계에 있어서는 국가와 국가가 서로 수수작용을 하면서 공존하는 것이다.

동서고금을 막론하고, 아무리 악한 사람이라 할지라도 바른 것을 위하여 살려고 하는 그 양심(良心)의 힘만은 뚜렷이 그 내부에서 작용하고 있다. 이러한 힘은 누구도 막을 수 없는 것으로서, 자기도 모르게 강력히 작용하고 있기 때문에 악을 행할 때에는 즉각적으로 양심의 가책을 받게 되는 것이다. 만일 타락인간에게 이러한 양심의 작용이 없다면 하나님의 복귀섭리(復歸攝理)는 불가능한 것이다.

그러면 이러한 양심작용(良心作用)의 힘은 어떻게 되어 생기는 것인가? 모든 힘이 수수작용(授受作用)에 의하여서만 생기는 것이라면, 양심도 역시 독자적으로 그 작용의 힘을 일으킬 수는 없는 것이다. 즉 양심도 어떠한 주체에 대한 대상으로 서서 그와 상대기준(相對基準)을 조성하여 수수작용을 하기 때문에 그 힘을 발휘하게 되는 것이다. 이 양심의 주체를 우리는 하나님이라고 부른다.

타락(墮落)이라고 하는 것은, 인간이 하나님과의 수수(授受)의 관계가 끊어짐으로써 서로 일체를 이루지 못하고, 사탄과 수수의 관계를 맺어 그와 일체를 이루게 된 것을 의미한다. 예수님은 하나님과 완전한 수수의 관계를 맺어 일체를 이룬 오직 한 분의 독생자로 오셨기 때문에, 타락한 인간이 그와 완전한 수수의 관계를 맺어 일체를 이루게 되면 창조본성을 복귀하여 하나님과도 수수작용을 하게 됨으로써 그와 일체를 이룰 수 있게 되는 것이다. 그렇기 때문에 예수님은 타락인간의 중보(仲保)가 되는 동시에 길이 되고 진리가 되며 또한 생명이 되는 것이다. 따라서 예수님은 생명을 바쳐 사랑과 희생으로 모든 것을 주시려고 오신 분이기 때문에, 누구든지 그 앞에 믿음으로 돌려드리기만 하면 멸망치 않고 영생을 얻게 되는 것이다(요 3 : 16).

기독교(基督教)는 사랑과 희생에 의하여 예수님을 중심하고 인간 사이의 횡적인 수수(授受)의 회로(廻路)를 회복함으로써, 하나님과의 종적인 수수의 회로를 복귀시키려고 하는 사랑의 종교인 것이다. 그러므로 예수님의 교훈과 행적은 모두 이 목적을 위한 것이었다. 예를 들면, 예수님은 비판을 받지 아니하려거든 비판하지 말라 너희의 비판하는 그 비판으로 너희가 비판을 받을 것이요(마 7 : 1~2)라고 말씀하셨고, 무엇이든지 남에게 대접을 받고자 하는 대로 너희도 남을 대접하라(마 7 : 12)고도 하셨으며, 또 누구든지 사람 앞에서 나를 시인하면 나도 하늘에 계신 내 아버지 앞에서 저를 시인할 것이요(마 10 : 32)라고도 말씀하셨다. 그리고 또 예수님은 선지자의 이름으로 선지자를 영접하는 자는 선지자의 상을 받을 것이요 의인의 이름으로 의인을 영접하는 자는 의인의 상을 받을 것이요(마 10 : 41)라고 말씀하셨고, 누구든지 제자의 이름으로 이 소자 중 하나에게 냉수 한 그릇이라도 주는 자는 내가 진실로 너희에게 이르노니 그 사람이 결단코 상을 잃지 아니하리라(마 10 : 42)고도 말씀하셨던 것이다.

III. 정분합작용에 의하여 삼대상목적을 이룬 사위기대

1. 정분합작용

만유원력(萬有原力)으로 인하여 하나님 자체 내의 이성성상(二性性相)이 상대기준을 조성하여 수수작용을 하게 되면, 그 수수작용의 힘은 번식작용을 일으키어 하나님을 중심하고 이성성상의 실체대상으로 분립된다. 이와 같이 분립된 주체와 대상이 다시 만유원력에 의하여 상대기준을 조성함으로써 수수작용을 하면, 이것들은 다시 합성일체화(合性一體化)하여 하나님의 또 하나의 대상이 된다. 이와 같이 하나님을 정(正)으로 하여 그로부터 분립(分立)되었다가 다시 합성일체화하는 작용을 정분합작용(正分合作用)이라고 한다.

2. 삼대상목적

이와 같이 정분합작용에 의하여 정(正)을 중심하고 2성(二性)의 실체대상으로 분립된 주체와 대상과 그리고 그의 합성체(合性體)가 제각기 주체의 입장을 취할 때에는 각각 나머지 다른 것들을 대상으로 세워 삼대상기준(三對象基準)을 조성한다. 그래 가지고 그것들이 서로 수수작용을 하게 되면 여기에서 그 주체들을 중심으로 각각 삼대상목적(三對象目的)을 완성하게 되는 것이다.

3. 사위기대

이와 같이 정분합작용에 의하여 정(正)을 중심하고 2성의 실체대상으로 분립된 주체와 대상과 그리고 그의 합성체가 각각 삼대상목적을 완성하면 사위기대(四位基臺)를 조성하게 된다.

사위기대는 4수의 근본이며, 또 그것은 삼대상목적을 완성한 결과이므로 3수의 근본이기도 하다. 그리고 사위기대는 정분합작용에 의한 하나님, 부부, 자녀의 3단계로써 완성되므로 3단계 원칙의 근본이 된다. 사위기대는 그의 각 위(位)를 중심하고 각각 3대상이 되므로 이것들을 총합하면 12대상이 되기 때문에 12수의 근본이 되기도 하는 것이다. 또 사위기대는 창조목적(創造目的)을 완성한 선(善)의 근본적인 기대이므로, 하나님이 운행하실 수 있는 모든 존재와 또 그것들이 존재하기 위한 모든 힘의 근본적인 기대가 된다. 따라서 사위기대는 하나님의 영원한 창조목적이 되는 것이다.

4. 사위기대의 존재양상

정분합작용에 의하여 삼대상목적을 이루어 사위기대(四位基臺)를 완성한 존재는 무엇이든지 원형(圓形) 또는 구형운동(球形運動)을 하여 입체로 존재한다. 이제 우리는 그 이유를 알아보기로 하자.

정분합작용에 의하여 하나님의 이성성상이 각각 그의 실체대상으로 분립된 주체(主體)와 대상(對象)에 있어서, 그 대상이 주체에 대응하여 상대기준을 조성하면 그 대상은 주체를 중심으로 하고 서로 주는 힘(遠心力)과 받는 힘(求心力)으로써 수수작용을 하게 된다. 이와 같이 주체와 대상이 수수작용을 하게 되면, 그 대상은 주체를 중심하고 돌아서 원형운동(圓形運動)을 하게 됨으로써 합성일체화한다. 그런데 이와 동일한 원리에 의하여, 그 주체는 하나님의 대상이 되어 하나님을 중심하고 돌아서 그와 합성일체화하고, 또 그 대상이 그러한 주체와 합성일체화하게 될 때, 비로소 그 합성체는 하나님의 이성성상을 닮은 실체대상이 된다. 이와 같이 그 대상은 그의 주체와 합성일체화함으로써 비로소 하나님의 대상이 될 수 있는 것이다.

그리고 이 실체대상에 있어서의 주체와 대상도 역시 각각 이성성상으로 되어 있기 때문에, 그것들도 동일한 수수작용의 원리에 의하여 제각기 원형운동을 하고 있는 것이다. 그런데 이 실체대상은 이와 같이 제각기 부단한 운동을 하고 있는 주체와 대상의 수수작용에 의하여 원형운동을 하기 때문에, 그 원형운동은 이 운동을 일으키고 있는 그 주체와 대상 자체들의 특수한 운동양상에 따라서는 동일한 평면상의 궤도에서만 일어날 수도 있으나, 일반적으로는 그 주체를 중심하고 부단히 그 원형운동 궤도의 각도를 달리하면서 돌아가기 때문에, 이 원형운동은 드디어 구형운동(球形運動)을 일으키게 되는 것이다. 따라서 사위기대를 완성한 존재는 모두 원형 또는 구형운동을 하게 되어 그 존재양상은 입체가 될 수밖에 없는 것이다.

이에 대한 예로서 태양계(太陽界)를 들어 보기로 하자. 태양을 주체로 한 모든 유성(遊星)들은 태양의 대상이 되어 그와 상대기준을 조성함으로써 태양을 중심하고 그에 대응하여 원심력과 구심력에 의한 수수작용을 하기 때문에, 그것들은 모두 공전(公轉)의 원형운동을 하게 된다. 이와 같이 되어 원형운동을 하는 태양과 유성들은 합성일체화하여 태양계를 이룬다. 그런데 이성성상의 복합체인 지구가 자전(自轉)하고 있을 뿐 아니라, 태양이나 태양을 중심한 다른 유성들도 또한 이성성상의 복합체이기 때문에 부단히 자전하고 있다. 따라서 이와 같이 자전하고 있는 태양과 유성들의 수수작용에 의한 태양계의 원형운동은 항상 동일한 평면상의 궤도에서만 일어나는 것이 아니라, 태양을 중심하고 부단히 그 궤도의 각도를 달리하면서 돌아가기 때문에, 태양계는 구형운동을 하게 되어 입체로서 존재하게 된다.

이와 같이 되어 모든 천체(天體)는 원형 또는 구형운동에 의하여 입체로서 존재하며, 이와 같은 무수한 천체들이 서로 수수작용을 함으로써 합성일체화하여 이루어지는 우주(宇宙)도 역시 동일한 원리에 의하여 구형운동을 하게 됨으로써 입체로서 존재하는 것이다.

원자(原子)를 형성하고 있는 전자(電子)가 양자(陽子)와 상대기준을 조성하여 양자를 중심하고 수수작용을 하게 되면, 그것들은 원형운동을 함으로써 합성일체화하여 원자를 형성하게 된다. 그런데 양자와 전자도 각각 이성성상으로 되어 있어서 제각기 부단한 운동을 하고 있기 때문에, 이러한 양자와 전자의 수수작용에 의한 원형운동도 역시 동일한 평면상의 궤도에서만 일어나는 것이 아니라, 양자를 중심하고 부단히 그 각도를 달리하면서 돌아가기 때문에 이 운동은 드디어 구형운동으로 화하게 된다. 원자 역시 이렇듯 구형운동을 함으로써 입체로서 존재하게 되는 것이다. 전기에 의하여 양 음 두 극에 나타나는 자력선(磁力線)도 동일한 원리에 의하여 구형운동을 하게 된다.

다시 이러한 예를 인간을 두고 생각해 보기로 하자. 몸은 마음의 대상으로서 마음과 상대기준을 조성하여 수수작용(授受作用)을 하게 되면, 몸은 마음을 중심하고 원형운동을 함으로써 합성일체화(合性一體化)한다. 그런데 마음이 하나님의 대상이 되어 하나님을 중심하고 돌아서 그와 합성일체화하고 몸이 이러한 마음과 합성일체화하게 되면, 그 개체는 비로소 하나님의 이성성상(二性性相)을 닮은 실체대상이 되어 창조목적(創造目的)을 완성한 인간이 되는 것이다.

그런데 몸과 마음도 각각 이성성상으로 되어 있어서 그 자체들도 제각기 부단한 운동을 하고 있기 때문에 이러한 몸과 마음의 수수작용으로 인하여 일어나는 원형운동은 하나님을 중심하고 부단히 그 각도를 달리하면서 돌아가게 되어 구형운동으로 화하게 된다. 그러므로 창조목적을 완성한 인간은 하나님을 중심하고 항상 구형운동의 생활을 하는 입체적인 존재이기 때문에 결국 무형세계(無形世界)까지도 주관하게 되는 것이다(본장 제6절 참조).

이와 같이 주체와 대상이 주고받는 평면적인 회로에 의한 원형운동이 다시 입체적인 회로에 의한 구형운동으로 화하는 데서 창조의 조화는 벌어지는 것이다. 즉 그 회로의 거리와 모양과 상태와 방향과 각도와 그리고 그들이 각각 주고받는 힘의 속도 등의 차이에 의하여 천태

만상의 조화의 미(美)가 벌어지게 되는 것이다.

모든 존재는 성상(性相)과 형상(形狀)을 갖추고 있기 때문에 그것들의 구형운동(球形運動)에도 성상적인 것과 형상적인 것의 두 가지가 있다. 따라서 그 운동의 중심에도 성상적인 중심과 형상적인 중심이 있는 것이다. 그리하여 전자(前者)와 후자(後者)는 성상과 형상의 관계와 동일한 관계를 가지고 있다.

그러면 이 구형운동의 궁극적인 중심은 무엇일 것인가? 하나님의 이성성상의 상징적 실체대상으로 창조된 피조물의 중심은 인간이고, 그의 형상적 실체대상으로 창조된 인간의 중심은 하나님이시므로, 피조세계의 구형운동의 궁극적인 중심은 하나님이시다. 우리는 이제 이에 관한 것을 좀더 구체적으로 알아보기로 하자.

하나님의 모든 실체대상(實體對象)에 갖추어진 주체(主體)와 대상(對象)에 있어서, 그 대상의 중심이 그의 주체에 있으므로, 주체와 대상의 합성체(合性體)의 중심도 역시 그 주체에 있는 것이다. 그런데 그 주체의 궁극적인 중심이 하나님이시므로, 그 합성체의 궁극적인 중심도 하나님이시다. 그러므로 하나님의 3대상이 상대기준(相對基準)을 조성하여 그것들의 3중심이 하나님을 중심하고 하나되어 수수작용(授受作用)을 함으로써 삼대상목적(三對象目的)을 완성할 때 비로소 사위기대(四位基臺)가 완성되는 것이다. 따라서 사위기대의 궁극적인 중심은 하나님이시다.

이와 같이 사위기대를 완성한 각개 피조물을 개성진리체(個性眞理體)라고 한다. 그런데 위에서 이미 언급한 바와 같이, 개성진리체는 형상적 개성진리체(인간)와 상징적 개성진리체(인간 이외의 피조물)로 대별된다. 그리고 피조세계는 무수한 개성진리체로 구성되어 있는데, 그 저급한 것으로부터 고급한 것에 이르기까지 단계적으로 질서정연하게 연결되어 있으며, 그중 인간은 그 최고급의 개성진리체로 존재하고 있는 것이다. 그리고 개성진리체는 모두 구형운동을 하고 있는데, 저급한 개성진리체는 보다 고급한 개성진리체의 대상이 되므로, 이 대상의 구형운동의 중심은 보다 고급위(高級位)에서 그의 주체가 되어 있는 개성진리체인 것이다. 이와 같이 수많은 상징적 개성진리체의 중심들은 저급한 것으로부터 보다 고급한 것에로 연결되어 올라가 그 최종적인 중심은 형상적 개성진리체인 인간이 되는 것이다.

이것을 좀더 상고(詳考)해 보기로 하자. 오늘의 과학은 물질의 최소단위를 소립자(素粒子)로 보고 있는데, 소립자는 에너지로 되어 있다고 말한다. 여기에서 물질세계를 구성하고 있는 각 단계의 개성진리체(個性眞理體)들의 존재목적을 차원적으로 살펴보면, 에너지는 소립자의 형성을 위하여, 소립자는 원자(原子)의 구성을 위하여, 원자는 분자(分子)의 구성을 위하여, 분자는 물질의 형성을 위하여, 모든 물질은 우주 삼라만상의 개체들을 구성하기 위하여 각각 존재하는 것임을 알 수 있다. 그렇기 때문에 에너지의 운동의 목적은 소립자에, 소립자의 목적은 원자에, 원자의 목적은 분자에, 분자의 목적은 물질에, 모든 물질의 목적은 우주 형성에 있는 것이다.

그러면 우주(宇宙)는 무엇을 위하여 있으며, 그의 중심은 무엇일 것인가? 그것은 바로 인간인 것이다. 그러므로 하나님은 인간을 창조하시고 나서 피조세계를 주관하라고 말씀하셨다(창 1 : 28). 만일 피조세계에 인간이 존재하지 않는다면, 그 피조세계는 마치 보아 줄 사람이 없는 박물관에 비할 수 있을 것이다. 박물관의 모든 진열품들은, 그것들을 감상하고 사랑하며 기뻐해 줄 수 있는 인간이 있음으로써 비로소 역사적인 유물로서 존재할 수 있는 인연적인 관계가 그것들 사이에 성립되어, 각각 그 존재의 가치를 나타내게 되는 것이다. 만일 거기에 그 중심 되는 인간이 없다면 그것들이 무슨 존재 의의를 가질 수 있을 것인가? 인간을 위주로 한 피조세계의 경우도 이와 조금도 다름이 없다. 즉 인간이 있어 가지고 피조물을 형성하고 있는 모든 물질의 근본과 그 성격을 밝히고 분류함으로써 비로소 그것들이 상호간에 합목적적인 관계를 맺을 수 있고, 나아가서는 인간이 있어야만 동식물이나 수륙만상(水陸萬象)이나 우주를 형성하고 있는 모든 성좌(星座)들의 정체가 구분되어 그것들이 인간을 중심하고 합목적적인 관계를 가질 수 있게 되는 것이다. 그리하여 물질은 인간의 육체에 흡수되어 그의 생리적인 기능을 유지하게 하는 요소가 되며, 삼라만상은 인간의 안락한 생활환경을 만들어 주는 자료가 되는 것이다.

이것들은 모두 인간의 피조세계에 대한 형상적인 중심으로서의 관계이지만, 이밖에 또 성상적인 중심으로서의 관계가 있다. 전자를 육적인 관계라고 하면, 후자는 정신적 또는 영적인 관계인 것이다. 물질로 형성된 인간의 생리적 기능이 마음의 지(知)·정(情)·의(意)에 완전히 공명되는 것은, 물질도 역시 지·정·의에 공명될 수 있는 요소를 가지고 있다는 사실을 입증하는 것이다. 이러한 요소들이 물질의 성상을 이루고 있기 때문에 삼라만상은 각각 그 정도의 차는 있으나 모두 지·정·의의 감응체인 것이다. 우리가 자연계의 미(美)에 도취하여 그와의 혼연일체의 신비경(神秘境)을 체험하게 되는 것은, 인간은 피조물의 이러한 성상의 중심도 되는 것이기 때문이다. 인간은 이와 같이 피조세계의 중심으로 창조되었기 때문에 하나님과 인간이 합성일체화한 자리가 바로 천주의 중심이 되는 자리인 것이다.

우리는 또 다른 면에서 인간이 천주의 중심이 되는 것을 논하여 보자. 상세한 것은 제6절에서 논하겠지만, 무형 유형 두 세계를 총칭하여 천주라고 하는데, 인간은 이 천주를 총합한 실체상이다. 그런데 우리가 이미 위에서 논한 바에 의하여, 천주를 이루고 있는 모든 피조물은 주체와 대상으로 양별(兩別)된다는 사실을 알았다.

여기에서 우리는, 인간 시조로 창조되었던 아담이 완성되었더라면 그는 피조물(被造物)의 모든 존재가 갖추고 있는 주체들을 총합한 실체상이 되고, 해와가 완성되었다면 그는 또 피조물의 모든 존재가 갖추고 있는 대상들을 총합한 실체상이 되었으리라는 결론을 바로 얻을 수 있는 것이다. 그리고 하나님은 피조세계를 주관하도록 인간을 창조하셨기 때문에, 아담과 해와가 다 함께 성장하여서 아담은 피조물의 모든 주체의 주관주(主管主)로서 완성되고, 또 해와는 모든 대상의 주관주로서 완성되어 그들이 부부를 이루어 일체가 되었더라면, 그것이 바로 주체와 대상으로 구성되어 있는 온 피조세계를 주관하는 중심체였을 것이다.

또 인간은 천주의 화동(和動)의 중심으로 창조되었기 때문에, 모든 피조물의 이성성상의 실체적인 중심체인 아담과 해와가 완성되어 부부를 이루어 가지고 그들이 서로 화동하여 일체를 이룰 때 비로소 이성성상으로 창조된 온 천주도 화동하게 되는 것이다. 이와 같이 아담과 해와가 완성된 부부로서 일체를 이룬 그 자리가 바로 사랑의 주체이신 하나님과 미(美)의 대상인 인간이 일체화하여 창조목적을 완성한 선(善)의 중심이 되는 자리이다. 여기에서 비로소 부모 되신 하나님은 자녀로 완성된 인간에게 임재하시어 영원히 안식하시게 된다. 이 때의 이 중심은 하나님의 영원한 사랑의 대상이므로, 이것으로 말미암아 하나님은 영원히 자극적인 기쁨을 느끼시게 되는 것이다. 그리고 여기에서 비로소 하나님의 말씀이 실체로 이루어지기 때문에, 여기가 바로 진리의 중심이 되어 모든 인간으로 하여금 창조목적을 지향하도록 이끌어 주는 본심의 중심도 되는 것이다. 그러므로 피조세계는 이와 같이 인간이 완성되어 하나님을 중심하고 부부를 이룸으로써 이루어진 사위기대(四位基臺)를 중심하고 합목적적인 구형운동을 하게 된다.

그런데 피조세계(被造世界)는 인간이 타락됨으로 말미암아 이 중심을 잃어버렸기 때문에, 만물도 탄식하면서 하늘의 뭇 아들들 즉 창조본성(創造本性)을 복귀한 인간들이 나타나서 그의 중심이 되어 줄 날을 고대한다고 하였다(롬 8 : 19~22).

Ⅳ. 하나님의 편재성

위에서 우리는, 정분합작용(正分合作用)에 의하여 삼대상목적을 완성한 사위기대는 하나님을 중심한 구형운동을 일으키어 하나님과 일체를 이루게 되기 때문에, 그것은 하나님이 운행하실 수 있는 모든 존재의, 그리고 그 존재를 위한 모든 힘의 근본적인 기대가 된다는 것을 알았다. 그런데 창조목적을 완성한 세계에 있어서는, 하나님의 본성상(本性相)과 본형상(本形狀)의 실체로 되어 있는 피조물의 모든 개성체가 다 이와 같이 구형운동을 일으키어 하나님이 운행하실 수 있는 근본적인 기대를 조성하게 되어 있다. 이와 같이 되어 하나님은 일체의 피조물 가운데 편재(遍在)하시게 된 것이다.

Ⅴ. 생리체의 번식

생리체(生理體)가 존속하기 위하여는 번식해야 하며, 그 번식은 수수작용(授受作用)에 의한 정분합작용으로 인하여 되어진다. 이에 대한 예를 들면, 식물은 꽃씨로부터 꽃의 수술과 암술이 생기고, 그 수술과 암술의 수수작용으로 인하여 다시 많은 씨를 맺어서 번식한다.

동물에 있어서는 그 수컷과 암컷이 성장하여 서로 수수작용을 하면 새끼를 낳아 번식하게 된다. 그리고 동식물의 모든 세포분열도 수수작용으로 말미암아 일어나게 되는 것이다.

어떠한 목적을 세워 놓고 마음이 원하는 대로 몸이 실천하여 몸과 마음이 수수작용을 하게 되면 동지가 생기고, 동지들이 서로 잘 주고 잘 받으면 더 많은 동지를 번식하게 되는 것이다. 이러한 면에서 보면, 피조세계(被造世界)는 무형의 하나님의 본성상(本性相)과 본형상(本形狀)이 그 창조목적을 중심하고 수수작용을 함으로써 그것이 실체적으로 전개되어 번식한 것이라고 볼 수 있는 것이다.

VI. 모든 존재가 이성성상으로 되어 있는 이유

무엇이든지 존재하기 위하여는 반드시 어떠한 힘을 요하게 되는데, 그 힘은 수수작용(授受作用)에 의하여서만 생긴다. 그런데 무엇이나 단독적으로는 주고받을 수 없기 때문에, 그가 존재하기 위한 힘을 일으키기 위하여는 반드시 수수작용을 할 수 있는 주체(主體)와 대상(對象)의 이성성상으로 존재하지 않으면 아니 되는 것이다.

그리고 직선상의 운동에는 어느 때고 끝이 올 수밖에 없는 것이기 때문에, 그러한 직선운동을 하고 있는 존재는 영원성을 가질 수 없는 것이다. 그러므로 무엇이든지 영원성을 가지기 위하여는 돌지 않으면 안 되고, 돌기 위하여는 주체와 대상이 수수작용을 하지 않으면 아니 된다. 그렇기 때문에 하나님도 영원성을 가지기 위하여 이성성상(二性性相)으로 계시는 것이며, 하나님의 영원한 대상인 피조물도 영원성을 가지기 위하여는 하나님을 닮아서 이성성상으로 존재하지 않으면 아니 되는 것이다. 그리하여 시간도 주기적인 윤회(輪廻)에 의하여 영원성을 유지하고 있는 것이다.

제 3 절 창조목적

Ⅰ. 피조세계를 창조하신 목적

피조물(被造物)의 창조가 끝날 때마다 그것이 하나님이 보시기에 선하였다고 기록되어 있는 창세기의 말씀을 보면(창 1 : 4~31), 하나님은 스스로 창조하신 피조물이 선의 대상이 되기를 원하셨다는 것을 알 수 있다. 이처럼 피조물이 선의 대상이 되기를 원하신 것은 하나님이 그것을 보시고 기뻐하시기 위함이었다.

그러면 피조물이 어떻게 되어야만 하나님이 가장 기뻐하실 수 있을 것인가? 하나님은 만물세계를 창조(創造)하신 후, 끝으로 자기의 성상(性相)과 형상(形狀)대로 희로애락(喜怒哀樂)의 감성을 가진 인간을 창조하시어 그를 보시고 즐기려 하셨던 것이다. 그러므로 하나님이 아담과 해와를 창조하시고 나서, 생육하고 번식하여 만물세계를 주관하라(창 1 : 28)고 하신 3대 축복(三大祝福)의 말씀에 따라 인간이 하나님의 나라 즉 천국을 이루고 기뻐할 때에, 하나님도 그것을 보시고 가장 기뻐하실 것은 두말할 필요도 없다.

그러면 하나님의 3대 축복은 어떻게 하여서 이루어지는 것인가? 그것은 창조의 근본 기대인 사위기대가 이루어진 터전 위에서만 이루어질 수 있는 것이다. 그러므로 하나님이 피조세계를 창조하신 목적은, 인간을 비롯한 모든 피조물이 하나님을 중심한 사위기대를 완성하고 3대 축복의 말씀을 이루어 천국을 이룩함으로써 선의 목적을 완성한 것을 보시고 기쁨을 누리시려는 데 있었던 것이다.

그러므로 인간을 중심한 피조세계(被造世界)가 존재하는 목적은 하나님에게 기쁨을 돌려드리는 데 있다. 그리고 모든 존재는 이중목적(二重目的)을 지닌 연체(聯體)인 것이다. 위에서 논술한 바와 같이 모든 존재의 중심에는 성상적인 것과 형상적인 것의 두 가지가 있기 때문에, 그 중심이 지향하는 목적에도 성상적인 것과 형상적인 것의 두 가지가 있어서, 그것들의 관계는 성상과 형상과의 관계와 같다. 그리고 성상적인 목적은 전체를 위한 것이고, 형상적인 목적은 그 자체를 위한 것이어서 전자와 후자는 원인적인 것과 결과적인 것, 내적인 것과 외적인 것, 주체적인 것과 대상적인 것의 관계를 가지고 있는 것이다. 그러므로 전체적인 목적을 떠나서 개체적인 목적이 있을 수 없고, 개체적인 목적을 보장하지 않는 전체적인 목적도 있을 수 없다. 따라서 삼라만상의 피조물은 이러한 이중목적에 의하여 얽혀 있는 하나의 굉대(宏大)한 유기체(有機體)인 것이다.

II. 하나님의 기쁨을 위한 선의 대상

하나님의 창조목적(創造目的)에 관한 문제를 더 상세히 알기 위하여는, 우리가 어떠한 상태에 있을 때에 기쁨이 생기느냐 하는 문제를 먼저 알아야 한다. 기쁨은 독자적으로는 생기지 않는다. 무형이거나 실체거나 자기의 성상(性相)과 형상(形狀)대로 전개된 대상이 있어서, 그것으로부터 오는 자극으로 말미암아 자체의 성상과 형상을 상대적으로 느낄 때 비로소 기쁨이 생기는 것이다.

하나의 예를 들면, 작가의 기쁨은 그가 가지고 있는 구상 자체가 대상이 되든가 혹은 그 구상이 회화(繪畵)나 조각 등의 작품으로 실체화하여 대상이 되었을 때, 그 대상으로부터 오는 자극으로 말미암아 자기의 성상(性相)과 형상(形狀)을 상대적으로 느낌으로써 비로소 생기게 된다. 이에 구상 자체가 대상으로 서게 될 때에는 그로부터 오는 자극이 실체적인 것이 아니기 때문에 그로 인한 기쁨도 실체적인 것이 될 수는 없는 것이다. 인간의 이러한 성품은 모두 하나님을 닮은 것이다. 그러므로 하나님도 그의 실체대상으로부터 오는 자극으로 말미암아 자체의 본성상(本性相)과 본형상(本形狀)을 상대적으로 느낄 때 비로소 기쁨을 누리시게 된다는 것을 알 수 있다.

사위기대(四位基臺)의 터전 위에서 3대 축복(三大祝福)에 의한 천국이 이루어지면, 이것이 바로 하나님이 기쁨을 느끼실 수 있는 선의 대상이 되는 것이라고 우리는 앞서 설명하였다. 그러면 이것이 어떻게 되어 하나님의 기쁨을 위한 선의 대상이 되는가 하는 것을 알아보기로 하자.

하나님의 제1축복(第一祝福)은 개성을 완성하는 데 있다. 인간이 개성을 완성하려면, 하나님의 이성성상(二性性相)의 대상으로 분립된 마음과 몸이 수수작용을 하여 합성일체화함으로써 그 자체에서 하나님을 중심한 개체적인 사위기대(四位基臺)를 이루어야 한다. 하나님을 중심하고 마음과 몸이 창조본연의 사위기대를 이룬 인간은, 하나님의 성전(聖殿)이 되어(고전 3 : 16) 그와 일체를 이루기 때문에(요 14 : 20), 신성(神性)을 가지게 되어 하나님의 심정을 체휼함으로써 그의 뜻을 알고 그대로 생활하게 된다. 이와 같이 개성을 완성한 인간은 하나님을 중심한 그 마음의 실체대상이 되고, 따라서 하나님의 실체대상이 된다. 이에 그 마음이나 하나님은 이러한 실체대상으로부터 오는 자극으로 말미암아 그 자체의 성상과 형상을 상대적으로 느낄 수 있기 때문에 기쁨을 누리게 된다. 그러므로 인간이 하나님의 제1축복을 이루면 그것은 하나님의 기쁨을 위한 선의 대상이 되는 것이다. 이와 같이 개성을 완성한 인간은 하나님의 희로애락을 곧 그 자체의 것으로서 느끼게 되어 하나님이 서러워하시는 범죄행위를 할 수 없기 때문에 절대로 타락할 수 없는 것이다.

다음으로 하나님의 제2축복(第二祝福)을 이루기 위하여는, 하나님의 이성성상(二性性相)이 각각 개성을 완성한 실체대상(實體對象)으로 분립된 아담과 해와가 부부가 되어 합성일체화함으로써 자녀를 번식하여 하나님을 중심한 가정적인 사위기대를 이루어야 한다. 이와 같이 하나님을 중심하고 사위기대를 이룬 가정이나 사회는 개성을 완성한 사람 하나의 모양을 닮게 되므로, 이것은 하나님을 중심한 인간의 실체대상이요, 따라서 하나님의 실체대상이 된다. 그러므로 인간이나 하나님은 이러한 가정이나 사회로부터 그 자체의 성상(性相)과 형상(形狀)을 상대적으로 느끼게 되어 기쁨을 누리게 된다. 따라서 인간이 하나님의 제2축복을 이루면 그것도 또한 하나님의 기쁨을 위한 선의 대상이 되는 것이다.

다음으로 인간이 하나님의 제3축복(第三祝福)을 이루게 되면 그것이 어찌하여 하나님의 기쁨을 위한 선의 대상이 되는가를 알아보기로 하자. 이 문제를 해명하기 위하여는 먼저 성상과 형상으로 본 인간과 만물세계와의 관계를 알아야 한다.

하나님은 인간을 지으시기 전에 앞으로 창조하시게 될 인간의 성상과 형상을 형상적으로 전개하여 만물세계를 창조하셨다. 그러므로 인간은 만물세계를 총합한 실체상이 되는 것이다. 인간을 소우주(小宇宙)라고 하는 이유는 바로 여기에 있다.

하나님은 하등동물에서부터 점차적으로 기능이 복잡한 고등동물들을 창조하시고, 마지막으로 최고급의 기능을 가진 존재로 인간을 창조하셨다. 그러므로 인간에게는 어떠한 동물의 구조(構造)와 요소(要素)와 소성(素性)도 다 구비되어 있는 것이다. 인간이 어떠한 동물의 소리도 다 낼 수 있다는 것은 곧 어떠한 동물의 발성기(發聲器)의 성능도 다 가지고 있다는 이야기가 되는 것이다. 그리고 인간은 어떠한 피조물의 형(形) 선(線)의 미(美)도 다 갖추고 있기 때문에 화가는 인간의 나체(裸體)를 모델로 하여 화법을 연마하는 것이다.

인간과 식물을 놓고 보더라도 그 구조와 기능에는 차이가 있으나 모두 세포로 되어 있다는 점에서는 동일하다. 그리고 인간에게는 식물의 구조와 요소와 그의 소성이 모두 구비되어 있다. 즉 식물의 잎은 그 모양이나 기능으로 보아 인간의 폐(肺)에 해당된다. 잎이 대기 중에서 탄산가스를 흡수하는 것같이 폐는 산소를 흡수한다. 식물의 줄기와 가지는 인간의 심장(心臟)에 해당하는 것으로서 영양소를 전체에 공급한다. 그리고 식물의 뿌리는 인간의 위장(胃腸)에 해당하는 것으로서 영양소를 섭취한다. 더 나아가 식물의 사관(篩管)과 도관(導管)의 형태와 기능은 인간의 동맥과 정맥에 해당하는 것이다.

한편 인간은 물과 흙과 공기로 창조되었기 때문에 광물질(鑛物質)의 요소도 가지고 있다. 지구도 인체 구조의 표시체로 되어 있는 것이다. 지구에는 식물로 덮인 지각(地殼)이 있고, 지층(地層) 속에는 지하천(地下泉)이 있으며, 그 밑에 암층(岩層)으로 둘러싸인 용암층(熔岩層)이 있는데, 이것은 마치 솜털로 덮인 피부가 있고, 근육 속에는 혈관이 있으며, 그 밑에 골격(骨格)과 골격으로 둘러싸인 골수(骨髓)가 있는 인체의 구성과 흡사하다.

하나님의 제3축복(第三祝福)은 만물세계에 대한 인간의 주관성 완성을 의미한다. 인간이 이 축복을 이루기 위하여는, 하나님의 형상적 실체대상인 인간과 그의 상징적 실체대상인 피조세계가 사랑과 미(美)

를 주고받아 합성일체화함으로써, 하나님을 중심한 주관적인 사위기대가 이루어져야 한다(본장 제5절 II 3 참조).

위에서 논한 바와 같이, 만물세계는 어디까지나 인간의 성상(性相)과 형상(形狀)을 실체로 전개해 놓은 그 대상이다. 그러므로 하나님을 중심한 인간은 그의 실체대상인 만물세계로부터 오는 자극으로 말미암아 자체의 성상과 형상을 상대적으로 느낄 수 있기 때문에 기쁨을 누리게 된다. 그리고 하나님은 위와 같이 인간과 만물세계가 합성일체화하여 하나님의 제3대상이 된 피조세계(被造世界)로 말미암아 하나님 자체의 본성상(本性相)과 본형상(本形狀)에 대한 자극적인 감성을 상대적으로 느끼심으로써 기쁨을 누리시게 되는 것이다. 인간이 이렇듯 하나님의 제3축복(第三祝福)을 이루면, 그것도 하나님의 기쁨을 위한 또 하나의 선(善)의 대상이 되는 것이다.

이와 같이 하나님의 창조목적(創造目的)이 이루어졌더라면 죄의 그림자조차도 찾아볼 수 없는 그러한 이상세계가 지상에 이루어졌을 것이니, 이러한 세계를 말하여 우리는 지상천국(地上天國)이라고 하는 것이다. 차후에 상세히 설명하겠지만, 원래 인간은 지상천국에서 생활을 하다가 육신을 벗으면 그와 동시에 영계에 가서 자동적으로 천상천국(天上天國)의 생활을 하도록 창조된 것이었다.

위에서 설명한 바 모든 사실들을 종합하여 볼 때, 천국은 하나님의 본성상과 본형상대로 개성을 완성한 인간 하나의 모양을 닮은 세계를 말한다는 것을 우리는 알 수 있게 된다. 인간에게 있어서 그 마음의 명령이 중추신경(中樞神經)을 통하여 그의 사지백체(四肢百體)에 전달됨으로써 그 인체가 하나의 목적을 지향하여 동(動)하고 정(靜)하는 것과 같이, 천국에 있어서는 하나님의 명령이 인류의 참부모를 통하여 모든 자녀들에게 전달됨으로써 모두 하나의 목적을 향하여 동하고 정하게 되는 것이다.

제 4 절 창조본연의 가치

Ⅰ. 창조본연의 가치 결정과 그 가치의 기준

창조본연(創造本然)의 가치는 어떻게 결정되는가? 어떤 대상이 지니고 있는 가치는 그 대상이 존재하는 목적과 그것을 대하는 인간 주체의 욕구와의 상대적 관계에 의하여 결정된다고 생각하는 것이 우리가 이제까지 알아 왔던 일반적인 가치관이었다. 그런데 어떤 개성체의 창조본연의 가치는 그 자체 내에 절대적인 것으로 내재하고 있는 것이 아니라, 그 개성체가 하나님의 창조이상(創造理想)을 중심하고 어떠한 대상으로 존재하는 목적과 그것을 대하는 인간 주체의 창조본연의 가치 추구욕이 상대적 관계를 맺음으로써 결정된다. 따라서 어떤 대상이 창조본연의 가치를 가지기 위하여는, 그것이 인간 주체와 수수작용에 의하여 합성일체화함으로써 하나님의 제3대상이 되어 창조본연의 사위기대(四位基臺)를 이루지 않으면 아니 된다.

그러면 창조본연의 가치의 기준은 어디에 있는가? 창조본연의 가치는 어떤 대상(對象)과 인간 주체(主體)가 하나님을 중심하고 창조본연의 사위기대를 이룰 때 결정되는데, 이 사위기대의 중심이 절대자 하나님이시므로 이 가치의 기준도 절대자 하나님이신 것이다. 그러므로 절대자 하나님을 기준으로 하여 그에 상대적으로 결정되는 어떤 대상의 창조본연의 가치도 절대적인 것이 아닐 수 없다.

예를 들면, 꽃의 미(美)는 어떻게 결정되는가? 그것은 하나님이 그 꽃을 창조하신 목적과 그 꽃의 미를 찾는 인간의 미에 대한 창조본연의 추구욕이 합치될 때, 다시 말하면 하나님의 창조이상에 입각한 인간의 미에 대한 추구욕이 그 꽃으로부터 오는 정적(情的)인 자극으로 말미암아 충당되어 인간이 완전한 기쁨을 느낄 때 그 창조본연의 미가 결정된다. 이와 같이 창조목적(創造目的)을 중심하고 그 꽃으로부터 느끼는 기쁨이 완전할 때 그 꽃의 미는 절대적이다. 여기에 그 미의 추구욕이란 인간 자신이 그의 성상(性相)과 형상(形狀)을 그의 대상을 통하여 상대적으로 느끼려 하는 욕망을 말한다. 그리고 그 꽃의 창조목적과 그 꽃을 대하는 인간의 가치 추구욕이 합치되는 순간 그 대상과 주체는 혼연일체의 상태를 이루게 된다.

그러므로 어떠한 존재가 창조본연의 가치를 가지기 위하여는, 하나님을 중심하고 그와 그를 대하는 인간 주체가 혼연일체의 상태에서 하나님의 제3대상이 되어 사위기대(四位基臺)를 이루어야 한다. 그러면 절대적인 가치의 기준인 하나님과 상대적으로 결정된 만물들의 창조본연의 가치도 절대적인 것이 되는 것이다. 지금까지 어떤 대상의 가치가 절대적인 것이 되지 못하고 상대적이었던 것은, 그 대상과 그것을 대하는 타락인간과의 사이에 이루어지는 수수관계(授受關係)가 하나님의 창조이상을 중심한 것이 아니고 사탄적인 목적과 욕망을 중심한 것이었기 때문이다.

II. 창조본연의 지 정 의와 창조본연의 진 미 선

인간의 마음은 그 작용에 있어서 지(知)·정(情)·의(意)의 3기능을 발휘한다. 그리고 인간의 육신은 그 마음의 명령에 감응되어 행동한다. 이것을 보면 그 육신은 마음 곧 지·정·의의 감응체로서, 그의 행동은 진(眞)·미(美)·선(善)의 가치를 추구하는 것으로 나타나게 된다. 또 하나님은 어디까지나 인간의 마음의 주체이시기 때문에 지·정·의의 주체이시기도 하다. 따라서 인간은 창조본연(創造本然)의 가치 실현욕에 의해 마음으로 하나님의 그 본연의 지·정·의에 감응하고, 몸으로 이것을 행동함으로써 비로소 그 행동은 창조본연의 진·미·선의 가치를 나타내게 되는 것이다.

Ⅲ. 사랑과 미, 선과 악, 의와 불의

1. 사랑과 미

하나님으로부터 분립된 2성(二性)의 실체가 상대기준(相對基準)을 조성하여 수수작용(授受作用)을 함으로써 사위기대(四位基臺)를 이루려 할 때, 그들이 하나님의 제3대상으로 합성일체화(合性一體化)하기 위하여 주체가 대상에게 주는 정적(情的)인 힘을 사랑이라 하고, 대상이 주체에게 돌리는 정적인 힘을 미(美)라고 한다. 그러므로 사랑의 힘은 동적(動的)이요, 미의 자극은 정적(靜的)이다.

하나님과 인간을 두고 볼 때 하나님은 사랑의 주체이시요 인간은 미의 대상이며, 남녀를 놓고 볼 때에는 남자는 사랑의 주체가 되고 여자는 미의 대상이 된다. 피조세계에 있어서는 인간은 사랑의 주체가 되고 만물세계는 미의 대상이 되는 것이다. 그러나 주체(主體)와 대상(對象)이 합성일체화하면 미에도 사랑이, 사랑에도 미가 내포되는 것이다. 왜냐하면 주체와 대상이 서로 돌아서 일체를 이루면 주체도 대상의 입장에, 대상도 주체의 입장에 설 수 있기 때문이다. 대인관계에 있어서 윗사람의 사랑에 대하여 아랫사람이 돌리는 미를 충(忠)이라 하고, 부모의 사랑에 대하여 자녀가 돌리는 미를 효(孝)라고 하며, 남편의 사랑에 대하여 아내가 돌리는 미를 열(烈)이라고 한다. 사랑과 미의 목적은, 하나님으로부터 실체로 분립된 양성(兩性)이 사랑과 미를 주고받음으로 합성일체화하여 하나님의 제3대상이 됨으로써 사위기대를 조성하여 창조목적을 이루려는 데 있다.

다음으로는 하나님의 사랑이 무엇인가를 알아보기로 하자. 하나님을 중심하고 그의 이성성상(二性性相)의 실체대상으로 완성된 아담과 해와가 일체를 이루어 자녀를 번식함으로써 부모의 사랑(제1대상의 사랑), 부부의 사랑(제2대상의 사랑), 자녀의 사랑(제3대상의 사랑) 등 창조본연의 3대상(三對象)의 사랑을 체휼해야만, 삼대상목적(三對象目的)을 완성하여 사위기대를 이룬 존재들로서 인간 창조의 목적을 완성하게 되는 것이다. 이러한 사위기대(四位基臺)의 3대상 사랑에 있어서 그 주체적인 사랑이 바로 하나님의 사랑이다. 그러므로 하나님의 사랑은 3대상의 사랑으로 나타나 사위기대 조성을 위한 근본적인 힘이 되는 것이다. 따라서 사위기대는 하나님의 사랑을 완전히 받아서 그를 체휼할 수 있는 완전한 미의 대상이요, 또 완전한 기쁨의 대상이기 때문에 창조목적을 완성한 선의 근본적인 기대가 된다.

2. 선과 악

주체(主體)와 대상(對象)이 사랑과 미를 잘 주고 잘 받아 합성일체화함으로 말미암아, 하나님의 제3대상이 되어 사위기대를 조성함으로써 하나님의 창조목적을 성취하는 행위나 그 행위의 결과를 선(善)이라 하고, 사탄을 중심하고 사위기대를 조성함으로써 하나님의 창조목적에 배치(背馳)되는 행위나 그 행위의 결과를 악(惡)이라고 한다.

예를 들면, 하나님을 중심하고 마음과 몸이 주체와 대상의 입장에서 사랑과 미를 잘 주고 잘 받아 합성일체화하여 개인적인 사위기대를 조성함으로써, 창조목적을 완성한 개성체가 되어 하나님의 제1축복(第一祝福)을 완성하게 될 때, 그 개성체나 또는 그러한 개성체를 이루기 위한 행위를 선이라고 한다. 그리고 하나님을 중심하고 아담과 해와가 주체와 대상의 입장에서 사랑과 미를 잘 주고 잘 받아 부부를 이루고 자녀를 번식하여 가정적인 사위기대를 조성함으로써, 창조목적을 완성한 가정을 이루어 하나님의 제2축복(第二祝福)을 완성하게 될 때, 그 가정이나 또는 그러한 가정을 이루기 위한 행위를 선이라고 한다. 또 개성을 완성한 인간이 어떠한 사물을 제2의 자아로서 그 대상의 입장에 세워 놓고 그것과 합성일체화함으로 말미암아, 하나님의 제3대상을 이루어 주관적인 사위기대를 조성함으로써 하나님의 제3축복(第三祝福)을 완성하게 될 때, 그 사물이나 또는 그 사물을 이루기 위한 행위를 선이라고 한다. 그리고 사탄을 중심하고 사위기대를 조성함으로써 위와 같은 하나님의 3대 축복과 반대되는 목적을 이루는 행위나 그 행위의 결과를 악이라고 한다.

3. 의와 불의

선의 목적을 이루어 나아가는 과정에 있어서 그 선을 위한 생활적인 요소를 의(義)라고 하며, 악(사탄)의 목적을 이루어 나아가는 과정에 있어서 그 악을 위한 생활적인 요소를 불의(不義)라고 한다. 그러므로 선의 목적을 이루기 위하여는 필연적으로 의의 생활을 요하게 되는 것으로서, 의가 선의 목적을 추구하는 이유는 바로 여기에 있는 것이다.

제 5 절 피조세계의 창조과정과 그의 성장기간

I. 피조세계의 창조과정

창세기 1장을 보면, 천지창조(天地創造)는 혼돈하고 공허하여 흑암이 깊음 위에 있는 데서 빛을 창조하신 것으로 출발하여, 먼저 물을 궁창(穹蒼) 위와 아래로 갈라 세우고, 다음에는 육지와 바다를 가르고, 다음엔 식물(植物)을 비롯하여 어류(魚類), 조류(鳥類), 포유류(哺乳類), 인류(人類) 등을 창조하시는 데 6일이라는 기간을 요하였다고 기록되어 있다. 이것으로써 우리는 피조세계(被造世界)의 창조가 끝날 때까지 6일이라는 시간적인 과정이 있었다는 것을 알 수 있다.

여기에서 우리는 성서(聖書)에 기록된 창조의 과정이 오늘날 과학자들의 연구에 의한 우주의 생성과정과 거의 일치한다는 사실을 알 수 있다. 과학자들의 문헌에 의하면, 우주는 처음에는 가스 상태로서 무수시대(無水時代)의 혼돈과 공허한 가운데서 천체(天體)를 이루어, 강우(降雨)에 의한 유수시대(有水時代)가 되면서 물로 된 궁창을 형성하였고, 다음에는 화산(火山)의 분출에 의하여 물 속에서 육지가 드러나 바다와 육지가 생겼으며, 다음에는 하등의 식물과 동물에서 시작되어 순차로 어류, 조류, 포유류, 인류가 생성되었다고 하며, 지구의 연령을 수십억년으로 추산하고 있다. 지금으로부터 수천년 전에 기록된 이 성경의 천지창조 과정이 오늘날의 과학자들이 연구한 것과 거의 부합되고 있다는 사실을 볼 때, 우리는 이 기록이 하나님의 계시(啓示)임에 틀림이 없다는 것을 재확인하게 된다.

우리는 여기에서 우주는 시간성을 떠나서 돌연히 생성된 것이 아니라, 그것이 생성될 때까지에는 상당한 시간이 소요되었다는 사실을 알았다. 따라서 천지창조를 완료하기까지의 6일이란 기실 일출(日出) 일몰(日沒)의 횟수로 계산되는 6일이 아니라, 창조과정의 여섯 단계의 기간을 표시한 것이었음을 알 수 있는 것이다.

II. 피조물의 성장기간

피조세계(被造世界)의 창조가 끝날 때까지 6일 즉 여섯 단계의 기간이 소요되었다는 사실은, 곧 피조세계를 구성하고 있는 각 개성체(個性體)가 완성되는 데 있어서도 어느만큼의 기간이 소요되었음을 의미한다. 그리고 창세기 1장에 있는 천지창조에 관한 기록을 보면 하루하루의 창조가 끝날 때마다 그 서수(序數) 일자를 밝힌 것이 있는데, 이 일자 표시에서도 우리는 피조물의 완성에 어떠한 기간이 소요되었음을 알게 된다. 즉 하나님은 첫날의 창조를 마치시자 저녁이 되며 아침이 되니 이는 첫째날이니라(창 1 : 5)고 말씀하셨다. 저녁으로부터 밤을 지나고 다음날 아침이 되면 둘째날일 것인데 첫째날이라고 한 것은, 피조물이 밤이라는 성장기간(成長期間)을 지나 아침이 되어서 완성된 후에야 창조이상(創造理想)을 실현하기 위한 첫 출발을 하게 되기 때문이다.

이처럼 피조세계에서 일어나는 모든 현상은 반드시 어느만큼의 시간이 경과한 후에야 그 결과를 가져오게 되는 것인 바, 이것은 피조물(被造物)이 창조될 때 일정한 성장기간을 거쳐서 완성되도록 창조되었기 때문이다.

1. 성장기간의 질서적 3단계

피조세계는 하나님의 본성상(本性相)과 본형상(本形狀)이 수리적인 원칙에 의하여 실체적으로 전개된 것이다. 여기에서 우리는 하나님은 수리성(數理性)을 가지고 계시다는 것을 미루어 알 수 있다. 그런데 하나님은 절대자이시면서 상대적인 이성성상의 중화적 존재이시기 때문에 3수적인 존재이시다. 따라서 한 하나님을 닮아 난 피조물(창 1 : 27)은 그 존재 양상이나 그 운동이나 또는 그 성장기간(成長期間) 등이 모두 3수 과정을 통하여 나타나게 된다.

따라서 하나님의 창조목적인 사위기대(四位基臺)는 하나님, 아담과 해와, 그리고 자녀 번식의 3단계의 과정을 거쳐서야 완성된다. 그리고 사위기대를 조성하여 원형운동을 하려면 반드시 정(正)·분(分)·합(合) 3단계의 작용을 하여 삼대상목적(三對象目的)을 이루고 3점을 통과해야 되는 것이다. 따라서 한 물체가 정착하려면 최소한 3점에서 지지(支持)되어야 한다. 그러므로 모든 피조물이 완성됨에 있어서도 그의 성장기간은 소생기(蘇生期), 장성기(長成期), 완성기(完成期)의 질서적 3단계를 거쳐서야 완성되는 것이다.

그러면 이제 자연계(自然界)에서 3수로 나타나고 있는 그 예를 들어 보기로 하자. 자연계는 광물과 식물과 동물로 되어 있고, 물질은 기체와 액체와 고체의 3상(三相)을 보여 주고 있다. 그리고 식물은 뿌리와 줄기와 잎의 세 부분으로 이루어졌고, 동물은 머리와 몸과 사지의 세 부분으로 되어 있는 것이다.

다음에 우리는 또 성서(聖書)에 보여지는 3수의 예를 들어 보기로 하자. 인간은 성장기간의 3단계를 완성하지 못하고 타락됨으로써 창조목적(創造目的)을 이루지 못하였기 때문에, 이 목적을 다시 이루는 데 있어서도 이 3단계를 거치지 않으면 아니 된다. 그러므로 복귀섭리(復歸攝理)는 3수를 찾는 섭리를 하셨고, 따라서 성서에는 3수를 중심한 섭리의 기록이 많이 있다. 성부(聖父)・성자(聖子)・성신(聖神)의 3위(三位), 낙원의 3층, 누시엘 가브리엘 미가엘의 3천사, 방주(方舟)의 3층, 노아 홍수(洪水) 때의 3차의 비둘기, 아브라함의 3제물(三祭物), 이삭 헌제(獻祭)의 3일, 모세 때의 어둠의 재앙(災殃) 3일간, 출애급노정(出埃及路程)을 위한 3일간의 사탄 분립기간과 가나안 복귀를 위한 3차의 40년 기간, 요단강을 건너기 전 여호수아를 중심한 사탄 분립의 3일 기간, 예수님의 30년 사생애(私生涯)와 3년 공생애(公生涯), 3인의 동방박사(東方博士), 그들의 3예물, 3제자, 3대 시험, 겟세마네의 3차의 기도와 베드로의 예수님에 대한 3차의 부인(否認), 예수님이 운명하시기 전의 세 시간의 어둠과 3일 만의 부활(復活) 등 그 예는 허다하다.

그러면 인간 시조는 언제 타락되었던가? 그들은 성장기간(成長期間) 즉 미완성기(未完成期)에서 타락했던 것이다. 인간이 만일 완성된 후에 타락하였다면 우리는 하나님의 전능성(全能性)을 믿을 수 없는 것이다. 만일 인간이 선(善)의 완성체가 되어 가지고 타락하였다면 선 자체도 불완전한 것이 되는 것이요, 따라서 선의 주체이신 하나님도 역시 불완전한 분이시라는 결론에 이르고 마는 것이다.

창세기 2장 17절을 보면, 하나님이 아담과 해와에게 선악과(善惡果)를 따먹는 날에는 정녕 죽으리라고 경고하신 말씀이 있다. 그들은 하나님의 경고를 듣지 않고 죽을 수도 있었고, 혹은 그 경고를 받아들이어 죽지 않을 수도 있었던 것으로 미루어 보아 그들은 아직 미완성기에 있었음이 분명하다. 만물세계가 6일이라는 기간을 지나서 완성하도록 창조되었기 때문에, 피조물의 하나인 인간도 역시 그러한 원리를 떠나서 창조되었을 리는 없는 것이다.

그러면 인간은 성장기간의 어느 단계에서 타락되었던가? 그것은 장성기(長成期)의 완성급(完成級)에서 타락하였던 것이다. 이것은 인간 시조의 타락을 전후한 제반 사정과 복귀섭리역사(復歸攝理歷史)의 경위가 실증하는 바로서, 본서의 전후편을 두루 연구하는 데서 명확히 알게 될 것이다.

2. 간접주관권

피조물(被造物)이 성장기에 있을 때에는 원리 자체의 주관성(主管性) 또는 자율성(自律性)에 의하여 성장하게 되어 있다. 따라서 하나님은 원리의 주관자로 계시면서 피조물이 원리에 의하여 성장하는 결과만을 보아서 간접적인 주관을 하시므로, 이 기간을 하나님의 간접주관권(間接主管圈) 또는 원리결과주관권(原理結果主管圈)이라고 한다.

만물은 원리 자체의 주관성 또는 자율성에 의하여 성장기간(간접주관권)을 경과함으로써 완성한다. 그러나 인간은 원리 자체의 주관성이나 자율성뿐만 아니라, 그 자신의 책임분담(責任分擔)을 다하면서 이 기간을 경과하여 완성하도록 창조되었다. 즉 먹는 날에는 정녕 죽으리라(창 2 : 17)고 하신 하나님의 말씀을 두고 보면, 인간 시조(始祖)가 하나님의 이 말씀을 믿어 따먹지 않고 완성되는 것이나 그 말씀을 불신하여 따먹고 타락되는 것은 하나님에게 달려 있는 것이 아니라 인간 자신에게 달려 있었던 것이다. 따라서 인간의 완성 여부는 하나님의 창조의 능력에만 달려 있었던 것이 아니라, 인간 자신의 책임수행(責任遂行) 여하에 따라서 결정되도록 되어 있었던 것이다. 이와 같이 하나님은 그의 창조주(創造主)로서의 책임분담에 대하여 인간이 그 자신의 책임분담을 다하면서 이 성장기간(간접주관권)을 다 경과함으로써 완성되도록 창조하셨기 때문에, 그 책임분담에 대하여는 하나님이 간섭하셔서는 안 되는 것이다.

이와 같이 인간이 그 자신의 책임분담(責任分擔)을 완수하여서만 완성되도록 창조하신 것은, 인간이 하나님도 간섭할 수 없는 그의 책임분담을 완수함으로써 인간으로 하여금 하나님의 창조성(創造性)까지도 닮게 하여 하나님의 창조의 위업에 가담케 하심으로써, 창조주(創造主) 하나님이 인간을 주관하시듯이 인간도 창조주의 입장에서 만물을 주관할 수 있는 주인의 권한을 가지도록 하시기 위함이었다(창 1 : 28). 인간이 만물과 다른 점은 바로 여기에 있는 것이다.

이와 같이 인간이 자신의 책임분담을 완수하여 하나님의 창조성을 이어받음으로써 천사(天使)를 비롯한 만물에 대한 주관성을 가지게 될 때 비로소 완성되도록 하시기 위하여, 하나님은 간접주관권(間接主管圈)을 두시고 인간을 창조하신 것이다. 그러므로 타락되어 이러한 주관성을 갖지 못하게 된 인간들도 역시 복귀원리(復歸原理)에 의하여 인간 책임분담을 완수함으로써, 사탄을 비롯하여 만물에 대한 주관성을 복귀하기 위한 그 간접주관권을 다 통과하지 않으면 창조목적을 완성할 수 없는 것이다. 하나님의 구원섭리(救援攝理)가 그처럼 오랜 기간을 두고 연장되어 나온 것은, 복귀섭리를 담당한 중심인물들이 하나님도 간섭할 수 없는 그 자신들의 책임분담을 수행하는 데 있어서 항상 실수를 거듭하여 왔었기 때문이다.

그리스도의 십자가(十字架)로 인한 구원(救援)의 은사가 아무리 크다 하더라도, 인간 자신이 그의 책임분담인 믿음을 세우지 않으면 그를 찾아온 구원섭리는 무위로 돌아가지 않을 수 없는 것이다. 따라서 예수님의 십자가로 인한 부활(復活)의 혜택을 주신 것은 하나님의 책임분담이었고, 그것을 믿고 안 믿는 것은 어디까지나 인간 자신의 책임분담인 것이다(요 3 : 16, 엡 2 : 8, 롬 5 : 1).

3. 직접주관권

직접주관권(直接主管圈)이란 어떠한 것이며, 또 이것을 두고 창조하신 목적은 어디에 있는가? 하나님을 중심하고 어떠한 주체(主體)와 대상(對象)이 합성일체화(合性一體化)하여 사위기대(四位基臺)를 조성함으로써 하나님과 심정의 일체를 이루어 가지고, 주체의 뜻대로 사랑과 미(美)를 완전히 주고받아 선(善)의 목적을 이루는 것을 직접주관(直接主管)이라고 한다. 따라서 직접주관권은 곧 완성권을 의미한다. 이와 같이 직접주관은 어디까지나 창조목적(創造目的)을 이루기 위한 것이므로 이것이 없어서는 아니 되는 것이다.

그러면 인간에 대한 하나님의 직접주관이란 구체적으로 어떻게 되는 것을 말하는 것인가? 하나님을 중심하고 아담과 해와가 완성되어 가지고 합성일체화하여 가정적인 사위기대를 조성함으로써 하나님과 심정(心情)의 일체를 이루어, 하나님을 중심한 아담의 뜻대로 서로 사랑과 미를 완전히 주고받는 선의 생활을 하게 될 때, 이것을 하나님의 직접주관이라고 한다. 이러한 인간은 하나님의 심정을 체휼하고 그의 뜻을 완전히 알고 실천하게 되므로, 마치 두뇌가 명령 아닌 명령으로 사지백체(四肢百體)를 움직이는 것같이, 인간도 하나님의 명령 아닌 명령에 의하여 그의 뜻대로 움직여서 창조목적을 이루어 나아가게 되는 것이다.

다음으로 우리는 만물세계(萬物世界)에 대한 인간의 직접주관은 어떠한 것인가를 알아보기로 하자.

하나님을 중심하고 완성한 인간이 만물세계를 대상으로 세워 합성일체화함으로써 사위기대를 조성하여 하나님의 심정을 중심하고 일체를 이루어서, 하나님을 중심한 인간의 뜻대로 인간과 만물세계가 사랑과 미를 완전히 주고받음으로써 선의 목적을 이루게 되는 것을 만물에 대한 인간의 직접주관이라고 한다.

제 6 절 인간을 중심한 무형실체세계와 유형실체세계

Ⅰ. 무형실체세계와 유형실체세계

피조세계(被造世界)는 하나님의 이성성상(二性性相)을 닮은 인간을 본으로 하여 창조되었기 때문에, 모든 존재는 마음과 몸으로 된 인간의 기본형을 닮지 않은 것이 하나도 없다(본장 제1절 II 참조). 그러므로 피조세계에는 인간의 몸과 같은 유형실체세계(有形實體世界)만 있는 것이 아니고, 그의 주체로서의 인간의 마음과 같은 무형실체세계(無形實體世界)가 또 있다. 이것을 무형실체세계라고 하는 것은, 우리의 생리적인 오관(五官)으로는 그것을 감각할 수 없고 영적 오관으로만 감각할 수 있기 때문이다. 영적 체험에 의하면, 이 무형세계는 영적인 오관에 의하여 유형세계와 꼭같이 실감할 수 있는 실재세계인바, 이 유형 무형의 두 실체세계를 합친 것을 우리는 천주(天宙)라고 부른다.

마음과의 관계가 없이는 몸의 행동이 있을 수 없는 것같이 하나님과의 관계가 없이는 창조본연(創造本然)의 인간의 행동이 있을 수 없으며, 따라서 무형세계와의 관계가 없이는 유형세계가 창조본연의 가치를 드러낼 수 없는 것이다. 그러므로 마음을 알지 못하고는 그 사람의 인격을 알 수 없듯이 하나님을 알지 못하고는 인생의 근본 의의를 알 수 없으며, 무형세계가 어떻게 되어 있는가 하는 것을 모르고는 유형세계가 어떻게 되었는가 하는 것을 완전히 알 수 없는 것이다. 그러므로 무형세계는 주체(主體)의 세계요 유형세계는 대상(對象)의 세계로서, 후자는 전자의 그림자와 같은 것이다(히 8 : 5). 유형세계에서 생활하던 인간이 육신(肉身)을 벗으면 그 영인체(靈人體)는 바로 무형세계에 가서 영주(永住)하게 된다.

II. 피조세계에 있어서의 인간의 위치

첫째로, 하나님은 인간을 피조세계(被造世界)의 주관자로 창조하셨다(창 1 : 28). 피조세계는 하나님에 대한 내적인 감성을 갖추지 못하고 있다. 그러므로 하나님은 이 세계를 직접 주관하지 않으시고, 이 세계에 대한 감성을 갖춘 인간을 창조하시어 그로 하여금 피조세계를 직접 주관하도록 하신 것이다. 따라서 인간을 창조하심에 있어서 유형세계(有形世界)를 느껴 그것을 주관하도록 하시기 위하여 그것과 같은 요소인 물과 흙과 공기로써 육신을 창조하시고, 무형세계(無形世界)를 느껴 그것을 주관하도록 하시기 위하여 그것과 같은 영적인 요소로써 영인체를 창조하시었다. 변화산상(變化山上)에서의 예수님 앞에 이미 1600여년 전에 죽었던 모세와 900여년 전에 죽었던 엘리야가 나타났었는데(마 17 : 3), 이것들은 모두 그들의 영인체들이었다. 이와 같이 유형세계를 주관할 수 있는 육신과 무형세계를 주관할 수 있는 영인체로 구성된 인간은 유형세계와 무형세계를 모두 주관할 수 있는 것이다.

둘째로, 하나님은 인간을 피조세계의 매개체요 또한 화동의 중심체로 창조하셨다. 인간의 육신과 영인체가 수수작용에 의하여 합성일체화함으로써 하나님의 실체대상이 될 때, 유형 무형 두 세계도 또한 그 인간을 중심하고 수수작용을 일으키어 합성일체화함으로써 하나님의 대상세계가 된다. 그리하여 인간은 두 세계의 매개체요 또한 화동의 중심체가 된다. 그러므로 인간은 마치 두 음차(音叉)를 공명시키는 데 있어서의 공기와 같은 것이다. 인간은 또 이와 같이 무형세계(영계)와 통할 수 있도록 창조되었기 때문에 마치 라디오나 텔레비전과도 같아서 영계의 사실을 그대로 반영하게 되어 있다.

셋째로, 하나님은 인간을 천주(天宙)를 총합한 실체상으로 창조하셨다. 하나님은 나중에 창조하실 인간의 성상(性相)과 형상(形狀)을 실체적으로 전개하시어 먼저 피조세계를 창조하셨었다. 따라서 영인체(靈人體)의 성상과 형상의 실체적인 전개로서 무형세계(無形世界)를 창조하셨기 때문에 영인체는 무형세계를 총합한 실체상이요, 한편 또 육신(肉身)의 성상과 형상의 실체적인 전개로서 유형세계(有形世界)를 창조하셨기 때문에 육신은 유형세계를 총합한 실체상이 되는 것이다. 따라서 인간은 천주를 총합한 실체상이 되는 것이니, 흔히 인간을 소우주(小宇宙)라고 하는 이유는 여기에 있는 것이다.

그런데 인간이 타락되어 피조세계는 자기를 주관해 줄 수 있는 주인을 잃어버렸으므로, 로마서 8장 19절에 피조물은 하나님의 아들들(복귀된 창조본연의 인간)이 나타나기를 고대한다고 하였다. 그뿐만 아니라 화동의 중심체인 인간이 타락되어 유형 무형 두 세계의 수수작용(授受作用)이 끊어짐으로써 그것들이 일체를 이루지 못하고 분리되었기 때문에, 로마서 8장 22절에는 피조물(被造物)이 탄식하고 있음을 밝히고 있는 것이다.

예수님은 영인체와 육신을 가진 완성한 아담으로 오셨던 분이었다. 따라서 그는 천주를 총합한 실체상이었던 것이다. 그러므로 만물을 그리스도의 발 아래 두셨다고 말씀하셨다(고전 15 : 27). 예수님은 타락인간이 그를 믿어 그와 일체가 됨으로써 그와 같이 완성한 인간이 되게 하시기 위하여 오셨기 때문에 구주(救主)이신 것이다.

Ⅲ. 육신과 영인체와의 상대적 관계

1. 육신의 구성과 그의 기능

육신(肉身)은 육심(주체)과 육체(대상)의 이성성상으로 되어 있다. 육심(肉心)은 육체(肉體)로 하여금 그 생존과 번식과 보호 등을 위한 생리적인 기능을 유지할 수 있도록 이끌어 주는 작용부분을 말한다. 그러므로 동물에 있어서의 본능성은 바로 그들의 육심에 해당하는 것이다. 육신이 원만히 성장하려면 양성의 영양소인 무형의 공기와 광선을 흡수하고 음성의 영양소인 유형의 물질을 만물로부터 섭취하여, 이것들이 혈액을 중심하고 완전한 수수작용을 해야 한다.

육신의 선행(善行)과 악행(惡行)에 따라서 영인체(靈人體)도 선화(善化) 혹은 악화(惡化)한다. 이것은 육신으로부터 영인체에게 어떠한 요소를 돌려주기 때문이다. 이렇듯 육신으로부터 영인체에 주어지는 요소를 우리는 생력요소(生力要素)라고 한다. 우리는 평소의 생활에 있어서 육신이 선한 행동을 할 때는 마음이 기쁘고 악한 행동을 할 때는 마음이 언짢은 것을 경험하거니와, 이것은 그 육신의 행동의 선악(善惡)에 따라 그에 적응하여 생기는 생력요소가 그대로 영인체에 돌아가는 증좌(證左)이다.

2. 영인체의 구성과 그의 기능

영인체(靈人體)는 인간의 육신의 주체로 창조된 것으로서 영감(靈感)으로만 감득되며, 하나님과 직접 통할 수 있고, 또 천사나 무형세계를 주관할 수 있는 무형실체(無形實體)로서의 실존체인 것이다. 영인체는 그의 육신과 동일한 모습으로 되어 있으며, 육신을 벗은 후에는 무형세계(영계)에 가서 영원히 생존한다. 인간이 영존(永存)하기를 염원하는 것은 그 자체 내에 이와 같이 영존성을 지닌 영인체가 깃들어 있기 때문이다.

이 영인체는 생심(生心, 주체)과 영체(靈體, 대상)의 이성성상으로 되어 있다. 그리고 생심이라고 하는 것은 하나님이 임재하시는 영인체의 중심부분을 말하는 것이다. 영인체는 하나님으로부터 오는 생소(生素, 양성)와 육신으로부터 오는 생력요소(生力要素, 음성)의 두 요소가 수수작용을 하는 가운데서 성장한다. 그리고 영인체는 육신으로부터 생력요소를 받는 반면에 그가 육신에게 돌려보내는 요소도 있는 것이니, 우리는 이것을 생령요소(生靈要素)라고 한다. 인간이 신령(神靈)에 접함으로써 무한한 기쁨과 새로운 힘을 얻어서 고질(痼疾)이 물러가는 등 그 육신에 많은 변화를 일으키게 되는데, 이것은 그 육신이 영인체로부터 생령요소를 받기 때문이다.

그리고 영인체는 육신을 터로 하여서만 성장한다. 그러므로 영인체와 육신과의 관계는 마치 열매와 나무와의 관계와 같다. 생심(生心)의 요구대로 육심(肉心)이 호응하여 생심이 지향하는 목적을 따라 육신이 움직이게 되면 육신은 영인체로부터 생령요소를 받아 선화(善化)되고, 그에 따라 육신은 좋은 생력요소를 영인체에 다시 돌려줄 수 있게 되어, 영인체는 선(善)을 위한 정상적인 성장을 하게 되는 것이다.

생심(生心)이 요구하는 것이 무엇인가 하는 것을 가르쳐 주는 것이 진리(眞理)이다. 그러므로 인간이 진리로써 생심이 요구하는 것을 깨달아 그대로 실천함으로써 인간 책임분담(人間責任分擔)을 완수해야만 생령요소(生靈要素)와 생력요소(生力要素)가 서로 선(善)의 목적을 위한 수수작용(授受作用)을 하게 된다.

그런데 생령요소와 생력요소는 각각 성상적인 것과 형상적인 것의 관계를 가지고 있다. 그러므로 악인(惡人)에 있어서도 그의 본심이 선을 지향하고 있는 것은 그 생령요소가 항상 작용하고 있기 때문이다. 그러나 인간이 선한 행동을 하지 않는 한 그 요소도 육신의 선화(善化)를 위한 것으로 돌아갈 수 없으며, 따라서 생력요소와의 사이에 있어 올바른 수수작용을 할 수도 없게 되는 것이다.

이와 같이 영인체(靈人體)는 어디까지나 지상의 육신생활에서만 완성할 수 있다. 영인체는 육신을 터로 하여 생심을 중심하고 창조원리에 의한 질서적 3기간을 거쳐서 성장하여 완성하게 되는데, 소생기의 영인체를 영형체(靈形體)라 하고, 장성기의 영인체를 생명체(生命體)라 하며, 완성기의 영인체를 생령체(生靈體)라고 한다.

하나님을 중심하고 영인체와 육신이 완전한 수수작용을 하여 합성일체화함으로써 사위기대를 완성하면 그 영인체는 생령체가 되는데, 이러한 영인체는 무형세계의 모든 사실들을 그대로 느낄 수 있게 된다. 이처럼 영인체에 느껴지는 모든 영적인 사실들은 그대로 육신에 공명되어 생리적 현상으로 나타나기 때문에, 인간은 모든 영적인 사실들을 육신의 오관(五官)으로 느껴서 알게 된다. 생령체를 이룬 인간들이 지상천국(地上天國)을 이루고 살다가 육신을 벗고 영인으로서 가서 사는 곳이 천상천국(天上天國)이다. 그러므로 지상천국이 먼저 이루어진 후에야 천상천국이 이루어지게 되어 있다.

영인체의 모든 감성도 육신생활 중 육신과의 상대적인 관계에 의하여 육성되는 것이므로, 인간은 지상에서 완성되어 하나님의 사랑을 완전히 체휼해야만 그 영인체도 육신을 벗은 후에 하나님의 사랑을 완전히 체휼할 수 있게 된다. 이와 같이 영인체의 모든 소성(素性)은 육신을 쓰고 있는 동안에 형성되기 때문에 타락인간(墮落人間)에 있어서의 영인체의 악화(惡化)는 육신생활의 범죄행위에 유인(由因)하는 것이며, 마찬가지로 그 영인체의 선화(善化)도 또한 육신생활의 속죄(贖罪)로 인하여서만 이루어진다. 죄악인간을 구원하시기 위하여 예수님이 육신을 쓰고 지상에 오셔야 했던 이유는 여기에 있는 것이다. 그러므로 우리는 지상에서 선한 생활을 하지 않으면 안 되는 것이며, 따라서 구원섭리(救援攝理)의 제1차적인 목적이 지상에 이루어져야 하기 때문에, 예수님은 천국문의 열쇠를 지상의 베드로에게 주셨고(마 16 : 19), 땅에서 매고 푸는 대로 하늘에서도 매이고 풀린다고 말씀하셨던 것이다(마 18 : 18).

천국이든 지옥이든 영인체가 그곳에 가는 것은 하나님이 정하시는 것이 아니라 영인체 자신이 정하는 것이다. 인간은 원래 완성하면 하나님의 사랑을 완전히 호흡할 수 있도록 창조되었기 때문에, 범죄행위로 인하여 생긴 허물로 말미암아 이 사랑을 완전히 호흡할 수 없게 된 영인체는 완전한 사랑의 주체 되시는 하나님 앞에 서는 것이 도리어 고통이 되는 것이다. 그렇기 때문에 이러한 영인체는 하나님의 사랑과 먼 거리에 있는 지옥을 자진하여 선택하게 되는 것이다.

한편 영인체는 육신을 터로 하여서만 생장(生長)할 수 있도록 창조되었기 때문에, 영인체의 번식은 어디까지나 육신생활에 의한 육신의 번식과 함께 하게 되는 것이다.

3. 생심과 육심과의 관계로 본 인간의 마음

생심(生心)과 육심(肉心)과의 관계는 성상(性相)과 형상(形狀)과의 관계와 같아서, 그것들이 하나님을 중심하고 수수작용(授受作用)을 하여 합성일체화하면, 영인체와 육신을 합성일체화하게 하여 창조목적을 지향하게 하는 하나의 작용체를 이루는 것이니, 이것이 바로 인간의 마음이다. 인간은 타락되어 하나님을 모르게 됨에 따라 선(善)의 절대적인 기준도 알지 못하게 되었으나, 위와 같이 창조된 본성에 의하여 인간의 마음은 항상 자기가 선이라고 생각하는 것을 지향하는 것이니, 이것을 양심(良心)이라고 한다. 그런데 타락인간은 선의 절대적인 기준을 알지 못하여 양심의 절대적인 기준도 세울 수 없기 때문에, 선의 기준을 달리함에 따라서 양심의 기준도 달라지게 되어, 양심을 주장하는 사람들 사이에도 흔히 투쟁이 일어나게 된다. 선을 지향하는 마음의 성상적인 부분을 본심(本心)이라 하고, 그 형상적인 부분을 양심이라고 한다.

그러므로 인간이 그 무지(無知)에 의하여 창조본연의 것과 그 기준을 달리한 선을 세우게 될 때에도 양심은 그 선을 지향하지만, 본심은 이에 반발하여 양심을 그 본심이 지향하는 곳으로 돌이키도록 작용한다. 사탄의 구애(拘碍)를 당하고 있는 생심과 육심이 수수작용을 하여 합성일체화하면, 인간으로 하여금 악을 지향하게 하는 또 하나의 작용체를 이루는 것이니, 이것을 우리는 사심(邪心)이라고 한다. 그러므로 인간의 본심이나 양심은 이 사심에 반발하여, 인간으로 하여금 사탄을 분립하고 하나님을 상대하게 함으로써, 악을 물리치고 선을 지향하게 하는 것이다.

제 2 장 **타락론**

인간은 누구나 악을 버리고 선을 따르려는 본심(本心)의 지향성을 가지고 있다. 그러나 모든 인간은 자기도 모르게 어떠한 악의 세력에 몰리어, 본심이 원하는 선을 버리고 원치 않는 악을 행하게 된다. 이러한 악의 세력 가운데서 인류의 죄악사(罪惡史)는 연면히 계속되고 있다. 기독교(基督教)에서는 이 악의 세력의 주체를 사탄이라고 한다. 인간이 이 사탄의 세력을 청산하지 못하는 것은, 사탄이 무엇이며 또 그것이 어떻게 해서 사탄이 되었는가 하는 그 정체를 알지 못하고 있기 때문이다. 그러므로 인간이 이 악을 발본색원(拔本塞源)함으로써 인류 죄악사를 청산하고 선의 역사를 이루기 위하여는 먼저 사탄이 사탄 된 동기와 경로와 그 결과를 밝히 알지 않으면 아니 되는 것이다. 이러한 문제를 해명하기 위하여 우리는 타락론(墮落論)을 알아야 한다.

제 1 절 **죄의 뿌리**

이제까지 인간 속에 깊이 그 뿌리를 박고 쉬임 없이 인간을 죄악의 길로 몰아내고 있는 죄의 뿌리가 무엇인가 하는 것을 안 사람은 한 사람도 없었다. 다만 기독교 신도들만이 성경을 근거로 하여 인간 조상 아담과 해와가 선악과(善惡果)를 따먹은 것이 죄의 뿌리가 된 것이라고 막연하게 믿어 왔을 뿐이다. 그러나 선악과가 문자 그대로 나무의 과실이라고 믿는 신도들과, 또 성서의 많은 부분이 그러한 것처럼 이것도 그 어떠한 것에 대한 상징이나 비유일 것이라고 믿는 신도들이 서로 의견을 달리하여 제각기 구구한 해석을 하고 있을 뿐, 아직까지도 이에 대한 완전한 해명이 내려지지 않고 있는 것이다.

Ⅰ. 생명나무와 선악을 알게 하는 나무

많은 기독교 신도들은 오늘에 이르기까지 아담과 해와가 따먹고 타락(墮落)되었다는 선악과가 문자 그대로 어떠한 나무의 열매인 줄로만 알고 있었다. 그러나 인간의 부모 되시는 하나님이 무엇 때문에 자녀들이 따먹고 타락할 수 있는 과실(果實)을 그렇게도 보기 좋고 탐스럽게 만들어서(창 3 : 6), 그들이 손쉽게 따먹을 수 있는 곳에 두셨을 것인가?

예수님은 입에 들어가는 것이 사람을 더럽게 하는 것이 아니라 입에서 나오는 그것이 사람을 더럽게 하는 것이니라(마 15 : 11)고 말씀하셨다. 하물며 먹는 것이 어떻게 인간을 타락케 할 수 있었을 것인가? 한편 인간의 원죄(原罪)는 인간의 시조로부터 유전(遺傳)되어 나오고 있는 것인데, 먹는 물건이 어떻게 원죄를 유전하는 요인이 될 수 있을 것인가?

유전은 오직 혈통(血統)을 타고 내려오는 것이기 때문에, 어느 한 사람이 그 무엇을 먹었다고 하여 그 결과가 후손에게까지 유전될 수는 없는 것이다. 하나님은 그의 말씀에 대한 인간의 순종 여부를 시험하시기 위하여 선악과를 창조하시고 그것을 따먹지 말라고 명령하셨다고 믿고 있는 신도들도 있다. 그러나 사랑의 하나님께서 그와 같이 인간에게 사망이 따르는 방법으로써 그렇게 무자비한 시험을 하셨으리라고는 볼 수 없는 것이다.

아담과 해와는 그들이 선악과(善惡果)를 따먹으면 정녕코 죽으리라 하신 하나님의 말씀대로 따먹으면 죽을 줄을 알고 있었다. 그럼에도 불구하고 그들은 이것을 따먹었다. 기아(饑餓)에 허덕였을 리도 없는 아담과 해와가 먹을 것을 위하여 죽음을 무릅쓰면서까지 그렇게 엄중한 하나님의 말씀을 어겼으리라고는 생각되지 않는다. 그러므로 선악과는 어떠한 물질이 아니고, 생명에 대한 애착까지도 문제되지 않을 만큼 강력한 자극을 주는 다른 무엇이었음에 틀림없다. 즉 선악과가 이와 같이 물질이 아니라면 그것은 다른 무엇을 비유한 것으로 볼 수밖에 없다. 성경(聖經)의 많은 주요한 부분이 상징이나 비유로 기록되어 있는 것이 사실인데, 무엇 때문에 선악과만은 굳이 문자대로 믿지 않으면 안 된단 말인가? 오늘날의 기독교 신도들은 모름지기 성서의 문자에만 붙들려 있었던 지난날의 고루하고도 관습적인 신앙태도를 버려야 하겠다.

선악과를 비유로 보아야 한다면 그것은 과연 무엇을 비유하였을 것인가? 우리는 이것을 해명하는 방법으로서 창세기 2장 9절의 '선악을 알게 하는 나무'와 함께 에덴동산에 있었다고 하는 '생명나무'가 무엇인가를 먼저 알아보기로 하자. 이 '생명나무'가 무엇인지를 알게 되면 그와 함께 있었던 '선악을 알게 하는 나무'가 무엇이라는 것도 바로 알 수 있겠기 때문이다.

1. 생명나무

성서(聖書)의 말씀에 의하면, 타락인간(墮落人間)의 소망은 '생명나무' 앞으로 나아가 '생명나무'를 이루는 데 있다. 즉 잠언 13장 12절을 보면 구약시대(舊約時代)에 있어서의 이스라엘 민족도 '생명나무'를 소망의 대상으로 바라고 있었던 것이고, 요한계시록 22장 14절의 기록을 보면 예수 이후 오늘에 이르기까지의 모든 기독교 신도들의 소망도 역시 '생명나무'에 나아가려는 데 있음을 알 수 있다. 이와 같이 타락인간의 궁극적인 소망이 '생명나무'인 것을 보면 타락 전 아담의 소망도 '생명나무'였을 것임에 틀림없다. 왜냐하면 복귀과정에 있는 타락인간은 원래 타락 전 아담이 이루려다가 못 이룬 바로 그 소망을 다시 찾아 이루어야 하기 때문이다.

창세기 3장 24절에, 아담이 범죄하였기 때문에 하나님이 화염검(火焰劍)으로써 '생명나무'에로 나아가는 그의 길을 막아 버렸다고 기록되어 있다. 이 사실로 보아도 타락 전 아담의 소망이 '생명나무'였다는 것을 알 수 있다. 아담은 타락으로 인하여 그의 소망이었던 이 '생명나무'를 이루지 못하고 에덴동산에서 쫓겨났기 때문에(창 3 : 24), 그 '생명나무'는 그 후 한결같이 타락인간의 소망으로 남아져 내려왔던 것이다.

그러면 완성될 때를 바라보며 성장하고 있던 미완성(未完成)한 아담에 있어서의 소망이란 무엇이었을 것인가? 그것은 그가 타락되지 않고 성장하여 하나님의 창조이상(創造理想)을 완성한 남성이 되는 것이 아닐 수 없는 것이다. 따라서 우리는 여기에서 '생명나무'의 내용은 바로 '창조이상을 완성한 남성'이라는 것을 알 수 있다. 그런데 '창조이상을 완성한 남성'은 곧 완성한 아담을 의미하는 것이므로, '생명나무'는 결국 완성한 아담을 비유한 말이라는 것을 알 수 있는 것이다.

만일 아담이 타락되지 않고 '창조이상을 완성한 남성'이 되어서 '생명나무'를 이루었다면, 그의 후손들도 모두 '생명나무'가 되어 지상천국(地上天國)을 이루었을 것이었다. 그러나 아담이 타락하였기 때문에 하나님은 '생명나무'로 나아가는 그의 길을 화염검(火焰劍)으로 막아 버리고 말았다(창 3 : 24). 그렇기 때문에 '생명나무'는 창조이상을 복귀하려는 타락인간의 소망으로 남아지지 않을 수 없었던 것이다. 그러나 원죄(原罪)가 있는 타락인간은 그 자신의 능력으로는 창조이상을 완성한 '생명나무'가 될 수 없는 것이다. 그렇기 때문에 타락인간이 '생명나무'가 되기 위하여는 로마서 11장 17절에 기록된 말씀대로, 창조이상을 완성한 한 남성이 이 지상에 '생명나무'로 오셔 가지고 모든 인간을 그에게 접붙이어 하나되게 하지 않으면 아니 된다. 이러한 '생명나무'로 오셨던 분이 바로 예수님이었던 것이다. 그러므로 잠언 13장 12절에 의하면, 구약시대의 성도들이 고대하였던 '생명나무'는 바로 초림(初臨) 예수님이었다는 것을 알 수 있다.

그러나 창세기 3장 24절에 명시되어 있는 바와 같이, 하나님이 화염검으로써 '생명나무'에로 나아가는 아담의 길을 막았기 때문에, 이것이 걷히지 않고는 인간이 '생명나무'에로 나아갈 수 없었던 것이다. 따라서 사도행전 2장 3절에 기록된 대로 오순절(五旬節) 날에 성도들 앞을 가로막고 있었던 불 같은 혀 곧 화염검이 갈라진 후에야 성령(聖靈)이 강림하여, 전인류가 '생명나무' 되시는 예수님 앞으로 나아가 그에게 접붙임을 받을 수 있게 되었던 것이다.

그러나 기독교 신도들은 '생명나무' 되시는 예수님에게 영적(靈的)으로만 접붙임을 받게 되었기 때문에, 아무리 예수님을 잘 믿는 부모라 할지라도 또다시 속죄(贖罪)를 받아야 할 죄악의 자식을 낳지 않을 수 없게 된 것이다. 이러한 사실로 미루어 보아 아무리 잘 믿는 성도라 할지라도 아담으로부터 유전되어 나온 원죄를 아직도 벗지 못하고 있기 때문에, 이것을 또 그 자식에게 유전하고 있다는 사실을 우리는 알 수 있다(전편 제4장 제1절).

그렇기 때문에 예수님은 지상에 '생명나무'로 재림(再臨)하셔서 온 인류를 다시 접붙이심으로써 원죄까지 속죄해 주시는 섭리를 하시지 않으면 안 되는 것이다. 요한계시록 22장 14절의 말씀대로 신약성도(新約聖徒)들이 또다시 '생명나무'를 고대하게 된 이유는 여기에 있는 것이다. 따라서 이 요한계시록 22장 14절에 기록되어 있는 '생명나무'는 바로 재림 예수님을 비유한 말씀인 것을 알 수 있다.

우리는 여기에서 하나님의 구원섭리(救援攝理)의 목적이 에덴동산에서 잃어버렸던 '생명나무'(창 2 : 9)를 요한계시록 22장 14절의 '생명나무'로 복귀하시려는 데 있다는 것을 알 수 있다. 아담이 타락(墮落)하여 창세기 2장 9절의 첫 '생명나무'를 이루지 못하였기 때문에, 타락인간들을 구원(救援)하시기 위하여 예수님은 요한계시록 22장 14절의 후 '생명나무'로 재림하셔야 하는 것이다. 예수님을 후아담이라고 하는 이유는 여기에 있다(고전 15 : 45).

2. 선악을 알게 하는 나무

하나님은 아담만을 창조하신 것이 아니라 그의 배필로서 해와를 창조하셨다. 그러므로 동산 가운데에 창조이상(創造理想)을 완성한 남성을 비유하는 나무가 있었다면 그러한 여성을 비유하는 또 하나의 나무도 있었어야 할 것이 아니겠는가! '생명나무'와 같이 서 있었다고 기록되어 있는(창 2 : 9) '선악을 알게 하는 나무'가 바로 그것이었던 것이다. 따라서 '선악을 알게 하는 나무'라고 한 그 나무는 창조이상을 완성한 여성을 상징하는 것이기 때문에, 그것은 결국 완성한 해와를 비유한 말이라는 것을 알 수 있는 것이다.

성서에서는 예수님을 포도나무(요 15 : 5) 혹은 감람나무(롬 11 : 17)로 비유하고 있다. 이와 마찬가지로 하나님은 인간 타락(墮落)의 비밀을 암시하심에 있어서도 완성한 아담과 해와를 두 나무로 비유하셨던 것이다.

II. 뱀의 정체

해와를 꼬여서 범죄케 한 것은 뱀이었다고 성서에 기록되어 있다(창 3 : 4~5). 그러면 또 이 뱀은 무엇을 말한 것인가? 우리는 창세기 3장에 기록되어 있는 그 내용에 의하여 뱀의 정체를 알아보기로 하자.

성경에 기록된 뱀은 인간과 담화(談話)를 할 수 있었다. 그리고 영적인 인간을 타락시킨 것을 보면 그것도 영적인 존재가 아닐 수 없는 것이다. 더구나 그 뱀이 인간으로 하여금 선악과(善惡果)를 따먹지 못하도록 하시려는 하나님의 뜻을 알았던 사실로 미루어 보아, 그것은 더욱 영물(靈物)이 아니어서는 안 된다.

또 요한계시록 12장 9절을 보면, 하늘에서 큰 용(龍)이 땅으로 내어 쫓기니 옛 뱀 곧 마귀(魔鬼)라고도 하고 사탄이라고도 한다고 기록되어 있는데, 이 옛 뱀이 바로 에덴동산에서 해와를 꼬인 그 뱀이라는 것은 두말할 필요도 없다. 그런데 이 뱀이 하늘로부터 내쫓겼다고 하였으니, 하늘에 있었던 그 옛 뱀이 영물이 아니고 무엇이겠는가? 한편 이 뱀을 마귀요 사탄이라고 하였는데, 이 사탄은 인간이 타락된 이후 오늘에 이르기까지 항상 인간의 마음을 악(惡)의 방향으로 이끌어 나온 것이 사실이니 그것은 영물이 아닐 수 없는 것이다. 이렇듯 사탄이 영물인 것이 사실이라면, 사탄으로 표시된 뱀이 영물임은 말할 것도 없다. 성서에 나타나 있는 이러한 사실로 보아, 해와를 꼬인 뱀은 동물이 아니고 어떠한 영적인 존재였다는 것을 우리는 알 수 있는 것이다.

그러면 이처럼 뱀으로 비유한 영물(靈物)이 과연 창세 전(創世前)부터 있었던 것인가, 그렇지 않으면 이것도 피조물(被造物) 중의 하나였던가 하는 것이 문제가 되는 것이다. 만일 이 뱀이 창세 전부터 하나님과 대립된 목적을 가지고 있었던 존재라면, 피조세계(被造世界)에서 벌어지고 있는 선악(善惡)의 투쟁은 불가피한 것으로서 영속(永續)할 수밖에 없다. 따라서 하나님의 복귀섭리(復歸攝理)는 결국 무위로 돌아가 버리고 말 것이며, 모든 존재가 하나님 한 분으로부터 창조되었다는 일원론(一元論)은 깨어지고 말 것이다. 그렇기 때문에 뱀으로 비유한 이 영물은 원래 선(善)을 목적으로 창조되었던 어떠한 존재인데 타락되어 사탄이 되었다고 보지 않을 수 없는 것이다.

그러면 하나님이 창조하신 영적인 존재로서 인간과 담화(談話)를 할 수 있고, 하나님의 뜻을 알 수 있으며, 또 그 소재(所在)가 하늘이었고, 한편 또 그것이 만일 타락(墮落)되어 악한 존재로 전락하게 되는 경우 시간과 공간을 초월하여 인간의 심령(心靈)을 지배할 수 있는 능력을 가질 수 있는 조건을 구비한 존재는 과연 무엇일 것인가? 천사(天使) 이외에는 이러한 조건을 구비한 존재가 없으므로 우선 그 뱀은 천사를 비유한 것이라고 보지 않을 수 없는 것이다. 그런데 베드로후서 2장 4절을 보면, 하나님이 범죄한 천사를 용서치 아니하시고 어두운 지옥(地獄)에 던져 두셨다고 하는 기록이 있다. 이 말씀은 천사가 바로 인간을 꼬여 가지고 범죄하였던 뱀의 정체라는 사실을 결정적으로 입증하여 주고 있는 것이다.

뱀은 혀끝이 둘로 갈라져 있다. 따라서 그것은 한 혀로 두 말을 하고, 한 마음으로 이중의 생활을 하는 자의 표상이 되는 것이다. 또 뱀은 자기의 먹을 것을 몸으로 꼬아서 먹기 때문에, 이것은 자기 이익을 위하여 남을 유혹하는 자의 표상이 된다. 그러므로 성서는 인간을 꼬인 천사(天使)를 뱀으로 비유하였던 것이다.

Ⅲ. 천사의 타락과 인간의 타락

우리는 위에서 인간을 꼬여 타락케 한 뱀이 바로 천사였으며, 이 천사가 범죄하여 타락(墮落)됨으로써 사탄이 되었다는 사실을 알았다. 그러면 다음으로 우리는 천사와 인간이 어떠한 죄를 저질렀는가 하는 것을 알아보기로 하자.

1. 천사의 범죄

유다서 1장 6절에서 7절에 또 자기 지위를 지키지 아니하고 자기 처소를 떠난 천사들을 큰 날의 심판까지 영원한 결박으로 흑암에 가두셨으며 소돔과 고모라와 그 이웃 도시들도 저희와 같은 모양으로 간음을 행하며 다른 색을 따라가다가 영원한 불의 형벌을 받음으로 거울이 되었느니라고 기록되어 있는 것으로 보아, 우리는 천사가 간음(姦淫)으로 타락되었다는 사실을 알 수 있다.

그런데 간음이란 혼자서는 행할 수 없는 범행이다. 따라서 우리는 에덴동산에서 행하여진 천사의 간음에 있어 그 대상이 되었던 존재가 무엇이었던가를 알아볼 필요가 있는 것이다. 이것을 알기 위하여 우리는 먼저 인간은 어떠한 죄를 저질렀던가 하는 것을 알아보기로 하자.

2. 인간의 범죄

창세기 2장 25절을 보면, 범죄하기 전 아담 해와는 몸을 가리지 않은 채로도 부끄러워하지 않았다. 그러나 그들이 타락(墮落)한 후에는 벗은 것을 부끄럽게 생각하여 무화과(無花果)나무 잎으로 하체(下體)를 가리었다(창 3 : 7). 만일 선악과(善惡果)라고 하는 어떠한 과실이 있어서 그들이 그것을 따먹고 범죄를 하였다면 그들은 필시 손이나 입을 가리었을 것이다. 왜냐하면 인간은 허물을 가리는 것이 그 본성(本性)이기 때문이다. 그런데 그들은 손이나 입을 가리지 않고 하체를 가리었었다. 따라서 이 사실은, 그들의 하체가 허물이 되었기 때문에 그것을 부끄럽게 생각하였었다는 것을 드러내고 있는 것이다. 이로써 우리는 그들이 하체로 범죄하였다는 사실을 짐작할 수 있는 것이다.

욥기 31장 33~34절에는 내가 언제 아담처럼 내 죄악을 품에 숨겨 허물을 가리었었던가라고 기록되어 있다. 그런데 아담은 타락한 후 그의 하체를 가리었던 것이다. 이 사실은 곧 아담이 가리었던 그의 하체가 허물이었다는 것을 말해 주고 있는 것이다. 그러면 아담의 하체가 어찌하여 허물이 되었을 것인가? 그것은 말할 것도 없이 아담이 하체로써 범죄하였기 때문이다.

인간이 타락하기 전의 세계에 있어, 뻔히 죽을 줄 알면서 저지를 수도 있었던 행동은 무엇이었을 것인가? 그것은 사랑 이외에 다른 것이 있을 수 없는 것이다. 생육하고 번성하라(창 1 : 28) 하신 하나님의 창조목적(創造目的)은 사랑으로 인하여서만 이루어질 수 있는 것이었다. 따라서 하나님의 창조목적을 두고 볼 때에 사랑은 가장 귀하고 가장 거룩한 것이 아닐 수 없었던 것이다. 그럼에도 불구하고 인간들이 역사적으로 사랑의 행동을 천시하여 온 것은 그것이 바로 타락의 원인이 되었었기 때문이다. 여기에서 우리는 인간도 또한 음란(淫亂)으로 말미암아 타락되었다는 사실을 알 수 있는 것이다.

3. 천사와 인간과의 행음

우리는 위에서 밝힌 바 인간이 천사(天使)의 꼬임에 빠져 타락되었다는 사실과, 인간이나 천사는 모두 행음(行淫)으로 말미암아 타락되었다는 사실과, 그 위에 피조세계(被造世界)에 있어서 영적인 존재로서 서로 어떠한 정적(情的)인 관계를 맺을 수 있는 존재는 인간과 천사 외에 아무것도 없다는 사실 등을 결부하여 볼 때, 인간과 천사와의 사이에 행음관계가 성립되었으리라는 것은 쉽게 긍정할 수 있는 것이다. 그런데 요한복음 8장 44절에는 너희는 너희 아비 마귀에게서 났으니 너희 아비의 욕심을 너희도 행하고자 하느니라고 기록되어 있다. 그리고 요한계시록 12장 9절에서는 마귀(魔鬼)는 곧 사탄이요 사탄은 곧 인간을 꼬인 옛 뱀이라고 명시하였다. 이러한 성구(聖句)들로 미루어 보면 인간은 마귀의 후손이요, 따라서 사탄의 후손이기 때문에 결국 뱀의 후손이 되는 것이다.

그러면 인간은 어떤 경위로써 타락한 천사, 즉 사탄의 후손이 되었는가? 이것은 인간의 조상이 천사와 행음함으로 말미암아 모든 인간이 사탄의 혈통(血統)에서 태어나게 되었기 때문이다. 이와 같이 타락한 인간은 하나님의 혈통이 아니고 사탄의 혈통으로서 태어났기 때문에, 로마서 8장 23절에는 성령의 처음 익은 열매를 받은 우리까지도 속으로 탄식하여(친자식이 못 되고) 양자 될 것 곧 우리 몸의 구속을 기다리느니라고 기록되어 있는 것이다. 또 마태복음 3장 7절에는 세례 요한

이 유대인들을 보고 독사의 자식, 즉 사탄의 자식이라고 질책하였고, 마태복음 23장 33절에는 예수님이 유대인들을 보시고 뱀들아 독사의 새끼들아 너희가 어떻게 지옥의 판결을 피하겠느냐고 책망하신 기록이 있다. 이러한 성서의 기록을 중심삼고 볼 때, 우리는 천사와 인간 사이에 행음관계(行淫關係)가 있어서 그것이 타락의 원인이 되었다는 사실을 알 수 있는 것이다.

Ⅳ. 선악과

우리는 위에서 '선악을 알게 하는 나무'가 완성할 해와를 비유한 것이라는 사실을 밝힌 바 있다. 그러면 또 선악과(善惡果)는 무엇을 말하는 것인가? 그것은 해와의 사랑을 의미하는 것이다. 과목(果木)이 과실에 의하여 번식되는 것과 같이, 해와는 하나님을 중심한 그의 사랑으로써 선의 자녀를 번식해야 할 것이었는데, 사탄을 중심한 그의 사랑으로써 악의 자녀를 번식하였다. 해와는 이와 같이 그의 사랑으로써 선의 열매도 맺을 수 있고 또한 악의 열매도 맺을 수 있었던 성장기간(成長期間)을 통하여서 완성되도록 창조되었던 것이다. 따라서 그 사랑을 선악과라고 하였던 것이며, 그 사람을 말하여 '선악을 알게 하는 나무'라고 하였던 것이다.

그러면 선악과를 따먹었다는 것은 무엇을 의미하는 것인가? 우리가 그 무엇을 먹는다는 것은 그것을 가지고 자기의 피와 살이 되게 한다는 것을 의미하는 것이다. 해와는 하나님을 중심한 선의 사랑으로 선과(善果)를 따먹고 선의 피와 살을 받아 선의 혈통을 번식해야 할 것이었다. 그런데 그는 사탄을 중심한 악의 사랑으로 악과(惡果)를 따먹고 악의 피와 살을 받아 악의 혈통을 번식하여 죄악의 사회를 이루었던 것이다. 따라서 해와가 선악과를 따먹었다고 하는 것은 그가 사탄(천사)을 중심한 사랑에 의하여 서로 혈연관계(血緣關係)를 맺었다는 것을 뜻하는 것이다.

창세기 3장 14절을 보면, 하나님은 타락한 천사를 저주하시어 배로 다니고 또 종신토록 흙을 먹으리라고 하셨다. 다리로 다니지 못하고 배로 다닌다는 것은 천사가 창조본연(創造本然)의 활동을 하지 못하고 비참해진다는 것을 뜻하는 것이고, 흙을 먹는다는 것은 하늘로부터 쫓겨남으로 말미암아(사 14 : 12, 계 12 : 9), 하나님으로부터의 생명의 요소를 받지 못하고 죄악의 세계에서 악의 요소를 받으면서 살아간다는 것을 의미하는 것이다.

Ⅴ. 죄의 뿌리

우리는 성서에서 밝혀진 바에 의하여, 죄(罪)의 뿌리는 인간 시조가 과실을 따먹은 데 있는 것이 아니라 뱀으로 표시된 천사(天使)와 불륜(不倫)한 혈연관계를 맺은 데 있다는 것을 알게 되었다. 따라서 그들은 하나님의 선의 혈통을 번식하지 못하고 사탄의 악의 혈통을 번식하게 되었던 것이다.

한편 또 우리는 다음과 같은 사실로 미루어서 인간의 죄의 뿌리가 음란(淫亂)에 있었다는 것을 더욱 명백히 알 수 있게 되는 것이다. 죄의 뿌리가 혈연적인 관계로 이루어졌기 때문에 이 원죄(原罪)는 자자손손(子子孫孫)에게 유전되어 왔다. 그리고 죄를 벗으려고 하는 종교마다 간음(姦淫)을 가장 큰 죄로 규정하여 왔으며, 이것을 막기 위하여 금욕생활(禁慾生活)을 강조하여 온 것이니, 이것도 죄의 뿌리가 음란에 있음을 의미하는 것이다. 또 이스라엘민족이 하나님의 선민

(選民)이 되기 위한 속죄(贖罪)의 조건으로서 할례(割禮)를 행하였던 것은, 죄의 뿌리가 음란에 의하여 악의 피를 받아들인 데 있었기 때문에 타락인간의 몸으로부터 그 악의 피를 뽑는다는 조건을 세워서 성별(聖別)하기 위함이었다.

수많은 영웅 열사(英雄烈士)와 국가들이 멸망하게 된 주요한 원인이 음란(淫亂)에 있었던 것은, 음란이란 죄의 뿌리가 항상 인간의 마음 가운데서 자기도 모르게 발동하였기 때문이다. 우리가 종교로써 인륜도덕(人倫道德)을 세우고, 제반 교육을 철저히 하며, 범죄를 양성하는 경제사회제도를 개선함으로써 다른 모든 죄악들은 이 사회로부터 불식(拂拭)할 수 있을 것이다. 그러나 문명이 발달하면서 날로 안일한 생활을 하게 됨에 따라 증대되어 가고 있는 음란이란 범죄만은 그 누구도 막을 길이 없다고 보는 것이 오늘날의 실정이다. 그러므로 인간사회에서 이 범죄를 발본색원(拔本塞源)할 수 없는 한 결코 이상세계(理想世界)는 기약할 수 없는 것이다. 따라서 재림(再臨)하시는 메시아는 이 문제를 근본적으로 해결할 수 있어야 한다. 이러한 사실들은 죄의 뿌리가 어디까지나 음란에 있다는 것을 여실히 입증하고 있는 것이다.

제 2 절 **타락의 동기와 경로**

우리는 이미 제1절에서 뱀은 곧 해와를 타락시킨 천사(天使)를 비유한 것이라는 사실을 밝혔다. 이처럼 인간의 타락(墮落)된 동기가 천사에게 있었으므로, 그 타락의 동기와 경로를 알려면 먼저 천사에 관한 것을 알지 않으면 안 된다.

Ⅰ. 천사의 창조와 그의 사명 및 그와 인간과의 관계

모든 존재는 하나님에 의하여 창조되었다. 따라서 천사(天使)도 하나님이 창조하신 피조물(被造物)이 아닐 수 없는 것이다. 하나님은 천사세계를 다른 어떤 피조물보다도 먼저 창조하셨다. 창세기 1장 26절에 씌어 있는 천지창조(天地創造)의 기록을 보면, 하나님은 우리의 형상을 따라 우리의 모양대로 우리가 사람을 만들고라고 스스로를 복수(複數)로 부르셨는데, 이것은 지금까지의 많은 신학자들의 해석대로 삼위신(三位神)의 입장이었기 때문에 그렇게 말씀하신 것이 아니고, 인간보다도 먼저 창조되어 있었던 천사들을 놓고 그들을 포함시킨 입장에서 하신 말씀이었음을 알아야 한다.

하나님은 피조세계(被造世界)의 창조와 그의 경륜(經綸)을 위하여 먼저 천사를 사환(使喚) 으로 창조하셨다(히 1 : 14). 천사는 아브라함에게 하나님의 중대한 축복의 말씀을 전하였고(창 18 : 10), 그리스도의 잉태에 관한 소식을 전하였으며(마 1 : 20, 눅 1 : 31), 옥중에서 쇠사슬에 묶여 있는 베드로를 풀어 성 밖으로 인도하였던 것이다(행 12 : 7～10). 이밖에도 하나님의 뜻을 위하여 천사가 활동한 예는 성서에서 무수히 찾아볼 수 있다. 그러므로 요한계시록 22장 9절에는 천사가 자기 자신을 '종'이라고 하였고, 또 히브리서 1장 14절에는 천사를 '부리는 영(靈)'이라고 기록하여 놓았다. 그리고 천사는 하나님에게 송영(誦詠)을 드리는 존재로서 창조되었다는 증거를 성서 가운데서 많이 찾아볼 수 있는 것이다(계 5 : 11, 계 7 : 11).

다음에는 천사와 인간과의 창조원리적 관계를 알아보자. 하나님은 인간을 자녀로 창조하시고 피조세계에 대한 주관권(主管權)을 부여하셨기 때문에(창 1 : 28), 인간은 천사도 주관하게 되어 있는 것이다.

고린도전서 6장 3절을 보면, 인간에게는 천사를 심판할 수 있는 권한이 있다고 하였다. 그리고 영계(靈界)를 통하는 모든 사람들은 수많은 천사들이 낙원(樂園)에 있는 성도들을 옹위하고 있는 것을 보게 되는데, 이것도 역시 천사의 인간에 대한 시종적(侍從的)인 관계를 말해 주는 하나의 좋은 예라 하겠다.

II. 영적 타락과 육적 타락

하나님은 영적인 부분과 육적인 부분으로써 인간을 창조(創造)하셨기 때문에, 타락에 있어서도 영육(靈肉) 양면의 타락(墮落)이 성립된 것이다. 천사와 해와와의 혈연관계(血緣關係)에 의한 타락이 영적 타락이고, 해와와 아담과의 혈연관계에 의한 타락이 육적 타락인 것이다.

그러면 천사(天使)와 인간과의 사이에 어떻게 성적(性的)인 관계가 성립될 수 있을 것인가? 인간과 영물(靈物)과의 사이에서 느끼는 모든 감성은 어떠한 점에서나 실체적인 존재 사이에서 느끼는 그 감성과 조금도 다름이 없다. 그러므로 인간과 천사와의 성적 타락은 사실상 가능한 것이다.

한편 우리는 다음과 같은 사실을 통하여서도 위에서 말한 내용을 더욱 확실하게 이해할 수 있게 된다. 즉 인간사회에 있어서 지상인간들이 영인(靈人)들과 결혼생활을 하는 예가 왕왕 있다는 것, 그리고 천사(天使)가 야곱과 씨름을 하여서 그의 환도뼈를 부러뜨렸다는 예(창 32 : 25)와 함께, 천사가 아브라함의 가정에 나타나 고기를 먹었다는 사실(창 18 : 8)과, 또 롯의 집에 찾아온 두 천사가 롯이 대접한 무교병(無酵餠)을 먹었을 뿐 아니라, 그 성 백성들이 그 천사를 보고

색정(色情)을 일으키어 롯의 집을 둘러싸고 이 저녁에 네게 온 사람이 어디 있느냐 이끌어 내라 우리가 그들을 상관하리라(창 19 : 5)고 외친 사실 등은 모두 이에 속한 예들인 것이다.

1. 영적 타락

하나님은 천사세계(天使世界)를 창조하시고(창 1 : 26), 누시엘(啓明星이란 뜻, 사 14 : 12)을 천사장(天使長)의 위(位)에 세우셨다. 그렇기 때문에 마치 아브라함이 이스라엘의 복(福)의 기관이 되었던 것같이 누시엘은 천사세계의 사랑의 기관이 되어 하나님의 사랑을 독점하는 것과 같은 위치에 있었던 것이다. 그러나 하나님이 그의 자녀로서 인간을 창조하신 후에는 종으로 창조된 누시엘보다도 그들을 훨씬 더 사랑하시었다.

사실상 누시엘은 인간이 창조(創造)되기 전이나 후나 조금도 다름없는 사랑을 하나님으로부터 받고 있었지만, 하나님이 자기보다도 아담과 해와를 더 사랑하시는 것을 볼 때에 그는 사랑에 대한 일종의 감소감(減少感)을 느끼게 되었던 것이다. 이것은 마치 아침부터 노동을 한 일꾼이 자기대로의 상당한 노임(勞賃)을 다 받았음에도 불구하고, 늦게 와서 적게 일한 일꾼도 자기와 똑같은 노임을 받는 것을 볼 때에 자기가 받는 노임에 대한 감소감을 느꼈다고 하는 성서(聖書)의 예화(마 20 : 1～15)와 같은 입장인 것이다. 이러한 입장에서 사랑의 감소감을 느끼게 된 누시엘은, 자기가 천사세계에서 가졌던 사랑의 위치와 동일한 것을 인간세계에 대하여서도 그대로 가져 보고자 해와를 유인하게 되었던 것이니, 이것이 곧 영적 타락(靈的 墮落)의 동기였다.

피조세계(被造世界)는 하나님의 사랑의 주관을 받도록 창조되었다. 따라서 사랑은 피조물의 생명의 근본이요, 행복과 이상(理想)의 요소가 된다. 그러므로 이 사랑을 많이 받는 존재일수록 더 아름답게 보이는 것이다. 따라서 하나님의 종으로 창조된 천사(天使)가 하나님의 자녀로 창조된 해와를 대할 때, 그가 아름답게 보였던 것은 당연한 일이었다. 더구나 해와가 누시엘의 유혹에 끌려오는 빛을 보였을 때, 그는 해와로부터 말할 수 없는 사랑의 자극을 받게 되었던 것이다. 이렇게 되자 누시엘은 죽음을 무릅쓰고 더욱 해와를 유인하게 되었다. 이와 같이 사랑에 대한 과분한 욕망으로 인하여 자기의 위치를 떠난 누시엘과, 하나님과 같이 눈이 밝아지려고 때 아닌 때에 때의 것을 바란 해와가(창 3 : 5~6) 서로 상대기준(相對基準)을 조성하여 수수작용(授受作用)을 하게 되었으므로, 그로 인한 비원리적인 사랑의 힘은 그들로 하여금 불륜(不倫)한 영적인 정조관계(貞操關係)를 맺게 하였던 것이다.

사랑으로 일체를 이루면 서로 그 대상으로부터 그의 요소를 받도록 창조된 원리에 의하여 (창 3 : 7), 해와는 누시엘과 사랑으로써 일체를 이루었을 때 누시엘의 요소를 받았던 것이다. 즉 첫째로 그는 누시엘로부터 창조목적(創造目的)에 대한 배치(背馳)로 말미암은 양심의 가책에서 오는 공포심을 받았고, 둘째로는 자기가 본래 대해야 할 창조본연(創造本然)의 부부로서의 상대자는 천사가 아니고 아담이었다는 사실을 감득할 수 있는 새로운 지혜를 그에게서 받게 되었던 것이다. 당시 해와는 아직도 미완성기(未完成期)에 있었다. 따라서 그 자체로서는 이미 완성기(完成期)에 처해 있었던 천사장(天使長)에 비하여 지혜가 성숙하지 못하였기 때문에, 그는 천사장으로부터 그 지혜를 받게 되었던 것이다.

2. 육적 타락

아담과 해와는 완성하여서 하나님을 중심하고 영원한 부부를 이루어야 할 것이었다. 그런데 해와가 미완성기에서 천사장(天使長)과 불륜(不倫)한 혈연관계(血緣關係)를 맺은 후, 다시 뒤미처 아담과 부부의 관계를 맺었기 때문에 아담도 역시 미완성기에서 타락되었다. 이렇게 때 아닌 때에 사탄을 중심삼고 아담과 해와 사이에 이루어진 부부관계는 그대로 육적 타락(肉的 墮落)이 되고 말았던 것이다.

위에서 언급한 바와 같이 해와는 천사장과의 영적인 타락에서, 양심의 가책으로부터 온 공포심과 자기의 원리적인 상대가 천사장이 아니고 아담이라는 것을 깨닫게 된 새로운 지혜를 얻게 되었던 것이다. 여기에서 해와는 그제서나마 자기의 원리적 상대인 아담과 일체를 이룸으로써 하나님 앞에 다시 서고, 또 타락으로 인하여 오게 된 공포심을 면할 수 있기를 바라는 마음에서 아담을 유인하게 되었으니, 이것이 육적 타락의 동기가 되었던 것이다.

이때에 불륜한 정조관계(貞操關係)에 의하여 천사장과 일체를 이루었던 해와는 아담에 대하여 천사장의 입장에 서게 되었던 것이다. 따라서 하나님이 사랑하시는 아담은 해와의 눈에 매우 아름답게 보여졌다. 그리하여 해와에게 있어 아담은, 그로 말미암아서만 하나님 앞으로 돌아갈 수 있는 유일한 소망의 대상이었던 것이다. 그래서 해와는 자기를 유혹하였던 천사장과 똑같은 입장에서 아담을 유혹하였다. 아담이 누시엘과 같은 입장에 서 있었던 해와와 상대기준을 조성하여 수수작용(授受作用)을 함으로써 일어났던 비원리적인 사랑의 힘은, 아담으로 하여금 창조본연(創造本然)의 위치를 떠나게 하여, 마침내 그들은 육적인 불륜한 정조관계를 맺게 되었던 것이다.

아담은 해와와 일체를 이룸으로써 해와가 누시엘로부터 받았던 모든 요소를 그대로 이어받게 되었다. 그리고 이 요소는 다시 그 후손에게로 연면히 유전되어 내려온 것이다. 해와는 타락되었다 할지라도 만일 아담이 타락된 해와를 상대하지 않고 완성되었더라면, 완성한 주체(主體)가 그대로 남아 있기 때문에 그 대상(對象)인 해와 하나에 대한 복귀섭리(復歸攝理)는 대단히 용이했을 것이었다. 그러나 아담마저 타락하였기 때문에 사탄의 혈통을 계승한 인류가 오늘날까지 번식하여 내려온 것이다.

제 3 절 사랑의 힘과 원리의 힘 및 믿음을 위한 계명

Ⅰ. 사랑의 힘과 원리의 힘으로 본 타락

인간은 원리로써 창조되어 원리궤도(原理軌道)에 의하여 생존하도록 창조되었다. 그렇기 때문에 원리의 힘 그 자체가 인간을 원리궤도에서 탈선케 하여 타락시킬 수는 없다. 이것은 마치 레일이나 기관에 고장이 없는 한 기차가 스스로 궤도를 탈선할 수 없는 것과 마찬가지다. 그러나 그 기차도 그가 달리는 힘보다도 더욱 강한 외력(外力)이 그와 방향을 달리하여 부딪쳐 올 때는 탈선될 수밖에 없다. 이와 마찬가지로 인간도 그 자신을 성장케 하는 원리의 힘보다도 더욱 강한 그 어떠한 힘이 그와 목적을 달리하여 부딪쳐 올 때는 타락될 수밖에 없는 것이다. 그런데 이 원리의 힘보다도 더욱 강한 힘이 곧 사랑의 힘이다. 그러므로 미완성기(未完成期)에 있어서의 인간은 그 비원리적인 사랑의 힘으로 인하여 타락될 가능성이 있었던 것이다.

그러면 왜 원리(原理)의 힘보다도 사랑의 힘이 더 강하여서, 미완성기에 있어서의 인간이 목적을 달리한 그러한 사랑의 힘에 부딪칠 때 그로 인하여서 타락될 수도 있게 되었던가?

창조원리(創造原理)에 의하면, 하나님의 사랑은 삼대상 사랑에 의하여 삼대상목적(三對象目的)을 완성한 사위기대(四位基臺)의 주체적인 사랑을 말한다. 따라서 하나님의 사랑이 없이는 인간 창조의 목적인 사위기대가 이루어지지 않는 것이므로, 사랑은 인간의 행복과 생명의 근원이 된다.

하나님은 원리로써 창조된 인간을 사랑으로 주관하셔야 하므로, 그 사랑이 사랑답기 위하여는 사랑의 힘은 원리의 힘보다도 더 강하지 않으면 안 된다. 만일 사랑의 힘이 원리의 힘보다 약하다면 하나님은 원리로써 창조된 인간을 사랑으로 주관할 수 없으며, 따라서 인간은 하나님의 사랑보다도 원리를 더 추구하게 될 것이다. 예수님이 제자들을 진리(眞理)로써 세워 가지고 사랑으로써 구원(救援)하고자 하셨던 이유는 바로 여기에 있었다.

II. 믿음을 위한 계명을 주신 목적

하나님이 아담과 해와에게 따먹지 말라는 믿음을 위한 계명(誡命)을 주신 목적은 어디에 있었을 것인가? 그것은 사랑의 힘이 원리의 힘보다 강하므로, 아직 미완성기에서 하나님의 직접적인 사랑의 주관을 받을 수 없는 아담과 해와가 만일 천사장의 상대적인 입장에 서게 되면, 목적을 달리하는 그 비원리적인 사랑의 힘에 의하여 타락될 가능성이 있었기 때문이다. 천사장의 비원리적인 사랑의 힘이 아무리 강하다 하더라도, 그들이 하나님의 계명을 따라 천사를 상대하지 않고 하나님과만 상대기준을 조성하여 수수작용을 하였더라면, 그 비원리적인 사랑의 힘은 작용할 수 없었기 때문에 그들은 결코 타락되지 않았을 것이었다. 그러나 그들이 그 계명을 지키지 않고 천사장과 상대기준을 조성하여 그와 수수작용을 하였기 때문에, 그 불륜(不倫)한 사랑의 힘은 그들을 탈선케 하였던 것이다.

미완성기(未完成期)에 있었던 인간에게 이러한 계명을 주셨던 것은, 단순히 그들로 하여금 타락하지 않도록 하기 위하여서만은 아니었다. 그것은 그밖에 또 인간이 그 자신의 책임분담(責任分擔)으로서, 그 말씀을 믿고 스스로 완성함으로써 하나님의 창조성(創造性)을 닮게 하여 만물에 대한 주관성(主管性)을 가지게 하시기 위함이기도 하였다(전편 제1장 제5절 II 2).

그리고 이 계명을 천사장에게 주시지 않고 인간에게 주셨던 것은, 하나님의 자녀의 입장에서 천사까지도 주관해야 할 인간의 창조원리적인 자격과 위신을 세워 주시기 위함이었다.

III. 믿음을 위한 계명이 필요한 기간

그러면 하나님이 인간 조상에게 따먹지 말라고 하셨던 믿음을 위한 계명(誡命)은 언제까지라도 필요한 것이었던가? 사랑을 중심하고 볼 때 하나님의 제2축복(第二祝福) 완성은 아담과 해와가 하나님의 사랑을 중심삼고 부부를 이루어 그 자녀가 번성함으로써(창 1 : 28), 하나님의 사랑에 의한 직접적인 주관을 받는 것을 말하는 것이다. 그러므로 인간이 완성되면 따먹는 것은 원리적인 것으로서 허용되도록 창조되어 있었던 것이다.

사랑의 힘은 원리의 힘보다 강하기 때문에, 아담과 해와가 완성되어 하나님을 중심하고 부부를 이룸으로써 그 절대적인 사랑의 힘에 의하여 하나님의 직접적인 주관을 받게 되면, 이 절대적인 부부의 사랑의 힘을 끊을 자나 그것을 끊을 힘은 없기 때문에 그들은 절대로 타락될 수 없다. 더구나 인간보다도 저급한 천사장(天使長)의 사랑의 힘으로써는 도저히 하나님을 중심한 그들 부부간의 사랑을 끊을 수 없는 것이다. 그러므로 따먹지 말라 하신 하나님의 계명은 아담과 해와가 미완성기에 있을 때에 한해서만 필요했던 것이다.

제 4 절 인간 타락의 결과

아담과 해와가 영육(靈肉) 아울러 타락함으로 말미암아 인간과 천사를 비롯한 피조세계에 어떠한 결과를 초래하게 되었는가? 우리는 여기에서 이 중요한 문제를 다루어 보기로 하자.

Ⅰ. 사탄과 타락인간

타락한 천사장 누시엘을 사탄이라고 한다는 것은 이미 위에서 논술한 바이다. 누시엘과 인간 조상이 혈연관계(血緣關係)를 맺어 일체를 이루었기 때문에, 사탄을 중심한 사위기대(四位基臺)가 이루어지면서 인간은 사탄의 자녀가 되고 말았다. 그러기에 요한복음 8장 44절을 보면 예수님은 유대인들을 마귀(魔鬼)의 자식이라고 하셨고, 또 마태복음 12장 34절과 동 23장 33절에서는 그들을 뱀 또는 독사(사탄)의 자식이라고 하셨다(마 3 : 7). 한편 또 로마서 8장 23절에는 처음 익은 열매 된 우리들도 속으로 탄식하여 양자(養子) 되기를 고대한다고 기록되어 있는데, 이것은 인간 조상의 타락으로 말미암아 모든 사람들이 하나님의 혈통을 이어받지 못하고 사탄의 혈통을 이어받았기 때문이다.

아담과 해와가 완성되어서 하나님을 중심하고 사위기대(四位基臺)를 이루었더라면 그때 하나님 주권의 세계가 이루어졌을 것이었다. 그러나 그들이 미완성기에 타락되어 사탄을 중심하고 사위기대를 이루었기 때문에 이 세계는 사탄 주권의 세계가 되고 만 것이다. 그러므로 요한복음 12장 31절에는 사탄을 세상의 임금이라고 하였고, 또 고린도후서 4장 4절에서는 사탄을 세상의 신이라고 하였다. 이렇게 되어 사탄은 피조세계의 주관주(主管主)로 창조된 인간을 주관하게 되었으므로 그는 피조세계까지도 주관하게 되었다. 그러므로 로마서 8장 19절에는 피조물의 고대하는 바는 하나님의 아들들의 나타나는 것이니라고 기록되어 있다. 이것은 만물이 완성된 인간의 주관을 받지 못하고 사탄의 주관을 받고 있기 때문에, 그 사탄을 물리치고 자기들을 주관해 줄 수 있는 창조본연의 인간들이 나타나기를 바란다는 뜻이다.

II. 인간세계에 대한 사탄의 활동

사탄은 욥을 하나님 앞에 참소하였듯이(욥 1 : 9), 항상 모든 인간을 하나님 앞에 참소하여 지옥으로 끌어가려 하고 있다. 그러나 사탄도 그의 대상을 취하여서 상대기준(相對基準)을 조성함으로써 수수작용(授受作用)을 하지 않고는 사탄적인 활동을 할 수 없는 것이다. 사탄의 대상은 영계에 있는 악영인(惡靈人)들이다. 그리고 이 악영인들의 대상은 지상에 있는 악인(惡人)들의 영인체(靈人體)이며, 지상에 있는 악인들의 영인체의 활동 대상은 바로 그들의 육신이다. 따라서 사탄의 세력은 악영인들을 통하여서 지상인간의 육신의 활동으로 나타나는 것이다. 그러므로 누가복음 22장 3절에는 사탄이 가룟 유다에게 들어갔다고 하였고, 또 마태복음 16장 23절을 보면 예수님은 베드로를 가리켜 사탄이라고 하셨다. 한편 이러한 악영인체를 마귀의 사자(使者)라고 한 기록도 있는 것이다(마 25 : 41).

지상천국(地上天國)을 복귀한다는 것은(전편 제3장 제2절) 전인류가 사탄과의 상대기준(相對基準)을 완전히 끊고 하늘과의 상대기준을 복귀하여 수수작용(授受作用)을 함으로써, 사탄이 전혀 활동할 수 없게 된 세계를 이루는 것을 말한다. 말세(末世)에 이르러서 사탄을 무저갱(無底坑)에 가둔다고 하신 말씀은, 바로 사탄의 상대자가 없어지므로 사탄이 활동할 수 없게 된다는 것을 의미하는 것이다.

인간이 사탄과의 상대기준을 끊고, 더욱 나아가서 고린도전서 6장 3절의 말씀대로 그들을 심판하기 위하여서는, 사탄이 사탄 된 죄상과 그 정체를 알아 가지고 하나님 앞에 사탄을 참소할 수 있어야 한다. 그런데 하나님은 천사와 인간을 창조하심에 있어서 그들에게 자유를 부여하셨기 때문에, 이를 복귀하시는 데 있어서도 강제로 하실 수는 없다. 그러므로 인간은 어디까지나 자기의 자유의지(自由意志)에 의한 책임분담으로써 말씀을 찾아 세워 가지고, 사탄을 자연굴복시켜야만 창조본연의 인간으로 복귀할 수 있는 것이다. 하나님은 이러한 원칙에 의하여 섭리하시기 때문에 복귀섭리역사(復歸攝理歷史)는 이처럼 오랜 세월에 걸쳐 연장을 거듭해 내려오게 된 것이다.

Ⅲ. 목적성으로 본 선과 악

선과 악에 대한 정의는 이미 창조원리(創造原理) 중 '창조본연의 가치'에서 논한 바 있다. 이제 우리는 그 목적성으로 본 선악(善惡)의 내용을 알아보기로 하자.

아담과 해와가 그들에게 부여된 사랑으로써 하나님을 중심하고 사위기대(四位基臺)를 조성하였더라면, 그들은 선의 세계를 이루었을 것이었다. 그러나 그들은 이와 목적을 반대로 한 사랑으로써 사탄을 중심하고 사위기대를 조성하였기 때문에 악의 세계를 이루고 말았다. 그러므로 선과 악은 동일한 내용의 것이 상반된 목적을 지향하여 나타난 결과를 두고 하는 말인을 알 수 있다.

우리가 흔히 악이라고 생각해 온 인간의 성품도, 그것이 하나님의 뜻을 목적삼고 나타나면 선이 되는 예를 얼마든지 찾아볼 수 있다. 이제 그에 대한 예를 들어 보자.

우리가 흔히 죄(罪)라고 생각하는 욕망은 원래 하나님으로부터 부여된 창조본성(創造本性)이었던 것이다. 왜냐하면 창조목적(創造目的)은 기쁨에 있고 기쁨은 욕망을 채울 때 느껴지는 것이기 때문이다. 따라서 만일 인간에게 욕망이 없다면 동시에 기쁨도 있을 수 없는 것이다. 그리고 욕망이 없다면 하나님의 사랑을 받고자 하는 욕망도, 살고자 하는 욕망도, 선을 행하고자 하는 욕망도, 발전하고자 하는 욕망도 없을 것이기 때문에 하나님의 창조목적도 복귀섭리도 이루어질 수 없으며, 인간사회의 유지와 그 발전도 있을 수 없는 것이다.

이와 같이 본래의 욕망은 창조본성이기 때문에, 이 성품이 하나님의 뜻을 목적삼고 그 결과를 맺으면 선(善)을 이루게 되는 것이다. 그러나 그와 반대로 사탄의 뜻을 목적삼고 그 결과를 맺으면 악(惡)을 자아내게 되는 것이다. 이 악한 세상도 예수님을 중심하고 그 목적의 방향만을 돌려 놓으면 선한 것으로 복귀되어 지상천국(地上天國)이 이루어진다는 것은(전편 제3장 제2절 II) 이러한 원리로 보아 자명해지는 것이다. 따라서 복귀섭리는 사탄의 목적을 지향하고 있는 이 타락세계(墮落世界)를 하나님의 창조목적을 이룬 지상천국에로 그 방향성을 바꾸어 나아가는 섭리라고도 볼 수 있는 것이다.

복귀섭리(復歸攝理)의 성격이 그렇기 때문에, 이 섭리의 과정에 있어서 다루어지는 선의 기준은 절대적인 것이 아니고 어디까지나 상대적인 것이다. 왜냐하면 어떤 특정한 시대를 놓고 볼 때, 그 시대의 주권자의 이념이 지향하는 목적에 순응하면 선이 되고 그 목적에 반대하면 악이 되지만, 한번 그 시대와 주권자가 바뀌어 그 이념이 달라지게 되면 동시에 그의 목적도 달라지고 따라서 선과 악의 기준도 달라지기 때문이다. 뿐만 아니라 종교(宗敎)나 사상(思想)에 있어서도 그 테두리 안에 있는 사람들에 있어서는 그 교리와 그 사상이 지향하는 목적에 순응하는 것이 선이고, 그에 반대하는 것이 악이 된다. 그러나 일단 그 교리나 사상이 달라지거나, 혹은 다른 종교로 개종(改宗)하거나 또는 다른 사상으로 전향하게 되면 그에 따라서 목적도 달라지기 때문에 선악의 기준도 자연히 달라지게 되는 것이다. 인간사회에 항시 투쟁과 혁명이 일어나게 되는 주요한 원인은 이와 같이 인간이 지향하는 목적이 달라짐에 따라서 선악의 기준이 항시 달라지는 데 있다고 말할 수 있다.

복귀과정에 있어서의 선(善)은 이와 같이 상대적인 것이 아닐 수 없다. 그러나 지상에서 사탄의 주권을 물리치고, 시대와 장소를 초월하여 영존(永存)하시는 절대자 하나님이 주권자가 되시어 그로부터 오는 이념이 세워질 때는, 그 이념이 절대적이기 때문에 그것이 지향하는 목적도 절대적인 것이어서 선의 기준도 절대적인 것으로 세워지는 것이니, 이것이 바로 재림주(再臨主)님에 의하여 세워질 천주적(天宙的)인 이념인 것이다.

사실상 인류역사는 수많은 투쟁과 혁명을 거듭하면서 본심(本心)이 지향하는 이 절대선(絶對善)을 찾아 나왔던 것이다. 따라서 타락된 인간사회에 있어서의 투쟁과 혁명은 이 절대적인 목적을 추구하여 절대적인 선의 세계를 이룩할 때까지 계속될 수밖에 없는 것이다.

Ⅳ. 선신의 역사와 악신의 역사

선신(善神)이라고 하는 것은 하나님과 하나님편에 있는 선영인(善靈人)들과 천사(天使)들을 총칭하는 말이고, 악신(惡神)이라고 하는 것은 사탄과 사탄편에 있는 악영인(惡靈人)들을 총칭하는 말이다. 선과 악이 그러하듯이 선신의 역사(役事)와 악신의 역사도 동일한 모양으로 출발하여 그 목적을 달리하고 있는 것이다.

선신의 역사는 시간이 흐를수록 그 개체의 평화감과 정의감을 증진시키며 그 육신의 건강도 좋아지게 한다. 그러나 악신의 역사는 시간이 흐를수록 불안과 공포와 이기심을 증진케 하며 건강도 해롭게 한다. 그러므로 영적인 역사는 원리를 모르는 사람으로서는 그것을 분별하기가 대단히 어렵지만, 시간이 경과함에 따라 그 결과를 보아 그 내용을 알 수 있게 되는 것이다.

그러나 타락인간(墮落人間)은 하나님도 사탄도 다 대할 수 있는 중간위치에 있기 때문에 선신의 역사인 경우에도 악신의 역사를 겸행하는 때가 있다. 또 악신의 역사도 어느 기간을 지나면 선신의 역사를 겸행하게 되는 경우가 많아서, 원리를 모르는 입장에서는 이것을 분별하기가 곤란하다. 오늘날에 있어 많은 교역자(教役者)들이 이에 대한 무지(無知)에서 선신의 역사까지도 악신의 것으로 몰아 하늘 뜻에 반하는 입장에 서게 되는 것은 참으로 한심한 일이 아닐 수 없는 것이다.

영적인 현상이 점점 많아지는 오늘날에 있어서, 선신과 악신의 역사를 잘 분간하여 분립할 수 없는 한 영통인(靈通人)들을 지도할 수는 없는 것이다.

Ⅴ. 죄

죄(罪)라는 것은 사탄과 상대기준(相對基準)을 조성하여 수수작용(授受作用)을 할 수 있는 조건을 성립시킴으로써 천법(天法)을 위반하게 되는 것을 말한다.

그런데 죄를 분류해 보면, 첫째로 원죄(原罪)가 있는데 이것은 인간 조상이 저지른 영적 타락과 육적 타락에 의한 혈통적인 죄를 말하는 것으로서, 이 원죄는 모든 죄의 뿌리가 되고 있다.

둘째로는 유전적(遺傳的) 죄가 있다. 이것은 부모가 지은 죄가 수대에 이른다고 한 십계명(十誡命)의 말씀과 같이 혈통적인 인연으로 그 후손들이 물려받은 선조의 죄를 말한다.

셋째로는 연대적(連帶的) 죄가 있다. 자신이 범죄하지도 않았고 또 유전적인 죄도 아니지만 연대적으로 책임을 져야 하는 죄다. 제사장(祭司長)과 교법사(敎法師)들이 예수님을 십자가에 내준 죄로 말미암아 유대인 전체가 그 책임을 지고 하나님의 벌을 받았고, 전인류도 공동적인 책임을 지고 예수님이 재림(再臨)하실 때까지 고난의 길을 걷게 된 것이다.

넷째로 자범죄(自犯罪)가 있으니 이것은 자신(自身)이 직접 범한 죄다.

여기에서 우리가 전기(前記)한 바와 같이 원죄를 죄의 뿌리라고 한다면, 유전적 죄는 죄의 줄기, 연대적 죄는 죄의 가지, 자범죄는 죄의 잎에 해당하는 것이다. 모든 죄는 그의 뿌리 되는 원죄로 말미암아서 생긴다. 그러므로 원죄를 청산하지 않고는 다른 죄를 근본적으로 청산할 수 없다. 그러나 숨어 있는 이 죄의 뿌리는 그 누구도 알 수 없는 것이어서, 인간의 뿌리로서 참부모로 오시는 예수님만이 이것을 알고 청산하실 수 있는 것이다.

VI. 타락성본성

천사장(天使長)이 하나님을 배반하고 해와와 혈연관계(血緣關係)를 맺을 때에 우발적으로 일어났던 모든 성품을 해와가 계승하였고, 이렇게 되어서 천사장의 입장에 서게 된 해와와 다시 혈연관계를 맺은 아담도 그 성품을 계승하게 되었었다. 그리하여 그 성품이 타락인간의 모든 타락성을 유발하는 근본 된 성품이 되었다. 이것을 말하여 타락성본성(墮落性本性)이라고 한다.

이와 같이 타락성본성이 생기게 된 근본동기는 천사장이 아담에 대하여 질투심(嫉妬心)을 갖게 된 데 있었다. 그러면 선(善)의 목적을 위하여 창조된 천사장에게서 어떻게 되어 사랑에 대한 질투심이 일어날 수 있었을 것인가?

원래 천사장에게도 그의 창조본성(創造本性)으로 욕망과 지능이 부여되어 있었다. 이와 같이 천사장은 지능을 가지고 있었기 때문에, 인간에게 가는 하나님의 사랑이 자기에게 오는 것보다 크다는 것을 비교하여 식별할 수 있었던 것이며, 또 그에게는 욕망이 있었기 때문에 하나님의 더 큰 사랑을 받고자 하는 마음이 있었을 것은 당연하다. 그리고 이러한 마음은 자동적으로 질투심을 일으킬 수 있었던 것이다. 따라서 이러한 질투심은 창조본성으로부터 유발되는 불가피한 부산물로서, 마치 빛으로 말미암아 생기는 물체의 그림자와 같은 것이라고도 할 수 있는 것이다.

그러나 인간이 완성되면 이러한 부수적인 욕망으로 인하여서는 결코 타락(墮落)될 수 없는 것이다. 왜냐하면 이러한 욕망을 충당할 때에 느껴지는 일시적인 만족감보다도 그 욕망을 충당함으로써 일어나는 자기 파멸에 대한 고통이 더 클 것을 실감하게 됨으로써, 그러한 범행은 감행할 수 없기 때문이다.

그리고 창조목적(創造目的)을 완성한 세계는 마치 사람 하나의 모양과 같이 서로 유기적(有機的)인 관계를 가지는 조직사회이기 때문에, 개체의 파멸은 곧 전체적인 파멸을 초래하게 되는 것이다. 따라서 전체는 개체의 파멸을 방임하지 않는다. 이와 같이 창조목적을 완성한 세계에 있어서의 창조본성으로부터 일어나는 부수적인 욕망은, 인간의 발전을 가져오게 하는 요소는 될지언정 결코 타락의 요인이 될 수는 없는 것이다.

타락성본성(墮落性本性)을 대별하면 넷으로 가를 수 있는데, 첫째는 하나님과 같은 입장을 취하지 못하는 것이다. 천사장(天使長)이 타락하게 된 동기는, 하나님이 사랑하시는 아담을 하나님과 같은 입장에서 사랑하지 못하고 그를 도리어 시기하여 해와의 사랑을 유린한 데 있었다. 군왕(君王)이 사랑하는 신하를 그의 동료가 그 군왕과 같은 입장에서 같이 사랑하지 못하고 시기하는 성품은 바로 이런 타락성본성에서 나오는 것이다.

둘째는 자기의 위치를 떠나는 것이다. 누시엘은 하나님의 사랑을 더 받기 위하여, 천사세계(天使世界)에서 가졌던 것과 동일한 사랑의 위치를 인간세계에 있어서도 가지려 하였던 불의(不義)한 욕망으로 인하여 자기의 위치를 떠나 타락하게 되었다. 불의한 감정으로 자기의 분수와 위치를 떠나 행동하는 것은 모두 이러한 타락성본성의 발로인 것이다.

셋째는 주관성(主管性)을 전도(顚倒)하는 것이다. 인간의 주관을 받아야 할 천사가 거꾸로 해와를 주관하였고, 또 아담의 주관을 받아야 할 해와가 거꾸로 아담을 주관하게 된 데서 타락의 결과가 생겼던 것이다. 이와 같이 자기의 위치를 떠나서 주관성을 전도하는 데서부터 인간사회의 질서는 문란(紊亂)해지게 되는데, 이것은 모두 이러한 타락성본성에서 일어나는 것이다.

넷째는 범죄행위(犯罪行爲)를 번식하는 것이다. 만일 해와가 타락한 후에 자기의 범죄를 아담에게 번식시키지 않았더라면 아담은 타락되지 않았을 것이므로, 해와만의 복귀는 용이(容易)했을 것이었다. 그러나 해와는 이와 반대로 자기의 죄를 아담에게도 번식시켜 그를 타락케 하였다. 악인(惡人)들이 동료를 번식시키려는 성품은 이와 같은 타락성본성에서부터 일어나는 것이다.

제 5 절 **자유와 타락**

I. 자유의 원리적 의의

자유(自由)에 대한 원리적인 성격을 논할 때, 첫째로 우리는 원리(原理)를 벗어난 자유는 없다고 하는 사실을 알아야 한다. 그리고 자유라고 하는 것은 자유의지(自由意志)와 그에 따르는 자유행동(自由行動)을 일괄하여 표현한 말이다. 전자와 후자는 성상(性相)과 형상(形狀)과의 관계와 같아서, 이것이 합하여서만 완전한 자유가 성립된다. 그러므로 자유의지가 없는 자유행동은 있을 수 없는 것이며, 자유행동이 따르지 않는 자유의지도 완전한 것이 될 수는 없는 것이다. 자유행동은 자유의지로 인하여 나타나는 것이며, 자유의지는 곧 마음의 발로인 것이다. 그런데 창조본연(創造本然)의 인간에 있어서는 하나님의 말씀, 곧 원리를 벗어나서 그 마음이 움직일 수 없기 때문에, 원리를 벗어난 자유의지나 그로 인한 자유행동은 있을 수 없는 것이다. 그러므로 창조본연의 인간에 있어서는 원리를 벗어난 자유란 있을 수 없는 것이다.

둘째로, 책임(責任) 없는 자유는 없다. 원리에 의하여 창조된 인간은 그 자신의 자유의지로써 그의 책임분담(責任分擔)을 완수함으로써만 완성된다(전편 제1장 제5절 II 2). 따라서 창조목적(創造目的)을 추구하여 나아가는 인간은 항상 자유의지로써 자기의 책임을 행하려 하기 때문에 책임 없는 자유는 있을 수 없는 것이다.

셋째로, 실적(實績) 없는 자유는 없다. 인간이 자유로써 자신의 책임분담을 완수하려는 목적은, 창조목적을 완성하여서 하나님을 기쁘시게 해 드릴 수 있는 실적을 세우려는 데 있는 것이다. 따라서 자유는 항상 실적을 추구하게 되는 것이므로 실적 없는 자유는 있을 수 없는 것이다.

II. 자유와 인간의 타락

위에서 상술(詳述)한 바와 같이, 자유(自由)는 원리를 벗어나서는 있을 수 없다. 따라서 자유는 스스로의 창조원리적인 책임을 지게 되며, 또 하나님을 기쁘시게 해 드리는 실적을 추구하는 것이므로, 자유의지(自由意志)에 의한 자유행동은 선(善)의 결과만을 가져오게 되는 것이다. 그렇기 때문에 인간은 자유로 인하여서 타락될 수는 없다. 그러므로 고린도후서 3장 17절에 주의 영이 계신 곳에는 자유함이 있느니라고 말씀하신 것이다. 우리는 이러한 자유를 본심(本心)의 자유라고 한다.

아담과 해와가 하나님으로부터 선악과(善惡果)를 따먹지 말라는 권고를 받은 이상, 그들은 마땅히 하나님의 간섭이 없이 오직 본심의 자유에 의하여 그 명령을 지켜야 할 것이었다. 그러므로 해와가 원리를 탈선하려 하였을 때, 원리적인 책임과 실적을 추구하는 그의 본심의 자유는 그에게 불안과 공포심을 일으키게 하여 원리를 탈선하지 못하도록 작용하였다. 또 타락된 후에 있어서도 이 본심의 자유는 하나님 앞으로 돌아가도록 작용하였던 것이다. 따라서 인간은 이러한 작용을 하는 본심의 자유로 인하여서 타락될 수는 없다. 인간의 타락은 어디까지나 그의 본심의 자유가 지향하는 힘보다도 더 강한 비원리적(非原理的)인 사랑의 힘으로 말미암아 그 자유가 구속되었던 데 기인한다.

결국 인간은 타락(墮落)으로 인하여 자유를 잃어버리게 된 것이다. 그러나 타락한 인간에게도 이 자유를 추구하는 본성(本性)만은 그대로 남아 있기 때문에, 하나님은 그 자유를 복귀하는 섭리를 하실 수 있는 것이다. 역사가 흐를수록 인간이 자기의 생명을 희생시켜 가면서까지 자유를 찾으려는 심정이 고조되어 가는 것은, 인간이 사탄으로 인하여 잃어버렸던 이 자유를 복귀해 나아가고 있는 증거인 것이다. 그러므로 인간이 자유를 찾는 목적은, 자유의지에 의한 자유행동으로 원리적인 책임과 실적을 세워서 창조목적(創造目的)을 완성하려는 데 있는 것이다.

Ⅲ. 자유와 타락과 복귀

천사(天使)는 인간을 시종(侍從)하도록 창조되었다. 따라서 인간이 천사를 대하는 것은 어디까지나 인간의 자유에 속한 문제인 것이다. 그런데 천사에게 유혹을 당하던 때의 해와는 아직도 지적으로나 심정적으로나 미완성기(未完成期)에 있었다. 따라서 해와가 천사의 유혹에 의하여 지적으로 미혹되고 심정적으로 혼돈되어 유인을 당하게 되었을 때에, 그는 책임과 실적을 추구하는 본심의 자유로 말미암아 일어나는 불안을 느꼈으나, 보다 더 큰 천사와의 사랑의 힘에 의하여 타락선(墮落線)을 넘고 말았다.

해와가 아무리 천사를 자유로이 대하였다 하더라도, 따먹지 말라 하신 하나님의 계명만을 믿고 천사의 유혹의 말에 상대하지 않았더라면, 천사와의 비원리적인 사랑의 힘은 발동할 수 없었을 것이므로 그는 결코 타락하지 않았을 것이었다. 그러므로 자유가 해와로 하여금 천사를 상대하게 하여 타락선까지 끌고 나갔던 것은 사실이지만, 타락선을 넘게 한 것은 어디까지나 자유가 아니고 비원리적인 사랑의 힘이었던 것이다.

인간은 천사에 대해서도 자유로써 대하도록 창조되었기 때문에, 해와가 누시엘을 대하게 되어 그와 상대기준(相對基準)을 조성함으로써 수수작용(授受作用)을 하게 되었을 때, 그 비원리적인 사랑의 힘으로 말미암아 그들은 타락하였던 것이다. 그러나 이와 반대로 타락인간도 자유로써 하나님의 상대적인 입장에 설 수 있기 때문에, 진리(眞理)의 말씀을 따라 하나님과 상대기준을 조성하여 수수작용을 하게 되면, 그 원리적인 사랑의 힘으로 말미암아 창조본성(創造本性)을 복귀할 수 있는 것이다. 위에서도 언급한 바와 같이 인간이 본성적으로 자유를 부르짖게 되는 것은, 이와 같이 하여서 창조본성을 복귀하려는 본심의 자유의 지향성이 있기 때문인 것이다.

인간은 타락으로 말미암아 무지에 떨어져 하나님을 모르게 됨에 따라서 그의 심정도 모르게 되었다. 그러므로 인간의 의지는 이 무지로 말미암아 하나님이 기뻐하시는 방향을 취할 수 없게 되었던 것이다. 그러나 타락인간에 있어서는 복귀섭리(復歸攝理)의 시대적인 혜택에 의하여 신령(내적인 知)과 진리(외적인 知)가 밝혀짐에 따라 창조목적을 지향하는 본심의 자유를 찾으려는 심정도 복귀되어 왔고, 그에 따라서 하나님에 대한 심정(心情)도 점차로 복귀되어 그 뜻대로 살려는 의지도 높아 가는 것이다.

또 그들은 이와 같이 자유를 복귀코자 하는 의지가 고조됨에 따라서, 이를 실현할 수 있는 사회 환경을 요구하지 않을 수 없는 것이다. 그러나 그 시대의 환경이 자유를 찾는 그 시대의 인간들의 욕망을 충족시킬 수 없을 때 필연적으로 사회혁명(社會革命)이 일어나게 마련이다. 18세기에 있었던 불란서혁명(佛蘭西革命)은 그 대표적인 예이지만, 이러한 혁명은 결국 창조본연(創造本然)의 자유가 완전히 복귀될 때까지 계속되지 않을 수 없는 것이다.

제 6 절 하나님이 인간 조상의 타락행위를 간섭치 않으신 이유

하나님은 전지전능(全知全能)하시므로 인간 조상의 타락행위(墮落行爲)를 모르셨을 리가 없는 것이다. 한편 그들이 타락행위를 감행할 수 없도록 그것을 막을 수 있는 능력이 없으신 것도 아니었다. 그러면 하나님은 왜 그들의 타락행위를 아시면서도 그것을 간섭하여 막지 않으셨던가? 이것은 아직까지의 인류역사를 통하여 풀리지 않은 중대한 문제 중의 하나인 것이다. 우리는 하나님이 인간의 타락행위를 간섭치 않으신 이유로서 다음의 세 가지를 들 수 있다.

Ⅰ. 창조원리의 절대성과 완전무결성을 위하여

창조원리(創造原理)에 의하면, 하나님은 인간이 하나님의 창조성(創造性)을 닮음으로써 하나님이 인간을 주관하시듯이 인간도 만물세계를 주관하도록 창조하셨다. 그런데 인간이 하나님의 창조성을 닮기 위하여는 인간 자신의 책임분담(責任分擔)을 수행하면서 성장하여 완성하지 않으면 아니 된다. 이러한 성장기간(成長期間)을 우리는 간접주관권(間接主管圈), 혹은 원리결과주관권(原理結果主管圈)이라고 한다. 그러므로 인간이 이 권내에 있을 때에는, 그들 자신의 책임분담을 다하도록 하시기 위하여 하나님은 그들을 직접적으로 주관해서는 안 되는 것이다. 그리하여 하나님은 인간이 완성된 후에야 그들을 직접 주관하시게 되어 있다.

만일 하나님이 그들을 직접 주관하실 수 없는 성장기간에 있어서 그들의 행위를 간섭하시게 되면 인간의 책임분담을 무시하는 것이 되며, 따라서 인간에게 창조성을 부여하시어 만물의 주관주로 세우시려는 창조원리를 스스로 무시하는 입장에 서시게 된다. 이와 같이 원리가 무시되면 동시에 원리의 절대성(絶對性)과 완전무결성(完全無缺性)은 상실되고 마는 것이다. 그런데 하나님은 절대자이시며 완전무결하신 창조주이시므로, 하나님이 세우신 창조원리도 또한 절대적이며 완전무결해야 하는 것이다. 그러므로 하나님은 창조원리의 절대성과 완전무결성을 위하여 미완성기(未完成期)에 있는 그들의 타락행위를 간섭하실 수 없었던 것이다.

II. 하나님만이 창조주로 계시기 위하여

하나님은 스스로 창조하신 원리적인 존재와 그 행동만을 간섭하시기 때문에, 범죄행위(犯罪行爲)나 지옥(地獄)과 같은 자기가 창조하시지 않은 비원리적인 존재나 행동은 간섭하실 수가 없다. 그렇기 때문에 하나님께서 만일 어떠한 존재나 행동을 간섭하시게 되면, 간섭을 받는 그 존재나 행동은 벌써 창조의 가치가 부여되어 원리적인 것으로서 인정된 것과 같은 결과에 이르게 되는 것이다.

이러한 논리에 입각해 볼 때, 만일 하나님이 인간 시조의 타락행위(墮落行爲)를 간섭하시게 되면 그 타락행위에도 창조의 가치가 부여되어서, 그 범죄행위는 원리적인 것으로서 인정되지 않을 수 없게 된다. 만일 그렇게 되면, 하나님이 범죄행위도 원리적인 것으로 인정하신다는 또 하나의 새로운 원리를 세우시는 결과를 가져오게 되는 것이다. 그런데 이러한 결과를 가져오게 되는 것은 어디까지나 사탄 때문이므로, 그렇게 되면 사탄이 또 하나의 새로운 원리를 창조한 것이 되어 그도 역시 창조주의 입장에 서게 된다. 따라서 하나님은 홀로 하나님만이 창조주로 계시기 위하여 그들의 타락행위를 간섭하실 수 없었던 것이다.

III. 인간을 만물의 주관위에 세우시기 위하여

하나님은 인간을 창조하시고 만물(萬物)을 주관하라고 하셨다(창

1 : 28). 인간이 하나님의 말씀대로 만물을 주관하려면 만물과 동등한 입장에서는 그를 주관할 수 없으므로, 인간은 그를 주관할 수 있는 어떠한 자격을 가져야만 한다.

하나님이 창조주(創造主)이시기 때문에 인간을 주관하실 수 있는 자격을 가지고 계시는 것과 같이, 인간도 만물을 주관할 수 있는 자격을 가지기 위하여는 하나님의 창조성(創造性)을 갖지 않으면 아니 되는 것이다. 따라서 하나님은 인간에게 창조성을 부여하시어 만물을 주관할 수 있는 자격을 가지게 하시기 위하여, 성장기간(成長期間)을 두시고 이 기간이 다하기까지 인간이 그 자신의 책임분담(責任分擔)을 완수함으로써 완성되도록 창조하신 것이다. 그러므로 인간은 이러한 원리과정을 통과하여 완성됨으로써만 만물을 주관할 수 있는 자격을 얻어 가지고 비로소 만물을 주관할 수 있게 된다.

그런데 미완성기(未完成期)에 있는 인간을 하나님이 직접 주관하시고 간섭하시게 되면, 이것은 아직도 인간책임분담(人間責任分擔)을 완수하지 못하여 하나님의 창조성을 갖지 못함으로써 만물을 주관할 자격이 없는 인간으로 하여금 그것을 주관케 하시는 것이 될 뿐만 아니라, 미완성한 인간을 완성한 인간과 동일한 취급을 하신다는 모순을 초래하게 된다. 그리고 또 이 인간에게 그의 창조성을 부여하심으로써 만물을 주관케 하시기 위하여 세우셨던 창조원리(創造原理)를 스스로 무시하시는 결과가 되고 마는 것이다. 그러므로 원리에 의하여 피조세계(被造世界)를 창조하시고 그 원칙을 따라서 섭리하시는 하나님은, 인간을 만물의 주관위(主管位)에 세우시기 위하여 아직도 간접주관권 내(間接主管圈內)에 있었던 미완성한 인간의 타락행위를 간섭하실 수 없었던 것이다.

제 3 장 인류역사 종말론

우리는 지금까지 인류역사(人類歷史)가 어떻게 시작되었으며, 또 이것이 어디를 향하여 흘러가고 있는 것인지를 모르고 살아왔다. 따라서 인류역사의 종말(終末)에 관한 문제를 알지 못하고 있는 것이다. 많은 기독교(基督教) 신도들은 다만 성서(聖書)에 기록되어 있는 문자 그대로, 말세(末世)에는 하늘과 땅이 모두 불에 타서 소멸(消滅)되고(벧후 3 : 12), 해와 달이 빛을 잃고 별들이 하늘에서 떨어지며(마 24 : 29), 천사장(天使長)의 나팔소리와 함께 죽은 자들이 무덤에서 일어나고, 살아 있는 사람들은 모두 구름 속으로 끌어올리워 공중(空中)에서 예수님을 상봉(相逢)하리라고(살전 4 : 16~17) 믿고 있다.

그러나 사실 성서의 문자 그대로 될 것인지, 그렇지 않으면 성서의 중요한 많은 부분이 그러하듯이 이 말씀도 무엇을 비유(比喩)하여 말씀하신 것인지, 이 문제를 해명하는 것은 기독교 신도들에 있어서 가장 중요한 문제 중의 하나가 아닐 수 없는 것이다. 그런데 이 문제를 해명하기 위하여는 먼저 하나님이 피조세계(被造世界)를 창조(創造)하신 목적과 타락(墮落)의 의의, 그리고 구원섭리(救援攝理)의 목적 등 근본문제(根本問題)를 풀지 않으면 아니 되는 것이다.

제 1 절 하나님의 창조목적의 완성과 인간의 타락

Ⅰ. 하나님의 창조목적의 완성

이미 창조원리(創造原理)에서 상세히 논술한 바이지만, 하나님이 인간을 창조하신 목적은 인간을 보시고 기뻐하시기 위함이었다. 그러므로 인간이 존재하는 목적은 하나님을 기쁘시게 하는 데 있는 것이다. 그러면 인간이 어떻게 되어야 하나님을 기쁘시게 하여 그의 창조본연의 존재가치(存在價値)를 완전히 나타낼 수 있을 것인가?

인간 이외의 피조물(被造物)은 자연 그대로가 하나님의 기쁨의 대상이 되도록 창조되어 있다. 그러나 인간은 창조원리에서 밝혀진 바와 같이 자유의지(自由意志)와 그에 의한 행동을 통하여서 하나님께 기쁨을 돌려드리는 실체대상(實體對象)으로 창조되었기 때문에, 인간은 하나님의 뜻을 알고 스스로 노력하여서 그 뜻대로 생활하지 않고서는 하나님의 기쁨의 대상이 될 수 없는 것이다. 그러므로 인간은 어디까지나 하나님의 심정(心情)을 체휼하여 그 뜻을 알아 가지고 그 뜻대로 생활할 수 있도록 창조되었던 것이다. 인간이 그러한 자리에 서게 되는 것을 개성완성(個性完成)이라고 한다. 비록 부분적으로나마 타락 전의 아담 해와나 선지자(先知者)들이 하나님과 일문일답(一問一答)할 수 있었던 것은 그들 인간에게 이와 같이 창조되었던 소성(素性)이 있었기 때문이다.

개성을 완성한 인간과 하나님과의 사이는 몸과 마음과의 관계로 비유할 수 있다. 몸은 마음이 거하는 하나의 전(殿)으로서 마음이 명령하는 대로 행동한다. 이와 같이 개성을 완성한 인간의 마음에는 하나님이 거하시게 되므로, 결국 이러한 인간은 하나님의 성전(聖殿)이 되어 하나님의 뜻대로만 생활하게 된다. 따라서 몸과 마음이 일체를 이루는 것과 같이, 개성을 완성한 인간은 하나님과 일체를 이루게 된다. 그러므로 고린도전서 3장 16절에 너희가 하나님의 성전인 것과 하나님의 성령이 너희 안에 거하시는 것을 알지 못하느뇨라고 하셨고, 요한복음 14장 20절에는 그 날에는 내가 아버지 안에 너희가 내 안에 내가 너희 안에 있는 것을 너희가 알리라고 말씀하셨다.

이와 같이 개성(個性)을 완성하여 하나님의 성전을 이룸으로써, 성령(聖靈)이 그 안에 거하게 되어 하나님과 일체를 이룬 인간은 신성(神性)을 갖게 되므로 죄를 지으려야 지을 수 없게 되고, 따라서 타락할 수도 없게 된다.

개성을 완성한 사람은 곧 하나님의 창조목적(創造目的)을 이룬 선(善)의 완성체인데, 선의 완성체가 타락된다면 선 그 자체가 파멸될 가능성을 내포하고 있다는 불합리(不合理)한 결과에 이른다. 뿐만 아니라 전능(全能)하신 하나님이 창조하신 인간이 완성된 입장에서 타락되었다면 하나님의 전능성마저 부정될 수밖에 없다. 영원(永遠)한 주체로 계시는 절대자(絶對者) 하나님의 기쁨의 대상도 영원성과 절대성을 가져야 하므로, 개성을 완성한 인간은 절대로 타락될 수 없는 것이다.

이와 같이 개성을 완성하여 죄를 지을 수 없게 된 아담과 해와가, 하나님의 축복하신 말씀대로(창 1 : 28) 선의 자녀를 번식하여 죄 없는 가정과 사회를 이루었더라면, 이것이 바로 한 부모를 중심한 대가족(大家族)으로 이루어지는 천국(天國)이었을 것이다.

천국은 마치 개성을 완성한 사람 하나의 모양과 같은 세계여서, 인간에 있어 그 두뇌의 종적(縱的)인 명령에 의하여 그의 사지백체(四肢百體)가 서로 횡적(橫的)인 관계를 가지고 활동하듯이, 그 사회도 하나님으로부터의 종적인 명령에 의하여 서로 횡적인 유대(紐帶)를 맺어 생활하게 되어 있는 것이다. 이러한 사회에 있어서는, 어느 한 사람이라도 고통을 당하면 그것을 보시고 같이 서러워하시는 하나님의 심정(心情)을 사회 전체가 그대로 체휼하게 되기 때문에 이웃을 해치는 행위를 할 수 없게 된다.

그리고 아무리 죄 없는 인간들이 생활하는 사회라 하더라도, 인간이 원시인들과 마찬가지로 미개한 생활을 그대로 할 수밖에 없다면, 이것은 하나님이 바라시고 또 인간이 원하는 천국은 아닐 것이다. 그러므로 하나님이 만물을 주관하라고 하신 말씀대로(창 1 : 28), 개성을 완성한 인간들은 과학을 발달시켜 자연계(自然界)를 정복함으로써 극도로 안락한 사회환경을 이 지상에 이루어 놓아야 하는 것이니, 이러한 창조이상(創造理想)이 실현된 곳이 바로 지상천국(地上天國)인 것이다. 이처럼 인간이 완성되어 지상천국을 이루고 살다가 육신을 벗고 영계(靈界)로 가게 되면 바로 거기에 천상천국(天上天國)이 이루어지게 된다. 그러므로 하나님의 창조목적(創造目的)은 어디까지나 먼저 이 지상에 천국을 건설하시려는 데 있었던 것이다.

II. 인간의 타락

창조원리(創造原理)에서 상술한 바와 같이, 인간은 아직도 성장기간(成長期間)에 있어서 미완성(未完成)한 입장에 있었을 때에 타락되었다. 인간에게는 왜 성장기간이 필요하였으며, 인간 시조가 미완성기에서 타락되었다고 보지 않을 수 없는 근거는 무엇인가 하는 문제들도 이미 창조원리에서 밝혔다.

인간은 타락함으로 말미암아 하나님의 성전(聖殿)을 이루지 못하고, 사탄이 우거(寓居)하는 전(殿)이 되어 그와 일체를 이룸으로써 신성(神性)을 갖지 못하고 악성(惡性)을 갖게 되었다. 이와 같이 악성을 가진 인간이 악의 자녀를 번식하여 악의 가정과 사회와 세계를 이루었으니, 이것이 바로 타락인간이 지금까지 살아오고 있는 지상지옥(地上地獄)이다. 지옥인간들은 하나님과의 종적인 관계가 끊어졌기 때문에 인간들 사이의 횡적인 유대를 이룰 수 없게 되었고, 따라서 이웃의 고통을 자신의 것으로서 체휼할 수 없게 되어, 마침내는 이웃을 해치는 행위를 자행하게 된 것이다.

인간은 지상지옥(地上地獄)에서 살고 있기 때문에, 육신을 벗은 후에는 천상지옥(天上地獄)으로 가게 된다. 이와 같이 인간은 하나님 주권의 세계를 이루지 못하고 사탄 주권의 세계를 이루게 되었다. 사탄을 세상 임금(요 12 : 31), 또는 세상의 신(고후 4 : 4)이라고 하는 이유는 여기에 있는 것이다.

제 2 절 구 원 섭 리

Ⅰ. 구원섭리는 곧 복귀섭리다

이 죄악(罪惡)의 세계는 인간이 서러워하는 것은 말할 것도 없고, 하나님도 서러워하시는 세계인 것이다(창 6 : 6). 그렇다면 하나님은 이 설움의 세계를 그대로 방임하실 것인가? 기쁨을 누리시려고 창조하셨던 선(善)의 세계가 인간의 타락으로 인하여 설움이 가득한 죄악의 세계로 영속할 수밖에 없게 되었다면, 하나님은 창조에 실패한 무능한 하나님이 되고 말 것이다. 그렇기 때문에 하나님은 기필코 이 죄악의 세계를 구원(救援)하시지 않을 수 없는 것이다.

그렇다면 하나님은 이 세계를 어느 정도로 구원하셔야 할 것인가? 두말할 것도 없이 그 구원은 완전한 구원이어야 하므로, 하나님은 어디까지나 이 죄악의 세계에서 사탄의 악의 세력을 완전히 몰아냄으로써(행 26 : 18) 먼저 인간 시조(始祖)가 타락하기 전의 입장을 복귀(復歸)하는 데까지 구원하시고, 그 위에 선의 창조목적(創造目的)을 완성하시어 하나님이 직접 주관하시는 데까지(행 3 : 21) 나아가지 않으면 아니 되는 것이다.

병든 사람을 구원한다는 것은 병들기 전의 상태로 복귀시킨다는 뜻이요, 물에 빠진 자를 구원한다는 것은 곧 빠지기 전의 입장으로 복귀시킨다는 뜻이다. 그렇다면 죄에 빠진 자를 구원한다는 것은 곧 죄가 없는 창조본연(創造本然)의 입장으로 복귀시킨다는 뜻이 아닐 것인가? 그러므로 하나님의 구원섭리(救援攝理)는 곧 복귀섭리(復歸攝理)인 것이다(행 1 : 6, 마 17 : 11).

타락(墮落)은 물론 인간 자신의 과오로 말미암아 되어진 결과이다. 그러나 어디까지나 하나님이 인간을 창조하셨기 때문에 인간의 타락이란 결과도 있을 수 있었으므로, 하나님은 이 결과에 대하여 창조주(創造主)로서의 책임을 지시지 않을 수 없는 것이다. 그러므로 하나님은 이 잘못된 결과를 창조본연의 것으로 복귀하시려는 섭리를 하시지 않을 수 없는 것이다.

하나님은 영존(永存)하시는 주체이시므로, 그의 영원한 기쁨의 대상으로 창조된 인간의 생명도 역시 영원성을 갖지 않으면 아니 된다. 인간에게는 이와 같이 영원성을 두고 창조하셨던 창조원리적인 기준이 있기 때문에, 타락된 인간이라고 해서 이를 아주 없애 버리어 창조원리(創造原理)를 무위로 돌려보낼 수는 없는 것이다. 그러므로 하나님은 타락인간을 구원하시어 그를 창조본연(創造本然)의 입장으로 복귀하시지 않으면 아니 된다.

그런데 원래 하나님은 인간을 창조하시고 3대 축복(三大祝福)을 이루어 주실 것을 약속하셨던 것이므로(창 1 : 28), 이사야 46장 11절에 내가 말하였은즉 정녕 이룰 것이요 경영하였은즉 정녕 행하리라고 하신 말씀대로 사탄 때문에 잃어버렸던 이 축복들을 복귀하는 섭리를 하심으로써 그는 약속의 뜻을 이루어 나오셨던 것이다. 마태복음 5장 48절에 예수님이 하늘에 계신 너희 아버지의 온전하심과 같이 너희도 온전하라고 제자들에게 말씀하신 것도 곧 창조본연의 인간으로 복귀하라는 뜻이었던 것이다. 왜냐하면 창조본연의 인간은 하나님과 일체가 되어 신성(神性)을 갖게 됨으로써, 창조목적(創造目的)을 중심하고 보면 하나님과 같이 완전하기 때문이다.

II. 복귀섭리의 목적

그러면 복귀섭리(復歸攝理)의 목적은 무엇이겠는가? 그것은 본래 하나님의 창조목적이었던 선의 대상인 천국을 이루는 것이다. 원래 하나님은 인간을 지상에 창조하시고, 그들을 중심하고 먼저 지상천국(地上天國)을 이루려 하셨다. 그러나 인간 시조(始祖)의 타락으로 말미암아 그 뜻을 이루지 못하셨던 것이기 때문에, 복귀섭리의 제1차적인 목적도 역시 지상천국을 복귀하는 것이 아닐 수 없는 것이다. 복귀섭리의 목적을 완성하기 위하여 오셨던 예수님이 뜻이 하늘에서 이루어진 것같이 땅에서도 이루어지도록 기도하라고 하신 말씀이나(마

6 : 10), 천국이 가까웠으니 회개하라고 하신 말씀(마 4 : 17) 등은 모두 복귀섭리의 목적이 지상천국을 복귀하시려는 데 있다는 것을 입증하는 것이다.

Ⅲ. 인류역사는 곧 복귀섭리역사다

우리는 위에서 하나님의 구원섭리(救援攝理)는 바로 복귀섭리(復歸攝理)라는 것을 밝혔다. 그러므로 인류역사(人類歷史)는 타락한 인간을 구원하여 그들로 하여금 창조본연(創造本然)의 선(善)의 세계를 복귀케 하시려는 섭리역사(攝理歷史)인 것이다. 우리는 여기에서 인류역사는 곧 복귀섭리의 역사라는 것을 여러 면으로 고찰해 보기로 하자.

첫째로, 문화권 발전사(文化圈發展史)의 입장에서 고찰해 보기로 하겠다. 동서고금을 막론하고 아무리 악한 인간이라 하여도 악을 버리고 선을 따르려는 본심(本心)만은 누구나 공통하게 가지고 있다. 그러므로 어떤 것이 선이며 어떻게 해야 선을 이룰 것인가 하는 것은 지능에 속하는 것이어서 시대와 장소와 사람에 따라 각각 다르기 때문에 서로 상충되어 투쟁의 역사를 엮어 내려온 것이 사실이지만, 선을 찾아 세우려는 그들의 근본목적만은 모두 동일하다.

그러면 어찌하여 인간의 본심은 누구도 막을 수 없는 힘을 가지고 시공(時空)을 초월하여 선을 지향하고 있는가? 그것은 선의 주체이신 하나님이 선의 목적을 이루시기 위한 선의 실체대상(實體對象)으로 인간을 창조하셨으므로, 비록 타락인간은 사탄의 역사로 말미암아 선의 생활은 할 수 없게 되었으나 선을 추구하는 그 본심만은 여전히 남아 있기 때문이다. 그러므로 이러한 인간들로써 엮어져 내려오는 역사의 갈 곳은 결국 선(善)의 세계가 아닐 수 없는 것이다.

인간의 본심(本心)이 아무리 선을 지향하여 노력한다고 하여도, 이미 악주권하(惡主權下)에 놓여진 이 세계에서는 그 선의 실상을 찾아볼 수 없게 되었기 때문에, 인간은 시공을 초월한 세계에서 그 선의 주체를 찾으려 하지 않을 수 없게 된 것이니, 이러한 필연적인 요구에 의하여 탄생한 것이 바로 종교(宗敎)인 것이다. 이와 같이 타락으로 인하여 하나님을 모르게 된 인간은 종교를 세워 부단히 선을 찾아 나아감으로써 하나님을 만나려고 한 것이었기 때문에, 설혹 종교를 받들고 있었던 개인이나 민족이나 국가는 망하였다 할지라도 종교 그 자체만은 오늘에 이르기까지 계속 남아져 내려오고 있는 것이다. 이제 이러한 역사적인 사실을 국가 흥망사(國家興亡史)를 중심하고 더듬어 보기로 하자.

먼저 중국(中國)의 역사를 보면 춘추전국(春秋戰國)의 각 시대를 거치어 진(秦) 통일시대가 왔고, 전한(前漢), 신(新), 후한(後漢), 삼국(三國), 서진(西晋), 동진(東晋), 남북조(南北朝)의 각 시대를 거치어 수(隋) 당(唐) 통일시대가 왔으며, 오대(五代), 북송(北宋), 남송(南宋), 원(元), 명(明), 청(淸)의 시대를 거치어 오늘의 중화민국(中華民國)에 이르기까지 복잡다양한 국가의 흥망과 정권의 교체를 거듭하여 내려왔으나 오늘에 이르기까지 유(儒)·불(佛)·선(仙)의 극동종교(極東宗敎)만은 엄연히 그대로 남아져 있다.

다음으로 인도(印度)의 역사를 살펴보더라도 마우리아, 안드라, 굽타, 바루다나, 사만, 가즈니, 무갈제국을 거쳐서 오늘의 인도에 이르기까지 국가의 변천은 거듭되어 내려왔으나 힌두교만은 쇠하지 않고 그대로 남아 있다.

또 중동지역(中東地域)의 역사를 보면 사라센제국, 동·서 칼리프, 셀주크 터키, 오스만 터키 등 나라의 주권은 여러 차례 바뀌어 내려왔으나, 그들이 신봉하는 이슬람교만은 연면하게 그 명맥이 끊기지 않고 이어져 내려왔다.

나아가 유럽사의 주류에서 그 실증을 찾아보기로 하자. 유럽의 주도권은 그리스, 로마, 프랑크, 스페인과 포르투갈을 거쳐 일시 프랑스와 네덜란드를 지나 영국으로 옮겨졌고, 오늘에 이르러서는 그것이 미국과 소련으로 나뉘고 있다. 그러나 기독교(基督敎)만은 그대로 융흥(隆興)해 왔으며, 유물사관(唯物史觀) 위에 세워진 전제정체하(專制政體下)의 소련에서마저 기독교는 아직도 멸할 수 없는 것으로서 남아져 있다.

이러한 견지에서 모든 국가 흥망의 발자취를 깊이 더듬어 보면, 종교를 박해하는 나라는 망하였고, 종교를 보호하고 육성시킨 나라는 흥하였으며, 그 나라의 주권은 보다 더 종교를 숭앙(崇仰)하는 나라에로 넘겨져 간 역사적인 사실을 우리는 많이 찾아볼 수 있다. 따라서 종교를 박해하고 있는 공산주의세계(共産主義世界)가 괴멸될 날이 기필코 오리라는 것은 종교사(宗敎史)가 실증적으로 말해 주고 있는 것이다.

역사상에는 많은 종교가 오고 갔다. 그 가운데서 영향력이 큰 종교는 반드시 문화권(文化圈)을 형성하여 왔는데, 문헌에 나타나 있는 문화권만 해도 21 내지 26개나 된다. 그러나 역사의 흐름에 따라 점차로 열등한 것은 보다 우수한 것에 흡수되었거나 또는 융화되어 왔다. 그리하여 근세에 이르러서는 위에서 열거한 대로 수다한 국가 흥망의 굽이침 속에서 결국 극동문화권(極東文化圈), 인도교문화권(印度敎文化圈), 회회교문화권(回回敎文化圈), 기독교문화권(基督敎文化圈) 등의 4대 문화권이 남아지게 되었고, 이것들은 다시 기독교를 중심한 하나의 세계적인 문화권을 형성해 가는 추세를 보여 주고 있다. 그러므로 기독교가 선을 지향해 온 모든 종교의 목적을 함께 달성해야 할 최종적인 사명을 가지고 있다는 사실은, 이러한 역사적인 귀추로 보아서도 알 수 있는 것이다.

이와 같이 문화권의 발전사가 수많은 종교의 소장(消長) 또는 융합(融合)에 따라 결국 하나의 종교를 중심한 세계적인 문화권을 형성해 가고 있음을 보여 주고 있다는 사실은, 인류역사가 바로 하나의 통일된 세계에로 복귀되어 가고 있다는 증거인 것이다.

둘째로, 종교와 과학의 동향으로 보아도 우리는 인류역사가 복귀섭리(復歸攝理)의 역사라는 것을 알 수 있게 된다. 타락인간의 양면의 무지(無知)를 극복하기 위한 종교와 과학이 오늘에 이르러서는 통일된 하나의 과제로서 해결되어야 할 때가 되었다 함은 이미 총서(總序)에서 논술하였다. 이와 같이 역사 이래 서로 관련이 없이 독자적으로 발달해 온 종교와 과학이 오늘날에 이르러서는 각각 제 갈 곳을 다 가서 한 자리에서 서로 만나지 않을 수 없게 되었다는 사실은, 인류역사가 이제까지 창조본연(創造本然)의 세계를 복귀하는 섭리노정을 걸어 나왔다는 것을 우리에게 말해 주고 있는 것이다.

만일 인간이 타락(墮落)되지 않았더라면 인간의 지능이 영적인 면에서 최고도에까지 향상하였을 것이기 때문에, 육적인 면에서도 최고도로 발달되어 과학은 그때 극히 단시일 내에 놀라울 정도로 향상되었을 것이다. 따라서 오늘날과 같은 과학사회(科學社會)는 벌써 인간 시조 당시에 이루어졌을 것이다. 그러나 인간은 타락으로 인하여 무지에 빠지게 되면서 그러한 사회를 이루지 못하였기 때문에, 유구한 역사의 기간을 두고 과학으로써 그 무지를 타개하면서 창조본연의 이상적 과학사회를 복귀하여 나왔다. 그런데 오늘의 과학사회는 극도로 발달되어, 외적으로는 이상사회(理想社會)에로 전환될 수 있는 그 전단계에까지 복귀되어 가고 있는 것이다.

셋째로, 투쟁역사(鬪爭歷史)의 귀추로 보아도 인류역사는 복귀섭리역사(復歸攝理歷史)라는 사실을 알 수 있다. 재물을 빼앗고 땅을 빼앗으며 사람을 빼앗으려는 싸움은 인류사회의 발달과 더불어 벌어져, 오늘에 이르기까지 유구한 역사의 기간을 두고 하루도 쉬지 않고 계속되어 왔다. 그리고 이 싸움은 가정, 종족, 민족, 국가, 세계를 중심한 싸움으로 그 범위를 넓혀 나와, 오늘에 이르러는 민주(民主)와 공산(共産) 두 세계가 마지막 싸움을 겨루는 데까지 이르렀다.

이제 인류역사의 종말을 고하는 이 마지막 때에 있어서, 천륜(天倫)은 드디어 재물이나 땅이나 사람을 빼앗아 가지고 행복을 누릴 수 있다고 생각해 온 역사적인 단계를 지나서, 민주주의(民主主義)라는 이름을 띠고 이 땅에 찾아왔다. 1차대전이 끝난 후에는 패전국가(敗戰國家)가 식민지를 내놓더니, 2차대전이 끝나고 나서는 전승국가(戰勝國家)들이 차례로 식민지를 내놓는 현상이 벌어지고 있다. 한편 오늘의 강대국들은 그들의 일개 도시만도 못한 약소국가들을 유엔에 가입시키고, 그들을 먹여 살릴 뿐 아니라, 자기와 동등한 권리와 의무를 주어 모두 형제국가들을 만들고 있다.

그러면 이 마지막 싸움이란 어떠한 싸움일 것인가? 그것은 이념(理念)의 싸움인 것이다. 그러나 오늘의 세계를 위협하고 있는 유물사관(唯物史觀)을 완전히 전복시킬 수 있는 진리가 나오지 않는 한, 민주와 공산의 두 세계의 싸움은 그치지 않을 것이다. 그러므로 종교와 과학을 통일된 하나의 과제로 해결할 수 있는 진리가 나올 때, 비로소 종교를 부인하고 과학 편중의 발달을 꾀해 나온 공산주의사상은 전복되고 두 세계는 하나의 이념 아래 완전히 통일될 것이다. 이와 같이 투쟁역사의 귀추로 보아도 인류역사는 창조본연(創造本然)의 세계를 복귀하는 섭리역사임을 부인할 수 없는 것이다.

넷째로, 우리는 성서(聖書)를 중심하고 좀더 이 문제를 알아보기로 하자. 인류역사의 목적은 '생명나무'(창 2 : 9)를 중심한 에덴동산을 복귀하려는 데 있다(전편 제2장 제1절 I). 그런데 에덴동산은 아담과 해와가 창조된 어떤 국한지역을 말하는 것이 아니라 지구 전체를 의미한다. 만일 에덴동산이 인간 시조(始祖)가 창조되었던 그 어느 한정된 지역만을 말한다면, 땅에 충만히도록 번성하라 하신 하나님의 축복의 말씀(창 1 : 28)에 의하여 번식될 그 숱한 인류가 어떻게 그 좁은 곳에서 다 살 수 있을 것인가?

인간 조상이 타락했기 때문에 하나님이 '생명나무'를 중심하고 세우려던 에덴동산은 사탄에게 내주게 되었었다(창 3 : 24). 그래서 알파로 시작된 인류 죄악역사(罪惡歷史)가 오메가로 끝날 때의 타락인간(墮落人間)의 소망은, 죄악으로 물든 옷을 깨끗이 빨아 입고 복귀된 에덴동산으로 다시 들어가 잃어버렸던 그 '생명나무'를 다시 찾아 나아가는 데 있다고 요한계시록 22장 13절 이하에 기록되어 있다. 그러면 이 성서의 내용은 무엇을 의미하는가?

이미 타락론(墮落論)에서 밝혀진 바이지만, '생명나무'는 완성한 아담 곧 인류의 참아버지를 말하는 것이다. 부모가 타락되어 그의 후손도 원죄(原罪)를 가진 자녀들이 되었으니, 이 죄악의 자녀들이 창조본연(創造本然)의 인간으로 복귀되기 위하여는 예수님의 말씀대로 모두 거듭나지(重生) 않으면 아니 된다(중생론 참조). 그러므로 역사는 인류를 다시 낳아 주실 참아버지 되시는 예수님을 찾아 나온 것이니, 역사의 종말기(終末期)에 들어 성도(聖徒)들이 소망하고 찾아 나아가는 것으로 기록되어 있는 요한계시록의 '생명나무'는 바로 예수님을 말하는 것이다. 우리는 이러한 성서의 기록을 보아도, 역사의 목적은 '생명나무'로 오실 예수님을 중심한 창조본연의 에덴동산을 복귀하려는 데 있다는 것을 알 수 있다.

요한계시록 21장 1절 내지 7절에도 역사의 종말에는 새 하늘과 새 땅이 나타날 것이라고 기록되어 있는데, 이것은 바로 사탄의 주관하에 있던 옛 하늘과 옛 땅이 하나님을 중심한 예수님 주권하의 새 하늘과 새 땅으로 복귀된다는 것을 의미하는 것이다. 로마서 8장 19절 내지 22절에는 사탄 주관하에서 탄식하고 있는 만물(萬物)도 말세에 불에 타서 없어지는 것이 아니라, 창조본연(創造本然)의 입장으로 복귀함으로써 새롭게 되기 위하여(계 21 : 5) 자기를 주관해 줄 수 있는 창조본연의 하나님의 아들들이 복귀되어 나타나기를 고대한다고 기록되어 있다. 우리는 이와 같이 여러 면으로 고찰하여 볼 때, 인류역사는 창조본연의 세계에로 복귀하는 섭리역사(攝理歷史)라는 것을 분명히 알 수 있는 것이다.

제 3 절 말 세

I. 말세의 의의

하나님이 인간 조상(祖上)에게 허락하셨던 3대 축복(三大祝福)은 그들의 범죄로 말미암아 하나님을 중심하고 이루어지지 않고, 사탄을 중심하고 비원리적(非原理的)으로 이루어졌다는 사실을 우리는 이미 위에서 논술하였다.

그런데 악으로 시작된 인류역사는 실상 하나님의 복귀섭리역사(復

歸攝理歷史)이기 때문에, 사탄주권의 죄악세계(罪惡世界)는 메시아의 강림(降臨)을 전환점으로 하여 하나님을 중심하고 3대 축복(三大祝福)을 이룬 선주권(善主權)의 세계로 바꾸어지게 되는 것이다. 이처럼 사탄주권의 죄악세계가 하나님주권의 창조이상세계(創造理想世界)에로 교체되는 시대를 말세(末世)라고 한다. 따라서 말세는 지상지옥이 지상천국으로 바꾸어지는 때를 이르는 것이다. 그러므로 이때는 지금까지 기독교 신도들이 믿어 온 대로의 천변지이(天變地異)가 일어나는 공포의 때가 아니고, 창세 이후 유구한 역사노정을 통하여 인류가 유일한 소망으로 바라고 나왔던 기쁨의 한 날이 실현되는 때인 것이다.

상세한 것은 후편 제1장으로 미루거니와, 하나님은 인간이 타락한 이래 죄악세계를 청산하고 창조본연(創造本然)의 선의 세계를 복귀하시려는 섭리를 여러 차례 하셨다. 그러나 그때마다 인간이 그 책임분담(責任分擔)을 완수하지 못하여 그 뜻이 이루어지지 않곤 하였기 때문에, 결과적으로 말세가 여러 번 있었던 것 같은 사실을 우리는 성서를 통하여 알 수 있는 것이다.

1. 노아 때도 말세였다

창세기 6장 13절의 기록을 보면, 노아 때도 말세였기 때문에 끝날이 내 앞에 이르렀으니 내가 그들을 땅과 함께 멸하리라고 말씀하셨다. 그러면 어찌하여 노아 때가 말세였던가? 하나님은 인간 시조가 타락함으로써 시작된 사탄을 중심한 타락세계를 1600년의 죄악사(罪惡史)를 일기로 하여 홍수심판(洪水審判)으로 멸하시고, 하나님만을 신봉(信奉)하는 노아가정을 세우심으로써 그 믿음의 터 위에 하나님 주권의 이상세계를 복귀하려 하셨던 것이다. 따라서 노아 때가 말세였던 것이다(후편 제1장 제2절 참조). 그러나 노아의 둘째 아들 함의 타락행위로 인하여 그들이 인간책임분담(人間責任分擔)을 완수하지 못하였기 때문에, 이 뜻은 이루어지지 않았다(창 9 : 22).

2. 예수님 때도 말세였다

복귀섭리(復歸攝理)의 목적을 이루시려는 뜻에 대한 하나님의 예정은 절대적이어서 변할 수 없기 때문에(전편 제6장), 노아를 중심한 복귀섭리는 이루어지지 않았으나, 하나님은 다시 다른 선지자(先知者)들을 부르시어 믿음의 터를 닦으시고, 그 터 위에 예수님을 보내심으로써 사탄을 중심한 죄악의 세계를 멸하시고 하나님을 중심한 이상세계(理想世界)를 복귀하려 하셨다. 따라서 예수님 때도 말세(末世)였던 것이다. 그러기에 예수님은 스스로 심판주(審判主)로 오셨다고 말씀하셨고(요 5 : 22), 그때도 교만한 자와 악을 행하는 자는 다 초개같을 것이라 그 이르는 날이 그들을 살라 그 뿌리와 가지를 남기지 아니할 것(말 4 : 1)이라고 예언되어 있었던 것이다.

예수님은 이와 같이 창조이상세계(創造理想世界)를 복귀하려고 오셨던 것이었으나, 유대인들이 그를 불신함으로써 인간책임분담(人間責任分擔)을 완수하지 못하였기 때문에, 이 뜻도 이루어지지 않고 재림(再臨) 때에로 다시 연장되었다.

3. 예수님의 재림 때도 말세다

유대민족의 불신을 당하게 된 예수님은 십자가(十字架)에 못박혀 돌아가심으로써 영적인 구원만을 이루셨던 것이다. 따라서 예수님은 재림하신 후에야 영육(靈肉) 아울러 구원섭리(救援攝理)의 목적을 완수하여(전편 제4장 제1절 IV) 지상천국을 복귀하시게 되기 때문에 예수님의 재림 때도 또한 말세인 것이다. 그러기에 예수님은 노아의 때에 된 것과 같이 인자의 때(재림 때)에도 그러하리라(눅 17 : 26)고 말씀하셨고, 그가 재림하실 때도 말세가 되어 천변지이(天變地異)가 일어날 것으로 말씀하셨던 것이다(마 24 : 29).

II. 말세의 징조에 관한 성구

이미 위에서 논한 바대로, 많은 기독교 신도들이 성서에 기록되어 있는 문자 그대로 말세(末世)에는 천변지이가 일어나며, 인간사회에도 현대인으로서는 상상조차 할 수 없는 변이(變異)가 생길 것으로 알고 있다. 그러나 인류역사가 하나님의 창조본연(創造本然)의 세계를 복귀해 가는 섭리역사라는 것을 이해한다면, 성서에 기록되어 있는 말세의 징조는 실제에 있어서 그 문자대로 나타나지는 않는다는 것을 알 수 있을 것이다. 그렇다면 말세에 관한 성서의 모든 기록은 각각 무엇을 상징한 것인가를 알아보기로 하자.

1. 하늘과 땅을 멸하고(벧후 3 : 12, 창 6 : 13) 새 하늘과 새 땅을 이루심(계 21 : 1, 벧후 3 : 13, 사 66 : 22)

창세기 6장 13절을 보면 노아 때도 말세가 되어 땅을 멸한다고 하셨지만, 사실상 멸하지는 않으셨다. 전도서 1장 4절에 한 세대는 가고 한 세대는 오되 땅은 영원히 있도다라고 하신 말씀이나, 시편 78편 69절에 그 성소를 산의 높음같이 영원히 두신 땅같이 지으셨으며라고 하신 말씀을 보더라도 땅은 영원한 것임을 알 수 있다. 주체로 계시는 하나님이 영원하시니 그의 대상도 영원하지 않으면 안 된다. 따라서 하나님의 대상으로 창조된 땅도 영원한 것이 아니어서는 안 되는 것이다. 전지전능(全知全能)하신 하나님이 사탄으로 말미암아 파멸되어 없어질 세계를 창조하시고 기뻐하셨을 리는 없는 것이다.

그러면 그 말씀은 무엇을 비유하신 것인가? 한 국가를 멸한다는 것은 그의 주권(主權)을 멸한다는 것을 의미함이요, 또 새 나라를 건설한다는 것은(계 21 : 1) 새 주권의 나라를 세운다는 것을 의미하는 것이다. 따라서 하늘과 땅을 멸한다는 것은 그를 주관하고 있는 사탄주권을 멸한다는 뜻이요, 또 새 하늘과 새 땅을 세운다는 것은 예수님을 중심한 하나님 주권하의 새로운 천지(天地)를 복귀한다는 것을 뜻하는 것이다.

2. 하늘과 땅을 불로써 심판하심(벧후 3 : 12)

베드로후서 3장 12절을 보면 말세에는 하늘이 불에 타서 풀어지고 체질이 뜨거운 불에 녹아진다고 하는 기록이 있다. 그런데 말라기 4장 1절 이하를 보면 예수님 때도 그가 심판주(審判主)로 오셔서(요 5 : 22, 요 9 : 39) 불로써 심판하신다고 예언되어 있고, 또 누가복음 12장 49절에는 예수님이 불을 땅에 던지러 오셨다는 말씀도 있다. 그러나 그 당시에 예수님이 불로써 심판하신 아무 흔적도 우리는 찾아볼 수 없는 것이다. 그렇다면 이 말씀은 무엇을 비유하신 것임에 틀림없다. 야고보서 3장 6절에 혀는 곧 불이요라고 한 말씀에 의하여 불심판은 곧 혀의 심판이요, 혀의 심판은 곧 말씀심판을 의미하는 것이니, 불심판은 곧 말씀심판임을 알 수 있다.

그러면 말씀심판에 관한 성구(聖句)의 예를 찾아보자. 요한복음 12장 48절에는 예수님을 저버리고 그의 말씀을 받지 아니하는 자를 심판할 이가 있으니 곧 예수님이 하신 그 말씀이 마지막 날에 저를 심판하리라고 하였으며, 데살로니가후서 2장 8절에는 그때에 불법한 자가 나타나리니 주 예수께서 그 입의 기운 즉 말씀으로 그를 죽이리라고 기록되어 있다. 그리고 이사야 11장 4절에서는 그 입의 막대기(혀)로 세상을 치며 입술의 기운(말씀)으로 악인(惡人)을 죽이리라고도 말씀하였으며, 요한복음 5장 24절을 보면 예수님이 자기의 말씀을 듣고 하나님을 믿는 자는 심판에 이르지 않고 사망에서 생명으로 옮긴다고 하신 말씀이 있다. 이와 같이 불심판은 곧 말씀심판을 의미하는 것이다.

그러면 말씀으로 심판하시는 이유는 어디에 있는 것인가? 요한복음 1장 3절에 인간은 말씀으로 창조되었다고 기록되어 있다. 따라서 하나님의 창조이상(創造理想)은 인간 시조가 말씀의 실체(實體)로서 말씀의 목적을 완수해야 할 것이었는데, 그들이 하나님의 말씀을 지키지 않고 타락되어 말씀의 목적을 이루지 못하였다. 그러므로 하나님은 또다시 말씀에 의하여 타락인간을 재창조(再創造)하심으로써 말씀의 목적을 이루려 하셨으니, 이것이 곧 진리(성서)에 의한 복귀섭리인 것이다. 요한복음 1장 14절에는 말씀이 육신이 되어 우리 가운데 거하시매 우리가 그 영광을 보니 아버지의 독생자의 영광이요라고 기록되어 있다. 이와 같이 예수님은 또 말씀 완성자로 재림하셔서, 스스로 말씀심판의 기준이 됨으로써 모든 인류가 어느 정도 말씀의 목적을 이루었는가를 심판하시는 것이다.

이렇듯 복귀섭리(復歸攝理)의 목적이 말씀의 목적을 이루려는 데 있으므로, 그 목적을 위한 심판도 말씀으로 그의 기준을 세워 행하시지 않을 수 없는 것이다. 누가복음 12장 49절에 내가 불을 땅에 던지러 왔노니 이 불이 이미 붙었으면 내가 무엇을 원하리요라고 씌어 있는 바, 이것은 예수님이 말씀의 실체로 오셔서(요 1 : 14) 생명의 말씀을 이미 선포하셨으나 유대인들이 그것을 받아들이지 않는 것을 보시고 한탄하여 하신 말씀이다.

3. 무덤에서 시체가 일어남(마 27 : 52, 살전 4 : 16)

마태복음 27장 52절 이하를 보면, 예수님이 돌아가실 때에 무덤들이 열리며 자던 성도의 몸이 많이 일어나되 예수의 부활 후에 저희가 무덤에서 나와서 거룩한 성에 들어가 많은 사람에게 보이니라고 기록되어 있으나, 이것은 썩어 버린 그들의 육신이 다시 일어난 것을 의미하는 것이 아니다(전편 제5장 제2절 Ⅲ). 만일 영계(靈界)에 머물러 있던 구약시대(舊約時代)의 성도들이 성서의 문자 그대로 무덤에서 살아나와 성에 있는 많은 사람에게 보였다면, 그들은 예수님이 메시아이심을 알고 있었을 것이므로 반드시 유대인들에게 예수님을 증거했을 것이다. 그랬다면 그때 이미 예수님은 십자가에 돌아가셨을지라도, 그들의 증언을 듣고서도 예수님을 믿지 않을 사람이 어디 있었을 것인가? 그리고 그렇듯 구약시대의 성도들이 육신(肉身)을 쓰고 무덤에서 다시 일어났다면, 그 후의 그들의 행적(行跡)에 관한 기사가 반드시 성서에 남아졌을 것이다. 그러나 성서에는 그들에 관한 아무런 기사도 달리 씌어 있지 않다.

그러면 무덤에서 살아 나온 것은 무엇이었던가? 그것은 마치 모세와 엘리야의 영인체(靈人體)가 변화산상(變化山上)에서 예수님 앞에 나타났었던 것처럼(마 17 : 3), 구약시대의 영인들이 재림부활(再臨復活)을 위하여 지상에 재림한 것을 영적으로 보고(전편 제5장 제2절 Ⅲ)

기록한 말씀이다.

그러면 무덤은 무엇을 의미하는가? 예수님으로 말미암아 열려진 낙원(樂園)에서 보면, 구약시대(舊約時代)의 성도들이 머물러 있던 영형체급 영인(靈形體級 靈人)의 세계는 보다 어둠의 세계이기 때문에 그곳을 가리켜 무덤이라고 하였다. 구약시대의 영인들은 모두 이 영계에 머물러 있다가 지상 성도들에게 나타났던 것이다.

4. 지상 인간들이 끌어올리워 공중에서 주를 영접함 (살전 4 : 17)

여기에 기록되어 있는 공중은 공간적인 하늘을 의미하는 것이 아니다. 대개 성서에 있어서 땅은 타락된 악주권(惡主權)의 세계를 의미하고, 하늘은 죄가 없는 선주권(善主權)의 세계를 의미한다. 이것은 무소부재(無所不在)하신 하나님은 땅에도 아니 계시는 곳이 없을 것인데도 불구하고 하늘에 계신 우리 아버지(마 6 : 9)라고 하셨고, 예수님은 땅에서 나셨음에도 불구하고 하늘에서 내려온 자 곧 인자(요 3 : 13)라고 말씀하신 것을 보아서 알 수 있다. 그러므로 공중에서 주(主)를 영접한다는 것은, 예수님이 재림(再臨)하셔서 사탄주권을 물리치시고 지상천국을 복귀하심으로 말미암아 그 선주권의 세계에서 성도들이 주님을 영접하게 된다는 것을 의미하는 것이다.

5. 해와 달이 빛을 잃고 별들이 하늘에서 떨어짐 (마 24 : 29)

창세기 37장 9절 이하를 보면, 야곱의 열두 아들 중 열한째인 요셉이 꿈을 꾸었는데, 그 내용에 요셉이 다시 꿈을 꾸고 그 형들에게 고하여 가로되 내가 또 꿈을 꾼즉 해와 달과 열한 별이 내게 절하더이다

하니라 그가 그 꿈으로 부형에게 고하매 아비가 그를 꾸짖고 그에게 이르되 너의 꾼 꿈이 무엇이냐 나와 네 모와 네 형제들이 참으로 가서 땅에 엎드려 네게 절하겠느냐는 기록이 있다. 그런데 요셉이 커서 애급의 총리대신(總理大臣)이 되었을 때, 과연 이 꿈대로 그 부모와 형제들이 가서 엎드려 절을 하였다. 이 성경 말씀을 보면 해와 달은 부모를 상징했고 별들은 자녀들을 상징한 것임을 알 수 있다.

기독론(基督論)에서 논술한 바와 같이, 예수와 성신(聖神)은 아담과 해와 대신 인류를 중생(重生)해 주실 참부모로 오신 분이시다. 그러므로 해와 달은 예수와 성신을 상징하고 별들은 자녀 된 성도들을 상징한 것이다. 성서에서 예수님을 참빛으로 비유한 것은(요 1 : 9), 그가 '말씀'으로 육신을 이루신 분으로 오셔서(요 1 : 14) 진리의 빛을 발하셨기 때문이다. 그러므로 여기에 말하는 햇빛은 예수님이 주신 말씀의 빛을 이름이며, 달빛은 진리의 신으로 오신 성신(요 16 : 13)의 빛을 이름이다. 그러므로 해와 달이 빛을 잃는다는 것은 예수님과 성신에 의한 신약(新約)의 말씀이 빛을 잃게 된다는 뜻이다.

그러면 어찌하여 신약의 말씀이 빛을 잃게 될 것인가? 마치 예수님과 성신이 오셔서 구약(舊約)의 말씀을 이루시기 위한 신약의 말씀을 주심으로 말미암아 구약의 말씀이 빛을 잃게 되었던 것과 같이, 예수님이 재림(再臨)하셔서 신약의 말씀을 이루시고 새 하늘과 새 땅을 이루시기 위한(계 21 : 1) 새 말씀을 주시게 되면(본장 제5절 I 참조), 초림(初臨) 때에 주셨던 신약의 말씀은 그 빛을 잃게 될 것이다. 여기에 말씀이 그 빛을 잃는다는 것은 새 시대가 옴으로 말미암아 그 말씀의 사명기간이 지나간다는 것을 의미한다.

별들이 떨어진다는 것은 말세(末世)에 있어서의 성도들이 모두 실족(失足)하게 된다는 것을 의미한다. 메시아의 강림(降臨)을 열망해 오던 유대교 지도자들이 메시아로 오신 예수님을 알지 못하고 반대하다가 전부 떨어진 것같이, 예수님의 재림을 열망하고 있는 기독교인들도 그 날에 실족하게 됨으로써 그와 같이 떨어지게 될 것을 예언하신 것이다(후편 제6장 제2절 II 참조).

누가복음 18장 8절에 인자가 올 때에 세상에서 믿음을 보겠느냐 하신 말씀이나, 마태복음 7장 23절에 예수님이 재림하실 때에 그가 잘 믿는 성도들을 보시고 불법을 행하는 자라고 책망하시면서 떠나가라고 배척하게 될 것으로 말씀하신 것도 바로 이와 같이 끝날의 성도들이 불신으로 실족하게 될 것을 아시고 경고하신 것이었다.

제 4 절 말세와 현세

예수님께서 장차 있을 베드로의 죽음에 관하여 말씀하실 때에, 이 말씀을 듣고 있던 베드로가 요한은 어떻게 될 것인가고 질문하였다. 이에 대하여 예수님은 내가 올 때까지 그를 머물게 하고자 할지라도 네게 무슨 상관이냐(요 21 : 22)고 대답하셨다. 그러므로 이 말씀을 들은 사도(使徒)들은 모두 요한의 생전에 예수께서 재림하실 줄 알고 있었던 것이다. 그뿐 아니라 마태복음 10장 23절을 보면, 예수님은 제자들에게 이스라엘의 모든 동리를 다 다니지 못하여서 인자가 오리라고 하셨고, 마태복음 16장 28절에는 여기 섰는 사람 중에 죽기 전에 인자가 그 왕권을 가지고 오는 것을 볼 자들도 있느니라고 말씀하셨다. 이러한 말씀들에 의하여 예수님의 제자들도 그러했거니와, 그 후 오늘에 이르기까지의 많은 성도들은 저마다 자기 당대(當代)에 예수님이 오실 것으로 믿었기 때문에, 그들은 언제나 말세라는 절박감에서 벗어날 수 없었던 것이다.

이것은 말세(末世)에 대한 근본 뜻을 몰랐기 때문이다. 우리는 이제 하나님께서 복귀섭리(復歸攝理)의 목적으로 세우고 이루어 나오시던 3대 축복(三大祝福)이 복귀되어 가는 현상으로 보아 현세가 바로 말세임을 입증할 수 있다. 그래서 예수님은 무화과나무의 비유를 배우라 그 가지가 연하여지고 잎사귀를 내면 여름이 가까운 줄을 아나니(마 24 : 32)라고 하셨다.

Ⅰ. 제1축복 복귀의 현상

이미 창조원리(創造原理)에서 논술한 바, 하나님이 아담과 해와에게 약속하셨던 제1축복(第一祝福)은 바로 그들이 개성(個性)을 완성하게 되는 것을 의미한다. 타락인간(墮落人間)을 개성을 완성한 창조본연(創造本然)의 인간으로 복귀해 나오신 하나님의 섭리가 그 최종단계에 이르렀다는 것은, 아래와 같은 여러 현상으로 보아 알 수 있는 것이다.

첫째로, 타락인간의 심령(心靈)이 복귀되어 가는 것으로 보아 그러하다. 인간이 완성되면 하나님과 완전히 심정적인 일체를 이루어 서로 교통(交通)할 수 있도록 창조되었다 함은 이미 위에서 논한 바와 같다. 그러므로 아담과 해와도 불완전한 상태이기는 하였지만 하나님과 일문일답하던 단계에서 타락되어, 그의 후손은 하나님을 모르는 데까지 떨어져 버린 것이다. 이렇게 타락된 인간이 복귀섭리의 시대적인 혜택을 받게 됨에 따라 점차 그 심령이 복귀됨으로써, 말세에 이르러서는 사도행전 2장 17절에 말세에 내가 내 영으로 모든 육체에게 부어 주리니 너희의 자녀들은 예언할 것이요 너희의 젊은이들은 환상을 보고 너희의 늙은이들은 꿈을 꾸리라고 하신 말씀대로, 많은 성도들이 하나님과 영통(靈通)하는 데까지 이르게 되는 것이다. 그런데 현세에 이르러서는 영통하는 성도들이 우후(雨後)의 죽순(竹筍)같이 일어나는 것으로 보아, 현세는 말세이기 때문에 인간이 개성을 완성하여 하나님의 제1축복(第一祝福)을 복귀할 수 있는 시대에로 들어가고 있다는 것을 알 수 있는 것이다.

둘째로, 타락인간이 본심(本心)의 자유를 복귀해 가고 있는 역사적인 귀추가 더욱 그것을 보여 주고 있다. 인간은 타락으로 인하여 사탄의 주관하에 들어 본심의 자유에 구속을 받게 됨으로써, 하나님 앞으로 나아갈 수 있는 자유를 잃어버리게 되었다. 그러나 현세에 이르러서는 육신의 생명을 버리고라도 본심의 자유를 찾으려는 심정이 고조되고 있으니, 이것은 말세(末世)가 되어 개성을 완성함으로써 타락인간이 사탄에게 잃어버렸던 하나님의 제1축복(第一祝福)을 복귀하여 하나님 앞으로 자유로이 나아갈 수 있는 시대에로 들어가고 있기 때문이다.

셋째로, 타락인간의 창조본연(創造本然)의 가치성이 복귀되어 가는 현상으로 보아 더욱 그러하다는 것을 알 수 있다. 인간의 창조본연의 가치는 횡적으로 보면 누구나 동등하기 때문에 그 가치가 그다지 귀중한 것같이 여겨지지 않는다. 그러나 하늘을 중심하고 종적으로 보면, 각 개성은 가장 존귀한 천주적인 가치를 제각기 띠고 있는 것이다(전편 제7장 제1절). 그러나 인간은 타락으로 인하여 이러한 가치를 모두 잃어버리고 말았다. 그런데 현세에 이르러 민주주의사상(民主主義思想)이 고조됨에 따라 인간이 노예 해방, 흑인 해방, 약소민족 해방 등을 주장하며 인권옹호(人權擁護)와 남녀평등(男女平等)과 만민평등(萬民平等)을 부르짖음으로써 창조본연의 개성의 가치를 최고도로 추구하는 데 이르렀으니, 이것은 바로 말세가 다 되어 타락인간이 잃어버렸던 하나님의 제1축복을 복귀할 수 있는 시대에로 들어가고 있음을 실증하는 것이다.

넷째로, 타락인간의 본성(本性)의 사랑이 복귀되어 가고 있다는 사실이 더욱 그것을 말해 주고 있다. 하나님의 창조이상(創造理想)을 완성한 세계는 완성한 사람 하나 모양의 세계로서, 그 세계의 인간은 모두 하나님과 종적으로 일체를 이루고 있기 때문에, 인간 상호간에 있어서도 횡적으로 일체를 이루지 않을 수 없게 되는 것이다. 따라서 이 세계는 오직 하나님의 사랑으로써 종횡(縱橫)으로 얽히어 한 몸같이 될 수밖에 없게 된다. 그러나 인간은 타락으로 인하여 하나님과의 종적인 사랑이 끊어졌기 때문에 인간들 사이의 횡적인 사랑도 따라서 끊어지게 되어 인류역사는 투쟁으로써 엮어져 나왔던 것이다. 그러나 현세(現世)에 이르러서는 박애주의사상(博愛主義思想)이 고조되면서 인간이 점점 그 본성애(本性愛)를 찾아 들어가고 있는 것으로 보아, 현세는 하나님의 제1축복(第一祝福)을 복귀함으로써 하나님의 사랑을 중심하고 개성을 완성할 수 있는 말세(末世)에로 들어가고 있다는 것을 알 수 있다.

II. 제2축복 복귀의 현상

하나님의 제2축복(第二祝福)은 아담과 해와가 참부모로 완성되어 선의 자녀를 번식함으로써 선주권(善主權)의 가정과 사회와 세계를 이루게 되는 것을 의미한다. 그런데 아담과 해와는 타락되어 악의 부모가 되었기 때문에, 전인류는 악의 자녀들이 되어 악주권(惡主權)에 구속된 세계를 이루고 말았다. 그러나 하나님은 한편으로 종교를 세워 역사하심으로써 내적인 사탄 분립에 의한 심령복귀(心靈復歸)의 섭리를 하시고, 또 한편으로는 투쟁과 전쟁으로 외적인 사탄 분립을 하심으로써 내외 양면에 걸친 주권복귀(主權復歸)의 섭리를 해 내려오셨던 것이다.

이와 같이 인류역사는 내외(內外) 양면의 사탄 분립에 의한 복귀섭리(復歸攝理)로서 장차 참부모 되신 예수님을 모실 수 있는 자녀를 찾아 하나님의 제2축복(第二祝福)을 복귀해 온 것이므로, 종교를 중심한 문화권의 발전사와 국가 흥망사에 의해 나타난 내외 양면에 걸친 하나님의 주권복귀의 현상으로 보아 현세가 바로 말세(末世)임을 알 수 있다.

먼저 우리는 문화권 발전사가 어떻게 흘러 내려와서 현세를 말세에로 이끌어 가고 있는가를 알아보자.

문화권 발전사에 관한 문제는 이미 여러 차례 논술한 바이지만, 하나님은 타락인간에게 성현(聖賢)들을 보내시어 선을 지향하는 인간의 본심을 따라 종교를 세우게 하심으로써 그 종교를 중심한 문화권을 일으키셨다. 그러므로 역사상에는 많은 문화권이 일어났던 것이었으나, 시대가 흘러감에 따라 이것들은 서로 융합 또는 흡수되어 현세에 이르러서는 기독교(基督教)를 중심한 하나의 세계적인 문화권을 형성해 가는 추세를 보여 주고 있다. 이러한 역사적인 추세는 기독교의 중심인 예수님을 중심하고 모든 민족이 같은 형제의 입장에 서게 됨으로써, 하나님의 제2축복(第二祝福)이 복귀되어 간다는 사실을 보여 주고 있는 것이다.

기독교가 다른 종교와 다른 것은, 전인류(全人類)의 참부모를 찾아 세워 가지고 그로 말미암아 모든 인간이 중생(重生)하여 선의 자녀가 됨으로써, 하나님의 창조본연(創造本然)의 대가족의 세계를 복귀하려는 데 그 목적이 있다는 점이다. 이것은 곧 기독교가 복귀섭리의 목적을 완성할 중심 종교라는 것을 의미하는 것이다. 그런데 현세에 이르러서는 세계가 기독교를 중심하고 하나의 문화권으로 형성되어, 인류의 참부모 되신 예수와 성신(전편 제7장 참조)을 중심하고 모든 인간이 선의 자녀의 입장에 서게 됨으로써, 하나님의 제2축복(第二祝福) 복귀의 현상을 보여 주고 있다. 이러한 사실로 보아 우리는 현세가 바로 말세(末世)라는 것을 부인할 수 없는 것이다.

다음으로 국가 흥망사는 어떻게 주권복귀(主權復歸)의 목적을 향하여 흘러와서, 현세를 말세에로 이끌어 가고 있는가를 알아보자.

투쟁이나 전쟁을 단순히 어떠한 이해관계나 이념의 상충에서 빚어지는 결과라고 보는 것은 하나님의 근본섭리(根本攝理)를 모르는 데서 일어나는 잘못이다. 인류역사는 인간 시조의 타락으로 말미암아 사탄을 중심한 악주권(惡主權)으로 출발하여 죄악의 역사를 형성하였다. 그러나 하나님의 창조목적(創造目的)이 남아 있는 한, 그 역사의 목적도 어디까지나 사탄을 분립하여 하나님의 선주권(善主權)을 복귀하는 데 있지 않으면 안 된다. 만일 악주권의 세계에 전쟁도 분열도 없다면 그 세계는 그대로 영속(永續)할 것이요, 따라서 선주권은 영원히 복귀될 수 없을 것이다. 그러므로 하나님은 타락인간에게 성현(聖賢)들을 보내시어 선을 세우고 종교를 일으키심으로써, 보다 선한 주권으로 하여금 보다 악한 주권을 멸하게 하시면서 점차적으로 하늘편 주권을 복귀하시는 섭리를 해 오신 것이다. 따라서 복귀섭리(復歸攝理)의 목적을 이루기 위하여는 투쟁과 전쟁이라는 과정을 거치지 않을 수 없는 것이다.

이 문제에 관하여는 후편에서 더욱 상세히 논하겠거니와, 인류역사는 탕감복귀(蕩減復歸)의 섭리노정을 밟아 내려오는 것이기 때문에 어느 국한된 시간권 내에서만 보면 악이 승세(勝勢)한 때도 없지 않았으나, 결국 그것은 패망하여 보다 선한 판도 내에 흡수되곤 하였다. 그러므로 전쟁으로 인한 국가의 흥망성쇠(興亡盛衰)는 선주권을 복귀하기 위한 섭리노정에서 일어나는 불가피한 결과인 것이다.

그러기에 하나님은 이스라엘 민족을 세워 가나안 7족을 멸하셨던 것이고, 사울은 하나님의 명을 어기고 아말렉족과 그에 속한 짐승들을 전멸시키지 않았다가 엄벌을 받았던 것이다(삼상 15 : 18~23). 하나님은 이와 같이 직접 이민족(異民族)들을 멸할 것을 이스라엘에게 명령하셨을 뿐만 아니라, 그의 선민(選民)이었던 북조 이스라엘도 악으로 돌아갈 때 아낌없이 그들을 앗시리아에 내주시어 멸망케 하셨던 것이다(왕하 17 : 23). 하나님이 이와 같이 하셨던 것은 오직 악주권(惡主權)을 멸하시고 선주권(善主權)을 복귀하시기 위함이었던 것임을 알아야 한다.

그러므로 같은 하늘편 안에서의 개인적인 투쟁은 선주권 자체를 파괴하는 결과가 되므로 악이 되지만, 선주권이 악주권을 멸하는 것은 하나님의 복귀섭리(復歸攝理)의 목적을 이루기 위한 것이므로 이것은 선이 된다.

이와 같이 사탄 분립을 위한 투쟁의 역사는 점차적으로 땅과 재물을 세계적으로 빼앗아 하늘편 주권으로 복귀하는 데 이르렀고, 인간에 있어서도 개인으로부터 가정과 사회와 국가에로 하늘편 기대를 넓혀, 오늘날에는 이것을 세계적으로 복귀하는 데 이르렀다. 이렇듯 사탄 분립을 위한 섭리가 씨족주의시대(氏族主義時代)에서 출발하여 봉건주의시대(封建主義時代)와 군주주의시대(君主主義時代)를 거치어 민주주의시대(民主主義時代)로 들어오게 된 오늘날에 와서는, 이 인간세계를 하늘편 주권을 세우는 민주주의세계와 사탄편 주권을 세우는 공산주의세계의 두 세계로 분립하여 놓았다.

이와 같이 사탄을 중심한 악주권(惡主權)으로써 출발한 인류역사는, 한편으로 종교와 철학과 윤리에 의하여 선을 지향하는 인간의 창조본성(創造本性)이 환기됨에 따라 점차 악주권에서 선주권(善主權)을 위한 세력이 분립되어, 마침내 세계적으로 대립되는 두 주권을 형성하는 데 이르른 것이다. 그런데 목적이 상반되는 이 두 주권이 결코 공존할 수는 없다. 따라서 인류역사의 종말에 이르르면 이것들은 반드시 한 점에서 교차(交叉)되어 이념을 중심하고 내적으로 상충하고, 그것이 원인이 되어 군사력을 중심하고 외적으로 전쟁을 하여, 결국 사탄주권은 영원히 파멸되고 하늘편 주권만이 영원한 하나님의 단일주권(單一主權)으로서 복귀되는 것이다. 그런데 현세는 선주권을 지향하는 하늘편 세계와 사탄을 중심한 악주권의 세계가 대결하여 서로 교차되고 있는 때이므로 또한 말세인 것이다.

이와 같이 악주권에서 선주권을 분립하여 나온 인류역사는, 마치 흐르는 흙물이 시간이 흐름에 따라 흙은 가라앉고 물은 위에 뜨게 되어 나중에는 흙과 물이 완전히 분리되는 것과 같이 시대가 흘러감에 따라 악주권은 점차 쇠망(衰亡)의 길로 내려오고 선주권은 융흥(隆興)의 길로 올라가게 되어, 역사의 종말에 이르러 이 두 주권은 얼마동안 교차되었다가 결국 전자는 영원히 멸망하고 후자는 하나님의 주권으로서 영원히 남아지게 되는 것이다.

이와 같이 선(善) 악(惡) 두 주권의 역사노정(歷史路程)이 교차되는 때가 말세(末世)인 것이다. 그리하여 이때는 아담과 해와가 타락된 장성기 완성급(長成期 完成級)의 시기를 탕감복귀(蕩減復歸)하는 때이므로, 마치 에덴동산의 인간 시조가 어디에다 중심을 두어야 할지 모르고 혼돈되었던 것과 같이 모든 인간들도 사상의 혼돈을 일으키어 방황하게 되는 것이다.

복귀섭리노정(復歸攝理路程)에 있어 이와 같이 말세가 되어 선악의 두 주권이 교차되었던 때는 여러 차례 있었다. 위에서 이미 논술한 바와 같이, 노아 때나 예수님 때도 말세여서 이 두 주권은 서로 교차되었었던 것이다. 그러나 그때마다 인간이 그 책임분담(責任分擔)을 다하지 못하여 악주권을 멸하지 못하였기 때문에, 주권 분립(主權分立)의 섭리를 다시 하시지 않을 수 없게 되었던 것이다. 따라서 예수 재림기(再臨期)에 있어 다시 한 번 두 주권의 교차가 있게 되는 것이다. 복귀섭리노정은 이렇듯 주기적으로 상사(相似)의 나선상(螺線狀)을 반복하면서 원형과정(圓形過程)을 거쳐 창조목적(創造目的)을 지향하여 내려왔기 때문에, 역사상에는 필연적으로 동시성의 시대가 형성되었던 것이다(후편 제3장 제1절 참조).

Ⅲ. 제3축복 복귀의 현상

하나님의 제3축복(第三祝福)은 아담과 해와가 완성되어 피조세계(被造世界)에 대한 주관성(主管性)을 갖게 되는 것을 의미한다. 피조세계에 대한 인간의 주관성은 내외(內外) 양면의 주관성이 있다. 인간은 타락으로 인하여 이 양면의 주관성을 상실하였던 것인데, 현세(現世)에 이르러 이것이 복귀되어 가고 있는 것으로 보아 현세는 말세(末世)라는 것을 알 수 있는 것이다.

내적 주관성이라는 것은 심정적 주관성을 의미한다. 인간이 개성을 완성하면 하나님과 심정적인 일체를 이루어 하나님의 심정(心情)을 그대로 체휼할 수 있게 되는 것이다. 이와 같이 인간이 완성됨으로써 피조세계에 대한 하나님의 심정과 동일한 심정을 가지고 피조세계에 대하여 사랑을 주고 그로부터 미(美)를 돌려 받게 될 때, 인간은 피조세계에 대한 심정적인 주관자가 되는 것이다. 그런데 인간은 타락되어 하나님의 심정을 체휼할 수 없게 되었으므로 하나님의 심정으로써 피조세계를 대할 수 없게 되었었다. 그러나 종교(宗教), 철학(哲學), 윤리(倫理) 등에 의한 하나님의 복귀섭리로 말미암아 하나님에 대한 타락인간의 심령(心靈)이 점차로 밝아지게 되어, 현세에 이르러서는 피조세계(被造世界)에 대한 심정적인 주관자의 자격을 복귀해 가고 있는 것이다.

그리고 외적 주관성은 과학(科學)에 의한 주관성을 의미한다. 만일 인간이 완성되어 피조세계에 대한 하나님의 창조의 심정과 동일한 심정을 가지고 피조세계를 대하여 내적 주관을 할 수 있었더라면, 인간의 영감(靈感)은 고차적으로 발달되었을 것이기 때문에 과학의 발달도 극히 단시일에 최고도에 달하게 되었을 것이었다. 인간은 그렇게 됨으로써 피조물(被造物)에 대한 외적인 주관을 할 수 있었을 것이었다. 따라서 인간은 일찍이 천체(天體)를 비롯한 자연계(自然界) 전체를 완전히 정복하였을 뿐만 아니라, 과학의 발달에 따르는 경제발전으로 말미암아 지극히 안락한 생활환경을 이루었을 것이었다. 그러나 인간은 타락(墮落)으로 인하여 심령이 어두워짐으로써 피조물에 대한 내적인 주관성을 상실하게 되어 동물과 같이 영감이 둔한 미개인으로 영락(零落)되었기 때문에, 피조물에 대한 외적인 주관성도 상실하게 되었던 것이다.

그러나 인간은 하나님의 복귀섭리(復歸攝理)에 의하여 심령이 밝아짐에 따라 피조물에 대한 내적인 주관성도 복귀되어 왔고, 그에 따라 피조물에 대한 외적인 주관성도 점차로 복귀되어 왔기 때문에 현세에 이르러서는 과학의 발달도 최고도에 달하게 되었다. 그리하여 과학의 발달에 따르는 경제발전으로 말미암아 현대인은 극도로 안락한 생활환경을 이룩할 수 있게 되었다.

이와 같이 타락인간의 피조세계에 대한 주관성을 복귀함에 따라 하나님의 제3축복(第三祝福)이 복귀되어 가는 현상을 볼 때, 우리는 현세가 말세(末世)임을 부인할 수 없는 것이다.

이미 위에서 여러 번 보아 온 바와 같이, 문화권(文化圈)의 발전도 하나의 종교를 중심하고 하나의 세계적인 문화권을 형성해 가고 있고, 국가 형태도 하나의 세계적인 주권기구를 지향하여 국제연맹(國際聯盟)에서 국제연합(國際聯合)으로, 그리고 오늘에 이르러서는 세계정부(世界政府)를 모색하는 데까지 이르렀다. 뿐만 아니라 경제발전을 놓고 보더라도 세계는 하나의 공동시장(共同市場)을 이루어 가는 추세에 있으며, 극도로 발달된 교통기관과 통신기관은 시간과 공간을 단축시켜서 인간으로 하여금 지구를 하나의 정원과 같이 거닐고 또 교통할 수 있게 하였으며, 동서(東西)의 이색민족(異色民族)들을 한 가족처럼 접촉할 수 있도록 만들어 놓았다. 그리하여 인류는 사해동포(四海同胞)의 형제애(兄弟愛)를 부르짖고 있다. 그러나 가정은 부모가 있음으로써만 이루어지며, 또 거기에서만 진정한 형제애는 일어나게 되는 것이다. 그러므로 이제 인류의 부모 되신 예수님만 재림하시면 전인류는 하나의 정원에서 하나의 대가족(大家族)을 이루어 가지고 단란하게 살 수 있게 될 것이다.

이러한 것을 보더라도 현세는 말세임에 틀림이 없는 것이다. 이렇게 흘러온 역사가 인류에게 주어야 할 최후의 선물이 한 가지 있으니, 그것은 목적 없이 한 정원에 모여 웅성거리고 있는 낯선 이 나그네들을 한 부모를 중심한 한 식구로 묶어 줄 수 있는 천주적(天宙的)인 이념인 것이다.

제 5 절 말세와 새 말씀과 우리의 자세

Ⅰ. 말세와 새 진리

타락인간(墮落人間)은 종교에 의하여 신령(神靈)과 진리(眞理)로써(요 4 : 23) 그의 심령(心靈)과 지능(知能)을 깨우쳐서 그의 내적인 무지를 타개하여 나아간다. 그런데 진리에 있어서도 내적인 무지를 타개하는 종교에 의한 내적인 진리와 외적인 무지를 타개하는 과학에 의한 외적인 진리의 두 면이 있다. 따라서 지능에도 내적인 진리에 의하여 깨우쳐지는 내적인 지능과 외적인 진리에 의하여 깨우쳐지는 외적인 지능의 두 면이 있는 것이다. 그러므로 내적인 지능은 내적인 진리를 찾아 종교를 세워 나아가고, 외적인 지능은 외적인 진리를 찾아서 과학을 세워 나아가는 것이다.

신령은 무형세계(無形世界)에 관한 사실들이 영적 오관(五官)에 의하여 영인체(靈人體)에 영적으로 인식되었다가 이것이 다시 육적 오관에 공명되어 생리적으로 인식되는 것이며, 진리는 유형세계(有形世界)로부터 직접 인간의 생리적인 감각기관에 의하여 인식되는 것이다. 따라서 인식도 영육(靈肉) 양면의 과정을 거쳐서 오게 된다. 인간은 영인체와 육신이 합해야만 완전한 인간이 되도록 창조되었기 때문에, 영적 과정에 의한 신령과 육적 과정에 의한 진리가 완전히 조화되어 심령과 지능이 아울러 깨우쳐짐으로써, 이 두 과정을 통해 온 양면의 인식이 완전히 일치될 때 비로소 인간은 하나님과 전피조세계(全被造世界)에 관하여 완전한 인식을 갖게 되는 것이다.

이와 같이 하나님은 타락으로 말미암아 무지에 빠진 인간으로 하여금 신령과 진리에 의하여 심령과 지능을 아울러 깨우치게 함으로써,

창조본연의 인간으로 복귀하여 나아가는 섭리를 하신다.

그런데 인간은 하나님의 이러한 복귀섭리(復歸攝理)의 시대적인 혜택을 받아서 그의 심령과 지능의 정도가 역사의 흐름에 따라 점차로 높아지게 되는 것이므로, 그를 깨우치기 위한 신령(神靈)과 진리(眞理)도 또한 점차로 그 정도를 높이 하지 않을 수 없는 것이다. 그러므로 신령과 진리는 유일(唯一)하고 영원 불변(永遠不變)하지만, 무지한 상태로부터 점차적으로 복귀되어 나아가는 인간에게 그것을 가르치시기 위한 범위나 그것을 표현하는 정도나 방법은 시대를 따라 달리하시지 않을 수 없게 된다.

예를 들면, 인간이 아직도 몽매하여 진리를 직접 받을 수 없었던 구약 전 시대(舊約前時代)에는 진리 대신으로 제물(祭物)을 드리게 하셨고, 인간의 심령과 지능의 정도가 높아짐에 따라 모세 때는 율법(律法)을, 예수님 때는 복음(福音)을 주셨다. 그리고 예수님은 그의 말씀을 진리라고 하시지 않고, 그 자신이 곧 길이요 진리요 생명이라고 하셨다(요 14 : 6). 왜냐하면 그의 말씀은 어디까지나 진리 되신 자신을 표현하는 하나의 방법이어서 그 말씀을 받는 대상에 따라서 그 범위와 정도와 방법을 달리하시지 않을 수 없었기 때문이다.

이러한 의미에서 성서의 문자는 진리를 표현하는 하나의 방법이요, 진리 자체는 아니라는 것을 알아야 하겠다. 이러한 견지에 입각해 볼 때, 신약성서(新約聖書)는 지금으로부터 2천년 전에 있어 심령과 지능의 정도가 대단히 저급(低級)하였을 때의 인간들로 하여금 진리를 알게 하기 위해 주셨던 하나의 과정적인 교과서(教科書)였음을 알 수 있다.

그렇다면 그 당시의 사람들을 깨우치기에 알맞도록 주셨던, 한정된 범위 내에서의 비유 또는 상징적인 표현 방법 그대로를 가지고 현대 과학 문명인(文明人)들의 진리 욕구(眞理慾求)를 완전히 충족시킨다는 것은 결정적으로 불가능한 일이다. 따라서 오늘날의 지성인(知性人)들로 하여금 진리를 깨닫게 하기 위하여는 보다 고차적인 내용과 과학적인 표현 방법에 의한 것이 나오지 않으면 안 된다. 이것을 우리는 새 진리라고 부른다.

그리고 이 새 진리는 이미 총서(總序)에서 논한 바, 인간의 내외 양면의 무지를 타개하기 위하여 종교와 과학을 하나의 통일된 과제로 완전히 해결해 줄 수 있는 것이 아니어서는 안 된다.

새 진리가 나와야 할 이유를 또 다른 면에서 생각해 보기로 하자. 위에서도 말한 바와 같이, 성서(聖書)는 진리 자체가 아니라 그 진리를 가르쳐 주는 하나의 교과서인 것이다. 그런데 이 교과서에는 그 진리의 중요한 부분이 거의 상징과 비유로 표현되어 있다. 따라서 그것을 해석하는 방법에는 사람에 따라 서로 차이가 있기 때문에 그 차이로 말미암아 많은 교파(教派)가 생기게 되는 것이다. 따라서 교파 분열의 제1원인은 인간에 있는 것이 아니고 성서 자체에 있기 때문에, 그 분열과 싸움은 계속 확대되어 갈 수밖에 없는 것이다. 그러므로 새 진리가 나와서 상징과 비유로 되어 있는 성경의 근본내용을 누구나 공인(公認)할 수 있도록 해명하지 않는 한 교파분열과 그 싸움의 길은 막을 수 없을 것이며, 따라서 기독교의 통일에 의한 복귀섭리(復歸攝理)의 목적은 이루어지지 않을 것이다. 그렇기 때문에 예수님은, 이것을 비사로 너희에게 일렀거니와 때가 이르면 다시 비사로 너희에게 이르지 않고 아버지에 대한 것을 밝히 이르리라(요 16 : 25)는 말씀으로써 끝날이 이르면 다시 새로운 진리의 말씀을 주시겠다고 약속하셨던 것이다.

예수님은 내가 땅의 일을 말하여도 너희가 믿지 아니하거든 하물며 하늘 일을 말하면 어떻게 믿겠느냐(요 3 : 12)고 하신 말씀대로, 유대인들의 불신으로 말미암아 하실 말씀을 못다 하시고 십자가(十字架)에 돌아가셨다. 뿐만 아니라 예수님은 그의 제자들에게까지도 내가 아직도 너희에게 이를 것이 많으나 지금은 너희가 감당치 못하리라(요 16 : 12)고 하심으로써, 속에 있는 말씀을 다 하시지 못하는 서러운 심정을 토로하셨던 것이다.

그러나 예수님이 못다 하시고 돌아가셨던 그 말씀은 영원히 비밀로 남아지는 것이 아니라, 진리의 성령이 우시면 그가 너희를 모든 진리 가운데로 인도하시리니 그가 자의로 말하지 않고 오직 듣는 것을 말하시며 장래 일을 너희에게 알리시리라(요 16 : 13)고 계속하여 말씀하신 바와 같이, 그 말씀은 반드시 성령(聖靈)에 의하여 새로운 진리로써 가르쳐 주시게 되어 있는 것이다.

그리고 내가 보매 보좌에 앉으신 이의 오른손에 책이 있으니 안팎으로 썼고 일곱 인으로 봉하였더라(계 5 : 1)고도 기록되어 있는 바로 그 책에, 예수님이 우리에게 주시려고 하신 그 말씀이 인봉(印封)되어 있는 것이다. 이에 계속하여 기록되어 있는 말씀을 보면, 하늘 위에나 땅 위에나 땅 아래 능히 이 책을 펴거나 보거나 하기에 합당한 자가 보이지 아니하여 요한이 애곡(哀哭)할 때에, 유대지파의 사자 다윗의 뿌리가 이기었으니 이 책과 그 일곱 인을 떼시리라(계 5 : 5)고 말씀하셨다. 여기의 다윗의 뿌리에서 탄생한 사자(獅子)는 바로 그리스도를 의미한다.

이와 같이 그리스도가 인류 앞에 오랫동안 일곱 인(印)으로 봉하여 비밀로 남겨 두셨던 그 말씀의 인봉을 떼시어 성도들에게 새로운 진리의 말씀으로 주실 때가 와야 할 것이기 때문에, 많은 백성과 나라와 방언과 임금에게 다시 예언하여야 하리라(계 10 : 11)고 말씀하셨던 것이다. 그러기에 또 하나님이 가라사대 말세에 내가 내 영으로 모든 육체에게 부어 주리니 너희의 자녀들은 예언할 것이요 너희의 젊은이들은 환상을 보고 너희의 늙은이들은 꿈을 꾸리라 그때에 내가 내 영으로 내 남종과 여종들에게 부어 주리니 저희가 예언할 것이요(행 2 : 17~18)라고도 말씀하셨던 것이다. 이와 같이 여러모로 보아서 말세(末世)에는 반드시 새 진리가 나와야 하는 것이다.

II. 말세에 처한 우리들이 취할 자세

복귀섭리역사(復歸攝理歷史)의 흐름을 보면, 낡은 것이 끝나려 할 때 새로운 것은 시작된다. 따라서 낡은 것이 끝나는 점이 바로 새로운 것이 시작되는 점이기도 하다. 그러므로 낡은 역사의 종말기(終末期)는 바로 새 역사의 시창기(始創期)가 된다. 그리고 이러한 시기는 같은 점에서 출발하여 각각 그 목적을 달리하여 가지고 세계적인 결실을 하게 된 선(善)과 악(惡)의 두 주권이 서로 교차되는 시기가 되는 것이다. 그러므로 이 시대에 처한 인간들은 내적으로는 이념(理念)과 사상(思想)의 결핍으로 인한 불안과 공포와 혼돈 속에 빠지게 되며, 외적으로는 무기로 인한 알력과 투쟁 속에서 떨게 될 것이다. 따라서 말세에는 나라가 나라를 치고, 민족과 민족이 상쟁하며, 가족들이 서로 결투를 하리라(마 24 : 4~9)는 성서의 기록대로 온갖 비참한 현상이 실제로 나타나게 될 것이다.

말세에 있어서 이와 같은 참상(慘狀)이 일어나는 것은 악주권(惡主權)을 청산하고 선주권(善主權)을 세우기 위한 필연적인 현상이므로, 하나님은 이러한 참상 속에서 새 시대를 이룩하기 위한 선주권의 중심을 반드시 세우시는 것이다. 노아, 아브라함, 모세, 그리고 예수님

같은 분들은 모두 그러한 새 시대의 중심으로 세워졌던 분들이었다. 그러므로 이러한 역사적인 전환기(轉換期)에 있어서 하나님이 바라시는 새 역사의 동참자가 되기 위하여는, 하나님이 세우신 새 역사의 중심이 어디에 있는가를 찾아야 하는 것이다.

이러한 새 시대의 섭리(攝理)는 낡은 시대를 완전히 청산한 터 위에서 시작되는 것이 아니라, 낡은 시대의 종말기의 환경 속에서 싹이 트고 자라나는 것이므로 그 시대에 대하여는 상충적인 것으로 나타난다. 따라서 이 섭리는 낡은 시대의 인습(因習)에 젖은 사람에게는 좀처럼 납득되지 않는다. 새 시대의 섭리를 담당하고 나왔던 성현(聖賢)들이 모두 그 시대의 희생자가 되어 버렸던 이유는 바로 여기에 있었던 것이다. 그 실례로서, 아직도 구약시대(舊約時代)의 종말기였을 때에 신약시대(新約時代)의 새로운 섭리의 중심으로 오셨던 예수님은 구약 율법주의자(律法主義者)들에게는 이해할 수 없는 이단자(異端者)의 모습으로 나타나셨었기 때문에 종내 유대인들로부터 배척을 받아 살해당하고 마셨다. 예수님이 새 포도주는 새 부대에 넣어야 할 것이니라(눅 5 : 38)고 말씀하셨던 이유도 또한 여기에 있었던 것이다.

이제 예수님은 다시 신약시대의 종말기에 새 하늘과 새 땅을 위한 새로운 섭리의 중심으로 오셔서, 새 시대의 건설을 위한(계 21 : 1~7) 새 진리를 주실 것이다. 그렇기 때문에 그는 초림(初臨) 때에 유대인들로부터 바알세불이 접한 사람으로 몰렸듯이(마 12 : 24), 재림(再臨) 때도 틀림없이 기독교 신도들에게 몰림을 당할 것이다. 그렇기 때문에 예수님은 장차 재림하시면 자기가 많은 고난을 받으며 그 세대에 버린 바 될 것이라고 예언하셨던 것이다(눅 17 : 25). 그러므로 역사의 전환기에 있어서 그대로 낡은 시대의 환경에 집착되어 안도하려는 사람들은 낡은 시대와 더불어 심판을 받게 될 것이다.

타락된 인간은 신령(神靈)에 대한 감성이 극히 둔하기 때문에, 대개 진리면에 치중하여 복귀섭리노정(復歸攝理路程)을 따라 나가게 된다. 따라서 이러한 인간들은 흔히 낡은 시대의 진리관(眞理觀)에 집착되어 있기 때문에, 복귀섭리가 새로운 섭리의 시대에로 전환하고 있어도 그들은 이 새 시대의 섭리에 쉽게 감응하여 따라갈 수는 없는 것이다. 구약성서(舊約聖書)에 집착되었던 유대인들이 예수님을 따라 신약시대(新約時代)의 섭리에 호응할 수 없었던 사실은 이것을 입증하는 좋은 예라 하겠다.

그러나 기도로써 신령한 것을 감득할 수 있는 성도들은 새 시대의 섭리를 심령적으로 알게 되므로, 낡은 시대의 진리면에서는 상충적인 입장에 서면서도 신령을 따라 새 시대의 섭리에 호응하게 되는 것이다. 그러므로 예수님을 따른 제자들 중에는 구약성서에 집착된 인물은 하나도 없었고 오직 마음에 느껴지는 신령을 따라간 사람들뿐이었다.

기도를 많이 하는 사람이나 양심적인 사람들이 말세(末世)에 있어서 극심한 심적인 초조감을 면할 수 없게 되는 이유는, 그들이 막연하나마 신령을 감득하여서 마음으로는 새 시대의 섭리를 따르려 하고 있음에도 불구하고 몸을 이 방향으로 이끌어 줄 수 있는 새 진리에 접하지 못하고 있기 때문이다. 그러므로 신령적으로 이러한 상태에 처한 신도들이, 그들을 새 시대의 섭리에로 이끌어 주는 새 진리를 듣기만 하면 신령과 진리가 동시에 그들의 심령(心靈)과 지능(知能)을 깨우쳐서, 새 시대에 대한 하나님의 섭리적인 요구를 완전히 인식하게 할 수 있기 때문에, 그들은 말할 수 없는 기쁨으로 그에 호응하게 되는 것이다.

그러므로 말세에 처한 현세인(現世人)은 무엇보다도 먼저 겸손한 마음으로 기도를 통하여 신령(神靈)한 것을 감득하도록 힘써야 한다.

다음으로는 인습적인 관념에 집착되지 말고 우리의 몸을 신령에 호응하게 함으로써, 새 시대의 섭리에로 이끌어 줄 수 있는 새 진리를 찾지 않으면 안 된다. 그리하여 찾아진 그 진리가 완전히 자기의 몸에서 신령과 하나되어 진정한 천적(天的)인 기쁨이 심령의 깊은 곳에서 용솟음치게 하여 주는가를 확인하지 않으면 안 된다. 이렇게 함으로써만 끝날의 성도들은 참된 구원(救援)의 길을 찾아 나아갈 수 있는 것이다.

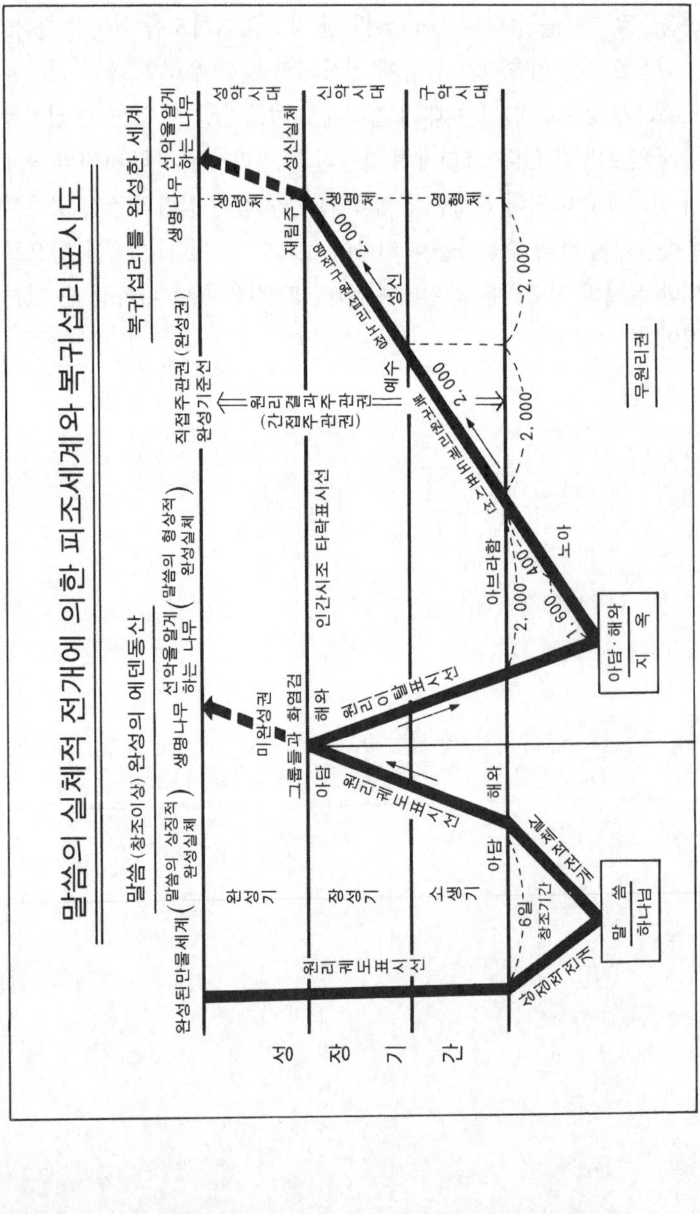
말씀의 실체적 전개에 의한 피조세계와 복귀섭리표시도
말씀(창조이상) 완성의 에덴동산
복귀섭리를 완성한 세계
완성된만물세계
(말씀의 상징적 완성실체)
생명나무
선악을알게 하는 나무
(말씀의 형상적 완성실체)
직접주관권(완성권)
완성기준선
원리결과주관권
(간접주관권)
생명나무
선악을알게 하는 나무
성약시대
신약시대
구약시대
완성기
장성기
소생기
성장기간
원리궤도표시선
미완성권
아담
해와
그룹들과 화염검
원리궤도표시선
원리이탈표시선
인간시조 타락표시선
아담
해와
재림주
예수
생령체
생명체
영형체
성신실체
성신
아브라함
노아
2,000
400
1,600
6일
창조기간
창조적 전개
실체적 전개
말씀
하나님
아담·해와
지옥
무원리권

제 4 장 메시아의 강림과 그 재림의 목적

메시아라는 낱말은 히브리 말로서 '기름 부음을 받은 사람' 이라는 뜻인데, 특히 왕(王)을 의미하는 말이다. 이스라엘 선민(選民)들은 그의 선지자(先知者)들의 예언에 의하여 장차 이스라엘을 구원하실 구세주(救世主)를 왕으로 보내마고 하신 하나님의 말씀을 믿고 있었으니, 이것이 곧 이스라엘의 메시아사상이다. 이러한 메시아로 오셨던 분이 바로 예수 그리스도이신데, 이 '그리스도' 란 말은 메시아와 같은 뜻의 헬라어로서 보통 구세주로 통한다.

메시아는 하나님의 구원섭리(救援攝理)의 목적을 이루시기 위하여 오셔야 한다. 이처럼 인간에게 구원이 필요하게 된 것은 인간이 타락(墮落)했기 때문이다. 그러므로 구원에 관한 문제를 해결하기 위하여는 먼저 타락에 관한 문제를 알아야 한다. 그런데 타락은 곧 하나님의 창조목적을 이루지 못하게 된 것을 의미하는 것이므로, 타락에 관한 문제를 논하기 전에 우리는 먼저 창조목적에 관한 문제를 해명하지 않으면 아니 되는 것이다.

하나님의 창조목적(創造目的)은 먼저 지상에 천국이 건설됨으로써 이루어지게 되어 있었다. 그러나 인간의 타락으로 말미암아 지상천국(地上天國)은 이루어지지 않고 지상지옥(地上地獄)이 이루어졌던 것이다. 그 후 하나님은 이것을 복귀하시려는 섭리를 거듭해 내려오셨다. 따라서 인류역사는 복귀섭리역사(復歸攝理歷史)이기 때문에 이 역사의 목적은 먼저 지상에 천국을 복귀하려는 데 있다. 우리는 이와 같은 문제들을 이미 전편 제3장 제1절과 제2절에서 상세히 논술한 바 있는 것이다.

제 1 절 십자가에 의한 구원섭리

Ⅰ. 메시아로 강림하셨던 예수님의 목적

예수님이 메시아로 강림(降臨)하셨던 목적은 타락인간(墮落人間)을 완전히 구원(救援)하시려는 데 있었던 것이므로, 결국 복귀섭리(復歸攝理)의 목적을 이루시려는 데 있었던 것이다. 그러므로 예수님은 천국을 이루셔야 했던 것이며, 따라서 지상천국(地上天國)을 먼저 이루셔야 했었다. 이것은 예수님이 제자들에게 하늘에 계신 너희 아버지의 온전하심과 같이 너희도 온전하라(마 5 : 48)고 하신 말씀을 보아도 알 수 있다.

창조원리(創造原理)에 의하면 창조목적(創造目的)을 완성한 인간은 하나님과 일체를 이루어 신성(神性)을 갖게 되므로 죄를 지을 수 없다. 따라서 그러한 인간은 창조목적을 두고 보면 하늘 아버지의 완전함같이 완전한 인간인 것이다. 그러므로 예수님이 제자들에게 하신 이 말씀은 바로 창조목적을 완성한 인간으로 복귀되어서 천국인(天國人)이 되라는 말씀이었다. 이와 같이 예수님은 타락인간을 천국인으로 복귀케 하여 지상천국을 이루시기 위하여 오셨기 때문에, 뜻이 하늘에서 이루어진 것같이 땅에서도 이루어지도록 기도하라고 말씀하셨고(마 6 : 10), 또 천국이 가까웠으니 회개하라고 외치셨던 것이다(마 4 : 17). 그래서 그의 앞길을 예비하러 왔던 세례 요한도 역시 천국이 가까웠다고 부르짖었던 것이다(마 3 : 2).

그러면 창조목적을 완성한 인간으로 복귀되어 예수님이 하신 말씀대로 하늘 아버지의 완전함과 같이 완전하게 된 사람은 어떠한 사람일 것인가? 이러한 인간은 하나님과 일체가 되어 그의 심정(心情)을 체휼함으로써 신성(神性)을 갖게 되어 하나님과 불가분(不可分)의 생활을 하게 되는 것이다. 그리고 이러한 인간은 원죄(原罪)가 없으므로 다시 속죄(贖罪)할 필요가 없고, 따라서 구주(救主)가 필요 없게 되며, 타락인간에게 요구되는 기도나 신앙의 생활도 역시 필요 없게 된다. 그뿐 아니라 이러한 인간들에게는 원죄가 없으므로 그들은 원죄 없는 선(善)의 자손을 번식하게 되며, 따라서 그 자손들에게도 속죄를 위한 구주가 필요 없게 된다.

II. 십자가의 대속으로 인하여 구원섭리가 완성되었는가

그러면 예수 그리스도의 십자가의 대속(代贖)으로 인하여 과연 복귀섭리(復歸攝理)의 목적이 완성되어 모든 성도들이 창조본성(創造本性)을 복귀함으로써 지상천국을 이루게 되었는가? 인류역사 이래 아무리 잘 믿는 성도라 할지라도 하나님의 심정을 체휼함으로써 신성을 갖게 되어 하나님과 일체불가분(一體不可分)의 생활을 한 사람은 하나도 없다. 따라서 속죄가 필요 없고 기도나 신앙생활을 하지 않아도 되는 성도는 하나도 없는 것이다. 사실상 바울같이 훌륭한 신앙자에게 있어서도 눈물겨운 기도와 신앙생활은 없을 수 없었던 것이다(롬 7 : 18~25). 뿐만 아니라 아무리 잘 믿는 부모라 할지라도 구주의 대속함이 없이 천국 갈 수 있는 원죄 없는 자식을 낳을 수는 없는 것으로 보아, 우리는 그 부모가 여전히 자식에게 원죄를 유전하고 있다는 사실을 알 수 있는 것이다.

그러면 기독교 신도들의 이러한 신앙생활의 실상은 우리에게 무엇을 가르쳐 주고 있는가? 그것은 십자가에 의한 속죄(贖罪)가 우리의 원죄를 완전히 청산하지 못하였고, 따라서 인간의 창조본성을 완전히 복귀해 주지 못하였다는 사실을 단적으로 말해 주고 있는 것이다. 예수님은 이렇듯 십자가의 대속(代贖)으로써는 메시아로 강림하셨던 그의 목적을 완전히 이룰 수 없다는 것을 아셨기 때문에 재림(再臨)하실 것을 약속하셨던 것이다. 예수님은 지상천국을 복귀하시려는 뜻에 대한 하나님의 예정이 절대적이어서 변할 수 없는 것임을 아셨기 때문에 다시 오셔서 그 뜻을 완성하시려는 것이었다.

그러면 십자가(十字架)의 희생은 전혀 무위(無爲)로 돌아간 것인가? 결코 그런 것은 아니다(요 3 : 16). 만일 그렇다면 오늘의 기독교(基督敎)의 역사는 있을 수 없는 것이다. 우리의 신앙생활의 체험으로 보아도 십자가 대속의 은사가 얼마나 큰 것인가 하는 것은 부인할 수 없다. 그러므로 십자가가 대속의 역사(役事)를 하고 있는 것도 사실이지만, 그것이 우리의 원죄까지 완전히 벗겨 줌으로써 죄를 지으려 하여도 지을 수 없는 창조본연(創造本然)의 인간으로 복귀시켜서 지상천국(地上天國)을 이루어 놓지 못하고 있는 것도 또한 사실이다.

그렇다면 십자가로 인한 속죄의 한계는 어느 정도인가 하는 것이 문제가 되지 않을 수 없다. 이 문제가 해결되지 않는 한 현대 지성인들의 신앙을 교도(敎導)할 수는 없을 것이다. 그런데 이 문제를 해결하기 위하여는 먼저 예수 그리스도의 십자가의 죽음에 대한 문제를 밝히 알아야겠다.

Ⅲ. 예수님의 십자가의 죽음

우리는 먼저 성경상에 나타난 사도(使徒)들의 언행(言行)을 중심삼고 예수님의 십자가(十字架)의 죽음이 당연한 것이었던가 하는 것을 알아보기로 하자.

사도들이 예수님의 죽음에 대하여 공통적으로 느낀 뚜렷한 하나의 정념(情念)이 있었으니, 그것은 그들이 예수님의 죽음을 억울하게 여김으로써 분개하고 서러워했다는 것이다. 그들은 예수님을 십자가에 내준 유대인들의 무지와 불신을 통분히 여겼으며, 그들의 행위를 패역무도(悖逆無道)한 것으로 여겨 저주하였다(행 7 : 51~53). 그뿐 아니라 오늘에 이르기까지의 모든 기독교 신도들도 공통적으로 당시의 사도들과 같은 심정을 가지고 내려왔던 것이다. 만일 예수님의 죽음이 하나님의 예정에서 온 필연적인 결과였다면 사도들이 그의 죽음을 서러워하는 것은 피할 수 없는 인정이겠지만, 하나님의 예정대로 이루어진 그 섭리(攝理)의 결과에 대해서 그렇게도 분개하고 저주했을 리는 없는 것이다. 이것으로 보아 예수님은 온당치 않은 죽음의 길을 걸어가셨다는 것을 짐작할 수 있는 것이다.

다음에 우리는 하나님의 섭리로 보아서 예수님의 십자가의 죽음이 과연 하나님의 예정(豫定)에서 되어진 필연적인 결과였던가 하는 것을 알아보기로 하자.

하나님은 아브라함의 후손에서 이스라엘 선민을 부르시어 저들을 보호 육성하시고, 때로는 그들을 고난과 시련으로써 인도하셨다. 그리고 많은 선지자들을 그들에게 보내시어 위로하시며 장차 메시아를 보내실 것을 굳게 약속하셨던 것이다. 그리하여 그들로 하여금 성막(聖幕)과 성전(聖殿)을 지음으로써 메시아를 맞을 준비를 하게 하시고,

동방박사(東方博士), 시므온, 안나, 세례 요한 등을 보내시어 메시아의 탄생과 그의 현현을 널리 증거하셨던 것이다.

특히 세례 요한에 대해서는 그가 잉태(孕胎)될 때 천사(天使)가 나타나서 증거한 사실을 유대인들이 다 알고 있었고(눅 1 : 13), 그가 출생할 때에 되어진 기사(奇事)는 당시의 유대 성중(城中)을 크게 놀라게 하였다(눅 1 : 63~66). 뿐만 아니라 광야에 있어서의 그의 수도생활(修道生活)은 모든 유대인들로 하여금 그가 메시아가 아닌가고 생각케 할 정도로 놀랄 만한 것이었다(눅 3 : 15). 하나님이 이렇듯 위대한 세례 요한까지 보내시어 예수님을 메시아로 증거하게 하셨던 것은, 두말할 것도 없이 유대인으로 하여금 예수님을 믿게 하기 위함이었던 것이다.

이와 같이 하나님의 뜻이 어디까지나 이스라엘로 하여금 예수님을 메시아로 믿게 하려는 데 있었기 때문에, 하나님의 뜻대로 살아야 할 이스라엘은 그를 메시아로 믿어야만 했었다. 만일 저들이 하나님의 뜻대로 예수님을 메시아로 믿었더라면, 오랜 역사의 기간을 두고 고대해 왔던 그 메시아를 누가 십자가(十字架)에 내주었을 것인가? 이스라엘이 예수님을 십자가의 죽음길에 내준 것은 어디까지나 그들이 하나님의 뜻을 반(反)하여 예수님을 메시아로 믿지 못했기 때문이었다. 따라서 우리는 예수님께서 십자가의 죽음길을 가시기 위하여 오신 것이 아니었다는 것을 알아야 한다.

다음으로 우리는 예수님 자신의 언행(言行)으로 보아서, 그의 십자가의 죽음이 과연 메시아로 오셨던 그 전목적을 이루기 위한 길이었던가 하는 것을 알아보기로 하자.

하나님의 모든 섭리가 그러했었던 것과 같이, 예수님도 유대인들로 하여금 자기를 메시아로 믿을 수 있도록 언행하셨다는 것을 우리는 성서를 통하여서 분명히 알 수 있다. 예수님은 제자들이 어떻게 하면 하나님의 일을 할 수 있을 것인가고 물었을 때, 하나님의 보내신 자를 믿는 것이 하나님의 일이니라(요 6 : 29)고 대답하셨다. 예수님은 또 유대인들의 배신행위를 가슴 아프게 생각하시고 호소할 곳이 없어 성을 바라다보고 우시면서, 하나님이 2천년 동안이나 애쓰시며 사랑으로 이끌어 온 이스라엘 선민은 두말할 것도 없고 이 성마저 돌 하나도 돌 위에 남겨지지 않을 정도로 멸망해 버리고 말 것이라고 저주하시면서, 이는 권고받는 날을 네가 알지 못함을 인함이니라(눅 19 : 41~44)고 명백히 그 무지를 지적하셨던 것이다.

그뿐 아니라 예수님은 예루살렘아 예루살렘아 선지자들을 죽이고 네게 파송된 자들을 돌로 치는 자여 암탉이 그 새끼를 날개 아래 모음같이 내가 네 자녀를 모으려 한 일이 몇 번이냐 그러나 너희가 원치 아니하였도다(마 23 : 37)라고 하시어 그들의 완고와 불신을 한탄하셨던 것이다. 예수님은 자기를 위하여 증거하고 있는 성경을 보면서도 믿지 못하는 그들의 무지를 책망하시면서, 너희가 성경에서 영생을 얻는 줄 생각하고 성경을 상고하거니와 이 성경이 곧 내게 대하여 증거하는 것이로다 그러나 너희가 영생을 얻기 위하여 내게 오기를 원하지 아니하는도다(요 5 : 39~40)라고 슬퍼하셨다. 그는 또 나는 내 아버지의 이름으로 왔으매 너희가 영접지 아니하나라고 서러워하시면서, 이어 모세를 믿었더면 또 나를 믿었으리니 이는 그가 내게 대하여 기록하였음이라(요 5 : 43~46)고도 말씀하셨던 것이다.

예수님은 그들의 불신을 돌이키시기 위하여 얼마나 많은 이적(異蹟)과 기사(奇事)를 보여 주셨던가. 그러나 그들은 그 놀라운 일들을 보면서도 예수님을 바알세불이 접한 자라고 비난하지 않았던가(마 12 : 24). 그리고 이러한 비참한 정경(情景)을 보시는 예수님은 때로는 나를 믿지 아니할지라도 그 일은 믿으라 그러면 너희가 아버지께서 내 안에 계시고 내가 아버지 안에 있음을 깨달아 알리라(요 10 : 38)고도 말씀하셨다. 그런가 하면 때로는 그들에게 화가 있으라고 분노를 퍼붓기도 하셨던 것이다(마 23 : 13~36). 이스라엘로 하여금 그를 믿게 하는 것이 하나님의 뜻이었기 때문에 예수님 자신도 이와 같이 저들에게 자기를 믿을 수 있도록 언행을 하셨던 것이다. 만일 유대인들이 하나님의 뜻을 따라서, 그리고 예수님이 원하신 대로 그를 메시아로 믿었더라면 누가 그를 십자가의 죽음길로 몰아냈을 것인가!

우리는 위에서 논증한 모든 사실로 보아, 예수님의 십자가의 죽음은 그가 메시아로 오셨던 전목적을 완성하기 위한 예정에서 온 필연적인 것이 아니라, 유대인들의 무지와 불신의 결과로 온 것이었음을 알 수 있다. 그러므로 고린도전서 2장 8절의 이 지혜는 이 세대의 관원이 하나도 알지 못하였나니 만일 알았더면 영광의 주를 십자가에 못박지 아니하였으리라는 성구는 바로 이 사실을 충분히 증거하고도 남음이 있는 것이라 하겠다.

만일 예수님의 십자가 노정이 하나님께서 본래부터 예정하신 길이었다면, 그는 당연히 가셔야 할 길을 걸어가시면서 무엇 때문에 할 만하면 그 죽음의 잔을 면케 해 달라고 세 번씩이나 기도를 올리셨을 것인가(마 26 : 39)? 실상 그것은 인간이 타락(墮落)된 이후 4천년 동안이나 하나님께서 이루시려고 애쓰셨던 지상천국이 유대인의 불신으로 말미암아 이루어지지 않고, 예수님이 재림(再臨)하실 때까지 고난의 역사가 그대로 연장되리라는 것을 잘 알고 계셨기 때문이었다.

요한복음 3장 14절을 보면 예수님께서는 모세가 광야에서 뱀을 든 것같이 인자도 들려야 하리니라고 말씀하셨다. 이스라엘 민족이 애급(埃及)에서 가나안 땅으로 들어갈 때, 광야(曠野)에서 모세를 믿지 않게 되자 불뱀이 나와서 그들을 물어 죽이게 되었기 때문에, 하나님은 구리뱀을 장대 끝에 달게 하여 그것을 쳐다본 사람은 살게 하셨다. 마찬가지로 유대민족이 예수님을 믿지 않음으로써 만민이 지옥으로 가야만 하게 되었기 때문에, 장차 예수님이 구리뱀과 같이 십자가(十字架)에 달리신 후 그것을 쳐다보고 믿는 사람만이 구원을 받게 될 것을 예견(豫見)하시면서 예수님은 서글픈 심정으로 그렇게 말씀하신 것이었다.

예수님이 예언하신 대로(눅 19 : 44) 그가 돌아가신 후 이스라엘 선민이 쇠망(衰亡)한 것을 보아도, 예수님은 유대인들의 불신으로 말미암아서 십자가에 돌아가셨다는 것을 알 수 있다. 이사야 9장 6절 이하에 한 아이가 우리에게 났고 한 아들을 우리에게 주신 바 되었는데 그 어깨에는 정사를 메었고 그 이름은 기묘자라 모사라 전능하신 하나님이라 영존하시는 아버지라 평강의 왕이라 할 것임이라 그 정사와 평강의 더함이 무궁하며 또 다윗의 위에 앉아서 그 나라를 굳게 세우고 자금 이후 영원토록 공평과 정의로 그것을 보존하실 것이라 만군의 여호와의 열심이 이를 이루시리라고 기록되어 있다. 이것은 예수님이 다윗 왕의 위(位)를 가지고 오셔서 영원히 멸하지 않을 왕국을 세우실 것을 예언하신 말씀이다. 그러므로 예수님이 잉태될 때에도, 천사가 마리아에게 나타나서 보라 네가 수태하여 아들을 낳으리니 그 이름을 예수라 하라 저가 큰 자가 되고 지극히 높으신 이의 아들이라 일컬을 것이요 주 하나님께서 그 조상 다윗의 위를 저에게 주시리니 영원히 야곱의 집에 왕 노릇 하실 것이며 그 나라가 무궁하리라(눅 1 : 31~33)는 말씀을 전하였던 것이다.

이로써 우리는 하나님이 아브라함으로부터 이스라엘 선민을 불러 2천년간이나 고난 가운데서 이끌어 나오신 것은, 예수님을 메시아로 보내시어 영원히 존속할 왕국을 이룩하시기 위함이었다는 것을 알 수 있다. 예수님이 메시아로 오셨다가 유대인들에게 몰려 십자가에 돌아가신 후, 저들은 선민의 자격을 잃어버리고 지리멸렬(支離滅裂)하여 오늘날에 이르기까지 민족적인 학대를 받아 나왔다. 이것은 그들이 신봉(信奉)해야 할 메시아를 도리어 살해함으로써 구원섭리(救援攝理)의 목적을 이루시지 못하게 하였던 그 범죄에 대한 벌이었던 것이다. 뿐만 아니라 예수님 이후 수많은 성도들이 당하여 온 십자가의 고난도 예수님을 살해한 연대적 범죄(連帶的 犯罪)에 대한 형벌이었던 것이다.

Ⅳ. 십자가의 대속으로 인한 구원의 한계와 예수 재림의 목적

만일 예수님이 십자가(十字架)로 돌아가시지 않았다면 어떻게 되었을 것인가? 예수님은 영육(靈肉) 양면의 구원섭리를 완수하셨을 것이다. 그리하여 선지자(先知者) 이사야의 예언(사 9 : 6~7)과 마리아에게 나타났던 천사의 교시(눅 1 : 31~33) 그대로, 또 예수께서 친히 천국이 가까웠다고 하신 말씀(마 4 : 17)과 같이 그는 영원토록 소멸되지 않는 지상천국을 건설하셨을 것이었다.

하나님은 인간을 창조하실 때 흙으로 육신을 창조하시고 거기에 생기(生氣)를 불어넣어 생령(生靈)이 되게 하셨다(창 2 : 7). 이와 같이 영(靈)과 육(肉)으로 창조된 인간이므로, 타락도 역시 영육 아울러 된 것이었다. 따라서 구원도 영적 구원과 육적 구원을 아울러 하셔야만 되는 것이다.

예수님이 메시아로 강림하셨던 목적이 구원섭리를 완수하시려는 데 있었으므로, 그는 영적 구원과 육적 구원을 아울러 완성하셔야만 되었다. 그런데 예수님을 믿는다는 것은 예수님과 일체를 이룬다는 뜻이기 때문에, 예수님은 스스로를 포도나무로 신도들을 그 가지로 비유하셨고(요 15 : 5), 또 너희가 내 안에 내가 너희 안에 있는 것을 너희가 알리라(요 14 : 20)고도 하셨다. 이처럼 말씀하신 이유는 영육(靈肉) 아울러 타락인간을 구원하시기 위하여 그가 인간으로 오셨기 때문에, 그를 믿음으로써 영육 아울러 그와 하나가 되었더라면 타락인간도 영육 아울러 구원을 받았을 것이었기 때문이다. 그러나 유대인들이 예수님을 불신하여 그를 십자가(十字架)에 내주었으므로 그의 육신은 사탄의 침범을 당하여 마침내 살해되었던 것이다. 그러므로 육신에 사탄의 침범을 당한 예수님을 믿어 그와 한 몸을 이룬 신도들의 육신도 그대로 사탄의 침범을 당하게 된 것이다.

이렇게 되어 아무리 독실한 신앙자라도 예수님의 십자가의 속죄(贖罪)로써는 육적 구원은 완성할 수 없게 되었다. 따라서 아담으로부터 내려오는 혈통적인 원죄(原罪)가 청산되지 않았기 때문에, 아무리 잘 믿는 성도라 할지라도 그에게 원죄는 그대로 남아지게 되어 그는 또 원죄 있는 자식을 낳게 되는 것이다. 우리가 신앙생활에서 육신을 치지 않을 수 없는 것은 원죄로 말미암아 항상 육신을 통하여 들어오는 사탄 침범의 조건을 막기 위함이며, 쉬지 말고 기도하라(살전 5 : 17) 한 것도 이와 같이 십자가에 의한 구속(救贖)으로도 근절되지 않은 원죄로 인한 사탄 침범의 조건을 막게 하기 위함인 것이다.

이와 같이 예수님은 그의 육신이 사탄의 침범을 당함으로써 육적 구원섭리의 목적은 달성하시지 못하였다. 그러나 그는 십자가의 피의 대속(代贖)으로 부활의 승리적인 기대를 조성함으로써 영적 구원의 기대를 완성하셨다. 그러므로 예수님 부활 이후 오늘에 이르기까지의 모든 신도들은 영적 구원섭리의 혜택만을 받게 되는 것이다.

이와 같이 십자가의 대속(代贖)으로 인한 구원은 영적 구원뿐이므로 잘 믿는 신도들에게도 원죄(原罪)는 육적으로 여전히 남아 있어서 그것이 계속적으로 그 자손들에게 유전되어 오는 것이다. 이 때문에 성도들은 그 신앙이 깊어지면 깊어질수록 죄와 더불어 더욱 치열한 싸움을 하게 되는 것이다. 예수님은 이와 같이 십가가로써 청산하시지 못한 원죄를 속하고 육적 구원을 완성함으로써 영육(靈肉) 아우른 구원섭리의 목적을 완성하시기 위하여 지상에 재림하시지 않을 수 없게 된 것이다.

위에서 말한 바와 같이 십자가의 대속을 받은 성도들도 원죄와 싸워야 하기 때문에, 사도(使徒)들 중에서 신앙의 중심이 되었던 바울도 육적으로 들어오는 죄악의 길을 막을 수 없는 자신을 한탄하던 끝에, 내 자신이 마음으로는 하나님의 법을 육신으로는 죄의 법을 섬기노라(롬 7 : 25)고 말하였다. 이것은 영적 구원의 완성에 대한 기쁨과 동시에 육적 구원의 미완성에 대한 비탄을 표명한 것이라 하겠다. 또 요한일서 1장 8절 내지 10절에 만일 우리가 죄 없다 하면 스스로 속이고 또 진리가 우리 속에 있지 아니할 것이요…… 만일 우리가 범죄하지 아니하였다 하면 하나님을 거짓말하는 자로 만드는 것이니라고 한 요한의 고백대로, 예수님의 십가가의 구원을 받고 있는 우리들도 여전히 원죄 때문에 범죄자임을 면할 수 없는 것이다.

Ⅴ. 십자가에 대한 예언의 양면

예수님의 십자가(十字架)의 죽음이 그가 메시아로 오셨던 전목적을 완성하기 위한 예정에서 온 필연적인 것이 아니라면, 이사야 53장에 그가 십자가에 고난을 당하실 것으로 예언되어 있는 이유는 어디에 있는 것인가?

지금까지 우리는 예수님이 고난을 당하실 것을 예언한 말씀만이 성경에 있는 줄 알고 있었다. 그러나 원리(原理)를 알고 성서를 다시 읽어 보면, 구약시대(舊約時代)에 이미 선지자(先知者) 이사야에 의하여 예언된 이사야 9장, 11장, 60장 등의 말씀 그대로, 하나님께서 마리아에게 천사(天使)를 보내시어 장차 잉태될 예수님이 생전에 유대인의 왕이 되어 영영세세(永永世世)토록 소멸되지 않는 왕국을 지상에 건설하실 것을 예언케 하셨던 사실을 알게 된다(눅 1 : 31~33). 그러면 어찌하여 이와 같이 예수님에 대한 예언을 양면으로 하게 되었는가를 알아보기로 하자.

하나님은 인간을 창조하실 때에 인간 자신이 그의 책임분담(責任分擔)을 완수함으로써만 완성할 수 있도록 창조하셨다(전편 제1장 제5절 II 2). 그런데 실제에 있어서 인간 시조(始祖)는 그들의 책임분담을 다하지 못하고 타락되었다. 이와 같이 인간은 하나님의 뜻대로 자기의 책임분담을 완수할 수도 있었던 것이지만, 이와는 반대로 하나님의 뜻에 반(反)하여 그 책임분담을 완수하지 못하게 될 수도 있었던 것이다.

이러한 예를 성서에서 들어 보면, 선악과(善惡果)를 따먹지 않아야 하는 것은 인간의 책임분담이었기 때문에 아담은 하나님의 말씀을 따라 그것을 안 따먹고 완성될 수도 있는 반면에 결과적으로 나타난 사실과 같이 따먹고 죽을 수도 있었던 것이다.

한편 또 하나님은 구약시대의 구원섭리(救援攝理)를 위한 인간책임분담(人間責任分擔)의 조건으로 십계명(十誡命)을 주셨던 것인데, 여기에서도 인간은 그것을 지키어 구원을 받을 수도 있었고, 혹은 그것을 지키지 않고 멸망을 당할 수도 있었던 것이다.

애급(埃及)에서 가나안 복지(福地)를 향하여 떠난 이스라엘 민족이 모세의 명령에 복종하는 것은 그들 자신이 세워야 할 책임분담이었기 때문에, 그들이 모세의 명령에 순종하여 가나안 복지로 들어갈 수도 있었고, 혹은 불순종(不順從)하여 못 들어가게 될 수도 있었다. 사실상 하나님은 모세로 하여금 이스라엘 민족을 이끌고 가나안 복지로 들어가게 하실 것을 예정하시고(출 3 : 8) 그에게 이를 명령하셨었으나, 불신으로 인하여 그들은 모두 광야(曠野)에서 쓰러지고 그 후손들만이 목적지를 찾아갈 수 있었던 것이다.

이와 같이 인간에게는 인간 자신이 수행해야 될 책임분담(責任分擔)이 있어서 하나님의 뜻대로 그것을 이루어 드릴 수도 있고, 혹은 그 뜻에 반하여 이루어 드리지 못하게 될 수도 있기 때문에, 인간은 그 자신의 책임분담 수행 여부에 따라 그 어느 한 면의 결과를 이루어 놓게 되는 것이다. 따라서 하나님은 뜻 성사에 대한 예언을 양면으로 하시지 않을 수 없는 것이다.

메시아를 보내시는 것은 하나님의 책임분담이지만, 오시는 메시아를 믿고 안 믿는 것은 인간의 책임분담에 속하는 것이다. 그러므로 보내시는 메시아를 유대민족이 하나님의 뜻대로 믿을 수도 있었던 것이고, 혹은 하나님의 뜻에 반하여 믿지 않을 수도 있었던 것이다. 따라서 인간의 책임분담 수행 여부에 따라 나타날 양면의 결과에 대비하여 하나님은 예수님의 뜻 성사에 대한 예언을 양면으로 하시지 않을 수 없으셨던 것이다. 그렇기 때문에 이사야 53장의 기록과 같이 유대민족이 불신으로 돌아가는 경우에 대한 예언도 하셨지만, 한편 이사야 9장, 11장, 60장과 누가복음 1장 31절 이하의 기록과 같이 저들이 메시아를 믿고 모심으로써 영광으로 뜻을 이루어 드릴 수 있는 경우에 대한 예언도 하셨던 것이다. 그런데 유대인들의 불신으로 예수님은 십자가에 돌아가셨기 때문에 이사야 53장의 예언만이 이루어지고, 이사야 9장, 11장, 60장 및 누가복음 1장 31절 이하의 예언은 모두 재림하셔서 이루어질 말씀으로 남아진 것이다.

VI. 십자가의 죽음이 필연적인 것처럼 기록되어 있는 성구

복음서(福音書)를 보면 예수님의 십자가 고난이 필연적인 것처럼 기록되어 있는 데가 많이 있다. 그 대표적인 것을 들어 보면, 예수께서 자신이 십자가에 고난을 당하실 것을 예언하실 때, 이것을 만류하는 베드로를 보시고 사탄아 내 뒤로 물러가라(마 16 : 23)고 하신 책망으로 미루어 그의 십자가의 죽음이 필연적이었던 것처럼 느껴진다. 그렇지 않고서야 예수님이 어찌하여 베드로를 대해 그토록 책망하셨을 것인가? 그러나 실에 있어 예수님은 그때 이미 유대인들의 불신으로 인하여 어차피 영육(靈肉) 아우른 구원섭리(救援攝理)를 완성하실 수 없게 되자, 영적 구원만이라도 이루시려고 그 탕감조건(蕩減條件)으로서 부득이 십자가의 길을 가시기로 결정하고 계시던 때였다(눅 9 : 31). 그런 때에 베드로가 이 길을 만류한 것은 결국 십자가로 인한 영적 구원섭리의 길마저 방해하는 것이 되었기 때문에 그처럼 책망하셨던 것이다.

다음으로, 예수님이 십자가상(十字架上)에서 다 이루었다(요 19 : 30)고 최후의 말씀을 하신 것은 십자가로써 구원섭리의 전목적이 완성되었다는 뜻이 아니다. 유대인들의 불신을 이미 돌이킬 수 없는 것으로 아시게 된 후부터 예수님은 육적 구원은 재림(再臨) 후의 섭리로 미루시고, 영적 구원섭리의 기대만이라도 조성하시려고 십자가의 노정을 걸으셨던 것이다. 그러므로 예수님이 다 이루었다고 하신 그 말씀은, 유대인들의 불신으로 인하여 제2차적인 구원섭리의 목적으로 세우셨던 십자가에 의한 영적 구원섭리의 기대를 다 이루었다고 하신 말씀이었던 것이다.

우리가 바른 신앙을 갖기 위하여는, 첫째로 기도에 의한 신령(神靈)으로 하나님과 직접 영교(靈交)해야 되고, 다음으로는 성서를 바르게 읽음으로써 진리(眞理)를 깨달아야 한다. 예수님이 신령과 진리로 예배하라(요 4 : 24)고 말씀하신 이유는 여기에 있는 것이다.

예수 이후 오늘에 이르기까지 모든 성도(聖徒)들은 예수님은 죽음의 길을 가기 위하여 세상에 오셨던 것으로만 알고 있었다. 그러나 이것은 예수님이 메시아로 오셨던 근본목적을 알지 못하고 영적 구원이 예수님이 띠고 오셨던 사명의 전부인 것으로 잘못 알고 있었기 때문이다. 살아서 뜻을 이루시려고 오셨다가 유대인들의 불신으로 원치 않는 죽음의 길을 가신 예수님의 억울하고도 비통한 심정을 풀어 드리고 그의 뜻을 맞추어 드리는 신부가 지상에 생겨나기 전에, 예수님이 누구와 더불어 그 뜻을 이루시겠다고 재림(再臨)하실 것인가! 그러나 인자가 올 때에 세상에서 믿음을 보겠느냐(눅 18 : 8)고 하신 예수님의 말씀은 바로 이러한 인간의 무지를 예상하시고 개탄하신 말씀이었다.

우리는 여기에서 성서를 중심하고, 예수님은 어디까지나 죽음의 길을 가시려고 오신 분이 아니었다는 사실을 밝혔지만, 영교로써 예수님에게 직접 물어 보면 더욱 명백하게 이 사실을 알 수 있는 것이다. 만일 자기가 영통(靈通)을 하지 못하면 영통하는 딴 사람의 증언을 통하여서라도 바른 신앙을 가져야만 끝날에 메시아를 맞을 수 있는 신부의 자격을 갖출 수 있을 것이다.

제 2 절 엘리야의 재림과 세례 요한

엘리야가 재림(再臨)하리라는 것은 이미 말라기 선지(先知)가 예언했던 바였고(말 4 : 5), 세례 요한이 바로 재림한 엘리야라고 하는 것은 예수님의 증언이었다(마 17 : 13, 마 11 : 14). 그러나 세례 요한이 엘리야의 재림자(再臨者)였다는 사실은 일반 유대인은 물론 세례 요한 자신도 알지 못하였기 때문에(요 1 : 21), 이로부터 예수님에 대한 세례 요한의 의혹(마 11 : 3)과 그에 따르는 유대인들의 불신은 날로 더하여지게 되어, 마침내는 예수님이 십자가의 길을 가시지 않을 수 없게 되었던 것이다.

Ⅰ. 엘리야의 재림을 중심한 유대인들의 심적 동향

통일왕국시대(統一王國時代)에 있어서 솔로몬의 타락으로 말미암아 그의 성전이상(聖殿理想)은 사탄의 침범을 당하게 되었었다. 그리하여 이루어지지 않았던 성전이상을 다시 찾아 세워 실체성전 된 메시아를 맞게 하시기 위하여 하나님은 4대선지(四大先知)와 12소선지(十二小先知)를 보내시어 사탄 분립의 역사를 하셨다. 또 하나님께서 특별선지(特別先知) 엘리야를 보내시어 갈멜산에서 바알 선지자들과 대결케 하여 바알신을 멸하신 것도 이러한 이상실현(理想實現)의 뜻을 가로막는 사탄을 멸하시기 위함이었다. 그러나 엘리야는 그의 천적인 사명을 다 이루지 못하고 승천(昇天)하였기 때문에(왕하 2 : 11),

메시아를 맞기 위하여 사탄을 분립해 가는 노정에 다시 사탄이 횡행하게 되었던 것이다. 그러므로 예수님의 실체성전이상이 이루어지기 위하여는, 이에 앞서 엘리야가 지상에서 다 이루지 못하고 간 사탄 분립의 사명을 계승 완수하게 하는 섭리가 있지 않으면 아니 된다. 이러한 섭리적인 필연성에 의하여 선지자(先知者) 말라기는 엘리야가 재림해야 할 것을 예언했던 것이다(말 4 : 5).

선지자들의 예언을 믿고 있던 유대인들의 간곡한 소망은 물론 메시아의 강림(降臨)이었다. 그러나 그에 못지않게 유대인들이 갈망해 왔던 것은 엘리야의 재림(再臨)이었음을 알아야 한다. 왜냐하면 위에서도 말한 바와 같이, 하나님이 말라기 선지를 통하여 메시아의 강림에 앞서 그의 앞길을 예비하게 하시기 위하여 선지자 엘리야를 보내마고 분명히 약속하셨었기 때문이다(말 4 : 5). 그런데 엘리야는 이미 예수님이 탄생하시기 900여년 전에 승천한 선지자로서(왕하 2 : 11), 그는 분명히 영계(靈界)에 있다가 예수님의 제자들에게 나타나 보인 사실이 있다(눅 9 : 31). 이와 같이 되어 유대민족은 하늘에 머물고 있는 엘리야가 다시 올 때에는 전에 승천하던 모양으로 반드시 하늘로부터 내려오리라고 믿고 있었던 것이다. 그러므로 마치 오늘날의 기독교 신도들이 예수께서 구름을 타고 재림하시리라고 하늘을 우러러보고 있듯이, 당시의 유대인들도 하늘을 우러러보면서 엘리야가 다시 오기를 고대하고 있었던 것이다.

그런데 선지자 말라기의 예언대로 엘리야가 다시 왔다는 소식은 없고 예수님께서 느닷없이 메시아를 자처하고 나섰을 때, 예루살렘에는 일대 혼란이 일어나지 않을 수 없었다. 그러므로 마태복음 17장 10절을 보면, 제자들은 가는 곳마다 만일 예수님이 메시아라면 그보다 먼저 오기로 약속되어 있는(말 4 : 5) 엘리야는 어디 와 있는가 하는 공박(攻駁)을 받게 되었다. 제자들은 그 답변에 궁하여 예수님께 직접 문의한 결과(마 17 : 10), 예수님은 바로 세례 요한이 그들이 고대하고 있는 엘리야라고 대답해 주셨다(마 11 : 14, 마 17 : 13).

제자들은 예수님을 메시아로 믿고 있었기 때문에 세례 요한이 바로 엘리야라고 하신 예수님의 증언을 그대로 믿을 수 있었겠지만, 아직도 예수님이 누구신지도 모르고 있는 다른 유대인들이야 어떻게 예수님의 이러한 증언을 그대로 받아들일 수 있었을 것인가? 예수님 자신도 유대인들이 자기의 증언을 즐겨 받지 않을 것을 아셨기 때문에, 만일 너희가 즐겨 받을진대 오리라 한 엘리야가 곧 이 사람이니라(마 11 : 14)고 말씀하셨던 것이다.

유대인들이 세례 요한이 엘리야라고 하신 예수님의 증언을 더욱 믿을 수 없었던 것은, 요한복음 1장 21절의 기록에 보이는 바 이미 세례 요한 자신이 자기는 엘리야가 아니라고 명백히 부인한 뒤의 일이었기 때문이다.

II. 유대민족의 갈 길

예수님은 세례 요한을 가리켜서 그가 바로 유대인들이 고대하고 있는 엘리야라 하셨고(마 11 : 14), 이와 반대로 장본인인 세례 요한 자신은 이미 이 사실을 부인하여 버렸으니 유대민족은 누구의 말을 곧이듣고 따라갈 수 있었을 것인가? 그것은 말할 것도 없이, 당시의 유대인들의 눈에 예수님과 세례 요한 두 분 가운데서 누가 더 믿을 수 있는 인물로 비쳐졌던가 하는 데 따라서 좌우될 문제라고 보지 않을 수 없다.

그러면 먼저 당시 유대민족의 입장에서 예수님의 모습은 어떠한 것으로 보여졌을 것인가 하는 것을 알아보자.

예수님은 빈천(貧賤)한 목수(木手)의 가정에서 생장(生長)한 하나의 배우지 못한 청년이었다. 이러한 청년이 이름 없이 일어나 스스로 안식일(安息日)의 주인이라 칭하면서 유대인들이 생명과 같이 여기는 안식일을 범하였다(마 12 : 1~8). 그러므로 예수님은 유대인의 구원의 푯대인 율법(律法)을 폐하는 사람으로 알려지게 되었던 것이다(마 5 : 17). 따라서 예수님은 유대인의 지도자들에게 몰린 바 되어 하는 수 없이 어부(漁夫)를 불러 제자를 삼았으며 세리(稅吏)와 창기(娼妓)와 죄인(罪人)들의 친구가 되어 함께 먹고 마셨다(마 11 : 19). 그러면서도 예수님은 유대인의 지도자들보다도 세리들과 창기들이 먼저 천국에 들어간다고(마 21 : 31) 주장하셨던 것이다.

한 여인이 예수님의 발을 눈물로 적시고 머리털로 씻은 후에 그의 발에 입을 맞추고 값진 기름을 부은 일이 있었다(눅 7 : 37~38). 이러한 행동은 오늘날의 사회에 있어서도 용납(容納)되기 어려운 일이어든, 하물며 음행(淫行)하는 여인을 돌로 쳐 죽여도 말 못 하던 유대인의 엄격한 윤리사회(倫理社會)에 있어서 어떻게 허용될 수 있었을 것인가? 그런데 예수님은 이것을 용납하셨을 뿐 아니라, 여인의 태도를 비난하는 제자들을 책망하시고 도리어 그 여인을 칭찬하셨던 것이다(눅 7 : 44~50, 마 26 : 7~13).

한편 또 예수님은 자기를 하나님과 동등한 입장에 세우시고(요 14 : 9), 자기로 말미암지 않으면 천국에 들어갈 자가 없다고 주장하시면서(요 14 : 6), 자기를 그들의 부모나 형제나 처자나 무엇보다도 더 사랑해야 된다고 강조하셨다(마 10 : 37, 눅 14 : 26). 예수님의 모습이 이러하였으므로, 유대인의 지도자들은 그를 마귀의 왕 바알세불이 접한 사람이라고 비난하며 조소(嘲笑)하였던 것이다(마 12 :

24). 예수님에 대한 이러한 전후 사정을 종합하여 볼 때 당시의 유대인들의 눈에 비친 예수님은 결코 믿겨운 존재는 아니었던 것이다.

다음으로 우리는 당시의 유대민족의 입장에서 본 세례 요한의 모습은 어떠했을 것인가 하는 것을 알아보자.

세례 요한은 당시의 명문가인 제사장(祭司長) 사가랴의 아들로 태어났다(눅 1 : 13). 그의 부친이 지성소(至聖所)에서 분향할 때에 그 아내가 아들을 잉태하리라는 천사의 말을 곧이듣지 아니함으로써 벙어리가 되었다가, 요한이 출생하자마자 그 입이 열린 기사이적(奇事異蹟) 등으로 인하여 온 유대 고을 사람들이 크게 놀랐던 것이다(눅 1 : 9~66). 뿐만 아니라 광야(曠野)에서 메뚜기와 석청(石淸)으로 연명하면서 수도(修道)하던 그의 빛나는 신앙생활을 보고, 일반 유대인들은 물론 제사장들까지도 그에게 혹 당신이 메시아가 아닌가 하고 물어 볼 정도로 그는 유대인들에게 훌륭하게 보였던 것이다(눅 3 : 15, 요 1 : 20).

위에서 밝힌 바 그 당시의 사정을 놓고 유대인들의 입장에서 예수님의 모습과 세례 요한의 모습을 비교해 볼 때, 과연 그들이 누구의 말을 더 믿을 수 있었을 것인가? 그것이 세례 요한의 말이었을 것은 불문가지(不問可知)의 사실이다. 따라서 유대인들은 세례 요한을 엘리야라고 하신 예수님의 증언보다도 자기는 엘리야가 아니라고 부인한 세례 요한의 말을 더 믿지 않을 수 없었던 것이다. 따라서 유대인들이 세례 요한의 말을 믿게 되자, 예수님의 이 증언은 메시아로 자처하기 위한 일종의 위증(僞證)이 되고 말았기 때문에 예수님은 자연히 망언자(妄言者)로 몰릴 수밖에 없었다.

이와 같이 예수님이 망언자로 몰리게 될 때, 위에서 논급한 바와 같은 예수님의 모습은 모두가 유대인들에게 있어 거리끼는 것이 되었기 때문에 예수님에 대한 그들의 불신의 도는 점점 더 높아지기만 하였다. 유대인들이 예수님을 불신하고 세례 요한의 말을 믿고 보니 엘리야는 아직 오지 않았다고 생각할 수밖에 없었으며, 따라서 메시아가 오셨으리라고는 상상조차 할 수 없게 되었던 것이다.

이러한 견지에서 볼 때, 유대인들은 말라기의 예언(豫言)을 믿는 입장에 서면 아직 엘리야가 오지 않았기 때문에 메시아로 자처하는 예수님을 버릴 수밖에 없었고, 이와 반대로 예수님을 믿는 입장에 서면 엘리야가 온 다음에야 메시아가 오시리라고 예언한 성경을 버릴 수밖에 없는 입장에 있었다. 거기에서 도저히 하나님의 예언을 저버릴 수는 없었던 유대인들은 부득이 예수님을 불신하는 길을 택할 수밖에 없었던 것이다.

Ⅲ. 세례 요한의 불신

위에서 상론(詳論)한 바와 같이, 당시의 제사장(祭司長)이나 전유대인들이 세례 요한을 숭경(崇敬)하던 마음은 그를 메시아로 생각하는 데까지 이르렀던 것이다(눅 3 : 15, 요 1 : 20). 따라서 만일 세례 요한이 자기가 바로 예수님이 증언하신 그대로의 엘리야라는 것을 선포하고 나섰더라면, 메시아를 맞기 위하여 엘리야를 고대하고 있었던 전유대인들은 이러한 세례 요한의 증언을 믿게 되어 모두 예수님 앞으로 나왔을 것임에 틀림없다. 그러나 끝내 자기는 엘리야가 아니라고 주장한 세례 요한의 하나님의 섭리에 대한 무지는 유대인들이 예수님 앞으로 나아갈 수 없었던 주요한 원인이 되었던 것이다.

세례 요한은 일찍이 자기는 물로 세례(洗禮)를 주지만, 자기 뒤에 오시는 이(예수님)는 불과 성령(聖靈)으로 세례를 주시기 때문에 자기는 그의 신을 들기도 감당치 못하겠다고 증거하였다(마 3 : 11). 뿐만 아니라 요한복음 1장 33절을 보면, 나도 그를 알지 못하였으나 나를 보내어 물로 세례를 주라 하신 그이(하나님)가 나에게 말씀하시되 성령이 내려서 누구 위에든지 머무는 것을 보거든 그가 곧 성령으로 세례를 주는 이(그리스도)인 줄 알라 하셨기에 내가 보고 그가 하나님의 아들이심을 증거하였노라고 한 세례 요한의 고백이 기록되어 있다. 이와 같이 하나님은 예수님이 메시아라는 것을 세례 요한에게 직접 교시(敎示)하셨고, 세례 요한 자신도 또 그렇게 증거하였으며, 한편 요한복음 1장 23절을 보면 자기는 그의 길을 곧게 하기 위한 사명을 가지고 왔다고까지 말하였던 것이다. 뿐만 아니라 요한복음 3장 28절에는 자신이 그리스도에 앞서 보내심을 받은 자임을 언명(言明)한 기록이 있다.

그러므로 세례 요한은 응당 자기가 엘리야라고 하는 사실을 스스로의 지혜로써도 알았어야 할 것이었다. 설혹 세례 요한이 그 사실을 미처 자각하지 못하였다 하더라도, 이미 하늘로부터 예수님이 메시아이심을 증거받아 알고 있는 위에(요 1 : 33~34) 예수님이 친히 자기를 엘리야라고 증언하셨으니, 자기도 그 말씀에 순종하여 자기가 바로 엘리야라고 하는 것을 뒤늦게라도 선포하는 것이 마땅한 도리였다. 그러나 그는 하나님의 뜻 앞에 무지하여(마 11 : 19) 이미 예수님의 증언을 부인했을 뿐만 아니라(요 1 : 21) 그 후에도 섭리의 방향과 길을 달리하고 있었으니, 이러한 세례 요한을 바라보시는 예수님이나 또 이렇듯 난처한 입장에 놓인 예수님을 보시는 하나님께서는 얼마나 서러우셨을 것인가!

사실상 세례 요한이 예수님에게 세례(洗禮)를 주고 그를 증거함으로써 그의 증거자로서의 사명은 다 끝난 것이었다. 그러면 그 후에 있어서의 그의 사명은 무엇이었을 것인가?

그의 부친 사가랴는 성령(聖靈)에 감동되어 아직 복중(腹中)에 있었던 세례 요한을 두고서, 종신토록 주의 앞에서 성결과 의로 두려움이 없이 섬기게 하리라(눅 1 : 75)고 그의 사명을 분명히 예언하였던 것이다. 그러므로 세례 요한은 예수님을 증거한 후에는 그 앞에 하나의 제자의 입장에서 그를 모시고 섬겨야 할 것이었다. 그러나 그는 그 후에 예수님과 분리되어서 따로 세례를 주고 다녔기 때문에 누가복음 3장 15절을 보면 유대인들은 도리어 세례 요한을 메시아로 혼동하였고, 한편 또 요한복음 1장 20절을 보면 제사장까지도 그렇게 혼동하였던 것이 사실이다. 그뿐만 아니라 예수님을 따르는 사람과 세례 요한의 제자가 서로 자기의 선생이 세례를 많이 준다고 결례(潔禮)를 중심하고 싸운 일까지 있었다(요 3 : 25).

그리고 요한복음 3장 30절에 세례 요한이 그는 흥하여야 하겠고 나는 쇠하여야 하리라고 말한 것을 보더라도, 그는 예수님과 흥망성쇠(興亡盛衰)의 운명을 같이하지 않았다는 것을 우리는 분명히 알 수 있는 것이다. 세례 요한이 전적으로 예수님과 운명을 같이할 수 있는 입장에 섰었다면 어찌하여 예수님이 흥(興)할 때에 그가 쇠(衰)할 수 있을 것인가? 사실상 예수님의 복음(福音)은 누구보다도 먼저 세례 요한 자신이 전해야만 할 것이었다. 그러나 그는 무지로 인하여 이 사명을 다하지 못하였고, 마침내는 예수님을 위하여 바쳐야 할 그의 목숨마저 별로 가치도 없는 일에 희생하고 말았던 것이다.

세례 요한은 그 중심이 하늘편에 있었을 때는 예수님을 메시아로 알고 증거하였다. 그러나 그에게서 영적인 역사(役事)가 끊어지고 인간 세례 요한으로 돌아오게 되자, 그의 무지는 더욱더 예수님에 대한 불신을 자아내게 하였던 것이다. 자기가 엘리야라고 하는 사실을 자각하지 못하고 있었던 세례 요한은 특히 옥중(獄中)에 들어가게 된 후부터 다른 유대인들과 같은 입장에서 예수님을 대하게 되었다. 따라서 예수님의 모든 언행(言行)은 인간 세례 요한의 눈에 하나같이 이해할 수 없는 것으로 비쳐질 뿐이었던 것이다. 그뿐 아니라 그도 역시 엘리야가 오기 전에 나타난 예수를 메시아로 믿을 수 없었기 때문에, 결국 자기의 제자들을 예수님께 보내어 오실 그이가 당신이오니이까 우리가 다른 이를 기다리오리이까(마 11 : 3) 하고 질문하여 그 의심을 풀어 보려 하였다. 이러한 세례 요한의 질문을 받게 된 예수님은 마태복음 11장 3절 내지 19절에 기록되어 있는 바와 같이, 분개심에 격한 경고의 내용을 가지고 대답하셨던 것이다.

세례 요한은 예수님을 섬기기 위하여 복중(腹中)에서부터 택함을 받았고(눅 1 : 75), 그의 앞길을 예비하기 위하여 광야에서 고난어린 수도생활(修道生活)을 하였다. 그리고 예수님이 공생애노정(公生涯路程)을 출발하실 때에 하늘은 누구보다도 먼저 그에게 예수님이 누구시라는 것을 가르쳐 주셨고, 또 그것을 증거하게 하셨던 것이다. 그러나 이러한 하늘의 은사를 제대로 받아들이지 못하고 있는 세례 요한으로부터 그러한 질문을 받으셨을 때, 예수님은 새삼스럽게 자기가 바로 메시아라는 대답을 하시지는 않았다. 그는 너희가 가서 듣고 보는 것을 요한에게 고하되 소경이 보며 앉은뱅이가 걸으며 문둥이가 깨끗함을 받으며 귀머거리가 들으며 죽은 자가 살아나며 가난한 자에게 복음이 전파된다 하라(마 11 : 4~5)고 완곡한 대답을 하셨다. 물론 세례 요한이 예수님의 이러한 기사와 이적을 모르고 있었을 리가 없는 것이다. 그럼에도 불구하고 예수님이 이와 같이 구구하게 말씀하신 것은, 자신이 하시는 일을 세례 요한으로 하여금 다시 한 번 상기케 하심으로써 자기가 누구시라는 것을 알려 주시기 위함이었다.

가난한 자에게 복음을 전한다고(마 11 : 5) 하신 말씀에는, 세례 요한과 유대인들의 불신에 대한 예수님의 비감한 심정이 어리어 있다는 것을 우리는 알아야 하겠다. 선민(選民)으로 부름을 받았던 유대 민족, 그중에서도 특히 세례 요한은 하늘의 사랑을 넘치도록 받은 부요(富饒)한 자였던 것이다. 그러나 그들은 모두 예수님을 배반하였으므로, 예수님은 부득이 갈릴리 바닷가를 헤매시고 사마리아 땅을 두루 도시면서 가난한 자 가운데서 복음을 받을 수 있는 자들을 찾으셨던 것이다. 불학무식(不學無識)한 어부들과 세리와 창녀들은 모두 이처럼 가난한 자들이었다.

사실상 예수님이 찾고자 하셨던 제자들은 그러한 자들이 아니었다. 지상천국(地上天國)을 건설하러 오신 예수님이었으니 그에게는 따라다니는 천 명보다도 먼저 천 명을 영도(領導)할 수 있는 한 사람이 더욱 필요했던 것이다. 그러므로 예수님은 하늘이 예비한 능력 있는 무리들을 찾으시려고 제일 먼저 성전으로 들어가 제사장(祭司長)과 교법사(敎法師)들에게 복음의 말씀을 전하시지 않았던가!

그러나 예수님이 친히 말씀하신 바와 같이 예비한 잔치에 청함을 받은 객들은 하나도 응해 오지 않았기 때문에 하는 수 없이 거리에 나가 방황하는 거지떼를 불러 모아야만 하셨다. 이처럼 불청객(不請客)들을 맞으러 나선 예수님의 서러운 심정은 드디어 누구든지 나를 인하여 실족하지 않는 자는 복이 있도다(마 11 : 6)라고 하는 심판(審判)의 말씀을 토하시고 말았다.

세례 요한은 당시의 유대인들이 혹은 메시아, 혹은 엘리야, 혹은 선지자라고 생각할 정도로 훌륭한 사람이었다(눅 3 : 15, 요 1 : 20~21). 그러나 아무리 훌륭한 사람이라 할지라도 누구든지 자기(예수)로 인하여 실족(失足)하면 무슨 복이 있겠느냐고 하는 간접적인 표현을 통하여서 세례 요한의 운명을 심판하셨던 것이다.

그러면 세례 요한은 어떠한 실족을 하였던가? 위에서 이미 언급한 바와 같이 그는 종신토록 예수님을 모시고 섬겨야 할 사명을 다하지 못했던 것이다.

질문하러 왔던 세례 요한의 제자들이 떠나간 후에 예수님은, 사명적인 면에서 보아 세례 요한이 본시 가장 위대한 선지자(先知者)로 왔으나 이제 맡겨진 바 그 사명을 다하지 못하는 입장에 있다는 것을 지적하시어, 내가 진실루 너희에게 말하노니 여자가 낳은 자 중에 세례 요한보다 큰 이가 일어남이 없도다 그러나 천국에서는 극히 작은 자라도 저보다 크니라(마 11 : 11)고 말씀하셨다. 천국에 있는 모든 사람들은 일찍이 여인의 몸에서 태어나 지상생활을 거쳐간 사람들이다. 그러므로 여인이 낳은 사람 중에서 가장 큰 사람이라면 천국에서도 가장 큰 자가 되지 않을 수 없을 것인데, 역사상 가장 큰 자로 지상에 태어난 세례 요한이 어찌하여 천국에서는 지극히 작은 자만도 못할 것인가?

과거에 왔다 간 수많은 선지자들은 장차 오실 메시아를 바라보며 시간적인 먼 거리를 두고 간접적으로 이를 증거하였었다. 그러나 세례 요한은 메시아를 직접적으로 증거할 사명을 띠고 왔었던 것이다. 그러므로 메시아를 증거하는 것이 선지자의 사명일진대, 증거적인 입장에서 보아 메시아를 직접적으로 증거하는 세례 요한은 간접적으로 증거한 그 어떠한 선지자보다도 위대했던 것이다. 그러나 메시아를 모신다는 점에서 볼 때에는 그는 가장 작은 사람이 아닐 수 없다. 왜냐하면 천국에서는 아무리 작은 자라도 이미 예수님을 메시아로 알고 모시고 있는데, 누구보다도 메시아를 가까이 모셔야 할 자리에 부름을 받은 세례 요한은(눅 1 : 75) 도리어 예수님과 엇갈린 길을 걷고 있었으니,

이로써 그는 천국의 지극히 작은 자보다도 예수님을 모시지 못하는 입장에 있었기 때문이다.

다시 그 다음 절에는 세례 요한의 때부터 지금까지 천국은 침노를 당하나니 침노하는 자는 빼앗느니라고 기록되어 있다. 메시아를 위하여 복중에서부터 택함을 받았고, 광야에서 그렇게 어려운 수도생활(修道生活)을 하여 온 세례 요한이 예수님을 잘 모시기만 했더라면 그는 틀림없이 예수님의 수제자(首弟子)가 되었을 것이다. 그러나 그는 모시는 사명을 다하지 못하였으므로 예수님의 수제자의 위(位)는 침노한 베드로에게 빼앗긴 바 되었다. 여기에 세례 요한의 때부터 지금까지라고 시간적인 한계를 지은 것을 보면, 그 아래 기록되어 있는 말씀은 일반인을 두고 하신 말씀이 아니라 바로 세례 요한을 두고 하신 말씀인 것을 알 수 있다.

예수님은 결론적으로 지혜는 그 행한 일로 인하여 옳다 함을 얻느니라고 말씀하셨다. 세례 요한이 지혜가 있어서 지혜롭게 행동하였더라면 예수님의 무릎 밑을 떠나지 않았을 것이요, 따라서 그의 행적은 영원히 의(義)로서 남아질 것이었는데, 불행히도 그는 무지하였기 때문에 자신은 물론이어니와 유대인들이 예수님 앞으로 나아가는 길마저 모두 막아 버리고 말았던 것이다.

우리는 이로써 예수님이 십자가의 죽음길을 가게 된 큰 요인이 세례 요한에게 있었다는 것을 알게 되었다. 우리는 또 사도 바울이 고린도전서 2장 8절에서, 이 지혜는 이 세대의 관원이 하나도 알지 못하였나니 만일 알았더면 영광의 주를 십자가에 못박지 아니하였으리라고 하여 세례 요한을 비롯한 모든 유대인들이 지혜가 없어서 예수님을 십자가에 못박고 말았다고 한탄한 사실을 볼 수 있다.

Ⅳ. 세례 요한이 엘리야가 된 이유

우리는 상술(上述)한 바(제2절 Ⅰ)에 의하여, 엘리야가 지상에서 다하지 못한 사명을 계승 완성하기 위하여 세례 요한이 왔었다는 것을 알았다. 그는 누가복음 1장 17절에 기록된 대로, 엘리야의 심령(心靈)과 능력(能力)으로 주 앞에 앞서 가서 아비의 마음을 자식에게, 거스르는 자를 의인(義人)의 슬기에 돌아오게 하고, 주를 위하여 세운 백성을 예비하기 위하여 출생한 인물이었다. 그렇기 때문에 그는 사명적인 입장에서 엘리야의 재림자(再臨者)가 되는 것이다.

이에 대하여 상세한 것은 부활론(復活論)에서 밝혀질 것이지만, 엘리야는 땅에 있는 세례 요한에게 재림하여 그가 사명을 다할 수 있도록 그를 협조함으로써, 자기가 지상 육신생활에서 다하지 못한 사명을 세례 요한의 육신을 세워 그를 통하여서 완수하려 하였던 것이다. 따라서 세례 요한은 엘리야의 육신을 대신하는 자리에 있었기 때문에 사명을 중심하고 보면 그는 엘리야와 동일한 사람이 되는 것이다.

Ⅴ. 성서를 대하는 우리의 태도

우리는 위에서 성서의 말씀에 의하여 예수님에 대한 세례 요한의 무지와 불신은 유대인들의 불신을 초래하였고, 유대인들의 불신은 마침내 예수님으로 하여금 십자가(十字架)의 길을 가시게 하였다는 사실을 알았다. 그러나 예수 이후 오늘에 이르기까지 이러한 천적(天的)인 비밀을 밝힌 사람은 하나도 없었다. 이것은 세례 요한을 무조건 위대한 선지자라고 단정하는 입장에서만 성서를 보아 왔던 까닭이다.

우리는 인습적인 신앙 관념과 구태(舊態)를 벗어 버리기를 두려워하는 고루한 신앙태도를 단연 버려야 한다는 것을 이 세례 요한의 문제를 중심하고 배웠다. 사명을 다하고 간 세례 요한을 사명을 다하지 못한 것으로 믿는 것도 부당하겠거니와, 사실상 사명을 다하지 못한 세례 요한을 잘못 알고 다한 것으로 믿는 것도 잘못된 신앙임에 틀림없다.

우리는 신령면(神靈面)으로나 진리면(眞理面)으로나 항상 바른 신앙을 가지기 위하여 노력해야 한다. 우리는 지금까지 성서의 말씀에 의하여 세례 요한의 진상을 밝혀 왔지만, 누구든지 영통(靈通)하여서 영계(靈界)에 있는 세례 요한의 모습을 직접 볼 수 있는 성도들은 여기에 기록된 말씀이 모두 사실이라는 것을 더욱 잘 알 수 있을 것이다.

제 5 장 부활론

성서(聖書)의 예언을 문자 그대로 받아들인다면, 예수님이 재림(再臨)하실 때에는 이미 흙 속에 파묻혀 삭아져 버린 모든 성도(聖徒)들의 육신이 다시 원상(原狀) 그대로의 모습으로 살아 나올 것으로 보아야 한다(살전 4 : 16, 마 27 : 52). 이것은 하나님이 주신 말씀이기 때문에, 우리의 신앙적인 입장에서는 그대로 받아들이지 않을 수 없다.

그러나 이것은 현대인의 이성(理性)으로는 도저히 납득할 수 없는 사실이기 때문에, 결국 우리들의 신앙생활에 커다란 혼란을 가져오게 된다. 그러므로 이 문제의 진정한 내용을 해명하는 것은 지극히 중요한 일이 아닐 수 없는 것이다.

제 1 절 부 활

부활(復活)이라는 것은 다시 산다는 뜻이다. 그리고 다시 살아야 하는 것은 죽었기 때문이므로, 우리가 부활의 의의를 알기 위하여는 먼저 죽음과 삶에 대한 성서적인 개념(槪念)을 분명히 알아야 하는 것이다.

Ⅰ. 죽음과 삶에 대한 성서적 개념

누가복음 9장 60절의 기록을 보면, 부친(父親)을 장사(葬事)하기 위하여 자기 집에 가려고 하는 자에게 예수님은 죽은 자는 죽은 자들로 하여금 장사하게 하라고 말씀하셨다. 우리는 이 예수님의 말씀 가운데서 죽음과 삶에 각각 서로 뜻을 달리하는 두 가지의 개념이 있는 것을 알 수 있다.

첫째는 장사를 치러야 할 그 제자의 부친과 같이 육신의 목숨이 끊어지는 '죽음'에 대한 생사(生死)의 개념이다. 이런 '죽음'에 대한 '삶'은 그 육신이 생리적인 기능을 유지하고 있는 상태를 의미한다. 둘째는 그 죽은 부친을 장사하기 위하여 모여서 활동하고 있는 사람들을 지적하여 말하는 '죽음'에 대한 생사의 개념이다.

그러면 어찌하여 예수님은 현재 그 육신(肉身)이 움직이고 있는 사람들을 지적하여 죽은 자라고 말씀하셨던가? 그것은 그들이 예수님을 배반함으로써 하나님의 사랑을 떠나 버린 자리, 즉 사탄의 주관권내(主管圈內)에 머물러 있었기 때문이었다. 그러므로 이 죽음은 육신의 목숨이 끊어진 죽음을 말한 것이 아니라, 하나님의 사랑의 품을 떠나서 사탄 주관권 내에 떨어진 것을 의미하는 죽음을 말하는 것이다. 따라서 이러한 '죽음'에 대한 '삶'의 뜻은 하나님의 사랑의 주관권 내에서 그의 뜻대로 활동하고 있는 상태를 말하는 것이다. 그러므로 아무리 그 육신이 활동을 하고 있다 하더라도 그것이 하나님의 주관권을 벗어나서 사탄의 주관권 내에 머물러 있으면, 그는 창조본연(創造本然)의 가치기준으로 보아 죽은 자가 아닐 수 없는 것이다. 이것은 요한계시록 3장 1절에 기록된 바, 비신앙적인 사데교회의 신도들에게 네가 살았다 하는 이름은 가졌으나 죽은 자로다라고 한 말씀을 보아도 잘 알 수 있다.

그 반면에 이미 육신(肉身)의 목숨이 끊어진 인간이라 할지라도, 그의 영인체(靈人體)가 영계의 천상천국(天上天國)에서 하나님의 사랑의 주관권 내에 있다면 그는 어디까지나 살아 있는 사람인 것이다. 예수님께서 나를 믿는 자는 죽어도 살겠고(요 11 : 25)라고 하신 것은, 예수님을 믿고서 하나님의 주관권 내에서 사는 사람은 목숨이 끊어지고 그 육신이 흙으로 돌아간다 하더라도 그 영인체는 여전히 하나님의 주관권 내에 있는 것이기 때문에 그는 살아 있는 사람이라는 말씀이다.

예수님은 또 계속하여 무릇 살아서 나를 믿는 자는 영원히 죽지 아니하리니 이것을 네가 믿느냐고 말씀하셨다. 이 말씀은 예수님을 믿는 자는 지상에서 영원히 죽지 않고 산다는 뜻이 아니라, 육신을 쓰고 예수님을 믿는 사람은 현재 살아 있는 것은 말할 것도 없고, 후일 그가 죽어 육신을 벗어 버리고 지상을 떠난다 할지라도 그의 영인체는 영원히 하나님의 사랑의 품속에서 여전히 삶을 계속할 것이기 때문에 영원히 죽지 않는 것이라는 뜻으로 하신 말씀이다. 따라서 위의 성구에 보인 예수님의 말씀은, 인간에 있어 육신의 목숨이 끊어지는 것을 의미하는 그 죽음은 우리의 영원한 생명에는 아무런 영향도 가져오지 않는다는 뜻으로 하신 말씀인 것이다.

또 무릇 자기 목숨을 보존하고자 하는 자는 잃을 것이요 잃는 자는 살리리라고 하신 누가복음 17장 33절의 말씀도, 육신을 보존하기 위하여 하나님의 뜻을 배반하는 사람은 비록 그 육신이 활동하고 있어도 그는 죽은 자요, 또 이와 반대로 하나님의 뜻을 위하여 육신을 희생하는 사람이고 보면 설혹 그 육신은 흙 속에 묻혀 썩어 버린다 할지라도 그 영인체는 하나님의 사랑 가운데 영존(永存)하게 될 것이기 때문에 그는 곧 살아 있는 사람이라는 뜻이다.

II. 타락으로 인한 죽음

우리는 위에서 서로 뜻을 달리하는 두 가지의 죽음이 있다는 것을 알았다. 그러면 그중 어느 것이 인간 시조(始祖)의 타락(墮落)으로 인하여 초래된 죽음일 것인가?

하나님은 원래 인간이 타락되지 않았어도 노쇠(老衰)하면 그 육신은 흙으로 돌아가도록 창조하셨던 것이다. 그러므로 아담이 930세에 죽어 그의 육신이 흙으로 돌아갔지만, 이것은 어디까지나 타락 때문에 온 죽음은 아니었다. 왜냐하면 창조원리(創造原理)에 의하면, 육신은 영인체(靈人體)의 옷이라고도 할 수 있는 부분이어서 옷이 더러워지면 벗는 것같이 육신도 노쇠하면 벗어 버리고 그 영인체만이 무형세계(無形世界)에 가서 영원히 살게 되어 있기 때문이다.

물질로 된 생물체(生物體)로서 영원성을 가지고 있는 것은 하나도 없다. 그러므로 인간도 이 창조원칙(創造原則)을 벗어날 수는 없으므로 인간의 육신이라고 해서 영존(永存)할 수는 없는 것이다. 만일 인간이 지상에서 육신을 쓴 채로 영존한다면, 영인체의 갈 곳인 무형세계는 당초부터 창조할 필요도 없었을 것이다. 원래 무형세계는 타락한 인간의 영인체가 가서 살게 하기 위하여 인간이 타락된 이후에 창조된 것이 아니라, 이미 인간이 창조되기 전에 창조목적(創造目的)을 완성한 인간들이 지상에서 생활하다가 육신을 벗은 후에 그 영인체가 가서 영원히 살 수 있는 곳으로서 창조되어 있었다는 것을 알아야 한다.

타락인간(墮落人間)이 육적인 생명에 강한 미련을 가지게 된 것은,

인간이 원래 육신을 벗은 후에는 보다 아름답고 영원한 무형세계에 가서 영원히 살도록 창조되었다는 사실을 타락으로 인하여 알 수 없게 되었기 때문이다. 지상에 있어서의 육신생활(肉身生活)과 무형세계에 있어서의 영인생활(靈人生活)은 애벌레와 나비의 생활에 비교할 수 있다. 만일 애벌레에게 의식이 있다고 하면, 마치 인간이 육신생활에 대하여 애착을 느끼고 있듯이 그도 역시 허물 속의 생활에 애착을 느끼어 벗고 나오려 하지 않을 것이다. 그렇다면 이것은 애벌레가 일단 나비가 된 후에는 향화(香花)와 감밀(甘蜜)을 마음대로 즐길 수 있는 또 하나의 새로운 세계가 있다는 것을 알지 못하기 때문일 것이다. 지상인과 영인과의 관계는 바로 이 애벌레와 나비와의 관계와 흡사한 것이다.

만일 인간이 타락되지 않았다면 지상인들은 같은 지상인들 사이에서와 마찬가지로 영인들과도 자유로이 만날 수 있을 것이기 때문에, 육신을 벗는 것이 결코 영원한 이별이 아니라는 것을 잘 알 수 있을 것이다. 뿐만 아니라 인간이 지상에서 완성되어 생활하다가 노쇠한 후에 육신을 벗고 가게 되는 그 영인의 세계가 얼마나 아름답고 행복한 곳인가 하는 것을 분명히 알게 된다면, 오히려 육신을 벗고 그 세계로 갈 수 있는 날을 그리워하며 고대하게 될 것이다.

위에서 논술한 두 가지의 죽음 중에서, 육신의 목숨이 끊어지는 것을 의미하는 죽음이 타락으로 인한 죽음이 아니라는 것을 알게 된다면, 사탄주관권 내에 떨어지는 것을 의미하는 죽음이 곧 타락으로 인한 죽음이라는 결론이 나오는 것이다. 우리는 이 문제를 성서(聖書)를 중심하고 좀더 상세히 검토해 보기로 하자.

타락으로 인한 죽음은 곧 인간 시조(始祖)가 선악과(善惡果)를 따 먹음으로써 초래된 바로 그 죽음을 말한다. 그러면 그 죽음은 어떠한 죽음이었을 것인가? 창세기 2장 17절을 보면, 하나님이 아담과 해와를 창조하신 후에 그들에게 선악과를 따먹는 날에는 정녕 죽으리라고 말씀하셨다. 그러므로 하나님이 말씀하신 그대로 그들은 따먹은 그 '날'을 기해서 정녕 죽었다고 보지 않을 수 없는 것이다. 그러나 그 죽은 아담과 해와는 오늘날의 우리들과 마찬가지로 여전히 지상에서 육신생활을 계속하면서 자손을 번식하여 마침내 오늘의 타락한 인류사회(人類社會)를 이루어 놓았다. 이러한 사실로 보아, 타락으로 인하여 초래된 그 죽음은 육신의 목숨이 끊어지는 것을 의미하는 죽음을 말하는 것이 아니라, 하나님의 선주관권(善主管圈)으로부터 사탄의 악주관권(惡主管圈)으로 떨어지는 것을 의미하는 죽음을 말하는 것임을 바로 알 수 있다.

그러면 우리는 성서(聖書)에서 이에 관한 예를 들어 보기로 하자. 요한일서 3장 14절에 사랑치 아니하는 자는 사망에 거하느니라고 하였다. 여기에서 말하는 사랑은 물론 하나님의 사랑을 의미한다. 하나님의 사랑 가운데서 이웃을 사랑할 줄 모르는 사람은 아무리 지상(地上)에서 생활을 하고 있다 하더라도 그는 어디까지나 죽은 사람이라는 뜻이다. 이와 동일한 뜻으로서 로마서 6장 23절에는 죄의 삯은 사망이요 하나님의 은사는 영생이니라고 하였고, 또 로마서 8장 6절에는 육신의 생각은 사망이요 영의 생각은 생명과 평안이니라고 기록되어 있는 것이다.

Ⅲ. 부활의 의의

우리는 이제까지 인간이 목숨이 끊어져서 그 육신이 흙으로 돌아가는 것을 타락으로 인한 죽음인 것으로만 알고 있었다. 따라서 이러한 죽음으로부터 다시 살아나는 것을 성서가 의미하는 부활(復活)이라고 해석하여 왔기 때문에, 이미 타계한 성도(聖徒)들의 부활은 곧 흙으로 분해되었던 그 육신이 다시 원상대로 살아나는 것으로 이루어지리라고 믿고 있다. 그러나 창조원리(創造原理)에 의하면 이러한 죽음은 인간 조상의 타락으로 말미암아 초래된 것이 아니다. 원래 인간이란 노쇠하면 그 육신은 자연히 흙으로 돌아가도록 창조된 것이기 때문에 한번 흙으로 분해되어 버린 육신은 다시 원상대로 부활할 수도 없으려니와, 영계에 가서 영원히 살게 된 영인체(靈人體)가 다시 육신을 쓸 필요도 없는 것이다.

그러므로 부활은 인간이 그의 타락으로 초래된 죽음 즉 사탄주관권 내에 떨어진 입장으로부터 복귀섭리(復歸攝理)에 의하여 하나님의 직접주관권 내로 복귀되어 나아가는 그 과정적인 현상을 의미하는 것이다. 따라서 죄를 회개하고 어제의 나보다 오늘의 내가 좀더 선(善)하게 되었다면 우리는 그만치 부활한 것이 된다.

성서에서 부활에 관한 예를 들어 보면, 요한복음 5장 24절에 내 말을 듣고 또 나 보내신 이를 믿는 자는 영생을 얻었고 심판에 이르지 아니하나니 사망에서 생명으로 옮겼느니라고 한 기록이 있다. 이것은 예수님을 믿음으로 말미암아 사탄의 품속을 떠나 하나님의 사랑의 품안으로 돌아가는 것이 곧 부활이라는 것을 의미한 말씀인 것이다.

한편 또 고린도전서 15장 22절에는 아담 안에서 모든 사람이 죽은 것같이 그리스도 안에서 모든 사람이 삶을 얻으리라고 기록되어 있는데, 이것은 아담으로 말미암아 사탄의 혈통을 이어받게 된 것이 사망이요, 여기에서부터 그리스도로 말미암아 하늘의 혈통으로 돌아가는 것이 부활이라는 것을 의미한 말씀인 것이다.

Ⅳ. 부활은 인간에게 어떠한 변화를 일으키는가

선악과(善惡果)를 따먹는 날에는 정녕 죽으리라고 하신(창 2 : 17) 하나님의 말씀대로, 선악과를 따먹고 타락된 아담과 해와는 죽은 것이 사실이었다. 그러나 그들에게는 외형적인 아무런 변이(變異)도 일어나지 않았다. 변한 것이 있었다면 불안과 공포로 인하여 순간적으로 그들의 안색이 변한 정도였을 것이다. 그러므로 타락된 인간이 선악과를 따먹기 이전의 인간으로 부활(復活)된다 하더라도 그의 외형상에는 아무런 변화도 생기지 않을 것이다.

성신(聖神)으로 중생(重生)한 사람은 중생하기 이전에 비하여 분명히 부활한 사람임에 틀림이 없다. 그와 강도를 비교해 본다면, 하나는 하늘편의 사람으로서 중생한 정도만큼 부활한 입장에 있고, 또 하나는 지옥에 가야 할 사람으로서 죽은 입장에 있지만 그들의 외형에는 아무런 차이도 없는 것이다.

이미 위에서 예증(例證)한 바와 같이, 예수님의 말씀을 따라 하나님을 믿는 자는 사망으로부터 생명에로 옮겨져서 부활된 것이 사실이다. 그러나 그가 예수를 믿기 전 사망한 상태에 있을 때나 예수를 믿고 생명에로 옮겨짐으로써 부활한 후나 그의 육체상에는 아무런 변화도 생기지 않는 것이다.

예수님은 창조목적(創造目的)을 완성한 인간으로 오셨던 것이 사실이다(기독론 참조). 그러나 외형으로 본 예수님은 타락인간에 비하여 아무런 차이도 없었다. 만일 그에게 다른 것이 있었다면 당시의 측근자들이 그를 믿고 따르지 않았을 리가 없는 것이다.

인간은 부활로 인하여 사탄의 주관을 벗어나 하나님과 심정의 일체를 이룸으로써 신성(神性)을 가지게 된다. 이렇듯 타락인간이 부활로 인하여 하나님의 주관을 받게 되면 필연적으로 그 심령(心靈)에 변화를 일으키게 되는 것이다. 그리고 이와 같은 심령의 변화에 의하여 인간의 육신도 사탄이 우거(寓居)하는 전(殿)으로부터 하나님이 계실 수 있는 성전으로 사실상 성화(聖化)되어 가는 것이다. 이러한 의미에서 육신도 부활된다고 볼 수 있는 것이다. 이것은 마치 악한 일을 위하여 사용되어 왔던 건물이 하나님의 성전으로 사용하게 되면, 그 건물의 외형에 있어서는 하등의 변화도 없는 것이지만 그것은 이미 성스러운 건물로 변화된 것과 마찬가지의 이치인 것이다.

제 2 절 **부활섭리**

Ⅰ. 부활섭리는 어떻게 하시는가

부활(復活)은 타락인간이 창조본연(創造本然)의 자체로 복귀하는 과정적인 현상을 의미하는 것이므로, 부활섭리(復活攝理)는 곧 복귀섭리(復歸攝理)를 의미한다. 복귀섭리는 곧 재창조섭리(再創造攝理)이므로 부활섭리는 또한 재창조섭리가 되기도 한다. 따라서 부활섭리도 창조원리에 의하여 다음과 같이 섭리하시게 되는 것이다.

첫째로, 부활섭리역사(復活攝理歷史)에 있어서 그 사명적인 책임을 맡았던 인물들이 비록 그 자신들의 책임분담(責任分擔)을 완수하지는 못하였다 하더라도, 그들은 하늘 뜻을 위하여 충성을 다하였기 때문에 그만큼 타락인간이 하나님과 심정적인 인연을 맺을 수 있는 터전을 넓혀 왔던 것이다. 따라서 후대의 인간들은 역사가 흐를수록 그 이전의 선지선열(先知先烈)들이 쌓아 올린 심정적인 기대로 말미암아 복귀섭리의 시대적인 혜택을 더 받게 되는 것이다. 따라서 부활섭리는 이러한 시대적인 혜택에 의하여서 이루어지게 된다.

둘째로, 창조원리(創造原理)에 의하면 하나님의 책임분담(責任分擔)으로서 창조된 인간은 그 자신의 책임분담으로서 하나님이 주신 말씀을 믿고 실천하게 될 때 비로소 완성하도록 창조되어 있는 것이다. 그러므로 부활섭리(復活攝理)를 하시는 데 있어서도 하나님의 책임분담으로서의 섭리를 위한 말씀이 있어야 하고, 거기에 타락인간이 그 자신의 책임분담으로서 그 말씀을 믿고 실천해야만 그 뜻이 이루어지게 되어 있는 것이다.

셋째로, 창조원리에 비추어 볼 때 인간의 영인체(靈人體)는 육신을 터로 하여서만 성장하여 완성되도록 창조되었다. 따라서 복귀섭리(復歸攝理)에 의한 영인체의 부활도 역시 지상의 육신생활을 중심하고서만 이루어지게 되어 있다.

넷째로, 인간은 창조원리를 따라 성장기간(成長期間)의 질서적인 3단계를 거쳐서 완성하도록 창조되었다. 그렇기 때문에 타락인간에 대한 부활섭리도 그 섭리기간(攝理期間)의 질서적인 3단계를 거쳐서야 완성하게 되어 있는 것이다.

II. 지상인에 대한 부활섭리

1. 부활기대섭리

하나님은 아담가정에서부터 부활섭리를 하기 시작하셨다. 그러나 그 뜻을 받들고 나선 인물들이 책임분담을 완수하지 못함으로써 그 섭리는 연장되어 나오다가, 2천년 후에 믿음의 조상 아브라함을 찾아 세움으로부터 비로소 그것이 이루어지기 시작하였던 것이다. 따라서 아담으로부터 아브라함에 이르기까지의 2천년 기간은 결과적으로 다음 시대에 들어 부활섭리를 하실 수 있는 그 기대를 조성한 시대가 되었다. 그러므로 이 시대를 부활기대섭리시대(復活基臺攝理時代)라고 한다.

2. 소생부활섭리

부활섭리(復活攝理)가 이루어지기 시작한 아브라함 때로부터 예수님에 이르기까지의 2천년 기간은 소생부활섭리(蘇生復活攝理)를 해 나오셨다. 따라서 이 시대를 소생부활섭리시대(蘇生復活攝理時代)라고 한다. 이 시대에 있어서의 모든 지상인들은 하나님의 소생부활섭리에 의한 시대적인 혜택을 받을 수 있었다. 그리고 소생부활섭리는 하나님이 이 시대의 섭리를 위하여 주셨던 구약(舊約)의 율법(律法)의 말씀을 인간이 믿고 행함으로써 그 책임분담(責任分擔)을 완수하여 의로움을 받도록 섭리하셨던 것이다. 그러므로 이 시대를 행의시대(行義時代)라고도 한다.

이 시대에 있어서의 인간들은 율법을 행함으로 말미암아 그의 영인체가 육신을 터로 하여 소생부활을 함으로써 영형체(靈形體)를 이룰 수 있었다. 그리고 지상에서 영형체를 이룬 인간들이 육신을 벗으면 그 영인체는 영형체급의 영계에 가서 살게 되는 것이다.

3. 장성부활섭리

예수님이 십자가(十字架)에 돌아가심으로 말미암아 부활섭리는 그 완성을 보지 못하고 재림기(再臨期)까지 연장되었다. 그리하여 이와 같이 연장된 2천년 기간은 영적 구원에 의하여 장성부활섭리(長成復活攝理)를 해온 시대이므로, 이 시대를 장성부활섭리시대(長成復活攝理時代)라고 한다. 이 시대에 있어서의 모든 지상인들은 하나님의 장성부활섭리에 의한 시대적인 혜택을 받는 것이다. 그리고 장성부활섭리는 하나님이 이 시대의 섭리를 위하여 주셨던 신약(新約)의 말씀을 인간이 믿음으로써 그 책임분담(責任分擔)을 완수하여 의로움을 받도록 섭리하시는 것이다. 그러므로 이 시대를 신의시대(信義時代)라고도 한다.

이 시대에 있어서의 인간들은 복음(福音)을 믿음으로 말미암아, 그의 영인체가 육신을 터로 하여서 장성부활을 함으로써 생명체(生命體)를 이루는 것이다. 이와 같이 지상에서 생명체급의 영인체를 이룬 인간들은 육신을 벗은 후에 생명체급 영계인 낙원(樂園)으로 가서 살게 되는 것이다.

4. 완성부활섭리

재림(再臨)하시는 예수님에 의하여 영육(靈肉) 아울러 부활하여서 부활섭리를 완성하는 시대를 완성부활섭리시대(完成復活攝理時代)라고 한다. 이 시대에 있어서의 모든 지상인들은 완성부활섭리에 의한 시대적인 혜택을 받을 수 있는 것이다. 재림주님은 구약과 신약의 말씀을 이루시기 위한 새 말씀을 가지고 오시는 분이시다(전편 제3장 제5절 I). 그러므로 완성부활섭리는 신·구약을 이루시기 위하여 주시는 새 말씀(이 말씀은 成約이라고 하는 것이 좋을 것이다)을 인간들이 믿고 또 주님을 직접 모심으로써 그 책임분담을 완수하여 의로움을 받도록 섭리하시는 것이다. 그러므로 이 시대를 시의시대(侍義時代)라고도 한다.

이 시대에 있어서의 인간들은 재림주님을 믿고 모심으로 말미암아 영육 아울러 완전히 부활되어 그의 영인체는 생령체(生靈體)를 이루게 된다. 이와 같이 지상에서 생령체를 완성한 인간들이 생활하는 곳을 지상천국(地上天國)이라 한다. 그리고 지상천국에서 생활하던 완성한 인간이 육신을 벗으면 생령체의 영인으로서 생령체급의 영계인 천상천국(天上天國)으로 가서 살게 되는 것이다.

5. 천국과 낙원

이제까지의 기독교 신도들은 원리를 몰랐기 때문에 낙원(樂園)과 천국(天國)을 혼동해 왔다. 예수님이 메시아로서 지상에 강림하셨던 목적이 완성되었더라면 그때에 이미 지상천국은 이루어졌을 것이었다. 그리고 이 지상천국에서 생활하던 완성한 인간들이 육신을 벗고 생령체를 완성한 영인체(靈人體)로서 영계에 갔더라면 천상천국도 그때에 이루어졌을 것이었다. 그러나 예수님이 십자가에 돌아가심으로 말미암아 지상천국이 이루어지지 않았기 때문에, 지상에 생령체를 완성한 인간은 나타나 보지도 못하고 말았다. 따라서 오늘날까지 생령체의 영인들이 생활하도록 창조된 천상천국에 들어간 영인은 하나도 없다. 그렇기 때문에 천상천국은 아직도 그대로 비어 있는 것이다. 이것은 곧 그 주민이 되어야 할 인간을 중심삼고 보면 아직 천상천국이 완성되지 않았다는 이야기도 된다.

그러면 어찌하여 예수님은 자기를 믿으면 천국에 들어간다고 하셨던가? 그것은 예수님이 지상에 오셨던 본래의 목적이 어디까지나 천국을 이루시려는 데 있었기 때문이었다. 그러나 예수님은 유대인들의 불신으로 말미암아 지상천국을 이루지 못하시고 십자가(十字架)에 돌아가셨다. 당시의 모든 사람들이 그렇듯 끝내 믿어 주지 않았던 그 가운데서, 자신을 믿어 준 오직 한 사람이었으며 십자가의 동반자였던 강도에게 예수님은 함께 낙원에 들어갈 것을 허락하셨던 것이다(눅 23 : 43).

결국 예수님은 메시아로서의 사명을 완수할 수 있는 소망적인 과정에서는 천국에 들어갈 것을 강조하셨지만, 이 뜻을 못 이루고 떠나시는 십자가의 죽음길에 임해서는 실상 낙원에 들어갈 수밖에 없게 된 사실을 표명하셨던 것이다. 낙원은 이렇듯 지상에서 예수를 믿음으로써 생명체급(生命體級)의 영인체를 이루어 가지고 육신을 벗고 간 영인들이 천국문이 열릴 때까지 머물러 있는 영계(靈界)를 말하는 것이다.

6. 말세에 일어나는 영적인 현상

장성기 완성급(長成期 完成級)에서 타락되었던 인간이, 복귀섭리에 의하여 소생 구약시대(蘇生 舊約時代)를 지나 장성 신약시대(長成新約時代)의 완성급까지 복귀되어 인간 시조가 타락되기 전의 입장으로 돌아가는 시대를 말세(末世)라고 한다. 이 시대는 아담과 해와가 타락되기 직전 하나님과 일문일답하던 그때를 세계적으로 복귀하는 시대이므로, 지상에는 영통(靈通)하는 사람들이 많이 나타나게 되는 것이다. 말세에 하나님의 영(靈)을 많이 부어 주시마고 약속하셨던 것(행 2 : 17)은 바로 이러한 원리적인 근거에 의하여서만 그 이유가 해명되는 것이다.

말세에는 '너는 주(主)라'는 계시를 받는 사람들이 많이 나오게 된다. 그리고 흔히 이러한 사람들은 자기가 재림주(再臨主)인 줄로 알고 바른 길을 찾아가지 못하게 되는 경우가 많은데, 그 이유는 어디에 있는가?

원래 하나님은 인간을 창조하시고 그에게 피조세계(被造世界)를 주관하는 주가 되라고 축복하셨다(창 1 : 28). 그러나 인간은 타락으로 말미암아 이러한 하나님의 축복을 이루지 못하고 말았던 것이다. 그런데 타락인간이 복귀섭리에 의하여 장성기(長成期)의 완성급(完成級)까지 영적으로 복귀되어서, 아담과 해와가 타락하기 직전의 입장과 맞먹는 심령기준(心靈基準)에 달하게 되면, 하나님이 그들에게 피조세계의 주가 되라고 축복하셨던 그 입장을 복귀했다는 뜻에서 '너는 주라'는 계시를 주시는 것이다.

말세에 들어서 이와 같이 '너는 주라'는 계시를 받을 수 있을 정도로 신앙이 독실한 성도들은, 예수님 당시에 그의 앞길을 곧게 하기 위한 사명을 가지고 왔던 세례 요한과 마찬가지의 입장에 서게 된다(요 1 : 23). 따라서 그들에게도 각자가 맡은 바 그 사명분야에 있어서, 재림하실 예수님의 앞길을 곧게 해야 하는 사명이 주어져 있는 것이다. 이러한 의미에서, 그들은 각자의 사명분야에 있어 재림주님을 위한 시대적인 대신 사명자로 택함받은 사람들이기 때문에, 그들에게도 주라는 계시를 내려 주시는 것이다.

영통인(靈通人)들이 '너는 주라'는 계시를 받았을 때, 이와 같은 원리적인 사정을 알지 못하여 자기가 재림주인 것으로 잘못 알고 행동하다가는 그는 반드시 적그리스도의 입장에 서게 된다. 말세(末世)에 적그리스도가 많이 나타나리라고 예언하신 이유는 실상 여기에 있는 것이다.

영통인(靈通人)들은 모두 제각기 통하고 있는 영계(靈界)의 계위(階位)와 계시의 내용이 서로 다르기 때문에(고전 15 : 41), 피차가 상충적인 혼란 속에 빠지게 되는 것이 보통이다. 영통인들은 사실상 모두 동일한 영계를 찾아 나아가고 있는 것이지만, 그것을 대하고 있는 각자의 환경, 위치, 특성, 지능, 심령의 정도 등이 서로 다르기 때문에, 각자에게 나타나는 영계도 각각 다른 모양으로 인식되어 상충을 일으키게 되는 것이다.

복귀섭리(復歸攝理)의 뜻을 받들고 나아가는 사람들은 각각 섭리의 부분적인 사명을 담당하고 하나님과 종적인 관계만을 맺고 있기 때문에, 다른 영통인들과의 횡적인 관계를 알지 못하게 된다. 따라서 각자가 받들고 나아가는 하늘의 뜻이 각각 다른 것같이 여겨져서 상충역사(相衝役事)가 일어나게 되는 것이다. 더욱이 하나님은 각자로 하여금 복귀섭리의 목적을 달성케 함에 있어서, 그들이 제만큼 최선을 다할 수 있도록 격려하시기 위하여 '네가 제일이라'는 계시를 주시기 때문에 횡적인 상충을 면치 못하게 된다. 그리고 그가 맡은 부분적인 사명분야에 있어서는 사실상 그가 제일이기 때문에 이러한 계시를 내리시기도 하는 것이다.

한편 독실한 신앙자들이 아담과 해와의 타락 직전의 심령기준(心靈基準)까지 성장하여 영통하게 되면, 아담과 해와가 넘지 못하고 타락한 것과 같은 시험으로 인하여 타락되기 쉬운 입장에 처하게 된다. 따라서 원리를 모르는 한 이러한 입장을 극복하기란 대단히 어려운 것이 사실이다. 오늘에 이르기까지 많은 도인(道人)들이 이 시험의 고비를 넘지 못하고 오랫동안 수도(修道)한 공적을 일조일석(一朝一夕)에 허사로 돌려보내곤 한 것은 참으로 애석한 일이라 아니할 수 없는 것이다.

그러면 영통인들의 이러한 혼란을 어떻게 하면 막을 수 있을 것인가? 하나님은 복귀섭리(復歸攝理)의 목적을 빨리 이루시기 위하여 그 섭리의 과정에 있어서 부분적인 사명을 수많은 사람들에게 분담시켜 그 개체들을 종적으로만 대하여 나오시기 때문에, 위에서 논한 바와 같이 모든 영통인들은 상호간에 횡적인 상충을 면하기 어렵게 되어 있는 것이다. 그러나 결국 역사의 종말기(終末期)에 이르면 그들 각자의 사명이 모두 복귀섭리의 동일한 목적을 위하여 하나님께로부터 분남되어진 것이있음을 다 함께 깨닫고, 서로 횡적인 관계를 맺음으로써 하나로 결합하여 복귀섭리의 전체적인 목적을 이루게 하시는 새로운 진리의 말씀을 주시게 되는 것이다.

그때에 모든 영통인(靈通人)들은 자기 것만이 하나님의 뜻이라고 해 온 고집을 버리고, 보다 고차적이며 전체적인 진리의 말씀 앞에 나와 자기 자신의 섭리적인 사명과 위치를 바로 깨달아야만, 횡적인 상충에서 일어났던 지난날의 모든 혼란을 극복할 수 있는 동시에 각자가 걸어온 신앙노정(信仰路程)에 대한 유종(有終)의 미(美)를 거두게 될 것이다.

7. 첫째 부활

'첫째 부활'이라 함은 하나님의 복귀섭리역사(復歸攝理歷史)가 시작된 이후 재림역사(再臨役事)에 의하여서 맨 처음으로 인간이 원죄를 벗고 창조본연의 자아(自我)를 복귀하여 창조목적(創造目的)을 이루게 하는 부활을 말하는 것이다.

따라서 모든 기독교 신도들의 유일한 소망은 '첫째 부활'에 참여하는 데 있는 것이다. 그러면 어떠한 사람들이 여기에 참여할 수 있을 것인가? 재림주님이 강림하시게 될 때, 맨 먼저 그를 믿고 모시고 따라 복귀섭리노정(復歸攝理路程)의 전체적이며 또한 세계적인 탕감조건(蕩減條件)을 세우시는 그의 일을 협조함으로써, 모든 인간에 앞서 먼저 원죄를 벗고 생령체급 영인체(生靈體級 靈人體)를 이루어 창조목적을 완성한 사람들이 여기에 참여하게 되는 것이다.

다음에 우리는 성경에 표시된 14만 4천 무리라는 것은 무엇을 뜻하는 것인가 하는 사실을 알아보기로 하자.

예수님이 재림하셔서 복귀섭리(復歸攝理)를 완수하시기 위하여는, 복귀섭리노정에 있어서 하늘 뜻을 받들고 나오다가 자기의 책임분담(責任分擔)을 완수하지 못함으로써 사탄의 침범을 당하였던 모든 성현(聖賢)들의 입장을 탕감복귀(蕩減復歸)할 수 있는 대신자들을 재림주님이 그 일대에서 횡적으로 찾아 세워 사탄세계에 대한 승리의 기대(基臺)를 닦아 놓지 않으면 아니 되는 것이다. 이와 같은 목적으로 재림주님이 오셔서 찾아 세워야 할 성도들의 그 전체 수가 바로 요한계시록 14장 1절 내지 4절과 요한계시록 7장 4절에 기록되어 있는 14만 4천 무리인 것이다.

하나님의 복귀섭리노정에 있어서, 가정복귀의 사명자였던 야곱은 12자식을 중심하고 출발하였고, 민족복귀를 위하여 출발하였던 모세는 12지파(支派)를 거느렸는데, 이 각 지파가 다시 12지파형으로 번식하면 144수가 된다. 세계복귀의 사명자로 오셨던 예수님은 영육(靈肉) 아울러 이 144의 수를 탕감복귀하시기 위하여 12제자를 세우셨으나, 십자가에 돌아가시게 되어 영적으로만 이것을 탕감복귀하여 나오셨다. 그러므로 사탄에게 내주었던 노아로부터 야곱까지의 종적인 12대를 횡적으로 탕감복귀하기 위하여 야곱이 12자식을 세웠던 것과 같이, 재림주님은 초림 이후 영적으로만 144지파형을 세워 나왔던 종적인 섭리노정을 영육 아울러 횡적으로 일시에 탕감복귀하시기 위하여 144의 수에 해당하는 일정한 필요수의 성도들을 찾아 세우셔야 하는 것이다.

Ⅲ. 영인에 대한 부활섭리

1. 영인들이 재림부활하는 이유와 그 방법

창조원리에 의하면, 인간의 영인체(靈人體)는 하나님으로부터 받아들이는 생소(生素)와 육신으로부터 공급되는 생력요소(生力要素)의 수수작용(授受作用)에 의하여서만 성장하도록 창조되었다. 그렇기 때문에 영인체는 육신을 떠나서는 성장할 수 없으며, 또한 부활(復活)할 수도 없는 것이다. 따라서 이미 지상의 육신생활(肉身生活)에서 완성하지 못하고 타계해 버린 영인들이 부활하기 위하여는, 지상에 재림(再臨)하여서 자기들이 지상의 육신생활에서 이루지 못하였던 그 사명 부분을, 육신생활을 하고 있는 지상의 성도들을 협조하여 그것을 이루게 함으로써 지상인들의 육신을 통하여 대신 이루어 맞추어야 하는 것이다. 유다서 1장 14절에 끝날에 주님과 함께 수만 성도가 임하리라고 말씀하신 이유는 여기에 있는 것이다.

그러면 영인(靈人)들은 어떤 방법으로써 지상인(地上人)으로 하여금 뜻을 이루도록 협조하는가? 지상의 성도들이 기도 및 기타 영적인 활동을 하는 가운데 영인들의 상대가 되면, 그 영인들은 재림하여서 그 지상인들의 영인체와 상대기준(相對基準)을 조성하여 역사하게 된다. 그리하여 그 영인들은 지상인들로 하여금 불을 받게 하고 병을 고치게 하는 등 여러 가지의 능력을 행하게 한다. 그뿐 아니라 입신상태(入神狀態)에 들어가서 영계의 사실을 보고 듣게도 하고, 혹은 계시(啓示)와 묵시(默示)에 의하여 예언을 하게도 하며, 그 심령에 감명을 주는 등 여러 면에 걸쳐 성신의 대신 역사를 함으로써, 지상인으로 하여금 뜻을 이루어 나아가도록 협조하는 것이다.

2. 기독교를 믿고 간 영인들의 재림부활

(1) 장성재림부활

지상에서 율법(律法)을 지킴으로써 하나님을 열심히 섬기고 간 구약시대(舊約時代)의 영형체급 영인(靈形體級 靈人)들은, 메시아 강림 후에 전부 지상에 재림하여서 지상 성도들로 하여금 뜻을 이루어 생명체급(生命體級)의 영인체를 완성할 수 있도록 협조하였다. 이렇듯 재림 협조한 그 영인들도 그들의 협조를 받은 지상의 성도들과 동일한 혜택을 받아, 함께 생명체를 이루어 가지고 낙원(樂園)에 들어가게 되었던 것이다. 우리는 이것을 장성재림부활(長成再臨復活)이라고 한다.

이에 관한 실례를 성경 가운데 들어 보기로 하자. 마태복음 17장 3절에 엘리야가 영인체로서 예수님과 그의 제자들 앞에 나타난 데 대한 기록이 있는 것을 보면 엘리야는 그대로 영계에 있는 것이 확실하다. 그런데 마태복음 17장 12절을 보면, 예수님은 지상에서 생활하고 있는 세례 요한을 가리켜 엘리야라고 하신 것이다. 예수님이 이렇게 말씀하신 이유는, 엘리야가 세례 요한에게 재림하여 그로 하여금 자기가 지상에서 다하지 못하였던 사명까지 대신 이루도록 협조함으로써 재림부활의 목적을 달성코자 하였으므로, 사명으로 보면 세례 요한의 육신은 곧 엘리야의 육신의 대신도 되었었기 때문이다.

한편 마태복음 27장 52절을 보면, 예수님이 십자가에 돌아가실 때 무덤에서 자고 있던 성도들이 많이 일어났다고 기록되어 있다. 이것은 흙 속에서 이미 썩어 없어져 버린 그들의 육신이 다시 원상대로 육신을 쓰고 일어났다는 것을 말한 것이 아니다. 그것은 어디까지나 영형체급(靈形體級)의 영인체로서 영계에 머물러 있었던 구약시대(舊約時代)의 영인들이, 예수님의 십자가 대속(代贖)의 혜택권 내에 있는 지상 성도들에게 생명체(生命體)를 이룰 수 있도록 협조함으로써, 그들을 힘입어 자기들도 함께 생명체를 이루기 위하여 영적으로 재림한 것을 보고 기록한 것에 불과하다.

만일 성경의 문자대로 구약시대의 영인(靈人)들이 무덤에서 육신을 쓰고 다시 일어났다고 하면, 그들은 반드시 예수님이 메시아라는 사실을 증거하였을 것이니, 무덤에서 일어난 성도(聖徒)들이 증거하는 예수님을 메시아로 믿지 않을 유대인이 어디 있었을 것인가? 그리고 이러한 성도들에 관한 사적은 반드시 성서에 남아 있을 것이다. 그러나 그들이 무덤에서 일어났다는 사실밖에는 아무런 기록도 남아 있지 않다. 이것으로 미루어 보아도 무덤에서 일어났다고 기록되어 있는 그 성도들은 영안(靈眼)이 열린 신도들만이 잠깐 동안 볼 수 있었던 영인들이었다는 것을 알 수 있다.

예수님의 십자가의 대속에 의하여서 갈 수 있는 낙원에 비교해 볼 때, 구약시대의 영인들이 머물러 있던 곳은 보다 어둡고 괴로운 세계이기 때문에 이것을 무덤이라고 하였던 것이다.

(2) 완성재림부활

신약시대(新約時代)에 지상에서 예수님을 믿고 낙원으로 간 생명체급(生命體級)의 영인들은 메시아가 재강림(再降臨)하신 후 전부 지상에 재림하게 된다. 그리하여 그 영인들은 지상의 성도들로 하여금 재림하신 예수님을 믿고 모시어 생령체급(生靈體級)의 영인체를 완성할 수 있도록 협조함으로써, 그들도 동일한 혜택을 받아서 생령체(生靈體)를 이루게 되는 것이다. 그리하여 이 지상의 성도들이 육신을 벗고 천국으로 들어가게 될 때에 그 영인들도 그들과 함께 천국으로 들어가게 되는 것이다. 이러한 부활섭리를 완성재림부활섭리(完成再臨復活攝理)라고 한다.

이와 같은 섭리를 두고 볼 때에, 영인들이 지상인들을 협조하는 것은 말할 것도 없고 결과적으로 보아 지상인들도 영인들의 부활역사(復活役事)를 협조한다는 사실을 우리는 또한 알 수 있게 되는 것이다.

히브리서 11장 39절 이하에 이 사람들(구약시대 성현들)이 다 믿음으로 말미암아 증거를 받았으나 약속(천국 들어가는 허락)을 받지 못하였으니 이는 하나님이 우리(지상인)를 위하여 더 좋은 것(천국)을 예비하셨은즉 우리(지상인)가 아니면 저희(영인들)로 온전함(천국인)을 이루지 못하게 하려 하심이니라고 기록된 말씀은, 결국 위에서 설명한 사실을 실증하는 것이라고 하겠다. 즉 이 구절은 영계(靈界)에 있는 모든 영인들은 지상인의 협조를 받지 않고서는 완성할 수 없다는 원리를 증거한 것이다. 마태복음 18장 18절에 기록된 바 무엇이든지 너희(지상성도)가 땅에서 매면 하늘에서도 매일 것이요 무엇이든지 땅에서 풀면 하늘에서도 풀리리라고 하신 말씀도, 결국 지상 성도들이 풀어 주지 않으면 영인들에게 맺혀진 것이 풀리지 않는다는 것을 밝히신 것이었다.

이와 같이 영인(靈人)들은 지상의 성도들에게 재림(再臨)하여서 그를 협조함으로써만 부활(復活)하도록 되어 있기 때문에, 마태복음 16장 19절에서 보는 바와 같이 천국문의 열쇠를 지상 성도들의 대표로 베드로에게 주시어 그로 하여금 천국문을 지상에서 열도록 하셨던 것이었다.

3. 낙원 이외의 영인들의 재림부활

먼저 기독교(基督教) 이외의 타종교(他宗教)를 믿고 간 영인들은 어떻게 하여서 재림부활(再臨復活)하는가를 살펴보기로 하자. 인간들끼리 어떠한 목적을 공동으로 이루려면 반드시 서로 상대기준(相對基準)이 조성되어야 하는 것과 같이, 지상 인간과 영인들도 공동으로 복귀섭리(復歸攝理)의 한 목적을 이루기 위하여는 서로 상대기준을 조성하지 않으면 아니 된다. 그러므로 부활을 위하여 재림하는 영인들은, 자기들이 지상에 생존하였을 때에 신봉(信奉)하였던 것과 같은 종교를 믿고 있는 지상인 중에서 그 대상이 될 수 있는 신도를 택하여 가지고 그에게 재림한다. 그리하여 복귀섭리의 목적을 이루어 나갈 수 있도록 그들을 협조함으로써 마침내 그들과 동일한 혜택을 받게 되는 것이다.

둘째로는, 지상에서 종교생활은 하지 않았으나 양심적으로 살다 간 선영인(善靈人)들은 어떻게 재림부활하는가를 알아보기로 하자. 원죄(原罪)를 벗지 못한 타락인간 중에는 절대적인 선인(善人)은 있을 수 없는 것이다. 그렇기 때문에 여기에서 선령(善靈)이라고 하는 것은 악성(惡性)보다 선성(善性)을 조금이라도 더 많이 가지고 있는 영인들을 말하는 것이다. 이러한 선영인들은 지상의 선인들에게 재림하여서, 그들로 하여금 하나님의 복귀섭리의 목적을 이룰 수 있도록 협조함으로써 마침내 그들과 동일한 혜택을 받게 된다.

셋째로는, 악영인(惡靈人)들은 어떻게 재림부활하는가를 알아보

자. 마태복음 25장 41절에 마귀와 그 사자라고 한 말이 있다. 이 사자(使者)는 바로 마귀의 사주를 받아 움직이는 악영인체(惡靈人體)를 말하는 것이다. 세칭 유령(幽靈)이라고 하는 정체불명의 영물(靈物)은 바로 이러한 악영인체들을 말한다. 그런데 이러한 악령들도 역시 재림하여 가지고 시대적인 혜택을 받게 되는 것이다.

그러나 악영인들의 역사(役事)가 모두 다 재림부활의 혜택을 받을 수 있는 결과를 가져오는 것은 아니다. 그 역사가 결과적으로 하나님이 벌로써 지상인의 죄를 청산하려 하셨던 것에 대한 탕감조건(蕩減條件)으로 세워졌을 때 비로소 그 악영인들은 재림부활의 혜택을 받게 되는 것이다. 그러면 악령의 역사가 어떻게 하늘을 대신하여 심판의 행사를 한 결과를 가져올 수 있을 것인가?

여기에 실례를 하나 들어 보자. 이제 복귀섭리(復歸攝理)의 시대적인 혜택으로 말미암아 가정적인 혜택권으로부터 종족적인 혜택권으로 옮겨질 수 있는 한 지상인(地上人)이 있다고 하자. 그러나 이 사람에게 자기 자신이나 혹은 그 선조가 지은 어떠한 죄가 남아 있으면, 그에 해당하는 어떠한 탕감조건(蕩減條件)을 세워 그 죄를 청산하지 않고서는 종족적인 혜택권으로 넘어갈 수 없게 되어 있는 것이다. 이때에 하늘은 악영인(惡靈人)들로 하여금 그 죄에 대한 벌로서 이 지상인에게 고통(苦痛)을 주게 하는 역사를 하게 하신다. 이런 경우 이 지상인이 그 악영인들이 주는 고통을 감수하고 잘 넘어가면, 이것을 탕감조건으로 하여 그는 가정적인 혜택권으로부터 종족적인 혜택권으로 들어가게 되는 것이다. 이때에 그에게 고통을 주었던 악영인도 그에 해당하는 혜택을 받게 된다. 이렇게 하여서 복귀섭리는 시대적인 혜택에 의하여 가정적인 혜택권에서 종족적인 혜택권으로, 여기에서 더 나아가 민족적인 것으로, 나중에는 세계적인 것으로 점차 그 혜택의 범위를 넓혀 나아가는 것이다. 그리하여 새로운 시대적인 혜택권으로 넘어갈 때마다, 그 섭리를 담당한 인물은 반드시 그 자신이나 혹은 그 선조들이 지은 죄에 대한 탕감조건을 세워서 그것을 청산하지 않으면 아니 된다.

그리고 이렇게 악령(惡靈)들의 역사(役事)로써 지상인의 탕감조건을 세우게 하는 경우 거기에는 다음과 같은 두 가지의 방법이 있다.

첫째로는, 악영인(惡靈人)으로 하여금 직접 그 지상인(地上人)에게 접하여 역사하게 함으로써 그 지상인이 스스로 청산해야 할 죄에 대한 탕감조건(蕩減條件)을 세워 나아가게 하는 방법이다. 둘째로는 그 악영인이 어떤 지상인에게 직접 역사하려는 것과 동일한 정도의 범죄를 행하려는 다른 지상의 악인(惡人)에게 그 악영인을 재림하게 하여서, 그 악인으로 하여금 실체로써 그 지상인에게 악의 역사를 하게 함으로써, 그 지상인이 스스로 청산해야 할 죄에 대한 탕감조건을 세워 나아가게 하는 방법이다.

이러한 경우 그 지상인이 이 악령의 역사를 당연한 것으로서 기쁘게 받아들이게 되면 그는 자기나 혹은 그의 선조가 지은 죄에 대한 탕감조건을 세우게 되므로, 그 죄를 청산하고 새 시대의 혜택권 내로 넘어가게 되는 것이다. 이렇게 되면 악영인들의 역사는 하늘을 대신하여 지상인의 죄에 대한 심판의 행사를 한 결과가 되기 때문에, 그 역사로 말미암아 이 악영인들도 그 지상인과 같은 혜택을 받아 새 시대의 혜택권으로 넘어가게 되는 것이다.

Ⅳ. 재림부활로 본 윤회설

하나님의 복귀섭리(復歸攝理)는 그 전체적인 목적을 완성하시기 위하여 각 개체를 부르시어 그 개체에 적합한 사명을 분담시켜 나오셨다. 그리고 인간은 이 사명을 계속적으로 그와 동일한 형의 개체에로 전승하면서, 유구한 역사의 기간을 두고 그 분담된 사명 분야를 점차적으로 완수하여 내려왔던 것이다.

그런데 복귀섭리는 개인에서 출발하여 가정과 민족을 거쳐 세계를 넘어 천주(天宙)까지 복귀하여 나아가는 것이다. 그렇기 때문에 개체에 맡겨진 사명은 비록 부분적인 것이라 할지라도, 그 형은 개인형에서 시작하여 가정과 민족과 세계의 각 형으로 그 범위를 넓혀 내려오는 것이다. 성서에서 그 예를 들면 아브라함은 개인형 또는 가정형이었고, 모세는 민족형이었으며, 예수님은 세계형이었다.

그런데 지상에서 자기의 사명을 다하지 못하고 간 영인(靈人)들은, 각각 자기들이 지상에서 맡았던 것과 같은 사명을 맡은 동형(同型)의 지상인에게 재림하여서 그 뜻이 이루어지도록 협조하는 것이다. 이때에 그 협조를 받는 지상인은 자기 자신의 사명도 이루어 나아가는 동시에 자신을 협조하는 영인의 사명까지도 대신 이루어 주는 것이 되기 때문에, 사명을 중심하고 보면 그 지상인의 육신은 그를 협조하는 영인의 육신이 되기도 하는 것이다. 이와 같이 되면 그 지상인은 그를 협조하고 있는 영인의 재림자(再臨者)가 되는 것이므로, 그 지상인은 흔히 그를 협조하는 영인의 이름으로 대칭(代稱)되곤 하는 것이다. 여기에서 그 지상인은 흔히 그 영인이 윤회환생(輪廻還生)한 실체인 것같이 나타나게 되는 것이다.

성서에서 이에 관한 예를 들어 보면, 세례 요한은 엘리야의 협조를 받아서 그의 뜻을 세워 나아갔기 때문에, 그는 엘리야가 지상에 있을 때에 다하지 못하였던 사명까지 다해 주어야만 했었다. 따라서 세례 요한의 육신은 엘리야의 육신을 대신하는 것이기도 하였으므로 예수님은 세례 요한을 엘리야라고 하셨던 것이다(본장 제2절 Ⅲ 2).

말세(末世)에 있어서 세계형(世界型)의 분담 사명을 맡은 지상인들은, 각각 과거에 그와 동형의 사명을 띠고 왔다 간 모든 영인들의 책임분담(責任分擔)을 다 계승하여 완수해야 될 입장에 있다. 따라서 그 모든 영인들은 그 지상인들에게 재림하여 그를 협조함으로써, 그들이 지상에 있을 때에 다하지 못하였던 사명을 완수하게 되는 것이다. 그렇기 때문에 그 영인들의 협조를 받는 지상인은 그를 협조하는 모든 영인들의 재림자요, 따라서 그 지상인은 그 모든 영인들이 환생한 것같이 보여지는 것이다. 끝날에 자기가 재림 예수요, 미륵불이요, 석가요, 공자요, 혹은 감람나무, 혹은 생명나무라고 자처하는 사람들이 많이 나오게 되는 이유는 여기에 있는 것이다. 불교에서 윤회환생을 주장하게 된 것은, 이와 같은 재림부활(再臨復活)의 원리를 모르고 다만 그 나타나는 결과만을 보고서 판단하였기 때문이다.

제 3 절 재림부활에 의한 종교 통일

Ⅰ. 재림부활에 의한 기독교의 통일

이미 본장 제2절 Ⅲ 2에서 상술(詳述)한 바와 같이, 낙원(樂園)에 머물러 있는 생명체급 영인(生命體級 靈人)들은 재림하신 예수님을 믿고 모심으로써 생령체급 영인체(生靈體級 靈人體)를 완성할 수 있는 지상의 성도들에게 재림한다. 그리하여 그들로 하여금 복귀섭리의 뜻을 이룰 수 있도록 협조함으로써 그들과 동일한 혜택을 받아 천국으로 가게 되는 것이다. 따라서 예수님의 재림기(再臨期)에는 낙원에 있는 모든 영인들이 함께 지상 성도들에게 재림하여 그들을 협조하는 역사(役事)를 하지 않을 수 없게 되는 것이다.

각 개체의 신앙태도와 그가 가지고 있는 천품(天稟), 그리고 뜻을 위하여 세운 그 선조들의 공적(功績) 등에 의하여, 그 시기는 각각 다르지만 위에서 설명한 바와 같은 입장에서 지상 성도들은 낙원(樂園)에 있는 영인들의 협조에 의하여 재림주님 앞으로 나아가 뜻을 위하여 헌신하지 않을 수 없게 된다. 그렇기 때문에 기독교는 자연히 통일되지 않을 수 없는 것이다.

II. 재림부활에 의한 다른 모든 종교의 통일

이미 말세론(末世論)에서 논한 바와 같이, 이제까지 동일한 목적을 지향하고 나왔던 모든 종교(宗敎)가 하나의 기독교문화권(基督敎文化圈)으로 점차 흡수되어 가고 있다는 역사적인 사실을 우리는 부인할 수 없다. 그러므로 기독교는 기독교만을 위한 종교가 아니라 과거 역사상에 나타났던 모든 종교의 목적까지 아울러 성취해야 되는 최종적인 사명을 가지고 나타난 종교인 것이다. 그러므로 기독교의 중심으로 오실 재림주님은 결국 불교(佛敎)에서 재림할 것으로 믿고 있는 미륵불도 되는 것이고, 유교(儒敎)에서 현현할 것으로 고대하고 있는 진인(眞人)도 되는 것이며, 한편 또 많은 한국인들이 고대하고 있는 정도령(正道令)도 되는 것이다. 그리고 그는 그밖의 모든 종교에서 각각 그들 앞에 나타나리라고 믿고 있는 그 중심존재가 되기도 하는 것이다.

이와 같이 기독교에서 고대하고 있는 재림 예수님은 다른 모든 종교에서 재림하리라고 믿고 있는 그 중심인물(中心人物)이기도 하기 때문에, 다른 종교를 믿다가 타계한 영인들도 그가 가지고 있는 영적인 위치에 따라 그에 적응될 시기는 각각 다르지만, 재림부활(再臨復活)의 혜택을 받기 위하여 낙원(樂園)에 있는 영인들과 같이 재림하지 않으면 안 된다. 그리하여 각자가 지상에 있을 때 믿었던 종교의 지상 신자들을 재림하신 예수님 앞으로 인도하여, 그를 믿고 모시어 뜻을 이루도록 협조하지 않을 수 없는 것이다. 따라서 모든 종교는 결국 기독교를 중심하고 통일하게 되는 것이다.

Ⅲ. 재림부활에 의한 비종교인의 통일

어떠한 종교도 믿지 않고 다만 양심적으로 생활하다가 타계한 영인들도 모두 재림부활의 혜택을 받기 위하여 각각 그들에게 허락되어 있는 시기에 지상에 재림한다. 그리하여 그들도 양심적인 지상인으로 하여금 재림주님을 찾아 모시어 그 뜻을 이룰 수 있도록 협조하게 되는 것이다. 마태복음 2장 2절 이하에 기록된 바, 예수님의 탄생 때 점성술자(동방박사)들이 예수님을 찾아와서 경배(敬拜)하고 모시었던 일은 이러한 예에 속하는 것이라 하겠다.

하나님의 복귀섭리(復歸攝理)의 궁극의 목적은 전인류를 구원하시려는 데 있다. 그렇기 때문에 하나님은 각각 그 죄를 탕감(蕩減)하는데 필요한 어느 기간만 다 경과하면 지옥까지도 완전히 철폐하시려는 것이다. 만약 하나님의 선의 목적이 이루어진 피조세계(被造世界)에 지옥이 영원히 그대로 남아 있다면, 결과적으로 하나님의 창조이상(創造理想)이나 복귀섭리는 말할 것도 없고 하나님까지도 불완전한 분이 되어지는 모순을 초래하게 될 것이다.

타락인간에 있어서도 그 어느 한 자녀라도 불행하게 되면 결코 행복해질 수 없는 것이 그 부모의 심정이거늘, 하물며 하늘 부모로 계신 하나님에 있어서랴. 베드로후서 3장 9절을 보면 오직 너희를 대하여 오래 참으사 아무도 멸망치 않고 다 회개하기에 이르기를 원하시느니라고 기록되어 있다. 따라서 하나님이 원하시는 뜻대로 이루어져야 할 이상세계(理想世界)에 지옥이 영원한 것으로 남아질 수는 없는 것이다. 그리고 마태복음 8장 29절을 보면, 예수님 당시에 바로 사탄이 예수님을 하나님의 아들이라고 증거하였던 것과 같이, 끝날에 있어서도 때가 이르면 악영인(惡靈人)들까지도 각각 동급의 지상의 악인들에게 재림하여 그들이 뜻을 위하여 나아가도록 협조함으로써, 결국 오랜 기간을 경과하면서 점차적으로 창조목적(創造目的)을 완성하는 방향으로 통일될 것이다.

제 6 장 예정론

고래(古來)로 예정설(豫定說)에 대한 신학적 논쟁은 성도(聖徒)들의 신앙생활의 실제에 적지 않은 혼란을 일으켜 온 것이 사실이다. 그러면 어찌하여 그러한 결과를 가져왔는가 하는 것을 우리는 알아야 하겠다.

성서에는 인생의 영고성쇠(榮枯盛衰)와 행・불행은 물론 타락인간의 구원(救援) 여부와 국가의 흥망성쇠(興亡盛衰)에 이르기까지의 모든 것이 하나님의 예정에 의하여 되어지는 것으로 해석되는 성구가 많이 있다.

그 예를 들면, 로마서 8장 29절 이하에 하나님은 미리 정하신 이를 부르시고, 부르신 이를 또한 의롭다 하시고, 의롭다 하심을 받은 이를 또한 영화롭게 하신다고 하셨다. 또 로마서 9장 15절 이하에는 이르시되 내가 긍휼히 여길 자를 긍휼히 여기고 불쌍히 여길 자를 불쌍히 여기리라 하셨으니 그런즉 원하는 자로 말미암음도 아니요 달음박질하는 자로 말미암음도 아니요 오직 긍휼히 여기시는 하나님으로 말미암음이니라고 하였으며, 로마서 9장 21절에는 토기장이가 진흙 한 덩이로 하나는 귀히 쓸 그릇을 하나는 천히 쓸 그릇을 만드는 권이 없느냐고 하였다. 그뿐 아니라 로마서 9장 11절 이하에는, 하나님은 복중(腹中)에서부터 야곱은 사랑하시고 에서는 미워하시어 장자(長子)된 에서는 차자(次子) 야곱을 섬기리라고 한 말씀도 있는 것이다.

이와 같이 완전예정설(完全豫定說)을 세워 줄 수 있는 성서적인 근거는 많이 있다. 그러나 우리는 이러한 예정설을 부정할 수 있는 또 다른 성서적인 근거도 많이 있다는 것을 잊어서는 안 되는 것이다.

예를 들면, 창세기 2장 17절에 인간 조상의 타락(墮落)을 막으시기 위하여 '따먹지 말라' 고 권고하신 것을 보면, 인간의 타락은 어디까지나 하나님의 예정에서 되어진 것이 아니고, 인간 자신이 하나님의 명령에 순종치 않은 결과였다는 사실이 분명해진다. 한편 또 창세기 6장 6절에는 인간 시조(始祖)가 타락한 후에 하나님이 인간을 창조(創造)하신 것을 한탄하신 기록이 있는데, 만일 인간이 하나님의 예정에 의하여 타락되었다면 하나님 자신의 예정대로 타락된 인간을 두시고 한탄하셨을 리가 없는 것이다. 또 요한복음 3장 16절에는 예수를 믿으면 누구든지 구원(救援)을 얻으리라고 말씀하셨는데, 이 말씀은 바로 멸망으로 예정된 사람은 하나도 없다는 것을 의미한다.

누구나 잘 알고 있는 성구인 마태복음 7장 7절에 구하는 자에게 주시고, 찾는 자에게 만나게 하시며, 문을 두드리는 자에게 열어 주시겠다고 하신 말씀을 보면, 모든 성사(成事)가 하나님의 예정으로만 되어지는 것이 아니라 인간의 노력으로 좌우된다는 것을 알 수 있는 것이다. 만일 모든 성사가 하나님의 예정으로만 되어진다면 무엇 때문에 인간의 노력을 강조하실 필요가 있겠는가?

또 야고보서 5장 14절에 환중(患中)에 있는 형제를 위하여 기도하라고 하신 말씀이 있는 것을 보면, 병이 나거나 낫거나 하게 되는 것도 역시 모두 하나님의 예정에서만 되어지는 것이 아니라는 것을 알 수 있다. 만일 모든 것이 하나님의 예정 가운데서 불가피한 운명으로 결정지어지는 것이라면 인간이 애써 기도할 필요가 없을 것이다.

종래의 예정설(豫定說)을 그대로 인정한다면, 기도나 전도나 자선

행위 등 인간의 모든 노력은 하나님의 복귀섭리(復歸攝理)에 아무 도움도 될 수 없고 전혀 무의미한 것으로 돌아갈 수밖에 없는 것이다. 왜냐하면 절대자 하나님이 예정하신 것이라면 그것도 역시 절대적일 것이므로, 인간의 노력으로 변경될 수는 없기 때문이다.

이와 같이 예정설을 둘러싸고 찬반 양론이 모두 세워질 수 있는 성서의 문자적인 근거가 충분하기 때문에, 이에 대한 교리의 논쟁은 피할 길이 없는 것이다. 그러면 이러한 문제가 원리(原理)로써는 어떻게 해결될 것인가? 예정론에 대한 문제를 우리는 다음과 같이 나누어서 생각해 보기로 하자.

제 1 절 **뜻에 대한 예정**

하나님의 뜻에 대한 예정(豫定)을 논술하기 위하여, 우리는 여기에서 '뜻'이란 무엇인가 하는 것을 먼저 알아보기로 하자.

하나님은 인간의 타락(墮落)으로 인하여 창조목적(創造目的)을 이루지 못하셨다. 따라서 타락한 인간들을 놓고 섭리하시는 하나님의 뜻은 어디까지나 이 창조목적을 다시 찾아 이루시려는 데 있는 것이다. 다시 말하면, 이 뜻은 복귀섭리의 목적을 이루시는 것을 말하는 것이다.

다음으로 우리는, 하나님은 이러한 뜻을 예정하시고 그것을 이루신다는 것을 알아야 한다. 하나님은 인간을 창조하시고 창조목적을 이루시려는 뜻을 세우셨으나 인간의 타락으로 말미암아 그 뜻을 이루지 못하셨기 때문에, 하나님은 이루지 못하셨던 그 뜻을 다시 이루시기 위하여 그것을 다시 예정하시고 복귀섭리를 하시는 것이다.

그런데 하나님은 어디까지나 이 뜻을 선(善)으로 예정하시고 이루셔야 하며, 악(惡)으로 예정하시고 이루실 수는 없다. 왜냐하면 하나님은 선의 주체(主體)이시므로 창조목적(創造目的)도 선이요, 따라서 복귀섭리의 목적도 선이어서 그 목적을 이루시려는 '뜻'도 선이 아니어서는 안 되기 때문이다. 그러므로 하나님은 창조목적을 이루시는데 반대되거나 장애가 되는 것을 예정하실 수는 없기 때문에 인간의 타락이나 타락인간에 대한 심판이나 혹은 우주의 멸망 등을 예정하실 수는 없는 것이다. 만일 이러한 악의 결과도 하나님의 예정으로 되어지는 필연적인 것이라면 하나님은 선의 주체라고 할 수 없으며, 자신이 예정하신 대로 되어진 악의 결과에 대하여 후회하셔서는 아니 될 것이다.

하나님은 타락된 인간을 보시고 한탄하셨고(창 6 : 6), 또 불신으로 돌아간 사울 왕을 보시고 그를 택하셨던 자신의 일을 후회하셨던 것이니(삼상 15 : 11), 이것은 그것들이 모두 예정으로 되어진 결과가 아니었음을 분명히 보여 주는 것이다. 악의 결과는 모두 인간 자신이 사탄과 짝함으로써 그의 책임분담(責任分擔)을 다하지 못한 데서 일어나는 것이다.

그러면 하나님이 창조목적을 다시 이루시려는 뜻을 예정하심에 있어서 그것을 어느 정도로 예정하시고 이루시는 것인가?

하나님은 유일(唯一)하시고 영원(永遠)하시며 불변(不變)하신 절대자이시므로, 하나님의 창조목적도 역시 그러하지 않을 수 없는 것이다. 따라서 창조목적을 다시 이루시려는 복귀섭리(復歸攝理)의 뜻도 유일하고 불변하며 또한 절대적인 것이 아닐 수 없다. 그렇다면 이 뜻에 대한 예정 또한 절대적일 것임은 말할 필요도 없는 것이다(사 46 : 11). 이와 같이 뜻을 절대적인 것으로 예정하시기 때문에, 만일 이 뜻을 위하여 세워진 인물이 그것을 이루어 드리지 못할 때에는,

하나님은 그의 대신 다른 인물을 세워서라도 끝까지 이 뜻을 이루어 나아가시지 않으면 안 되는 것이다.

그 예를 들면, 아담을 중심하고 창조목적(創造目的)을 이루려 하셨던 그 뜻은 이루어지지 않았으나, 이 뜻에 대한 예정은 절대적이기 때문에, 하나님께서는 예수님을 후아담으로 보내시어 그를 중심하고 그 뜻을 다시 이루시려 하셨던 것이다. 뿐만 아니라 유대인들의 불신으로 말미암아 이 뜻도 역시 완전히 이루어지지 않았기 때문에(전편 제4장 제1절 II), 예수님은 재림하셔서까지 이 뜻을 기필코 완수하실 것을 약속하셨던 것이다(마 16 : 27).

또 하나님은 아담가정에서 가인과 아벨을 중심한 섭리로써 '메시아를 위한 가정적인 기대'를 세우려 하셨다. 그러나 가인이 아벨을 죽임으로 말미암아 이 뜻이 이루어지지 않았으므로 그 대신 노아가정을 세우시어 이 뜻을 이루려 하셨던 것이다. 나아가 노아가정이 또 이 뜻을 이루어 드리지 못하게 되었을 때 하나님은 그의 대신으로 아브라함을 세우시어 기필코 그 뜻을 이루셔야 했던 것이다.

하나님은 또 아벨로써 이루시지 못한 뜻을 그 대신 셋을 세우시어 이루려 하셨고(창 4 : 25), 또 모세로써 이루어지지 않은 뜻을 그 대신 여호수아를 택하여 이루려 하셨으며(수 1 : 5), 가룟 유다의 반역(反逆)으로 인하여 이루어지지 않았던 뜻을 그의 대신 맛디아를 택하시어 이루려 하셨던 것이다(행 1 : 25).

제 2 절 뜻 성사에 대한 예정

창조원리(創造原理)에서 이미 밝혀진 바와 같이, 하나님의 창조목적은 인간이 그 책임분담(責任分擔)을 완수함으로써만 이루어지도록 되어 있다. 따라서 이 목적을 다시 찾아 이루시려는 복귀섭리(復歸攝理)의 뜻은 절대적이기 때문에 인간이 관여할 수 없으나, 그 '뜻 성사'에는 어디까지나 인간의 책임분담이 가담되지 않으면 안 되는 것이다.

그러므로 아담과 해와를 중심한 하나님의 창조목적은, 사실상 선악과(善惡果)를 따먹지 않는 것으로 그들에게 맡겨진 책임분담을 그들 자신이 완수함으로써만 이루어지게 되어 있었던 것이다(창 2 :17). 따라서 복귀섭리의 목적을 이루시는 데 있어서도, 그 사명을 담당한 중심인물이 그 책임분담을 수행함으로써만 그 뜻은 이루어지는 것이다. 예수님도 구원섭리(救援攝理)의 목적을 완성하시기 위하여는 유대인들이 그를 절대로 믿고 따라야 할 것이었는데, 그들이 불신으로 돌아감으로써 책임분담을 완수하지 못하였기 때문에 이 뜻 성사는 부득이 재림 때에로 미루지 않을 수 없게 되었던 것이다.

그러면 하나님은 '뜻 성사' 에 대하여 어느 정도로 예정하시는 것일까? 이미 위에서 논급한 바와 같이 복귀섭리의 목적을 이루시려는 뜻은 절대적인 것이지만 그 뜻의 성사는 어디까지나 상대적이기 때문에, 하나님이 하실 95퍼센트의 책임분담에 그 중심인물이 담당해야 할 5퍼센트의 책임분담이 가담되어서만 그것이 이루어질 수 있도록 예정하시는 것이다. 여기서 인간책임분담(人間責任分擔) 5퍼센트라고 하는 것은 하나님의 책임분담에 비하여 극히 작은 것임을 표시한 것이다. 그러나 이것이 인간 자신에 있어서는 100퍼센트에 해당한다는 것을 알아야 한다.

이에 대한 예를 들면, 아담 해와를 중심한 '뜻 성사' 는 그들이 선악과(善惡果)를 따먹지 않는 것으로 책임분담(責任分擔)을 완수함으로써 되어지도록 예정하셨던 것이다. 노아를 중심한 복귀섭리도 노아가 방주(方舟)를 제작하는 일에 충성을 다하는 것으로 그의 책임분담을 완수함으로써 그 '뜻'이 이루어지도록 예정하셨던 것이다. 그리고 예수님의 구원섭리(救援攝理)도 타락인간(墮落人間)이 그를 메시아로 믿고 따르는 것으로 책임분담을 완수함으로써 비로소 그 '뜻'이 이루어지도록 예정되어 있었던 것이다(요 3 : 16). 그러나 인간들은 이 작은 책임분담마저 감당치 못함으로써 하나님의 복귀섭리를 연장케 하였었다.

한편 또 야고보서 5장 15절에는 믿음의 기도는 병든 자를 구원하리니라고 기록되어 있고, 마가복음 5장 34절에는 네 믿음이 너를 구원하였으니라고 하신 말씀이 있으며, 마태복음 7장 8절에서는 구하는 이마다 얻을 것이요 찾는 이가 찾을 것이요 두드리는 이에게 열릴 것이니라고 하셨다. 이러한 성구(聖句)들은 모두 인간 자신의 책임분담 수행에 의하여서만 '뜻'이 이루어지도록 예정되었다는 사실을 증시(證示)한 것이다.

그리고 이 모든 경우에 있어서의 인간이 담당했던 책임분담은 하나님이 그의 책임분담으로 담당하신 수고와 은사에 비하여 얼마나 미소(微小)한 것인가를 알 수 있는 동시에, 다른 한편 섭리적 중심인물들이 그들의 책임분담을 감당치 못함으로써 복귀섭리(復歸攝理)를 연장시켜 왔던 사실로 미루어 보아, 이 경미(輕微)한 책임분담이 인간 자신에 있어서는 얼마나 힘에 겨울 만큼 큰 것이었던가 하는 것을 가히 짐작할 수 있는 것이다.

제 3 절 **인간에 대한 예정**

아담과 해와는 선악과(善惡果)를 따먹지 말라 하신 하나님의 말씀을 지키는 것으로 자신들의 책임분담(責任分擔)을 완수함으로써 선의 인간 조상이 될 수 있었던 것이다. 따라서 하나님은 아담과 해와가 인간 조상이 되는 것을 절대적인 것으로 예정하실 수는 없었다. 그러므로 타락한 인간도 그 자신의 책임분담을 완수함으로써만 하나님께서 예정하신 인물이 될 수 있는 것이기 때문에, 하나님은 그들이 어떠한 인물이 된다는 것을 절대적인 것으로 예정하실 수는 없는 것이다.

그러면 하나님은 인간을 어느 정도로 예정하시는 것인가? 어떤 인물을 중심한 하나님의 '뜻 성사'에 있어서는 그 자신이 언제나 인간책임분담(人間責任分擔)을 해야만 된다는 필수적인 요건이 따라다닌다. 그렇기 때문에 하나님이 어떤 인물을 어떠한 사명자(使命者)로 예정하시는 데 있어서도, 그 예정을 위한 95퍼센트의 하나님의 책임분담에 대하여 5퍼센트의 인간책임분담 수행이 합하여서 그 인물을 중심한 뜻이 100퍼센트 완성됨으로써만 그러한 인물이 될 수 있도록 예정하신다. 그러므로 그 인물이 자신의 책임분담을 다하지 못하면 하나님이 예정하신 대로의 인물이 될 수 없는 것이다.

예를 들면, 하나님은 모세를 택하실 때에 그가 자신의 책임분담을 완수함으로써만 선민(選民)을 가나안 복지(福地)까지 인도할 수 있는 영도자(領導者)가 되도록 예정하셨다(출 3 : 10). 그러나 그가 가데스바네아에서 반석(磐石)을 두 번 침으로써 하나님의 뜻을 거역하여 자신의 책임을 다하지 못하게 될 때에 그 예정은 이루어지지 않았으며, 목적지를 향하여 가는 도중에서 죽고 말았다(민 20 : 7~12, 20 : 24, 27 : 14).

한편 하나님이 가룟 유다를 택하실 때에도, 그가 충성으로 자신의 책임분담을 다함으로써만 예수님의 제자가 되도록 예정하셨다. 그러나 그가 자신의 책임을 다하지 못하였을 때에 그 예정은 이루어지지 않았고, 그는 도리어 반역자(反逆者)가 되고 말았다.

또 하나님이 유대인들을 세우실 때에도, 그들이 예수님을 믿고 모시어 맡겨진 책임분담을 완수함으로써만 영광의 선민(選民)이 될 수 있도록 예정하셨다. 그러나 그들이 예수님을 십자가에 내줌으로써 이 예정은 이루어지지 않았고, 따라서 그 백성은 쇠퇴해 갔던 것이다.

다음으로는 하나님의 예정에 있어 복귀섭리(復歸攝理)의 중심인물(中心人物)이 될 수 있는 조건은 어떠한 것인가를 알아보기로 하자.

하나님의 구원섭리(救援攝理)의 목적은 타락된 피조세계(被造世界)를 창조본연(創造本然)의 세계에로 완전히 복귀하시려는 데 있다. 그렇기 때문에 그 시기의 차는 있으나 타락인간은 누구나 다 빠짐없이 구원을 받도록 예정되어 있는 것이다(벧후 3 : 9). 그런데 하나님의 창조가 그러했듯이 그의 재창조역사(再創造役事)인 구원섭리도 일시에 이루어질 수는 없는 것이기 때문에, 그것은 하나로부터 시작하여 점차 전체적인 것으로 넓혀 가는 것이다. 하나님의 섭리가 그러하기 때문에, 구원섭리를 위한 예정에 있어서도 먼저 그 중심인물을 예정하시고 부르시는 것이다.

그러면 이렇게 부르심을 받는 중심인물은 어떠한 조건을 갖추어야 하는가? 그는 먼저 복귀섭리를 담당한 선민의 하나로서 태어나야 하며, 다음으로는 같은 선민 중에서도 선(善)의 공적이 많은 선조의 후손이어야만 한다. 그리고 똑같이 선의 공적이 많은 선조의 후손이라 하더라도 그 개체가 뜻을 이루는 데 필요한 천품(天稟)을 타고나야만 하는 것이며, 또 같은 천품의 인간이라 할지라도 이를 위한 후천적인 조건이 모두 구비되어 있어야 한다. 그리고 후천적인 조건마저 똑같이 갖춘 인물들 중에서도 보다 하늘이 필요로 하는 시기와 장소에 맞추어진 개체를 먼저 택하시는 것이다.

제 4 절 예정설을 세워 주는 성구 해명

우리는 하나님의 예정(豫定)에 관한 여러 가지의 문제점을 해명하였다. 그러나 다음으로 풀어야 할 문제는, 본장의 서언(序言)에서 열거한 성구들과 같이 모든 것이 하나님의 절대적인 예정으로만 이루어지는 것처럼 기록되어 있는 성구를 어떻게 해석해야 되는가 하는 것이다.

먼저 로마서 8장 29절 내지 30절에 기록된 바 하나님은 미리 아신 사람을 미리 정하사, 미리 정하신 이를 또한 부르시고, 부르신 이를 또한 의롭다 하시고, 의롭다 하심을 받은 이를 또한 영화롭게 하신다고 한 말씀을 해명해 보기로 하자.

하나님은 전지(全知)하시므로 어떤 사람이 복귀섭리(復歸攝理)의 중심인물이 될 수 있는 조건을(본장 제3절) 갖추고 있는가 하는 것을 아신다. 그러므로 하나님은 복귀섭리의 목적을 이루시기 위하여, 이와 같이 미리 알고 계시는 인물을 예정하시고 부르시는 것이다. 그러나 부르시는 하나님의 책임분담(責任分擔)만으로는 그가 의롭다 함을 얻어 영광을 누리는 데까지 이를 수는 없는 것이다. 그는 부름받은 입장에서 자기의 책임을 완수할 때 비로소 의롭다 함을 얻을 수 있는 것이고, 의롭다 함을 얻은 후에야 또한 하나님이 주시는 영화(榮華)를 누릴 수 있게 되는 것이다. 그러므로 하나님이 주시는 영화도 인간이 책임분담을 다함으로써만 누릴 수 있도록 예정되는 것이다. 다만 성구에는 인간책임분담(人間責任分擔)에 대한 말씀이 생략되어 있기 때문에 그것들이 오직 하나님의 절대적인 예정에서만 이루어지는 것 같이 보여지고 있는 것이다.

다음으로 로마서 9장 15절 내지 16절에는 이르시되 내가 긍휼히 여길 자를 긍휼히 여기고 불쌍히 여길 자를 불쌍히 여기리라 하셨으니 그런즉 원하는 자로 말미암음도 아니요 달음박질하는 자로 말미암음도 아니요 오직 긍휼히 여기시는 하나님으로 말미암음이니라는 기록이 있다.

위에서 해명한 바와 같이, 복귀섭리의 목적을 이루시기 위하여 어떠한 인물이 가장 적합한가 하는 것은 하나님만이 미리 아시고 택하시는 것이다. 그러므로 이러한 인물을 택하시어 긍휼(矜恤)히 여기시거나 혹은 그를 불쌍히 보시는 것은 하나님의 특권이기 때문에, 인간이 원함으로 말미암아 되어지는 것이 아니요, 또 인간의 노력으로 달음박질을 해서 되어질 수 있는 것도 아니다. 따라서 이 성구는 어디까지나 하나님의 권능과 은총을 강조하시기 위하여 주신 말씀인 것이다.

한편 로마서 9장 21절에는 토기장이가 진흙 한 덩이로 하나는 귀히 쓸 그릇을 하나는 천히 쓸 그릇을 만드는 권이 없느냐고 말씀하셨다.

하나님이 인간으로 하여금 그의 창조성(創造性)을 닮게 하심으로써 피조세계(被造世界)의 주인으로 세우시어 가장 사랑하시기 위한 조건으로서 인간책임분담(人間責任分擔)을 세우셨다는 것은 이미 논술한 바 있다. 그런데 인간은 이 조건을 스스로 범하여 타락하고 말았다. 그리하여 타락인간(墮落人間)은 마치 쓰레기와 같이 버림을 받은 존재가 되었기 때문에, 설혹 하나님이 이러한 인간을 어떻게 취급한다 하더라도 결코 불평해서는 아니 된다는 뜻을 교시(敎示)하기 위하여 이 성구를 주신 것이다.

그리고 로마서 9장 10절 내지 13절에는 하나님이 태중(胎中)에서부터 야곱은 사랑하시고 에서는 미워하시어 장자(長子) 에서가 차자(次子) 야곱을 섬기리라고 한 말씀이 있다.

에서와 야곱은 복중(腹中)에 있어서 아직 선악간(善惡間) 아무런 행동의 결과도 나타낼 수 없었음에도 불구하고 하나님께서 에서를 미워하시고 야곱을 사랑하신 이유는 어디에 있었을 것인가? 이것은 복귀섭리노정(復歸攝理路程)의 프로그램을 맞추시기 위함이었던 것이다. 이에 대한 상세한 것은 후편 제1장의 '아브라함가정을 중심한 복귀섭리' 에서 설명하겠지만, 에서와 야곱을 쌍태(雙胎)로 세우셨던 것은 그들을 각각 가인과 아벨의 입장에 갈라 세워 놓고, 아벨의 입장에 있는 야곱이 가인의 입장에 있는 에서를 굴복시킴으로써, 일찍이 아담가정에서 가인이 아벨을 죽임으로써 이루지 못하였던 장자기업(長子基業) 복귀의 '뜻' 을 탕감복귀(蕩減復歸)하시기 위함이었던 것이다. 따라서 에서는 가인의 입장이므로 하나님의 미움을 받을 수 있는 입장에 있었던 것이요, 야곱은 아벨의 입장이므로 하나님의 사랑을 받을 수 있는 입장에 있었기 때문에 그와 같이 말씀하셨던 것이다.

그러나 하나님이 그들을 실제로 미워하시거나 사랑하시는 것은 어디까지나 그들 자신의 책임분담(責任分擔) 수행 여부에 따라서 좌우될 문제였다. 실상 에서는 야곱에게 순종굴복하였기 때문에 미움을 받을 수 있는 입장에서 야곱과 동일한 사랑의 축복(祝福)을 받는 입장으로 옮겨졌던 것이다. 그리고 아무리 사랑을 받을 수 있는 입장에 세워졌던 야곱이라 할지라도, 만일 그가 자기의 책임분담을 완수하지 못하였더라면 그는 하나님의 사랑을 받을 수 없었을 것이다.

이와 같이 복귀섭리(復歸攝理)의 목적을 이루는 데 있어서 하나님의 책임분담과 인간의 책임분담이 과연 어떠한 관계를 가지고 있는가 하는 것을 알지 못하고, 모든 뜻 성사를 하나님의 전담행사(專擔行使)로서만 보아 왔기 때문에 칼빈과 같이 완고(頑固)한 예정설(豫定說)을 주장하는 사람이 나오게 되었고, 또 그것이 오늘에 이르기까지 오랜 기간을 두고 그대로 인정되어 오기도 했던 것이다.

제 7 장 기독론

구원을 바라보고 나아가는 타락인간들에게는 해결해야 할 문제들이 많이 있다. 그중에도 중요한 것은 하나님을 중심한 예수와 성신(聖神)과의 관계, 예수와 성신과 타락인간과의 관계, 중생(重生)과 삼위일체(三位一體) 등 기독론(基督論)에 관한 제 문제(諸問題)이다. 그러나 오늘에 이르기까지 아무도 이 문제에 관한 명확한 해답을 얻지 못하였던 것이다. 그리하여 이러한 문제에 대한 미해결로 말미암아 기독교의 교리와 신앙생활에 적지 않은 혼란을 일으켜 왔다. 그런데 이 문제를 해결하기 위하여는 창조본연(創造本然)의 인간의 가치가 어떠한가를 알아야 하므로, 이에 관하여 먼저 논한 다음에 위의 제 문제를 다루기로 하자.

제 1 절 창조목적을 완성한 인간의 가치

창조목적(創造目的)을 완성한 인간, 즉 완성한 아담의 가치를 우리는 다음과 같은 관점에서 논하여 보기로 하자.

첫째, 하나님과 완성한 인간과의 이성성상적(二性性相的)인 관계로서 논하여 보자. 창조원리(創造原理)에 의하면 인간은 하나님의 이성성상을 닮아서 마음과 몸으로 창조되었다. 그리고 하나님과 완성한 인간 사이에도 이성성상적인 관계가 있으므로, 이 관계는 인간의 마음과 몸과의 관계로 비유할 수 있는 것이다. 무형(無形)의 마음을 닮게 하여 그의 실체대상(實體對象)으로 창조된 것이 몸인 것과 같이, 무형의 하나님을 닮게 하여 그의 실체대상으로 창조된 것이 인간이다. 그러므로 완성한 인간에 있어서의 마음과 몸이 하나님을 중심하고 하나가 될 때 서로 분리될 수 없는 것과 같이, 하나님과 완성한 인간이 사위기대(四位基臺)를 이루어서 일체가 되면 인간은 하나님의 심정(心情)을 완전히 체휼하는 생활을 하게 되므로 그 관계는 분리하려야 분리할 수 없는 것이다.

이와 같이 창조목적(創造目的)을 완성한 인간은 하나님이 항상 거하실 수 있는 성전(聖殿)이 되어(고전 3 : 16) 신성(神性)을 가지게 된다(전편 제1장 제3절 II). 이렇게 되면 예수님이 말씀하신 대로, 인간은 하늘 아버지의 온전함과 같이 온전한 인간이 되는 것이다(마 5 : 48). 그러므로 창조목적을 완성한 인간은 어디까지나 하나님적인 가치를 가지게 된다.

둘째, 인간 창조의 목적을 중심하고 그 가치를 논하여 보자. 하나님이 인간을 창조하신 목적은 인간을 통하여 기쁨을 누리시고자 하는데 있었다. 그런데 인간은 누구나 딴 사람이 가질 수 없는 특성을 각각 지니고 있기 때문에, 그 수가 아무리 많이 번식된다 하더라도 개성이 똑같은 사람은 하나도 없게 마련이다. 따라서 하나님에게 내재(內在)하고 있는 어떤 개성체(個性體)의 주체적인 이성성상(二性性相)에 대한 자극적인 기쁨을 상대적으로 일으켜 드릴 수 있는 실체대상은, 그 이성성상의 실체로서 전개된 그 한 개성체밖에는 없는 것이다(전편 제1장 제3절 II). 그러므로 창조목적을 완성한 인간은 누구를 막론하고 이 우주간(宇宙間)에 있어서 유일무이(唯一無二)한 존재인 것이다.

석가가 '천상천하유아독존(天上天下唯我獨尊)'이라고 한 것은 이러한 원리로 보아서 타당한 것이다.

셋째, 인간과 피조세계(被造世界)와의 관계로 본 그 가치를 살펴보자. 우리는 창조원리에 의한 인간과 피조세계와의 관계를 앎으로써 완성한 인간의 가치가 어떠한 것인가 하는 것을 알 수 있게 된다. 인간은 영인체(靈人體)로는 무형세계(無形世界)를, 육신(肉身)으로는 유형세계(有形世界)를 각각 주관하도록 창조되어 있다. 그러므로 창조목적을 완성한 인간은 전피조세계의 주관자가 되는 것이다(창 1 : 28). 이와 같이 인간에게는 육신과 영인체가 있어서 유형 무형의 두 세계를 주관할 수 있도록 되어 있기 때문에, 이 두 세계는 인간을 매개체로 하여 서로 수수작용(授受作用)을 함으로써 비로소 하나님의 실체대상의 세계를 이루게 되는 것이다.

우리는 창조원리(創造原理)에 의하여, 인간의 이성성상(二性性相)을 실체로 전개한 것이 피조세계라는 사실을 알고 있다. 따라서 인간의 영인체는 무형세계를 총합한 실체상(實體相)이요, 그 육신은 유형세계를 총합한 실체상이 된다. 그러므로 창조목적을 완성한 인간은 천주(天宙)를 총합한 실체상이 되는 것이다. 인간을 소우주(小宇宙)라고 하는 이유는 실로 여기에 있다. 그러므로 인간은 천주적인 가치를 가지고 있는 것이다. 마태복음 16장 26절에 예수님이 사람이 만일 온 천하를 얻고도 제 목숨을 잃으면 무엇이 유익하리요라고 말씀하신 것도, 위에서 말한 바와 같이 인간은 천주적인 가치를 가지고 있기 때문이다.

가령 여기에 하나의 완전한 기계가 있다고 하자. 그리고 이 기계의 모든 부속품들이 이 세상에 단 하나씩밖에 없는 것이어서 더 이상 구할 수도 없고 만들 수도 없다고 하면, 그 하나하나의 부속품은 아무리 보잘것없이 작은 것이라도 전체의 가치를 가지고 있는 셈이 되는 것이다. 이와 마찬가지로 완성한 인간의 개체는 유일무이(唯一無二)한 존재이기 때문에, 그가 아무리 미미(微微)한 것 같다 하더라도 실상 전천주적(全天宙的)인 가치와 대등하다고도 볼 수 있다.

제 2 절 창조목적을 완성한 인간과 예수님

Ⅰ. 생명나무 복귀로 본 완성한 아담과 예수님

인류역사는 에덴동산에서 잃어버렸던 생명나무(창 3 : 24)를 역사의 종말의 세계에서 복귀하여(계 22 : 14) 지상천국(地上天國)을 이루려는 복귀섭리(復歸攝理)의 역사인 것이다. 우리는 에덴동산의 생명나무(창 2 : 9)와 종말의 세계에서 복귀되어질 생명나무(계 22 : 14)가 어떠한 관계를 가지고 있는가 하는 것을 앎으로써, 완성한 아담과 예수님과의 관계를 알 수 있게 되는 것이다.

타락론(墮落論)에서 이미 상론(詳論)한 바이지만, 아담이 창조이상(創造理想)을 완성한 남성이 되었더라면 그가 바로 창세기 2장 9절의 생명나무가 되어, 그의 후손도 모두 생명나무가 되었을 것이었다. 그러나 아담이 타락하여 이 '뜻'이 이루어지지 않았기 때문에(창 3 : 24), 타락인간의 소망은 바로 이 생명나무로 복귀되는 데 있었다(잠 13 : 12, 계 22 : 14). 그런데 타락된 인간은 그 자신의 힘으로써는 도저히 생명나무로 복귀할 수 없기 때문에, 여기에 반드시 창조이상을 완성한 한 남성이 생명나무로 오셔 가지고 만민으로 하여금 그에게 접붙임을 받도록 해야만 되는 것이다.

이러한 남성으로 오실 분이 바로 요한계시록 22장 14절에 생명나무로 표상(表象)되어 있는 예수님이시다. 그러므로 에덴동산의 생명나무로 상징되어 있는 완성한 아담이나 요한계시록 22장 14절에 생명나무로 비유된 예수님은, 창조이상(創造理想)을 완성한 남성이라는 견지에서는 서로 다를 것이 없다는 것을 우리는 알 수 있다. 따라서 창조본연(創造本然)의 가치에 있어서도 그 사이에 아무런 차이가 있을 수 없는 것이다.

II. 창조목적의 완성으로 본 인간과 예수님

우리는 이미 본장 제1절에서 완성한 인간의 가치가 어떠한 것인가 하는 것을 설명하였다. 그러면 우리는 여기에서 완성한 인간과 예수님과는 어떠한 차이가 있는가 하는 점을 고찰해 보기로 하자.

우리가 상술(上述)한 바에 의하여 아는 바와 같이, 완성한 인간은 창조목적(創造目的)을 두고 보면 하나님의 온전하심과 같이 온전하여서(마 5 : 48) 하나님과 같은 신성(神性)을 가진 가치적인 존재인 것이다. 그리고 하나님이 영원하신 분이기 때문에, 그의 실체대상(實體對象)으로 지음받은 인간도 역시 완성되면 영원한 존재가 아닐 수 없다. 그 위에 완성한 인간은 유일무이(唯一無二)한 존재이며 전피조세계(全被造世界)의 주인이기 때문에, 그가 없이는 천주(天宙)의 존재가치도 온전해질 수 없는 것이다. 따라서 인간은 천주적인 가치의 존재인 것이다.

예수님은 바로 이러한 가치를 가지고 계신 분이시다. 예수님이 지니신 가치가 아무리 크다 할지라도, 위에서 열거한 바와 같은 창조이상을 완성한 남성이 지니는 가치 이상의 것을 가질 수는 없는 것이다.

그러므로 예수님은 어디까지나 창조목적을 완성한 인간으로 오신 분이심을 우리는 부인할 수 없다.

원리(原理)는 이제까지 많은 신도들이 믿어 온 바, 예수님을 하나님이라고 믿는 신앙에 대하여 이의(異議)를 갖지 않는다. 왜 그러냐 하면 완성한 인간은 하나님과 일체임이 사실이기 때문이다. 또 원리가 예수님을 말하여 그는 창조목적을 완성한 하나의 인간이라고 주장한다고 해서 그의 가치를 추호도 격하(格下)하는 것은 아니다. 다만 창조원리(創造原理)는 완성된 창조본연의 인간의 가치를 예수님의 가치와 동등한 입장으로 끌어올리는 것뿐이다.

우리는 위에서 예수님은 어디까지나 창조목적(創造目的)을 완성한 인간이라는 것을 논술하였다. 그러면 이제 이것을 입증할 수 있는 성서적 근거를 찾아보기로 하자.

디모데전서 2장 5절에는 하나님은 한 분이시요 또 하나님과 사람 사이에 중보도 한 분이시니 곧 사람이신 그리스도 예수라고 기록되어 있고, 또 로마서 5장 19절에는 한 사람(아담)의 순종치 아니함으로 많은 사람이 죄인 된 것같이 한 사람(예수님)의 순종하심으로 많은 사람이 의인이 되리라고 기록되어 있으며, 또 고린도전서 15장 21절에는 사망이 사람(아담)으로 말미암았으니 죽은 자의 부활도 사람(예수님)으로 말미암는도다라고 표명되어 있는 것이다. 그리고 사도행전 17장 31절에는 이는 정하신 사람으로 하여금 천하를 공의로 심판할 날을 작정하시고라고 하였고, 누가복음 17장 26절에는 노아의 때에 된 것과 같이 인자의 때에도 그러하리라고 말씀하셨다. 이와 같이 성서는 어디까지나 예수님은 인간이시라는 것을 명시하고 있다. 더욱이 그는 인류를 중생(重生)하여 주실 참부모로 오시는 분이기 때문에 사람으로 오시지 않으면 아니 되는 것이다.

Ⅲ. 예수님은 하나님 자신이신가

빌립이 예수님에게 하나님을 보여 달라고 하였을 때, 예수님은 빌립에게 나를 본 자는 아버지를 보았거늘 어찌하여 아버지를 보이라 하느냐 나는 아버지 안에 있고 아버지는 내 안에 계신 것을 네가 믿지 아니하느냐(요 14 : 9~10)라고 대답하셨다. 또 성경의 다른 곳에 세상은 그(예수님)로 말미암아 지은 바 되었으되 세상이 그를 알지 못하였고(요 1 : 10)라고 한 말씀도 있고, 또 아브라함이 나기 전부터 내(예수님)가 있느니라(요 8 : 58)고도 기록되어 있다. 이러한 성구 등을 근거로 하여서 이제까지의 많은 신앙인들은 예수님을 창조주(創造主) 하나님으로 알고 있었던 것이다.

위에서 논증한 바와 같이, 예수님은 창조목적(創造目的)을 완성한 인간으로서 하나님과 일체이시기 때문에 그의 신성(神性)으로 보아 그를 하나님이라고 할 수도 있다. 그러나 그는 어디까지나 하나님 자신이 될 수는 없는 것이다. 하나님과 예수님과의 관계는 마음과 몸과의 관계로 비유하여 생각할 수 있다. 몸은 마음을 닮아 난 실체대상(實體對象)으로서 마음과 일체를 이루고 있기 때문에 제2의 마음이라고는 할 수 있을망정, 몸이 마음 그 자체는 아닌 것이다. 이와 마찬가지로 예수님도 하나님과 일체를 이루고 있기 때문에 제2의 하나님이라고 할 수는 있으나 하나님 자신이 될 수는 없는 것이다. 그 때문에 요한복음 14장 9절 내지 10절의 말씀대로 그를 본 것은 곧 하나님을 본 것이 되는 것도 사실이지만, 이 말씀은 예수님이 곧 하나님이시라는 뜻에서 하신 것은 아니다.

요한복음 1장 14절에는 예수님을 말하여 말씀이 육신을 이루신 분이라고 하였다. 이것은 예수님이 말씀의 실체로서 도성인신(道成人身)

하신 분이라고 하는 것을 의미하는 것이다. 그런데 요한복음 1장 3절을 보면 만물세계는 말씀으로 창조되었다고 기록되어 있고, 나아가 요한복음 1장 10절에는 이 세상이 예수님으로 말미암아 창조된 것으로 기록되어 있기 때문에, 결국 예수님을 창조주(創造主)라고도 볼 수 있게 되어 있는 것이다.

그런데 창조원리에 의하면, 피조세계(被造世界)는 개성을 완성한 인간의 성상(性相)과 형상(形狀)을 실체로 전개한 것이기 때문에, 창조목적을 완성한 인간은 피조세계를 총합한 실체상(實體相)이요, 또한 그의 화동(和動)의 중심이라고 하였다. 그러므로 이러한 의미에서 이 세상은 완성한 인간으로 말미암아 창조되었다고도 할 수 있는 것이다. 또 하나님은 인간이 그 자신의 책임분담(責任分擔)을 다하여 완성되면 그 인간에게 하나님의 창조성을 부여하시어 그로 하여금 만물세계에 대한 창조주의 입장에 설 수 있도록 해 주시고자 하셨던 것이었다. 이러한 각도에서 볼 때, 요한복음 1장 10절의 기록은 어디까지나 예수님은 창조목적을 완성한 인간이라는 사실을 밝힌 것뿐이요, 그가 곧 창조주 자신임을 의미한 것은 아니라는 사실을 우리는 알 수 있는 것이다.

예수님은 혈통적으로 보면 아브라함의 후손이지만, 그는 전인류를 중생(重生)하여 주실 인간 조상으로 오셨기 때문에 복귀섭리(復歸攝理)의 입장에서 본다면 아브라함의 선조가 된다. 그렇기 때문에 요한복음 8장 58절에 예수님은 아브라함이 나기 전부터 계셨다고 기록되어 있는 것이다. 따라서 이 말씀도 예수님이 하나님 자신이라는 의미에서 기록된 것이 아니라는 사실을 우리는 깨달아야 할 것이다.

예수님은 지상에 있어서도 원죄(原罪)가 없다는 점을 제외한다면 그는 우리와 조금도 다름이 없는 인간이었고, 또 부활 후 영계에 있어서도 제자들과 다름없이 영인체로서 계신다. 다만 제자들은 생명체급(生命體級)의 영인으로서 빛의 반사체(反射體)로 있는 데 비하여, 예수님은 생령체급(生靈體級)의 영인으로서 찬란한 빛을 발하는 발광체(發光體)로 계시는 것이 다른 점이라 하겠다.

한편 또 예수님은 부활 후에도 영계에서 지상에 계실 때와 마찬가지로 하나님에게 기도를 하고 계신다(롬 8 : 34). 만일 예수님이 하나님 자신이라면 자신에게 어떻게 기도할 수 있겠는가? 이 문제에 있어서는 예수님도 하나님을 아버지라 부르시어 스스로 하나님이 아니심을 밝히고 있는 것이다(마 27 : 46, 요 17 : 1).

만일 예수님이 하나님 자신이라면, 어떻게 하나님이 사탄의 시험을 받고 또 사탄에 몰려 십자가에 달리는 등의 일이 있을 수 있을 것인가? 그리고 또 예수님이 십자가상(十字架上)에서 나의 하나님 나의 하나님 어찌하여 나를 버리셨나이까(마 27 : 46)라고 하신 말씀을 보더라도 예수님이 하나님 자신이 아님은 분명한 것이다.

제 3 절 타락인간과 예수님

타락한 인간은 창조목적(創造目的)을 완성한 인간으로서의 가치를 갖추지 못하였으므로, 자기보다 저급하게 창조된 천사(天使)를 우러러볼 정도로 천한 자리에 떨어져 버렸다. 그러나 예수님은 창조목적을 완성한 인간으로서의 가치를 모두 갖추고 계셨기 때문에 천사를 비롯한 모든 피조세계(被造世界)를 주관할 수 있는 자격을 가지고 계셨던 것이다(고전 15 : 27). 한편 타락인간에게는 원죄가 있으므로 사탄이 침범할 수 있는 조건이 그대로 남아 있다. 그러나 예수님에게는 원죄가 없기 때문에 사탄이 침범할 수 있는 아무런 조건도 없는 것이다.

그리고 타락인간은 하나님의 뜻과 그의 심정(心情)을 알 수 없다. 혹시 그것을 안다 하더라도 그것은 극히 부분적인 것에 지나지 않는다. 그러나 예수님은 이것을 완전히 아시고 또 그 심정을 체휼하는 입장에서 생활하고 계시는 것이다.

따라서 인간은 타락된 상태에 머물러 있는 한 아무 가치도 없는 존재이지만, 참부모 되시는 예수님으로 말미암아 중생(重生)하여 원죄를 벗고 선의 자녀가 되면, 예수님과 같이 창조목적을 완성한 인간으로 복귀되는 것이다. 그것은 마치 우리 인간 사회의 부자간(父子間)에 있어서 아버지와 아들로서의 서차(序次)가 있을 뿐 그 본연의 가치에는 추호의 차이도 있을 수 없는 것과 마찬가지이다.

그러므로 그리스도는 교회의 머리가 되고(엡 1 : 22), 우리는 그의 몸이 되며 지체(肢體)가 된다(고전 12 : 27). 따라서 예수님은 본성전(本聖殿)이요 우리는 분성전(分聖殿)이 되는 것이다. 그리고 예수님은 포도나무요 우리는 그의 가지이며(요 15 : 5), 한편 돌감람나무인 우리는 참감람나무 되시는 예수님에게 접붙임으로써 참감람나무가 될 수 있는 것이다(롬 11 : 17). 그러므로 예수님은 우리를 친구라 하셨고(요 15 : 14), 또 그(예수님)가 나타나시면 우리도 그와 같을 줄을 안다(요일 3 : 2)고 한 성구도 있다. 그리고 성경은 오직 예수님은 처음 익은 열매요 우리는 다음 익은 열매라고 밝히고 있는 것이다(고전 15 : 23).

제 4 절 중생론과 삼위일체론

삼위일체론(三位一體論)은 오늘에 이르기까지 신학계에서 가장 해결하기 어려운 문제 중의 하나로 논란되어 왔다. 그리고 누구나 다 알고 있는 것 같으면서도 실상 그 근본적인 뜻을 모르는 채 그대로 지내 왔던 문제 중의 하나가 역시 본항에서 다루려는 중생론(重生論)인 것이다.

Ⅰ. 중 생 론

1. 중생의 사명으로 본 예수님과 성신

예수님은 자기를 찾아온 유대관원 니고데모에게 중생(重生)하지 아니하면 하나님 나라를 볼 수 없다고 말씀하셨다(요 3 : 3). 중생이라는 말은 두 번 태어난다는 뜻이다. 그러면 인간은 왜 중생해야 되는 것인가? 우리는 여기에서 타락인간(墮落人間)이 중생하지 않으면 안 되는 이유를 알아보기로 하자.

아담과 해와가 창조이상(創造理想)을 완성하여 인류의 참부모가 되었더라면, 그로부터 태어난 자녀들은 원죄가 없는 선의 자녀가 되어 지상천국(地上天國)을 이루었을 것이었다. 그러나 그들은 타락하여 인류의 악의 부모가 되었기 때문에 악한 자녀들을 번식하여 지상지옥(地上地獄)을 이룬 것이다. 따라서 예수님이 니고데모에게 하신 말씀대로, 타락한 인간들은 원죄가 없는 자녀로서 두 번 태어나지 않고서는 하나님 나라를 볼 수 없게 된 것이다.

우리를 낳아 주는 것은 부모가 아니면 아니 된다. 그러면 타락한 우리들을 원죄(原罪)가 없는 자녀로 다시 낳아서 하나님의 나라로 들어가게 해 줄 수 있는 선의 부모는 누구일 것인가?

원죄 있는 악의 부모가 원죄 없는 선의 자녀를 낳을 수는 없는 것이다. 따라서 이 선의 부모가 타락인간들 가운데에 있을 리는 만무한 일이다. 그러므로 그러한 부모는 하늘로부터 강림(降臨)하셔야 하는데, 그렇게 오셨던 분이 바로 예수님이셨다. 따라서 그는 타락한 자녀들을 원죄가 없는 선의 자녀로 다시 낳아 지상천국을 이룩하시기 위하여 참아버지로 오셨던 분이시다. 그러므로 베드로전서 1장 3절에 예수 그리스도의 죽은 자 가운데서 부활하심으로 말미암아 우리를 거듭나게(중생) 하사 산 소망이 있게 하시며라는 말씀이 있다.

예수님은 아담으로써 못 이루셨던 참아버지로 오셨기 때문에 성경은 그를 후아담이라 하였고(고전 15 : 45), 영존(永存)하신 아버지라 하였으며(사 9 : 6), 또 하나님은 선지자(先知者) 엘리야를 다시 보내시어 그로 하여금 타락한 인간들의 마음을 부모로 오시는 예수님 앞으로 돌이키게 함으로써 그들로 자녀가 되게 하시겠다고도 말씀하셨다(말 4 : 6). 그리고 예수님은 다시 오실 때에도 아버지의 영광으로 오시리라(마 16 : 27)고 하셨다.

그런데 아버지 혼자서 어떻게 자녀를 낳을 수 있겠는가? 그러므로 타락한 자녀들을 선의 자녀로 다시 낳아 주시기 위하여는 참아버지와 함께 참어머니도 계셔야 하는 것이다. 죄악(罪惡)의 자녀들을 다시 낳아 주시기 위하여 그 참어머니로 오신 분이 바로 성신(聖神)이시다. 그러기에 예수님은 니고데모에게 성신으로 거듭나지 아니하면 하나님 나라에 들어갈 수 없다(요 3 : 5)고 말씀하셨던 것이다.

이와 같이 성신은 참어머니로서 후해와로 오신 분이시기 때문에, 그를 여성신(女性神)으로 계시받는 사람이 많다. 그리고 성신이 여성신이시기 때문에 성신을 받지 않고서는 예수님 앞에 신부로 설 수 없는 것이다. 이와 같이 성신은 여성신이시기 때문에 위로와 감동의 역사(役事)를 하시는 것이며(고전 12 : 3), 또 해와가 지은 죄를 탕감복귀(蕩減復歸)하시기 위하여 죄를 씻는 역사를 하시지 않으면 아니 되는 것이다. 그리고 예수님은 남성이시므로 하늘(양)에서, 성신은 여성이시므로 땅(음)에서 역사하시는 것이다.

2. 로고스의 이성성상으로 본 예수님과 성신

로고스라는 낱말은 헬라어로서 '말씀' 혹은 '이법(理法)' 이란 뜻을 가지고 있다. 요한복음 1장 1절 이하를 보면, 로고스는 하나님의 대상(對象)으로서 하나님과 수수적(授受的)인 관계의 위치를 취하고 있다고 기록되어 있다. 그런데 로고스의 주체(主體)이신 하나님이 이성성상(二性性相)으로 계시므로, 그의 대상인 로고스도 역시 이성성상이 아닐 수 없는 것이다. 만일 로고스가 이성성상으로 되어 있지 않다면, 로고스로 창조된 피조물(요 1 : 3)이 또한 이성성상으로 되어 있을 수가 없다. 이러한 로고스의 이성성상이 하나님의 형상적인 실체대상(實體對象)으로 분립된 것이 아담과 해와였던 것이다(전편 제1장 제1절 Ⅰ).

아담이 창조이상(創造理想)을 완성한 남성 즉 '생명나무' 가 되고, 해와가 창조이상을 완성한 여성 즉 '선악(善惡)을 알게 하는 나무' 가 되어 인류의 참부모가 되었더라면, 그때에 하나님의 3대 축복(三大祝福)이 완성되어 지상천국(地上天國)이 이루어졌을 것이었다. 그러나 그들이 타락되었기 때문에 반대로 지상지옥(地上地獄)이 되고 말았다. 그렇기 때문에 타락인간들을 다시 낳아 주시기 위하여 예수님은 후아담(고전 15 : 45)으로서 '생명나무' 의 사명을 가지고(계 22 : 14) 인류의 참아버지로 오셨던 것이다.

그렇다면 또한 여기에 후해와로서 '선악을 알게 하는 나무' 의 사명을 가진 인류의 참어머니가(계 22 : 17) 마땅히 계셔야 할 것이 아니겠는가. 이와 같이 타락인간을 다시 낳아 주실 참어머니로 오신 분이 성신(聖神)인 것이다.

3. 예수님과 성신에 의한 영적 중생

부모의 사랑이 없이는 새 생명이 태어날 수 없다. 그러므로 우리가 고린도전서 12장 3절에 기록된 말씀과 같이, 성신의 감동에 의하여 예수님을 구주(救主)로 믿게 되면, 영적 참아버지이신 예수님과 영적 참어머니이신 성신과의 수수작용(授受作用)에 의하여 나타나는 영적 참부모의 사랑을 받게 된다. 그러면 여기에서 그를 믿는 성도들은 그 사랑으로 말미암아 새 생명이 주입되어 새로운 영적 자아로 중생(重生)하게 되는 것이니, 이것을 영적 중생이라고 한다. 그런데 인간은 영육(靈肉) 아울러 타락되었기 때문에, 여기에서 더 나아가 육적 중생을 함으로써 원죄(原罪)를 청산하지 않으면 아니 된다. 그러므로 예수님은 인간의 육적 중생에 의한 육적 구원을 위하여 필연적으로 재림(再臨)하시게 되는 것이다.

II. 삼위일체론

창조원리에 의하면, 정분합작용(正分合作用)에 의하여 삼대상목적(三對象目的)을 이룬 사위기대(四位基臺)의 터전이 없이는 하나님의 창조목적은 이루어지지 않는 것으로 되어 있다. 따라서 그 목적을 이루기 위하여는, 예수님과 성신도 하나님의 이성성상(二性性相)으로부터 실체로 분립된 대상으로 서 가지고 서로 수수작용을 하여 합성일체화(合性一體化)함으로써, 하나님을 중심한 사위기대를 이루지 않으면 안 된다. 이때에 예수님과 성신은 하나님을 중심하고 일체가 되는 것이니, 이것이 곧 삼위일체(三位一體)이다.

원래 하나님이 아담과 해와를 창조하신 목적은, 그들을 인류의 참부모로 세워 합성일체화시켜 가지고 하나님을 중심한 사위기대를 이루어 삼위일체가 되게 하시려는 데 있었던 것이다. 만일 그들이 타락되지 않고 완성되어 하나님을 중심하고 참부모로서의 삼위일체를 이루어서 선의 자녀를 번식하였더라면, 그의 후손들도 역시 하나님을 중심한 선의 부부를 이루어 각각 삼위일체가 되었을 것이었다. 따라서 하나님의 3대 축복(三大祝福) 완성에 의한 지상천국은 그때에 이미 이루어졌을 것이었다. 그러나 아담과 해와가 타락하여 사탄을 중심하고 사위기대를 이루었기 때문에, 사탄을 중심한 삼위일체가 되어 버리고 말았다. 그렇기 때문에 그의 후손들도 역시 사탄을 중심한 삼위일체를 형성하여 타락한 인간사회를 이루어 놓은 것이다.

그러므로 하나님은 예수님과 성신(聖神)을 후아담과 후해와로 세워 인류의 참부모가 되게 하심으로써, 타락인간을 중생(重生)케 하여 가지고 그들도 역시 하나님을 중심한 삼위일체가 되게 하셔야만 한다. 그러나 예수님과 성신은 하나님을 중심한 영적인 삼위일체를 이룸으로써 영적 참부모의 사명만을 하시었다. 따라서 예수님과 성신은 영적 중생의 사명만을 하고 계시기 때문에, 성도들도 역시 영적인 삼위일체로만 복귀되어 아직도 영적 자녀의 입장에 머물러 있는 것이다.

그러므로 예수님은 스스로 하나님을 중심한 실체적인 삼위일체를 이루어서 영육(靈肉) 아우른 참부모가 되심으로써, 타락인간을 영육 아울러 중생케 하시어 그들로 하여금 원죄를 청산하고 하나님을 중심한 실체적인 삼위일체가 되게 하시기 위하여 재림하시게 되는 것이다. 그리하여 타락인간이 하나님을 중심하고 창조본연의 사위기대를 조성하면, 그때에 비로소 하나님의 3대 축복(三大祝福)을 이룬 지상천국이 복귀되는 것이다.

후 편

서 론

복귀섭리(復歸攝理)는 타락된 인간으로 하여금 창조목적(創造目的)을 완성케 하기 위하여, 그들을 창조본연(創造本然)의 인간으로 복귀하여 나아가는 하나님의 섭리를 말하는 것이다.

전편에서 이미 논증한 바와 같이, 인간은 장성기 완성급(長成期完成級)에서 타락하여 사탄 주관하(主管下)에 머물게 되었다. 따라서 이러한 인간을 복귀시키기 위하여는 먼저 사탄을 분립하는 섭리를 하셔야 하는 것이다.

이미 기독론(基督論)에서 상론(詳論)한 바와 같이, 타락인간이 사탄을 분립하고 타락 이전 본연(本然)의 인간으로 복귀하려면 원죄(原罪)를 벗어야만 한다. 그런데 이 원죄는 인간이 참부모로 오시는 메시아에 의하여 중생(重生)되지 않으면 벗을 수 없다. 그러므로 타락한 인간은 사탄 분립의 노정을 통하여서 아담과 해와가 성장하였던 기준, 즉 장성기의 완성급까지 복귀한 형을 갖춘 터 위에서 메시아를 맞아 중생함으로써 아담과 해와의 타락 이전의 입장으로 복귀된 후에, 메시아를 따라 더욱 성장하여서 창조목적을 완성하는 자리에 이르게 되는 것이다.

이와 같이 복귀섭리는 창조목적을 다시 찾아 이루려는 재창조(再創造)의 섭리이기 때문에, 어디까지나 원리(原理)에 의하여 섭리하시지 않을 수 없는 것이다. 그러므로 이것을 복귀원리(復歸原理)라고 한다. 우리는 여기에서 복귀섭리가 어떻게 하여서 이루어지는가 하는 것을 알아보기로 하자.

Ⅰ. 탕감복귀원리

1. 탕감복귀

탕감복귀원리(蕩減復歸原理)에 관한 문제를 논하기 전에, 우리는 먼저 인간이 그의 타락(墮落)으로 인하여 하나님과 사탄 사이에서 어떠한 입장에 서게 되었는가 하는 것을 알아야 하겠다.

원래 인간 시조(始祖)가 타락하지 않고 완성되어서 하나님과 심정(心情)의 일체를 이루었더라면, 그들은 하나님만을 대하고 사는 입장에 있었을 것이었다. 그러나 그들은 타락하여서 사탄과 혈연관계(血緣關係)를 맺었기 때문에 사탄도 대해야 하는 입장에 서게 된 것이었다. 따라서 타락 직후 아직 원죄만이 있었을 뿐 다른 어떠한 선행(善行)도 악행(惡行)도 하지 않았던 아담과 해와는, 하나님도 대할 수 있고 사탄도 대할 수 있는 중간 위치에 처하게 되었었다. 그러므로 아담과 해와의 후손들도 역시 이와 같은 중간 위치에 놓여지게 된 것이다. 따라서 타락사회에 있어서 예수는 믿지 않았어도 양심적인 생활을 한 사람이면, 그는 이렇듯 중간 위치에 있는 것이므로 사탄이 그를 지옥(地獄)으로 끌어갈 수는 없다. 그러나 아무리 양심적인 생활을 한 사람이라 하더라도, 그가 예수를 믿지 않는 한 하나님도 그를 낙원(樂園)으로 보낼 수는 없는 것이다. 그러므로 이러한 영인(靈人)은 영계(靈界)에 가서도 낙원도 지옥도 아닌 중간 영계에 머물러 있게 되는 것이다.

그러면 이와 같이 중간 위치에 있는 타락인간(墮落人間)을 하나님은 어떻게 사탄으로부터 분립하시는가?

사탄은 원래 혈통적인 인연을 가지고서 타락한 인간을 대하고 있기 때문에, 인간 자신이 하나님이 취할 수 있는 어떠한 조건을 세우지 않는 한 하나님은 무조건 그를 하늘편으로 복귀시킬 수는 없는 것이다. 한편 사탄도 역시 인간의 창조주(創造主)가 하나님이시라는 사실을 알고 있기 때문에, 타락인간 자신에게 다시 그가 침범할 수 있는 어떠한 조건이 성립되지 않는 한 이러한 인간을 무조건 취해 갈 수는 없는 것이다. 그렇기 때문에 타락인간은 그 자신이 선한 조건을 세울 때에는 하나님편으로, 악한 조건을 세울 때에는 사탄편으로 분립되는 것이다.

아담가정이 이러한 중간 위치에 있었을 때 하나님이 그들로 하여금 제물(祭物)을 바치도록 하셨던 것은, 하나님이 그들로 하여금 제물을 뜻맞게 바치는 것으로써 복귀섭리(復歸攝理)를 하실 수 있는 입장에 설 수 있도록 하시려는 데 그 목적이 있었다. 그러나 가인이 아벨을 살해함으로써 도리어 사탄이 그들에게 침범할 수 있는 조건이 성립되었던 것이다.

하나님이 타락인간들에게 예수님을 보내셨던 것도, 그들로 하여금 예수님을 믿음으로써 하늘편에 서도록 하시기 위함이었다. 그러나 그와 반대로 그들이 예수님을 믿지 않았을 때, 그대로 사탄편에 머물게 된 것은 말할 것도 없다. 예수님이 구주(救主)이신 동시에 심판주(審判主)가 되신 이유는 여기에 있는 것이다.

그러면 '탕감복귀(蕩減復歸)'란 무엇을 말하는 것인가? 무엇이든지 그 본연의 위치와 상태 등을 상실하게 되었을 때, 그것들을 본래의 위치와 상태에로 복귀하려면 반드시 거기에 필요한 어떠한 조건을 세워야 한다. 이러한 조건을 세우는 것을 '탕감(蕩減)'이라고 하는 것이다. 예를 들면, 상실된 명예나 직위나 건강 등을 원상대로 회복하려면, 반드시 거기에 필요한 노력이나 재력 등의 조건을 세우지 않으면 아니 된다. 또 서로 사랑하던 두 사람이 어찌되어서 미워하는 사이가 되었다고 하자. 여기에서 이들이 다시 서로 사랑하던 원상태에로 복귀하려면, 그들은 반드시 서로 사과(謝過)를 하는 등의 어떠한 조건을 세우지 않으면 아니 된다.

이와 같이 타락으로 인하여서 창조본연(創造本然)의 위치와 상태를 떠나게 된 인간도 다시 그 위치와 상태에로 복귀하려면, 반드시 거기에 필요한 어떠한 조건을 세우지 않으면 아니 되는 것이다. 타락인간(墮落人間)이 이러한 조건을 세워서 창조본연의 위치와 상태에로 다시 돌아가는 것을 '탕감복귀(蕩減復歸)'라고 하며, '탕감복귀'를 위해서 세우는 조건을 '탕감조건(蕩減條件)'이라고 한다. 그리고 이처럼 탕감조건을 세워서 창조본연의 인간으로 복귀해 나아가는 섭리를 탕감복귀섭리(蕩減復歸攝理)라고 말한다.

그러면 탕감조건은 어느 정도로 세워야 하는가? 이에 대하여 우리는 다음과 같은 세 가지를 들 수가 있다.

첫째는 동일(同一)한 것으로써의 탕감조건을 세우는 것이다. 이것은 본연의 위치와 상태에서 상실되었던 것과 동일한 가치의 조건을 세워서 원상(原狀)으로 복귀하는 것을 말한다. 예를 들면 보상(報償)이나 상환(償還)과 같은 것이 여기에 속하는 것이다. 출애굽기 21장 23절 내지 25절에 생명은 생명으로 눈은 눈으로 이는 이로 손은 손으로 발은 발로……갚을지니라고 하신 말씀은 바로 이러한 탕감조건을 세우는 것을 의미하는 것이다.

둘째는 보다 작은 것으로써 탕감조건을 세우는 경우다. 이것은 본연의 위치와 상태에서 상실되었던 것보다 작은 가치의 탕감조건을 세워 원상으로 복귀하는 것을 의미한다. 예를 들면, 어떤 채무자가 빚을 많이 졌을 때, 그 채권자의 호의로 그중 일부 소액(少額)만을 반제(返濟)함으로써 부채(負債)의 전액(全額)을 청산한 것으로 매듭을 짓는 수가 있다. 이러한 경우가 바로 여기에 해당되는 것이다.

이와 같은 원칙에 의하여, 우리는 십자가의 대속(代贖)을 '믿는다'는 극히 작은 탕감조건을 세움으로써 예수님과 똑같은 죽음을 거쳐 다시 살았다는 구원(救援)의 큰 혜택을 받게 된다. 한편 또 우리는 몇 방울의 물을 머리에 떨어뜨려 세례(洗禮)를 받았다는 탕감조건을 세움으로써 예수님과 성신(聖神)에 의하여 중생(重生)된 입장을 복귀할 수 있는 것이다. 그런가 하면 성만찬(聖晩餐)에서 한 조각의 떡과 한 잔의 포도주를 취함으로써 우리는 예수님의 성체(聖體)를 먹었다는 커다란 가치의 혜택을 받기도 하는 것이다. 이와 같은 예는 모두 여기에 해당된다.

셋째는 보다 큰 것으로써 탕감조건(蕩減條件)을 세우는 경우다. 이것은 작은 가치의 탕감조건을 세우는 데 실패하였을 때, 보다 더 큰 가치의 탕감조건을 다시 세워서 원상(原狀)으로 복귀하게 되는 경우를 말한다. 예를 들면, 아브라함은 비둘기와 양과 소를 바치는 헌제(獻祭)에서 실수하였기 때문에 그의 탕감조건은 가중되어서 독자(獨子) 이삭을 제물로 바치게 되었던 것이다. 또 모세 때에는 이스라엘 민족이 40일의 정탐기간(偵探期間)을 뜻맞게 세우지 못하였기 때문에 그 탕감조건이 가중되어, 그들은 날을 해로 계수(計數)한 40년을 광야에서 표류(漂流)하지 않으면 안 되었던 것이다(민 14 : 34).

그러면 어찌하여 탕감조건을 다시 세울 때에는 더 큰 조건을 세워야 하는가? 그것은 어떠한 섭리적 중심인물(中心人物)이 탕감조건을 다시 세울 때에는, 그가 세워야 할 본래의 탕감조건과 함께 그 앞선 인물들의 실수로 인한 탕감조건까지도 첨가하여 세우지 않으면 안 되기 때문이다.

다음으로 우리가 알아야 할 것은, 탕감조건(蕩減條件)을 어떠한 방법으로 세우느냐 하는 문제다. 무엇이든지 본래의 위치와 상태로부터 떠난 입장에서 원상(原狀)으로 복귀하려면, 그것들로부터 떠나게 된 경로와 반대의 경로를 취하는 탕감조건을 세워야만 한다. 예를 들면, 이스라엘 선민(選民)들이 예수님을 미워하여 그를 십자가에 내줌으로써 벌을 받게 되었기 때문에, 그들이 그 입장으로부터 다시 구원(救援)을 받아 선민의 입장으로 복귀하기 위하여는, 앞서와는 반대로 예수님을 사랑하고 그를 위하여 스스로 십자가를 지는 자리에 나아가지 않으면 안 된다(눅 14 : 27). 기독교가 순교(殉敎)의 종교가 된 원인은 실로 여기에 있는 것이다.

한편 인간은 하나님의 뜻을 배반하고 타락함으로써 하나님을 서럽게 해 드렸으므로, 이것을 탕감복귀하기 위하여는 그와 반대로 우리가 하나님의 뜻을 좇아 실천함으로써 창조본성(創造本性)의 인간으로 복귀하여 하나님을 위로해 드리지 않으면 안 된다.

첫아담이 하나님을 버림으로 말미암아서 그 후손들이 사탄의 품속으로 들어가게 되었다. 따라서 후아담으로 오신 예수님이 인류를 사탄의 품속으로부터 하나님 앞으로 복귀시키려면, 하나님으로부터 버림받는 입장에서 오히려 하나님을 받들어 모시지 않으면 아니 되었던 것이다. 하나님이 십자가에 달리신 예수님을 버리셨던 것은 이러한 곡절에 기인하였던 것이다(마 27 : 46).

이러한 각도에서 보면, 한 국가의 형법도 죄를 지은 사람에게 벌을 주어서 그 국가의 안녕과 질서를 원상대로 유지하게 하기 위한 탕감조건(蕩減條件)을 세우는 법이라고 할 수 있는 것이다.

그러면 이와 같은 탕감조건은 누가 세워야 하는가? 이미 창조원리(創造原理)에서 밝힌 바와 같이, 인간은 자신의 책임분담(責任分擔)을 다하여 완성되어 가지고 천사(天使)까지도 주관해야 했던 것이다. 그러나 인간 시조는 그의 책임분담을 다하지 못하여 도리어 사탄의 주관을 받아야 할 입장에 떨어지고 말았다. 그러므로 인간이 사탄의 주관을 벗어나 사탄을 주관할 수 있는 입장으로 복귀하기 위하여는, 인간책임분담(人間責任分擔)으로써 그에 필요한 탕감조건을 인간 자신이 세우지 않으면 아니 되는 것이다.

2. 메시아를 위한 기대

메시아는 인류의 참부모로 오셔야 한다. 그가 인류의 참부모로 오셔야 하는 이유는, 타락한 부모로부터 태어난 인류를 거듭나게 하여 그 원죄를 속(贖)해 주셔야 하기 때문이다(전편 제7장 제4절 I 1). 그러므로 타락인간이 창조본연(創造本然)의 인간으로 복귀하기 위하여는, '메시아를 위한 기대'를 완성한 터 위에서 메시아를 맞아 원죄를 벗지 않으면 아니 되는 것이다.

그러면 타락인간이 '메시아를 위한 기대'를 조성하려면 어떠한 탕감조건을 세워야 하는가? 이것을 알기 위하여는, 원래 아담이 어떠한 경로에 의하여 창조목적(創造目的)을 이루지 못하게 되었던가를 먼저 알아야 한다. 왜냐하면 탕감조건은 본연의 위치와 상태를 상실하게 된 것과 반대의 경로에 의하여 세워져야 하기 때문이다.

아담이 창조목적을 완성하기 위하여서는 두 가지의 조건을 갖추어야 했던 것이다. 첫째는 '믿음의 기대'를 조성하는 것이었는데, 물론 아담이 '믿음의 기대'를 조성하는 인물이 되어야 했었고, 그 '믿음의 기대'를 조성하기 위한 조건으로 선악과(善惡果)를 따먹지 말라 하신 하나님의 말씀을 지켜야 했던 것이다. 그리고 아담은 이 믿음의 조건을 세우는 것으로서 그의 책임분담(責任分擔)을 수행하기 위한 성장기간(成長期間)을 거쳐야만 했었다. 그런데 이 성장기간은 수(數)로써 된 것이므로 결국 이 기간은 수를 완성하는 기간이라고도 말할 수 있는 것이다.

한편 아담이 창조목적(創造目的)을 완성하기 위하여 세워야 했던 두번째의 조건은 그가 '실체기대(實體基臺)'를 조성하는 것이었다. 아담이 하나님의 말씀을 믿고 순종하여 그의 성장기간을 다 거침으로써 '믿음의 기대'를 세웠더라면, 그는 그 기대 위에서 하나님과 일체가 되어 '실체기대'를 조성함으로써 창조본성(創造本性)을 완성한 말씀의 완성실체(完成實體)가 되었을 것이었다(요 1 : 14). 아담이 이와 같은 완성실체가 되었을 때, 그는 비로소 하나님의 제1축복이었던 개성완성자(個性完成者)가 될 수 있었던 것이다. 아담이 타락하지 않았더라면 위와 같은 경로에 의하여서 창조목적을 완성하였을 것이므로, 타락인간도 '메시아를 위한 기대'를 조성하기 위하여는 그 경로에 의하여 아래와 같이 '믿음의 기대'를 세운 터전 위에서 '실체기대'를 이루어야 하는 것이다.

(1) 믿음의 기대

아담은 하나님의 말씀을 믿지 않고 타락하였기 때문에 '믿음의 기대'를 세우지 못하게 되었고, 따라서 그는 말씀의 완성실체가 되지 못하여 창조목적을 달성할 수 없게 되었던 것이다. 그러므로 타락인간이 창조목적을 성취할 수 있는 기준을 복귀하기 위하여서는, 먼저 인간 조상이 세우지 못하였던 그 '믿음의 기대'를 탕감복귀(蕩減復歸) 하지 않으면 아니 된다. 그리고 그 '믿음의 기대'를 복귀하기 위하여서는 다음과 같은 세 가지의 탕감조건을 세워야 하는 것이다.

첫째는 그를 위한 '중심인물(中心人物)'이 있어야 한다. 아담이 '믿음의 기대'를 세우는 인물이 되지 못하고 타락(墮落)한 이후 오늘에 이르기까지 하나님은 '믿음의 기대'를 복귀할 수 있는 중심인물을 찾아 나오셨다. 타락한 아담가정에서 가인과 아벨로 하여금 제물(祭物)을 바치게 하셨던 것도 이러한 중심인물을 찾아 세우기 위함이었고, 노아, 아브라함, 이삭, 야곱, 모세, 그리고 열왕(列王)들과 세례 요한 등을 부르셨던 것도 그들을 이러한 중심인물로 세우시기 위함이었던 것이다.

둘째는 그것을 위한 '조건물(條件物)'을 세워야 한다. 아담은 '믿음의 기대'를 세우기 위한 조건으로 주셨던 하나님의 말씀을 불신함으로 인하여 잃어버렸던 것이다. 이렇게 되어 타락된 인간은 '믿음의 기대'를 복귀하기 위한 하나님의 말씀을 직접 받을 수 없는 위치에 있었기 때문에, 그 말씀을 대신하는 조건물이 필요하게 되었던 것이다.

그런데 타락된 인간은 만물보다 거짓된 입장에 떨어지게 되었기 때문에(렘 17 : 9), 구약 이전시대(舊約以前時代)에 있어서는 제물 또는 그 제물을 대신한 방주(方舟) 등의 만물을 조건물로 세워 가지고 '믿음의 기대'를 세우게 되어 있었던 것이다. 그러므로 '믿음의 기대'는 인간의 불신으로 말미암아 사탄의 침범을 당한 만물을 복귀하는 기대도 되는 것이다. 그리고 구약시대(舊約時代)에 있어서는 율법(律法)의 말씀 또는 그 말씀을 대신한 법궤(法櫃)나 성전(聖殿)이나 중심인물 등이 이 기대를 조성하기 위한 조건물이었다. 또 신약시대

(新約時代)에 있어서는 복음(福音)의 말씀, 따라서 그 말씀의 실체이신 예수님이 이 '믿음의 기대' 조성을 위한 조건물이었던 것이다.

인간이 타락된 후에 있어서의 이와 같은 조건물(條件物)은 인간편에서 보면 그것은 '믿음의 기대'를 복귀하기 위한 것이지만, 하나님편에서 볼 때에는 어디까지나 소유를 결정하기 위한 것이었다.

셋째는 그를 위하여 '수리적(數理的)인 탕감기간(蕩減期間)'을 세워야 한다. 그러면 이 섭리적인 수에 의한 탕감기간이 왜 있어야 하는가, 그리고 어떠한 섭리적인 수의 탕감기간을 세워야 하는가 하는 문제는 편의상 후편 제3장 제2절 IV에서 자세히 다루기로 한다.

(2) 실체기대

타락인간(墮落人間)이 창조목적(創造目的)을 완성하기 위하여는 '믿음의 기대'를 복귀한 터전 위에서 일찍이 인간 조상이 이루지 못하였던 완성실체(完成實體)를 이루지 않으면 아니 된다. 그러나 타락인간은 어디까지나 메시아를 통하여 원죄(原罪)를 벗지 않고서는 완성실체가 될 수 없는 것이다. 그런데 타락인간은 위에서 말한 '믿음의 기대'를 탕감복귀(蕩減復歸)한 터전 위에서 '실체기대(實體基臺)'를 세움으로써 이루어지는 '메시아를 위한 기대' 위에 서야 비로소 메시아를 맞을 수 있는 것이다. 타락인간은 이와 같이 메시아를 맞아 원죄를 벗어 가지고 인간 조상의 타락 전 입장으로 복귀된 후에, 하나님의 심정을 중심하고 메시아와 일체가 되어 인간 조상이 타락됨으로써 걷지 못하고 남아졌던 성장기간(成長期間)을 다 지나서야 완성실체가 되는 것이다.

한편 '실체기대'를 세우는 데 있어서도 타락인간이 세워야 할 어떠한 탕감조건(蕩減條件)이 필요하다. 그것이 곧 '타락성을 벗기 위한 탕감조건' 인 것이다. 인간 조상은 타락하여 원죄를 지니게 됨에 따라서 창조본성(創造本性)을 이루지 못하고 타락성본성(墮落性本性)을 갖게 되었던 것이다. 그러므로 타락인간이 메시아를 맞아서 원죄를 벗고 창조본성을 복귀하기 위한 '실체기대'를 세우기 위하여는, 먼저 그 '타락성을 벗기 위한 탕감조건'을 세우지 않으면 아니 되는 것이다. 이 조건을 어떻게 세우는가 하는 것은 후편 제1장 제1절 II에서 논하기로 하자.

II. 복귀섭리노정

1. 복귀섭리노정의 시대적 단계

이제 아담 이후 오늘에 이르는 전역사노정(全歷史路程)에 있어서의 시대적 단계에 대하여 개관(槪觀)해 보기로 하자.

타락인간(墮落人間)으로 하여금 '메시아를 위한 기대'를 세우게 하고, 그 기대 위에서 메시아를 맞게 함으로써 창조목적(創造目的)을 완성하고자 하셨던 하나님의 섭리는 일찍이 아담가정으로부터 시작되었었다. 그러나 가인이 아벨을 살해함으로써 그 섭리의 뜻은 좌절되었고, 그 후 10대를 지나 그 뜻은 다시 노아의 가정으로 옮겨졌던 것이다. 40일의 홍수(洪水)로써 악한 세대를 심판하셨던 것은, 노아가정을 중심하고 '메시아를 위한 가정적인 기대'를 세우게 하고 그 기대 위에 메시아를 보내심으로써 복귀섭리(復歸攝理)를 완수하시기 위함이었던 것이다. 그러나 노아의 차자(次子) 함의 타락행위로 인하여, 노아가정과 방주(方舟)를 찾아 세우기 위하여 세웠던 10대와 40일을 사탄에게 내주고 말았다. 그러나 이것들을 다시 하늘편으로 탕감복귀하는 기간 즉 4백년이 지난 후에 뜻은 다시 아브라함에게 옮겨졌던 것이다.

그러므로 만일 아브라함이 '메시아를 위한 가정적인 기대'를 뜻맞게 세웠더라면, 이 기대(基臺)를 중심하고 '메시아를 위한 민족적인 기대'를 이루어 가지고 그 터 위에서 메시아를 맞았을 것이었다. 그런데 아브라함이 '상징헌제(象徵獻祭)'에 실수함으로써 그 뜻은 또다시 좌절되고 말았다. 이에 메시아를 맞기 위한 믿음의 조상을 찾아 내려왔던 아담가정으로부터의 2천년 기간은 일단 사탄에게 내줄 수밖에 없었다.

그러나 아브라함이 노아의 입장과 다른 것은, 비록 아브라함이 '상징헌제'에는 실수하였지만 이삭 야곱의 3대에 걸쳐 연장하면서 '메시아를 위한 가정적인 기대'를 세움으로써, 이 기대를 중심하고 애급(埃及)에서 하나님의 선민(選民)을 번식하여 후일 '메시아를 위한 기대'를 민족적으로 넓힐 수 있었다는 사실에 있다. 아브라함을 믿음의 조상이라고 하는 이유는 여기에 있는 것이다. 그렇기 때문에 결과적으로 보면, 아담으로부터 아브라함까지의 2천년 기간은 믿음의 조상인 아브라함 한 사람을 찾아 세워 장차 복귀섭리(復歸攝理)를 시작할 수 있는 그 기대를 조성하는 기간이었다고 볼 수 있는 것이다. 복귀섭리의 역사가 아브라함으로부터 시작되었다고 하는 이유는 여기에 있는 것이다.

아브라함의 '상징헌제' 실수로 인하여 아담으로부터 아브라함에 이르기까지의 2천년 기간을 사탄에게 내주었으므로, 이 기간을 다시 하늘편으로 탕감복귀(蕩減復歸)하는 기간이 있어야 할 것이니, 그 기간이 바로 아브라함으로부터 예수님이 오실 때까지의 2천년 기간이다.

아브라함이 '상징헌제'에 실수하지 않았더라면 그 후손들에 의하여 세워졌을 '메시아를 위한 민족적인 기대' 위에 메시아가 오셨을 것이므로, 그때에 복귀섭리가 이루어졌을 것이다. 이와 마찬가지로 만일 유대민족이 예수님을 믿고 모시어서 그를 하나님 앞에 민족적인 산 제물로서 뜻맞게 세워 드렸더라면, 그때에도 그들이 세운 '메시아를 위한 민족적인 기대' 위에서 오신 바 메시아를 중심하고 복귀섭리는 완성될 수 있었던 것이다.

그러나 아브라함이 '상징헌제'에 실수한 것과 같이, 유대인들은 예수님을 십자가에 단리게 함으로써 그 민족적인 헌제(獻祭)에 실수하였기 때문에, 아브라함 이후 예수님까지의 2천년 기간은 또다시 사탄에게 내준 결과가 되고 말았다. 그러므로 사탄에게 내준 이 2천년 기간을 또다시 하늘편으로 탕감복귀(蕩減復歸)하는 2천년 기간이 필요하게 된 것이니, 이 기간이 바로 예수님 이후 오늘에 이르기까지의 2천년 기간인 것이다. 이 기간에는 예수님의 십자가에 의한 복귀섭리로써 기독교 신도들이 '재림주님을 위한 세계적인 기대'를 세우지 않으면 아니 된다.

2. 복귀섭리노정의 시대 구분

(1) 말씀에 의한 섭리로 본 시대 구분

㉠ 아담으로부터 아브라함까지의 2천년 기간은, 인간이 아직 복귀섭리를 위한 하나님의 말씀을 직접 받을 수 있는 탕감조건을 세우지 못한 시대였다. 그러므로 이 시대는 다만 타락인간이 헌제에 의한 탕감조건을 세움으로써 말씀에 의한 섭리를 하실 수 있는 다음 시대를 위한 기대(基臺)를 조성한 시대였기 때문에, 이 시대를 '말씀기대섭리시대(基臺攝理時代)'라고 한다.

㉡ 또 아브라함으로부터 예수님까지의 2천년 기간은, 구약(舊約)의 말씀에 의하여 인간의 심령(心靈)과 지능(知能)의 정도가 소생급(蘇生級)까지 성장한 시대였으므로, 이 시대를 '소생 구약시대(蘇生舊約時代)' 라고 한다.

㉢ 한편 예수님으로부터 재림기(再臨期)까지의 2천년 기간은, 신약(新約)의 말씀에 의하여 인간의 심령과 지능의 정도가 장성급(長成級)까지 성장하는 시대이므로, 이 시대를 '장성 신약시대(長成 新約時代)' 라고 한다.

㉣ 예수님 재림 이후의 복귀섭리완성시대(復歸攝理完成時代)는, 복귀섭리의 완성을 위하여 주시는 성약(成約)의 말씀에 의하여 인간의 심령과 지능의 정도가 완성급(完成級)까지 성장하는 시대이므로, 이 시대를 '완성 성약시대(完成 成約時代)' 라고 한다.

(2) 부활섭리로 본 시대 구분

㉠ 아담으로부터 아브라함까지의 2천년 기간은, 인간이 헌제(獻祭)로써 장차 부활섭리(復活攝理)를 하실 수 있는 구약시대(舊約時代)를 위한 기대를 조성한 시대였으므로, 이 시대를 '부활기대섭리시대(復活基臺攝理時代)' 라고 한다.

㉡ 아브라함으로부터 예수님까지의 2천년 기간은, 부활섭리의 시대적인 혜택과 구약의 말씀에 의하여 인간이 영형체급(靈形體級)까지 부활하는 시대였으므로, 이 시대를 '소생부활섭리시대(蘇生復活攝理時代)' 라고 한다.

㉢ 예수님으로부터 그의 재림기까지의 2천년 기간은, 복귀섭리의 시대적인 혜택과 신약의 말씀에 의하여 인간이 생명체급(生命體級)까지 부활하는 시대이므로, 이 시대를 '장성부활섭리시대(長成復活攝

理時代)'라고 한다.

㉣ 예수님 재림 이후의 복귀섭리완성시대(復歸攝理完成時代)는, 복귀섭리의 시대적인 혜택과 성약의 말씀에 의하여 인간이 생령체급(生靈體級)으로 완전 부활하는 시대이므로, 이 시대를 '완성부활섭리시대(完成復活攝理時代)'라고 한다.

(3) 믿음의 기간을 탕감복귀하는 섭리로 본 시대 구분

㉠ 아담으로부터 아브라함까지의 2천년 기간은, 사탄에게 내주었던 이 기간을 아브라함 한 분을 찾아 세움으로써 하늘 것으로 탕감복귀할 수 있는 구약시대를 위한 기대를 조성한 시대였으므로, 이 시대를 '탕감복귀기대섭리시대(蕩減復歸基臺攝理時代)'라고 한다.

㉡ 아브라함으로부터 예수님까지의 2천년 기간은, 아브라함의 헌제 실수로 인하여 사탄에게 내주었던 아담으로부터의 2천년 기간을 이스라엘 민족을 중심하고 다시 하늘 것으로 탕감복귀하는 시대였으므로, 이 시대를 '탕감복귀섭리시대(蕩減復歸攝理時代)'라고 한다.

㉢ 예수님으로부터 그의 재림기(再臨期)까지의 2천년 기간은, 예수님이 십자가에 돌아가심으로 말미암아서 사탄에게 내주었던 구약시대의 2천년 기간을 기독교 신도들을 중심하고 하늘 것으로 재탕감복귀(再蕩減復歸)하는 시대이므로, 이 시대를 '탕감복귀섭리연장시대(蕩減復歸攝理延長時代)'라고 한다.

㉣ 예수님 재림 이후의 복귀섭리완성시대(復歸攝理完成時代)는, 사탄에게 내주었던 복귀섭리의 전노정을 하늘 것으로 완전히 탕감복귀하는 시대이므로, 이 시대를 '탕감복귀섭리완성시대(蕩減復歸攝理完成時代)'라고 하는 것이다.

(4) 메시아를 위한 기대의 범위로 본 시대 구분

㉠ 아담으로부터 아브라함까지의 2천년 기간은, 헌제(獻祭)에 의하여 아브라함가정 하나를 찾아 세움으로써 '메시아를 위한 가정적인 기대'를 조성한 시대였으므로, 이 시대를 '메시아를 위한 가정적(家庭的)인 기대섭리시대(基臺攝理時代)'라고 한다.

㉡ 아브라함으로부터 예수님까지의 2천년 기간은, 구약(舊約)의 말씀에 의하여 이스라엘 민족을 찾아 세움으로써 '메시아를 위한 민족적인 기대'를 조성하는 시대였으므로, 이 시대를 '메시아를 위한 민족적(民族的)인 기대섭리시대(基臺攝理時代)'라고 한다.

㉢ 예수님으로부터 그의 재림기(再臨期)까지의 2천년 기간은, 신약(新約)의 말씀에 의하여 기독교 신도들을 세계적으로 찾아 세움으로써 '메시아를 위한 세계적인 기대'를 조성하는 시대이므로, 이 시대를 '메시아를 위한 세계적(世界的)인 기대섭리시대(基臺攝理時代)'라고 한다.

㉣ 예수님 재림 이후의 복귀섭리완성시대(復歸攝理完成時代)는, 성약(成約)의 말씀에 의하여 천주적인 섭리를 하심으로써 '메시아를 위한 천주적인 기대'를 완성해야 할 시대이므로, 이 시대를 '메시아를 위한 천주적(天宙的)인 기대섭리완성시대(基臺攝理完成時代)'라고 한다.

(5) 책임분담으로 본 시대 구분

㉠ 아담으로부터 아브라함까지의 2천년 기간은, 다음 구약시대에 하나님의 책임분담섭리(責任分擔攝理)를 하시기 위한 기대를 조성한 시대였으므로, 이 시대를 '책임분담기대섭리시대(責任分擔基臺攝理

時代)'라고 한다.

㉡ 아브라함으로부터 예수님까지의 2천년 기간은, 하나님께서 인간을 창조하신 바 원리적인 책임을 지심으로써 친히 사탄을 굴복시키는 제1차의 책임을 담당하시고 선지자(先知者)들을 대하시어 소생적(蘇生的)인 복귀섭리를 해 나오신 시대였으므로, 이 시대를 '하나님의 책임분담섭리시대(責任分擔攝理時代)'라고 한다.

㉢ 예수님으로부터 그의 재림기(再臨期)까지의 2천년 기간은, 타락의 장본인인 아담과 해와의 사명을 대신 완성해야 되었던 예수님과 성신(聖神)이 사탄을 굴복시키는 제2차의 책임을 지시고 타락인간을 대하시어 장성적(長成的)인 복귀섭리를 해 나오신 시대이므로, 이 시대를 '예수와 성신의 책임분담섭리시대(責任分擔攝理時代)'라고 하는 것이다.

㉣ 예수님 재림 이후의 복귀섭리완성시대(復歸攝理完成時代)는, 인간이 본래 천사까지도 주관하게 되어 있는 창조원리(創造原理)에 입각하여 지상과 천상에 있는 성도들이 타락한 천사인 사탄을 굴복시키는 제3차의 책임을 지고 복귀섭리를 완성해야 하는 시대이므로, 이 시대를 '성도(聖徒)의 책임분담섭리시대(責任分擔攝理時代)'라고 한다.

(6) 섭리적 동시성으로 본 시대 구분

㉠ 아담으로부터 아브라함까지의 2천년 기간은, '메시아를 위한 기대'를 복귀하는 탕감조건들을 상징적으로 세워 나온 시대였으므로, 이 시대를 '상징적 동시성(象徵的 同時性)의 시대'라고 한다.

㉡ 아브라함으로부터 예수님까지의 2천년 기간은, '메시아를 위한 기대'를 복귀하는 탕감조건들을 형상적으로 세워 나온 시대였으므로,

이 시대를 '형상적 동시성(形象的 同時性)의 시대'라고 한다.

㉢ 예수님으로부터 그의 재림기까지의 2천년 기간은, '메시아를 위한 기대'를 복귀하는 탕감조건들을 실체적으로 세워 나온 시대이므로, 이 시대를 '실체적 동시성(實體的 同時性)의 시대'라고 한다.

Ⅲ. 복귀섭리역사와 나

'나'라는 개성체(個性體)는 어디까지나 복귀섭리역사(復歸攝理歷史)의 소산(所産)이다. 따라서 나는 이 역사가 요구하는 목적을 이루어야 할 나인 것이다. 그러므로 나는 역사의 뜻 가운데 서야 하며, 그러기 위하여는 복귀섭리역사가 오랜 기간을 두고 종적으로 요구하여 나오고 있는 탕감조건(蕩減條件)들을 나 자신을 중심하고 횡적으로 찾아 세워야 하는 것이다. 그럼으로써 비로소 '나'는 복귀섭리역사가 바라는 결실체로서 설 수 있는 것이다. 따라서 우리는 이제까지의 역사노정에서 복귀섭리의 목적을 위하여 부름받았던 선지선열(先知先烈)들이 이루지 못한 시대적인 사명들을 이제 나를 중심하고 일대에서 횡적으로 탕감복귀하지 않으면 아니 된다. 그러지 않고서는 복귀섭리의 목적을 완수한 개체가 될 수 없는 것이다.

우리가 이러한 역사적인 승리자가 되기 위하여는, 선지선열들을 대하시던 하나님의 심정과 그들을 부르셨던 하나님의 근본 뜻, 그리고 그들에게 맡겨졌던 섭리적인 사명들이 과연 어떠한 것이었던가 하는 것을 상세히 알아야 한다. 그러나 타락인간(墮落人間)은 그 자신으로서 이러한 입장에 설 수 있는 사람은 하나도 없는 것이다. 그러므로 우리는 복귀섭리(復歸攝理)의 완성자로 오시는 재림주님을 통하여 그 모든 것들을 알고 또 그를 믿고 모시어 그와 하나가 됨으로써, 그와 함께 복귀섭리역사의 종적인 탕감조건들을 횡적으로 찾아 세운 입장에 서지 않으면 안 되는 것이다.

이와 같이 복귀섭리(復歸攝理)의 뜻을 이루기 위하여 왔다 간 모든 선인(先人)들이 걸었던 길은 오늘날의 우리들이 다시 되풀이하여서 걸어야 할 길인 것이다. 뿐만 아니라, 우리는 그들이 다 걷지 못하고 남기고 간 길까지도 모두 걸어야 한다. 그렇기 때문에 타락인간은 복귀섭리의 내용을 모르고서는 결코 생명의 길을 찾아 나아갈 수 없는 것이다. 우리들이 복귀섭리(復歸攝理)를 자세히 알아야 하는 이유는 실로 여기에 있는 것이다.

제 1 장 복귀기대섭리시대

제 1 절 아담가정을 중심한 복귀섭리

타락(墮落)은 비록 인간 자신의 잘못으로 되어진 것이지만, 하나님이 그 타락인간을 구원(救援)하시지 않을 수 없다는 데 대하여는 이미 전편 제3장 제2절 Ⅰ에서 논한 바 있다. 그러므로 '메시아를 위한 기대'를 세워 타락인간을 복귀(復歸)하시려는 섭리는 일찍이 아담가정으로부터 시작되었던 것이다.

이미 서론(緖論)에서 논한 바와 같이, 아담은 사탄과 혈연관계(血緣關係)를 맺었기 때문에 하나님도 대할 수 있고 사탄도 대할 수 있는 중간 위치(中間位置)에 처하게 되었던 것이다. 따라서 이와 같이 중간 위치에 처해 있었던 타락인간(墮落人間)을 하늘편으로 분립(分立)하여 '메시아를 위한 기대'를 조성하기 위하여는 타락인간 자신이 어떠한 탕감조건(蕩減條件)을 세워야만 했었다. 그러므로 아담가정이 '믿음의 기대'와 '실체기대(實體基臺)'를 복귀하는 탕감조건을 세우고, 그로써 이루어지는 '메시아를 위한 기대' 위에서 메시아를 맞는 데까지 나아가지 않으면 복귀섭리(復歸攝理)는 이루어질 수 없었던 것이다.

Ⅰ. 믿음의 기대

첫째로, '믿음의 기대'를 복귀하기 위하여는 그것을 탕감복귀(蕩減復歸)하기 위한 어떠한 조건물(條件物)이 있어야 한다. 원래 아담은 '믿음의 기대'를 세우기 위한 조건으로 주셨던 하나님의 말씀을 그의 불신으로 말미암아 잃어버리고 말았던 것이다. 이리하여 하나님의 말씀을 직접 받을 수 없는 자리에 떨어진 타락한 아담이 그 '믿음의 기대'를 복귀하기 위하여는, 그가 믿음으로써 말씀 대신의 어떠한 조건물을 하나님의 뜻에 합당하도록 세워야만 했던 것이다. 아담가정에서 세워야 했던 이 말씀 대신의 조건물은 제물(祭物)이었다.

둘째로, '믿음의 기대'를 복귀하기 위하여는 그 기대를 복귀할 수 있는 중심인물(中心人物)이 있어야 한다. 아담가정에 있어서 '믿음의 기대'를 복귀해야 했던 중심인물은 물론 아담 자신이었다. 그러므로 아담이 응당 제물을 바쳐야 하였던 것이고, 그가 이 제물을 합당하게 바치는가 바치지 못하는가에 따라 '믿음의 기대'의 조성 여부가 결정될 것이었다.

그러나 성서(聖書)의 기록을 보면, 아담이 제물을 바치지 못하고 가인과 아벨로부터 제물을 바쳤던 것이니 그 이유는 어디에 있었던가?

창조원리(創造原理)에 의하면 인간은 본래 한 주인을 대하도록 창조되었다. 그렇기 때문에 두 주인을 대하는 입장에 있는 존재를 상대로 하여 창조원리적인 섭리를 할 수는 없는 것이다. 만일 하나님께서 아담과 그 제물을 대하신다면, 사탄도 또한 아담과 혈연관계(血緣關係)가 있음을 조건삼아 이것들을 대하려고 할 것은 말할 것도 없는 것이다. 그렇게 된다면 결국 아담은 하나님과 사탄의 두 주인을 대하는 비원리적(非原理的)인 입장에 서게 된다. 하나님은 이와 같은 비원리적인 섭리를 하실 수 없으므로 선 악 두 성품의 모체가 된 아담을 선성품적(善性稟的)인 존재와 악성품적(惡性稟的)인 존재의 둘로 갈라 세우는 섭리를 하시지 않을 수 없었던 것이다. 이와 같은 목적을 위하여 하나님은 아담의 두 아들을 각각 선악(善惡)의 표시체로 분립시킨 후에 그들로 하여금 하나님과 사탄을 각각 대할 수 있는, 즉 한 주인 상대의 원리적인 입장에 세워 놓고 제각기 제물(祭物)을 바치게 하셨던 것이다.

그러면 가인과 아벨은 다 같이 아담의 자식인데 누구를 선의 표시체로서 하나님을 대할 수 있는 입장에 세우고, 또 누구를 악의 표시체로서 사탄을 대할 수 있는 입장에 세워야 할 것이었던가?

가인과 아벨은 다 함께 해와의 타락의 열매였다. 따라서 타락의 모체(母體)인 해와의 타락 경로에 의하여서 그것이 결정되어야 했던 것이다. 그런데 해와의 타락은 두 가지의 불륜(不倫)한 사랑의 행동으로 인하여 성립되었었다. 즉 첫째 번은 천사장(天使長)과의 사랑으로 인한 영적 타락(靈的 墮落)이었으며, 둘째 번은 아담과의 사랑으로 인한 육적 타락(肉的 墮落)이었던 것이다.

물론 이것들은 모두 똑같은 타락행위(墮落行爲)임에는 틀림이 없다. 그러나 이 둘 가운데서 어느 것이 보다 원리적이며 보다 용서받을 수 있는 행위인가를 가려 본다면, 첫째 번의 사랑에 의한 타락행위보다는 둘째 번의 사랑에 의한 타락행위라고 보지 않을 수 없는 것이다. 왜냐하면 첫째 번의 타락행위가 하나님과 같이 눈이 밝아지려고 한, 즉 때 아닌 때에 때의 것을 바라는 과분한 욕망이 동기가 되어(창 3 : 5) 비원리적 상대인 천사장과 관계를 맺었던 것임에 비하여, 둘째 번의 타락행위는 첫째 번의 행위가 불륜한 것이었음을 깨닫고 다시 하나님편으로 돌아가고자 하였던 심정이 동기가 되어, 아직 하나님이 허락하신 때는 아니었다 할지라도 원리적 상대인 아담과 관계를 맺었던 것이기 때문이다(전편 제2장 제2절 II).

그런데 가인과 아벨은 모두 해와의 불륜한 사랑의 열매인 것이다. 따라서 해와를 중심하고 맺어진 두 형의 불륜한 사랑의 행위들을 조건으로 가름하여 가인과 아벨을 각각 상이(相異)한 두 표시적 입장에 세울 수밖에 없었던 것이다. 즉 가인은 사랑의 첫 열매이므로 그 첫째 번 것이었던 천사장(天使長)과의 사랑으로 인한 타락행동을 표징(表徵)하는 악의 표시체로서 사탄을 대할 수 있는 입장에 세워졌고, 아벨은 사랑의 둘째 열매이므로 그 둘째 번 것이었던 아담과의 사랑으로 인한 타락행동을 표징하는 선의 표시체로서 하나님을 대할 수 있는 입장에 세워졌던 것이다.

하나님이 창조하신 원리의 세계를 사탄이 먼저 점유하였었기 때문에 하나님에 앞서 사탄이 먼저 비원리적인 입장에서 그 원리형(原理型)의 세계를 이루어 나아가게 되었던 것이다. 그런데 원래 하나님이 맏이를 세워서 장자(長子)의 기업(基業)을 계승시키려고 하셨던 원리적인 기준이 있었기 때문에 사탄도 둘째 것에보다도 맏것에 대한 미련이 더욱 컸었던 것이다. 거기에다 사탄은 그때 이미 피조세계(被造世界)를 점유한 입장에 있었기 때문에 보다 미련이 컸던 장자 가인을 먼저 취하려 하였다. 따라서 하나님은 사탄이 미련을 갖고 대하는 가인보다도 아벨을 대하셨던 것이다.

이에 대한 실례를 우리는 성서에서 찾아보기로 하자. 하나님은 가인에게 네가 선을 행하면 어찌 낯을 들지 못하겠느냐 선을 행치 아니하면 죄(사탄)가 문에 엎드리느니라(창 4 : 7)고 말씀하셨다. 이것을 보면 가인은 사탄의 상대적인 입장에 세워져 있었던 것이 사실임을 알 수 있다.

이스라엘 민족의 출애급시(出埃及時)에 애급민족뿐만 아니라 그들의 모든 생축(牲畜)까지도 맏것은 모조리 쳤던 것이니(출 12 : 29), 그것들은 모두 가인의 입장으로서 사탄의 대상이었기 때문이다. 한편 이스라엘 민족이 가나안으로 복귀할 때에는 차자 아벨의 입장이었던 레위의 손(孫)만이 법궤(法櫃)를 메고 갔었다(신 31 : 25).

그리고 창세기 25장 23절을 보면, 하나님은 아직도 출생 전 복중의 태아(胎兒)들이었던 장자(長子) 에서를 미워하고 차자(次子) 야곱을 사랑하셨다는 기록이 있다. 이것은 장 · 차자라는 명분만으로써 그들은 이미 각각 가인과 아벨의 입장에 있었기 때문이다. 야곱이 그의 손자 에브라임과 므낫세를 동시에 축복할 때에, 차자 에브라임을 우선적으로 축복하기 위하여 손을 엇바꾸어서 축복하였던 것도(창 48 : 14) 역시 에브라임이 아벨의 입장이었기 때문이다.

이러한 원리에 의하여서 하나님과 사탄을 각각 한 주인으로서 대할 수 있는 위치에 아벨과 가인을 세워 놓고 제물을 바치게 하셨던 것이다(창 4 : 3~5).

그런데 하나님은 아벨의 제물(祭物)은 받으시고 가인의 제물은 받지 않으셨으니, 그 이유는 어디 있었던가? 아벨은 하나님이 취하실 수 있는 상대적인 입장에서 믿음으로 하나님의 뜻에 합당하도록 제물을 바쳤기 때문에(히 11 : 4) 하나님은 그것을 받으셨다(창 4 : 4). 그리하여 아담가정이 세워야 할 '믿음의 기대'는 이루어지게 되었던 것이다. 이것은 비록 타락인간이라 할지라도 하나님이 취하실 수 있는 조건만 성립되면 하나님께서는 그것을 용납(容納)하신다는 것을 교시(教示)하시기 위함이기도 하였다.

그리고 하나님이 가인의 제물을 받지 않으셨던 것은 가인이 미워서가 아니었다. 다만 가인은 사탄이 취할 수 있는 상대적인 입장에 세워졌었으므로 하나님이 그 제물을 취하실 수 있는 어떠한 조건을 가인 자신이 세우지 않는 한 하나님은 그것을 취하실 수 없었기 때문이었다. 하나님은 이것으로써 사탄의 상대적인 입장에 있는 사람이 하나님편으로 돌아가려면 반드시 그 자신이 어떠한 탕감조건(蕩減條件)을 세우지 않으면 아니 된다는 것을 교시하신 것이다.

그러면 가인은 어떠한 탕감조건을 세워야 하였던가? 그것은 바로 '타락성을 벗기 위한 탕감조건' 이었는데, 이에 관하여는 아래에서 자세히 밝히기로 하겠다.

II. 실체기대

아담가정에 '실체기대(實體基臺)' 가 세워지기 위하여는, 가인이 '타락성을 벗기 위한 탕감조건' 을 세움으로써 하나님이 그의 헌제(獻祭)를 기뻐 받으실 수 있어야 했던 것이다. 그러면 '타락성을 벗기 위한 탕감조건' 은 어떻게 세워야 하였던가?

인간 시조(始祖)는 천사장(天使長)으로 말미암아 타락되어 그로부터 타락성(墮落性)을 계승하게 되었으므로, 타락인간이 그 타락성을 벗기 위하여는 탕감복귀원리(蕩減復歸原理)에 의하여 아래에 기록되어 있는 바와 같이 그 타락성본성(墮落性本性)을 가지게 되었던 것과 반대의 경로를 취하는 탕감조건을 세우지 않으면 아니 되었던 것이다.

천사장이 하나님의 사랑을 더 많이 받고 있던 아담을 사랑하지 못함으로써 타락되었기 때문에 '하나님과 같은 입장을 취하지 못하는 타락성' 이 생겼다. 그러므로 이 타락성을 벗기 위하여는 천사장의 입장에 있는 가인이 아담의 입장에 있는 아벨을 사랑하여서 하나님의 입장과 같은 입장을 취해야만 되었던 것이다.

그리고 천사장(天使長)이 하나님에게 더 가까웠던 아담을 중보(仲保)로 세워 그를 통하여 하나님의 사랑을 받으려 하지 않고, 도리어 아담의 위치를 취하려다가 타락되었기 때문에 '자기 위치를 떠나는 타락성' 이 생겼다. 그러므로 이 타락성을 벗기 위하여는 천사장의 입장에 있는 가인이 아담의 입장에 있는 아벨을 중보로 세워, 그를 통하여 하나님의 사랑을 받는 입장을 취함으로써 자기 위치를 지켜야 했던 것이다.

그리고 천사장은 자기를 주관해야 할 인간, 즉 해와와 아담을 역주관(逆主管)함으로써 타락되었기 때문에 '주관성을 전도(顚倒)하는 타락성' 이 생겼다. 따라서 인간이 이 타락성을 벗기 위하여는 천사장의 입장에 있는 가인이 아담의 입장에 있는 아벨에게 순종굴복(順從屈伏)하여 그의 주관을 받는 입장에 섬으로써 주관성의 법도(法度)를 바로 세워야 했던 것이다.

선악과(善惡果)를 따먹지 말라는 선한 뜻을 하나님은 아담에게 전하고, 아담은 또 해와에게 전하고, 해와는 다시 천사장에게 전하여 선을 번식해야 할 것이었다. 그러나 이와는 반대로 천사장은 따먹어도 좋다는 불의(不義)의 뜻을 해와에게 전했고, 또 해와는 그것을 아담에게 전함으로써 타락되었기 때문에 '죄를 번식하는 타락성' 이 생겼다. 그러므로 이 타락성을 벗기 위하여는, 천사장의 입장에 있는 가인이 자기보다도 하나님 앞에 더욱 가까이 서 있는 아벨의 상대적인 입장을 취하여 아벨로부터 선의 뜻을 전해 받음으로써 선을 번식하는 입장을 조성해야 했던 것이다.

우리는 여기에서 가인 아벨의 헌제(獻祭)와 상통되는 몇 가지의 실례(實例)를 들어 보기로 하자.

우리의 개체를 두고 생각해 볼 때, 선을 지향하는 마음(롬 7 : 22)

은 아벨의 입장이요, 죄의 법을 섬기는 몸(롬 7 : 25)은 가인의 입장인 것이다. 따라서 몸은 마음의 명령에 순종굴복(順從屈伏)해야만 우리 개체는 선화(善化)될 수 있다. 그러나 실제로는 몸이 마음의 명령에 반역(反逆)하여 마치 가인이 아벨을 죽인 것과 같은 입장을 반복하기 때문에 개체는 악화(惡化)되는 것이다. 따라서 도(道)의 생활은 마치 아벨에게 가인이 순응해야 했듯이 하늘 뜻을 지향하는 마음의 명령에 몸을 순응케 하는 생활이라고도 할 수 있다.

그리고 인간은 타락(墮落)되어 만물보다도 거짓된(렘 17 : 9) 입장에 떨어졌으므로 만물을 아벨의 입장에 세워 놓고 그것을 통하여서만 하나님 앞에 나아갈 수 있었던 것이니, 이것이 바로 헌제(獻祭)였다. 인간이 항상 좋은 지도자나 친구를 찾으려고 하는 것은, 결과적으로 볼 때 보다 하늘편에 가까운 아벨형의 존재를 찾아 그와 하나됨으로써 하늘 앞에 가까이 서고자 하는 천심(天心)에서 일어나는 행위인 것이다.

그리고 온유겸손(溫柔謙遜)이 기독교 신앙의 강령이 된 것은, 일상생활 가운데서 자기도 모르게 아벨형의 인물을 만나 그를 통하여 하늘 앞에 설 수 있는 위치를 확보하게 하기 위함이다. 개인에서부터 가정, 사회, 민족, 국가, 세계에 이르기까지 거기에는 반드시 가인과 아벨의 두 형의 존재가 있다. 그렇기 때문에 이와 같은 모든 것을 창조본연(創造本然)의 입장으로 복귀하기 위하여는 반드시 가인형의 존재가 아벨형의 존재에게 순종굴복하지 않으면 아니 되는 것이다. 예수님은 전인류가 그에게 순종굴복해야 할 아벨적인 존재로서 이 세상에 오셨던 분이었다. 따라서 그로 말미암지 않고는 천국에 들어갈 자가 없는 것이다(요 14 : 6).

만일 아담가정에서 가인이 아벨에게 순종굴복함으로써 '타락성을 벗기 위한 탕감조건'을 세웠더라면 그들은 이미 조성된 '믿음의 기대' 위에 '실체기대(實體基臺)'를 세워, 이 두 기대로써 이루어지는 '메시아를 위한 가정적인 기대' 위에서 메시아를 맞음으로써 창조본연의 사위기대(四位基臺)를 복귀하였을 것이었다. 그런데 가인이 아벨을 죽임으로써 천사장(天使長)이 인간을 타락케 하였던 타락성본성(墮落性本性)을 반복하게 되어 아담가정이 세워야 했던 '실체기대'는 세워지지 않았다. 따라서 아담가정을 중심한 복귀섭리는 이루어지지 않았다.

Ⅲ. 아담가정에 있어서의 메시아를 위한 기대와 그의 상실

'메시아를 위한 기대'는 '믿음의 기대'를 탕감복귀(蕩減復歸)한 터위에서 '실체기대'를 세움으로써 이루어진다. 그리고 헌제라는 관점에서 보면, '믿음의 기대'는 '상징헌제(象徵獻祭)'를 뜻맞게 드림으로써 복귀되고, '실체기대'는 '실체헌제(實體獻祭)'를 뜻맞게 드림으로써 이루어지는 것이라고도 볼 수 있다. 그러면 이제 '상징헌제' 및 '실체헌제'의 의의와 그 목적이 무엇인가를 알아보기로 하자.

하나님의 창조목적(創造目的)인 3대 축복(三大祝福)은 아담과 해와가 각각 개성을 완성하여 부부를 이루어야 하고, 다음으로는 자녀를 번식하여 가정을 이루어야 하며, 더 나아가 그들이 만물을 주관하게 됨으로써 이루어지게 되어 있었다. 그러나 타락으로 인하여 그 3대 축복이 이루어지지 않았으므로, 그것을 복귀하기 위하여는 그와 반대의 경로를 따라 먼저 만물을 복귀하기 위한 탕감조건(蕩減條件)과 인간을 복귀하기 위한 상징적인 탕감조건을 동시에 세워 주는 '상징헌제'를 드림으로써 '믿음의 기대'를 세워야 한다. 다음으로는 자녀를 복귀하고 그 위에 부모를 복귀하기 위한 탕감조건을 동시에 세워 주는 '실체헌제'를 드림으로써 '실체기대'를 세워 가지고 '메시아를 위한 기대'를 조성해야 된다. 그러므로 우리는 '상징헌제'의 의의와 그 목적을 두 가지로 갈라서 생각할 수 있다.

이미 타락론(墮落論)에서 논술한 바와 같이, 사탄이 타락인간(墮落人間)을 주관하게 됨으로 인하여 그는 인간이 주관해야 할 만물세계(萬物世界)까지도 주관하게 되었던 것이다. 성서에 만물이 탄식한다고 기록되어 있는 원인은 여기에 있다(롬 8 : 22). 그러므로 만물로써 '상징헌제(象徵獻祭)'를 드리는 첫째 목적은 하나님의 상징적 실체대상인 만물을 복귀하기 위한 탕감조건(蕩減條件)을 세우려는 데 있는 것이다.

그리고 인간은 타락으로 인하여서 만물보다도 거짓된 자리에 떨어졌으므로(렘 17 : 9), 이러한 인간이 하나님 앞으로 나아가기 위하여는 창조원리적(創造原理的)인 질서에 준하여 자기보다도 하나님 앞에 더 가까이 있는 존재인 만물을 통하지 않으면 아니 된다. 따라서 '상징헌제'를 드리는 둘째의 목적은 실체 인간을 하나님 앞에 복귀하기 위한 상징적인 탕감조건을 세우려는 데 있는 것이다.

다음으로 '실체헌제(實體獻祭)'는 어디까지나 내적인 헌제이므로 만물과 인간의 창조의 순서가 그러했듯이 외적인 '상징헌제'를 뜻맞게 드린 기대(基臺) 위에서만 이루어지게 된다. 그러므로 '상징헌제'를 뜻맞게 드림으로써 만물을 복귀하기 위한 탕감조건과 인간을 복귀하기 위한 상징적인 탕감조건을 동시에 세운 후에, 이 기대 위에서 다시 인간을 실체적으로 복귀하기 위한 탕감조건으로서 '실체헌제'를 드려야 하는 것이다.

'실체헌제(實體獻祭)'는 실체 인간을 복귀하기 위하여 '타락성을 벗기 위한 탕감조건'을 세우는 것을 의미하는 것이다. 그리하여 가인적인 존재가 아벨적인 존재를 실체로 헌제하여 자녀를 복귀하기 위한 탕감조건(蕩減條件)을 세우게 되면, 그것이 바로 아래에 해명되어 있는 바와 같이 부모를 복귀하기 위한 탕감조건으로도 세워지게 되기 때문에 '실체헌제'는 뜻맞는 헌제가 되는 것이다.

아담가정이 '메시아를 위한 기대'를 이루기 위하여는 아담 자신이 먼저 '상징헌제(象徵獻祭)'를 하여 '믿음의 기대'를 세워야 할 것이었다. 그러나 위에서 이미 논술한 바와 같이, 아담부터 헌제를 하지 못하였던 것은 아담이 헌제를 하면 그 제물은 하나님과 사탄의 두 주인이 대하게 되어 비원리적인 입장에 서게 되기 때문이었다.

그밖에도 여기에는 심정적인 면에서의 이유가 또 한 가지 있다. 타락한 아담은 사실상 하나님에게 천추만대(千秋萬代)에 이르는 슬픔을 안기어 드린 죄악의 장본인이었다. 그렇기 때문에 그는 하나님이 직접 대하시어 복귀섭리(復歸攝理)를 하실 수 있는 심정적인 대상이 될 수가 없었던 것이다. 따라서 하나님은 아담 대신으로 그의 차자(次子) 아벨을 세워서 '상징헌제'를 드리게 하셨다. 이렇게 하여 먼저 만물을 복귀하기 위한 탕감조건과 또 인간을 복귀하기 위한 상징적인 탕감조건을 동시에 세운 기대 위에서, 가인과 아벨이 '실체헌제'로써 자녀를 복귀하기 위한 탕감조건을 세웠더라면, 부모 된 아담은 그 '실체기대(實體基臺)' 위에 서게 되어 '메시아를 위한 기대'는 그때에 이루어졌을 것이다.

그런데 '타락성을 벗기 위한 탕감조건'을 세우는 것으로써 '실체헌제'를 하기 위하여서는 그 헌제의 중심인물(中心人物)이 결정되어야 하는 것이다. 그러므로 아벨의 '상징헌제'에는 아담 대신으로 '믿음의 기대'를 세우기 위한 것과 또 아벨을 '실체헌제'의 중심인물로 결정하기 위한 것의 두 가지 목적이 있었다는 것을 알아야 한다.

'타락성을 벗기 위한 탕감조건'은 가인이 세워야 했었는데 이것이 어찌하여 아담가정 전체가 세우는 결과가 될 수 있는가 하는 것을 우리는 알아야 한다.

그것은 마치 인간 조상이 하나님의 말씀에 순종함으로써 하나님의 뜻이 이루어졌을 것이었고, 또 유대인들이 예수님을 믿음으로써 예수님의 뜻이 이루어졌을 것이었던 것과 마찬가지로, 가인이 아벨에게 순종굴복하여 '타락성을 벗기 위한 탕감조건'을 세움으로써 가인과 아벨이 다 함께 자녀로서 '타락성을 벗기 위한 탕감조건'을 세운 입장에 서게 되어 있었던 것이다.

한편 또 가인과 아벨은 선악(善惡)의 모체인 아담을 분립한 존재들이었기 때문에, 그들이 '타락성을 벗기 위한 탕감조건'을 세워 사탄을 분립하였더라면 그 부모 된 아담은 사탄을 분립한 그 입장에서 먼저 '실체기대(實體基臺)' 위에 서게 되어 '메시아를 위한 기대'를 이루었을 것이다. 이와 같이 부모를 복귀하기 위한 탕감조건은 '상징헌제(象徵獻祭)'와 '실체헌제(實體獻祭)'로써 세워지는 것이다.

그런데 아벨이 뜻맞는 헌제를 함으로써 아담을 중심한 '믿음의 기대'를 탕감복귀(蕩減復歸)하는 조건과 '실체헌제'를 드리기 위한 중심인물로서의 아벨의 입장은 세워졌었다. 그러나 가인이 아벨을 죽임으로 말미암아서 그들은 천사장(天使長)이 해와를 타락시킨 것과 같은 입장에 다시 서게 되었던 것이다. 그리하여 '타락성을 벗기 위한 탕감조건'을 세울 수 없게 됨으로써 '실체헌제'에 실패하여 '실체기대'를 세우지 못하게 됨에 따라 '메시아를 위한 기대'를 조성하지 못하게 되었기 때문에, 아담가정을 중심한 복귀섭리는 이루어질 수 없었던 것이다.

Ⅳ. 아담가정이 보여 준 교훈

아담가정을 중심한 복귀섭리(復歸攝理)의 실패는 결과적으로, 첫째 뜻 성사(成事)에 대한 하나님의 예정과 인간책임분담(人間責任分擔)에 대한 하나님의 태도가 어떠하셨던가 하는 것을 보여 주셨다. 원래 뜻 성사에 대한 하나님의 예정은 반드시 하나님의 책임분담과 인간의 책임분담이 합하여서만 이루어지게 되어 있는 것이다. 그러므로 가인이 아벨을 통하여 헌제(獻祭)하는 것은 그들의 책임분담에 해당하는 것이었기 때문에 하나님은 그들에게 어떻게 헌제해야 된다는 것을 교시할 수는 없었던 것이다.

둘째, 가인이 아벨을 죽였으나 그 후 하나님이 아벨 대신 셋을 세워 새로운 섭리를 하신 것으로써 뜻에 대한 하나님의 예정은 절대적인 것이고 인간에 대한 그의 예정은 상대적이라는 것을 보여 주셨다. 하나님은 그의 책임분담에 대하여 아벨이 그 자신의 책임분담을 완수함으로써만 그가 '실체헌제(實體獻祭)'의 중심인물이 되도록 예정하신 것이었다. 그러므로 아벨이 그의 책임분담을 완수하지 못한 입장에 서게 되었을 때 하나님은 그 대신 셋을 세우시어 절대적인 것으로 예정되어 있는 뜻을 이루어 나아가셨던 것이다.

셋째, 가인과 아벨의 헌제로써 타락인간은 항상 아벨적인 존재를 찾아 그에게 순종굴복해야만 하늘이 요구하는 뜻을 자기도 알지 못하는 가운데서 이루어 나아갈 수 있다는 것을 보여 주셨다.

한편 아담가정을 중심하고 이루려 하셨던 것과 동일한 섭리(攝理)는 인간의 불신으로 말미암아 그 후 계속 반복되어 내려왔다. 따라서 이 노정은 오늘날의 우리 자신들도 걸어야 할 탕감노정(蕩減路程)으로 그대로 남아져 있기 때문에, 아담가정을 중심한 복귀섭리(復歸攝理)는 오늘 우리들에게까지도 전형적(典型的)인 산 교훈이 되고 있는 것이다.

제 2 절 노아가정을 중심한 복귀섭리

가인이 아벨을 죽임으로써 아담가정을 중심한 복귀섭리는 이루어지지 않았다. 그러나 창조목적(創造目的)을 완성하시려는 하나님의 뜻은 변할 수 없는 것으로서 절대적인 것으로 예정하시고 이루시는 것이므로, 하나님은 아벨이 하늘을 대하여 충성했던 그 심정(心情)의 터전 위에서 그의 대신으로 셋을 세우셨다(창 4 : 25). 그리하여 그 후손에서 노아의 가정을 택하시사 아담가정의 대신으로 세우시어 새로운 복귀섭리를 하셨던 것이다.

창세기 6장 13절에 모든 혈육 있는 자의 강포가 땅에 가득하므로 그 끝날이 내 앞에 이르렀으니 내가 그들을 땅과 함께 멸하리라고 하신 말씀대로 홍수심판(洪水審判)을 하신 것을 보면 그때도 말세(末世)였던 것이 분명하다. 왜냐하면 홍수심판 후 노아가정을 터로 하여 메시아를 보내심으로써 창조목적을 완성하려 하셨기 때문이다. 그러므로 노아가정도 먼저 '믿음의 기대'를 복귀하는 탕감조건(蕩減條件)을 세우고, 다음으로 그 기대 위에서 '실체기대(實體基臺)'를 복귀하는 탕감조건을 세움으로써 아담가정이 복귀하지 못하였던 '메시아를 위한 기대'를 탕감복귀(蕩減復歸)하지 않으면 아니 되었던 것이다.

Ⅰ. 믿음의 기대

1. 믿음의 기대를 복귀하는 중심인물

노아가정을 중심한 복귀섭리(復歸攝理)에 있어서 '믿음의 기대'를 복귀해야 할 중심인물(中心人物)은 노아였다. 그러므로 하나님은 아담으로 이루시려다 못 이루신 뜻을 대신 이루시기 위하여 아담으로부터 1600년을 지나 10대 만에 노아를 부르셨다. 그렇기 때문에 하나님은 일찍이 아담에게 축복하셨던 것(창 1 : 28)과 마찬가지로 노아에 대해서도 '생육하고 번성하라'고 축복하셨던 것이다(창 9 : 7). 이러한 의미에서 노아는 제2 인간 조상이 된다.

노아는 온 땅이 하나님 앞에 패괴(悖壞)하여 강포(强暴)가 땅에 충만한 때에 부름을 받아 (창 6 : 11), 120년 간이나 갖은 조롱과 비소를 받아 가며 하나님의 명령에만 절대 순종하여 평지도 아닌 산꼭대기에 방주(方舟)를 지었다. 그 때문에 하나님은 이것을 조건삼아 노아가정을 중심하고 홍수심판(洪水審判)을 감행하실 수 있었던 것이다. 이러한 의미에서 노아는 제1 믿음의 조상인 것이다. 우리는 아브라함을 믿음의 조상으로 알고 있지만, 원래는 노아가 되어야 할 것이었는데 아래에 기록되어 있는 바와 같이 그의 아들 함의 범죄로 인하여 노아의 믿음의 조상으로서의 사명은 아브라함에게로 옮겨졌던 것이다.

아담은 '믿음의 기대'를 복귀해야 할 중심인물이었음에도 불구하고, 앞서 설명한 바와 같은 이유로 말미암아 자기가 직접 헌제를 하지 못하였던 것이다. 그러나 노아는 이미 아벨이 '상징헌제(象徵獻祭)'를 뜻맞게 드림으로써 하늘을 대하여 충성(忠誠)했던 그 심정(心情)의 터 위에서 부름을 받았고, 그는 또 혈통적으로 보더라도 아벨 대신 택함을 받은 셋(창 4 : 25)의 후손이었으며, 뿐만 아니라 그의 위인(爲人)도 하나님이 보시기에 의인(義人)이었기 때문에(창 6 : 9) 그는 방주를 지어 그것으로써 직접 하나님에게 '상징헌제'를 드릴 수 있게 되었던 것이다.

2. 믿음의 기대를 복귀하기 위한 조건물

노아가 '믿음의 기대'를 복귀하기 위한 조건물(條件物)은 방주(方舟)였다. 그러면 그 방주의 의의는 무엇이었던가? 노아가 아담 대신 제2 인간 조상의 입장에 서기 위하여는 아담의 타락으로 말미암아 사탄에게 내주었던 천주(天宙)를 탕감복귀하기 위한 조건을 세워야 한다. 따라서 신천주(新天宙)를 상징하는 어떠한 조건물을 제물로서 하나님 앞에 뜻맞게 바치지 않으면 아니 되었던 것이다. 이러한 조건물로 세웠던 것이 바로 방주였다.

방주는 3층으로 지었는데, 그 이유는 3단계의 성장과정을 통해서 창조된 천주를 상징하기 위함이었다. 한편 방주에 들어간 노아의 식구가 여덟이었던 것은, 노아가 아담 대신의 입장이었으므로 일찍이 사탄에게 내주었던 아담가정의 여덟 식구를 탕감복귀하기 위함이었다. 방주가 천주를 상징하는 것이기 때문에 그 안에 주인으로 들어간 노아는 하나님을 상징하였고, 그의 식구들은 전인류(全人類)를 상징하였으며, 그 안에 들어간 동물들은 만물세계 전체를 상징했던 것이다.

이와 같이 방주가 완성된 후에 하나님께서 40일 간의 홍수심판(洪水審判)을 하셨는데, 이 심판의 목적은 무엇이었던가? 창조원리(創造原理)에 의하면 인간은 한 주인을 대하도록 창조되었기 때문에, 음란(淫亂)에 빠져서 이미 사탄을 대하고 있는 인류를 하나님이 또 하나의 주인의 입장에서 대하시어 비원리적인 섭리를 하실 수는 없었던 것이다. 그러므로 하나님만이 대하시어 섭리하실 수 있는 대상을 세우시기 위하여 사탄의 상대가 되어 있는 전인류를 멸하시는 홍수심판의 섭리를 하셨던 것이다.

그러면 심판기간(審判期間)을 40일로 정하신 이유는 어디 있었던가? 후편 제3장 제2절 Ⅳ에서 논술하는 바, 10수는 귀일수(歸一數)인 것이다. 그러므로 하나님이 아담 이후 10대 만에 노아를 찾아 세우셨던 목적은, 아담을 중심하고 이루지 못하였던 뜻을 노아를 중심하고 탕감복귀하여 하나님에게로 재귀일(再歸一)시키기 위한 10수 복귀의 탕감기간(蕩減期間)을 세우시려는 데 있었던 것이다. 그러므로 하나님은 사위기대(四位基臺)의 목적을 이루시기 위하여, 4수를 복귀하는 탕감기간으로써 각 대(代)를 세우시는 섭리를 노아에 이르기까지 10대에 걸쳐서 계속하여 오셨던 것이다. 따라서 아담으로부터 노아까지의 기간은 40수를 복귀하기 위한 탕감기간이었던 것이다. 그런데 당시의 인간들의 음란으로 말미암아 이 40수 탕감기간이 사탄의 침범을 당하였기 때문에, 하나님은 노아 방주(方舟)를 중심하고 사위기대를 완성하는 섭리를 다시 하시기 위하여, 사탄의 침범을 당한 이 40수를 복귀하는 탕감기간으로 40일 심판 기간을 세워 가지고 '믿음의 기대'를 복귀하려 하셨던 것이다.

이와 같이 되어 40수는 그 후의 탕감복귀섭리노정(蕩減復歸攝理路程)에 있어서 '믿음의 기대'를 복귀하기 위한 사탄 분립수로 필요하게 되었다. 그 예를 들면, 노아 심판(審判) 40일을 비롯하여 노아에서 아브라함까지의 400년, 이스라엘 민족의 애급 고역(埃及苦役) 400년, 모세의 두 차례에 걸친 금식기도(禁食祈禱) 40일, 가나안 정탐기간(偵探期間) 40일, 이스라엘 민족의 광야 표류(曠野漂流) 40년,

사울왕 다윗왕 솔로몬왕의 재위기간(在位期間) 각 40년, 엘리야 금식 40일, 니느웨 멸망에 관한 요나의 예언(豫言) 40일, 예수님의 금식기도 40일과 부활기간(復活期間) 40일 등은 모두 사탄을 분립하는 탕감기간이었던 것이다.

한편 성경을 보면 그 심판이 끝날 때에 노아가 방주(方舟)에서 까마귀와 비둘기를 내보냈다는 기록이 있는데, 이것을 통하여서 하나님은 장차 이루실 어떠한 섭리를 예시(豫示)하셨던가를 알아보기로 하자. 왜냐하면 아모스 3장 7절을 보면, 여호와께서는 자기의 비밀을 그 종 선지자들에게 보이지 아니하시고는 결코 행하심이 없으시리라고 말씀하셨기 때문이다.

방주를 하나님의 뜻 앞에 합당한 것으로 세움으로써, 천주(天宙)를 복귀하기 위한 탕감조건(蕩減條件)을 세우는 심판 40일 기간은 천지창조(天地創造)의 이상(理想)이 실현될 때까지의 혼돈기간(창 1 : 2)에 해당되는 기간이었다. 따라서 40일이 끝날 때에 방주를 중심하고 나타내 보이셨던 행사는 하나님이 천지창조를 완료한 이후의 전역사노정(全歷史路程)을 상징적으로 표시하는 것이다.

그러면 까마귀를 방주에서 내보내어 물이 마를 때까지 왕래하게 하신 것은(창 8 : 6~7) 무엇을 예시하신 것이었던가?

이것은 마치 인간 창조 직후에 천사장(天使長)이 해와의 사랑을 노렸었고, 또 가인과 아벨이 헌제(獻祭)를 할 때에도 사탄이 그들에게 침범할 기회를 엿보고 있었던 것과 같이(창 4 : 7), 홍수심판(洪水審判)이 끝날 무렵에도 사탄은 노아가정에 무슨 침범할 조건이 없는가 하고 엿보고 있었다는 것을 까마귀가 어디에 앉을 곳이 없는가 하고 물 위를 찾아 헤매는 모양으로써 표시하신 것이었다.

다음으로 노아가 비둘기를 방주(方舟) 밖으로 세 번 내보낸 것은 무엇을 예시하신 것이었던가?

성서에는 물이 준 것을 알아보기 위하여 비둘기를 내보낸 것으로 기록되어 있다. 그러나 단순히 그것만이 목적이었다면 비둘기를 내보내지 않고 창문으로 직접 내다보아도 알 수 있었을 것이고, 설혹 그 문들이 모두 봉해져 있었다 하더라도 비둘기가 나갈 수 있는 구멍으로 내다보아서도 알 수 있었을 것이다. 그러므로 비둘기를 내보냈던 목적은 물이 준 것을 알려고 했던 것보다 더욱 중요한 데 있었으리라는 것을 미루어 알 수 있다. 이제 우리는 여기에 숨겨 있는 하나님의 섭리의 뜻이 무엇인가를 알아야겠다.

하나님이 노아를 통하여 홍수심판(洪水審判)이 있을 것을 선포하신지 7일 후에(창 7 : 10) 홍수가 시작되어 40일 심판기간이 지난 후에 첫번 비둘기를 내보냈다. 그런데 이 비둘기는 물 위를 왕래하다가 발붙일 곳이 없어서 다시 방주로 돌아가니, 노아가 그것을 받아들였다고 기록되어 있는 것이다(창 8 : 9).

이 첫번 비둘기는 첫 아담을 상징한 것이었다. 따라서 이 말씀은 창세 전(創世前)부터 하나님 안에 있었던 그의 창조이상(創造理想)이 아담이라는 완성실체(完成實體)로 실현되기를 원하시어 그를 지상에 창조하셨던 것인데, 그가 타락(墮落)되었기 때문에 그를 중심하고는 지상에 그 창조이상을 실현할 수 없게 되어, 하나님은 할수없이 그의 뜻 성사를 후일로 미루시고 그 이상(理想)을 일시 지상으로부터 거두어 들이셨다는 것을 의미한 것이었다.

그다음에 7일을 지나 노아는 다시 그 비둘기를 내보냈다. 그러나 그때에도 역시 물이 다 마르지 않았기 때문에 지상에 내려앉지를 못하고, 다음에는 앉을 수 있다는 표시로서 다만 감람나무 잎사귀를 입에 물고 다시 방주로 되돌아왔다는 것이다(창 8 : 10~11).

둘째 번으로 내보낸 이 비둘기는 창조이상(創造理想)의 '완성실체'로서 다시 오실 제2 아담 된 예수님을 상징한 것이었다. 따라서 이 말씀은 예수님이 복귀섭리(復歸攝理)를 완성하시기 위하여 이 땅에 오실 것이지만, 만일 유대인들이 불신(不信)으로 돌아가게 되면 그는 지상에 머무르실 수가 없게 되어 그 뜻을 완전히 이루지 못하실 것이기 때문에, 부득이 그는 재림(再臨)하셔야 할 것을 약속하시고 십자가에 달려서 다시 하나님 앞으로 돌아가게 될 것을 예시하신 것이었다.

물론 이 예시는, 만일 그때에 땅에 물이 말라서 비둘기가 내려앉아 먹을 것을 찾을 수 있었다면 그 비둘기는 결코 방주(方舟)로 다시 돌아가지 않았을 것인데, 물이 채 마르지 않았기 때문에 그리로 다시 돌아갔던 것과 같이, 장차 유대민족이 예수님을 잘 믿고 모시면 그는 결코 죽지 않고 지상천국(地上天國)을 이루실 것이지만, 만일 그들이 불신으로 흐르게 되면 예수님은 부득이 십자가에 돌아가셨다가 재림하시지 않을 수 없게 될 것을 보여 주신 것이었다.

그런 후 또다시 7일이 지나서 노아는 세 번째로 비둘기를 내보냈다. 그런데 이때는 이미 물이 말랐었기 때문에 다시는 비둘기가 방주로 돌아오지 않았다고 기록되어 있는 것이다(창 8 : 12).

이 셋째 번의 비둘기는 제3 아담으로 오실 재림 예수님을 상징하는 것이었다. 따라서 이 말씀은 예수님이 재림하실 때에는, 반드시 지상에 하나님의 창조이상을 실현할 수 있게 되어 다시는 그 이상이 지상에서 거두어지는 일이 없게 된다는 것을 보여 주신 것이다. 제3차의 비둘기가 돌아오지 않았을 때 노아는 비로소 방주에서 땅으로 내려와 신천지(新天地)를 맞이하였다. 이것은 제3 아담으로 인하여 창조이상이 지상에서 이루어질 때, 비로소 요한계시록 21장 1절 이하의 말씀대로 새 예루살렘이 하늘로부터 내려오고 하나님의 장막(帳幕)이 사람들과 함께 있게 될 것을 예시하신 것이었다.

이 비둘기를 세 번 내보낸 실례(實例)로써, 예정론(豫定論)에서 밝혀진 바와 같이 하나님의 복귀섭리(復歸攝理)는 그 섭리의 대상인 인간이 그 자신의 책임분담(責任分擔)을 다하지 못하면 반드시 연장된다는 것을 보여 주신 것이다. 아담이 불신으로 인하여 그의 책임을 다하지 못하였기 때문에 예수님이 후아담으로 오셔야 할 것과, 만일 유대인들도 불신으로 돌아가서 그들의 책임을 다하지 못하면 부득이 예수님은 십자가에 돌아가시게 되어 제3 아담으로 재림(再臨)하셔야 할 것을 예시하신 것이었다.

그리고 여기에 기록되어 있는 7일이라고 하는 기간은, 천지(天地)를 창조하실 때에 7일이라는 기간이 있었던 것과 같이 그것을 다시 찾아 세우는 데에도 섭리적인 어떠한 기간이 지난 후가 아니면 아니 된다는 것을 보여 주신 것이다.

이러한 가운데서 노아가정은 심판 40일로써 '믿음의 기대'를 복귀하기 위한 조건물인 방주(方舟)를 뜻맞게 찾아 세워 그 기대(基臺)를 탕감복귀(蕩減復歸)할 수 있었던 것이다.

II. 실체기대

노아는 방주를 하나님의 뜻에 합당한 제물로 바쳐 '상징헌제(象徵獻祭)'에 성공함으로써 '믿음의 기대'를 탕감복귀하였다. 이로써 노아는 만물(萬物)을 복귀하기 위한 탕감조건(蕩減條件)을 세우는 동시에 인간을 복귀하기 위한 상징적인 탕감조건을 세웠던 것이다. 다음엔 이 기대 위에서 노아의 아들 셈과 함이 각각 가인과 아벨의 입장에서 '타락성을 벗기 위한 탕감조건'을 세워서 '실체헌제(實體獻祭)'에 성공하면 '실체기대(實體基臺)' 가 이루어지게 되어 있었다.

노아가 '상징헌제(象徵獻祭)' 에 성공한 후에 이 가정의 '실체헌제(實體獻祭)' 가 뜻맞는 것으로 바쳐지기 위하여서는, 먼저 '실체헌제' 의 중심이 되어야 할 차자(次子) 함이 아담가정의 '실체헌제' 의 중심이었던 차자 아벨의 입장을 복귀하지 않으면 아니 되었었다. 아담 때에는 아벨 자신이 아담의 대신으로 '상징헌제' 를 하였기 때문에, 아벨이 그 헌제에 성공함으로써 그는 '믿음의 기대' 를 탕감복귀하는 동시에 '실체헌제' 의 중심으로도 결정되었던 것이다. 그러나 노아 때는 함이 아니고 노아 자신이 '상징헌제' 를 하였기 때문에, 함이 '상징헌제' 에 성공한 아벨의 입장에 서기 위하여는 '상징헌제' 에 성공한 노아와 심정적으로 일체불가분(一體不可分)의 입장에 서지 않으면 아니 되었던 것이다.

그러면 우리는 여기에서 하나님이 함으로 하여금 노아와 심정적으로 일체적인 입장에 서게 하시기 위하여 어떠한 섭리(攝理)를 하셨는가를 알아보기로 하자.

창세기 9장 20절 내지 26절에 씌어 있는 기록을 보면, 함은 그의 부친 노아가 장막(帳幕) 안에서 나체(裸體)로 누워 있는 것을 보고 부끄럽게 여겼을 뿐 아니라, 그것을 못마땅하게 생각하여 그 형제 셈과 야벳을 선동(煽動)하였다. 이때에 그들도 함의 선동에 뇌동(雷同)되어 그의 부친의 나체를 부끄럽게 생각하고 그것을 보지 않으려고 얼굴을 돌이키고 뒷걸음으로 들어가 그 부친의 몸에 옷을 덮었던 것이다. 그런데 이것이 죄가 되어 노아는 함을 저주하여 이르기를 그 형제의 종이 될 것이라고 하였다.

그러면 하나님은 어찌하여 이러한 섭리를 하셨으며, 또 나체를 부끄러워한 것이 어찌하여 죄가 되었는가?

이러한 내용을 알기 위하여 우리는 먼저 어떻게 되면 죄가 되는가 하는 문제부터 알아보기로 하자. 사탄도 어떤 대상을 세워 그와 상대기준(相對基準)을 조성하여 수수(授受)의 관계를 맺지 않으면 그 존재 및 활동의 힘을 발휘할 수 없는 것이다. 그러므로 어떠한 존재든지 그에게 사탄이 침범할 수 있는 조건이 성립되어 사탄의 상대가 됨으로써 사탄이 활동할 수 있게 될 때 거기에 죄가 성립되는 것이다.

다음으로 알아야 할 것은, 하나님은 어찌하여 노아의 나체(裸體)로써 함을 시험하셨던가 하는 것이다. 방주(方舟)는 천주(天宙)를 상징하는 것이기 때문에, 심판 40일로써 방주를 뜻 가운데 세운 직후에 되어진 모든 사실들은 천주창조(天宙創造) 이후에 되어지는 모든 사실들을 상징한 것이었다 함은 이미 논술한 바와 같다. 그러므로 40일 심판이 끝난 직후의 노아의 입장은 천지창조 후의 아담의 입장과 마찬가지인 것이다.

창조된 아담과 해와가 서로 얼마나 가깝고 허물할 것이 없는 사이였으며, 또한 얼마나 하나님 앞에 숨길 것이 없었던가 하는 것은, 창세기 2장 25절에 그들이 서로 나체로 있었어도 부끄러워하지 않았다고 기록되어 있는 사실로 미루어 보아서도 충분히 이해할 수 있는 것이다. 그러나 그들은 타락(墮落)한 후에 스스로 하체(下體)를 부끄럽게 생각하여 나뭇잎으로 가렸었고, 또 하나님이 보실 것을 두려워하여 나무 사이에 숨었었다(창 3 : 7). 그러므로 그들이 하체를 부끄러워했던 행위는 하체로 범죄하여 사탄과 혈연관계(血緣關係)를 맺었다는 정념(情念)의 표시요, 하체를 가리고 숨었던 행동은 사탄과 혈연관계를 맺었기 때문에 하나님 앞에 나타날 수 없다는 범죄의식의 표현이었던 것이다.

40일 심판으로 사탄을 분립(分立)한 입장에 있었던 노아는 천지창조 직후의 아담의 입장에 섰어야 했다. 이에 하나님께서는 노아가 나체(裸體)로 있어도 그 가족들이 그것을 보고 부끄러워하지 않고 또 숨으려 하지도 않는 모습을 바라보시는 것으로써, 일찍이 죄를 짓기 전 어디도 가린 데 없이 드러낸 나체 그대로의 인간을 보시면서 기뻐하셨던 그 심정을 탕감복귀하려 하셨던 것이다. 하나님은 이러한 큰 뜻을 이루시기 위하여 노아로 하여금 나체로 누워 있게 하셨었다. 따라서 함도 하나님과 같은 입장에서 하나님과 같은 심정(心情)으로 아무 부끄러움 없이 노아를 대했어야 노아와 일체불가분(一體不可分)의 뜻 가운데서 죄짓기 전 부끄러움을 몰랐던 아담가정의 입장으로 복귀하는 탕감조건(蕩減條件)을 세울 수 있었던 것이다.

그러나 노아의 아들들은 이와 반대로 그 부친의 나체를 부끄러운 것으로 여겨 이를 가렸으므로, 이로써 그들은 타락 후의 아담가정과 같이 사탄과 혈연관계(血緣關係)를 맺은 부끄러운 몸들이 되어서 하나님 앞에 나타날 수 없다는 사실을 자증(自證)하는 입장에 서게 되었다. 그러므로 이미 까마귀로써 보여 주신 것과 같이, 노아가정에 침범할 수 있는 무슨 조건이 없는가 하고 엿보고 있었던 사탄은 자기의 혈연적인 후손임을 자증하고 나선 노아의 아들들을 대상으로 하여 그 가정에 다시 침범하게 되었던 것이다.

이와 같이 함이 그 부친의 나체를 부끄러워한 행동으로 말미암아 사탄이 침범할 수 있는 조건이 성립되었기 때문에 그 행동은 범죄가 된 것이다. 이렇게 되어 함은 '실체헌제'를 하기 위한 아벨의 입장을 탕감복귀하지 못하였고, 따라서 '실체기대(實體基臺)'를 이룰 수 없었으므로, 노아를 중심한 복귀섭리도 이루어지지 않게 되었다.

그러면 나체를 부끄러워하는 것이 누구에게나 죄가 되는가? 노아는 아담의 대신으로서 아담으로 인하여 사탄이 침범한 모든 조건들을 제거해야 될 사명을 가지고 있었던 것이다. 그렇기 때문에 노아가정은 나체를 부끄러워하지도 않고 또 그것을 가리지도 않는다는 감성과 행동을 보이는 것으로써, 사탄과 혈연관계(血緣關係)를 맺기 전 아담가정의 입장을 복귀하기 위한 탕감조건(蕩減條件)을 세우지 않으면 아니 되었던 것이다. 따라서 나체를 부끄러워하지도 않고 또 그것을 가리지도 않는 것으로 세워야 할 탕감조건은, 아담가정 대신으로 세워졌던 노아가정만이 세워야 할 조건이었던 것이다.

Ⅲ. 노아가정이 보여 준 교훈

노아가 120년 간이나 걸려서 산꼭대기에다 배를 지었던 것은 누구나 쉽사리 이해할 수 없는 것이었다. 그러나 극심한 비난과 조소를 받은 그 일로 말미암아서 노아가정이 구원(救援)을 받았다는 사실은 함도 잘 알고 있었다. 이러한 과거의 사실로 미루어 보아서, 함은 설혹 노아가 나체로 누워 있는 것이 못마땅하게 생각되었다 하더라도 어디까지나 그것을 좋게만 볼 수 있었어야 했던 것이다. 그러나 함은 자기를 중심하고 하늘 앞에 선 노아를 비판하고 또 그것을 행동으로 표시하였기 때문에, 하나님이 아담으로부터 1600년이나 지나 40일 홍수심판(洪水審判)을 행사하심으로써 찾아 세우셨던 노아가정을 중심한 섭리는 결국 이루어지지 않았던 것이다. 이것은 우리에게 하늘 가는 길은 겸허(謙虛)와 순종(順從)과 인내(忍耐)를 요한다는 것을 보여 주고 있는 것이다.

다음으로 또 노아가정을 중심한 섭리는 뜻 성사(成事)에 대한 하나님의 예정과 인간의 책임분담(責任分擔) 수행 여부에 대한 하나님의 태도를 우리들에게 보여 주셨다. 노아가정은 하나님이 1600년이나 걸려 찾아오셨고, 또 노아가 방주(方舟)를 짓기까지 120년이나 이끌어 오셨으며, 뿐만 아니라 40일의 홍수(洪水)로써 전인류를 희생시키면서까지 세우신 가정이었던 것을 우리는 잘 알고 있다. 그러나 함의 작은 실수로 말미암아서 사탄이 침범하게 되었을 때, 하나님은 복귀섭리(復歸攝理)의 대상이었던 그 가정 전부를 아낌없이 쓸어 버리시어 노아가정을 중심한 섭리는 실패로 돌아가고 말았던 것이다.

다음으로 노아가정을 중심한 섭리는 인간에 대한 하나님의 예정(豫定)이 어떠한가를 우리에게 보여 주셨다. 하나님은 노아를 믿음의 조상으로 세우시려고 오랜 기간을 두고 애써 찾아오셨음에도 불구하고 그의 가정이 일단 책임분담(責任分擔)을 다하지 못하게 되었을 때, 그를 아낌없이 버리시고 그 대신 아브라함을 택하셨던 사실을 우리들은 잊어서는 안 될 것이다.

제 3 절 아브라함가정을 중심한 복귀섭리

함의 타락행위(墮落行爲)로 말미암아 노아가정을 중심한 복귀섭리는 이루어지지 않았다. 그러나 하나님은 그의 창조목적(創造目的)을 완성하시려는 뜻을 절대적인 것으로 예정하시고 이루시는 것이므로, 노아가 하늘을 대하여 충성했던 그 심정(心情)의 터전 위에서 하나님은 아브라함을 부르시어 그 가정을 중심한 복귀섭리를 다시 하시게 되었던 것이다.

그러므로 아브라함은 노아가정이 이루려다 못 이루었던 '메시아를 위한 기대'를 복귀하여 그 기대 위에서 메시아를 맞아야만 하였다. 따라서 아브라함도 먼저 '믿음의 기대'를 탕감복귀하고 그 기대 위에서 '실체기대'를 탕감복귀하지 않으면 아니 되었던 것이다.

Ⅰ. 믿음의 기대

1. 믿음의 기대를 복귀하는 중심인물

아브라함가정을 중심한 복귀섭리(復歸攝理)에 있어서 '믿음의 기대'를 복귀해야 할 중심인물(中心人物)은 바로 아브라함이었다. 그러므로 아브라함은 하나님이 노아를 중심하고 이루려 하셨던 뜻을 계승하여 이루기 위한 중심인물로 세워졌던 것이다. 따라서 아브라함은 노아의 노정을 위하여 세워졌다가 함의 범죄로 말미암아 사탄에게 내주게 되었던 모든 조건들을 탕감복귀(蕩減復歸)한 입장에 서지 않으면 노아를 중심한 뜻을 계승할 수 없었던 것이다.

노아가 첫째로 사탄에게 내주었던 조건은 아담으로부터 노아까지의 10대와 심판 40일 기간이었다. 그러므로 아브라함은 그 10대와 함께, 그 10대가 각각 심판 40수를 탕감복귀한 입장에 서지 않으면 안 된다. 그런데 1대를 40일 기간으로써는 탕감복귀할 수 없었기 때문에, 후일 모세노정에 있어서 정탐(偵探) 40일의 실수를 광야 표류 40년 기간으로써 탕감복귀한 것과 같이(민 14 : 34), 여기에서도 각 대(代)가 심판 40일의 실수를 40년 기간으로써 탕감복귀하는 통산년수(通算年數)를 세우게 했었다. 그러므로 하나님은 노아로부터 10대에 걸친 400년 탕감기간을 경과한 후에야 비로소 노아 대신으로 아브라함을 세우셨다. 이와 같이, 아담에서 노아에 이르는 1600년 간에 10대를 복귀하였던 시대에서 400년 간에 10대를 복귀하는 시대로 넘어왔기 때문에 노아 이후 인간의 수명(壽命)은 갑자기 짧아지게 되었다.

노아가 둘째로 사탄에게 내주었던 조건은 믿음의 조상의 입장과 아벨 대신이었던 함의 입장이었다. 그러므로 아브라함은 믿음의 조상과

함의 입장을 탕감복귀(蕩減復歸)하지 않고는 노아의 입장에 설 수 없었던 것이다. 따라서 아브라함이 노아 대신 믿음의 조상의 입장에 서기 위하여는, 노아가 믿음과 충성으로 방주(方舟)를 지었던 것과 같이 아브라함도 믿음과 충성으로 '상징헌제(象徵獻祭)'를 드려야만 했었다. 한편 또 하나님이 가장 사랑하는 아벨의 대신이었던 함(그들은 모두 둘째 아들로서 실체헌제의 중심이었다)을 사탄에게 내주셨으므로, 탕감복귀원칙에 의하여 하나님도 그 대신으로 사탄이 가장 사랑하는 입장에 있는 존재를 빼앗아 오셔야 했던 것이다. 그렇기 때문에 하나님은 우상(偶像) 장수인 데라로부터 그 아들 아브라함을 이끌어 내셨던 것이다(수 24 : 2~3).

아브라함은 노아의 대신이요 따라서 아담의 대신이기 때문에 복귀(復歸)한 아담형의 인물이었다. 따라서 하나님은 아담과 노아에게 축복(祝福)하셨던 것과 같이, 아브라함에게도 자녀를 번식하여 큰 민족을 이루고 복의 근원이 되라고 축복하셨던 것이다(창 12 : 2). 아브라함은 이러한 축복을 받은 후에 하나님의 명령을 받들어 하란에서 그 아버지의 집을 떠나, 아내 사라와 조카 롯 그리고 거기에서 취한 모든 재물과 사람을 이끌고 가나안으로 들어갔었다(창 12 : 4~5). 그리하여 하나님은 이러한 아브라함의 노정으로써, 장차 야곱과 모세가 사탄세계인 하란과 애급(埃及)에서 각각 그 처자(妻子)를 데리고 재물을 취하여, 그 어려운 환경을 박차고 떠나 가나안으로 복귀해야 할 전형노정(典型路程)으로 삼게 하셨던 것이다. 그리고 이 노정은 또 장차 예수님이 오셔서 사탄세계의 모든 인간과 만물세계를 하나님의 세계에로 복귀해야 할 전형노정을 예시(豫示)한 것이 되기도 하였던 것이다(후편 제2장 제1절 II 참조).

2. 믿음의 기대를 복귀하기 위한 조건물

(1) 아브라함의 상징헌제

하나님은 아브라함에게 비둘기와 양과 암소로써 제사(祭祀)를 드릴 것을 명하셨던 것이니, 이것들은 바로 아브라함이 '믿음의 기대'를 복귀하기 위한 조건물(條件物)들이었던 것이다(창 15 : 9). 따라서 마치 노아가 '상징헌제(象徵獻祭)'로서 방주(方舟)를 지어 바치려 하였을 때 그 헌제를 위한 믿음을 세웠던 것과 같이, 아브라함도 이 '상징헌제'를 하기 위하여는 그것을 위한 믿음을 세워야만 했었다.

성서에는 노아가 어떠한 방법으로 그 믿음을 세웠는가 하는 것은 명기되어 있지 않다. 그러나 창세기 6장 9절에 노아가 당세의 의인(義人)이었다고 기록되어 있는 것으로 보아, 그가 방주(方舟)를 지으라시는 명령을 받기에 합당한 의인이 되기까지에는 필시 어떠한 믿음을 세웠음에 틀림없다. 기실 복귀섭리(復歸攝理)는 이와 같이 믿음에서 믿음을 세워 나아가게 하는 것이었다(롬 1 : 17).

그러면 아브라함은 '상징헌제'를 하기 위하여 어떠한 믿음을 세웠는가를 알아보기로 하자.

아브라함은 제2 인간 조상 노아의 입장을 복귀해야 했었다. 따라서 그는 또 아담의 입장에도 서야 했기 때문에, 그는 '상징헌제'를 하기 전에 아담가정의 입장을 복귀하는 상징적인 탕감조건(蕩減條件)을 먼저 세워야 했던 것이다.

창세기 12장 10절 이하의 성구에 의하면, 아브라함은 기근(饑饉)으로 인하여 애급(埃及)으로 내려갔던 일이 있었다. 그리고 거기에서 애급 왕 바로가 아브라함의 아내 사라를 취하고자 하였을 때, 아브라함은 그와 부부관계(夫婦關係)라고 하면 자기를 죽일까 두려워하여 미리 짠 바 계책대로 자기의 아내인 사라를 누이라고 말하였던 것이다. 이렇듯 아브라함은 그의 처(妻) 사라를 남매(男妹)의 입장에서 바로의 아내로 빼앗겼다가 하나님이 바로를 징계하시어 다시 그 아내를 찾아오는 동시에, 데리고 갔던 조카 롯과 함께 많은 재물을 취해 가지고 나왔었다. 아브라함은 자신도 모르는 가운데서, 아담가정의 입장을 탕감복귀(蕩減復歸)하는 상징적인 조건을 세우기 위하여 이러한 섭리노정(攝理路程)을 걸어야만 했던 것이다.

아담과 해와가 미완성기(未完成期)에서 아직 남매와 같은 입장에 있었을 때에 천사장(天使長)이 해와를 빼앗아 감으로 인하여, 그의 자녀들과 만물세계까지 사탄의 주관하에 속하게 되었었다. 따라서 아브라함이 이것을 탕감복귀하기 위한 조건을 세우려면, 위에서 밝힌 바와 같이 남매와 같은 입장에서 처 사라를 사탄의 실체인 바로에게 빼앗기었다가 그의 처의 입장에서 다시 그녀를 찾아옴과 동시에, 전인류(全人類)를 상징하는 롯과 만물세계를 상징하는 재물을 찾아오지 않으면 아니 되었던 것이다(창 14 : 16). 아브라함의 이러한 노정은 후일에 예수님이 오셔서 걸어야 할 전형노정(典型路程)이 되는 것이다. 아브라함은 이와 같은 탕감조건을 세운 후에야 비로소 비둘기와 양과 암소로써 '상징헌제'를 할 수 있었던 것이다.

그러면 아브라함의 '상징헌제(象徵獻祭)'는 무엇을 의미하는가? 아브라함이 믿음의 조상이 되기 위하여는, 원래 하나님이 믿음의 조상으로 세우려 하셨던 노아와 그 가정의 입장을 탕감복귀하지 않으면 아니 되었던 것이다. 따라서 그는 아담과 그 가정의 입장에도 서야 했었기 때문에, 아담가정에서 가인 아벨의 헌제를 중심하고 복귀하려 했던 모든 것을 탕감복귀할 수 있는 상징적인 조건물(條件物)을 바쳐야 했던 것이다. 나아가 그는 또 노아가정이 방주를 중심하고 복귀하려 했던 모든 것을 탕감복귀할 수 있는 상징적인 조건물을 하나님 앞에 합당한 제물로 바쳐야 했었다. 이러한 상징적인 조건물로 바친 것이 바로 아브라함의 상징제물이었던 것이다.

그러면 아브라함이 상징제물(象徵祭物)로 바쳤던 비둘기와 양과 암소는 과연 무엇을 상징하였던가?

이 세 가지의 상징제물은 3단계의 성장과정을 통하여 완성되는 천주(天宙)를 상징하는 것이었다. 즉 그중의 비둘기는 소생(蘇生)을 상징하였던 것이다. 예수님은 구약섭리(舊約攝理) 완성자, 곧 소생섭리(蘇生攝理) 완성자로 오셨었다. 즉 예수님은 비둘기로 표시된 소생섭리 완성자로 오셨기 때문에, 그에 대한 표징(表徵)으로서 요단강에서 요한에게 세례를 받으실 때에 하나님의 신(神)이 비둘기 모양으로 그 위에 임하셨던 것이다(마 3 : 16). 한편 또 예수님은 아브라함의 제물 실수를 복귀하려고 오신 분으로서 먼저 사탄이 침범했던 그 비둘기를 복귀한 입장에 서야 하셨기 때문에, 하나님은 비둘기로써 그가 소생 구약섭리 완성자로 오셨음을 보여 주셨던 것이다.

다음으로 양(羊)은 장성(長成)을 상징한다. 예수님은 아브라함의 제물(祭物) 실수를 복귀하려고 오신 분으로서, 비둘기로서 표시된 모든 것을 복귀한 구약섭리의 기대(基臺) 위에서 양으로서 표시된 모든 것을 복귀해야 할 장성 신약섭리(長成 新約攝理)의 출발자이기도 하셨던 것이다. 그렇기 때문에 예수님이 세례 요한에 의하여 비둘기로 표시된 소생섭리의 완성자라는 증거를 받으신 후, 어느 날 세례 요한은 또 예수님이 걸어오시는 모습을 보자 보라 세상 죄를 지고 가는 하나님의 어린 양이로다(요 1 : 29)라고 함으로써 예수님이 장성 사명 출발자이심을 증거하였던 것이다.

다음으로 암소는 완성(完成)을 상징하였다. 사사기 14장 18절을 보면, 삼손이 수수께끼의 문제를 냈을 때 블레셋 사람들은 삼손의 아내로 하여금 삼손을 꼬여 그 내용을 탐지해 내게 함으로써 그것을 푼 일이 있었는데, 그때 삼손은 너희가 내 암송아지로 밭갈지 아니하였더라면 내 수수께끼를 능히 풀지 못하였으리라고 말하였다. 이와 같이 삼손은 아내를 암소로 비유하였던 것이다.

예수님은 전인류의 신랑으로 오셨기 때문에 그가 재림(再臨)하실 때까지의 성도(聖徒)들은 오시는 신랑 앞에 신부가 되어야 한다. 그러나 신부 된 성도들이 다시 오시는 신랑 된 예수님과 어린양잔치를 치른 후에는 신부가 아니고 아내가 되어 남편 된 예수님과 더불어 천국생활을 하게 되는 것이다. 그렇기 때문에 예수 재림 이후의 완성 성약시대(完成 成約時代)는 아내의 시대요, 따라서 암소의 시대임을 알아야 한다. 그러므로 암소는 곧 완성을 상징하는 것이다. 많은 영통인(靈通人)들이 이때가 소의 시대라고 계시받는 이유는 바로 여기에 있는 것이다.

그러면 이 3제물은 또 무엇을 탕감복귀하는 것인가? 아브라함은 그의 '상징헌제(象徵獻祭)'로써, 일찍이 아담과 노아의 각 가정을 중심한 섭리에서 그들이 '상징헌제'로써 탕감복귀하려다가 사탄에게 내주었던 모든 것을 재탕감복귀(再蕩減復歸)하는 동시에, 또 그들이 '실체헌제(實體獻祭)'로써 탕감복귀하려다가 실패하여 사탄에게 내주었던 모든 것을 재탕감복귀할 수 있는 상징적인 탕감조건을 세워야 하였다. 따라서 아브라함의 '상징헌제'는 아담으로부터 노아 아브라함, 이렇게 3대에 걸친 종적인 섭리의 상징적인 탕감조건을 그 3제물로써 일시에 횡적으로 복귀하려는 것이었다.

그리고 또 소생(蘇生)·장성(長成)·완성(完成)의 3단계를 상징하는 비둘기와 양과 암소를 한 제단에 벌여 놓고 헌제한 것은, 마치 아담의 당대에서 3단계의 성장기간(成長期間)을 완성하려 했던 것과 같이 아담의 입장인 아브라함을 중심하고 소생 아담, 장성 노아, 완성 아브라함의, 뜻으로 본 3대에 걸쳐서 탕감복귀(蕩減復歸)하시려던 종적인 섭리를 일시에 횡적으로 이루기 위한 것이었다. 따라서 이 헌제는 사탄이 침범하였던 3수로 표시된 모든 조건들을 일시에 탕감복귀함으로써, 전복귀섭리(全復歸攝理)를 단번에 이루시려는 뜻을 상징적으로 표시한 것이었다.

이제 우리는 아브라함이 이 '상징헌제(象徵獻祭)'를 어떻게 드렸는가 하는 것을 알아야겠다.

창세기 15장 10절 내지 13절에 기록되어 있는 말씀을 보면, 아브라함은 다른 제물은 모두 둘로 쪼개서 제단의 좌우에 놓았으나 비둘기만은 쪼개지 않고 그대로 놓았기 때문에, 솔개가 그 고기 위에 내려왔으므로 아브라함이 이것을 좇았다고 하였다. 하나님은 그 날 해질 때에 아브라함에게 나타나셔서 너는 정녕히 알라 네 자손이 이방에서 객이 되어 그들을 섬기겠고 그들은 사백년 동안 네 자손을 괴롭게 하리니(창 15 : 13)라고 말씀하셨다. 아브라함은 쪼개야 할 비둘기를 쪼개지 않았기 때문에 그 위에 솔개가 내렸었고, 그로 말미암아 이스라엘 민족이 애급에 들어가서 400년 간을 고역(苦役)하게 되었던 것이다.

그러면 비둘기를 쪼개지 않은 것이 어찌하여 죄가 되었는가? 이 문제는 오늘에 이르기까지 미해결(未解決)의 문제로서 남아져 왔었다. 그러나 이것은 오직 원리(原理)를 통하여서만 명확히 해결되는 것이다. 그러면 제물을 쪼개야 하는 이유는 어디 있는가 하는 것을 먼저 알아보기로 하자.

구원섭리(救援攝理)의 목적은 선과 악을 분립하여 악을 멸하고 선을 세움으로써 선주권(善主權)을 복귀하려는 데 있다. 그러므로 아담한 존재를 가인과 아벨로 분립한 후에 헌제(獻祭)해야 했던 것이나, 또 노아 때에 홍수(洪水)로써 악을 치고 선을 분립했던 것 등의 목적은 모두 선주권을 복귀하려는 데 있었던 것이다. 따라서 하나님은 아브라함으로 하여금 제물을 쪼개 바치게 함으로써, 아담이나 노아로써 이루지 못하였던 선악 분립의 상징역사(象徵役事)를 이루려 하셨던 것이다.

그러므로 제물을 쪼개는 것은, 첫째로 아담가정에 있어서 선악(善惡)의 모체(母體)인 아담을 신과 악의 두 표시체로 분립하기 위하여 아벨과 가인으로 갈라 세운 것과 같은 입장을 복귀하기 위함이었다. 그리고 둘째로는 노아가 홍수 40일로써 선과 악을 갈라 세웠던 입장을 복귀하기 위함이었으며, 셋째로는 사탄 주관하(主管下)에 있는 피조세계(被造世界)에서 선주권(善主權)의 세계를 갈라 세우는 상징적인 조건을 세우기 위함이었던 것이다. 그리고 또 넷째로는 사탄과의 혈연관계(血緣關係)를 통하여 들어온 사망의 피를 뽑아 성별(聖別)하는 조건을 세우기 위함이었다.

그러면 쪼개지 않은 것이 어찌하여 죄가 되는가? 쪼개지 않은 것은 첫째로 가인과 아벨을 분립하지 않은 입장이기 때문에 하나님이 대할 수 있는 아벨적인 대상이 없었고, 따라서 그것은 하나님에게 합당한 헌제가 되지 못하였으므로 결국 가인 아벨의 헌제 실패는 탕감복귀(蕩減復歸)되지 않았다. 둘째로 그것은 노아를 중심한 복귀섭리에 있어서의 홍수심판(洪水審判)에서 선악을 분립하지 못하였던 상태 그대로이기 때문에, 결국 하나님이 상대하여 섭리하실 수 있는 선의 대상이 없게 되어 홍수심판에서 실패한 입장으로 되돌아간 결과가 되었다. 셋째로 그것은 사탄 주관하에 있는 피조세계에서 하나님이 상대하실 수 있는 선주권의 세계를 분립하는 상징적인 조건을 세우지 못한 결과를 가져왔다. 넷째로 그것은 사망의 피를 뽑아 성별(聖別)하는 입장을 취하지 않은 것이기 때문에 하나님이 상대하여 섭리하실 수 있는 성물(聖物)이 되지 못하였다.

이와 같이 아브라함이 비둘기를 쪼개지 않고 바침으로 인하여 그것은 사탄 것 그대로를 바친 것이 되어, 결국 그것은 사탄의 소유물임을 다시 한 번 확인하여 준 것과 같은 결과를 초래하고 말았던 것이다.

이와 같이 소생(蘇生)을 상징하는 제물인 비둘기가 사탄의 소유물로 남아지게 되었으므로, 소생의 기대 위에 세워져야 할 장성(長成)과 완성(完成)을 상징하는 양과 암소에게도 역시 사탄이 침범하였던 것이다. 따라서 이 상징제물(象徵祭物)은 모두 사탄에게 바친 결과로 돌아가 버렸기 때문에 비둘기를 쪼개지 않은 것이 범죄가 된 것이다.

그러면 다음에는 상징제물에 솔개가 내렸다는 것은(창 15 : 11) 무엇을 의미하는가를 알아보기로 하겠다.

인간 시조(始祖)가 타락한 이후 하나님이 세우시려는 뜻 앞에는 반드시 사탄이 따르게 되는 것이다. 즉 창세기 4장 7절을 보면 가인과 아벨이 헌제를 할 때에도 사탄이 그들을 엿보고 있었고, 뿐만 아니라 노아 때에도 심판 직후에 사탄이 노아가정에 침범할 기회를 엿보고 있었다는 것을 까마귀로써 보여 주셨다(창 8 : 7).

이와 같이 아브라함이 '상징헌제(象徵獻祭)'를 할 때에도, 그 제물에 침범할 기회만을 엿보고 있었던 사탄은 비둘기를 쪼개지 않은 것을 보고 곧 그 제물에 침범하였었다. 그리하여 성경은 이 사실을 솔개가 제물 위에 내린 것으로 표상(表象)하고 있는 것이다.

이러한 '상징헌제'의 실수는 어떠한 결과를 가져오게 되었는가? 아브라함의 '상징헌제' 실수로 말미암아 그 '상징헌제'로써 탕감복귀하려던 모든 것은 실패로 돌아가고 말았다. 그 결과로 아브라함의 후손이 이방(異邦)인 애급에서 400년 간 고역(苦役)을 하게 되었던 것이니, 그 이유는 어디에 있었던가를 알아보기로 하자.

하나님은 노아 때에 함의 실수로 말미암아 사탄에게 내주셨던 10대와 심판 40수를 동시에 탕감복귀(蕩減復歸)하시기 위하여 400년이란 사탄 분립기간을 세우시고, 그 분립기대(分立基臺) 위에 아브라함을 부르시어 '상징헌제(象徵獻祭)'를 하게 하셨던 것이다. 그러나 아브라함의 실수로 말미암아 그 제물을 또 사탄에게 바친 것이 되었기 때문에, '상징헌제'로써 아브라함을 믿음의 조상으로 세우기 위한 탕감기간(蕩減期間)이었던 노아 이후의 400년 기간도 역시 사탄에게 내주시게 되었었다. 그러므로 아브라함이 '상징헌제'에 실수하기 전의 입장이며, 따라서 노아가 방주(方舟)를 짓기 위하여 하나님의 부르심을 받았던 입장을 민족적으로 탕감복귀하기 위하여서는 이 400년이란 사탄 분립기간을 다시 찾아 세우지 않으면 아니 되었던 것이다. 그러므로 이스라엘 민족이 애급에서 고역하는 400년 기간은, 노아나 아브라함이 믿음의 조상으로 출발하려 했었던 그 입장을 민족적으로 탕감복귀하여 모세를 그 터전 위에 세우시기 위한 기간이었다. 따라서 이 고역기간(苦役期間)은 아브라함의 헌제 실수로 인한 벌을 받는 기간인 동시에, 하나님의 새로운 섭리를 위하여 사탄 분립의 터를 닦는 기간이기도 하였던 것이다.

하나님께서 아브라함으로 하여금 한 제단에 3제물을 동시에 드리는 '상징헌제'에 성공케 하심으로써 소생(蘇生)·장성(長成)·완성(完成)으로 표시된 모든 섭리를 동시에 이루려 하셨다는 것은 이미 위에서 논술하였다. 그러나 아브라함이 이에 실패함으로 말미암아서 그를 중심한 섭리는 다시 이삭을 거쳐 야곱까지 3대에 걸친 연장을 보게 되었던 것이다. 그러므로 아브라함의 '상징헌제' 실패는 노아의 방주

(方舟)를 중심한 '상징헌제'와 가인 아벨을 중심한 '상징헌제' 등의 실패를 반복한 것이 되어 버렸다.

(2) 아브라함의 이삭 헌제

아브라함이 '상징헌제(象徵獻祭)'에 실패한 후 다시 하나님은 아브라함에게 이삭을 번제(燔祭)로 드리라고 명하시어(창 22 : 2), 그로써 '상징헌제'의 실패를 탕감복귀하시려는 새로운 섭리를 하셨다. 예정론(豫定論)에 의하면, 하나님은 어떠한 뜻을 위하여 예정되었던 인물이 그의 책임분담(責任分擔)을 다하지 못하였을 때 그 장본인을 다시 세워 쓰실 수 없게 되어 있다. 뿐만 아니라 아브라함이 '상징헌제'에 실패함으로 말미암아 그 헌제로써 찾아 세우려던 모든 뜻은 이루어질 수 없게 되었는데, 어떻게 하나님은 그 아브라함을 다시 세우시어 이삭 헌제로써 그의 '상징헌제'의 실패를 탕감복귀(蕩減復歸)하시려는 섭리를 하실 수 있었던 것인가?

첫째로, '메시아를 위한 기대'를 복귀하시려는 하나님의 섭리는 아담가정을 중심한 섭리가 제1차였고, 노아가정을 중심한 섭리가 제2차였으며, 아브라함가정을 중심한 섭리가 제3차였다. 그런데 3수는 완성수(후편 제3장 제2절 IV)이기 때문에, '메시아를 위한 기대'를 복귀하시려는 섭리가 연장되기 제3차 만이었던 아브라함 때에는 이 섭리를 완성해야 할 원리적인 조건이 있었던 것이다. 그러므로 아브라함은 그의 아들 이삭을 실체로 헌제하여 보다 큰 것으로써의 탕감조건(蕩減條件)을 세움으로써, '상징헌제' 실수로 인하여 상징적으로 잃어버린 모든 것을 다시 찾아 세울 수 있었던 것이다.

둘째로는, 위에서 상술(詳述)한 바와 같이 헌제를 드리는 아브라함의 입장은 곧 아담의 입장이었다. 그런데 사탄은 아담과 그의 자식

가인에게 침범함으로써 2대에 걸쳐 그들을 빼앗아 갔었기 때문에, 탕감복귀원칙(蕩減復歸原則)에 의하여 하늘편에서도 아브라함과 그 자식의 2대에 걸쳐서 빼앗아 올 수 있는 섭리를 할 수 있었던 것이다.

셋째로, 아담은 직접 헌제를 하지 못하였으나, 섭리적으로 보아 노아는 아담과 같은 입장에 있으면서도 소생 '상징헌제(象徵獻祭)'에 성공한 아벨의 심정의 터 위에 있었기 때문에 방주(方舟)로써 직접 '상징헌제'를 할 수 있었다. 이와 같이 아브라함은 소생 '상징헌제'에 성공한 아벨의 터전과 장성 '상징헌제'에 성공한 노아의 기대 위에 부름받아 완성 '상징헌제'를 하게 되었던 것이다. 그러므로 아브라함이 그렇듯 '상징헌제'에 실수하였지만, 하나님은 아벨이나 노아가 '상징헌제'에 성공한 역사적인 심정의 기대를 조건으로 그를 다시 세워 한 번 더 헌제를 하게 하실 수 있었던 것이다.

아브라함은 이삭을 제물로 드릴 때에도 '상징헌제'를 하던 때와 같이 먼저 아담가정을 복귀하는 상징적인 탕감조건을 세움으로써 이삭 헌제를 위한 믿음을 세워야 했었다. 그러므로 아브라함은 다시 자기의 처(妻) 사라와 남매(男妹)의 입장에 서 가지고 사라를 그랄 왕 아비멜렉에게 빼앗기어 일단 그의 처가 되어진 처지에서 다시 찾아오는 역사(役事)를 했던 것이다. 아브라함은 이때에도 사라와 함께 인류를 상징하는 노비와 만물세계를 상징하는 재물을 찾아 가지고 나왔던 것이다(창 20 : 1~16).

그러면 아브라함은 이삭 헌제(獻祭)를 어떻게 하였는가? 아브라함이 그의 절대적인 믿음으로 하나님의 말씀에 순종하여 축복(祝福)의 자식으로 받았던 이삭을 번제(燔祭)로 드리기 위하여 죽이려 하였을 때, 하나님은 그를 죽이지 말라고 명령하시면서 이제야 네가 하나님을 경외하는 줄을 아노라(창 22 : 12)고 말씀하셨다.

하나님의 뜻을 대하는 아브라함의 심정이나 그 절대적인 믿음과 순종과 충성에서 나온 행동은, 벌써 그로 하여금 이삭을 죽였다는 입장에 서게 하였기 때문에 이삭으로부터 사탄을 분리하게 할 수 있었다. 따라서 사탄이 분리된 이삭은 벌써 하늘편에 서게 되었기 때문에 하나님은 그를 죽이지 말라고 하셨던 것이다. '이제야' 라고 하신 하나님의 말씀에는 아브라함의 '상징헌제(象徵獻祭)' 실수에 대한 책망과 이삭 헌제의 성공에 대한 하나님의 기쁨이 아울러 강조되어 있음을 우리는 알아야 하겠다.

이와 같이 아브라함이 이삭 헌제에 성공함으로써 아브라함가정을 중심한 복귀섭리(復歸攝理)는 이삭을 통하여 이루어 나아가게 되었던 것이다.

아브라함은 이와 같이 이삭을 다시 하늘편으로 분립함으로써 새로운 섭리노정(攝理路程)을 출발하기 위하여, 모리아산상에서 그를 번제로 드리는 데 3일 기간을 소비하였다. 그렇기 때문에 이 3일 기간은 그 이후에도 계속하여 새로운 섭리노정을 출발하는 데 있어서의 사탄을 분립하는 기준으로 필요한 것이 되었다. 야곱도 하란에서 그 가족을 이끌고 가정적 가나안 복귀노정(復歸路程)을 출발할 때에 사탄 분립의 3일 기간이 있었고(창 31 : 20~22), 모세도 역시 애급(埃及)에서 이스라엘 민족을 이끌고 민족적 가나안 복귀노정을 출발할 때에 사탄 분립의 3일 기간을 지난 후에야 홍해(紅海)를 향해 출발하였었다(출 8 : 27~29). 예수님도 영적으로 세계적 가나안 복귀노정을 출발하실 때 사탄 분립의 무덤 3일 기간이 있었던 것이다. 그리고 여호수아를 중심한 이스라엘 민족이 가나안으로 복귀할 때에도, 본진에 앞서 그들을 인도한 법궤가 사탄분립의 3일노정을 걸었던 것이다(수 3 : 1~6).

(3) 뜻으로 본 이삭의 위치와 그의 상징헌제

아브라함은 일단 그의 '상징헌제(象徵獻祭)'에 실패하였지만, 그를 중심하고 '메시아를 위한 기대'를 이룰 수 있는 원리적인 조건이 있었다는 데 관해서는 이미 위에서 상론(詳論)한 바 있다. 그러나 예정론(豫定論)에서 밝혀진 바와 같이, 자기의 책임분담(責任分擔)을 다하지 못하고 실패한 장본인인 아브라함을 중심하고 또다시 같은 섭리를 되풀이할 수는 없게 되어 있었던 것이다. 따라서 하나님은 상징헌제에서 실패한 아브라함을 실패하지 않은 것과 같은 입장에 세워야 했던 것이고, 또 그로부터 연장된 복귀섭리(復歸攝理)를 연장되지 않은 것과 같은 입장에 세워야 했었다. 하나님은 이러한 목적을 위하여 아브라함에게 이삭을 번제(燔祭)로 드리라고 명령하셨던 것이다(창 22 : 2).

하나님은 아브라함에게 네 몸에서 날 자(이삭)가 네 후사가 되리라 하시고 그를 이끌고 밖으로 나가 가라사대 하늘을 우러러 뭇별을 셀 수 있나 보라 또 그에게 이르시되 네 자손이 이와 같으리라(창 15 : 4~5)고 하심으로써 이삭을 통하여 선민(選民)을 부르실 것을 약속하셨었다. 그러므로 아브라함이 하나님의 명령을 따라서 그 약속의 자식인 이삭을 죽이려 했던 충성은, '상징헌제'에 실수함으로 인하여 사탄의 침범을 당한 자기 자신을 죽이려고 한 것과 같은 입장을 조성하였던 것이다. 따라서 하나님이 이삭을 죽음의 자리에서 다시 살리셨다는 것은, 아브라함 자신도 이삭과 같이 죽은 입장에서, 침범하였던 사탄을 분립함과 동시에 다시 살아났다는 것을 말하는 것이다. 그렇기 때문에 아브라함은 이삭 헌제에 성공함으로써 '상징헌제'의 실패로 침범했던 사탄을 분립하였고, 더 나아가서 뜻을 중심하고 이삭과 일체불가분(一體不可分)의 입장에 서게 된 것이었다.

이와 같이 죽음의 자리에서 같이 살아난 이삭과 아브라함은 서로 그 개체는 다르면서도 뜻을 중심하고 보면 한 몸이 되기 때문에, 아브라함을 중심한 섭리가 이루어지지 않은 채 이삭을 중심한 섭리에로 연장되더라도 그 섭리에서 이삭이 성공만 하면 이 성공은 바로 이삭과 한 몸 된 아브라함의 성공도 되는 것이다. 따라서 아브라함이 상징헌제(象徵獻祭)에 실패함으로 말미암아 그 섭리는 아브라함에서 이삭으로 연장되었어도, 뜻을 중심하고 보면 아브라함이 실패도 하지 않았고 또 그 섭리가 연장도 되지 않은 것과 같이 되었던 것이다.

이삭 헌제 때의 그의 연령은 분명치 않다. 그러나 그가 번제(燔祭)에 쓸 나무를 지고 갔을 뿐만 아니라(창 22 : 6), 번제에 쓰일 양(羊)이 없는 것을 염려하여 그것이 어디에 있는가 하고 그의 부친(父親)에게 물어 봤던 것(창 22 : 7)으로 미루어 보아, 그는 이미 뜻을 이해할 수 있는 연령에 도달해 있었던 것이 분명하다. 여기에서 우리는 아브라함이 번제를 드릴 때에 이삭 자신이 그것을 협조하였으리라는 사실도 또한 미루어 알 수 있는 것이다.

이와 같이 뜻에 대한 사리(事理)를 분별할 수 있을 정도의 상당한 연령에 도달해 있었던 이삭이, 만일 번제를 위하여 자기를 죽이려는 부친에게 반항하였다면 하나님이 그 이삭 헌제를 받으셨을 리가 없는 것이다. 그러므로 아브라함의 충성과 그에 못지않은 이삭의 충성이 합동하여 이삭 헌제에 성공함으로써 사탄을 분립할 수 있게 되었던 것이다. 따라서 헌제를 중심하고 이삭과 아브라함이 함께 죽었다가 다시 살아남으로써, 첫째로 아브라함은 '상징헌제' 실수로 인하여 침범한 사탄을 분립하여 그 실수 이전의 입장으로 탕감복귀(蕩減復歸)해 가지고 그 입장에서 자기의 섭리적인 사명을 이삭에게 인계할 수 있게 되었고, 둘째로 이삭으로서는 그가 뜻 앞에 순종굴복(順從屈伏)

함으로써 아브라함으로부터 하늘의 사명을 이어받아, 다음에 '상징헌제'를 드리기 위한 믿음을 세울 수 있게 되었던 것이다.

이와 같이 아브라함의 뜻이 이삭에게로 옮겨진 후, 아브라함이 눈을 들어 살펴본즉 한 수양이 뒤에 있는데 뿔이 수풀에 걸렸는지라 아브라함이 가서 그 수양을 가져다가 아들을 대신하여 번제로 드렸더라(창 22 : 13)고 기록되어 있는 말씀대로 아브라함은 이삭 대신 하나님께서 준비하신 수양으로 번제(燔祭)를 드렸으니, 이것은 그대로 이삭을 중심하고 '믿음의 기대'를 복귀하기 위하여 세워진 '상징헌제(象徵獻祭)'가 된 것이었다.

이삭이 번제에 쓸 나무를 지고 갔던 사실로 보아 아브라함이 수양을 번제로 드리는 데 있어서도 이삭이 그를 협조하였으리라는 것은 추측하기에 어렵지 않다. 따라서 아브라함이 수양으로 '상징헌제'를 드렸다 하였지만, 뜻으로 보면 그와 한 몸 되어 그의 사명을 계승한 이삭 자신이 헌제한 결과가 되는 것이다. 이와 같이 이삭은 아브라함의 사명을 인계하고 그를 대신한 입장에서 '상징헌제'에 성공함으로써 '믿음의 기대'를 탕감복귀하였던 것이다.

II. 실체기대

이와 같이 이삭은 아브라함을 대신한 '믿음의 기대'를 복귀하는 중심인물(中心人物)로서, 수양으로 '상징헌제'를 뜻맞게 드렸으므로 '믿음의 기대'를 세울 수 있었다. 그러므로 이삭을 중심하고 '메시아를 위한 기대'를 세우려면, 여기에서 또다시 그의 자식 에서와 야곱을 가인과 아벨의 입장에 분립하여 놓고 '실체헌제(實體獻祭)'를 함으로써 '타락성을 벗기 위한 탕감조건'을 세워 '실체기대(實體基臺)'를 이루지 않으면 아니 되었던 것이다.

아브라함이 '상징헌제(象徵獻祭)'에 실수하지 않았더라면 이삭과 그의 이복형(異腹兄)이 되는 이스마엘이 각각 아벨과 가인의 입장에서 가지고 가인과 아벨이 이루지 못하였던 '타락성을 벗기 위한 탕감조건'을 세워야 했던 것이다. 그러나 아브라함이 그 헌제에 실패하였기 때문에, 하나님은 그의 입장에 이삭을 대신 세우시고 이스마엘과 이삭의 입장에는 각각 에서와 야곱을 대신 세우시어 그들로 하여금 '타락성을 벗기 위한 탕감조건'을 세우게 하는 섭리를 하셨던 것이다. 그러므로 이삭을 중심한 에서와 야곱은 아담을 중심한 가인과 아벨의 입장인 동시에 노아를 중심한 셈과 함의 입장이기도 하였다.

맏아들 에서와 둘째 아들 야곱은 각각 사탄이 침범한 아브라함의 첫째 번 '상징헌제'와 사탄을 분립한 둘째 번 이삭 헌제의 상징이었으며, 또 그들은 각각 가인과 아벨의 입장에서 '실체헌제(實體獻祭)'를 해야 될 악(惡)과 선(善)의 표시체들이었다. 에서와 야곱이 태중(胎中)에서부터 싸운 것은(창 25 : 22~23) 이와 같이 그들이 각각 악과 선의 표시체로 분립되었던 가인과 아벨의 입장으로서 상충적인 입장에 있었기 때문이었다. 그리고 하나님이 태중에서부터 야곱을 사랑하시고 에서를 미워하신 것도(롬 9 : 11~13), 그들은 각각 아벨과 가인의 입장에서 저들의 헌제 실패를 탕감복귀(蕩減復歸)해야 할 선악의 표시적인 존재들이었기 때문이다.

에서와 야곱이 '실체헌제'로써 '타락성을 벗기 위한 탕감조건'을 세우기 위하여는 먼저 야곱이 아벨의 입장을 탕감복귀하는 조건을 세워야 하였다. 그런데 야곱은 다음과 같이 '실체헌제'의 중심인물이었던 아벨의 입장을 복귀하기 위한 탕감조건을 세우고 '실체헌제'를 거친 후에, 아브라함의 '상징헌제' 실수로 말미암은 400년 간의 탕감노정

(蕩滅路程)을 걷기 위하여 애급(埃及)으로 들어갔던 것이다.

첫째로, 야곱은 장자(長子)의 기업(基業)을 개인적으로 복귀하는 싸움에서 승리의 조건을 세워야 하였다. 사탄이 하나님이 창조하신 피조세계(被造世界)를 장자의 입장에서 점유하고 있기 때문에, 하나님은 차자(次子)의 입장에서 그 장자의 기업을 빼앗아 나오는 섭리를 하시는 것이다. 하나님이 장자를 미워하고 차자를 사랑하셨던 이유는 여기에 있다(말 1 : 2~3). 그런데 장자의 기업을 복귀해야 할 사명을 띠고 복중에서부터 부름을 받은 야곱은 차자의 입장에서 지혜롭게 떡과 팥죽으로써 에서로부터 그 장자의 기업을 빼앗았던 것이다(창 25 : 34). 야곱은 장자의 기업을 중히 여기어 그것을 복귀하려는 입장에 섰었기 때문에 하나님은 이삭으로 하여금 그를 축복하게 하셨고(창 27 : 27), 이에 반하여 에서는 그것을 팥죽 한 그릇에 팔아 버릴 정도로 경홀(輕忽)히 여겼기 때문에 그를 축복하시지 않았다.

둘째로, 야곱은 사탄세계인 하란으로 들어가 21년 간을 고역(苦役)하면서 가정과 재물을 중심하고 장자의 기업을 복귀하는 싸움에서 승리해 가지고 가나안으로 돌아왔던 것이다.

셋째로, 야곱은 하란에서 하나님이 약속하신 땅 가나안으로 돌아올 때, 얍복강에서 천사(天使)와의 싸움에서 승리하여 실체로써 천사에 대한 주관성(主管性)을 복귀하였던 것이다. 야곱은 이와 같이 하여 드디어 아벨의 입장을 탕감복귀함으로써 '실체헌제(實體獻祭)'를 위한 중심인물이 되었었다.

이로써 에서와 야곱은 하나님이 아벨의 헌제를 받으셨을 때의 가인과 아벨의 입장을 확립하였기 때문에, 그들이 '타락성을 벗기 위한 탕감조건'을 세우려면 에서는 야곱을 사랑하고, 그를 중보(仲保)로 세우며, 그의 주관을 받는 입장에서 순종굴복(順從屈伏)하여 축복을 받은 야곱으로부터 선(善)을 이어받음으로써 선을 번식하는 입장에 서야만 했던 것이다. 그런데 실제에 있어 에서는 야곱이 하란에서 21년 간의 고역(苦役)을 마치고 하늘편 처자(妻子)와 재물을 취하여 가지고 가나안으로 돌아올 때, 그대로 그를 사랑하고 환영하였기 때문에(창 33 : 4) 그들은 '타락성을 벗기 위한 탕감조건'을 세울 수 있게 되었다. 그리하여 그들은 아담가정의 가인과 아벨, 또 노아가정의 셈과 함이 '실체헌제(實體獻祭)'에 실패하였던 것을 탕감복귀(蕩減復歸)할 수 있게 되었었다.

이와 같이 에서와 야곱이 '실체헌제'에 성공함으로써, 일찍이 아담가정으로부터 '실체기대(實體基臺)'를 탕감복귀하여 나온 종적인 역사노정을 아브라함을 중심한 복귀섭리노정 중 이삭가정에서 비로소 횡적으로 탕감복귀하게 되었던 것이다.

하나님이 에서를 태중(胎中)에서부터 미워하셨다고 로마서 9장 11절 내지 13절에 기록되어 있으나, 이와 같이 그는 야곱에게 굴복하여 자기의 책임분담(責任分擔)을 다하였기 때문에 복귀한 가인의 입장에 설 수 있게 되어 드디어 하나님의 사랑을 받게 되었던 것이다. 따라서 하나님이 그를 미워하셨다고 기록되어 있는 것은, 다만 그가 복귀섭리(復歸攝理)의 탕감조건(蕩減條件)을 맞추어 나아가는 데 있어서 사탄편인 가인의 입장에 있었기 때문에 미움을 받을 수 있었던 그 입장을 두고 하신 말씀이었음을 알아야 한다.

Ⅲ. 메시아를 위한 기대

아담가정에서부터 세우려던 '메시아를 위한 기대'는, 복귀섭리의 중심인물들이 그들의 책임분담을 다하지 못하였기 때문에 3시대에 걸쳐 연장되어 아브라함에까지 이르렀었다. 그러나 이 뜻을 완성해야 할 아브라함이 또 '상징헌제(象徵獻祭)'에 실수함으로 인하여 이 뜻은 다시 이삭에게로 연장되었었다. 그런데 이삭가정을 중심하고 '믿음의 기대'와 '실체기대(實體基臺)'가 이루어짐으로써 이때에 비로소 '메시아를 위한 기대'가 조성되었던 것이다. 따라서 메시아는 응당 이때에 강림(降臨)하셔야 될 것이었다.

그런데 우리는 여기에서 '메시아를 위한 기대'를 중심하고 볼 때, 메시아를 맞기 위한 이 기대의 사회적인 배경은 어떠해야 될 것인가 하는 것을 알아야 하겠다.

타락인간(墮落人間)이 '메시아를 위한 기대'를 세워야 하는 것은 이미 사탄을 중심하고 이루어진 세계를 메시아를 위한 왕국으로 복귀할 수 있는 터전을 마련하기 위함이다. 그런데 아담가정이나 노아가정을 중심한 복귀섭리(復歸攝理)에 있어서는 그 가정을 침범할 수 있는 다른 가정이 없었기 때문에, '메시아를 위한 가정적인 기대'만 이루어지면 그 기대(基臺) 위에 메시아는 오시게 되어 있었다. 그러나 아브라함 때에는 이미 타락인간들이 사탄을 중심한 민족을 형성하여 아브라함 가정에 대결하고 있었기 때문에, 그때에 '메시아를 위한 가정적인 기대'가 이루어졌다 하더라도 그 기대 위에 바로 메시아가 강림하실 수는 없었다. 그러므로 이 기대가 사탄세계와 대결할 수 있는 민족적인 판도 위에 세워진 후에야 비로소 메시아를 맞을 수 있었던 것이다. 따라서 아브라함이 '상징헌제'에 실수하지 않고 '실체헌제(實體獻祭)'에 성공하여 그때에 '메시아를 위한 가정적인 기대'가 이루어졌다 하더라도, 그 기대를 중심하고 그 후손이 가나안 땅에서 번성하여 '메시아를 위한 민족적인 기대'를 조성하는 데까지 이르지 않고서는 메시아를 맞을 수 없었던 것이다. 그러나 그가 '상징헌제'에 실수하였기 때문에 이에 대한 벌로서, '메시아를 위한 가정적인 기대'를 조성한 이삭의 후손들은 고향을 떠나 이방(異邦)에 들어가서 400년 간을 고역(苦役)하면서 민족적인 기대를 세워 가지고 다시 가나안으로 돌아온 후에야 '메시아를 위한 민족적인 기대'를 조성할 수 있도록 되어 있었던 것이다.

그러면 아브라함의 '상징헌제(象徵獻祭)' 실수로 말미암아 그 후손에게 남아진 탕감노정(蕩減路程)은 누구로부터 시작되어야 하였던가? 그것은 이삭이 아니고 야곱으로부터였다. 왜냐하면 위에서 이미 상론(詳論)한 바와 같이, 모든 탕감노정을 중심적으로 걸어야 할 인물은 '실체헌제(實體獻祭)'의 중심인 아벨형의 인물이기 때문이다. 따라서 아담가정에서는 아벨, 노아가정에서는 함, 아브라함가정에서는 이삭, 그리고 이삭가정에서는 야곱이 각각 그 가정의 탕감노정을 중심적으로 걸어야 했던 것이다. 특히 야곱은 '메시아를 위한 기대' 위에 선 아벨형의 인물이었기 때문에, 다음에 메시아가 걸으셔야 할 사탄 분립의 전형노정(典型路程)을 먼저 본보기로 걸어야 했던 것이다(후편 제2장 제1절).

그리하여 야곱가정은 이삭가정을 중심하고 세워진 '메시아를 위한 기대' 위에서, 아브라함이 지은 죄를 담당하고 400년 간의 탕감노정을 걸음으로써 아브라함을 중심한 복귀섭리(復歸攝理)의 목적을 이루어야 했기 때문에, 이삭가정과 같은 입장에서 이 탕감노정을 출발하게 되어 있었다.

즉 이삭가정에 있어서 아벨의 입장인 야곱이 모든 탕감노정을 걸었던 것과 같이, 야곱가정에 있어서는 야곱의 하늘편 처(妻) 라헬의 소생인 요셉이 먼저 애급(埃及)으로 들어가 그 탕감노정을 걸음으로써 아벨의 입장을 확립해야 되었던 것이다. 그러므로 요셉이 그의 형들에 의하여 애급으로 팔려 가서 30세에 애급의 총리대신(總理大臣)이 된 후에 그가 어렸을 때 하늘에서 몽시(夢示)로써 예시해 주셨던 대로(창 37 : 5~11), 먼저 야곱의 사탄편 처 레아의 소생인 이복형(異腹兄)들이 그에게 가서 굴복함으로써 자녀들이 먼저 입애급노정(入埃及路程)을 걷게 되었고, 다음으로는 그의 부모가 같은 노정으로 인도되었었다. 그리하여 야곱가정은 장차 메시아를 민족적으로 맞기 위한 탕감노정을 출발하게 되었던 것이다.

이와 같이 이삭을 중심한 섭리는 또 야곱을 중심한 섭리노정(攝理路程)으로 연장되었다. 그러나 마치 아브라함과 이삭이 개체는 다르지만 뜻으로 볼 때 한 몸이었던 것과 같이, 야곱은 이삭가정을 중심한 '메시아를 위한 기대'를 세운 '실체기대(實體基臺)'의 중심인물로서 아브라함이 지은 죄를 담당하고, 장차 '메시아를 위한 민족적인 기대'를 세워 가지고 이삭의 뜻을 민족적으로 이루어야 할 탕감노정을 출발하였기 때문에, 아브라함과 이삭과 야곱은 서로 개체는 다르나 뜻으로 보면 모두 한 몸이었던 것이다. 따라서 야곱의 성공은 곧 이삭의 성공이요, 이삭의 성공은 곧 아브라함의 성공이 되기 때문에, 아브라함을 중심한 복귀섭리(復歸攝理)는 이삭과 야곱에로 연장되었으나 뜻을 중심하고 보면 연장되지 않고 그 당대에 이루어진 것과 같은 것이다. 나는 네 조상의 하나님이니 아브라함의 하나님 이삭의 하나님 야곱의 하나님이니라(출 3 : 6)고 한 말씀은 바로 이러한 섭리노정에 입각해 볼 때, 그들은 3대이면서도 뜻으로 보면 하나의 '뜻'을 공동으로 이룩한 선조들로서 1대와 같다는 것을 말해 주는 것이라 하겠다.

실상 하나님은 야곱가정으로 하여금 사탄세계인 애급(埃及)에 들어가 400년 고역의 길을 걷게 하시면서, 일찍이 아브라함에게 축복하신 말씀대로 선민(選民)을 세워 가지고 다시 가나안으로 돌아오게 한 후

'메시아를 위한 민족적인 기대'를 세우게 하심으로써, 이 기대 위에 메시아를 보내시어 복귀섭리를 완수하려 하셨던 것이다.

그러므로 이삭가정을 중심하고 세워진 '메시아를 위한 기대'는 결과적으로 '메시아를 위한 민족적인 기대'를 조성하기 위한 탕감노정(蕩減路程)의 출발기대(出發基臺)가 되었던 것이다. 따라서 아담으로부터 아브라함에 이르기까지의 2천년 기간은 결과적으로 다음 시대에 '메시아를 위한 민족적인 기대'를 세우기 위한 출발기대를 조성하는 기간이 되었던 것이다.

아브라함의 '상징헌제(象徵獻祭)' 실수로 인한 탕감노정을 담당한 야곱은 하늘 뜻을 위한 지혜로써 에서로부터 장자(長子)의 기업(基業)을 빼앗는 개인적인 싸움에서 성공하였고, 사탄세계인 하란으로 들어가 그의 외숙부(外叔父) 라반으로부터 장자의 기업을 가정적으로 빼앗는 21년 간의 싸움에 성공하였다. 그리고 그가 하란에서 가나안으로 돌아오는 길에서는 또 천사(天使)와의 싸움에서 승리하여, 인간 조상이 타락된 이후 타락인간으로서는 처음으로 천사에 대한 주관성을 복귀할 수 있는 탕감조건을 세워 이스라엘이라는 이름을 받음으로써 선민(選民) 형성의 기틀을 잡았던 것이다.

야곱은 이러한 노정을 걸어서 가나안으로 돌아온 후 비로소 '타락성을 벗기 위한 탕감조건'을 세웠으므로, 그는 사탄을 굴복시키는 전형노정(典型路程)을 성공적으로 걷게 되었던 것이다. 이 전형노정을 따라서 모세도 걸었고 예수님도 걸으셨으며 이스라엘 민족도 또한 걸어야 했기 때문에, 이스라엘 민족사는 사탄을 민족적으로 굴복시켜 온 그 전형노정의 사료(史料)가 되는 것이다. 이스라엘 민족사가 복귀섭리역사(復歸攝理歷史)의 중심사료가 되는 이유도 여기에 있다.

Ⅳ. 아브라함을 중심한 복귀섭리가 우리에게 보여 준 교훈

아브라함을 중심한 복귀섭리는, 첫째로 우리에게 '뜻 성사'에 대한 하나님의 예정(豫定)이 어떠하신가를 보여 주셨다. 복귀섭리는 하나님의 힘만으로써는 이루어질 수 없고, 인간책임분담(人間責任分擔)이 합해져서만 비로소 이루어진다. 따라서 하나님은 아브라함을 부르시어 복귀섭리의 목적을 이루려 하셨으나, 그가 자기의 책임분담을 다하지 못하였기 때문에 그 뜻은 이루어지지 않았던 것이다.

둘째로는 인간에 대한 하나님의 예정이 어떠하신가를 보여 주셨다. 하나님은 아브라함을 믿음의 조상으로 예정하셨으나, 아브라함이 그 자신의 책임분담을 다하지 못하였기 때문에 그의 사명은 이삭을 거쳐 야곱에로 옮겨졌던 것이다.

셋째로 복귀섭리는 인간이 그의 책임분담을 다하지 못할 때에 그 뜻은 필연적으로 연장되고, 동시에 그것을 복귀하려면 보다 큰 것으로써의 탕감조건(蕩減條件)을 세워야 한다는 것을 보여 주셨다. 그러므로 아브라함으로서는 동물을 제물(祭物)로 바쳐서 이루어질 수 있었던 뜻이, 그의 실수로 말미암아 사랑하는 아들 이삭을 제물로 바쳐서야 이루어지게 되었던 것이다.

넷째로는 제물을 쪼개는 것으로써, 우리들도 각자를 제물로서 쪼개어 선과 악으로 분립해야 된다는 것을 보여 주셨다. 신앙생활은 자신을 제물의 입장에 세워 놓고 선과 악으로 쪼개어 하나님이 기뻐하시는 생축(牲畜)의 제물로 바치는 생활이다. 그렇기 때문에 우리가 항상 하나님의 뜻을 중심하고 자신을 쪼개지 않을 때에는 거기에 사탄이 침범할 수 있는 조건이 성립되는 것이다.

제 2 장 모세와 예수님을 중심한 복귀섭리

아모스 3장 7절에 주 여호와께서는 자기의 비밀을 그 종 선지자들에게 보이지 아니하시고는 결코 행하심이 없으시리라고 기록되어 있는 말씀대로, 성서는 하나님의 구원섭리(救援攝理)에 관한 수많은 비밀을 간직하고 있다. 그러나 인간은 하나님의 섭리에 대한 원리를 몰랐기 때문에, 성서를 보아도 그 숨은 뜻을 알 길이 없었다. 성서에서는 하나의 선지자(先知者)의 생애에 대한 기록도 그것의 실상은 단순히 그의 역사에만 멎어지는 것이 아니고, 그 선지자의 생애를 통하여 타락인간(墮落人間)이 가야 할 길을 보여 준 것이다. 여기에서는 특히 하나님이 야곱과 모세를 세워 복귀섭리노정(復歸攝理路程)을 걷게 하시어, 그것으로써 장차 예수님이 오셔서 인류의 구원을 위하여 걸으실 섭리노정을 어떻게 미리 보여 주셨는가 하는 것을 알아보기로 하겠다.

제 1 절 사탄 굴복의 본보기노정

이삭가정을 중심한 복귀섭리(復歸攝理)에 있어서 '실체기대(實體基臺)'를 세우는 중심인물(中心人物)이었던 야곱이 아벨의 입장을 확립하여 가지고 '타락성을 벗기 위한 탕감조건'을 세우기 위하여 사탄을 굴복시켜 나아가던 전노정은, 야곱에 의한 그 상징노정(象徵路程)을 형상적(形象的)으로 걸어야 할 모세노정이나, 또 그것을 실체적(實體的)으로 걸어야 할 예수님의 노정에 대한 전형노정(典型路程)이었다. 그리고 이 노정은 이스라엘 민족과 전인류가 복귀섭리의 목적을 이루기 위하여 사탄을 굴복시키면서 걸어가야 할 본보기노정이기도 하다.

Ⅰ. 예수님의 전형노정으로 야곱노정과 모세노정을 세우신 이유

복귀섭리(復歸攝理)의 목적은 궁극적으로 인간 자신이 그의 책임분담(責任分擔)으로서 사탄을 자연굴복(自然屈伏)시키고 주관할 수 있게 됨으로써 이루어지는 것이다. 예수님이 인간 조상으로서 메시아의 사명을 맡고 오신 것도, 사탄 굴복의 최종적인 노정을 개척하여 모든 성도(聖徒)들로 하여금 그 노정을 따라가게 함으로써 사탄을 자연굴복케 하시기 위함이었다.

그런데 하나님에게도 순종굴복(順從屈伏)하지 않았던 사탄이 인간 조상으로 오시는 예수님과 성도들에게 순종굴복할 리가 없다. 그러므로 하나님은 인간을 창조하신 원리적인 책임을 지시고 야곱을 세우심으로써, 그를 통하여 사탄을 굴복시키는 상징노정을 본보기로 보여 주셨던 것이다.

하나님은 이와 같이 야곱을 세우시어 사탄을 굴복시키는 본보기노정을 보여 주셨기 때문에, 모세는 이 노정을 본보기로 하여 그 형상노정(形象路程)을 걸음으로써 사탄을 굴복시킬 수 있었다. 그리고 또 예수님은 야곱노정을 밟아 온 모세노정을 본보기로 하여 그 실체노정(實體路程)을 걸음으로써 사탄을 굴복시킬 수 있었으며, 한편 또 성도들도 그 노정을 따라 걸음으로써 사탄을 굴복시키고 주관할 수 있게 되는 것이다.

모세가 자기와 같은 선지자(先知者) 한 사람을 하나님이 세우실 것이라고 한 것은(행 3 : 22), 모세와 같은 입장에서 모세노정을 본보기로 하여 세계적 가나안 복귀의 섭리노정을 걸으셔야 할 예수님을 표시한 말이었다. 그리고 요한복음 5장 19절에 아들이 아버지의 하시는 일을 보지 않고는 아무것도 스스로 할 수 없나니 아버지께서 행하시는 그것을 아들도 그와 같이 행하느니라고 기록되어 있는 것은, 바로 예수님은 하나님이 이미 모세를 세워서 보여 주신 본보기노정을 그대로 걷고 계시다는 것을 말씀하신 것이다. 그러므로 모세는 다음에 오실 예수님의 모의자(模擬者)가 되는 것이다(행 3 : 22).

II. 야곱노정을 본보기로 하여 걸은 모세노정과 예수노정

야곱노정은 바로 사탄을 굴복시켜 나아간 노정이다. 그리고 사탄을 굴복시키는 노정은 사탄이 침범했던 그 경로를 되돌아 나가야 하는 것이다. 이제 우리는 야곱노정을 본보기로 하여 걸은 모세노정과 예수님의 노정을 살펴보기로 하자.

① 인간은 원래 따먹지 말라 하신 하나님의 말씀을 생명을 걸고 지켜야 할 것이었는데, 천사장(天使長)으로부터의 시련을 이겨내지 못함으로써 타락(墮落)되고 말았다. 그러므로 야곱이 하란에서 처자(妻子)와 재물(財物)을 이끌고 가나안으로 돌아와서 '메시아를 위한 기

대'를 복귀(復歸)하여 가정적인 가나안 복귀 완성자가 되기 위하여는, 사탄과 생명을 걸고 싸우는 시련에서 승리해야 했던 것이다. 야곱이 얍복강에서 천사(天使)와 생명을 걸고 싸워 승리함으로써 이스라엘이란 이름을 받은 것은(창 32 : 25~28) 바로 이러한 시련을 넘기 위한 것이었다.

하나님은 천사를 사탄의 입장에 세워서 야곱을 시험하셨다. 그러나 이것은 야곱을 불행하게 하시려는 데 목적이 있었던 것이 아니라, 그로 하여금 천사에 대한 주관성(主管性)을 복귀하는 시련을 넘게 함으로써 아벨의 입장을 확립케 하여 가정복귀 완성자로 세우시기 위함이었다. 천사가 이러한 시련의 주체적인 역할을 함으로써 천사세계도 복귀되어 나아가는 것이다.

모세도 이스라엘 민족을 이끌고 가나안으로 돌아와서 민족적 가나안 복귀 완성자가 되기 위하여는, 하나님이 그를 죽이려 하는 시련에서 생명을 걸고 극복해야 되었었다(출 4 : 24). 만일 인간이 이러한 시험을 하나님에게로부터 당하지 않고 사탄에게 당하다가 그 시험에 패하게 되면 사탄에게 끌려가게 되는 것이다. 그러므로 하나님편에서 시험하는 것은 어디까지나 하나님이 인간을 사랑하시기 때문이라는 사실을 우리는 알아야 하겠다.

예수님도 인류를 지상천국(地上天國)으로 인도함으로써 세계적 가나안 복귀 완성자가 되기 위하여는, 광야 40일 시험에서 생명을 걸고 사탄과 싸워 승리하셔야만 했던 것이다(마 4 : 1~11).

② 인간의 육(肉)과 영(靈)에 사탄이 침범하여 타락성(墮落性)이 생겼으므로, 야곱은 이것을 벗기 위한 조건을 세워야 하였다. 그러므로 야곱은 육과 영을 상징하는 떡과 팥죽을 주고 에서로부터 장자(長子)의 기업(基業)을 빼앗는 것으로써 '타락성을 벗기 위한 탕감조건'

을 세우는 데 있어서의 아벨의 입장을 복귀하지 않으면 아니 되었던 것이다(창 25 : 34). 이 노정을 위하여 모세노정에서는 이스라엘 민족에게 육(肉)과 영(靈)을 상징하는 만나와 메추리를 내려 먹여 하나님에 대한 감사와 선민의식(選民意識)을 강하게 함으로써, 모세에게 순종하게 하여 '타락성을 벗기 위한 민족적인 탕감조건'을 세우게 하려 하셨던 것이다(출 16 : 13).

예수님이 너희 조상들은 광야에서 만나를 먹었어도 죽었거니와…… 너희에게 이르노니 인자의 살을 먹지 아니하고 인자의 피를 마시지 아니하면 너희 속에 생명이 없느니라(요 6 : 49~53)고 말씀하신 것은, 예수님도 이 노정을 본보기로 하여 걸으셨다는 것을 의미하는 것이다. 이것은 모든 타락인간들이 세례 요한의 입장에 있는(본장 제3절 II 1) 예수님을 신종(信從)함으로써 영육(靈肉) 아울러 그와 일체가 되어 '타락성을 벗기 위한 세계적인 탕감조건'을 세워 가지고 그를 메시아로 모시는 데까지 나아가지 않으면 창조본성(創造本性)을 복귀할 수 없다는 것을 의미하는 것이다.

③ 인간은 타락으로 말미암아 그의 시체까지 사탄의 침범을 당하였다. 그런데 야곱은 축복을 받아 성별(聖別)된 몸이었기 때문에 그의 시체도 사탄과 싸워 분립했다는 조건을 세우기 위하여 그 시체에 40일간 방부제(防腐劑)를 발랐던 것이다(창 50 : 3). 따라서 이 노정을 본보기로 하여 걸은 모세에 있어서도 그의 시체를 놓고 사탄과 싸웠으며(유 1 : 9), 또 예수님에 있어서도 그의 시체를 둘러싸고 문제가 일어났었던 것이다(마 28 : 12~13).

④ 인간 시조의 타락으로 인하여 그의 성장기간(成長期間)에 사탄이 침범하였었다. 그렇기 때문에 이것을 탕감복귀(蕩減復歸)하기 위하여 다음과 같이 그 기간을 표시하는 수를 찾아 세우는 섭리를 하시

는 것이다(후편 제3장 제2절 IV).

즉 야곱이 하란에서 가나안으로 복귀할 때에 사탄 분립의 3일 기간이 있었고(창 31 : 22), 모세가 민족을 이끌고 애급(埃及)으로부터 가나안으로 복귀할 때에도 이러한 3일 기간이 있었으며(출 5 : 3), 또 여호수아도 이 3일 기간을 지난 후에야 비로소 요단강을 건넜었다(수 3 : 2). 그리고 예수님의 영적 세계 가나안 복귀노정에 있어서도 사탄 분립의 무덤 3일 기간이 있었던 것이다(눅 18 : 33).

사탄에게 내주었던 노아로부터 야곱에 이르는 12대의 종적인 탕감조건(蕩減條件)들을 야곱 1대에서 횡적으로 탕감복귀(蕩減復歸)하기 위하여 야곱에게 12자식이 있었던 것이다(창 35 : 22). 그렇기 때문에 모세 때에도 12지파가 있었고(출 24 : 4), 예수님의 노정에도 12제자가 있었던 것이다(마 10 : 1).

7일 창조기간(創造期間)에 침범한 사탄을 분립하는 탕감조건을 세우기 위하여 야곱 때에는 70가족이(창 46 : 27), 모세 때에는 70장로가(출 24 : 1), 예수님 때에는 70문도가 각각 그 노정의 중심역할을 하였었다(눅 10 : 1).

⑤ 지팡이는 불의(不義)를 치고 앞길을 인도하며 대신 의지하는 뜻의 표징물(表徵物)로서 장차 오실 메시아를 상징하였던 것이다(본장 제2절 II 2 (2)). 따라서 야곱이 이러한 뜻을 가지고 있는 지팡이를 짚고 요단강을 건너 가나안 땅으로 들어갔다는 것은(창 32 : 10), 장차 타락인간이 메시아를 받들어 불의를 치고 또 그의 인도를 받으며 그를 의지함으로써 죄악세계(罪惡世界)를 넘어 창조이상세계(創造理想世界)로 들어간다는 것을 보여 주신 것이었다. 그러므로 모세도 지팡이를 가지고 이스라엘 민족을 인도하여 홍해(紅海)를 건넜으며(출 14 : 16), 예수님도 자신을 표징하는 철장(鐵杖)을 가지고 이 고

해(苦海)의 세계를 건너 하나님의 창조이상세계에로 전인류를 인도하지 않으면 아니 되었던 것이다(계 12 : 5, 계 2 : 27).

⑥ 해와의 범죄가 죄의 뿌리를 이루었고, 그의 자식 가인이 아벨을 죽임으로써 그 열매를 맺었다. 이와 같이 모자(母子)로 말미암아 사탄이 침범하여 죄의 열매를 맺었으므로, 탕감복귀(蕩減復歸)의 원칙에 의하여 모자로써 사탄을 분립해야만 된다. 따라서 야곱이 축복을 받고 사탄을 분립하였던 것도 그 모친(母親)의 적극적인 협조에 의하여 이루어진 것이었다(창 27 : 43). 모세도 또한 그 모친의 협조가 없었으면 그가 사지(死地)에서 헤어나와 하나님의 뜻을 받드는 자리에 나아갈 수 없었을 것이다(출 2 : 2). 그리고 예수님 때에도 역시 그를 죽이려던 헤롯왕을 피하여 그를 데리고 애급(埃及)으로 피난한 그 모친의 협조가 있었던 것이다(마 2 : 13).

⑦ 복귀섭리(復歸攝理)의 뜻을 이루는 중심인물(中心人物)은 사탄세계에서 하늘세계에로 복귀하는 노정을 걷지 않으면 아니 된다. 그러므로 야곱은 사탄세계인 하란에서 가나안으로 복귀하는 노정을 걸었고(창 31~33장), 모세는 사탄세계인 애급에서 축복의 땅 가나안으로 복귀하는 노정을 걸었으며(출 3 : 8), 예수님도 이 노정을 걸으시기 위하여 출생하자마자 애급으로 피난갔다 돌아오셔야 했던 것이다(마 2 : 13).

⑧ 복귀섭리의 최종적인 목적은 사탄을 괴멸(壞滅)하는 데 있다. 그러므로 야곱은 우상(偶像)을 상수리나무 아래 묻었고(창 35 : 4), 모세는 금송아지로 된 우상을 부수어 그 가루를 물에 뿌려서 이스라엘 민족에게 마시게 하였으며(출 32 : 20), 예수님은 그의 말씀과 권능으로 사탄을 굴복시킴으로써 이 죄악세계를 진멸(殄滅)하셔야 했던 것이다(전편 제3장 제3절 II 2 참조).

제 2 절 **모세를 중심한 복귀섭리**

Ⅰ. 모세를 중심한 복귀섭리의 개관

모세를 중심한 복귀섭리(復歸攝理)는 아브라함을 중심한 복귀섭리에서 이미 세워진 '메시아를 위한 기대' 위에서 이루어지는 것이지만, '믿음의 기대'와 '실체기대(實體基臺)'를 탕감복귀하여 '메시아를 위한 기대'를 조성해야 된다는 원칙은 그에게 있어서도 다름이 없었다. 왜냐하면 그 섭리를 담당한 중심인물(中心人物)들이 달라졌으므로 그 인물들 자신도 또한 그러한 책임분담(責任分擔)을 다하지 않고는 복귀섭리의 뜻을 계승할 수 없었으며, 또 그 섭리의 범위가 가정적인 것에서 민족적인 것으로 확대되었기 때문이다. 그러나 모세를 중심한 복귀섭리에 있어서는 다음의 기록이 보이는 바와 같이, 이 기대의 조성을 위한 탕감조건(蕩減條件)의 내용이 전의 것에 비하여 많이 달라지고 있는 것이다.

1. 믿음의 기대

(1) 믿음의 기대를 복귀하는 중심인물

아브라함의 상징헌제(象徵獻祭) 실수로 말미암은 그 후손의 애급고역(埃及苦役) 400년 기간이 끝난 다음, 이스라엘 민족이 가나안 복지(福地)로 복귀하는 노정에 있어서의 '믿음의 기대'를 복귀하는 중심인물은 모세였다. 우리는 여기에서 모세가 이 '믿음의 기대'를 어떻게 세웠는가 하는 것을 알기 전에 복귀섭리로 본 모세의 위치를 상고(詳考)하여 모세 이전의 섭리노정(攝理路程)에 있어서 '믿음의 기대'를 복귀하려던 다른 인물들, 즉 아담이나 노아나 아브라함에 비하여 모세의 다른 점이 무엇이었던가 하는 것을 먼저 알아보기로 하자.

그것은 첫째로, 모세는 하나님 대신의 신(神)으로 세워졌었다는 것이다. 그렇기 때문에 출애굽기 4장 16절을 보면 하나님은 모세에게 이스라엘의 선지자 아론 앞에서 신과 같이 되리라고 하셨고, 또 출애굽기 7장 1절에는 그를 바로에게 있어 신이 되게 하셨다고 하였다.

둘째로, 모세는 장차 오실 예수님의 모의자(模擬者)였었다. 위에서 논한 바와 같이, 하나님은 모세를 아론과 바로 앞에 신이 되게 하셨던 것이다. 그런데 육신을 쓴 신은 예수님밖에 없으므로, 하나님이 모세를 신이 되게 하셨다는 말씀은 곧 모세를 출애급노정(出埃及路程)에 있어서 예수님의 모의자로 세우셨다는 것을 의미하는 것이다. 이와 같이 모세는 예수님의 모의자로서 예수님이 걸으실 노정을 그대로 앞서 걸음으로써, 마치 세례 요한이 예수님의 가실 길을 곧게 해야 했던 것과 같이(요 1 : 23) 모세도 예수님이 가실 길을 미리 개척하였던 것이다.

그러면 모세는 이 노정(路程)을 어떻게 걸었는가 하는 것을 알아보기로 하자.

모세는 '메시아를 위한 기대'를 조성하였던 야곱의 후손으로서, 복귀섭리시대(復歸攝理時代)의 섭리역사를 담당한 중심인물일 뿐 아니라, 다음에 예수님이 오셔서 걸으셔야 할 야곱의 전형노정(典型路程)을 형상적으로 걸었던 것이다.

그리고 또 모세는 야곱가정의 입애급노정(入埃及路程)에서 요셉이 세운 터전 위에 서 있었다. 그런데 요셉은 또 하나의 예수님의 모의자였다. 요셉은 야곱의 하늘편 처(妻)로 세워진 라헬이 낳은 아들로서, 야곱의 사탄편 처로 세워진 레아의 소생(所生)들의 동생이었다. 그러므로 요셉은 아벨의 입장으로서, 가인의 입장에 있었던 그의 형들이 죽이려 했던 가운데서 겨우 죽음을 모면하고 상인에게 팔린 바 되어 먼저 애급에 들어가게 되었던 것이다. 그리하여 그는 30세에 애급의 총리대신(總理大臣)이 된 후에, 그가 어렸을 때 하늘에서 몽시(夢示)로써 교시한 대로(창 37 : 5~11) 그의 형들과 그의 부모가 애급으로 찾아와 굴복한 섭리노정의 터전 위에서 이스라엘의 사탄 분립을 위한 애급고역노정(埃及苦役路程)이 시작되었던 것이다.

요셉의 이러한 노정은 장차 예수님이 사탄세계에 오셔서 고난의 길을 통하여 30세에 만왕의 왕으로 군림한 후에, 전인류는 말할 것도 없고 그의 선조까지도 굴복시켜 가지고, 그들을 사탄세계로부터 분립하여 하늘편으로 복귀시킬 것을 보여 주신 것이다. 이처럼 요셉의 전생애는 바로 예수님의 모의자(模擬者)로서의 걸음이었던 것이다.

한편 또 모세의 생장(生長)과 서거(逝去)도 예수님의 그 본보기노정이었다. 모세는 출생시부터 바로왕의 손에 죽을 수밖에 없는 입장에 있었으므로, 그 모친이 그를 숨겨서 키운 후에야 바로궁중에 들어가 원수들 가운데서 안전하게 성장하였던 것이다. 이와 마찬가지로 예수님도 출생하자 헤롯왕의 손에 죽을 수밖에 없는 입장에 계셨었으므로, 그의 모친이 그를 데리고 애급에 들어가 숨겨 키운 후에야 헤롯왕의 통치권 내로 다시 돌아와 원수들 가운데서도 안전하게 성장하셨던 것이다. 그리고 모세가 죽은 후 그 시체의 행방을 아는 사람이 없었던 것도(신 34 : 6) 예수님의 시체의 그러한 것에 대한 하나의 모형이었던 것이다.

더욱이 모세의 민족적 가나안 복귀노정(復歸路程)은 바로 그대로가 아래 상세히 기록되어 있는 바와 같이, 장차 예수님이 오셔서 걸으실 세계적 가나안 복귀노정의 전형(典型)이었던 것이다.

이와 같이 모세가 예수님의 모의자(模擬者)였다는 사실은 신명기 18장 18절 내지 19절에 하나님이 모세와 같은 선지자 하나(예수님)를 세우실 것을 예언하시면서, 누구든지 그의 말씀을 듣지 않는 사람은 벌하시겠다고 하신 말씀을 보아서도 잘 알 수 있다. 그리고 또 요한복음 5장 19절을 보면, 예수님은 아버지께서 하시는 일을 보지 않고는 아무것도 스스로 할 수 없다고 말씀하셨다. 이 말씀도 역시 하나님이 모세를 시켜 장차 예수님이 행하실 것을 미리 보여 주셨다는 것을 의미하는 것이다.

(2) 믿음의 기대를 복귀하기 위한 조건물

모세는 위에서 논한 바와 같이, 모세 이전의 섭리노정(攝理路程)에서 '믿음의 기대'를 복귀하여 온 다른 중심인물들과는 다른 입장에 서 있었다. 그렇기 때문에 모세는 아벨이나 노아나 아브라함과 같이 '상징헌제(象徵獻祭)'를 하지 않아도, 하나님의 말씀을 중심하고 '40일 사탄 분립기대'만을 세우면 '믿음의 기대'를 탕감복귀할 수 있었다.

그 이유를 더 들어 보면 첫째, 모세는 아벨 노아 이삭 등 3차에 걸친 '상징헌제'에 성공함으로써 '상징헌제'에 의한 섭리를 완료한 기대 위에 섰었기 때문이다.

둘째, 인간 시조가 타락하여 '믿음의 기대'를 세우기 위한 하나님의 말씀을 잃어버리게 됨으로 말미암아, 타락인간은 하나님의 말씀을 직접 받을 수 없게 되었기 때문에 말씀 대신의 조건물로 세운 것이 제물이었다. 그런데 모세 때에 이르러서는 제물을 조건물로 세워서 '믿음의 기대'를 복귀하던 복귀기대섭리시대(復歸基臺攝理時代)는 지나가고, 다시 하나님의 말씀을 직접 대할 수 있는 복귀섭리시대(復歸攝理時代)로 들어왔기 때문에 '믿음의 기대'를 위한 '상징헌제'는 필요 없게 되었던 것이다.

셋째, 아담가정을 중심한 섭리가 오랜 역사의 기간을 두고 연장되어 감에 따라 사탄이 침범하여 연장되었던 그 섭리적인 기간을 탕감복귀하는 조건을 세우지 않을 수 없게 되었었다. 그리하여 노아가 방주(方舟)로써 '믿음의 기대'를 세우기 위하여는 '40일 사탄 분립기대'가 필요했던 것이었다. 그리고 아브라함도 400년 기간을 탕감복귀하여 '40일 사탄 분립기대' 위에 선 후에야 '믿음의 기대'를 세우기 위한 '상징헌제'를 드리게 되었던 것이다. 한편 이스라엘 민족이 애급에서 400년 간 고역하게 되었던 것도 '40일 사탄 분립기대'를 탕감복귀함으로써 아브라함의 제물 실수로 인하여 사탄의 침범을 당하였던 그 '믿음의 기대'를 탕감복귀하기 위함이었다. 이와 같이 되어 복귀섭리시대에 있어서는 '40일 사탄 분립기대' 위에서 제물 대신 하나님의 말씀을 중심하고 서기만 하면 '믿음의 기대'를 복귀할 수 있게 되었던 것이다.

2. 실체기대

복귀기대섭리시대(復歸基臺攝理時代)에 있어서는 '가정적인 실체기대'를 세우는 섭리를 하셨었다. 그러나 복귀섭리시대(復歸攝理時代)에 들어와서는 '민족적인 실체기대'를 세우는 섭리를 하셨던 것이다. 그런데 '민족적인 믿음의 기대'를 복귀해야 할 모세는 하나님 대신이었으므로(출 4 : 16, 출 7 : 1) 예수님의 입장이었다. 그렇기 때문에 모세는 이스라엘 민족에 대하여는 부모의 입장에 서게 되었던 것이다. 그뿐 아니라 모세는 예수님에 앞서서 그의 길을 개척해야 할 사명을 가지고 있는 선지자(先知者)로서 자녀의 입장이기도 하였다. 따라서 그는 '민족적인 실체기대'를 세워야 할 중심인물로서 아벨의 입장에도 설 수 있어야 하였다.

아벨은 아담 대신 부모의 입장에서 헌제(獻祭)를 하였기 때문에, 그 헌제에 성공함으로써 그는 아담이 세워야 할 '믿음의 기대'와 함께 '실체헌제(實體獻祭)'를 위한 아벨 자신의 입장도 확립할 수 있었던 것이다. 이것과 동일한 원리에 의하여 이때에 있어서 모세도 부모와 자녀의 두 입장에 있었기 때문에, 그도 역시 부모의 입장에서 '믿음의 기대'를 탕감복귀하게 되면 그와 동시에 자녀의 입장에서 '실체헌제'를 하기 위한 아벨의 위치도 확립할 수 있게 되는 것이었다.

이렇게 하여 모세가 아벨의 위치를 확립한 후, 이스라엘 민족이 가인의 입장에서 모세를 통하여 '타락성을 벗기 위한 민족적인 탕감조건'을 세우면, 거기에 '민족적인 실체기대'는 이루어지게 되는 것이었다.

3. 메시아를 위한 기대

모세가 '민족적인 믿음의 기대'를 탕감복귀(蕩減復歸)하고, 모세를 중심한 이스라엘 민족이 '민족적인 실체기대'를 탕감복귀하면 그것이 바로 '메시아를 위한 민족적인 기대'가 되는 것이다. 그리하여 이스라엘 민족이 그 기대 위에서 오시는 메시아로 말미암아 중생(重生)되어 원죄를 벗고 하나님과 심정적인 일체를 이룸으로써 창조본성(創造本性)을 복귀하면 '완성실체'가 되게 되어 있었던 것이다.

II. 모세를 중심한 민족적 가나안 복귀노정

모세가 사탄세계인 애급(埃及)에서 이스라엘 선민을 이적(異蹟)과 기사(奇事)로써 인도하여 홍해(紅海)를 건너고 광야를 돌아서 하나님이 약속하신 땅 가나안으로 돌아가는 노정은, 장차 예수님이 이 죄악세계(罪惡世界)에서 제2 이스라엘인 기독교 신도들을 이적과 기사로 인도하여 이 죄악세계의 고해(苦海)를 건너고 생명의 물이 마른 사막을 돌아서, 하나님이 약속하신 창조본연의 에덴으로 복귀케 될 그 노정을 미리 보여 준 것이 되기도 하는 것이다.

한편 모세를 중심한 민족적 가나안 복귀노정이 이스라엘 민족의 불신으로 말미암아 3차로 연장된 것과 같이, 예수님을 중심한 세계적 가나안 복귀노정도 유대인들의 불신으로 말미암아 3차로 연장되었던 것이다. 번거로움을 피하기 위하여 여기에서는 모세노정과 예수노정과의 세밀한 대조설명은 하지 않겠다. 그러나 이것은 본절과 다음 절을 대조함으로써 소상히 밝혀질 것이다.

1. 제1차 민족적 가나안 복귀노정

(1) 믿음의 기대

이스라엘 민족이 400년 간을 애급에서 고역(苦役)함으로써 아브라함의 '상징헌제(象徵獻祭)' 실수로 초래된 민족적인 탕감기간(蕩減期間)은 끝나게 되었었다. 여기에서 모세가 이스라엘 민족을 영도(領導)하여 '믿음의 기대'를 복귀하는 인물이 되기 위하여는, 민족적 탕감기간인 400년을 다시 개인적으로 탕감함으로써 '40일 사탄 분립의 기대'를 세워야 했던 것이다. 모세는 이 목적과 함께 타락 전 아담이 '믿음의 기대'를 위하여 세워야 했던 40수를 탕감복귀하기 위하여(후편 제3장 제2절 IV) 사탄세계의 중심인 바로궁중에 들어가 40년을 지내야 했던 것이다.

그러므로 모세는 남 모르게 그의 유모(乳母)로 세워진 어머니로부터 선민의식(選民意識)에 불타는 교육을 받으면서 바로궁중생활 40년을 마친 후, 선민의 혈통에 대한 지조(志操)와 충절(忠節)을 변치 않고, 하나님의 백성으로 더불어 고난을 받기를 잠시 바로궁중에서 죄악의 낙(樂)을 누리는 것보다 기뻐하여 그 가운데서부터 뛰쳐나오게 되었던 것이다(히 11 : 24~25). 이와 같이 모세는 바로궁중생활 40년으로써 '40일 사탄 분립기대'를 세워서 '믿음의 기대'를 탕감복귀(蕩減復歸)하였던 것이다.

(2) 실체기대

모세는 '믿음의 기대'를 세움으로써, 동시에 위에서 이미 논한 바와 같이 '타락성을 벗기 위한 민족적인 탕감조건'을 세우는 데 있어서의 아벨의 위치도 확립하게 되었었다. 이제 가인의 입장에 있는 이스라엘 민족이 그들의 부모의 입장인 동시에 자녀로서의 아벨의 입장에 있었던 모세에게 믿음으로 순종굴복(順從屈伏)하여 그로부터 하나님의 뜻을 이어받음으로써 선(善)을 번식하게 되었더라면, 그때에 '타락성을 벗기 위한 민족적인 탕감조건'을 세워 가지고 '민족적인 실체기대'를 탕감복귀하게 되어 있었던 것이다. 이스라엘 민족이 이와 같이 모세를 따라 애급을 출발하여 가나안 복지로 돌아가는 기간은 바로 그들이 이 '실체기대(實體基臺)'를 세우기 위한 기간이 되는 것이었다.

하나님은 모세가 애급인(埃及人)을 쳐죽이는 것으로써 '출발을 위한 섭리'를 하셨다. 모세는 자기의 동포가 애급인에게 학대받는 것을 보고 불타는 동포애(同胞愛)를 이기지 못하여 그 애급인을 쳐죽였던 것이나(출 2 : 12), 실상 이것은 하나님이 자기 백성의 참경(慘景)을 보시고(출 3 : 7) 울분을 느끼신 그 심정의 표시였던 것이다. 그렇기 때문에 이러한 모세를 중심하고 이스라엘 민족이 하나가 되느냐 되지 못하느냐 하는 것은, 그들이 모세를 따라서 사막을 횡단하는 가나안 복귀노정을 성공적으로 출발하느냐 못 하느냐 하는 사실을 결정짓는 것이 되었던 것이다.

하나님이 택하신 모세가 이와 같이 애급인(埃及人)을 쳐죽인 것은, 첫째로 천사장(天使長)이 인간 시조를 타락시켰고 또 가인이 아벨을 죽임으로써 사탄이 장자(長子)의 입장에서 인류 죄악사(罪惡史)를 이루어 나오고 있으므로, 하늘편에서 장자의 입장에 있는 사탄편을 쳐서 탕감복귀하는 조건을 세우지 않고는 가나안 복귀노정을 출발할 수 없었기 때문이다. 그리고 다음으로는 모세로 하여금 바로궁중에 대한 미련을 끊고 다시는 그곳으로 되돌아갈 수 없는 입장에 서게 하기 위함이었으며, 또 한편으로는 이것으로 이스라엘 민족에게 그의 애국심을 보여 줌으로써 그를 믿게 하기 위함이기도 하였던 것이다. 제2차 민족적 가나안 복귀노정에서 하나님이 애급인의 장자와 그 가축의 맏것을 전부 쳐 버렸던 이유도 이러한 데 있었다.

모세의 이러한 행동을 목격하고 있던 이스라엘 민족이 하나님과 같은 심정으로 모세의 애국심에 감동되어 그를 더 존경하고 더 믿고 모시며 따랐더라면, 그들은 모세를 중심하고 하나님의 인도하심을 따라서 홍해(紅海)를 건너거나 시내광야를 도는 일이 없이 바로 블레셋으로 가는 곧은 길을 통하여 가나안 복지로 들어가 '실체기대(實體基臺)'를 이루었을 것이었다. 그리고 이 노정은 야곱의 하란 21년노정을 탕감하는 21일노정이 되었을 것이었다.

출애굽기 13장 17절에는 바로가 백성을 보낸 후에 블레셋 사람의 땅의 길은 가까울지라도 하나님이 그들을 그 길로 인도하지 아니하셨으니 이는 하나님이 말씀하시기를 이 백성이 전쟁을 보면 뉘우쳐 애굽으로 돌아갈까 하셨음이라고 기록되어 있다. 이 말씀을 보아서 하나님은 제1차 민족적 가나안 복귀노정(復歸路程)을 블레셋 땅의 곧은 길로 통하게 하려 하셨던 것인데, 이스라엘 민족이 모세를 불신함으로 말미암아 이 노정은 출발조차도 해보지 못하고 말았고, 제2차 민족적 가나안 복귀노정 때는 제1차 때와 같이 그들이 다시 불신으로 돌아가 가나안 복귀의 도중에서 애급으로 되돌아갈까 염려하여 홍해(紅海)를 건너고 광야를 돌아서 가도록 인도하셨던 것임을 알 수 있다.

(3) 제1차 민족적 가나안 복귀노정의 실패

가인의 입장에 있는 이스라엘 민족이 아벨의 입장에 있는 모세에게 순종굴복(順從屈伏)하여 가나안 땅으로 들어갔더라면, 그들은 '타락성을 벗기 위한 민족적인 탕감조건'을 세워 '실체기대(實體基臺)'를 이루었을 것이었다. 그러나 그들은 모세가 애급인(埃及人)을 쳐죽이는 것을 보고 도리어 그를 오해하고 나쁘게 발설하였으므로, 바로는 이 소문을 듣고 모세를 죽이려 하였던 것이다(출 2 : 15). 이에 모세는 할수없이 바로의 눈을 피하여 이스라엘 민족을 떠나 미디안광야로 도망하게 되었으므로 그 '실체기대'는 이루지 못하고 말았으며, 따라서 모세를 중심한 이스라엘 민족의 가나안 복귀노정은 2차 내지 3차까지 연장되게 되었던 것이다.

2. 제2차 민족적 가나안 복귀노정

(1) 믿음의 기대

이스라엘 민족의 불신(不信)으로 말미암아 제1차 민족적 가나안 복귀노정이 실패로 돌아가자, 모세가 그의 '믿음의 기대'를 위하여 세웠던 바로궁중 40년 기간은 사탄의 침범을 당한 결과로 돌아가 버리고 말았다. 그러므로 모세가 제2차 민족적 가나안 복귀노정(復歸路程)을 출발하기 위하여는 사탄 침범으로 말미암아 잃어버린 바로궁중생활 40년 기간을 탕감복귀(蕩減復歸)하는 기간을 다시 찾아 세워 '믿음의 기대'를 복귀하지 않으면 아니 되었던 것이다. 모세가 바로를 피하여 미디안광야로 들어가 다시 40년 기간을 보내게 되었던 목적은 바로 여기에 있었다. 이 40년 기간에는 이스라엘 민족도 모세를 불신한 죄로 더우더 비참한 생활을 하였던 것이다.

모세는 미디안광야 40년으로 '40일 사탄 분립기대'를 새로이 세웠기 때문에 제2차 민족적 가나안 복귀를 위한 '믿음의 기대'를 복귀할 수 있게 되었었다. 그러므로 하나님은 모세에게 나타나셔서 애굽에 있는 내 백성의 고통을 정녕히 보고 그들이 그 간역자로 인하여 부르짖음을 듣고 그 우고를 알고 내가 내려와서 그들을 애굽인의 손에서 건져내고 그들을 그 땅에서 인도하여 아름답고 광대한 땅 젖과 꿀이 흐르는 땅 곧 가나안 족속 헷 족속 아모리 족속 브리스 족속 히위 족속 여부스 족속의 지방에 이르려 하노라 이제 이스라엘 자손의 부르짖음이 내게 달하고 애굽 사람이 그들을 괴롭게 하는 학대도 내가 보았으니 이제 내가 너를 바로에게 보내어 너로 내 백성 이스라엘 자손을 애굽에서 인도하여 내게 하리라(출 3 : 7~10)고 말씀하셨던 것이다.

(2) 실체기대

모세는 미디안광야 40년으로써 '40일 사탄 분립기대'를 재조성하여 '믿음의 기대'를 복귀하는 동시에, 다시 '타락성을 벗기 위한 민족적인 탕감조건'을 세우는 데 있어서의 아벨의 위치도 확립하였다. 따라서 제1차 민족적 가나안 복귀노정에 있어서의 경우와 같이, 가인의 입장에 있는 이스라엘 민족이 아벨의 입장에 있는 모세를 절대로 믿고 따르면 하나님의 말씀대로 젖과 꿀이 흐르는 가나안 땅으로 들어가게 되므로, 여기에서 '타락성을 벗기 위한 민족적인 탕감조건'을 세워 '실체기대(實體基臺)'를 조성할 수 있게 되어 있었던 것이다.

제1차 민족적 가나안 복귀노정을 출발하려 하였을 때에 모세가 애급인(埃及人)을 쳐죽였던 것과 같은 목적으로, 제2차 민족적 가나안 복귀노정을 출발할 때에는 하나님이 모세에게 3대 기적(三大奇蹟)과 10재앙(十災殃)의 권능을 주시어 애급인을 치게 하심으로써 '출발을 위한 섭리'를 하셨다.

모세가 사탄편을 쳐야 하는 이유는 위에서 이미 밝힌 바와 같이, 첫째 사탄이 침범한 장자(長子)의 입장을 탕감복귀하고, 둘째 이스라엘 민족으로 하여금 애급에 대한 미련을 끊게 하고, 셋째 모세는 하나님이 보내신 분이라는 것을 이스라엘 민족에게 알리기 위함이었던 것이다(출 4 : 1~9).

그리고 모세가 애급인을 칠 수 있었던 또 하나의 이유가 있었으니, 그것은 이스라엘 민족이 하나님께서 말씀하신 대로 아브라함의 '상징헌제(象徵獻祭)' 실수로 인한 애급고역(埃及苦役) 400년 탕감기간을 다 채웠음에도 불구하고 30년이나 더 고역을 당함으로써(출 12 : 41), 그들의 탄식이 하나님에게 상달되어 하나님의 긍휼(矜恤)을 자아내게 되었었다는 사실이다(출 2 : 24~25).

3대 기적은 복귀섭리노정(復歸攝理路程)에 있어서 무엇을 예시하셨던가?

첫째 기적은, 하나님이 명령하시고 보여 주신 대로(출 4 : 3~9) 모세의 명령에 의하여 아론이 그의 손에 들려 있었던 지팡이를 바로 앞에 던지니 그것이 뱀이 되었다. 이것을 본 바로도 그의 술객(術客)

들을 불러 지팡이를 던지게 하자 그것들도 역시 뱀이 되었다. 그러나 아론의 지팡이가 변하여서 된 뱀이 그들의 것을 모두 삼켜 버렸다(출 7 : 10~12).

그러면 이 기적(奇蹟)은 무엇을 예시한 것이었던가? 그것은 바로 예수님이 구주(救主)로 오셔서 사탄세계를 멸하실 것을 상징적으로 보여 준 것이다. 하나님 대신 신(神)으로 세워진 모세(출 7 : 1) 앞에서 기적을 나타냈던 그 지팡이는, 장차 하나님 앞에서 이렇듯 기적을 나타내실 권능적인 면에서의 예수님을 상징한 것이었다. 그와 동시에 또 지팡이는 대신 의지자며 대신 보호자로서 불의(不義)를 쳐서 바른 길잡이의 사명을 하는 것이어서, 이것은 장차 예수님이 전인류 앞에 이러한 사명을 가지고 오실 것을 보여 주신 것이기 때문에, 그 사명적인 면에서의 예수님을 상징하기도 했던 것이다.

그리고 예수님을 상징하는 지팡이가 뱀이 되었다는 것은, 예수님이 또한 뱀의 역할도 해야 된다는 것을 보여 준 것이다. 예수님이 모세가 광야에서 뱀을 든 것같이 인자도 들려야 하리니(요 3 : 14)라고 자기를 뱀으로 비유하셨던 이유는 여기에 있다. 또 예수님은 제자들에게 뱀같이 지혜로우라(마 10 : 16)고도 하셨다. 이것은 원래 인간조상이 악한 뱀에게 꼬임을 당하여 타락되었으니, 이것을 탕감복귀(蕩減復歸)하시기 위하여 예수님은 선한 지혜의 뱀으로 오셔서 악한 인간들을 꼬여 선으로 인도해야 되기 때문에, 제자들도 선한 뱀으로 오신 예수님의 지혜를 본받아 악인(惡人)들을 선도(善導)해야 된다는 뜻에서 하신 말씀이다. 한편 또 모세의 뱀이 술객의 뱀을 삼켰다는 것은, 예수님이 하늘 뱀으로 오셔서 사탄 뱀을 삼켜 멸하신다는 것을 상징적으로 보여 준 것이었다.

둘째 기적은, 하나님의 명령에 의하여 모세가 첫번 손을 품었을 때 그 손이 문둥병에 걸렸었다. 그러나 하나님의 명령에 의하여 그 손을 다시 품었을 때 그 병든 손이 깨끗이 나아 버렸던 것이다(출 4 : 6~7). 이 기적은 장차 예수님이 후아담으로 오셔서 후해와의 신성(神性)이신 성신(전편 제7장 제4절 Ⅰ)과 더불어 속죄(贖罪)의 역사(役事)를 하시게 될 것을 상징적으로 보여 준 것이다.

첫번 손을 품음으로써 고칠 수 없는 문둥병에 걸렸다는 것은, 처음에 천사장(天使長)이 해와를 품음으로써 인간이 구원받을 수 없는 입장으로 타락해 버렸다는 것을 뜻하는 것이었다. 그리고 그 손을 다시 품어서 병이 깨끗해졌다는 것은, 인류의 부성신(父聖神) 되신 예수님이 오셔서 인류의 모성신(母聖神) 되신 성신(전편 제7장 제4절 Ⅰ)을 복귀하여 암탉이 병아리를 품듯이(마 23 : 37) 전인류를 다시 품어 중생(重生)시킴으로써 완전복귀한다는 것을 표시한 것이었다.

셋째 기적은, 강물을 육지에 부어서 피가 되게 한 것이었다(출 4 : 9). 이것은 무기물(물)과 같은 생명 없는 존재가 유기물(피)과 같은 생명 있는 존재로 복귀된다는 것을 상징적으로 보여 준 것이었다. 물은 타락되어 생명을 잃은 세상 사람을 의미하는 것이므로(계 17 : 15), 이 기적은 장차 예수와 성신이 오셔서 생명을 잃어버린 타락인간들을 생명 있는 자녀로 복귀시킨다는 것을 보여 준 것이었다.

위와 같은 3권능을 나타내신 것은, 이스라엘 민족 앞에 장차 예수님과 성신이 인류의 참부모로 오셔서 전인류를 자녀로 복귀하고, 사탄에게 빼앗겼던 창조본연(創造本然)의 사위기대(四位基臺)를 복귀할 수 있는 상징적인 탕감조건(蕩減條件)을 세우게 하시기 위함이었다.

다음으로 모세가 하나님에게 자기의 말씀을 대신할 수 있는 사람을 요구하였을 때, 하나님은 그의 형 아론(출 4 : 14)과 아론의 누이가 되는 여선지(女先知) 미리암(출 15 : 20)을 주셨다. 이것은 장차 말씀의 실체이신 예수님(요 1 : 14)과 성신이 오셔서 타락으로 인하여 말씀을 잃어버린 인간을 말씀의 실체로 복귀하실 것을 형상적으로 보여 주신 것이었다. 그러므로 아론과 미리암이 가나안 복귀노정에 있어서 하나님의 입장인 모세의 뜻을 받들고 그의 대신으로 영도(領導)의 사명을 했던 것은, 장차 예수님과 성신(聖神)이 세계적 가나안 복귀노정에 있어서 하나님의 뜻을 받들어 대신 속죄(贖罪) 사명을 하실 것을 형상적으로 보여 준 것이었다.

모세가 하나님의 명령을 받고 바로 앞으로 나아가는 도중에 여호와께서 나타나셔서 모세를 죽이려 하셨다. 그때에 모세는 그의 처(妻) 십보라가 그의 아들을 할례(割禮)함으로써 죽음을 모면하였던 것이다(출 4 : 24~26). 모세는 할례로써 그 시험을 이겼기 때문에 그의 가족이 살아났었고, 따라서 이스라엘 민족이 애급(埃及)에서 나올 수 있게 되었으니, 이것도 장차 예수님이 오실 때에 이스라엘 민족이 할례의 과정을 거치지 않으면 하나님의 구원섭리(救援攝理)가 이루어질 수 없다는 것을 미리 보여 준 것이었다.

그러면 할례는 어떠한 뜻을 가지고 있는가를 알아보기로 하자. 인간 조상은 사탄과 혈연관계(血緣關係)를 맺음에 따라 양부(陽部)를 통하여 사망의 피를 받았었다. 그러므로 타락된 인간이 하나님의 자녀로 복귀하기 위하여는, 그 탕감조건(蕩減條件)으로 양부를 쳐서 피를 냄으로써 그 사망의 피를 뽑았다는 표시의 조건으로 할례를 하게 되었던 것이다. 그러므로 이 할례의 근본 의의는 첫째로 사망의 피를 뽑는 표요, 둘째로는 남자의 주관성(主管性)을 다시 찾는 표이며, 셋째로는 본성(本性)의 자녀의 입장을 다시 찾는 약속의 표인 것이다. 그런데 할례의 종류에는 마음할례(신 10 : 16), 육신할례(창 17 : 10), 만물할례(레 19 : 23) 등 세 종류가 있다.

다음으로 하나님은 모세를 통하여 10재앙(十災殃)의 기적을 행하심으로써 이스라엘 민족을 애급에서 구출하셨으니(출 7 : 10~12 : 36), 이것도 장차 예수님이 오셔서 이적(異蹟)과 기사(奇事)로써 하나님의 선민(選民)을 구원하실 것을 보여 주신 것이었다. 야곱이 하란에서 21년 간의 고역(苦役)을 할 때에 라반이 응당 야곱에게 주어야 할 품삯을 주지 않고 열 번이나 그를 속였었다(창 31 : 7). 그렇기 때문에 야곱노정을 걷는 모세노정에 있어서도, 바로가 이스라엘 민족에게 한도에 넘는 고역을 시켰을 뿐 아니라 열 번이나 그들을 놓아준다고 하면서 매번 속였기 때문에, 하나님은 그 탕감으로 10재앙을 내려 바로를 칠 수 있었던 것이다.

그러면 이 재앙(災殃)들은 또 무엇을 예시(豫示)하셨는가를 알아보자.

애급편에는 3일 간의 어둠이 있었고 이스라엘에게는 3일 간의 광명이 있었으니, 이것은 장차 예수님이 오시면 사탄편은 흑암이요, 하늘편은 광명으로 분기(分岐)된다는 것을 보여 준 것이다.

다음으로 하나님은 애급(埃及)의 장자(長子)와 육축(育畜)의 맏것을 모조리 쳤으나 이스라엘은 양(羊)의 피로써 이것을 면할 수 있었다. 이것은 사탄편에 있어서의 장자는 가인의 입장이므로 이것을 쳐서 아벨의 입장인 차자(次子)로 하여금 장자의 입장을 복귀케 하기 위함이었다. 이 재앙도 역시 장차 예수님이 오시면 당초에 장자의 입장을 취함으로써 섭리노정(攝理路程)을 먼저 출발한 사탄편은 망하고, 차자의 입장인 하늘편은 예수님의 피의 대속(代贖)으로 인하여 구원(救援)을 받는다는 것을 미리 보여 준 것이었다.

모세는 또 애급에서 많은 재물을 취해 가지고 왔는데(출 12 : 35~36), 이것도 장차 있을 예수님의 만물복귀(萬物復歸)를 미리 보여 준 것이었다.

하나님은 재앙의 이적을 내리실 때마다 바로의 마음을 강퍅(剛愎)하게 하셨으니(출 10 : 27), 그 이유는 첫째 바로와 이스라엘 민족에게 하나님의 능력을 보여 주시어 하나님은 바로 이스라엘의 하나님이시라는 것을 보여 주시기 위함이었고(출 10 : 1~2), 둘째로는 바로로 하여금 있는 힘을 다하여서 이스라엘 민족을 붙잡다가 할수없이 단념하게 하심으로써, 자기의 무력함을 깨닫고 이스라엘 민족이 애급을 떠난 후에도 그들에 대한 미련을 가지지 않게 하시기 위함이었던 것이다. 그리고 셋째로는 이스라엘 민족으로 하여금 바로에 대한 적개심을 품게 하여 애급에 대한 미련을 끊게 하시기 위함이었다.

제1차 민족적 가나안 복귀노정에 있어서는 모세가 애급인(埃及人)을 쳐죽이는 것으로써 그 '출발을 위한 섭리'를 하셨었다. 그러나 그들이 모세를 도리어 불신하였기 때문에 이 노정은 출발도 해 보지 못한 채 실패로 돌아가고 말았었던 것이다. 그러나 제2차 노정에 있어서의 이스라엘 민족은 그 '출발을 위한 섭리'로서 보여 주신 3대 기적(三大奇蹟)과 10재앙(十災殃)을 보고, 모세야말로 하나님이 보내 주신 진정한 이스라엘의 영도자(領導者)라는 것을 믿게 되었었다. 그리하여 이스라엘 민족은 '민족적인 믿음의 기대' 위에서 아벨의 입장을 확립한 모세를 믿고 따르는 입장에 서게 되었기 때문에, 그들은 드디어 제2차 민족적 가나안 복귀노정을 출발할 수 있게 되었었다.

그러나 이스라엘 민족이 일시적으로 이와 같이 모세에게 순종굴복(順從屈伏)하였다고 해서 그것으로 곧 '타락성을 벗기 위한 탕감조건'이 세워진 것은 아니었다. 왜냐하면 '타락성을 벗기 위한 탕감조건'을 세우는 섭리노정(攝理路程)에 사탄이 침범하여 오랜 섭리의 기간을 사탄에게 내주었던 것이므로, 모세에 대하여 가인의 입장이었던 이스라엘 민족은 이러한 기간을 민족적으로 탕감복귀(蕩減復歸)하기 위하여 이 광야노정의 전기간을 두고 순종과 굴복으로 모세를 믿고 따라가지 않고서는 '타락성을 벗기 위한 민족적인 탕감조건'을 세울 수 없었기 때문이다. 따라서 이스라엘 민족이 모세에게 순종하여 광야노정을 지나 가나안에 들어가기 전에는 '민족적인 실체기대'는 이루어질 수 없는 것이었다.

이와 같이 하나님은 제2차 가나안 복귀노정(復歸路程)에 있어서는 그 1차 때보다도 더 큰 은사로써 '출발을 위한 섭리'를 하셨다. 그러나 이것은 그들의 불신 때문이었으므로, 제2차 노정에 있어서의 이스라엘 민족이 세워야 할 탕감조건(蕩減條件)은 더 가중되었던 것이다. 즉 제1차 노정에 있어서는 그들이 모세를 믿고 따르기만 하였더라면, 블레셋의 곧은 길로 인도되어 야곱의 하란노정 기간 수인 21일 간이면 가나안 복지(福地)로 들어갔을 것이었다. 그런데 제2차 노정에 있어서는 출애굽기 13장 17절에 명시되어 있는 바와 같이, 만일 그들이 블레셋 땅의 곧은 길로 인도되면 전쟁을 보고 두려워함으로써 제1차 노정 때와 같이 다시 불신으로 돌아가 애급 땅으로 되돌아갈까 염려하시어, 하나님은 그들을 이 길로 인도하시지 않고 홍해(紅海)를 건너고 시내광야를 돌아 21개월 걸려 가나안으로 들어가는 노정을 취하게 하셨던 것이다.

이와 같이 되어 모세를 중심한 이스라엘 민족은 21개월 광야노정(曠野路程)을 출발하게 되었다.

그러면 이미 위에서 논술한 바와 같이, 이 노정이 어떻게 장차 오실 예수님을 중심한 세계적 가나안 복귀노정의 본보기가 되었는가 하는 것을 알아보기로 하자.

모세에게 굴복한 바로가 이스라엘 민족에게 거기에서 희생(犧牲)을 드릴 것을 허락했을 때에, 모세는 그리함은 불가하나이다 우리가 우리 하나님 여호와께 희생을 드리는 것은 애굽 사람의 미워하는 바이온즉 우리가 만일 애굽 사람의 목전에서 희생을 드리면 그들이 그것을 미워하여 우리를 돌로 치지 아니하리이까 우리가 사흘 길쯤 광야로 들어가서 우리 하나님 여호와께 희생을 드리되 우리에게 명하시는 대로 하려 하나이다(출 8 : 26~27)라는 말로써 바로를 속여 자유허여(自由許與)의 3일 간을 얻어 가지고 이스라엘 민족을 인도하여 나왔다.

이 3일 기간은 바로 아브라함이 이삭 헌제를 위하여 사탄 분립에 요(要)한 기간이었기 때문에, 그 후 이것은 섭리노정(攝理路程)을 출발할 때마다 사탄 분립에 필요한 탕감기간이 되었던 것이다. 따라서 야곱이 가나안 복귀노정을 출발하려 할 때에도 라반을 속이고 하란을 떠나 사탄을 분립한 3일 기간이 있었다(창 31 : 19~22). 이와 마찬가지로 모세에게도 그가 가나안 복귀노정을 출발하기 위하여서는 바로를 속이고 자유행동을 취하여 사탄을 분립하는 3일 기간이 있어야 했던 것이다. 그리하여 이것은 후일 예수님에게 있어서도, 사탄 분립을 위한 부활 3일 기간이 있은 후에야 영적 복귀섭리(復歸攝理)의 출발을 하시게 된다는 것을 보여 준 것도 되었다.

이리하여 이스라엘의 장정(壯丁) 60만 명이 라암셋을 출발한 것은 정월 15일이었다(출 12 : 6~37, 민 33 : 3).

이스라엘 민족이 3일 기간을 뜻맞게 세워 숙곳에 이른 후에는, 하늘이 은사를 내리시어 낮에는 구름기둥으로 밤에는 불기둥으로 그들의 앞길을 인도하셨다(출 13 : 21). 모세노정에서 이스라엘 민족을 인도한 낮(양)의 구름기둥은 장차 이스라엘 민족을 세계적인 가나안 복귀노정으로 인도할 예수님을 표시하였고, 밤(음)의 불기둥은 여성신(女性神)으로서 그들을 인도할 성신(聖神)을 상징했던 것이다.

모세는 하나님의 명령에 의하여 지팡이로 홍해(紅海)를 갈라 세워 이것을 육지와 같이 건넜으나 그들의 뒤를 추격해 오던 애급의 병거는 다 수장(水葬)되어 버리고 말았었다(출 14 : 21~28). 이미 위에서 논한 바와 같이 바로 앞에 선 모세는 하나님을 상징하였고 (출 7 : 1), 모세의 손에 들려진 지팡이는 하나님의 권능을 나타내실 예수님을 상징하였다. 그러므로 이 기적은 장차 예수님이 오실 때에 사탄은 예수님을 따라 세계적 가나안 복귀노정을 걷는 신앙자들의 뒤를 추격할 것이지만, 지팡이의 사명자로 오시는 예수님이 철장(鐵杖)으로(계 2 : 27, 시 2 : 9) 그들 앞에 가로놓인 이 고해(苦海)의 세상을 치면 이 고해도 평탄한 길로 갈라질 것이기 때문에, 성도들의 갈 길은 열리고 추격하는 사탄은 멸망한다는 것을 보여 주신 것이었다.

전편 말세론(末世論)에서 이미 밝힌 바와 같이 철장은 하나님의 말씀을 의미한다. 그리고 요한계시록 17장 15절에는 이 죄악세상을 물로 비유하였다. 우리가 이 세상을 고해라고 부르는 것도 이러한 통념(通念)에 기인한 것이라고 볼 수 있다.

이스라엘 민족은 홍해를 건너서 애급(埃及)을 떠난 후 제2월 15일에 신광야에 이르렀다(출 16 : 1). 이때부터 하나님은 그들이 사람이 사는 땅에 이르기까지 만나와 메추리를 내려 먹이셨으니(출 16 : 13~35), 이것은 장차 예수님이 세계적 가나안 복귀노정에 있어서 인간의 생명의 요소인 예수님의 살(만나)과 피(메추리)를 모든 인간에게 주실 것을 보여 주신 것이다. 그러므로 요한복음 6장 49절 이하를 보면 예수님은 너희 조상은 광야에서 만나를 먹었어도 죽었거니와…… 인자의 살을 먹지 아니하고 인자의 피를 마시지 아니하면 너희 속에 생명이 없나니라고 말씀하셨던 것이다.

이스라엘 민족이 신광야에서 떠나 르비딤에 장막(帳幕)을 쳤을 때,

하나님은 모세에게 명하시어 호렙산의 반석(磐石)을 쳐서 물을 내어 그들에게 먹이셨다(출 17 : 6). 고린도전서 10장 4절에 반석은 곧 그리스도시라고 하였으니, 이 행사는 장차 메시아가 오셔서 생명수(生命水) 샘물로(요 4 : 14) 모든 사람을 살리신다는 것을 보여 주신 것이었다.

모세가 다음에 시내산에서 받게 되는 두 석판(石板)도 예수와 성신(聖神)을 상징하지만, 반석(磐石)은 석판의 뿌리가 되므로 이것은 또한 하나님도 상징한다. 모세가 석판의 뿌리가 되는 반석을 쳐서 샘물을 내어 이스라엘 민족을 먹여 살린 터전이 있기 때문에, 이 터전 위에서 모세가 석판을 받을 수 있게 되었고, 따라서 법궤(法櫃)와 성막(聖幕)을 지을 수 있게 되었던 것이다.

여호수아가 르비딤에서 아말렉과 싸울 때, 모세가 손을 들면 이스라엘이 승리하고 손을 내리면 패하였다. 그러므로 아론과 훌은 돌을 쌓아 모세를 그 위에 앉히고, 그의 손이 내려지지 않도록 좌우에서 붙들고 있었기 때문에, 그 앞에서 싸운 여호수아는 아말렉 왕과 그 백성을 쳐서 승리하였다(출 17 : 10~13). 이것도 장차 예수께서 오실 때에 되어질 것을 미리 보여 주신 것이었으니, 여호수아는 예수를 믿는 신앙자를, 아말렉은 사탄세계를, 그리고 아론과 훌은 예수님과 성신을 각각 상징한 것이었다. 그리고 아론과 훌이 모세의 손을 붙들고 서 있는 그 앞에서 여호수아가 아말렉을 쳐서 멸하였다는 것은 하나님을 중심한 예수님과 성신의 삼위신(三位神)을 모신 신앙자들은 그 앞에 오는 모든 사탄을 멸할 수 있다는 것을 예시하신 것이었다.

(3) 성막을 중심한 복귀섭리

우리는 먼저 석판과 성막과 법궤를 받게 된 경위를 알아야겠다. 이스라엘 민족은 아말렉과 싸워서 승리한 후 제3월 초에 시내광야에 이르렀다(출 19 : 1). 여기에서 모세는 장로(長老) 70인을 거느리고 시내산으로 올라가 하나님을 뵈었다(출 24 : 9~10). 하나님은 특별히 모세를 시내산정(山頂)으로 부르시사, 석판에 기록한 십계명(十誡命)을 받기 위하여 40주야의 금식(禁食)을 하라고 명하셨다(출 24 : 18). 모세는 시내산에서 금식을 하는 동안 하나님으로부터 법궤와 성막에 대한 지시를 받았다(출 25~31장). 그리고 40일 간의 금식이 끝났을 때 모세는 십계명을 기록한 두 석판을 하나님으로부터 받았던 것이다(출 31 : 18).

모세가 이 석판(石板)을 가지고 시내산에서 내려와 이스라엘 백성 앞으로 나아갔을 때, 그들은 아론을 시켜 금송아지를 만들어 가지고 그것이 이스라엘 민족을 애급(埃及)에서 인도한 신(神)이라고 섬기고 있었다(출 32 : 4). 이것을 본 모세는 대로(大怒)하여 손에 들었던 석판들을 산 아래로 던져 깨뜨려 버리고 말았던 것이다(출 32 : 19). 그러나 하나님은 다시 모세에게 나타나시어, 처음 것과 같은 석판을 깎아 만들어 오면 거기에 다시 십계명의 말씀을 써 주시겠다고 약속하셨다(출 34 : 1). 이 말씀을 받은 모세가 다시 40주야를 금식하였을 때, 하나님은 그의 석판에 다시 십계명을 기록하여 주셨다(출 34 : 28). 모세가 이 석판을 가지고 다시 이스라엘 민족 앞에 나타났을 때 비로소 그들은 모세를 받들게 되어 법궤를 만들고 성막을 건축하였던 것이다(출 35~40장).

㉠ 석판 성막 법궤 등의 의의와 그 목적

석판은 무엇을 의미하는가? 모세가 말씀을 기록한 두 석판을 받았다는 것은, 타락으로 인하여 제물로만 하나님을 대해 오던 복귀기대섭리시대(復歸基臺攝理時代)는 지나가고, 타락인간이 말씀을 복귀하여 그것으로 하나님을 대할 수 있는 복귀섭리시대(復歸攝理時代)에로 들어왔다는 것을 뜻하는 것이다. 그리고 이미 후편 서론(緖論)에서 밝힌 바와 같이, 말씀으로 창조되었던 아담과 해와가 완성되었더라면 그들은 말씀의 '완성실체'가 되었을 것이었다. 그러나 그들은 타락됨으로 인하여 말씀을 잃어버린 존재가 되었다.

이제 모세가 '40일 사탄 분립기간'으로써 말씀을 기록한 두 석판(石板)을 찾았다는 것은, 사탄세계로부터 잃어버렸던 아담과 해와를 상징적인 말씀의 실체로 복귀했다는 것을 의미한다. 따라서 말씀을 기록한 두 석판은 복귀한 아담과 해와의 상징체로서 장차 말씀의 실체로 오실 예수님과 성신을 상징했던 것이다. 성경에 예수님을 흰 돌로 상징하였고(계 2 : 17), 또 반석은 곧 그리스도(고전 10 : 4)라고 하신 이유는 여기에 있는 것이다. 이렇게 두 석판은 예수님과 성신을 상징하기 때문에, 결국 이것들은 또 하늘과 땅을 상징하는 것이 되기도 한다.

다음으로, 성막(聖幕)의 의의는 무엇이었던가? 예수님은 예루살렘의 성전(聖殿)을 자기의 몸으로 비유하셨다(요 2 : 21). 그리고 또 예수님을 믿는 성도(聖徒)들도 하나님의 성전이라고 하셨던 것이다(고전 3 : 16). 그러므로 성전은 예수님의 형상적인 표시체인 것이다. 모세를 중심한 이스라엘 민족이 제1차 가나안 복귀에 성공하였더라면, 그들은 가나안 땅에 들어가자 곧 성전을 짓고 메시아를 맞을 수 있는 준비를 하였을 것이었다. 그러나 그들의 불신으로 말미암아 제1차 노정은 출발조차도 해 보지 못하였고, 제2차 노정에서는 홍해(紅海)를 건너 광야에서 표류하게 되었으므로 성전을 건축하지 못하고 그 대신 성막을 지었던 것이다. 그러므로 성막은 예수님의 상징적인 표시체인 것이다. 그렇기 때문에 하나님이 모세에게 성막을 지을 것을 명하실 때에 내가 그들 중에 거할 성소를 그들을 시켜 나를 위하여 짓되(출 25 : 8)라고 말씀하셨던 것이다.

성막은 지성소(至聖所)와 성소(聖所)의 두 부분으로 되어 있는데, 지성소는 대제사장(大祭司長)만이 일년에 한 번씩 들어가 헌제(獻祭)를 하는 곳이다. 그리고 거기에는 법궤가 안치되어 있어서 하나님이 친히 임재하시는 곳이므로 이것은 예수님의 영인체(靈人體)를 상징한 것이었고, 성소는 보통 제사 때에 들어가는 곳으로서 이것은 예수님의 몸을 상징한 것이었다. 따라서 지성소는 무형실체세계(無形實體世界)를, 성소는 유형실체세계(有形實體世界)를 상징하기도 한다. 예수께서 십자가(十字架)에 달리실 때에 성소와 지성소 사이에 있는 휘장이 위로부터 둘로 갈라졌다는 것은(마 27 : 51), 예수님의 십자가로 인한 영적 구원섭리의 완성으로 말미암아 영인체와 육신 또는 하늘과 땅이 서로 교통(交通)할 수 있는 길이 열렸다는 것을 의미하는 것이었다.

그러면 법궤(法櫃)는 무엇이었던가? 법궤는 지성소에 안치하는 언약궤(言約櫃)로서 그 속에는 예수님과 성신, 따라서 하늘과 땅을 상징하는 두 석판(石板)이 들어 있었다. 그리고 또 거기에는 광야노정(曠野路程)에 있어서 이스라엘 민족의 생명의 양식이었고, 또한 예수님의 몸을 상징하는 만나가 하나님의 영광을 표상(表象)하는 금항아리에 담긴 것이 들어 있었으며, 또 이스라엘에게 하나님의 능력을 보여 주었던 아론의 싹난 지팡이(히 9 : 4)가 거기에 들어 있었다. 이런 점으로 보아 법궤는 크게는 천주(天宙)의, 작게는 성막(聖幕)의 축소체였던 것이다.

그리고 법궤 위에는 속죄소(贖罪所)가 덮였었는데, 하나님이 말씀하시기를 금으로 두 그룹을 쳐서 만들어 속죄소의 좌우에 덮으면, 두 그룹 사이에 여호와 하나님이 친히 나타나시어 이스라엘 족속에게 전할 모든 말씀을 주시겠다고 하셨다(출 25 : 16~22). 이것은 장차 두 석판으로 표시된 예수님과 성신이 오시어 역사(役事)하시게 됨으로써 속죄(贖罪)가 성립되면 그 속죄소에 하나님이 나타나시는 동시에, 에덴동산에서 아담이 생명나무에로 나아가는 길을 막았던 그룹(창 3 : 24)이 좌우로 갈라져서 누구든지 생명나무 되시는 예수님 앞으로 나아가 하나님의 말씀을 받을 수 있게 된다는 것을 보여 주신 것이다.

그러면 하나님이 석판(石板)과 성막(聖幕)과 법궤(法櫃)를 주신 목적은 어디 있는가? 이스라엘 민족은 아브라함의 상징헌제(象徵獻祭) 실수로 초래된 400년 탕감기간을 마치자 3대 기적과 10재앙으로 애급민족(埃及民族)을 치고, 추격해 오던 애급의 수많은 군사와 병거를 수장(水葬)하고서 홍해(紅海)를 건너 광야 길로 나섰다. 하나님의 뜻으로 보아서도 그러하지만, 이처럼 원수를 맺고 떠난 애급이었기에 다시 돌아갈 수 없는 입장에 있었던 이스라엘 민족에게 있어서 가나안 복귀는 기필코 이루어져야 하는 노정이었던 것이다. 그렇기 때문에 하나님은 '출발을 위한 섭리'를 그처럼 기사(奇事)와 이적(異蹟)으로 하셨고, 또 이스라엘 민족으로 하여금 홍해를 건너게 하여 다시는 돌아올 수 없는 환경 가운데로 몰아넣으셨던 것이다.

그러나 이스라엘 민족은 모두 불신으로 흘러 버리고 말았다. 그리고 최후에는 모세마저 불신의 행동을 취할지도 모르는 터이었다. 여기에서 하나님은 비록 사람은 변하여도 변할 수 없는 그 어떠한 신앙의 대상을 세워 놓으시지 않으면 안 되었던 것이다. 즉 언제나 단 한 사람이라도 이것을 절대로 신봉(信奉)하는 사람이 있으면, 그러한 사람들로 하여금 그 신앙의 대상을 마치 바통과 같이 이어받게 하면서 섭리(攝理)의 뜻을 이루어 나아가려 하셨던 것이다.

그러면 이러한 신앙의 대상을 무엇으로 세워야 할 것이었던가? 석판이 들어 있는 법궤를 안치함으로써 메시아를 상징하였던 성막(聖幕)이 바로 그것이었던 것이다. 그러므로 이스라엘 민족이 성막을 지었다는 것은 벌써 메시아가 상징적으로 강림(降臨)하셨다는 것을 뜻하는 것이다.

따라서 모세를 중심한 이스라엘 민족이, 이 성막을 메시아와 같이 충성으로 받들어 가나안 복지(福地)로 복귀하면, '민족적인 실체기대'는 그때에 이루어지게 되는 것이다. 그리고 이스라엘 민족이 모두 불신으로 돌아가더라도 모세 한 사람만이라도 남아서 그 성막을 지키면, 그 민족은 다시 탕감조건(蕩減條件)을 세워 가지고 성막을 모시는 모세를 중심한 그 기대 위에 복귀할 수 있는 것이다. 나아가 설혹 모세마저 불신으로 돌아간다 하더라도, 그 민족 중의 어느 한 사람이라도 모세를 대신하여 끝까지 성막을 지킨다면 또 그를 중심삼고 불신으로 돌아간 나머지 전민족을 복귀하는 섭리를 다시 하실 수 있는 것이었다.

제1차 민족적 가나안 복귀노정에 있어서 이스라엘 민족이 불신으로 돌아가지 않았더라면 모세의 가정은 성막 대신이요, 모세는 석판과 법궤 대신이며, 또 모세의 가법(家法)은 천법(天法) 대신이 되었을 것이었기 때문에, 그들은 석판이나 법궤나 성막이 필요 없이 가나안으로 들어가 성전(聖殿)을 지었을 것이었다. 그러므로 석판과 성막과 법궤는 이스라엘이 불신으로 돌아감에 따라 그들을 구원(救援)하시기 위한 방편으로 주신 것이었다. 성막은 예수님과 성신(聖神)의 상징적인 표시체로서 성전을 지을 때까지 필요한 것이었고, 성전은 예수님과 성신의 형상적 표시체로서 실체성전(實體聖殿)이신 메시아가 강림하실 때까지 필요했던 것이다.

ⓛ 성막을 위한 기대

메시아를 맞기 위하여는 '메시아를 위한 기대'가 이루어져야 하는 것처럼, 상징적 메시아인 성막을 맞기 위하여서도 '성막을 위한 기대'가 이루어져야 하는 것이다. 따라서 이 기대를 세우기 위하여는, 성막을 위한 '믿음의 기대'와 성막을 위한 '실체기대(實體基臺)'를 세워야 한다는 것은 두말할 필요도 없다. 그러면 모세를 중심한 이스라엘 민족은 어떻게 하여서 이 두 기대를 세울 수 있었던가?

모세가 성막을 위한 하나님의 말씀을 받들어 금식기도(禁食祈禱)로써 '40일 사탄 분립기간'을 뜻맞게 세우면 성막을 위한 '믿음의 기대'는 세워지게 되었던 것이다. 한편 이스라엘 민족이 성막을 위한 '믿음의 기대' 위에서 성막이상(聖幕理想)을 세워 나아가는 모세에게 믿음으로써 순종굴복(順從屈伏)하면 성막을 위한 '타락성을 벗기 위한 탕감조건'이 세워지고, 따라서 성막을 위한 '실체기대'도 이루어지게 되는 것이었다. 여기에서 성막이라 함은 그 속에 들어 있는 석판과 법궤를 포함하여 말하는 것이었다.

ⓐ 제1차 성막을 위한 기대

인간은 6일 만에 창조된 말씀의 실체이다(요 1 : 3). 따라서 이와 같이 창조되었다가 타락된 인간을 복귀하시기 위한 재창조(再創造)의 말씀을 주시려는 섭리를 하시기 위하여는 사탄의 침범을 당한 창조기간(創造期間)의 6수를 성별(聖別)하시지 않으면 안 된다. 따라서 하나님은 그 6일 동안 여호와의 영광의 구름으로 시내산을 덮으심으로써 성별하신 후, 제7일에 그 구름 가운데 나타나셔서 모세를 부르셨다(출 24 : 16). 모세는 이때부터 40주야를 금식하였던 것이다(출 24 :

18). 그것은 이미 위에서 상론한 바와 같이, 이스라엘 민족이 홍해(紅海)를 건넌 후 다시 불신으로 돌아가는 것을 보신 하나님께서 모세로 하여금 '40일 사탄 분립기간'을 세우게 하심으로써, 상징적 메시아인 성막을 위한 '믿음의 기대'를 세우게 하시기 위함이었다.

이스라엘 민족의 가나안 복귀노정(復歸路程)에 있어서의 '타락성을 벗기 위한 탕감조건'은, 그들이 일시적으로 모세를 믿고 순종하는 것으로 이루어지는 것이 아니라, 그들이 가나안으로 들어가 성전(聖殿)을 짓고 메시아를 맞을 때까지 계속하여 그러한 입장에 서 있어야만 그것이 성립될 수 있었다는 것은 이미 논한 바이다. 이와 마찬가지로 성막(聖幕)을 세우기 위하여 '타락성을 벗기 위한 탕감조건'을 세워 성막을 위한 '실체기대(實體基臺)'를 이루는 데 있어서도, 이스라엘 민족은 모세가 '40일 사탄 분립기간'을 지나서 성막을 세울 때까지 그를 믿고 모시고 순종해야 될 것이었다. 그러나 그들은 모세가 금식기도(禁食祈禱)를 하는 기간에 모두 불신으로 돌아가서 아론을 시켜 금송아지를 만들어 놓고, 그것이 이스라엘을 애급(埃及)에서 인도해 낸 신(神)이라고 섬겼던 것이다(출 32 : 4). 그리하여 이스라엘 민족은 성막을 위하여 세워야 했던 '타락성을 벗기 위한 탕감조건'을 세우지 못하였으며, 따라서 성막을 위한 '실체기대'도 이룰 수 없게 되었던 것이다.

하나님은 이적과 기사로써 이스라엘 민족을 인도하여 주셨다. 그러나 인간 자신이 말씀의 터를 잃어버리고 말았기 때문에, 인간 자신의 책임분담(責任分擔)으로 그것을 찾아야 할 이 기간에 있어서만은 하나님도 그들의 행동을 간섭하실 수 없었던 것이다. 그런데 우상(偶像)을 만들어 놓고 춤을 추는 백성들을 보자마자 대로(大怒)한 모세는 손에 들었던 두 석판(石板)을 산 아래로 던져서 깨뜨렸다(출 32 :

19). 그리하여 이것은 모세가 '40일 사탄 분립기간' 으로 세웠던 성막을 위한 '믿음의 기대' 에 사탄이 침범한 결과를 초래하고 말았다.

두 석판(石板)은 이미 위에서 밝힌 바와 같이 후아담과 후해와로서 복귀될 예수님과 성신(聖神)을 상징한다. 모세가 예수님과 성신을 상징하는 두 석판을 이스라엘의 불신으로 말미암아 깨뜨렸다는 것은, 다음에 예수님이 오실 때도 만약 유대민족이 불신으로 돌아가면 예수님이 십자가(十字架)에 돌아가심으로써, 예수님과 성신이 하나님으로부터 받은 본래의 사명을 다하지 못하게 된다는 것을 상징적으로 보여 주신 것이었다.

모세를 중심하고 행해진 이스라엘 민족의 이와 같은 불신은, 모세가 '40일 사탄 분립기간' 을 세운 후, 백성들로 하여금 모세에게 순종케 하심으로써 '성막을 위한 기대' 를 이루시려던 하나님의 섭리를 좌절시키고 말았다. 따라서 '성막을 위한 기대' 를 이루시려는 섭리는 계속되는 이스라엘의 불신으로 말미암아 2차 또는 3차까지 연장되어 나아갔던 것이다.

ⓑ 제2차 성막을 위한 기대

모세를 중심한 이스라엘 민족은 모두 석판을 중심한 하나님의 섭리에 대하여 불신으로 돌아갔다. 그러나 그들은 이미 르비딤에서 석판의 뿌리 되는 반석(磐石)의 샘물을 마신 터전 위에 서 있었기 때문에(출 17 : 6), 모세가 석판을 깨뜨린 후 하나님은 다시 모세에게 나타나시어 석판 둘을 처음 것과 같이 깎아 만들어 오면 처음 석판에 써 주시었던 것과 같은 말씀을 다시 써 주시겠다고 약속하셨다(출 34 : 1). 그러나 여기에서 '40일 사탄 분립기대' 를 다시 찾아 세워 성막(聖幕)을 위한 '믿음의 기대' 를 복귀하지 않고서는 석판을 중심한 성막을 복귀할 수 없기 때문에, 모세는 다시 40주야를 금식한 후에 십계명(十誡命)의 말씀을 기록한 제2차 석판과 성막이상(聖幕理想)을 복귀하게 되었던 것이다(출 34 : 28).

한번 깨뜨린 석판을 40주야의 금식기도로써 복귀하였다는 것은, 십자가에 돌아가신 예수님도 그를 믿는 성도들이 '40일 사탄 분립기대' 로써 그를 맞을 수 있는 탕감조건(蕩減條件)을 세우면, 그 기대 위에 재림(再臨)하셔서 구원섭리(救援攝理)를 다시 하실 수 있다는 것을 보여 주신 것이다.

모세가 제2차로 석판을 중심한 성막이상을 복귀하던 '40일 사탄 분립기간' 에 있어서는 이스라엘 민족이 모세에게 순종굴복하였을 뿐 아니라, 그들은 모세의 지시를 따라 하나님이 말씀하신 대로 성막을 건축하였던 것이니, 때는 제2년 정월(正月) 초하루였던 것이다(출 40 : 17). 이리하여 이스라엘 선민들은 '타락성을 벗기 위한 탕감조건' 을 세워 성막을 위한 '실체기대' 를 이룸으로써, '성막을 위한 기대' 를 조성한 터전 위에서 성막을 건축하게 되었던 것이다.

그러나 위에서도 논한 바와 같이, 그들이 성막을 건축하는 것만으로는 제2차 민족적 가나안 복귀노정에 있어서의 '실체기대(實體基臺)' 는 이루어지지 않는 것이다. 그들은 가나안으로 들어가 성전(聖殿)을 짓고 메시아를 맞을 때까지 변치 않고 이 성막을 자기들의 생명보다 더 귀하게 모시고 받들어야 하였던 것이다.

제2년 2월 20일, 이스라엘 민족은 구름기둥의 인도를 따라 성막을 중심하고 시내광야에서 출발하였다(민 10 : 11~12). 그러나 그들은 다시 불신으로 흘러 모세를 원망하였으므로, 여호와께서는 진노하시어 불로써 진(陣) 끝을 사르기도 하셨다(민 11 : 1). 이스라엘 민족은 그래도 깨닫지 못하고 통곡하며, 만나 외에는 생선도 외도 수박도 없다고 모세를 원망하며 애급 땅을 그리워하였다(민 11 : 4~6). 따라서 이스라엘 민족이 세우고 나아가야 할 '성막을 위한 기대'는 또다시 사탄의 침범을 당한 결과로 돌아가게 되어, 이 기대를 복귀하려는 섭리는 다시 제3차로의 연장을 보게 되었던 것이다.

ⓒ 제3차 성막을 위한 기대

이스라엘 민족이 다시 불신으로 돌아갔기 때문에, 그들을 중심한 제2차 '성막을 위한 기대'는 또다시 사탄의 침범을 당하게 되었었다. 그러나 모세의 변함 없는 믿음과 충성으로 말미암아 그 성막은 여전히 모세를 중심한 성막을 위한 '믿음의 기대' 위에 서 있었고, 또 이스라엘 민족은 이미 르비딤에서 성막의 중심인 석판(石板)의 뿌리 되는 반석(磐石)의 샘물을 마신(출 17 : 6) 터전 위에 서 있었던 것이다. 그렇기 때문에 이러한 터전 위에서 이스라엘 민족이 다시 '40일 사탄분립기대'를 세우고, 성막을 중심한 모세에게 순종굴복하면 그들은 또다시 제3차의 '성막을 위한 기대'를 탕감복귀할 수 있게 되었던 것이다. 이것을 위한 조건으로서 주신 것이 40일 정탐기간(偵探期間)이었던 것이다.

하나님은 이스라엘 민족의 각 지파로부터 족장(族長) 한 사람씩을 모은 12명을 가나안 땅으로 보내어(민 13 : 1) 40일 동안을 정탐하게 하셨다(민 13 : 25). 그러나 정탐에서 돌아온 12명 중 여호수아와 갈렙을 제외하고는 모두 불신적인 보고를 하였다. 즉 그 땅의 거민(居民)은 강하고 성읍(城邑)이 견고할 뿐 아니라(민 13 : 28), 그 땅은 거민을 삼키는 땅이요, 거기서 본 모든 백성은 신장이 장대(長大)하여 자기들은 스스로 보기에도 메뚜기와 같더라(민 13 : 32~33)고 하면서, 이스라엘은 그 성과 그 백성을 공격할 수 없다고 보고하였던 것이다. 이 보고를 들은 이스라엘 민족은 모세를 원망하고 통곡하면서 새로이 한 장관을 세워 애굽으로 다시 돌아가자고 떠들었다.

그러나 여호수아와 갈렙은, 가나안 땅 백성들은 이미 그 보호자가 떠났기 때문에 이스라엘의 밥이 될 수밖에 없으며, 그 반면에 자기들은 여호와가 보호자시니 두려워 말고 그들을 공격함으로써 하나님을 거역하지 말자고 외쳤던 것이다(민 14 : 9). 그러나 이스라엘 민족은 도리어 여호수아와 갈렙을 돌로 치려고 하였다(민 14 : 10). 이때에 여호와께서 나타나시어 이 백성이 어느 때까지 나를 멸시하겠느냐 내가 그들 중에 모든 이적을 행한 것도 생각하지 아니하고 어느 때까지 나를 믿지 않겠느냐(민 14 : 11)고 하시면서, 너희의 유아들은 내가 인도하여 들이리니 그들은 너희가 싫어하던 땅을 보려니와 너희 시체는 이 광야에 엎드러질 것이요 너희 자녀들은 너희의 패역한 죄를 지고 너희의 시체가 광야에서 소멸되기까지 사십년을 광야에서 유리하는 자가 되리라 너희가 그 땅을 탐지한 날수 사십일의 하루를 일년으로 환산하여 그 사십년간 너희가 너희의 죄악을 질지니 너희가 나의 싫어 버림을 알리라(민 14 : 31~34)고 말씀하셨던 것이다.

이와 같이 제3차 '성막을 위한 기대'도 복귀할 수 없게 되어, 제2차 21개월 광야노정(曠野路程)은 제3차 40년 광야노정으로 연장되었다.

(4) 제2차 민족적 가나안 복귀노정의 실패

이스라엘 민족의 불신으로 말미암아 '성막을 위한 기대'가 3차나 사탄의 침범을 당하게 되었으므로, 제2차 민족적 가나안 복귀노정에 있어서의 '타락성(墮落性)을 벗기 위한 민족적인 탕감조건(蕩減條件)'은 세울 수 없게 되었다. 따라서 제2차로 세우려던 '실체기대(實體基臺)'를 조성하지 못하게 되어 제2차 민족적 가나안 복귀노정은 또다시 실패로 돌아가고 제3차 민족적 가나안 복귀노정에로 연장되었던 것이다.

3. 제3차 민족적 가나안 복귀노정

(1) 믿음의 기대

이스라엘 민족의 불신으로 제2차 민족적 가나안 복귀노정(復歸路程)이 실패로 돌아감으로 말미암아, 모세가 이 노정의 '믿음의 기대'를 복귀하기 위하여 세웠던 미디안광야 40년 기간은 다시 사탄의 침범을 당한 결과로 돌아가고 말았다. 그러므로 이스라엘 민족이 정탐(偵探) 40일 기간을 믿음과 순종으로 찾아 세우지 못함으로써 날을 해로 환산하여 광야를 표류하다가 가데스바네아로 돌아오는 40년 기간은, 모세에게 있어서는 제2차 노정의 '믿음의 기대'에 침범한 사탄을 분립하여 제3차 노정의 '믿음의 기대'를 탕감복귀(蕩減復歸)하기 위한 기간이었다. 따라서 이 광야 40년 기간을 오직 믿음과 충성으로 성막(聖幕)을 모시고 표류하다가 가데스바네아로 다시 돌아온 모세는, 제3차 민족적 가나안 복귀노정을 위한 '믿음의 기대'를 세울 수 있게 되었고, 그에 따라서 이 노정의 민족적인 실체헌제(實體獻祭)를 위한 아벨의 입장도 확립하게 되었던 것이다.

(2) 실체기대

이스라엘 민족이 정탐 40일 노정을 믿음과 순종으로 찾아 세우지 못하고 불신과 반역(反逆)으로써 실패하였으므로 '성막을 위한 기대'는 여전히 사탄의 침범을 당한 것이 되었기 때문에, 제2차 노정을 위한 '실체기대(實體基臺)'는 이루어지지 않았었다. 그러나 성막을 충성으로 받들고 모셨던 모세의 성막을 위한 '믿음의 기대'는 여전히 남아져 있었기 때문에, 이 터전 위에서 이스라엘 민족이 광야 표류(曠野漂流)의 40년 기간을 불변의 신앙으로 성막을 받들고 있는 모세에게 순종굴복함으로써 정탐 40일에 침범한 사탄을 분립하는 기대를 세우면, 그때에 성막을 위한 '실체기대'가 조성되는 동시에 '성막을 위한 기대'도 이루어지게 되는 것이다. 그리고 이 기대 위에서 이스라엘 민족이 믿음과 순종으로 성막을 중심한 모세를 받들고 가나안으로 들어가면, 그때에 제3차 민족적 가나안 복귀노정(復歸路程)에 있어서의 '실체기대'는 이루어지게 되어 있었던 것이다.

따라서 광야 40년 표류 기간은 모세에게 있어서는 제3차 노정에 있어서의 '믿음의 기대'를 세우기 위한 기간이었고, 이스라엘 민족에 있어서는 '성막을 위한 기대'를 세워 가지고 제2차 노정에서 그들이 모세를 받들고 성막을 건축하던 입장으로 돌아감으로써 제3차 노정의 '출발을 위한 섭리'를 이루기 위한 기간이었다.

㉠ 모세를 중심한 실체기대

석판(石板)과 성막(聖幕)과 법궤(法櫃)는 이스라엘 민족이 광야에서 불신으로 돌아갔기 때문에 받게 되었다는 것에 대하여는 이미 위에서 밝힌 바 있다. 즉 이스라엘 민족이 그들의 제2차 민족적 가나안 복귀노정에 있어서 하나님이 그 '출발을 위한 섭리'로서 나타내셨던 3대 기적(三大奇蹟)을 불신하는 입장에 섰었기 때문에, 그것을 탕감복귀(蕩減復歸)하시기 위하여 하나님은 그들로 하여금 40일 시련기간을 거치게 하신 후에, 석판과 성막과 법궤의 3대 은사(三大恩賜)를 주셨던 것이다. 그리고 또 야곱이 하란에서 가나안으로 복귀하려 하였을 때 라반이 야곱을 열 번이나 속였던 것을(창 31 : 7) 탕감복귀하기 위하여 10재앙(十災殃)을 내리셨던 것인데, 이스라엘이 또 이것을 불신하는 입장에 섰었기 때문에 그것을 다시 탕감복귀하기 위하여 십계명(十誡命)의 말씀을 주셨던 것이다.

그러므로 이스라엘이 석판과 성막과 법궤를 모심으로써 3대 은사와 십계명을 지키게 되면, 그들은 제2차 노정에서 3대 기적과 10재앙으로 애급(埃及)을 출발하던 입장으로 돌아갈 수 있게 된다. 따라서 이스라엘 민족이 믿음과 순종으로 모세를 따라 광야 40년의 탕감기간을 마치고 가데스바네아로 돌아온 후 모세와 함께 '성막을 위한 기대' 위에서 석판과 성막과 법궤를 모시고 받들었더라면, 그들은 제2차 노정에서 3대 기적과 10재앙으로 애급을 침으로써 '출발을 위한 섭리'의 목적을 이루었던 입장에 다시 설 수 있게 되었던 것이다.

그런데 석판은 법궤의 축소체요, 법궤는 성막의 축소체이므로 결국 석판은 성막의 축소체이기도 하다. 그러므로 법궤나 성막은 석판이나 그의 뿌리 되는 반석(磐石)으로써 표시할 수 있는 것이다. 따라서 제3차 민족적 가나안 복귀노정은, 반석을 중심한 '출발을 위한 섭리'에 의하여 가데스바네아를 출발하는 것으로써 시작되는 것이다. 그리하여 이스라엘이 믿음과 충성으로 성막을 받들고 모세를 따라 가나안으로 들어가면, 그때에 제3차 민족적 가나안 복귀노정에 있어서의 '타락성을 벗기 위한 탕감조건'이 세워짐으로써 모세를 중심한 '실체기대(實體基臺)'가 이루어지게 되어 있었던 것이다.

그러면 하나님은 반석을 중심한 '출발을 위한 섭리'를 어떻게 이루려 하셨던가? 광야 40년 기간을 뜻 앞에 세우지 못하고 다시 불신으로 돌아가는 이스라엘 민족을(민 20 : 4~5) 살리시기 위하여, 하나님은 모세로 하여금 이스라엘의 회중(會衆) 앞에서 지팡이로 반석을 쳐서 물을 내게 하여 가지고 그들에게 마시게 하셨다(민 20 : 8).

만일 모세가 지팡이로 반석을 한 번 쳐서 샘물을 내어 먹임으로써 이스라엘 민족이 하나님의 권능을 새로이 깨달아 그를 중심하고 하나가 되었더라면, 그들은 모세와 함께 '성막을 위한 기대' 위에 서서 반석을 중심한 '출발을 위한 섭리'를 이루었을 것이다. 그리하여 그 때부터 모세를 믿고 순종하여 그를 따라 가나안으로 들어갔더라면, 그들은 '타락성을 벗기 위한 민족적인 탕감조건'을 세우게 됨으로써, 제3차 노정의 모세를 중심한 '실체기대'를 이루었을 것이었다.

그러나 모세는 물이 없다고 불평을 하고 원망을 하는 백성을 보자 격분하여 치밀어 오르는 혈기(血氣)를 누르지 못하고 지팡이로 반석을 두 번 쳤기 때문에, 하나님께서 너희가 나를 믿지 아니하고 이스라엘 자손의 목전에 나의 거룩함을 나타내지 아니한 고로 너희는 이 총회를 내가 그들에게 준 땅으로 인도하여 들이지 못하리라(민 20 : 12)고 말씀하셨던 것이다.

모세는 이와 같이 한 번 쳐야 할 반석(磐石)을 두 번 침으로써 반석을 중심한 '출발을 위한 섭리'도 이루지 못하게 되어, 드디어 약속받은 가나안 복지(福地)를 눈앞에 바라보면서 끝내 들어가지 못하고 말았다(민 20 : 24, 민 27 : 12~14).

우리는 이제 반석을 한 번 쳐야 하는 이유와, 두 번 친 것이 어떻게 되어 죄가 되었는가 하는 것을 알아야겠다.

요한계시록 2장 17절에서는 예수님을 흰 돌로 상징하였고, 한편 또 고린도전서 10장 4절을 보면 반석은 곧 그리스도라고 하였다. 그런데 타락론(墮落論)에서 밝힌 바와 같이 그리스도는 생명나무로 오신 분이시므로(계 22 : 14), 반석은 곧 생명나무이기도 하다. 한편 창세기 2장 9절의 생명나무는 에덴동산에 있어서의 장래(將來)할 완성한 아담을 상징한 것으로서, 이 생명나무도 또한 반석이 아닐 수 없기 때문에 반석은 그 완성한 아담을 상징하기도 한다.

그런데 사탄은 에덴동산에서 장차 반석이 될 그 아담을 쳐서 타락시켰다. 따라서 아담은 생명나무가 되지 못하였기 때문에(창 3 : 24),

그는 또한 하나님으로부터의 생명수(生命水) 샘물을 영원히 그 자손들에게 나눠 줄 수 있는 반석도 되지 못하였다. 그러므로 모세가 지팡이로 치기 이전, 샘물을 내지 못하던 반석(磐石)은 바로 타락된 아담을 상징하는 것이었다. 사탄이 장차 생명수를 낼 수 있는 반석으로 성장하고 있던 아담을 한 번 쳐서 타락시킴으로써 그를 '샘물을 내지 못하는 반석'으로서의 아담이 되게 하였기 때문에, 하나님은 이 샘물을 내지 못하는 아담의 표시체인 반석을 한 번 쳐서 샘물을 내게 함으로써, '샘물을 낼 수 있는 반석'으로서의 아담을 탕감복귀할 수 있는 조건을 세우려 하셨던 것이다.

그러므로 모세가 한 번 쳐서 생명수 샘물을 내게 된 반석은 바로 생명나무로 오셔서 타락한 인간에게 생명수 샘물을 주실 예수님을 상징하는 것이었다. 그렇기 때문에 예수님은 내가 주는 물을 먹는 자는 영원히 목마르지 아니하리니 나의 주는 물은 그 속에서 영생하도록 솟아나는 샘물이 되리라(요 4 : 14)고 말씀하셨던 것이다.

따라서 모세가 반석을 한 번 치는 것은 타락된 제1 아담을 완성한 제2 아담 예수님으로 탕감복귀(蕩減復歸)할 수 있는 조건으로서 허락된 것이었다. 그러나 모세가 하늘편에서 한 번 쳐서 샘물을 내게 된 반석을 또 한 번 친 행동은 장차 복귀한 반석으로 오셔서 만민에게 생명수 샘물을 먹여 주실 예수님을 칠 수 있다는 표시적인 행동이 되었던 것이다. 이와 같이 이스라엘의 불신과 그것을 목격한 모세가 혈기(血氣)로써 반석을 두 번 친 행동은, 장차 예수님이 오실 때에도 이스라엘이 불신으로 돌아가면 반석의 실체 되시는 예수님 앞에 사탄이 직접 나아갈 수 있다는 조건을 성립시킨 것이 되기 때문에 그것이 죄가 되었던 것이다.

모세가 석판(石板)을 한 번 깨뜨린 것은 복귀할 수 있었으나, 반석을 두 번 친 실수는 복귀할 수 없었으니 그 이유는 어디 있었던 것인가?

복귀섭리(復歸攝理)로 보아 석판과 반석은 외적인 것과 내적인 것의 관계를 가지고 있다. 십계명(十誡命)이 기록된 석판은 모세의 율법(律法)의 중심이요, 따라서 구약성서(舊約聖書)의 중심이다. 구약시대의 이스라엘 민족은 이 석판이상(石板理想)을 믿음으로써 그 시대의 구원권 내(救援圈內)에 들어갈 수 있었다. 이러한 의미에서 석판은 장차 오실 예수님에 대한 외적인 표시체임을 알 수 있다.

그런데 고린도전서 10장 4절에 반석(磐石)은 곧 그리스도라고 하신 말씀대로 반석은 예수님을 상징하는 동시에 석판(石板)의 뿌리가 되기 때문에, 그것은 석판의 실체이신 예수님의 뿌리 곧 하나님도 상징하는 것이다. 그러므로 석판을 외적인 것이라고 한다면 반석은 내적인 것이다. 또 석판을 몸으로 비유한다면 반석은 마음에 해당하며, 석판을 성소(聖所)라고 한다면 반석은 지성소(至聖所)라 할 수 있다. 그리고 석판을 땅이라고 한다면 반석은 하늘에 해당하는 것이다. 그러므로 반석은 석판보다 더 큰 가치를 가지고 있는, 예수님에 대한 내적인 표시체인 것이다.

이와 같이 석판은 예수님에 대한 외적인 표시체였으므로, 그것은 또한 하나님을 상징하는 모세 앞에(출 4 : 16, 출 7 : 1) 예수님의 외적인 표시체로 세워졌던 아론을 상징했었다. 그런데 이스라엘 민족이 아론을 시켜 금송아지를 만들었기 때문에(출 32 : 4), 아론이 깨어짐에 따라 석판도 깨어지게 되었었다. 그러나 아론이 르비딤에서 반석 샘물을 마신 터전 위에서(출 17 : 6) 회개함으로써 소생(蘇生)할 수 있었기 때문에, 아론을 상징하는 석판도 반석 샘물의 내적인 터전 위에서 다시 탕감조건(蕩減條件)을 세움으로써 복귀할 수 있었던 것이다. 그러나 석판의 뿌리가 되는 반석은 그리스도와 그의 뿌리 되신 하나님을 상징하는 것이므로, 이것을 친 행동은 만회할 수 없었던 것이다.

그러면 모세의 반석 2타(磐石二打)는 어떠한 결과를 가져왔던가? 모세가 반석을 두 번 쳤던 것은 불신으로 돌아가는 이스라엘에 대한 혈기(血氣)를 참지 못한 결과였기 때문에(시 106 : 32~33), 이 행동은 결국 사탄의 입장에서 행한 것이었다. 그러므로 반석으로 이루시려던 '출발을 위한 섭리'는 또다시 사탄의 침범을 당한 결과로 돌아가 버리고 말았다.

이렇듯 모세가 반석을 두 번 친 외적인 행동은 사탄의 행동으로 돌아갔으나, 내적인 실제에 있어서는 그 반석에서 샘물을 내어 이스라엘을 먹여 살렸던 것이다. 그렇기 때문에 애급(埃及)에서 나온 외적인 이스라엘 민족은 여호수아와 갈렙을 제외하고는 모두 하나님이 예정하신 가나안으로 복귀하지 못하고, 모세도 120세를 일기로 소망의 땅을 눈앞에 바라보면서 죽고 말았다(신 34 : 4~5). 그러나 여호수아가 모세의 대신으로(민 27 : 18~20) 반석 샘물을 마시고 성막을 받드는 광야노정 가운데서 출생한 내적인 이스라엘을 인도하여 가나안으로 들어간 것이었다(민 32 : 11~12).

모세가 반석을 두 번 친 행동이 사탄이 침범할 수 있는 결과를 가져왔다면, 그 반석에서는 샘물이 나올 수 없었을 것이었다. 그러면 어떻게 되어 거기에서 샘물이 나올 수 있었던가? 제2차 민족적 가나안 복귀노정에 있어서 모세는 일찍이 르비딤에서 하나님의 명령대로 순종하여 반석을 쳐서 샘물을 내 가지고 이스라엘 민족에게 마시게 함으로써 반석 샘물의 터전을 마련한 바 있었던 것이다(출 17 : 6). 그리고 이 터전 위에서 세워진 석판(石板)과 성막(聖幕)과 법궤(法櫃)는,

다른 모든 이스라엘인이 불신으로 돌아갔을 때에도, 40일 금식기도(禁食祈禱)로써 세운 성막을 위한 '믿음의 기대' 위에서 그것을 굳게 지켜 온 모세 한 사람의 믿음에 의하여, 제3차 민족적 가나안 복귀노정(復歸路程)에까지 계승되어 왔었다. 그 후에 모세마저 불신의 입장으로 돌아갔지만 하늘을 대한 그의 심정은 불변이었고, 또 여호수아가 그의 정탐(偵探) 40일로써 세운 '성막을 위한 기대' 위에서 불변의 신앙으로 석판과 성막과 법궤를 모시고 있었기 때문에, 르비딤에서 세웠던 반석(磐石) 샘물의 터전도 여호수아를 중심하고 그대로 남아졌었던 것이다.

이와 같이 모세의 외적인 불신의 행동으로 말미암아 제2차 반석이 외적으로는 사탄의 침범을 당하게 되었으나, 그의 내적인 불변의 심정과 여호수아의 믿음과 충성으로 말미암아 그것이 내적으로는 샘물을 내어 마시게 할 수 있었던 것이다.

모세가 반석을 두 번 친 것은 결과적으로 사탄의 입장에서 친 것이 되어 그 돌은 사탄이 소유하게 되었다. 따라서 그 돌의 실체로 오셨던 예수님은, 그의 세계적 가나안 복귀노정에서 유대인들이 불신으로 돌아가자, 일찍이 저들이 광야(曠野)에서 잃어버렸던 이 돌을 몸소 찾으시려고 광야로 가셨었기 때문에, 사탄으로부터 돌로 떡이 되게 하라는 시험을 제일 먼저 받으셨던 것이다.

모세가 이스라엘의 불신으로 말미암아 외적으로는 혈기(血氣)를 내어 반석을 두 번 쳤기 때문에 그의 육신은 사탄의 침범을 당하여 광야에서 죽었으나, 내적으로는 그의 불변의 심정으로 인하여 반석의 샘물을 내어 먹였기 때문에 영적으로 가나안에 들어가게 되었던 것이다. 이것은 장차 반석의 실체 되시는 예수님이 오실 때에도, 유대민족이 불신으로 돌아가게 되면 예수님도 그의 육신은 사탄의 침범을 받아 십자가에 달리시게 됨으로써 영육(靈肉) 아우른 세계적 가나안 복귀는 완수하지 못하시고, 부활(復活)하심으로써 영적으로만 그것을 완수하게 되시리라는 것을 보여 주신 것이었다.

모세가 반석(磐石)을 두 번 친 후, 하나님은 불신(不信)으로 돌아가는 이스라엘에게 불뱀을 보내어 그들을 물어 죽이게 하셨다(민 21 : 6). 그러나 이스라엘이 회개하게 되었을 때, 하나님은 모세로 하여금 구리뱀을 만들어 장대 위에 달게 하여, 그것을 쳐다보는 사람만은 구원을 받도록 하셨다(민 21 : 9). 이 불뱀은 해와를 타락시킨 옛 뱀 곧 사탄을 상징하였고(계 12 : 9), 장대 끝에 매단 구리뱀은 장차 하늘 뱀으로 오실 예수님을 상징했던 것이다(요 3 : 14).

이것은 하나님께서 이스라엘이 불신으로 돌아갔을 때는 그들을 사탄 뱀에게 내주셨다가 그들이 회개하고 신앙을 돌이킬 때는 다시 구리뱀으로 살려 주셨던 것과 같이, 후일 예수님 때에 있어서도 유대인들이 불신으로 돌아가면 하나님은 그들을 사탄에게 내주시지 않을 수 없게 되리라는 것과, 그때에 예수님은 인류를 살리시기 위하여 부득이 하늘 뱀으로서 십자가(十字架)에 달리시지 않을 수 없으리라는 것과, 또 불신을 회개하고 그의 십자가로 인한 구속(救贖)을 믿는 자들은 누구나 구원해 주시게 된다는 것을 보여 주신 것이었다. 그러므로 예수님은 모세가 광야에서 뱀을 든 것같이 인자도 들려야 하리니(요 3 : 14)라고 말씀하셨던 것이다. 이 사실은 실상 예수님을 중심한 제3차 세계적 가나안 복귀노정을 십자가로 인한 영적인 노정으로 출발하게 한 원인(遠因)이 되었던 것이다.

이스라엘의 불신으로 인하여 모세가 반석을 두 번 쳤을 때, 하나님은 모세가 가나안 땅에 들어가지 못할 것이라고 예언하셨다(민 20 : 12). 이에 모세는 하나님에게 가나안 땅에 들어가도록 하여 달라고 간곡한 애원(哀願)의 기도를 올렸으나(신 3 : 25), 그는 종내 가나안 땅을 눈앞에 바라보면서 죽고 말았다. 이렇게 되어 그가 죽은 뒤에 시체를 장사(葬事)하였으나 그가 묻힌 곳을 아는 사람은 한 사람도 없게 되었다(신 34 : 6). 이것은 장차 오실 예수님도 유대인들이 불신으로 돌아가면 그는 십자가에 달리시게 될 것이고, 또 할 수만 있으면 죽음의 잔을 면하고 세계 가나안 복귀를 이루게 하여 달라고 애원의 기도를 하실 것이지만 결국 그 뜻을 이루지 못하고 돌아가시게 될 것과, 한편 그의 시체도 장사한 후에 간 곳을 아는 사람이 없게 될 것 등을 예시(豫示)하신 것이다.

㉡ 여호수아를 중심한 실체기대

모세가 반석(磐石)을 두 번 침으로 말미암아, 이스라엘 민족이 반석을 중심한 '출발을 위한 섭리'로써 가나안으로 복귀하려던 뜻은 이루어지지 않았다. 그러나 모세가 반석을 두 번 침으로써(민 20 : 1~13) 사탄이 외적으로는 침범했지만, 르비딤 반석 샘물의 터전으로 말미암아 내적으로는 그대로 샘물을 내어 이스라엘에게 먹일 수 있었다는 사실은, 위에서도 밝혀 온 바와 같이 다음과 같은 하나님의 섭리(攝理)에 대한 또 하나의 노정을 보여 주었다. 즉 이스라엘 민족 중 사탄세계인 애급(埃及)에서 출생하여 광야노정에서 불신으로 돌아갔던 외적인 이스라엘에 속하는 사람들은, 정탐(偵探) 40일을 믿음으로 세웠던 여호수아와 갈렙을 제외하고는 모두 광야에서 쓰러지고, 반석 샘물을 마시고 성막(聖幕)을 받드는 광야생활 가운데서 출생한 내적 이스라엘만이 모세 대신의 여호수아를 중심하고 가나안으로 들어갔다는 사실이다(민 32 : 11~12).

그리하여 하나님은 모세에게 그가 가나안 땅에 들어갈 수 없다는 것을 알려 주시면서, 눈의 아들 여호수아는 신에 감동된 자니 너는 데려다가 그에게 안수하고 그를 제사장 엘르아살과 온 회중 앞에 세우고 그들의 목전에서 그에게 위탁하여 네 존귀를 그에게 돌려 이스라엘 자손의 온 회중으로 그에게 복종하게 하라(민 27 : 18~20)고 하셨다.

여호수아는 정탐(偵探) 40일 기간에 불신으로 돌아갔던 온 이스라엘 민족 중에서 모세가 세운 성막을 위한 '믿음의 기대' 위에 굳게 서서 변함없는 믿음과 충절(忠節)로써 '성막을 위한 기대'를 조성하고 끝까지 그것을 받들었던 오직 두 사람 중의 하나였다. 이와 같이 비록 모세는 불신으로 돌아갔으나, 석판(石板)과 성막(聖幕)과 법궤(法櫃)는 여전히 여호수아가 세운 '성막을 위한 기대' 위에 서 있었던 것이다. 그러므로 하나님은 여호수아를 모세의 대신으로 세우시고, 그 내적 이스라엘로 하여금 그에게 복종하여 그와 함께 '성막을 위한 기대' 위에 서게 하심으로써 반석 샘물을 중심한 '출발을 위한 섭리'를 이루시고, 이 섭리에 의하여 그들이 가나안 땅에 들어감으로써 거기에서 '타락성을 벗기 위한 민족적인 탕감조건'을 세워 가지고, 제3차 노정의 여호수아를 중심한 '실체기대(實體基臺)'를 이루게 하시려는 것이었다.

그리하여 하나님은 그(여호수아)는 이 백성을 거느리고 (가나안으로) 건너가서 네(모세)가 볼 땅을 그들로 기업으로 얻게 하리라(신 3 : 28)고 말씀하셨던 것이다. 그리고 하나님은 여호수아에게도 모세와 함께 있던 것같이 너와 함께 있을 것임이라 내가 너를 떠나지 아니하며 버리지 아니하리니 마음을 강하게 하라 담대히 하라 너는 이 백성으로 내가 그 조상에게 맹세하여 주리라 한 땅을 얻게 하리라(수 1 : 5~6)고 말씀하셨다.

모세가 미디안 광야생활 40년을 하나님의 뜻 가운데 찾아 세웠을 때 하나님이 그에게 나타나시어 이스라엘 민족을 젖과 꿀이 흐르는 가나안 땅으로 인도하라고 명령하셨던 것과 같이(출 3 : 8~10), 하나님은 광야에서 표류(漂流)하는 40년을 오직 믿음과 충성으로 찾아 세운 여호수아를 모세 대신으로 부르시어 내 종 모세가 죽었으니 이제 너는 이 모든 백성으로 더불어 일어나 이 요단을 건너 내가 그들 곧 이스라엘 자손에게 주는 땅으로 가라(수 1 : 2)고 명령하셨던 것이다.

하나님으로부터 이 명령을 받은 여호수아가 백성의 유사(有司)들을 불러 하나님으로부터 받은 이러한 뜻을 전하였을 때(수 1 : 10), 그들은 여호수아에게 당신이 우리에게 명하신 것은 우리가 다 행할 것이요 당신이 우리를 보내시는 곳에는 우리가 가리이다……누구든지 당신의 명령을 거역하며 무릇 당신의 시키시는 말씀을 청종치 아니하는 자 그는 죽임을 당하리니 오직 당신은 마음을 강하게 하시며 담대히 하소서(수 1 : 16~18)라고 대답하면서, 그들은 죽기를 맹세하고 여호수아를 따라갈 것을 결의하였었다. 이와 같이 모세의 사명을 대신하고 나선 여호수아는 초림(初臨) 때의 사명을 계승 완성하러 재림(再臨)하실 예수님을 상징하였다. 따라서 모세노정을 탕감복귀(蕩減復歸)하는 여호수아의 노정은, 예수님의 영적 복귀의 노정을 영육(靈肉) 아울러 탕감복귀해야 할 그의 재림노정(再臨路程)에 대한 표시적인 노정이 되는 것이다.

모세가 제2차 노정에서 가나안 땅에 정탐(偵探)으로 보냈던 열두 사람이 있었다(민 13 : 1~2). 그들 중 오직 충성으로 그 사명을 완수한 두 사람의 심정의 터전 위에서, 여호수아는 다시 두 사람의 정탐을 여리고성으로 보냈다(수 2 : 1). 그리하여 여리고성의 정탐을 마치고 돌아온 두 정탐인은 진실로 여호와께서 그 온 땅을 우리 손에 붙이셨으므로 그 땅의 모든 거민이 우리 앞에서 간담이 녹더이다(수 2 : 24)

라고 믿음으로 보고하였던 것이다. 이때에 광야에서 출생한 이스라엘의 후손들은 모두 그 정탐인(偵探人)의 말을 믿었으므로, 이것으로써 과거에 40일 정탐을 뜻맞게 세우지 못한 선조들의 죄를 탕감할 수 있었던 것이다.

이와 같이 내적 이스라엘이 '성막을 위한 기대' 위에 선 여호수아에게 순종할 것을 죽음으로써 맹세하였기 때문에, 그들은 여호수아와 함께 그 기대(基臺) 위에 서게 되었던 것이다. 이와 같이 그들은 반석 샘물을 중심한 '출발을 위한 섭리'로써, 제2차 노정에서 3대 기적(三大奇蹟)과 10재앙(十災殃)으로 '출발을 위한 섭리'를 이루었던 모세를 중심한 그들의 선조들과 같은 입장을 복귀하였던 것이다. 따라서 모세를 중심한 이스라엘이 홍해(紅海)를 건너기 전에 3일노정을 찾아 세웠던 것과 같이, 여호수아를 중심한 이스라엘도 요단강을 건너기 전에 3일노정을 찾아 세웠던 것이다(수 3 : 2).

한편 제2차 노정에 있어서 3일노정을 지난 이스라엘을 구름기둥과 불기둥이 홍해까지 인도하였던 것과 같이, 여호수아를 중심한 이스라엘에 있어서도 그들이 3일노정을 마친 후에, 구름기둥과 불기둥으로 표상된 예수님과 성신(聖神)의 상징적 실체인 법궤가 그들을 요단강까지 인도하였던 것이다(수 3 : 3, 수 3 : 8).

그리고 모세를 인도하던 지팡이에 의해서 홍해가 갈라졌듯이, 여호수아를 인도하던 법궤가 요단강의 물 위에 서자 언덕에 넘치던 요단강의 흐름이 갈라져서(수 3 : 16), 따라온 이스라엘은 육지와 같이 강을 건너게 되었다(수 3 : 17). 지팡이는 장차 오실 예수님에 대한 하나의 표시체였고, 두 석판과 만나와 아론의 싹난 지팡이가 들어 있는 법궤는 예수님과 성신의 상징적인 실체였었다. 그러므로 법궤 앞에서 요단강의 물이 갈라지고 이스라엘 민족이 평탄하게 가나안 땅으로 복귀하였다는 것은, 장차 오실 예수님과 성신 앞에 물로 표시된 이 죄악세상(계 17 : 15)이 선악으로 분립되어 심판을 받은 후, 모든 성도들이 세계적 가나안 복귀를 완성하게 될 것을 보여 준 것이다.

이때에 하나님은 여호수아에게 명하여 백성의 매 지파에 한 사람씩 열두 사람을 택하고 그들에게 명하여 이르기를 요단 가운데 제사장들의 발이 굳게 선 그 곳에서 돌 열둘을 취하고 그것을 가져다가 오늘밤 너희의 유숙할 그 곳에 두라(수 4 : 2~3)고 하셨다. 그리하여 이스라엘은 정월(正月) 10일에 요단강에서 올라와서, 여리고의 동편 지경(地境)인 길갈에 진을 치고 요단강에서 가져온 열두 돌을 거기에 세웠었다(수 4 : 20).

그러면 이것은 무엇을 예시(豫示)한 것인가? 이미 위에서 논한 바와 같이 돌은 장차 오실 예수님을 상징한다. 따라서 12지파를 대표한 열두 사람이 법궤로 인하여 물이 갈라진 요단강 가운데서 열두 돌을 받들었다고 하는 것은, 장차 12지파의 대표형으로 부름을 받을 예수님의 열두 제자가 예수님의 말씀으로 인하여 이 죄악세상이 선악(善惡)으로 갈라질 때, 그곳에서 예수님을 받들어야 한다는 것을 보여 준 것이었다.

그들이 열두 돌을 받들어다가 가나안 땅의 안정된 진(陣)에 한데 모아 놓았을 때, 여호수아는 이는 땅의 모든 백성으로 여호와의 손이 능하심을 알게 하며 너희로 너희 하나님 여호와를 영원토록 경외하게 하려 하심이라(수 4 : 24)고 말하였다. 이것은 장차 돌로서 오시는 예수님을 모시는 열두 제자가 한마음 한뜻으로 한 곳에서 하나로 뭉쳐야만, 세계적인 가나안 복귀를 완성하여 하나님의 전능(全能)하심을 영원히 찬양할 수 있게 되리라는 것을 예시한 것이었다.

야곱이 가는 곳마다 돌단을 쌓았던 것과 같이, 야곱의 열두 아들의 후손인 열두 지파(支派)의 대표들도 열두 돌을 합하여 하나님을 찬양하는 기도(祈禱)의 제단을 쌓아 앞으로 성전(聖殿)을 건축할 것을 보여 주었던 것이니, 이것은 바로 예수님의 열두 제자(弟子)가 힘을 합하여 예수님을 성전으로 받들어 모셔야 한다는 것을 보여 준 것이다. 후일 예수님의 제자들이 하나되지 못하였을 때에, 예수님은 너희가 이 성전을 헐라 내가 사흘 동안에 일으키리라(요 2 : 19)고 말씀하셨던 것이다. 과연 12제자는 하나되지 못하였고 가룟 유다가 예수님을 팔았으므로, 성전 된 예수님이 십사가(十字架)로써 헐렸다가 3일 만에 부활(復活)하시어 흩어진 제자들을 다시 모은 후에야 그 제자들은 부활하신 예수님을 받들어 영적인 성전으로 모시게 되었고, 또 재림(再臨)하신 후에야 실체성전(實體聖殿)으로 모실 수 있게 되어 있는 것이다.

이스라엘 민족이 애급(埃及)을 떠나 가나안 땅을 향하여 제2차 노정을 출발할 때 그 해 정월(正月) 14일의 유월절(逾越節)을 지나고 진군하였던 것과 같이(출 12 : 17~18), 길갈에 진을 쳤던 여호수아를 중심한 이스라엘도 그 해 정월 14일에 유월절을 지키고 굳게 닫힌 여리고의 성벽을 향해 진군을 하였다. 땅의 소산(所産)을 먹기 시작하자 40년 간이나 내려 주시던 만나도 그쳤으므로 그때부터는 인간의 땀으로 된 곡식으로 생활해야만 되었으며, 사탄 도성의 최후의 관문을 뚫는 데 있어서도 인간으로서 할 책임을 다해야만 되었던 것이다. 이스라엘은 하나님의 명령에 의하여 4만의 병사가 선두에 서고, 그 뒤를 따라 일곱 제사장(祭司長)이 일곱 나팔을 불면서 행진하고, 또 그 뒤에는 레위지파의 제사장들이 멘 법궤(수 3 : 3)가 따랐으며, 최후선에는 이스라엘 전군(全軍)이 연달아 진군하였던 것이다(수 6 : 8~9).

하나님이 명하신 대로 이스라엘은 이러한 행군으로 하루에 한 번씩 6일이나 성(城)을 돌았어도 그 성엔 아무런 변동도 없었다. 그들은 인내(忍耐)와 복종(服從)으로 사탄의 침범을 당한 6일의 창조기간(創造期間)을 탕감복귀해야 되었던 것이다. 그들이 이렇게 순종으로 6일을 찾아 세운 후, 제7일에 일곱 나팔을 부는 7인의 제사장(祭司長)이 성벽을 일곱 번 돌면서 7회의 나팔소리를 끝내고, 여호수아가 백성을 향하여 외치라 여호와께서 너희에게 이 성을 주셨느니라고 호령하자 백성들이 이에 응하여 일제히 큰소리로 외치니 그 성이 곧 붕괴되었다(수 6장).

이러한 노정은 장차 예수님의 권능(權能)과 그의 성도(聖徒)들에 의하여 하늘과 땅 사이에 가로막혀 있는 사탄의 장벽이 무너질 것을 보여 준 것이었다. 그러므로 이 성벽은 다시 쌓아서는 아니 될 것이었으므로, 여호수아는 이 여리고성을 누구든지 일어나서 건축하는 자는 여호와 앞에서 저주를 받을 것이라 그 기초를 쌓을 때에 장자를 잃을 것이요 문을 세울 때에 계자를 잃으리라(수 6 : 26)고 말하였던 것이다.

이리하여 파죽지세(破竹之勢)로 적을 공격하게 된 여호수아는 벧호론 싸움에서의 19왕과 메롬 격전에서의 12왕을 합하여 모두 31왕을 멸하였으니(수 12 : 9~24), 이것도 예수님께서 만왕의 왕으로 오셔서 이방(異邦)의 왕들을 전부 굴복시키시고 그 백성들을 포섭하여 통일된 지상천국을 건설하실 것을 미리 보여 준 것이었다.

(3) 메시아를 위한 기대

이스라엘 민족은 정탐(偵探) 40일의 사탄 분립기간을 세우지 못하여 제2차 민족적 가나안 복귀노정(復歸路程)에 실패하고, 이 기간을 재탕감(再蕩減)하기 위하여 제3차 민족적 가나안 복귀노정을 출발하여 광야에서 40년을 유리(流離)하고 다시 가데스바네아로 돌아왔다.

이때의 모세는 제3차 노정을 위한 '믿음의 기대'를 조성하였고, 이스라엘 민족은 '성막을 위한 기대' 위에 설 수 있었던 것이다. 그러나 이스라엘의 불신과 그에 따르는 모세의 반석 2타(磐石二打)로 말미암아 이 두 기대는 모두 사탄의 침범을 당하게 되었던 것이다. 그리하여 모세를 중심하고 애급(埃及)에서 떠난 외적 이스라엘은 모두 광야에서 섬멸(殲滅)되었으나, 오직 여호수아와 갈렙은 모세가 세웠던 제2차 노정의 '믿음의 기대'와 성막을 위한 '믿음의 기대' 위에서, 정탐 40일의 사탄 분립기간을 믿음과 충성으로 찾아 세웠기 때문에 '성막을 위한 기대'를 조성하였던 것이다. 그리하여 모세를 중심한 외적 이스라엘은 모두 광야에서 쓰러지고 말았으나, 성막을 받드는 광야생활 가운데서 출생한 내적 이스라엘은 모세를 대신한 여호수아를 중심하고 충성을 다하여 법궤를 모시고 요단강을 건너 여리고성을 무찌르고 소망의 땅 가나안으로 들어갔다.

이렇게 되어 제3차 민족적 가나안 복귀노정의 '실체기대(實體基臺)'가 이루어지고, 그에 따라서 이 노정의 '메시아를 위한 기대'가 조성됨으로써 아브라함 때에 이루어졌던 '메시아를 위한 가정적인 기대'는 그의 제물 실수로 인하여 400년 애급고역(埃及苦役)의 탕감노정(蕩減路程)을 지나서야 '메시아를 위한 민족적인 기대'를 조성하기에 이르른 것이다.

그러나 이미 후편 제1장 제3절 Ⅲ에서 상론(詳論)한 바와 같이, 그때는 이미 타락인간들이 사탄을 중심하고 애급왕국(埃及王國) 등의 굳건한 왕국을 건설하여 하늘편의 복귀섭리(復歸攝理)에 대결하고 있었기 때문에, 여호수아를 중심하고 '메시아를 위한 민족적인 기대'

는 세워졌을지라도 그 터전 위에 사탄에 대결할 수 있는 하늘편의 왕국이 건설되기까지는 메시아가 강림(降臨)하실 수 없었던 것이다. 그러나 가나안으로 들어간 내적 이스라엘도 또다시 불신으로 흘러 이 섭리는 다시 연장을 거듭하여 예수님 때까지 밀려 나왔던 것이다.

Ⅲ. 모세노정이 보여 준 교훈

모세 이후 오늘에 이르기까지 유구(悠久)한 역사노정에 있어서, 하늘 뜻을 받드는 수많은 성도(聖徒)들이 모세에 관한 성서(聖書)의 기록을 읽어 왔다. 그러나 이것은 한낱 모세의 역사에 관한 기록인 줄만 알았고, 하나님이 그를 통하여 복귀섭리(復歸攝理)에 관한 어떠한 비밀을 가르쳐 주시려 하셨다는 사실을 안 사람은 하나도 없었다. 예수님도 요한복음 5장 19절에서 아들은 아버지께서 하시는 일을 보지 않고는 아무것도 스스로 할 수 없다는 정도로 말씀하셨을 뿐 모세노정의 근본 의의를 밝히지 않고 돌아가셨던 것이다(요 16 : 12).

그런데 우리는 여기에서 모세가 어떻게 복귀섭리를 위한 공식적인, 또는 전형적(典型的)인 노정을 걸었는가 하는 것을 밝혔다. 이것이 장차 예수님께서 걸으실 길을 그대로 예시(豫示)하신 것이었다는 사실에 대해서는 본장 제3절을 대조함으로써 더욱 분명히 알게 될 것이다. 우리는 여기에서 모세를 중심한 섭리 하나만을 보아도, 하나님이 계셔서 하나의 절대적인 목적을 지향하여 인류역사를 이끌어 나오신다는 사실을 부인할 수 없는 것이다.

다음으로 모세노정은 인간의 책임분담(責任分擔) 수행 여부에 따라서, 그 인간을 중심한 하나님의 예정의 성사 여부가 결정된다는 사실을 보여 주었다. 하나님의 예정도 그 예정을 위하여 세워진 인물

자신이 그의 책임분담을 완수하지 못하면 그 인물을 중심하고는 그것이 이루어질 수 없는 것이다. 하나님은 모세로 하여금 이스라엘 민족을 인도하여 젖과 꿀이 흐르는 가나안 땅으로 들어갈 것을 예정하시고 그에게 이것을 명령하셨던 것이다. 그러나 그들이 책임을 다하지 못하였기 때문에, 애급(埃及)에서 출발한 이스라엘 민족 중 여호수아와 갈렙만이 가나안으로 들어갔을 뿐 나머지는 모두 다 광야에서 쓰러지고 말았던 것이다.

그리고 하나님은 인간책임분담(人間責任分擔)에 대해서는 간섭치 않으시고 그 결과만을 보시고 주관하신다는 것을 보여 주셨다. 하나님이 그렇게도 놀라운 이적(異蹟)과 기사(奇事)로써 이스라엘을 이끌어 주셨으나, 모세가 석판을 받는 동안 백성들이 금송아지의 우상(偶像)을 만드는 행동에 대해서나 모세가 반석을 두 번 치는 행동에 대해서는 아무 간섭도 하지 않으시고 다만 그 결과만을 보시고 주관하셨으니, 이것은 어디까지나 그들 자신이 독자적으로 걸어야 할 책임분담이었기 때문이다.

한편 뜻에 대한 하나님의 예정(豫定)의 절대성을 보여 주셨다. 하나님이 뜻을 예정하시고 이루시려는 것은 절대적이기 때문에, 모세가 그 책임을 다하지 못하였을 때 그의 대신으로 여호수아를 세워서라도 한번 예정하신 뜻은 기필코 이루시고야 마셨던 것이다. 이와 같이 하늘이 세우신 아벨적 인물이 그 사명을 다하지 못하면, 가인의 입장에서 충성(忠誠)을 다한 사람이 그를 대신하여 아벨의 사명을 계승 완성하게 되는 것이다. 예수님이 천국은 침노를 당하나니 침노하는 자는 빼앗느니라(마 11 : 12)고 하신 말씀은 바로 이러한 사실을 두고 하신 말씀인 것이다.

또 한편 큰 사명을 진 사람일수록 그에게 주어지는 시험도 그만큼 크다는 것을 보여 주셨다. 인간 시조(始祖)가 하나님을 믿지 않고 배반함으로써 타락되었기 때문에 '믿음의 기대'를 복귀하는 인물은 하나님이 돌보지 않으시고 버리시는 시험을 이기고 나서야 했다. 그러므로 모세는 하나님이 그를 죽이려 하셨던 시험을 이기고 난 후에야(출 4 : 24) 이스라엘 민족의 인도자로 설 수 있게 되었던 것이다.

원래 사탄이 타락(墮落)을 조건으로 하여 인간을 대하게 되었기 때문에, 하나님도 무조건하고 인간에게 은사를 내리실 수는 없는 것이다. 왜냐하면 사탄이 참소(讒訴)하기 때문이다. 그러므로 하나님이 인간에게 은사를 내리시려 할 때에는 그 은사를 전후하여 사탄의 참소를 막기 위한 시험을 반드시 하시는 것이다.

모세노정에서 그 예를 들어 보면, 모세에게는 바로궁중 40년의 시련을 거친 후에야 제1차 출애급(出埃及)의 은사가 허락되었던 것이고, 또 미디안광야 40년의 시련이 있은 후에야 하나님은 제2차 출애급의 은사를 내리셨던 것이다(출 4 : 2~9). 하나님이 모세를 죽이려는 시험이 있은 후에야(출 4 : 25) 3대 기적과 10재앙의 이적을 내려 주셨고(출 7 : 10~), 3일노정의 시련이 있은 후에야(출 10 : 22) 구름기둥과 불기둥의 은사가 있었다(출 13 : 21). 한편 홍해의 시련을 지난 후에야(출 14 : 21~22) 만나와 메추리의 은사(출 16 : 13)가 있었고, 아말렉과의 싸움으로 인한 시련(출 17 : 10)이 있은 후에야 석판과 성막과 법궤의 은사(출 31 : 18)가 있었다. 그리고 40년 간 광야에서 표류한 시련(민 14 : 33)이 있은 후에 반석 샘물의 은사(민 20 : 8)가 있었고, 불뱀의 시련을 거친 후에야(민 21 : 6) 구리뱀의 은사(민 21 : 9)가 있었던 것이다.

모세노정은 위와 같이 여러 가지의 교훈(教訓)을 우리에게 남겨 놓았던 것이다.

제 3 절 예수님을 중심한 복귀섭리

천사(天使)를 주관해야 할 아담(고전 6 : 3)이 타락됨으로 인하여 도리어 사탄의 주관을 받아서 지옥을 이루었기 때문에, 이것을 탕감복귀(蕩減復歸)하기 위하여 후아담으로 오시는 예수님은 그 자신이 사탄을 굴복시켜 천국을 복귀해야 하는 것이다. 그러나 이미 제1절에서 상술(詳述)한 바와 같이, 하나님 앞에서도 굴복하지 않았던 사탄이 예수님과 성노들에게 순종굴복할 리가 없으므로, 하나님은 인간을 창조하신 원리적인 책임을 지시고 야곱과 모세를 세워 장차 예수님이 사탄을 굴복시킬 수 있는 본보기노정을 보여 주셨던 것이다.

야곱은 사탄을 굴복시키는 상징적(象徵的)인 노정을 걸었고, 모세는 사탄을 굴복시키는 형상적(形象的)인 노정을 걸었으며, 예수님은 그 실체적(實體的)인 노정을 걸으셔야 했던 것이다. 그러므로 예수님은 모세가 사탄을 굴복시켜 나아갔던 민족적인 가나안 복귀노정을 본보기로 하여 사탄을 굴복시킴으로써, 세계적인 가나안 복귀노정을 완수하셔야 했던 것이다.

신명기 18장 18절에 하나님이 모세에게 내가 그들의 형제 중에 너와 같은 선지자 하나를 그들을 위하여 일으키고 내 말을 그 입에 두리니 내가 그에게 명하는 것을 그가 무리에게 다 고하리라고 하신 말씀 중에, 모세와 같은 선지자(先知者) 하나라고 하신 것은 바로 모세와 같은 노정을 걸으셔야 할 예수님을 말씀하신 것이었다. 그리고 요한복음 5장 19절을 보면 예수님은 하나님이 하시는 일을 보지 않고는 아무것도 스스로 할 수 없다고 기록되어 있는데, 이것은 예수님이 하나님께서 모세를 세워 보여 주신 본보기노정을 그대로 걷고 계시다는 것을 말씀하신 것이었다.

상세한 것은 이미 모세를 중심한 복귀섭리(復歸攝理)에서 논하였지만, 모세를 중심한 3차의 민족적 가나안 복귀노정(復歸路程)과 예수님을 중심한 3차의 세계적 가나안 복귀노정의 전체적인 윤곽을 비교 대조하면서 예수님을 중심한 복귀섭리를 논하여 보기로 하자.

Ⅰ. 제1차 세계적 가나안 복귀노정

1. 믿음의 기대

제1차 세계적 가나안 복귀노정에 있어서 '믿음의 기대'를 복귀해야 할 중심인물(中心人物)은 세례 요한이었다. 그러면 세례 요한은 어떠한 입장에서 그 사명을 다해야 할 것이었던가?

모세를 중심한 민족적인 가나안 복귀노정에 있어서 모세가 석판(石板)을 깨뜨린 것과 또 반석(磐石)을 두 번 친 것은, 장차 예수님께서 오실 때에 그를 중심한 유대민족이 불신(不信)으로 돌아가면 석판과 반석의 실체인 예수님의 몸도 칠 수 있다는 조건을 사탄에게 허락하는 표시적인 행동이 되었다는 데 대해서는 이미 모세노정에서 논급하였다.

그러므로 예수님이 이 조건을 피하시게 되려면, 그의 강림(降臨)을 위한 터전을 닦아 나아가는 선민(選民)들이 장차 오실 메시아의 형상체인 성전(聖殿)을 중심하고 하나가 되어야 하였다. 그러나 이스라엘 민족은 항상 불신의 길을 걷게 되어 장차 오실 예수님 앞에 사탄이 침범할 수 있는 조건을 성립시켜 왔으므로, 이러한 조건을 막기 위하여 선지자(先知者) 엘리야가 와서 바알의 선지자와 아세라의 선지자를 합하여 850명을 멸하는 등(왕상 18 : 19) 사탄 분립의 역사(役事)

를 하고 승천하였던 것이다(왕하 2 : 11). 그러나 엘리야의 전체적인 사명이 다 이루어지지 않았기 때문에 이 사명을 완수하기 위하여 그는 재림해야 했던 것이다(말 4 : 5). 이와 같이 엘리야가 다하지 못한 사탄 분립의 사명을 맡아 완수하고, 메시아의 길을 곧게 하기 위하여(요 1 : 23) 엘리야로 왔던 선지자가 바로 세례 요한이었다(마 11 : 14, 마 17 : 13).

이스라엘 민족은 애급(埃及)에서 400년 동안 그들을 인도해 주는 선지자도 없이 고역(苦役)을 당하여 오다가, 그들을 민족적으로 가나안 땅에 인도하여 메시아를 맞게 해 줄 수 있는 인물로서 모세 한 분을 만나게 되었었다. 이와 마찬가지로 유대인들도 말라기 선지(先知) 이후 메시아 강림준비시대(降臨準備時代) 400년 간 그들을 인도해 주는 선지자도 없이 페르시아, 헬라, 애급, 시리아, 로마 등의 이방(異邦)들에게 고역을 당하여 오다가, 마침내 세계적 가나안 복귀를 위하여 오시는 메시아 앞으로 그들을 인도해 줄 수 있는 인물로서 세례 요한을 만났던 것이다.

애급고역(埃及苦役) 400년 간의 '사탄 분립기대' 위에 섰던 모세가 바로궁중에서 충효(忠孝)의 도를 배웠던 것과 같이, 메시아 강림준비시대 400년 간의 '사탄 분립기대' 위에 섰던 세례 요한은, 광야에서 메뚜기와 석청(石淸)을 먹으면서 메시아를 맞기 위하여 하늘 대한 충효(忠孝)의 도를 세웠던 것이다. 그렇기 때문에 제사장(祭司長)을 비롯한(요 1 : 19) 유대인들은 모두 세례 요한이 메시아가 아닌가고까지 생각하게 되었던 것이다(눅 3 : 15). 세례 요한은 이와 같이 '40일 사탄 분립기대'를 세웠으므로, 제1차 세계적 가나안 복귀를 위한 '믿음의 기대'를 이룰 수 있었던 것이다.

2. 실체기대

세례 요한은 모세와 같은 입장에 세워졌었기 때문에 유대민족에게 있어 부모와 자녀의 두 입장에 서게 되었던 것이다. 그런데 그는 부모의 입장에서 제1차 세계적 가나안 복귀를 위한 '믿음의 기대'를 탕감복귀(蕩減復歸)하였기 때문에, 동시에 자녀의 입장에서 '타락성을 벗기 위한 세계적인 탕감조건'을 세우는 데 있어서의 아벨의 입장도 확립할 수 있었다(본장 제2절 Ⅰ 2). 따라서 세례 요한은 모세가 바로궁중에서 40년 간의 탕감기간(蕩減期間)을 지나고, 제1차 민족적 가나안 복귀를 위하여 '믿음의 기대'를 세웠던 입장을 세계적으로 찾아 세운 터 위에 서게 되었던 것이다.

모세 때에는 이스라엘 민족으로 하여금 모세가 애급인(埃及人)을 쳐죽이는 것을 보고 그를 믿게 함으로써 '출발을 위한 섭리'를 이루시려 하였었다. 그때에는 이스라엘 민족이 사탄국가인 애급을 떠나 가나안 땅으로 들어가야 했던 것이지만, 세례 요한을 중심한 유대민족은 로마제국을 떠나 다른 땅으로 이동하는 것이 아니라, 그 정권하(政權下)에 있으면서 그들을 굴복시켜 그 제국(帝國)을 하늘 것으로 복귀해야 했던 것이다. 그렇기 때문에 하늘은 세례 요한을 중심한 기사이적(奇事異蹟)을 보여 주시어, 유대인들로 하여금 그를 믿게 함으로써 '출발을 위한 섭리'를 이루시려 하였던 것이다.

그러므로 세례 요한의 잉태(孕胎)에 관한 천사의 놀라운 예고와, 또 그 부친이 이것을 믿지 않았을 때 벙어리가 되었던 기사, 그리고 그가 출생할 때에 보여 주신 이적 등으로 말미암아 그 근처에 사는 자가 다 두려워하고 이 모든 말이 온 유대 산중에 두루 퍼지매 듣는 사람이 다 이 말을 마음에 두며 가로되 이 아이가 장차 어찌 될꼬 하니 이는 주의 손이 저와 함께 하심이러라(눅 1 : 65~66)고 하신 성경의 말씀대로, 이스라엘 민족은 세례 요한의 출생시부터 그를 하나님이 보내신 선지자로 알게 되었던 것이다. 그뿐 아니라 광야에서 메뚜기와 석청(石淸)으로 연명하면서 기도의 생활을 한 그의 빛나는 수도(修道)의 생애로 인하여, 제사장들과(요 1 : 19) 일반 유대인들이(눅 3 : 15) 그를 메시아로 오인할 정도로 그의 신망이 높았던 것이다.

모세가 바로궁중 40년의 탕감기간(蕩減期間)을 마치고 애급인(埃及人)을 살해하였을 때 이스라엘 민족이 그의 애국심에 감동되어 그를 믿고 따랐더라면, 그들은 홍해(紅海)를 건너거나 광야를 돌지 않고 또 석판(石板)이나 성막(聖幕)이나 법궤(法櫃)도 필요 없이 블레셋의 곧은 길을 통하여서 곧 가나안으로 들어갔을 것이었다. 이와 마찬가지로 예수님 당시의 유대인들도 하나님이 기사 이적(奇事異蹟)으로써 믿음의 대상자로 세워 주신 세례 요한을 믿고 따르기만 하면, 그들은 '타락성을 벗기 위한 탕감조건'을 세워 '실체기대'를 복귀함으로써 '메시아를 위한 기대'를 복귀할 수 있었던 것이다.

3. 제1차 세계적 가나안 복귀노정의 실패

유대인들은 세례 요한이 세운 '믿음의 기대' 위에서 그를 메시아와 같이 믿고 따르는 입장에 있었기 때문에(요 1 : 19, 눅 3 : 15), 그들은 구약시대(舊約時代)를 청산하고 세계적 가나안 복귀의 새로운 노정을 출발할 수 있게 되었던 것이다. 그러나 이미 전편 제4장 제2절에서 상술(詳述)한 바와 같이, 세례 요한은 예수님을 메시아로 증거하고서도 그를 의심하는 데 이르렀고(마 11 : 3), 또 자기가 엘리야로 왔으면서도 그것을 모르고 부인하여(요 1 : 21) 유대인들이 예수님 앞으로 나아가는 길을 막았을 뿐 아니라, 그들로 하여금 예수님을 배반하는 입장에 서게까지 하였던 것이다.

이로써 세례 요한은 '실체기대(實體基臺)'를 세우는 데 있어서의 아벨의 위치를 떠나게 되었기 때문에, 유대인들은 '타락성을 벗기 위한 세계적인 탕감조건'을 세울 수 없게 되었다. 그리하여 유대인들이 '실체기대'를 이루지 못하게 됨에 따라서 '메시아를 위한 기대'를 조성할 수 없었기 때문에, 제1차 세계적 가나안 복귀노정(復歸路程)은 실패로 돌아가게 되어 이것도 모세 때와 같이 2차 내지 3차까지 연장되게 되었던 것이다.

II. 제2차 세계적 가나안 복귀노정

1. 믿음의 기대

(1) 예수님이 세례 요한의 사명을 대신하심

세례 요한은 완성한 아담으로 오신 예수님 앞에 복귀한 아담형의 인물이었다. 그러므로 세례 요한은 그때까지의 섭리역사상(攝理歷史上)에서, '믿음의 기대'와 '실체기대'를 복귀하기 위하여 왔다 간 모든 중심인물들이 다하지 못하였던 사명을 완전히 이루어서 '메시아를 위한 기대'를 세워야 했던 것이다. 그리고 이 기대 위에서 믿고 따르는 유대민족을 인도하여, 전체적인 섭리의 기대와 함께 예수님께 인계해 드린 후 믿음과 충성으로 그를 따르고 모셔야 했던 것이다.

세례 요한은 자기도 모르고 행한 일이었지만, 요단강에서 예수님에게 세례를 준 것은(마 3 : 16) 자기가 하나님의 뜻을 위하여 쌓아 온 모든 것을 예수님 앞에 인계하는 하나의 의식이었던 것이다.

그러나 그 후에 세례 요한은 점점 예수님을 의심하고 배신하는 데 이르렀으므로, 세례 요한을 메시아와 같이 믿고 따르던(눅 3 : 15) 유대인들은 자연히 예수님을 불신하는 입장에 서지 않을 수 없게 되었던 것이다(전편 제4장 제2절). 따라서 세례 요한이 제1차 세계적 가나안 복귀노정(復歸路程)을 위하여 세웠던 '믿음의 기대'는 사탄의 침범을 당하고 말았다. 그렇기 때문에 할수없이 예수님 자신이 세례 요한의 사명을 대신하여 '믿음의 기대'를 탕감복귀(蕩減復歸)함으로써 제2차 세계적 가나안 복귀노정을 출발할 수밖에 없었던 것이다. 예수님이 광야에서 40일 간 금식(禁食)을 하시면서 사탄을 분립하신 것은, 바로 세례 요한의 대신 입장에서 '믿음의 기대'를 탕감복귀하시기 위함이었던 것이다.

예수님은 하나님의 독생자(獨生子)로서 영광의 주(主)로 오셨으므로 원칙적으로 고난의 길을 걸어서는 아니 되는 것이다(고전 2 : 8). 그러나 그의 앞길을 곧게 하기 위한 사명을 가지고 태어났던 세례 요한(요 1 : 23, 눅 1 : 75)이 그 사명을 다하지 못하였기 때문에, 세례 요한이 당했어야 할 고난을 예수님 자신이 당하시지 않을 수 없었던 것이다. 이와 같이 예수님은 메시아이시면서도 세례 요한 대신으로 복귀섭리노정(復歸攝理路程)을 출발하셨던 것이기 때문에, 베드로에게 자기가 메시아라는 사실을 유대인들에게 밝히지 말라고 당부하셨던 것이다(마 16 : 20).

(2) 예수님의 광야 40일 금식기도와 3대 시험

우리는 먼저 예수님의 40일 금식기도(禁食祈禱)와 3대 시험(三大試驗)에 대한 원인(遠因)과 근인(近因)을 알아야겠다.

민족적 가나안 복귀노정에 있어서 반석(磐石) 앞에 섰던 모세가 불신(不信)으로 돌아가 그것을 두 번 쳤기 때문에, 예수님을 상징하는 그 반석(고전 10 : 4)은 사탄의 침범을 당하였던 것이다. 그것은 후일 메시아로 오셔서 모세노정을 본보기로 걸어야 할 예수님의 노정에 있어서도, 예수님의 앞길을 곧게 하기 위하여 오게 될 세례 요한이 불신으로 돌아가게 되면 반석 되시는 예수님 앞에도 사탄이 침범할 수 있다는 표시적인 행동이 되었다. 따라서 이 행동은 메시아에 앞서 올 세례 요한을 중심한 '믿음의 기대'에 사탄이 침범할 수 있다는 표시적인 행동이기도 하였다. 그렇기 때문에 반석을 두 번 친 모세의 행동은, 바로 세례 요한이 불신으로 돌아가게 될 때에 그 '믿음의 기대'를 복귀하기 위하여 예수님 자신이 세례 요한의 대신 입장에서 광야로 나아가 40일 금식과 3대 시험(三大試驗)을 치르지 않을 수 없게 한 원인(遠因)이 되었다.

사실상 세례 요한이 불신으로 돌아갔기 때문에(전편 제4장 제2절 III) 그가 세웠던 '믿음의 기대'에는 사탄이 침범하였던 것이니, 이것이 근인(近因)이 되어 예수님은 몸소 세례 요한의 입장에서 '40일 사탄분립의 기대'를 세움으로써 '믿음의 기대'를 탕감복귀(蕩減復歸)하기 위하여 광야에서의 40일 금식과 3대 시험을 겪지 않을 수 없으셨던 것이다.

그러면 사탄이 3대 시험을 하게 된 목적은 어디 있는가? 마태복음 4장 1절 내지 10절을 보면, 사탄은 예수님에게 돌을 보이면서 그것으로써 떡이 되게 하라고 하였고, 또 그를 성전(聖殿) 꼭대기에 세우고 거기서 뛰어내리라고 하였으며, 더 나아가 그를 산꼭대기에 세우고 자기에게 경배하면 온 세상을 다 주겠다는 등 세 가지의 문제를 가지고 예수님을 시험하였다.

태초에 하나님은 인간을 창조하시고서 그 개성의 완성, 자녀의 번식, 그리고 피조세계(被造世界)에 대한 주관 등 세 가지의 축복(祝福)을 하셨다(창 1 : 28). 그러므로 인간이 이것을 완성하는 것이 곧 하나님의 창조목적(創造目的)인 것이다. 그런데 사탄이 인간을 타락시킴으로써 이 세 가지 축복을 이루지 못하게 하였으므로 그 창조목적은 이루어지지 않았던 것이다. 그런데 예수님은 하나님이 약속하셨던 이 세 가지의 축복을 복귀함으로써 하나님의 창조목적을 이루시려고 오셨기 때문에, 사탄은 축복 복귀의 길을 막기 위한 그 세 가지의 시험으로써 창조목적을 이루지 못하게 하려 했던 것이다.

그러면 예수님은 이 3대 시험(三大試驗)을 어떻게 받으시고 어떻게 이기셨는가?

우리는 먼저 여기에서 사탄이 어떻게 되어 예수님을 시험하는 주체로 설 수 있었던가 하는 것을 알아보기로 하자.

모세를 중심한 민족적 가나안 복귀노정에 있어서, 이스라엘의 불신과 모세의 실수로 말미암아 사탄이 예수님과 성신(聖神)을 상징하는 두 석판(石板)과 반석(磐石)을 취함으로써, 그는 모세를 중심한 이스라엘의 주체적인 입장에 서게 되었었다는 사실을 우리는 이미 위에서 밝혔다. 그런데 세계적 가나안 복귀노정에 이르러, 사탄을 분립하여 메시아의 갈 길을 곧게 하기 위한 사명자로 왔던 세례 요한(요 1 : 23)이 그 책임을 다하지 못하게 되자 모세 때와 같이 이스라엘 민족이 다시 불신(不信)과 불순종(不順從)으로 돌아가게 되었기 때문에, 하나님이 이미 모세노정에서 예시(豫示)하신 대로 사탄은 예수님을 시험하는 주체적인 입장에 서게 된 것이었다.

그러면 여기에서 그 시험(試驗)의 경위를 좀더 자세히 알아보기로 하자.

예수님이 광야에서 밤낮 40일을 금식(禁食)하시고 난 뒤, 사탄이 예수님 앞에 나타나서 네가 만일 하나님의 아들이어든 명하여 이 돌들이 떡덩이가 되게 하라(마 4 : 3)는 시험을 하였다.

그런데 모세가 광야에서 '40일 사탄 분립기대' 위에 섰던 석판(石板)을 깨뜨리고 반석(磐石)을 두 번 쳤던 행동과 세례 요한의 불신으로 말미암아 그 돌을 사탄이 소유하고 있었기 때문에, 이것을 다시 찾기 위하여 예수님도 광야로 나아가 40일을 금식하여 사탄을 분립하지 않으면 아니 되었던 것이다. 사탄은 예수님이 돌을 찾기 위하여 광야에 나오셨다는 것을 잘 알고 있었다. 따라서 옛날 민족적 가나안 복귀를 위한 광야노정(曠野路程)에서 이스라엘의 조상들이 굶주림을 이기지 못하고 불신으로 흘러 돌을 사탄이 가지게 되었던 것과 같이, 이제 세계적 가나안 복귀의 광야노정에 있는 예수님도 그들과 마찬가지로 굶주린 가운데 있으니, 어서 불신으로 돌아가 그 돌을 찾으려 하지 말고 그것으로 떡이나 되게 하여 주린 배를 채우면, 그 돌은 사탄이 영원히 가지겠다 하는 뜻이었다.

이 시험에 대한 예수님의 대답은 사람이 떡으로만 살 것이 아니요 하나님의 입으로 나오는 모든 말씀으로 살 것이라(마 4 : 4)고 하셨다.

원래 사람은 두 가지의 영양소로써 살아가도록 창조되었다. 즉 자연계로부터 섭취하는 영양소로써는 육신(肉身)이 살아가고, 하나님의 입으로 나오는 말씀으로는 영인체(靈人體)가 살아가는 것이다. 그런데 타락인간은 하나님의 말씀을 직접 받을 수 없게 되었기 때문에, 요한복음 1장 14절에 기록되어 있는 대로 하나님의 말씀이 육신이 되어 지상에 오신 그리스도의 말씀으로써 그 영인체들이 살아간다. 그렇기 때문에 요한복음 6장 48절을 보면 예수님은 내가 곧 생명의 떡이로라고 말씀하시면서, 계속하여 내가 진실로 진실로 너희에게 이르노니 인자의 살을 먹지 아니하고 인자의 피를 마시지 아니하면 너희 속에 생명이 없느니라(요 6 : 53)고도 말씀하셨다. 그러므로 사람이 떡을 먹고 그 육신이 살아 있다고 해서 그것만으로서 온전한 삶이라고는 할 수 없다. 거기에 더하여, 하나님의 입으로 나온 말씀이 육신으로 화하여 모든 사람의 생명의 양식으로 오신 바 그리스도로 말미암아 살지 않으면 온전한 사람이 될 수 없는 것이다.

그런데 모세가 석판(石板)의 뿌리 되는 반석(磐石)을 두 번 침으로써 그 돌은 사탄의 소유로 돌아갔었다. 이렇게 사탄의 것이 되어진 그 돌은 바로 모세가 잃어버린 그 반석이었고 또 그 석판이었으므로, 그 돌은 결국 사탄의 시험을 받고 있는 예수님 자신을 상징하는 것이었다. 이것은 요한계시록 2장 17절에 돌을 그리스도로 상징하였고, 고린도전서 10장 4절에 반석은 곧 그리스도시라고 한 것을 보아서도 분명하다. 그러므로 사탄의 첫째 시험에 응한 예수님의 대답은 결국 내가 지금 아무리 굶주린 가운데 있을지라도 육신(肉身)을 살리는 떡이 문제가 아니라, 내 자신이 너로부터 시험을 받고 있는 자리에서 승리하고 나서 온 인류의 영인체(靈人體)를 살려 줄 수 있는 하나님의 말씀의 양식이 되어야 하겠다는 뜻이었다. 그러므로 이 시험은 예수님이 세례 요한의 입장에서 시험을 받아 이김으로써 개성을 완성한 메시아의 입장을 찾아 세우는 시험이었던 것이다.

이처럼 원리적인 입장에서 뜻을 대하는 예수님의 언행(言行)에 사탄은 패해 버리고 말았다. 그리고 예수님이 이 첫번 시험에 승리하여 개성(個性)을 복귀할 수 있는 조건을 세움으로써, 하나님의 제1축복(第一祝福) 복귀의 기대를 조성하였던 것이다.

다음으로 사탄은 예수님을 성전(聖殿) 꼭대기에 세우고 네가 만일 하나님의 아들이어든 뛰어내리라(마 4 : 6)고 하였다.

그런데 요한복음 2장 19절에서 예수님은 자신을 성전이라 하셨고, 또 고린도전서 3장 16절에는 성도(聖徒)들을 일러 하나님의 성전이라고도 하였으며, 고린도전서 12장 27절에는 성도들을 그리스도의 지체(肢體)라고 하였다. 따라서 예수님은 본성전(本聖殿)이요 성도들은 그 분성전(分聖殿)이라는 사실을 우리는 알 수 있다. 이와 같이 예수님은 성전의 주인공으로 오셨으므로 사탄도 그 격위는 인정하지 않을 수 없었기 때문에 예수님을 성전 꼭대기에 세웠었다. 그리고 거기에서 뛰어내리라고 한 것은, 주인공의 위치에서 떨어져 타락한 인간의 입장으로 돌아가면 자기가 예수님 대신으로 성전 주관자(主管者)의 위치를 점령하겠다는 뜻이었다.

여기에서 예수님은 주 너의 하나님을 시험치 말라(마 4 : 7)고 대답하셨다.

원래 천사(天使)는 창조본연(創造本然)의 인간의 주관을 받도록 창조된 것이므로 타락한 천사는 응당 예수님의 주관을 받아야 한다. 따라서 천사가 예수님 대신으로 성전 주관자의 입장에 서려 하는 것은 비원리적(非原理的)인 행동인 것이다. 그러므로 이와 같은 비원리적인 행동으로, 원리적인 섭리를 하시는 하나님의 몸 되신 예수님을 시험함으로써 하나님을 시험하는 입장에 서서는 안 된다. 더구나 예수님은 제1차 시험에 승리하여 개성을 복귀한 실체성전(實體聖殿)으로서 성전의 주인공의 입장을 확립하셨기 때문에, 사탄의 시험을 받을 만한 아무런 조건도 없으니 이제는 예수님 자신을 시험하지 말고 물러가라는 뜻이었다.

이렇게 하여 둘째 시험에 승리함으로써 본성전이시고 신랑이시며 또한 인류의 참부모로 오신 예수님은, 모든 성도들을 분성전과 신부와 참자녀의 입장으로 복귀할 수 있는 조건을 세워 하나님의 제2축복(第

二祝福) 복귀의 기대를 조성하셨던 것이다.

다음으로 사탄은 예수님을 지극히 높은 산으로 이끌고 가서 천하만국(天下萬國)과 그 영광을 보여 주며, 만일 내게 엎드려 경배하면 이 모든 것을 네게 주리라(마 4 : 9)고 시험하였다.

원래 아담이 타락됨으로 인하여 만물세계(萬物世界)에 대한 주인공의 자격을 상실하고 사탄의 주관을 받게 됨에 따라, 사탄이 아담의 대신으로 만물세계의 주관자로 서게 되었다(롬 8 : 20). 그런데 완성한 아담격으로 오신 예수님은 고린도전서 15장 27절에 만물을 그리스도의 발 아래 두셨다고 기록되어 있는 말씀대로 피조세계(被造世界)의 주관자이시었다. 따라서 사탄도 이러한 원리를 알고 있었기 때문에, 예수님을 산 위로 인도하여 만물의 주인공의 입장에 세워 놓고, 태초에 아담이 사탄에게 굴복한 것과 같이 제2 아담 된 예수님도 사탄에게 굴복하라고 시험하였던 것이다.

이에 대하여 예수님은 주 너의 하나님께 경배하고 다만 그를 섬기라(마 4 : 10)고 대답하셨다.

천사(天使)는 원래 부리는 신(神)으로서(히 1 : 14), 자기를 창조하신 하나님을 경배(敬拜)하고 섬기게 되어 있었다. 그러므로 타락한 천사인 사탄도 그에게 경배하고 섬기는 것이 원리요, 따라서 사탄은 마땅히 창조주 하나님의 몸으로 나타난 예수님에게도 굴복하고 경배하며 섬기는 것이 원리라는 것으로 예수님은 대답하셨던 것이다. 더구나 예수님은 이미 두 번의 시험에 승리하여 하나님의 제1, 제2축복을 복귀할 수 있는 기대(基臺)를 조성하셨으므로 그 기대 위에서 하나님의 제3축복을 복귀하여 만물세계를 주관해야 할 것은 당연한 일이니, 이미 승리의 기대 위에 선 만물세계를 걸어 놓고는 더 이상 시험받을 여지가 없다는 뜻으로 원리적인 대답을 하셨다.

이렇듯 예수님은 셋째 시험에도 승리하시어, 피조세계(被造世界)에 대한 주관성을 복귀할 수 있는 조건을 세움으로써 하나님의 제3축복(第三祝福) 복귀의 기대를 조성하셨다.

(3) 40일 금식과 3대 시험으로 사탄을 분립한 결과

창조원리(創造原理)에 의하면, 인간이 정(正)·분(分)·합(合) 3단계의 과정을 거치어 사위기대(四位基臺)를 이루어야만 하나님의 창조목적(創造目的)이 이루어지게 되어 있다. 그러나 인간은 그 사위기대를 이루어 나오는 과정에서 사탄의 침범을 당하여 창조목적을 이루지 못하였기 때문에, 이제까지의 복귀섭리노정(復歸攝理路程)도 역시 3단계까지 연장되어 내려오면서 '40일 사탄 분립기대'를 세워 가지고, 상실되었던 모든 것을 탕감복귀(蕩減復歸)코자 하였던 것이다. 그런데 예수님은 메시아이시면서도 세례 요한의 입장에서 3단계의 시험에 승리하여 '40일 사탄 분립기대'를 세우셨다. 이것으로써 예수님은 하나님의 복귀섭리의 역사노정에서, 3단계로 연장하시면서 '40일 사탄 분립기대'로써 찾으시려 했던, 다음과 같은 모든 조건들을 일시에 탕감복귀하셨던 것이다.

즉 첫째로 예수님은 세례 요한의 입장에서 제2차 세계적 가나안 복귀를 위한 '믿음의 기대'를 탕감복귀하셨으므로, 그때까지의 섭리노정(攝理路程)에 있어서 '믿음의 기대'를 세우기 위하여 찾아 세우려던 모든 것을 탕감복귀하셨던 것이다. 즉 가인 아벨의 헌제, 노아의 방주, 아브라함의 헌제, 모세의 성막, 솔로몬의 성전 등을 탕감복귀하셨던 것이다. 뿐만 아니라 예수님은 아담 이후 4천년 간의 종적인 역사노정에서 '믿음의 기대'를 복귀하는 중심인물(中心人物)들의 실수로 말미암아 잃어버렸던 모든 '40일 사탄 분립기대'를 횡적으로 일시에 탕감복귀하시었다. 즉 노아의 심판 40일, 모세의 3차의 40년 기간과 2차의 40일 금식, 정탐 40일, 이스라엘의 광야노정 40년, 그리고 노아로부터 아브라함까지의 400년, 애급고역 400년, 그리고 그 후 예수님 때까지에 있어졌던 모든 40수의 기간을 전부 탕감복귀하셨던 것이다.

둘째로 예수님은 세례 요한의 입장에서 메시아의 입장에 서게 되셨기 때문에, 하나님의 3대 축복(三大祝福)을 이루어 사위기대(四位基臺)를 탕감복귀할 수 있는 조건을 세우셨다. 따라서 예수님은 헌제(獻祭)를 이룬 실체시요, 또한 석판(石板)과 성막(聖幕)과 법궤(法櫃)와 반석(磐石)과 성전(聖殿)의 실체로 설 수 있게 되셨던 것이다.

2. 실체기대

예수님은 인류의 참부모로 오셔서 세례 요한의 입장에서 '40일 사탄분립기대' 를 탕감복귀(蕩減復歸)하셨기 때문에, 부모의 입장에서 '믿음의 기대' 를 복귀하는 동시에, 자녀의 입장에서 '타락성을 벗기 위한 세계적인 탕감조건' 을 세우는 데 있어서의 아벨의 위치도 확립하셨다. 따라서 예수님은 모세가 미디안광야에서 40년 탕감기간(蕩減期間)을 지남으로써 제2차 민족적 가나안 복귀를 위한 '믿음의 기대' 를 조성하였던 입장을 세계적으로 탕감복귀한 입장에 서게 되셨던 것이다.

제2차 민족적 가나안 복귀노정에 있어서는 3대 기적(三大奇蹟)과 10재앙(十災殃)으로 그의 '출발을 위한 섭리' 를 하셨다. 그런데 그 후 제3차 민족적 가나안 복귀노정에 있어서는 이스라엘 민족의 불신으로 인하여 무위(無爲)로 돌아간 애급에서의 3대 기적과 10재앙을 탕감복귀하기 위하여 '성막을 위한 기대' 위에 석판・성막・법궤의 3대 은사와 십계명(十誡命)을 세우는 것으로서 '출발을 위한 섭리' 를 하셨다는 것은 이미 모세노정에서 밝힌 바 있다. 그런데 예수님은 석판 · 성막 · 법궤의 3대 은사와 십계명의 실체이시기 때문에 제2차 세계적 가나안 복귀노정에 있어서는, 예수님 자신이 말씀과 기사 이적(奇事異蹟)으로써 그 '출발을 위한 섭리'를 하셨던 것이다. 따라서 가인의 입장에 있었던 유대민족이 이 '출발을 위한 섭리'에 의하여 세례 요한의 사명을 가지고 아벨의 입장에 서 있는 예수님을 믿고 모시고 따르면, '타락성을 벗기 위한 탕감조건'을 세워 가지고 '실체기대(實體基臺)'를 복귀하게 됨으로써 '메시아를 위한 기대'를 조성하게 되어 있었던 것이다. 이렇게 되었더라면 예수님은 이 기대 위에서 세례 요한의 입장으로부터 메시아로 서게 되고, 온 인류는 그에게 접붙임을 받아(롬 11 : 17) 중생(重生)되어 원죄를 벗고 하나님과 심정의 일체를 이룸으로써 창조본성(創造本性)을 복귀하여 지상천국(地上天國)을 이루게 되었을 것이었다.

3. 제2차 세계적 가나안 복귀노정의 실패

세례 요한의 불신(不信)으로 말미암아 제1차 세계적 가나안 복귀섭리가 실패로 돌아갔을 때, 예수님은 세례 요한의 사명을 대신하여 몸소 광야 40일의 고난을 당하시면서 제2차 세계적 가나안 복귀를 위한 '믿음의 기대'를 탕감복귀(蕩減復歸)하셨던 것이다.

그런데 앞서 논술한 바 3대 시험(三大試驗)에서 예수님에게 패배한 사탄은 예수님 앞을 얼마 동안 떠났다고 하였다(눅 4 : 13). 사탄이 얼마 동안 떠났다는 말은, 아주 떠난 것이 아니라 다시 예수님 앞으로 나올 수 있다는 것을 암시한 것이었다. 과연 사탄은 불신으로 돌아간 제사장(祭司長)과 교법사(敎法師) 등을 중심한 유대민족, 특히 예수님을 판 제자 가룟 유다를 통하여 다시 예수님 앞에 대립하고 나섰던 것이다.

이와 같이 유대민족의 불신으로 인하여 제2차 세계적 가나안 복귀섭리를 위한 '실체기대(實體基臺)'를 이룰 수 없게 되었고, 그에 따라 이 섭리를 위한 '메시아를 위한 기대'를 조성할 수 없게 되어 제2차 세계적 가나안 복귀노정도 실패로 돌아가고 말았다.

Ⅲ. 제3차 세계적 가나안 복귀노정

1. 예수님을 중심한 영적 가나안 복귀노정

제3차 세계적 가나안 복귀노정(復歸路程)에 관한 문제를 논함에 있어서 먼저 알아야 할 것은 이것이 제3차 민족적 가나안 복귀노정과 어떻게 다른가 하는 것이다.

이미 위에서 상세히 논급한 바와 같이, 제3차 민족적 가나안 복귀노정에 있어서의 이스라엘 민족의 신앙의 대상은 메시아의 상징체인 성막(聖幕)이었다. 그리하여 이스라엘 민족이 모두 불신으로 흘러갔을 때에도 이 성막만은 모세가 금식 40일 기간으로 세웠던 성막을 위한 '믿음의 기대' 위에 서 있었고, 모세마저 불신으로 돌아갔을 때에도 그것은 모세가 세운 '믿음의 기대' 위에 여호수아에 의한 정탐 40일 사탄 분립기간으로 조성되었던 '성막을 위한 기대' 위에서 계속 그 뜻을 받들어 나온 여호수아를 중심하고 그대로 서 있었다. 그러나 세계적 가나안 복귀노정에 있어서의 유대민족의 신앙의 대상은 성막의 실체로 오신 예수님이었는데 그의 제자들마저 불신으로 돌아갔었기 때문에, 예수님은 모세가 광야에서 뱀을 든 것같이 인자도 들려야 하리니(요 3 : 14)라고 하신 말씀대로 그의 육신을 십자가(十字架)에 내주시어 죽음의 길을 가시지 않을 수 없게 되었던 것이다.

이와 같이 유대민족은 영육(靈肉) 아울러 신앙의 대상을 잃어버렸기 때문에, 제3차 세계적 가나안 복귀노정은 제3차 민족적 가나안 복귀노정과 같이 직접 실체노정으로써 출발하지 못하고, 제2 이스라엘인 기독교 신도들이 부활하신 예수님을 다시 신앙의 대상으로 세워가지고 먼저 영적 노정으로써 출발하게 되었던 것이다. 예수님이 이 성전(예수님)을 헐라 내가 사흘 동안에 일으키리라(요 2 : 19)고 말씀하신 이유는 여기에 있었던 것이다. 그러다가 마치 여호수아가 모세의 사명을 계승하여 제3차 민족적 가나안 복귀를 완성하였던 것과 같이, 예수님은 재림(再臨)하셔서 초림(初臨) 때의 사명을 계승하시어 제3차 세계적 가나안 복귀노정을 영육 아울러 완성하게 되는 것이다.

우리는 이러한 복귀섭리노정(復歸攝理路程)을 보더라도 예수님께서 초림 때와 같이 육신을 쓰시고 재림하시지 않으면, 초림 때에 이루려 하셨던 복귀섭리의 목적을 계승 완수하실 수 없다는 사실을 알 수 있는 것이다.

(1) 영적인 믿음의 기대

유대민족이 예수님을 배반함으로 인하여 제2차 세계적 가나안 복귀노정이 실패로 돌아감에 따라서, 예수님이 세례 요한의 입장에서 40일 금식으로 세웠던 '믿음의 기대'는 사탄에게 내주지 않을 수 없게 되었던 것이다. 그러므로 예수님이 십자가에 의하여 그 육신을 사탄에게 내주신 후에는, 영적인 세례 요한 사명자의 입장에서 40일 부활기간(復活期間)으로 사탄 분립의 영적 기대를 세우심으로써 제3차 세계적 가나안 복귀의 영적 노정을 위한 영적인 '믿음의 기대'를 복귀하셨던 것이다. 예수님이 십자가에 돌아가신 후, 40일의 부활기간(復活期間)을 세우시게 된 이유가 여기에 있었다는 것을 안 사람은 오늘에 이르기까지 하나도 없었던 것이다.

그러면 예수님은 영적인 '믿음의 기대'를 어떻게 세우셨던가? 예수님이 메시아로 나타나실 때까지는 하나님은 유대 선민(選民)들과 함께 계셨다. 그러나 그들이 메시아로 나타나신 예수님을 배반한 순간부터 하나님은 그들 선민을 사탄에게 내주시지 않을 수 없었다. 그리하여 하나님은 이스라엘로부터 배척당한 독생자(獨生子) 예수님과 함께 선민을 버리고 돌아설 수밖에 없으셨던 것이다.

그러나 하나님이 메시아를 보내신 목적은 선민을 비롯한 전인류(全人類)를 구원(救援)하시려는 데 있었으므로, 하나님은 예수님을 사탄에게 내주시고서라도 전인류를 구원하려 하셨던 것이다.

한편 또 사탄은 자기편에 서게 된 선민을 비롯한 전인류를 모두 하나님에게 내놓게 되더라도 메시아인 예수님 한 분을 죽이려고 하였던 것이다. 그 이유는 하나님의 4천년 복귀섭리(復歸攝理)의 제1목적이 메시아 한 분을 세우시려는 데 있었으므로, 사탄은 그 메시아를 죽임으로써 하나님의 전섭리(全攝理)의 목적을 파탄케 할 수 있다고 생각하였기 때문이다.

이와 같이 되어 하나님은 예수님을 반대하고 사탄편으로 돌아간 유대민족을 비롯한 전인류를 구원하시기 위하여, 그 탕감조건(蕩減條件)으로 예수님을 사탄에게 내주시게 되었다.

사탄은 자기의 최대의 실권을 행사하여 예수님을 십자가에 살해함으로써, 그가 4천년 역사노정을 두고 목적해 왔던 바를 달성한 것이 되었다. 이처럼 예수님을 사탄에게 내주신 하나님은 그 대가로서 이스라엘을 비롯한 전인류를 구원할 수 있는 조건을 세우시게 되었다.

그러면 하나님은 어떻게 하여서 죄악 인간(罪惡人間)들을 구원하실 수 있게 되었는가?

사탄이 이미 그의 최대의 실권을 행사하여 예수님을 살해하였기 때문에, 탕감복귀원칙(蕩減復歸原則)에 의하여 하나님에게도 최대의 실권을 행사하실 수 있는 입장이 성립되었다. 그런데 사탄의 최대 실권행사(實權行使)는 사람을 죽이는 것이지만, 하나님의 최대 실권행사는 죽은 자를 다시 살리시는 것이다. 여기에서 사탄이 그의 최대 실권행사로서 예수님을 살해한 것에 대한 탕감조건으로 하나님도 최대의 실권을 행사하시어 죽은 예수님을 부활(復活)시키시고, 온 인류로 하여금 그 부활하신 예수님에게 접붙이어(롬 11 : 24) 중생(重生)케 하심으로써 구원을 받도록 하신 것이었다.

그러나 우리가 성경을 통하여 잘 아는 바와 같이, 부활하신 예수님은 십자가에 달리시기 전 제자들과 같이 생활하시던 그러한 예수님은 아니시었다. 그는 이미 시간과 공간을 초월한 자리에 계셨기 때문에 육안(肉眼)으로는 볼 수 없는 분이었다. 그는 제자들이 문을 닫고 있는 방 안에도 문득 나타나셨는가 하면(요 20 : 19), 엠마오로 가는 두 제자에게 홀연히 나타나시어 오랫동안 동행하기도 하셨다. 그러나 그들은 나타나신 예수님을 보면서도 그가 누구인지 바로 알아보지 못하였으며(눅 24 : 15~16), 이와 같이 나타나셨던 예수님은 또 어디론가 홀연히 사라져 버리기도 하셨던 것이다.

예수님은 온 인류를 구원하시기 위하여 그의 육신을 제물(祭物)로 십자가에 내주신 후, 이렇듯 부활 40일의 사탄 분립기간으로 영적인 '믿음의 기대'를 세우심으로써 만민의 죄를 대속(代贖)할 수 있는 길을 개척하셨다.

(2) 영적인 실체기대

예수님은 영적(靈的)인 세례 요한 사명자의 입장에서 영적인 부활 '40일 사탄 분립기대'를 조성하심으로써 영적 참부모의 입장에서 영적인 '믿음의 기대'를 복귀하는 동시에, 또 영적인 자녀의 입장에서 '타락성을 벗기 위한 세계적인 탕감조건(蕩減條件)'을 세우는 데 있어서의 영적인 아벨의 위치도 확립하셨다. 그리하여 예수님은 모세가 이스라엘 민족을 이끌고 광야 표류(曠野漂流) 40년의 탕감기간(蕩減期間)을 지남으로써 제3차 민족적 가나안 복귀를 위한 '믿음의 기대'를 조성하였던 것과 같이, 제3차 세계적 가나안 복귀를 위한 영적인 '믿음의 기대'를 조성할 수 있게 되었다.

모세 때에는 '성막을 위한 기대'를 세우게 함으로써 '출발을 위한 섭리'를 하셨다. 그러나 부활(復活)하신 예수님은 갈릴리에 흩어졌던 제자들을 거두어 모으시고, 자신이 석판과 성막과 법궤의 영적인 실체가 되어 제자들에게 기사(奇事)와 이적(異蹟)의 권능을 주심으로써(마 28 : 16~18) '출발을 위한 섭리'를 하셨던 것이다.

여기에서 가인의 입장에 선 성도(聖徒)들은, 이 '출발을 위한 섭리'에 의하여 영적인 세례 요한 사명자로서 영적인 아벨의 입장에 있는 부활하신 예수님을 믿고 모시고 따라 '타락성을 벗기 위한 영적인 탕감조건'을 세움으로써 '영적인 실체기대'를 복귀하게 된 것이다.

(3) 메시아를 위한 영적인 기대

예수님이 십자가(十字架)에 돌아가신 후에 남은 열한 제자는 모두 힘없이 흩어져 있었다. 그러나 예수님은 부활하신 후에 그들을 다시 한 곳으로 거두어 모으시고, 영적 가나안 복귀의 새로운 섭리를 시작하셨던 것이다. 제자들은 가룟 유다 대신으로 맛디아를 택하여 12제자의 수를 채우고 부활하신 예수님을 목숨을 바쳐 믿고 모시고 따름으로써 '영적인 실체기대'를 조성함에 따라 '메시아를 위한 영적인 기대'를 복귀하였다. 그리하여 예수님은 이 기대 위에서 영적인 세례 요한 사명자의 입장으로부터 영적인 메시아의 입장을 확립하고 성신(聖神)을 복귀하심으로써 영적인 참부모가 되어 중생(重生)의 역사를 하시게 되었다.

즉 사도행전 2장 1절 내지 4절에 기록된 바와 같이, 오순절(五旬節)에 성신이 강림하신 후 부활하신 예수님은 영적인 참아버지로서 영적 참어머니 되신 성신과 합하여 역사하심으로써 성도들로 하여금 영적으로 접붙이게 하시어 영적 중생의 역사를 하셨기 때문에, 영적 구원섭리만을 이루시게 되었다(전편 제4장 제1절 Ⅳ). 따라서 예수님이 부활하신 권내에는 사탄의 영적 참소조건(讒訴條件)이 청산되어 있으므로, 그것은 영적인 면에 있어서의 사탄의 불가침권(不可侵圈)으로 되어 있는 것이다.

타락인간은 예수님을 믿음으로써 그와 하나가 되어도 예수님과 마찬가지로 그의 몸은 여전히 사탄의 침범을 당한 처지에 놓여 있기 때문에, 육적 구원은 의연(依然)히 이루어지지 않은 채로 남아 있게 된다. 그러나 우리가 부활하신 예수님을 믿으면 그와 함께 영적으로 사탄 불가침권 내에 있게 됨으로써, 사탄의 영적인 참소조건을 면하고 영적 구원만을 이룰 수 있게 되는 것이다.

(4) 영적 가나안 복귀

기독교 신도들은 '메시아를 위한 영적인 기대' 위에서 영적인 메시아로 서게 된 예수님을 믿고 모심으로써 영적 가나안 복귀만을 완성하게 되었다. 그리하여 영적 가나안 복귀의 혜택권 내에 있는 성도들의 육신은 십자가(十字架)에 의하여 사탄의 침범을 당한 예수님의 육신과 같은 입장에 서게 됨으로써, 예수님이 오시기 전이나 다름없이 사탄의 침범을 당하여 원죄(原罪)가 그대로 남아 있기 때문에(롬 7 : 25), 성도들도 또한 예수 재림을 위한 사탄 재분립(再分立)의 노정을 걷지 않을 수 없게 되었다(전편 제4장 제1절 IV).

모세를 중심하고 섭리하셨던 민족적 가나안 복귀노정에 있어서의 성막이상(聖幕理想)은 이제 부활하신 예수님의 영적 실체성전(實體聖殿)을 중심하고 세계적으로 이루어지게 되었다. 그 지성소(至聖所)와 성소(聖所)는 그것들이 상징한 바 예수님과 성신(聖神), 예수님의 영인체와 육신이 영적 실체로 이루어졌고, 속죄소(贖罪所)의 이상(理想)은 예수님과 성신의 역사에 의하여 이루어짐으로써 거기에 하나님이 나타나시어 말씀하시게 되었다. 그리하여 하나님의 말씀이 나타나는 그 속죄소에서, 인간 시조가 타락된 후에 그 앞을 가로막았던 그룹을 좌우로 갈라 세우고 법궤 안으로 들어가 생명나무 되신 예수님을 맞이하여, 하나님이 주시는 만나를 먹고 아론의 싹난 지팡이로 보여 주셨던 하나님의 권능을 나타내게 되는 것이다(히 9 : 4~5). 이와 같이 예수님의 십자가와 그의 재림은 모세노정을 통하여 보더라도 그것이 기정적(旣定的)인 섭리가 아니었음을 알 수 있다.

2. 재림주님을 중심한 실체적 가나안 복귀노정

제3차 세계적 가나안 복귀노정이 제3차 민족적 가나안 복귀노정과 같이 실체노정(實體路程)으로 출발하지 못하고 영적 노정으로 출발하게 된 이유에 대하여는 이미 위에서 논술한 바이다.

'메시아를 위한 영적인 기대' 위에서 영적 메시아로 계시는 예수님을 믿고 순종하는 것으로 출발한 제3차 세계적 가나안 복귀의 영적 섭리는, 2천년의 유구한 역사노정(歷史路程)을 지나서 오늘날 세계적으로 그 영적 판도를 이루게 되었다. 그리하여 마치 모세의 영적 가나안 복귀노정을 여호수아가 대신하여 실체노정으로 걸어서 민족적 가나안 복귀를 완수하였던 것과 같이, 예수님은 지금까지의 영적 가나안 복귀노정을 재림(再臨)하셔서 실체노정으로 걸으시어 세계적 가나안 복귀를 완수하심으로써 지상천국을 이루셔야 하는 것이다.

이와 같이 재림주님은 초림(初臨) 때에 실체로써 이루시려던 지상천국을 그대로 이루셔야 하기 때문에, 실체인간으로 지상에서 탄생하셔야 되는 것이다(후편 제6장 제2절 II 참조).

그러나 재림주님은 초림 때의 복귀섭리노정(復歸攝理路程)을 탕감복귀하셔야 하기 때문에, 마치 그의 초림 때에 유대민족의 불신으로 말미암아 영적 복귀섭리의 고난(苦難)의 노정을 걸으셨던 것과 같이, 재림 때에 있어서도 만일 제2 이스라엘인 기독교 신도들이 불신으로 돌아가면 그 영적인 고난의 노정을 다시 실체로써 탕감복귀하지 않으면 안 되는 것이다. 예수님이 그러나 그(예수님)가 먼저 많은 고난을 받으며 이 세대에게 버린 바 되어야 할지니라(눅 17 : 25)고 말씀하신 이유는 바로 여기에 있는 것이다.

그러므로 예수님은 초림 때에 그를 위하여 소명(召命)되었던 제1 이스라엘 선민을 버리시고 기독교 신도들을 제2 이스라엘 선민으로 세워 가지고 새로이 영적인 섭리노정을 이루어 나올 수밖에 없으셨던 것과 같이, 재림 때에도 기독교 신도들이 불신으로 돌아가면 그들을 버리시고 새로이 제3 이스라엘을 세우시어 실체적인 섭리노정을 이루어 나아가실 수밖에 없는 것이다. 그리하여 예수님은 재림 때에도 초림 때와 같이 그의 길을 곧게 하기 위한 세례 요한의 사명(요 1 : 23)을 가지고 올 선구자(先驅者)들이 그 사명을 다하지 못하게 되면, 재림주님 자신이 또 세례 요한의 입장에서 제3차 세계적 가나안 복귀섭리를 위한 '믿음의 기대'를 실체적으로 조성하셔야 하기 때문에 고난의 길을 걷지 않으실 수 없게 되는 것이다.

그러나 재림주님은 아무리 고난의 길을 걸으신다 하여도 초림(初臨) 때와 같이 복귀섭리(復歸攝理)의 목적을 이루지 못하고 돌아가시게 되지는 않는다. 왜냐하면 하나님이 인류의 참부모님을 세우시어 (전편 제7장 제4절 Ⅰ 1) 창조목적(創造目的)을 이루시려는 섭리는, 아담에서 예수님을 거치어 재림주님에 이르기까지 세번째인 재림 때에는 의당 그 섭리를 이루시게 되어 있으며, 더구나 후편 제4장 제7절에 논술되어 있는 바와 같이 예수님 이후 2천년 간의 영적 복귀섭리는 그를 위한 사회 조성을 위하여 민주주의시대(民主主義時代)를 이루어 놓았기 때문이다.

예수님은 그 초림 때에는 유대교의 반역자(反逆者)로 몰려서 돌아가셨지만, 그가 재림하시는 민주주의 사회에 있어서는 설혹 그가 이단자(異端者)로 몰리는 일이 있다 하더라도 그로 인하여 죽음의 자리에까지 나아가게 될 수는 없는 것이다. 그러므로 재림주님이 아무리 고난의 길을 걸으신다 할지라도, 그가 세우시는 실체적인 '믿음의 기대' 위에 그를 절대로 믿고 따라 모시는 성도들이 모여서, 제3차 세계적 가나안 복귀의 실체노정(實體路程)을 위한 '타락성을 벗기 위한 탕감조건'을 세워 '실체기대(實體基臺)'를 조성함으로써 '메시아를 위한 실체적인 기대'를 이루게 될 것만은 확실하다.

제3차 민족적 가나안 복귀노정에 있어서 모세 때에는 반석(磐石)을 중심하고 '출발을 위한 섭리'를 하게 되어 있었고, 여호수아 때에는 반석보다 더 내적인 그 샘물을 중심하고 '출발을 위한 섭리'를 하셨었다. 마찬가지로 예수님도 초림 때에는 기사 이적(奇事異蹟)으로 '출발을 위한 섭리'를 하셨지만, 재림 때에는 그의 내적인 '말씀'을 중심하고 '출발을 위한 섭리'를 하시는 것이다. 왜냐하면 이미 전편 제3장 제3절 II에서 논급한 바와 같이, '말씀'으로 창조된 인간이(요 1 : 3) 타락으로 인하여 '말씀'의 목적을 이루지 못하게 되었으므로, 하나님은 이 목적을 다시 이루시기 위하여 '말씀'의 외적인 조건을 세우시어 복귀섭리(復歸攝理)를 이루어 나오시다가, 섭리역사의 종말에 이르러는 '말씀'의 실체 되신 예수님(요 1 : 14)을 다시 보내시어 '말씀'을 중심하고 구원섭리(救援攝理)를 하셔야 하기 때문이다.

하나님의 창조목적(創造目的)을 심정의 인연을 중심하고 보면, 하나님은 영적인 부모로서 인간을 실체의 자녀로 창조하셨다. 그리고 최초로 하나님의 이성성상(二性性相)의 형상적 실체대상(實體對象)으로 창조된 아담과 해와는, 하나님의 제1 실체대상으로서 인류의 부모가 되는 것이다. 그리하여 그들이 부부를 이루고 자녀를 번식하여 부모의 사랑과 부부의 사랑과 자녀의 사랑을 나타내는, 부모의 심정과 부부의 심정과 자녀의 심정으로 결뉴(結紐)된 가정을 이루게 되어 있었던 것이니, 그것이 바로 삼대상목적(三對象目的)을 이룬 사위기대(四位基臺)인 것이다(전편 제1장 제2절 III 참조).

이와 같이 하나님은 하늘의 혈통을 이어받은 직계(直系)의 자녀들로써 지상천국을 이루시려 하셨다. 그러나 이미 타락론(墮落論)에서 상술한 바와 같이, 인간 시조가 천사장(天使長)과 혈연관계(血緣關係)를 맺음으로 인하여 온 인류는 사탄의 혈통을 이어받아서 모두 마귀의 자식이 되고 말았다(마 3 : 7, 마 23 : 32, 요 8 : 44). 그리하여 인간 시조는 하나님과 혈통관계가 끊어진 입장에 떨어지고 말았으니 이것이 바로 타락이다(전편 제2장 참조). 그러므로 하나님의 복귀섭리(復歸攝理)의 목적은 이와 같이 하나님과 혈통관계가 끊어진 타락인간을 복귀시켜 가지고, 하나님 직계의 혈통적 자녀로 세우시려는 데 있는 것이다.

우리는 이러한 하나님의 복귀섭리의 비밀을 성서(聖書)에서 찾아보기로 하자.

위에서 논한 바와 같이, 타락되어 살육행위(殺戮行爲)를 자행하였던 아담가정은 하나님과의 관계가 끊어졌던 것이다. 그러나 노아 때에 이르러, 그의 둘째 아들로서 아벨의 입장이었던 함은 그의 실수로 인하여 비록 하나님과 직접적인 관계를 맺는 데까지 이르지는 못하였으나, 노아가 충성을 다한 기대가 있었기 때문에 '종들의 종' (창 9 : 25)의 입장에 서게 됨으로써 하나님과 간접적인 관계를 맺을 수 있게 되었던 것이다. 이것이 바로 구약 전 시대(舊約前時代)에 있어서의 하나님과 인간과의 관계였다.

믿음의 조상 아브라함에 이르러 그는 '메시아를 위한 가정적인 기대'를 이루어서 하나님의 선민(選民)을 일으켰기 때문에, 그들은 비로소 하나님의 종의 입장으로 복귀하게 되었던 것이니(레 25 : 55), 이것이 바로 구약시대(舊約時代)에 있어서의 하나님과 인간과의 관계였다.

예수님이 오신 후, 세례 요한의 입장에서 세우신 그의 '믿음의 기대' 위에 섰던 제자들은 비로소 구약시대의 종 된 입장에서 양자(養子)의 입장으로 복귀되었었다. 그들이 하늘의 직계의 혈통적 자녀가 되기 위하여는 예수님에게 절대로 순종하여 '실체기대(實體基臺)'를 이룸으로써 '메시아를 위한 기대'를 조성하여, 그 기대 위에 선 예수님에게 영육(靈肉) 아울러 접붙임을 받아서(롬 11 : 17) 그와 일체를 이루어야 했던 것이다.

예수님은 하나님의 혈통적 직계의 원죄(原罪) 없는 독생자(獨生子)로 오셔서, 타락한 온 인류를 그에게 접붙이어 한 몸이 되게 하심으로써 그들로 하여금 원죄를 벗고 하나님 직계의 혈통적 자녀로 복귀케 하시기 위하여 오셨던 것이다. 예수님과 성신(聖神)이 인류의 참부모로서 이와 같이 타락인간을 접붙이어 원죄를 벗게 하심으로써, 하나님과 창조본연(創造本然)의 혈통적인 인연을 맺게 하시는 역사를 우리는 중생(重生)이라고 한다(전편 제7장 제4절 참조). 그러므로 예수님은 돌감람나무 된 타락인간으로 하여금 접붙이게 하시기 위하여 참감람나무의 중심으로 오셨던 분이심을 알아야 한다.

그러나 제자들마저 불신으로 돌아갔으므로, 예수님은 세례 요한의 입장에서 메시아의 입장에 서 보지도 못하고 십자가(十字架)에 돌아가셨다. 그리하여 부활(復活)하신 예수님이 영적 세례 요한의 입장에서 부활 40일 사탄 분립기간으로써 영적인 '믿음의 기대'를 세우신 후, 회개하고 돌아온 제자들의 신앙(信仰)과 충절(忠節)로 말미암아 영적인 '실체기대(實體基臺)'가 세워짐으로써 비로소 '메시아를 위한 영적인 기대'가 조성되었던 것이다. 그리하여 마침내 이 영적인 기대 위에 영적인 메시아로 서신 예수님에게 영적인 접붙임을 받음으로써 비로소 성도(聖徒)들은 영적인 자녀로서만 설 수 있게 된 것이니, 이것이 바로 예수 이후 오늘에 이르기까지의 영적 복귀섭리에 의한 하나님과 타락인간과의 관계인 것이다.

그러므로 예수님 이후의 영적 복귀섭리는 마치 하나님이 영계(靈界)를 먼저 창조하셨던 것과 같이 그러한 형의 영적 세계를 먼저 복귀하여 나오는 것이기 때문에, 우리 타락인간은 아직 영적으로만 하나님의 대상으로 설 수 있는 것이다. 따라서 아무리 잘 믿는 기독교 신도라 할지라도 육적으로 내려오는 원죄(原罪)를 청산하지 못하고 있기 때문에, 사탄의 혈통을 벗어나지 못한 점에서는 구약시대(舊約時代)의 성도들과 다름이 없는 것이다(전편 제4장 제1절 IV).

이와 같이 기독교 신도들은 하나님 앞에 혈통이 다른 자녀이기 때문에 양자(養子)가 되는 것이다. 일찍이 바울이, 성령(聖靈)의 처음 익은 열매를 받은 우리도 탄식하여 양자 되기를 기다린다고 한 이유는 실로 여기에 있었던 것이다(롬 8 : 23).

그러므로 예수님은 온 인류를 하나님의 혈통적 직계의 자녀로 복귀케 하시기 위하여 재림(再臨)하셔야 한다. 따라서 그는 초림(初臨) 때와 같이 육신을 쓰시고 지상에서 탄생하셔서 초림 때의 노정을 다시 걸으심으로써 그것을 탕감복귀(蕩減復歸)하시지 않으면 안 된다.

그러므로 위에서 이미 논술한 바와 같이, 재림 예수님은 '말씀'을 중심한 '출발을 위한 섭리'에 의하여 '메시아를 위한 기대'를 실체적으로 조성하시어, 그 기대 위에서 온 인류를 영육(靈肉) 아울러 접붙이심으로써, 그들로 하여금 원죄를 벗고 하나님의 혈통적 직계의 자녀로 복귀케 하셔야 하는 것이다.

그리하여 예수님이 초림 때에, '메시아를 위한 가정적인 기대'의 중심인물이었던 야곱의 입장을 탕감복귀하시기 위하여 3제자를 중심한 12제자를 세우심으로써 가정적인 기대를 세우셨고, 다시 70문도를 세우심으로써 그 기대를 종족적인 기대에로 넓히려 하셨던 것과 같이, 그는 재림하셔서도 그 '메시아를 위한 기대'를 실체적으로 가정적인 것에서 출발하여 종족적, 민족적, 국가적, 세계적, 천주적인 것으로 복귀하시어 그 기대 위에 천국을 이루는 데까지 나아가시지 않으면 안 되는 것이다.

하나님은 장차 예수님이 탄생하시어 천국 건설의 목적을 빨리 이루게 하시기 위하여 제1 이스라엘 선민을 세우심으로써 그 터전을 예비하셨었으나 그들이 배반함으로 인하여 기독교 신도들을 제2 이스라엘로 세우셨던 것과 같이, 만일 재림(再臨) 예수님의 천국 건설 이상을 위하여 제2 이스라엘로 세워진 기독교 신도들이 또 그를 배반하면 하나님은 부득이 그 제2 이스라엘 선민을 버리시고 새로이 제3 이스라엘 선민을 택하실 수밖에 없는 것이다. 그러므로 말세(末世)에 처한 기독교 신도들은 예수님 초림(初臨) 당시의 유대민족들과 같이 가장 행복한 환경 가운데 있으면서도 한편 가장 불행하게 될 수 있는 처지에 놓여 있다고도 볼 수 있는 것이다.

Ⅳ. 예수님의 노정이 보여 준 교훈

첫째로, 여기에서도 뜻에 대한 하나님의 예정(豫定)이 어떠한가를 보여 주셨다. 하나님은 언제나 뜻을 절대적인 것으로 예정하시고 이루시기 때문에, 세례 요한이 그 사명을 다하지 못하였을 때 메시아로 오신 예수님 자신이 그의 사명을 대신하시면서까지 기필코 그 뜻을 이루려 하셨고, 또 유대인들의 불신으로 말미암아 지상천국(地上天國)이 이루어지지 않았을 때 예수님은 재림하셔서까지 이 뜻을 절대적으로 이루려 하시는 것이다.

다음으로는, 택함받은 어느 개인이나 민족을 중심한 뜻 성사에 대한 하나님의 예정은 절대적이 아니고 상대적이라는 것을 보여 주셨다. 즉 하나님은 복귀섭리(復歸攝理)의 목적을 이루시기 위하여 어떤 인물이나 어떤 민족을 세우셨을지라도, 그들이 자기의 책임분담(責任分擔)을 완수하지 못하게 되면 반드시 새로운 사명자를 세우시어 그 일을 잇게 하셨던 것이다.

즉 예수님은 그의 수제자(首弟子)로 세례 요한을 택하셨었으나 그가 책임을 다하지 못하였기 때문에 대신으로 베드로를 택하셨고, 또 가룟 유다를 12제자의 하나로 택하셨던 것이었으나 그가 책임을 다하지 못하였을 때 그의 대신으로 맛디아를 택하셨던 것이다(행 1 : 25). 한편 복귀섭리의 목적을 이루시기 위하여 유대민족을 택하셨으나 그들이 책임을 다하지 못하게 되자 그 사명을 이방인(異邦人)들에게로 옮기셨던 것이다(행 13 : 46, 마 21 : 33~43). 이처럼 아무리 뜻 성사를 위하여 택함을 받은 존재라 할지라도, 그를 중심한 뜻의 성사는 결코 절대적인 것으로 예정하실 수는 없는 것이다.

다음으로, 하나님은 인간책임분담(人間責任分擔)에 대해서는 간섭치 않으시고 그 결과만을 보시고 주관하신다는 것을 보여 주셨다. 세례 요한이나 가룟 유다가 불신으로 돌아갈 때 하나님은 그것을 모르시지 않았을 것이며, 또 그것을 못 하게 하실 수 없는 것도 아니었으나, 그의 신앙에 대하여는 일절 간섭치 않으시고 그 결과만을 보고 주관하셨던 것이다.

다음으로, 큰 사명을 맡은 인물일수록 그에게 오는 시련도 그만큼 크다는 것을 보여 주셨다. 아담이 하나님을 불신으로 버렸기 때문에, 후아담으로 오신 예수님이 그 복귀섭리(復歸攝理)의 목적을 이루시기 위하여는 아담 대신 하나님으로부터 버림받는 입장에서 오히려 믿음을 세워 그의 타락 전 입장을 탕감복귀(蕩減復歸)하셔야 했던 것이다. 그러므로 예수님은 광야에서 사탄의 시험까지도 받으셔야 했었고, 또 십자가상(十字架上)에서 하나님의 버림을 받는 일까지 겪지 않으면 안 되었던 것이다(마 27 : 46).

제 3 장 섭리역사의 각 시대와 그 연수의 형성

제 1 절 섭리적 동시성의 시대

동시성(同時性)의 시대(時代)란 무엇인가? 인류역사의 과정을 살펴보면 비록 그 정도와 범위의 차이는 있지만, 지나간 어느 시대에 있었던 것과 흡사한 형의 역사적 과정이 뒷시대에 반복되고 있는 사실을 많이 발견할 수 있다. 사가(史家)들은 이러한 역사적인 현상을 보고 역사노정(歷史路程)은 어떠한 동형(同型)의 나선상(螺線上)을 돌고 있다고 말하고 있지만, 그 원인이 어디에 있는지를 전혀 알지 못하고 있다. 이와 같이 어떤 시대가 그 전시대(前時代)의 역사노정과 흡사한 모습으로 반복되는 경우, 그러한 시대들을 말하여 '섭리적 동시성의 시대'라고 하는 것이다. 그리고 이러한 동시성의 시대를 일러 섭리적 동시성의 시대라고 하는 이유에 대해서는 아래에서 더욱 자세히 설명하겠거니와, 이 현상이 본래 하나님의 탕감복귀섭리(蕩減復歸攝理)에 기인(基因)하고 있기 때문이다.

그러면 섭리적 동시성의 시대는 어찌하여 생기게 되는가? 우리는 복귀섭리(復歸攝理)의 목적을 이루어 나오는 과정에서 되어진 모든 사실들이 역사를 형성해 나왔다는 것을 잘 알고 있다. 그런데 복귀섭리의 목적을 이루기 위하여 '메시아를 위한 기대'를 복귀하는 섭리노정을 걸어가던 어떠한 중심인물(中心人物)이 자기의 책임분담(責任分擔)을 다하지 못할 때에는, 그 인물을 중심한 섭리의 한 시대는 끝나고 만다. 그러나 그 '뜻'에 대한 하나님의 예정(豫定)은 절대적이기 때문에(전편 제6장), 하나님은 다른 인물을 그의 대신으로 세워 '메시아를 위한 기대'를 탕감복귀(蕩減復歸)하는 새 시대를 다시 세워 나아가시는 것이다. 따라서 이 새 시대는 전시대의 역사노정을 탕감복귀하는 시대가 되기 때문에, 다시 한 번 똑같은 노정의 역사를 반복하게 되어 섭리적인 동시성의 시대는 형성되는 것이다.

그런데 복귀섭리(復歸攝理)를 담당한 인물들은 그 전 시대의 종적인 탕감조건(蕩減條件)들을 횡적으로 일시에 탕감복귀해야 되므로, 복귀섭리가 연장되어 종적인 탕감조건이 부가되어 갈수록 횡적으로 세워야 할 탕감조건도 점차로 가중되어 가는 것이다. 따라서 동시성의 시대도 점차로 그 내용과 범위를 달리하게 된다. 동시성의 시대의 형태가 완전한 상사형(相似形)을 이루지 못하는 이유는 여기에 있는 것이다.

한편 성장기간(成長期間)의 3단계를 그 형으로써 분류해 본다면 소생(蘇生)은 상징형(象徵型), 장성(長成)은 형상형(形象型), 그리고 완성(完成)은 실체형(實體型)으로 나누어지게 되므로, 복귀섭리노정(復歸攝理路程)에서 이러한 형들을 동시성으로 반복해 온 시대들도 역시 그러한 형의 역사를 재현시켜 나왔던 것이다. 즉 복귀섭리역사의 전기간을 형으로 본 동시성의 관점에서 갈라 본다면, 복귀기대섭리시대(復歸基臺攝理時代)는 상징적 동시성의 시대요, 복귀섭리시대(復歸攝理時代)는 형상적 동시성의 시대이며, 복귀섭리연장시대(復歸攝理延長時代)는 실체적 동시성의 시대인 것이다.

다음으로 우리는 동시성의 시대를 형성하는 요인(要因)이 무엇인가를 알아야 하겠다.

이처럼 동시성의 시대가 반복되는 이유는 '메시아를 위한 기대'를 복귀하려는 섭리가 반복되기 때문이다. 따라서 동시성의 시대를 형성하는 요인으로, 첫째는 '믿음의 기대'를 복귀하기 위한 세 가지의 조건을 들 수 있는 것이니, 그것은 이 기대를 위한 중심인물(中心人物)과 조건물(條件物)과 수리적(數理的)인 기간(期間) 등이다. 그리고 그 둘째는 '실체기대(實體基臺)'를 복귀하기 위한 '타락성을 벗기 위한 탕감조건'이다.

이러한 요인들로써 이루어지는 섭리적 동시성의 시대에는 아래와 같은 두 가지 성격의 것이 있다.

그 첫째는 '믿음의 기대'를 복귀하기 위한 수리적 탕감기간(蕩減期間)인 대수(代數)나 혹은 연수(年數)를 요인으로 하여 섭리적 동시성이 형성되는 것이다.

복귀섭리역사(復歸攝理歷史)는 그 섭리를 담당한 중심인물들이 책임분담(責任分擔)을 다하지 못함으로써 그 뜻이 연장됨에 따라 상실되었던 '믿음의 기대'를 끝내 반복하여 탕감복귀해 나오신 섭리역사(攝理歷史)였던 것이다. 그리하여 여기에서 필연적으로 수리적인 '믿음의 기간'을 탕감복귀하는 섭리도 반복하게 됨으로써, 결국 섭리적 동시성의 시대는 어떠한 연수나 혹은 대수의 반복에 의하여 동일한 형을 거듭 형성해 나온 것이었다. 본장의 목적은 바로 이에 관한 문제를 다루려는 데 있다.

둘째로는 '믿음의 기대'를 복귀하는 중심인물과 그 조건물, 그리고 '실체기대'를 복귀하기 위한 '타락성을 벗기 위한 탕감조건' 등의 섭리적인 사실을 요인으로 하여 동시성이 형성되는 것이다.

복귀섭리(復歸攝理)의 목적은 결국 '메시아를 위한 기대'를 복귀하려는 데 있으므로, 그 섭리가 연장됨에 따라 이 기대를 복귀하려는 섭리도 반복된다. 그런데 '메시아를 위한 기대'는 먼저 '상징헌제(象徵獻祭)'로써 '믿음의 기대'를 복귀하고 다음에 '실체헌제(實體獻祭)'로써 '실체기대(實體基臺)'를 복귀해야만 비로소 그것이 세워지는 것이다. 따라서 복귀섭리의 역사는 '상징헌제'와 '실체헌제'를 복귀하려는 섭리를 반복하여 왔기 때문에, 섭리적 동시성의 시대는 결국 이 두 헌제를 복귀하려 했던 섭리적인 사실을 중심하고 형성되는 것이다. 이에 관한 문제는 다음 장에서 상론(詳論)하기로 하겠다.

제 2 절 복귀기대섭리시대의 대수와 그 연수의 형성

Ⅰ. 복귀섭리는 왜 연장되며 또 어떻게 연장되는가

우리는 위에서, '메시아를 위한 기대'를 이루어 가지고 메시아를 맞음으로써 복귀섭리의 목적을 완성하려는 섭리가 아담으로부터 노아, 아브라함, 모세 등으로 연장되어 예수님 때까지 이르렀고, 또 유대인들의 불신으로 말미암아 예수님도 이 목적을 완전히 달성하지 못하고 돌아가셨기 때문에, 복귀섭리는 다시 그의 재림기(再臨期)까지 연장되어 나온다는 사실을 논술하였다.

그러면 복귀섭리는 왜 연장되는가? 이것은 예정론(豫定論)에 의하여서만 해결될 수 있는 문제이다. 예정론에 의하면 하나님의 뜻은 절대적인 것으로 예정하시고 이루시는 것이므로 한번 세우신 뜻은 반드시 이루셔야 하는 것이다. 그러나 어떤 인물을 중심한 그 뜻 성사(成

事)의 여부는 어디까지나 상대적이어서, 그것은 하나님의 책임분담(責任分擔)에 그 인물의 책임분담이 합해져서만 이루어지는 것이다. 따라서 그 뜻 성사의 사명을 띤 인물이 책임분담을 다하지 못함으로써 그 뜻이 이루어지지 않을 때에는, 시대를 달리하여 다른 사람을 그 대신으로 세워서라도 반드시 그 뜻을 이루시는 섭리를 하시는 것이다. 이와 같이 되어 복귀섭리는 연장되어 나아간다.

다음으로 우리는 복귀섭리(復歸攝理)는 어떻게 연장되는가 하는 것을 알아야 한다. 창조원리(創造原理)에 의하면 하나님은 3수적인 존재이시기 때문에, 그를 닮은 모든 피조물은 그 존재양상(存在樣相)이나 그 운동이나 또는 그 성장과정 등 모두가 3수 과정을 통하여 나타난다. 그러므로 사위기대(四位基臺)를 조성하여 원형운동(圓形運動)을 함으로써 창조목적을 이루는 데 있어서도, 정(正)·분(分)·합(合)의 3단계의 작용에 의하여 삼대상목적(三對象目的)을 이룸으로써 3점을 통과해야 되는 것이다. 그런데 창조목적을 복귀해 나아가는 섭리는 말씀에 의한 재창조(再創造)의 섭리이기 때문에, 이 복귀섭리가 연장됨에 있어서도 창조원리에 의하여 3단계까지 연장될 수 있는 것이다.

아담가정에서 가인 아벨의 '실체헌제(實體獻祭)'가 실패로 돌아갔기 때문에 이 뜻은 노아를 거쳐 아브라함에까지 3차로 연장되었었고, 아브라함이 '상징헌제(象徵獻祭)'에서 실수하자 그 뜻은 이삭을 거쳐 야곱에까지 연장되었으며, 또 모세나 예수님을 중심한 가나안 복귀노정도 각각 3차로 연장되었던 것이다. 그뿐 아니라 성전 건축(聖殿建築)의 이상(理想)은 사울왕의 잘못으로 인하여 다윗왕 솔로몬왕에까지 연장되었고, 또 첫 아담으로 이루어지지 않은 하나님의 창조이상(創造理想)은 후아담으로 오신 예수님을 거쳐 그의 재림기(再臨期)

까지 3차로 연장되어 가는 것이다.

우리의 격언에 '초부득삼(初不得三)'이라는 말이 있는데, 이 말은 바로 이러한 원리를 현실생활 속에서 찾아낸 것이라고 볼 수 있는 것이다.

II. 종적인 탕감조건과 횡적인 탕감복귀

복귀섭리(復歸攝理)의 뜻을 담당한 중심인물(中心人物)은, 자기가 세워질 때까지의 섭리노정(攝理路程)에 있어서 자기와 동일한 사명을 담당했던 인물들이 세우려 했던 모든 탕감조건(蕩減條件)들을 자기를 중심하고 일시에 탕감복귀(蕩減復歸)하지 않으면 그들의 사명을 계승 완수할 수 없는 것이다. 따라서 이러한 인물이 또 그 사명을 다하지 못할 때에는, 그가 세우려 했던 탕감조건들은 모두 그 다음에 그의 대신 사명자(使命者)로 오는 인물이 세워야 할 탕감조건으로 넘겨지게 되는 것이다. 이와 같이 복귀섭리노정에서 그 섭리를 담당했던 인물들이 책임을 다하지 못함으로 말미암아 역사적으로 가중되어 내려온 조건들을 종적(縱的)인 탕감조건이라 하고, 이러한 모든 조건들을 어떤 특정한 사명자를 중심하고 일시에 탕감복귀하는 것을 횡적(橫的)인 탕감복귀라고 한다.

예를 들면, 아브라함이 그 사명을 완수하기 위하여는 아담가정과 노아가정이 세우려 했던 모든 종적인 탕감조건들을 일시에 횡적으로 탕감복귀하지 않으면 아니 되었었다. 그러므로 아브라함이 3제물(三祭物)을 한 제단에 놓고 일시에 헌제(獻祭)한 것은 아담, 노아, 아브라함의 3단계로 연장되어 내려온 종적인 탕감조건들을 아브라함의 헌제를 중심하고 일시에 횡적으로 탕감복귀하기 위함이었던 것이다. 따라서 그 3제물은 일찍이 아담과 노아가 세우려다 못 세운 여러 조건들과 또 아브라함이 중심이 되어 세우려 하였던 모든 조건들을 상징하는 것이었다.

그리고 야곱은 노아로부터 그 자신에 이르는 12대(代)의 종적인 탕감조건을 일시에 횡적으로 탕감복귀(蕩減復歸)하는 조건을 세워야 했기 때문에, 12자식(子息)을 세워 12지파(支派)에로 번식시켜 나아갔었다.

마찬가지로 예수님도 역시 4천년 섭리역사노정(攝理歷史路程)에서 복귀섭리를 담당했던 수많은 선지자(先知者)들이 남겨 놓은 종적인 탕감조건(蕩減條件)들을 그 자신을 중심하고 일시에 횡적으로 탕감복귀하셔야 했던 것이다.

예를 들면, 예수님이 12제자(弟子)와 70문도(門徒)를 세우신 것은, 12자식과 70가족을 중심하고 섭리하셨던 야곱의 노정과 12지파(支派)와 70장로(長老)를 중심하고 섭리하셨던 모세노정 등의 종적인 탕감조건들을 예수님을 중심하고 일시에 횡적으로 탕감복귀하시기 위한 것이었다. 또 예수님이 40일 금식기도(禁食祈禱)를 하신 것은, 복귀섭리노정(復歸攝理路程)에서 여러 차례에 걸쳐 '믿음의 기대'를 세우는 데 필요했던 '40일 사탄 분립'의 모든 종적인 탕감조건들을 예수님을 중심하고 일시에 횡적으로 탕감복귀하시기 위함이었던 것이다.

이러한 의미에서 볼 때, 복귀섭리(復歸攝理)를 담당한 인물은 단순히 그 한 개체로서만이 아니고 그에 앞서 동일한 사명을 가지고 왔다 간 모든 선지선열(先知先烈)들의 재현체(再現體)이며, 또한 그들의 역사적인 결실체라는 것을 알 수 있다.

Ⅲ. 종으로 된 횡적인 탕감복귀

다음으로는 종(縱)으로 된 횡적(橫的)인 탕감복귀(蕩減復歸)가 무엇인가 하는 것을 알아보기로 하자.

이미 아브라함을 중심한 복귀섭리에서 상술(詳述)한 바이지만, 아브라함 때는 '메시아를 위한 가정적인 기대'를 복귀하기 위한 섭리에 있어서 제3차에 해당하는 때였다. 따라서 그때에는 기필코 그 뜻을 이루어야 할 원리적(原理的)인 조건하(條件下)에 있었기 때문에, 아브라함은 아담가정과 노아가정의 실수로 말미암아 중첩(重疊)되어 왔던 모든 종적인 탕감조건(蕩減條件)들을 일시에 횡적으로 탕감복귀하지 않으면 아니 되었던 것이다.

그러나 아브라함은 '상징헌제(象徵獻祭)'에서 실수하였기 때문에 그 사명을 다음으로 연장하지 않을 수 없게 되었었다. 거기에서 하나님은 이미 실패한 아브라함을 실패하지 않은 것과 같은 입장에 세우시고, 또 그로부터 종적으로 연장되는 복귀섭리도 연장되지 않고 횡적으로 탕감복귀한 것과 같은 자리에 세우셔야 했던 것이다. 하나님은 이러한 섭리를 하시기 위하여 이미 아브라함을 중심한 복귀섭리에서 상론한 바와 같이, 아브라함과 이삭과 야곱이 각각 그 개체는 서로 다르지만 뜻을 중심하고 보면 완전한 일체로서 탕감조건을 세우도록 섭리하셨다.

이와 같이 아브라함과 이삭과 야곱은 뜻으로 보면 완전히 일체가 되었었기 때문에 야곱의 성공은 곧 이삭의 성공이었고, 또 그것은 곧 아브라함의 성공이기도 하였던 것이다. 그렇기 때문에 아브라함을 중심한 뜻은 종적으로 이삭과 야곱으로 연장되었으나, 결국 뜻을 중심하고 보면 그것은 연장되지 않고 아브라함을 중심하고 횡적으로 탕감복귀한 것과 같이 되었던 것이다.

그러므로 아브라함, 이삭, 야곱은 뜻을 중심한 면에서는 아브라함 한 사람과 같이 보아야 하며, 따라서 그 뜻은 아브라함 1대(一代)에서 이루어진 것과 같은 입장이었던 것이다. 출애굽기 3장 6절에 하나님을 일러 아브라함의 하나님, 이삭의 하나님, 야곱의 하나님이라고 하신 것은, 이러한 견지에서 그들 3대(三代)는 일체라는 사실을 입증하는 것이라 하겠다.

이와 같이 아브라함이 그의 '상징헌제(象徵獻祭)' 실패로 말미암아 그 자신을 중심하고 횡적인 탕감조건(蕩減條件)을 세우지 못하게 되었을 때, 종적으로 이삭과 야곱의 3대로 연장해 가면서 세운 종적인 탕감조건들을 결국 아브라함을 중심하고 1대에서 횡적으로 탕감복귀한 것과 같은 입장에 세우셨기 때문에, 이것을 종(縱)으로 된 횡적 탕감복귀(橫的 蕩減復歸)라고 하는 것이다.

Ⅳ. 믿음의 기대를 복귀하기 위한 수리적인 탕감기간

우리는 이미 후편 서론(緖論)에서, 믿음을 세우는 중심인물(中心人物)이 '믿음의 기대'를 복귀하려면 그를 위한 수리적인 탕감기간(蕩減期間)을 복귀해야 된다는 것을 논술한 바 있는데, 이제 그 이유를 알아보기로 하자.

하나님은 수리적(數理的)으로도 존재하는 분이시다. 그러므로 인간을 중심한 피조세계(被造世界)는 무형의 주체로 계시는 하나님의 이성성상(二性性相)의 수리적인 전개에 의한 실체대상(實體對象)인 것이다. 그리고 피조물(被造物)의 평면적인 원리를 찾아 나아가는 과학의 발달이 수리적인 연구에 의하여서만 가능한 것도 여기에 그 원인이 있는 것이다. 이와 같이 창조된 인간 시조는 수리적인 성장기간(成長期間)을 거친 후에야 '믿음의 기대'를 세워 가지고 수리적인 완성실체(完成實體)가 되게 되어 있었던 것이다.

이러한 피조세계(被造世界)가 사탄의 주관권으로 떨어졌기 때문에 이것을 복귀하기 위하여는 그것을 상징하는 어떠한 조건물(條件物)을 세워 놓고, 사탄의 침범을 당한 수를 복귀하는 수리적(數理的)인 탕감기간(蕩減期間)을 세움으로써 '믿음의 기대'를 탕감복귀하지 않으면 아니 되는 것이다.

그러면 원래 타락 전 인간 시조(始祖)는 어떠한 수에 의한 '믿음의 기대'를 세워서 어떠한 수리적인 완성실체가 되었어야 했던가?

창조원리(創造原理)에 의하면, 무릇 모든 존재물 가운데 사위기대(四位基臺)를 조성하지 않고 존재할 수 있는 것은 하나도 없다. 따라서 미완성기에 있었던 아담과 해와도 사위기대 조성에 의하여 존재하였던 것이다. 그리하여 이 사위기대는 그 각 위(位)가 각각 성장기간의 3단계를 거치어 도합 12수의 수리적인 성장기간을 완성함으로써, 12대상 목적을 이루게 되는 것이다.

따라서 아담이 '믿음의 기대'를 세우는 기간이었던 성장기간은 바로 12수 완성기간인 것이다. 그러므로 첫째로, 미완성기에 있었던 인간 시조는 12수에 의한 '믿음의 기대'를 세워 가지고, 12대상 목적을 완성함으로써 12수 완성실체가 되어야 했던 것이다. 그러나 그들이 타락됨으로 인하여 이것이 사탄의 침범을 당하였기 때문에, 복귀섭리역사노정(復歸攝理歷史路程)에 있어서 이것을 탕감복귀하는 중심인물은 12수를 복귀하는 탕감기간을 세움으로써 '믿음의 기대'를 탕감복귀하지 않으면 12수 완성실체의 복귀를 위한 '실체기대(實體基臺)'를 조성할 수 없게 되었다.

예를 들면, 노아가 방주(方舟)를 짓는 기간 120년, 모세를 중심한 가나안 복귀섭리기간 120년, 아브라함이 소명(召命)된 후 야곱이 에서에게서 장자(長子)의 기업(基業)을 복귀할 수 있는 탕감조건(蕩減條件)을 세울 때까지의 120년, 또 이 기간을 탕감복귀하기 위한 구약시대(舊約時代)에 있어서의 통일왕국시대(統一王國時代) 120년과 신약시대(新約時代)에 있어서의 기독왕국시대(基督王國時代) 120년 등은 모두 이 12수를 복귀하기 위한 탕감기간이었던 것이다.

다음으로 타락 전 미완성기의 아담과 해와는 성장기간의 3단계를 거쳐 제4단계인 하나님의 직접주관권 내(直接主管圈內)에 들어감으로써 비로소 사위기대(四位基臺)를 완성하게 되어 있었다. 따라서 그들이 '믿음의 기대'를 세워 나아가던 성장기간은 4수 완성기간이기도 하다. 그러므로 둘째로, 미완성기에 있었던 인간 시조는 4수에 의한 '믿음의 기대'를 세워 가지고 사위기대를 완성함으로써 4수 완성실체가 되어야 했던 것이다. 그러나 그들이 타락됨으로 인하여 이것 또한 사탄의 침범을 당하였기 때문에, 복귀섭리역사노정(復歸攝理歷史路程)에 있어서 이것을 탕감복귀하는 중심인물(中心人物)은 4수를 복귀하는 탕감기간을 세움으로써 '믿음의 기대'를 탕감복귀하지 않으면 4수 완성실체의 복귀를 위한 '실체기대'를 조성할 수 없게 되었다.

이미 후편 제1장 제2절 I의 2에서 상세히 논술한 바, 노아의 방주를 중심한 심판 40일을 비롯한 모세의 금식 40일, 가나안 정탐기간(偵探期間) 40일, 예수님의 금식(禁食) 40일과 부활(復活) 40일 등은 모두 이 '믿음의 기대'를 복귀하기 위한 4수 복귀의 탕감기간(蕩減期間)이었던 것이다.

그리고 또 성장기간(成長期間)은 21수 완성기간이기도 하다. 그러므로 셋째로, 미완성기에 있었던 인간 시조는 21수에 의한 '믿음의 기대'를 세워 가지고 창조목적(創造目的)을 완성함으로써 21수 완성 실체가 되어야 했던 것이다. 그러나 그들이 타락됨으로 인하여 이것 또한 사탄의 침범을 당하였기 때문에, 복귀섭리역사노정(復歸攝理歷史路程)에 있어서 이것을 탕감복귀(蕩減復歸)하는 중심인물은 21수를 복귀하는 탕감기간을 세움으로써 '믿음의 기대'를 탕감복귀하지 않으면 21수 완성실체의 복귀를 위한 '실체기대(實體基臺)'를 조성할 수 없게 되었다.

그러면 어찌하여 성장기간(成長期間)이 21수 완성기간이 되는가 하는 것을 알아보기로 하자.

21수의 뜻을 알려면 먼저 3수와 4수와 7수에 대한 원리적인 뜻을 알아야 한다. 이성성상(二性性相)의 중화적 주체(中和的 主體)이신 하나님은 3수적인 존재이시다. 그리고 피조물(被造物)의 완성은 곧 하나님과 일체를 이루어 사위기대(四位基臺)를 조성하는 것을 의미하는 것이므로, 인간의 개체가 완성되려면 하나님을 중심하고 마음과 몸이 삼위일체(三位一體)를 이루어 사위기대를 조성해야 하고, 부부로서 완성되려면 하나님을 중심하고 남성과 여성이 삼위일체를 이루어 사위기대를 조성해야 하며, 또 피조세계(被造世界)가 완성되려면 하나님을 중심하고 인간과 만물세계가 삼위일체를 이루어 사위기대를 조성해야 하는 것이다. 그리고 피조물이 이와 같이 하나님을 중심하고 일체를 이루어 사위기대를 조성하기 위하여는 성장기의 3기간을 거쳐서 삼대상목적(三對象目的)을 완성해야 하는 것이다. 이러한 이유로써 3수를 하늘수 또는 완성수라고 부른다.

이렇듯 어떠한 주체(主體)와 대상(對象)이 하나님을 중심하고 합성일체화(合性一體化)하여 삼위일체를 이룰 때에, 그 개성체는 사위기대(四位基臺)를 조성하여 동서남북의 4방성을 갖춘 피조물(被造物)로서의 위치를 결정하게 된다. 이러한 의미에서 4수를 땅수라고 부르는 것이다.

이와 같이 피조물이 3단계의 성장과정을 거쳐서 사위기대를 조성하여 시간성과 공간성을 가진 존재로서 완성되면, 하늘수와 땅수를 합한 7수 완성의 실체가 된다. 천지창조(天地創造)의 전기간이 7일이 된 원인도 여기에 있다. 그리고 창조의 전기간을 한 기간으로 볼 때에는 7수 완성기간이 되기 때문에, 무엇이든지 완성되는 한 기간을 7수 완성기간으로 볼 수 있는 것이다. 그러므로 성장기간(成長期間)을 형성하는 3기간을 각각 소생단계(蘇生段階)가 완성되는 한 기간, 장성단계(長成段階)가 완성되는 한 기간, 완성단계(完成段階)가 완성되는 한 기간으로 본다면, 그 기간들도 역시 각각 7수 완성기간이 되므로 전성장기간(全成長期間)은 21수의 완성기간이기도 하다는 것을 알 수 있다.

이제 '믿음의 기대'를 위한 중심인물(中心人物)들이 세웠던 21수 탕감기간(蕩減期間)의 예를 들면, 노아 홍수(洪水)의 기간에 하나님이 3단계의 섭리를 예시(豫示)하시기 위하여 노아로 하여금 3차에 걸쳐 비둘기를 내보내게 하셨는데, 그 간격을 각각 7일간으로 하심으로써 뜻으로 본 그 전기간은 21일간이 되었던 것이다(창 7 : 4, 창 8 : 10, 창 8 : 12). 그리고 야곱이 가정적 가나안 복귀노정을 세우기 위하여 하란으로 갔다가 다시 가나안으로 돌아오는 섭리의 기간을 세울 때에도 역시 7년씩 3차에 걸친 21년을 요하였던 것이다. 나아가 야곱의 이러한 21년을 탕감복귀하는 기간으로서 구약시대(舊約時代)에는 이스라엘 민족의 바빌론 포로(捕虜) 및 귀환기간(歸還期間) 210년이 있었고, 신약시대(新約時代)에는 교황 포로 및 귀환기간

210년이 있었던 것이다.

성장기간(成長期間)은 또한 40수 완성기간이기도 하다. 그러므로 넷째로, 타락 전 미완성기에 있었던 인간 시조는 40수에 의한 '믿음의 기대'를 세워 가지고 창조목적(創造目的)을 완성함으로써 40수 완성실체가 되어야 했던 것이다. 그러나 그들이 타락됨으로 인하여 이것이 사탄의 침범을 당하였기 때문에, 복귀섭리역사노정(復歸攝理歷史路程)에 있어서 이것을 탕감복귀(蕩減復歸)하는 중심인물은 40수를 복귀하는 탕감기간(蕩減期間)을 세움으로써 '믿음의 기대'를 탕감복귀하지 않으면 40수 완성실체의 복귀를 위한 '실체기대(實體基臺)'를 조성할 수 없게 되었다.

그러면 어찌하여 성장기간(成長期間)이 40수 완성기간이 되는가를 알아보자.

이것을 알기 위하여는 먼저 10수에 대한 의의를 알아야 한다. 성장기간 3단계의 각 기간이 다시 각각 3단계로 구분되면 모두 9단계가 된다. 9수의 원리적 근거는 여기에 있는 것이다. 그런데 하나님의 무형(無形)의 이성성상(二性性相)의 수리적 전개에 의하여 그 실체대상(實體對象)으로 분립된 피조물은, 성장기간의 9단계를 지나서 제 10단계인 하나님의 직접주관권(直接主管圈)으로 돌아가 그와 일체를 이룰 때 비로소 창조목적을 완성하게 된다. 그러므로 우리는 10수를 귀일수(歸一數)라고 한다. 하나님이 아담 이후 10대 만에 노아를 찾아 세우셨던 것은, 아담을 중심하고 이루시려다가 못 이루신 뜻을 노아를 중심하고 복귀하여 하나님에게로 재귀일(再歸一)하게 하시기 위한 10수 복귀의 탕감기간을 세우시기 위함이었던 것이다.

그런데 아담과 해와를 중심한 사위기대(四位基臺)는, 그 각 위(位)가 각각 성장기간의 10단계를 거치어 도합 40수의 수리적인 성장기간을 완성함으로써 40수 완성실체기대가 되는 것이다. 그러므로 성장기간은 40수 완성기간이기도 한 것이다.

이제 복귀섭리(復歸攝理)의 역사노정에서 이 기대를 복귀하기 위하여 세워졌던 40수 탕감기간의 예를 들어 보면, 노아 때에 방주(方舟)가 아라랏산에 머문 후 비둘기를 내보낼 때까지의 40일 기간, 모세의 바로궁중 40년, 미디안광야 40년, 민족적 가나안 복귀의 광야(曠野) 40년 등이 그것이다.

여기에서 우리는 탕감복귀섭리노정(蕩減復歸攝理路程)에 있어서의 40수는 두 가지의 성격을 가지고 있는 것을 알게 된다. 하나는 타락인간(墮落人間)이 4수를 탕감복귀할 때 귀일수(歸一數)인 10수가 승(乘)해져서 된 40수이고, 또 하나는 바로 위에서 논술한 바 타락 전 아담이 세워야 했던 것을 탕감복귀하기 위한 40수이다.

그런데 민족적 가나안 복귀의 광야 40년은 모세의 바로궁중 40년과 미디안광야 40년을 탕감복귀(蕩減復歸)하는 기간인 동시에 정탐(偵探) 40일, 따라서 모세의 금식(禁食) 40일을 탕감복귀하는 기간이기도 하다. 따라서 이 40년 기간은 위에서 논한 바 서로 성격을 달리한 두 40수를 동시에 탕감복귀하는 것이 된다. 이것은 복귀섭리역사노정(復歸攝理歷史路程)에 있어서의 '믿음의 기대'를 세우는 중심인물이 모든 종적인 탕감조건들을 동시에 횡적으로 탕감복귀하는 데서 일어나는 현상인 것이다.

그리고 이 40수를 탕감복귀하는 섭리가 연장될 때에는 그것이 10단계 원칙에 의한 탕감기간(蕩減期間)을 거쳐야 하기 때문에, 40수는 10배수 배가원칙(倍加原則)에 따라 400수 또는 4000수로 연장되는 것이다. 이에 대한 예를 들면, 노아로부터 아브라함까지의 400년, 애급 고역(埃及苦役) 400년, 아담으로부터 예수님까지의 4000년 등이 그것이다.

우리는 이제 위에서 논술한 바에 의하여, 복귀섭리(復歸攝理)의 중심인물(中心人物)이 '믿음의 기대'를 복귀하기 위하여는 어떠한 수리적(數理的)인 탕감기간(蕩減期間)들을 세워야 하는가를 종합해 보기로 하자.

원래 인간 시조(始祖)가 타락하지 않고 12수, 4수, 21수, 40수 등에 의한 '믿음의 기대'를 세워서 창조목적(創造目的)을 완성함으로써 이러한 수들의 완성실체가 되어야 했던 것이다. 그러나 그들이 타락됨으로 인하여 이 모든 것들이 사탄의 침범을 당하였기 때문에, 복귀섭리역사노정(復歸攝理歷史路程)에 있어서 이것들을 탕감복귀하는 중심인물은 12수, 4수, 21수, 40수 등을 복귀하는 수리적인 탕감기간을 세우지 않으면 '믿음의 기대'를 복귀하여 이러한 수들의 완성실체 복귀를 위한 '실체기대(實體基臺)'를 조성할 수 없게 되었다.

V. 대수를 중심한 동시성의 시대

하나님은 아담으로부터 10대 1600년 만에 노아를 택하시어 '믿음의 기대'를 복귀하기 위한 중심인물로 세우셨다. 우리는 여기에서 1600년과 10대는 어떠한 수를 복귀하는 탕감기간으로서의 의의를 가지고 있는가를 알아야 하겠다.

우리는 바로 위에서 10수는 귀일수(歸一數)라는 것과 성장기간(成長期間)은 이 10수 완성기간이기도 하다는 것을 논하였다. 그러므로 인간 시조는 이 10수 완성기간을 그 자신의 책임분담(責任分擔) 수행에 의하여 통과함으로써 10수 완성실체가 되어야 했던 것이다. 그러나 그들의 타락으로 말미암아 이 모든 것들이 사탄의 침범을 당하였기 때문에, 이것들을 탕감복귀(蕩減復歸)하기 위한 중심인물을 찾아 세워 가지고 하나님에게 재귀일(再歸一)시키는 10수 완성실체의 복귀섭리(復歸攝理)를 하기 위하여는, 그 중심인물로 하여금 10수를 복귀하는 탕감기간을 세우게 하시지 않으면 안 된다. 하나님은 이러한 10수 복귀의 탕감기간을 세우게 하시기 위하여, 아담으로부터 10대 만에 노아를 부르시어 복귀섭리의 중심인물로 세우셨던 것이다.

우리는 또 인간 시조가 40수 완성의 성장기간을 다 거쳐야만 40수 완성실체가 될 수 있었다는 것도 바로 위에서 논술하였다. 그런데 타락인간은 탕감복귀를 위한 사위기대(四位基臺)를 조성하여, 아담이 타락하지 않고 세워야 했던 40수를 복귀하는 탕감기간을 세우지 않으면, 40수 완성실체의 복귀를 위한 중심인물로 세워질 수 없는 것이다. 따라서 사위기대의 각 위가 40수를 복귀하는 탕감기간을 세워야 하기 때문에 그것들은 모두 160수를 복귀하는 탕감기간이 되어야 하고, 이것을 귀일수로서의 10대에 걸쳐서 세워야 하기 때문에 그것들은 모두 1600수를 복귀하는 탕감기간이 되어야 한다. 하나님이 아담으로부터 10대 1600년 만에 노아를 택하셨던 것은 타락인간이 바로 이러한 1600수를 복귀하는 탕감기간을 세워야 했기 때문이었다.

하나님은 노아가정을 중심한 복귀섭리가 실패로 돌아간 후 10대 400년 만에 다시 아브라함을 택하시어 복귀섭리의 중심인물(中心人物)로 세우셨다. 따라서 노아로부터 아브라함까지의 시대는 아담으로부터 노아까지의 시대를 대수(代數)를 중심하고 탕감복귀하는 동시성의 시대였다.

이 시대가 어찌하여 400년이 되었는가 하는 것은 이미 후편 제1장 제3절의 Ⅰ에서 논술하였다. 하나님이 노아로 하여금 40일 심판기간(審判期間)을 세우게 하셨던 것은 10대와 1600년에 의한 수리적인 탕감복귀의 전목적(全目的)을 성취하시기 위함이었던 것이다. 그런데 함의 실수로 인하여 이 40일 심판기간이 또다시 사탄의 침범을 당하였기 때문에, 하나님은 복귀섭리를 담당한 중심인물로 하여금 또 이것을 복귀하는 탕감기간(蕩減期間)을 세우게 하시지 않으면 안 되었다. 그런데 하나님이 아담 이후 각 대(代)마다 160수 복귀를 위한 탕감기간을 세우는 섭리를 하시어 이것이 노아 때까지 10대를 계속하여 내려오게 되었던 것과 같이, 그와 동시성의 시대인 노아로부터 아브라함에 이르기까지의 10대도 각 대를 심판 40수를 복귀하는 탕감기간으로써 세워 나아가지 않으면 안 되었다.

그런데 1대의 탕감기간을 40일로써 세울 수는 없는 것이기 때문에, 이스라엘 민족이 정탐(偵探) 40일의 실수를 광야 표류(曠野漂流) 40년 기간으로써 탕감복귀하였던 것과 같은(민 14 : 34) 탕감법칙(蕩減法則)에 의하여 심판 40일의 실수를 40년 기간으로써 탕감하시기 위하여 하나님은 40년으로써 1대의 탕감기간으로 세우게 하셨던 것이다. 이와 같이 1대를 40년 탕감기간으로써 세우게 하시는 섭리가 10대에 걸치게 되었기 때문에, 그 전탕감기간(全蕩減期間)은 400년을 요할 수밖에 없었던 것이다.

VI. 종으로 된 횡적 탕감복귀섭리시대

위에서 이미 밝혀진 바와 같이 복귀섭리(復歸攝理)를 담당한 중심인물은 종적인 탕감조건을 모두 횡적으로 탕감복귀해야 되기 때문에, 섭리역사가 연장될수록 복귀섭리를 담당하는 후대(後代)의 인물이 세워야 할 횡적인 탕감조건은 점점 가중되어 가는 것이다.

그런데 아담가정을 중심한 복귀섭리에 있어서는 복귀섭리를 처음으로 시작하던 때였으므로 종적인 탕감조건은 아직 생기지 않았었다. 따라서 아담가정을 중심한 복귀섭리에 있어서는 가인과 아벨이 '상징헌제(象徵獻祭)'를 하는 것과 가인이 아벨에게 순종굴복(順從屈伏)하여 '타락성을 벗기 위한 탕감조건'을 세워서 '실체헌제(實體獻祭)'를 하는 것으로써 단순하게 '메시아를 위한 기대'를 조성하는 데까지 나아갈 수 있었던 것이다. 따라서 '믿음의 기대'를 복귀하기 위한 수리적인 탕감기간도 그들이 상징과 실체의 두 헌제를 하는 기간으로써 탕감복귀할 수 있었다.

그러므로 아담 이후의 믿음을 세우는 중심인물들이 '믿음의 기대'를 복귀하기 위하여 바로 위에서 논한 바 12, 4, 21, 40 등의 각 수를 복귀하는 수리적인 탕감기간을 세우지 않을 수 없게 되었던 것은, 아담가정의 헌제(獻祭) 실패로 말미암아 복귀섭리(復歸攝理)의 기간이 연장됨으로써 그 수리적인 탕감기간들이 종적인 탕감조건으로 남아졌기 때문이다. 따라서 노아는 그 탕감조건(蕩減條件)을 횡적으로 탕감복귀해야 될 입장이었기 때문에, 그는 '믿음의 기대'를 복귀하기 위한 수리적인 탕감기간들로서 방주(方舟) 짓는 기간 120년, 홍수심판(洪水審判) 기간 40일, 비둘기를 3차 내보내기 위하여 세웠던 7일씩 3차를 합한 21일 기간(창 7 : 4, 창 8 : 10, 창 8 : 12), 방주가 아라랏산에 머문 후 비둘기를 내보낼 때까지의 40일 기간 등을 찾아 세워야 했던 것이다(창 8 : 6).

함의 실수로 말미암아 노아가 찾아 세웠던 이러한 수리적인 탕감기간들은 다시 사탄의 침범을 당하게 되어, 그것들은 다시 종적(縱的)인 탕감조건으로 남아지게 되었기 때문에 아브라함은 그 기간들을 다시 '상징헌제'로써 일시에 횡적(橫的)으로 탕감복귀(蕩減復歸)하지 않으면 아니 되었던 것이다. 그러나 아브라함도 역시 '상징헌제'에 실패하였기 때문에, 그 기간들을 탕감복귀하지 못하였었다. 그러므로 이 기간들을 다시 종으로 된 횡적 탕감기간으로써 복귀하기 위하여 뜻성사를 이삭과 야곱에로 연장시켜 가면서 12, 4, 21, 40의 각 수에 해당하는 탕감기간들을 다시 찾아 세우지 않으면 아니 되었던 것이다.

아브라함을 중심한 복귀섭리(復歸攝理)에 있어서, 그가 하란에서 떠난 후 야곱이 떡과 팥죽으로써 에서로부터 장자(長子)의 기업(基業)을 빼앗을 때까지의 120년, 그리고 그때로부터 야곱이 이삭에게 장자 기업의 축복을 받고 하란으로 가는 도중에 하나님의 축복을 받을 때(창 28 : 10~14)까지의 40년, 또 그때로부터 하란에서의 고역(苦役)을 마치고 처자(妻子)와 재물(財物)을 취해 가지고 가나안으로 돌아올 때까지의 21년(창 31 : 41), 야곱이 가나안으로 돌아온 후 팔려간 요셉을 찾아서 애급(埃及)으로 들어갈 때까지의 40년 등은 모두 '믿음의 기대'를 복귀하기 위한 종으로 된 횡적 탕감기간들이었다. 이와 같이 되어 종으로 된 횡적 탕감복귀 기간의 연수(年數)가 결정되었던 것이다.

제 3 절 **복귀섭리시대를 형성하는 각 시대와 그의 연수**

복귀섭리시대(復歸攝理時代)는 상징적 동시성(象徵的 同時性)의 시대인 복귀기대섭리시대(復歸基臺攝理時代)를 형상적(形象的)인 동시성으로 탕감복귀하는 시대이다. 이제 이 시대를 형성한 각 시대와 그 연수(年數)가 어떻게 이루어졌는가 하는 것을 알아보기로 하자.

Ⅰ. 애급고역시대 400년

노아는 심판(審判) 40일의 '사탄 분립기대' 위에서 '믿음의 기대'를 조성하였던 것인데 함의 실수로 그것이 무너지자, 하나님은 다시 아브라함을 그와 같은 입장에 세우시기 위하여 400년을 탕감복귀(蕩減復歸)한 기대 위에서 그로 하여금 '상징헌제(象徵獻祭)'를 하도록 명하셨던 것이다. 그러나 아브라함의 헌제 실수로 말미암아 그 기대는 다시 사탄의 침범을 당하게 되었던 것이다. 이와 같이 되어 하나님은 사탄에게 내준 그 400년의 기대를 다시 찾아 세우시기 위하여, 이스라엘 민족으로 하여금 사탄을 재분립(再分立)하는 애급고역 400년을 치르게 하셨던 것이니(창 15 : 13), 이 시대를 애급고역시대(埃及苦役時代)라고 한다(후편 제1장 제3절 Ⅰ). 이 시대는 상징적(象徵的)인 동시성(同時性)의 시대 중 아담으로부터 노아까지의 1600년을 형상적(形象的)인 동시성으로 탕감복귀하는 시대였다.

Ⅱ. 사사시대 400년

열왕기상 6장 1절에 이스라엘 자손이 애굽 땅에서 나온 지 사백팔십년이요 솔로몬이 이스라엘 왕이 된 지 사년 시브월 곧 이월에 솔로몬이 여호와를 위하여 전 건축하기를 시작하였더라고 하신 말씀이 있다. 여기에서 사울왕의 재위 40년과 다윗왕의 재위 40년을 지난 후 솔로몬왕 4년이 바로 이스라엘 자손들이 애급(埃及) 땅에서 나온 지 480년이라고 한 것을 보면, 이스라엘 민족이 애급에서 가나안으로 돌아온 이후 사울왕이 즉위할 때까지는 약 400년 기간이었음을 알 수 있다. 이 기간을 사사시대(士師時代)라고 한다.

모세를 중심한 이스라엘 민족은, 노아로부터의 400년 '사탄 분립기대' 위에 세워졌던 아브라함의 입장을 민족적으로 복귀하기 위하여 애급고역(埃及苦役) 400년의 '사탄 분립기대' 위에 섰어야 했던 것이다. 그러나 모세 대신 여호수아를 중심하고 가나안으로 돌아온 이스라엘의 불신으로 인하여 이 기대는 또다시 사탄의 침범을 당하게 되었었다. 이와 같이 되어 이스라엘 민족에게는 사탄에게 잃어버린 이 애급고역 400년 기대를 재탕감복귀(再蕩減復歸)하기 위한 사탄 재분립기간(再分立期間)이 있어야 했던 것이다. 이러한 기간으로 다시 세워진 것이 이스라엘 민족이 애급에서 가나안으로 돌아온 후로부터 사울왕이 즉위할 때까지의 사사시대 400년이었던 것이다.

그리고 이 시대는 상징적인 동시성의 시대 중 노아로부터 아브라함까지의 400년을 형상적인 동시성으로 탕감복귀하는 시대였다.

Ⅲ. 통일왕국시대 120년

복귀기대섭리시대(復歸基臺攝理時代)를 탕감복귀하기 위하여 복귀섭리시대(復歸攝理時代)가 있게 되었으므로 이 섭리노정(攝理路程)을 출발한 아브라함은 아담의 입장이었고, 모세는 노아의 입장이었으며, 사울왕은 아브라함의 입장이었던 것이다. 왜냐하면 아브라함은 복귀기대섭리시대의 종결자(終結者)인 동시에 복귀섭리시대의 출발자(出發者)였기 때문이다. 그러므로 아브라함은 '메시아를 위한 가정적인 기대'를 세운 후에, 그 기대 위에서 '메시아를 위한 민족적인 기대'를 세워야 했었다. 그리하여 아브라함 때는 하나님이 '메시아를 위한 가정적인 기대'를 이루려 하시기 제3차로서 그때에는 그것을 기필코 이루셔야 했던 것과 같이, '메시아를 위한 민족적인 기대'를 이루시려던 섭리도 역시 사울왕 때가 그 제3차로서 그때에는 기필코 그것을 이루셔야 했었다.

그런데 아브라함은 노아 때에 세워졌던 '믿음의 기대'를 복귀하기 위한 수리적(數理的)인 탕감기간(蕩減期間)인 120년, 40일, 21일, 40일 등을 '상징헌제(象徵獻祭)'를 중심하고 횡적으로 탕감복귀(蕩減復歸)하려다가 실수하여 이 뜻을 이루지 못하였다. 여기에서 아브라함은 이것들을 종으로 된 횡적 탕감기간으로 복귀하기 위하여 120년, 40년, 21년, 40년으로 다시 찾아 세웠던 것이다. 이와 마찬가지로 아브라함의 입장을 민족적으로 탕감복귀한 사울왕도 역시 아브라함 때와 같이, 모세 때의 '믿음의 기대'를 복귀하기 위한 수리적인 탕감기간인 120년(모세의 40년씩 3차의 생애), 40일(금식기간), 21일(제1차 민족적 가나안 복귀기간), 40년(민족적 가나안 복귀의 광야기간) 등을 성전(聖殿)을 지음으로써 그를 중심하고 횡적으로 탕감복귀하려 하였다. 그러나 사울왕도 역시 불신으로 돌아갔기 때문에(삼상 15 : 11~23) 이 뜻을 이루지 못하고, 아브라함 때와 같이 이것들을 종으로 된 횡적 탕감기간으로 복귀하기 위하여 통일왕국시대(統一王國時代) 120년, 남북왕조분립시대(南北王朝分立時代) 400년, 이스라엘 민족 포로(捕虜) 및 귀환시대(歸還時代) 210년, 메시아 강림준비시대(降臨準備時代) 400년을 찾아 세워 가지고 마침내 메시아를 맞이하기에 이르렀던 것이다.

그러므로 통일왕국시대는 모세가 민족적 가나안 복귀를 위하여 3차에 걸쳐서 '믿음의 기대'를 세웠던 120년을 탕감복귀하는 기간이었다. 이것을 좀더 구체적으로 알아보자.

모세를 중심한 이스라엘 민족이 애급고역(埃及苦役) 400년의 '사탄 분립기대' 위에 선 후에, 모세는 바로궁중 40년으로 '믿음의 기대'

를 세워 가지고 이스라엘 선민을 인도하여 가나안으로 들어가서 성전(聖殿)을 건축하려 하였었다. 그러나 이스라엘의 불신으로 말미암아 이 노정은 모세의 미디안광야 40년, 광야 표류기간(曠野漂流期間) 40년으로 연장되었던 것이다. 이와 마찬가지로 이스라엘 민족이 사사시대(士師時代) 400년으로써 애급고역(埃及苦役) 400년을 탕감복귀한 기대 위에 선 후, 사울이 유대민족의 첫 왕으로 즉위하여 그의 재위 40년으로 모세의 바로궁중 40년을 탕감복귀함으로써 '믿음의 기대'를 세워 가지고 성전을 건축해야 되었던 것이다. 그러나 사울왕이 불신으로 돌아감으로 말미암아(삼상 15 : 11~23) 모세 때와 같이 성전 건축의 뜻은 다윗왕 40년, 솔로몬왕 40년으로 연장되어 통일왕국시대(統一王國時代) 120년을 이루게 되었던 것이다.

그리고 이 시대는 상징적 동시성의 시대 중 아브라함이 하란을 떠난 후 야곱이 에서에게서 장자(長子)의 기업(基業)을 빼앗을 때까지의 120년을 형상적인 동시성으로 탕감복귀하는 시대였다. 따라서 마치 아브라함의 뜻이 이삭을 거쳐 야곱 때에 이루어졌던 것과 같이, 사울왕의 성전이상(聖殿理想)도 다윗왕을 거쳐 솔로몬왕 때에야 이루어졌던 것이다.

Ⅳ. 남북왕조분립시대 400년

사울왕은 그의 40년 재위기간(在位期間)에 성전 건축의 이상(理想)을 이룸으로써 말씀(석판) 복귀를 위한 모세의 금식 40일 기간을 횡적으로 탕감복귀하려 하였었다. 그러나 그가 불신으로 돌아갔기 때문에 이 기간을 다시 종으로 된 횡적 탕감기간(橫的 蕩減期間)으로 복귀해야 하였던 것이니, 그것이 바로 통일왕국시대가 북조(北朝) 이스라엘과 남조(南朝) 유대로 분립된 후 유대민족이 바빌론에 포로로 잡혀 갈 때까지의 400년 남북왕조분립시대(南北王朝分立時代)였던 것이다.

이 시대는 상징적 동시성(象徵的 同時性)의 시대 중 야곱이 에서로부터 떡과 팥죽으로 장자의 기업을 빼앗는 조건을 세운 후, 다시 이삭의 축복(祝福)과 하나님의 축복을 받아 가지고(창 28 : 13) 하란으로 들어갈 때까지의 40년 간을 형상적(形象的)인 동시성으로 탕감복귀(蕩減復歸)하는 시대였다.

V. 유대민족 포로 및 귀환시대 210년

북조 이스라엘이 그들의 불신으로 인하여 앗시리아에 포로(捕虜)되어 간 후, 남조 유대도 역시 불신으로 돌아갔기 때문에 바빌로니아 왕 느부갓네살에게 포로 되어 갔다. 이때부터 그들은 바빌론에서 70년 간 포로 되어 있다가 바빌론이 페르시아에게 망한 후 페르시아 왕 고레스의 조서(詔書)에 의하여 마침내 해방되었다. 유대민족은 그 후 오랜 기간을 두고 예루살렘으로 귀환하였는데, 느헤미야가 남은 유대인들을 영솔(領率)하고 환국(還國)하여 성벽을 재건한 후 그들은 선지자(先知者) 말라기를 중심하고 그의 예언에 의하여 (말 4 : 5) 메시아를 맞기 위한 준비기로 들어갔다. 이때가 그들이 바빌론에 포로된 때로부터 210년이요, 해방되기 시작하고서부터 약 140년 된 때였다. 이 시대를 통틀어 유대민족 포로 및 귀환시대라고 한다.

사울왕은 성전이상(聖殿理想)을 이룸으로써, 모세가 제1차로 이스라엘 민족을 인도하여 가지고 가나안 복귀를 하려 했던 21일 기간을 횡적으로 탕감복귀하려 하였다. 그런데 사울왕은 그의 불신으로 말미암아 이에 실패하였으므로, 다시 이 기간을 종으로 된 횡적 탕감기간(橫的 蕩減期間)으로 복귀하기 위하여 찾아 세운 것이 유대민족 포로 및 귀환시대의 210년이었던 것이다.

그리고 이 시대는 상징적 동시성의 시대 중 야곱이 이삭으로부터 장자 기업(長子基業)에 대한 축복을 받은 후, 그를 죽이려 했던 에서를 피하여 하란으로 가서 사탄편 인물인 라반의 요구에 의하여 레아를 맞이하기 위한 7년 간과 라헬을 취하기 위한 7년 간, 그리고 재물을 취해 가지고 가나안으로 돌아온 해까지의 7년 간을 합한 21년 간(창 31 : 41)을 형상적인 동시성으로 탕감복귀하는 시대였던 것이다.

VI. 메시아 강림준비시대 400년

유대민족이 바빌론에서 해방되어 가나안으로 귀향한 후 성전과 성벽을 재건하고 선지자 말라기의 예언에 의하여 메시아를 맞이할 민족으로 선 때부터 예수님이 탄생하실 때까지의 400년 기간을 메시아 강림준비시대(降臨準備時代)라고 한다.

사울왕은 그의 성전이상(聖殿理想)을 이룸으로써, 모세를 중심한 이스라엘 민족이 제3차 가나안 복귀노정(復歸路程)에서 소비한 광야 40년 기간을 횡적으로 탕감복귀하려 했던 것이다. 그러나 사울왕의 불신으로 말미암아 이것이 실패로 돌아갔으므로, 다시 이 기간을 종으로 된 횡적인 탕감기간으로 복귀하기 위하여 찾아 세운 것이 메시아 강림준비시대의 400년 기간이었다.

그리고 이 시대는 상징적 동시성(象徵的 同時性)의 시대 중 야곱이 하란에서 가나안으로 복귀한 후 팔려간 요셉을 찾아 애급(埃及)으로 들어가기까지의 40년 간을 형상적(形象的)인 동시성으로 탕감복귀

(蕩減復歸)하는 시대였던 것이다.

제 4 절 복귀섭리연장시대를 형성하는 각 시대와 그의 연수

복귀섭리연장시대(復歸攝理延長時代)는 형상적 동시성(形象的 同時性)의 시대인 복귀섭리시대를 실체적(實體的)인 동시성으로 탕감복귀하는 시대이다. 그러므로 이 시대에 있어서는 복귀섭리시대(復歸攝理時代)를 형성하는 각 시대와 그의 연수(年數)를 그대로 탕감복귀하게 되는 것이다.

Ⅰ. 로마제국 박해시대 400년

예수님은 믿음의 조상인 아브라함의 뜻을 완성하러 오신 분이었다. 그러므로 마치 아브라함이 '상징헌제(象徵獻祭)'에 실수함으로 인하여 이루지 못하게 되었던 '믿음의 기대'를 민족적인 것으로 탕감복귀하기 위하여 이스라엘 민족에게 애급고역(埃及苦役) 400년의 사탄 분립기간이 있었던 것처럼, 유대민족이 예수님을 산 제물로 바치는 헌제(獻祭)에 실수함으로 말미암아 이루지 못하게 되었던 '믿음의 기대'를 탕감복귀하기 위하여 기독교 신도들 앞에도 애급고역시대(埃及苦役時代)와 같은 시대가 오게 되었던 것이니, 이 시대가 바로 로마제국 박해시대 400년이었던 것이다.

로마제국의 혹심한 박해가 끝나고 콘스탄티누스대제가 기독교(基督敎)를 공인한 것이 서기 313년이었고, 테오도시우스 1세가 기독교를 국교(國敎)로 정한 것이 서기 392년이었다. 그러므로 이 시대는 형상적 동시성의 시대 중 이스라엘 민족의 애급고역시대 400년을 실체적인 동시성으로 탕감복귀(蕩減復歸)하는 시대였던 것이다.

II. 교구장제 기독교회시대 400년

형상적 동시성의 시대인 복귀섭리시대(復歸攝理時代) 중에 사사(士師)를 중심하고 이스라엘 민족을 영도하여 나아가던 사사시대(士師時代) 400년이 있었기 때문에, 실체적 동시성의 시대인 복귀섭리연장시대(復歸攝理延長時代) 중에도 이 사사시대 400년을 탕감복귀하는 시대가 있어야 했다. 이것이 바로 기독교가 로마제국의 국교로 공인된 후 서기 800년 카알대제가 즉위할 때까지 사사에 해당하는 교구장(敎區長)에 의하여 영도되었던 교구장제 기독교회시대(敎區長制基督敎會時代) 400년 기간이었던 것이다. 그러므로 이 시대는 형상적 동시성의 시대 중 사사시대 400년을 실체적인 동시성으로 탕감복귀하는 시대였다.

III. 기독왕국시대 120년

복귀섭리시대에 있어서 이스라엘 민족이 사울왕을 중심하고 처음으로 왕국을 세운 후, 다윗왕을 거쳐 솔로몬왕에 이르기까지 120년 간 통일왕국시대(統一王國時代)를 이루었었다. 따라서 이 시대를 탕감복귀하기 위하여, 서기 800년 카알대제가 즉위한 후로부터 후일 그의 왕통(王統)이 끊어지고 선거왕제(選擧王制)가 되어 919년 헨리 1세가 독일 왕위에 오를 때까지 120년 간에 걸쳐 기독왕국시대(基督王國

時代)가 오게 되었던 것이다. 그러므로 이 시대는 형상적 동시성(形象的 同時性)의 시대 중 통일왕국시대 120년을 실체적(實體的)인 동시성으로 탕감복귀하는 시대였다.

Ⅳ. 동서왕조분립시대 400년

복귀섭리시대(復歸攝理時代)에 있어서의 통일왕국시대에 성전이 뜻 가운데 서지 못하게 되었을 때, 이 왕국이 남조와 북조로 분열되어 400년 간의 남북왕조분립시대(南北王朝分立時代)가 왔었다. 그러므로 복귀섭리연장시대(復歸攝理延長時代)에 있어서도 이 시대를 탕감복귀하는 시대가 있어야 했다. 이것이 바로 기독왕국시대가 지나간 이후 서기 1309년에 교황청(敎皇廳)이 남불(南佛)의 아비뇽에 옮겨질 때까지의 동서왕조분립시대(東西王朝分立時代) 400년이었던 것이다. 기독왕국이 처음에 분열되었을 때는 동·서프랑크와 이태리의 세 왕조로 분립되었으나, 이태리는 신성(神聖)로마제국을 계승한 동프랑크의 지배하에 있었으므로 사실상 동서(東西)로 양분된 것과 마찬가지였다. 그러므로 이 시대는 형상적 동시성의 시대 중 남북왕조분립시대 400년을 실체적인 동시성으로 탕감복귀하는 시대였다.

Ⅴ. 교황 포로 및 귀환시대 210년

남북왕조분립시대에 있어서, 북조(北朝) 이스라엘은 우상숭배(偶像崇拜)로 인하여 앗시리아에게 망하고 남조(南朝) 유대마저 불신으로 돌아가 성전이상(聖殿理想)을 재건하지 못하였기 때문에, 그들이 사탄세계인 바빌론으로 포로 되어 갔다가 귀환하여 다시 성전이상을 세울 때까지 210년 간이 걸렸던 것이다. 따라서 이 시대를 탕감복귀(蕩減復歸)하기 위하여, 동서왕조분립시대(東西王朝分立時代)에 있어서 불신으로 돌아간 교황 클레멘스 5세가 서기 1309년에 로마로부터 남불 아비뇽에 교황청(敎皇廳)을 옮긴 후, 교황들이 포로와 같은 생활을 하다가 다시 로마로 돌아와 가지고 그 후 1517년 종교개혁(宗敎改革)이 일어날 때까지 약 210년 간에 걸친 교황 포로(敎皇捕虜) 및 귀환시대(歸還時代)가 있게 되었었다. 그러므로 이 시대는 형상적 동시성의 시대 중 유대민족 포로 및 귀환시대 210년을 실체적인 동시성으로 탕감복귀하는 시대였다.

Ⅵ. 메시아 재강림준비시대 400년

바빌론 포로에서 해방되어 예루살렘으로 귀환한 유대민족이 예언자 말라기를 중심하고 정교(政敎)의 쇄신을 일으키고, 그의 예언에 의하여(말 4 : 5) 메시아를 맞기 위한 준비를 하기 시작하였을 때부터 메시아 강림준비시대(降臨準備時代) 400년을 지나고 나서야 예수님을 맞았었다. 그러므로 이 시대를 탕감복귀하기 위하여 복귀섭리연장시대(復歸攝理延長時代)에 있어서도 남불(南佛) 아비뇽에 유수(幽囚)되었던 교황이 로마로 귀환한 후, 서기 1517년 루터를 중심으로 한 종교개혁이 일어난 때로부터 400년을 지남으로써 비로소 재림주(再臨主)를 맞을 수 있게 되는 것이니, 이 시대가 바로 메시아 재강림준비시대(再降臨準備時代)인 것이다. 따라서 이 시대는 형상적 동시성의 시대 중 메시아 강림준비시대 400년을 실체적인 동시성으로 탕감복귀하는 시대인 것이다.

섭리적 동시성시대의 대조표

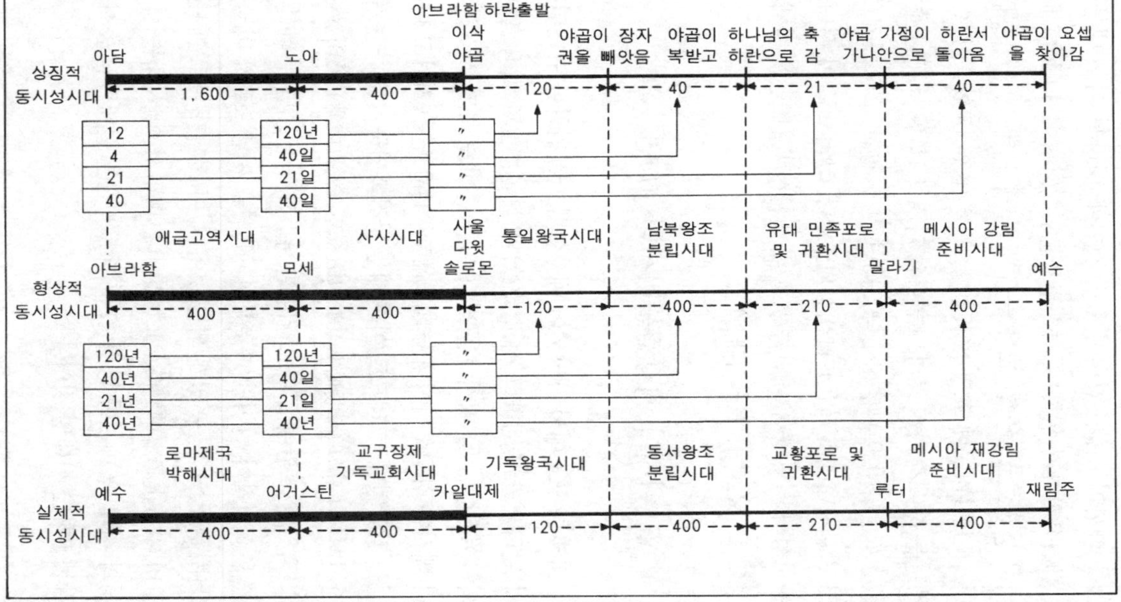

제 4 장 섭리적 동시성으로 본 복귀섭리시대와 복귀섭리연장시대

앞에서 이미 논술한 바와 같이, 복귀섭리(復歸攝理)의 목적은 결국 '메시아를 위한 기대'를 복귀하려는 데 있으므로 그 섭리가 연장됨에 따라서 그 기대를 복귀하려는 섭리가 반복되어 가는 것이다. 그런데 '메시아를 위한 기대'를 조성하기 위하여는, 첫째로 복귀섭리를 담당한 어떠한 중심인물(中心人物)이 어느 기간을 두고 어떤 조건물(條件物)을 통하여 하나님의 뜻에 합당한 '상징헌제(象徵獻祭)'를 함으로써 '믿음의 기대'를 세워야 하고, 둘째로는 '타락성을 벗기 위한 탕감조건'을 세워서 하나님의 뜻에 합당한 '실체헌제(實體獻祭)'를 함으로써 '실체기대(實體基臺)'를 이뤄야 한다. 그러므로 '메시아를 위한 기대'를 복귀하려는 섭리를 반복하여 온 복귀섭리의 노정은 결국 '상징헌제'와 '실체헌제'를 탕감복귀(蕩減復歸)하려는 섭리의 반복이었던 것이다. 따라서 '메시아를 위한 기대'를 복귀하기 위한 섭리노정의 반복으로 형성되는 섭리적 동시성(攝理的 同時性)의 시대는, 결국 위에서 말한 두 헌제를 탕감복귀하려 했던 섭리적인 사실로써 그 동시성이 형성되었던 것이다.

우리는 이제 이러한 원칙하(原則下)에서 각 섭리시대의 성격을 살펴보기로 하자. 그런데 그 시대적 성격을 파악하기 위하여는, 그 섭리를 담당했던 중심민족(中心民族)과 그 중심사료(中心史料)에 대한 이해가 필요하다. 그러므로 우리는 먼저 복귀섭리를 이루어 나온 중심민족과 그 사료를 상고해 보아야 하는 것이다.

인류역사는 수많은 민족사(民族史)로써 연결되어 왔다. 그런데 하나님은 그중에서 어떤 민족을 특별히 택하셔서 '메시아를 위한 기대'를 조성하는 전형적(典型的)인 복귀섭리노정(復歸攝理路程)을 걷게 하심으로써, 그 민족으로 하여금 천륜(天倫)의 중심이 되어 인류역사를 향도(嚮導)하도록 이끌어 나오신 것이다. 이러한 사명을 위하여 택함을 받은 민족을 하나님의 선민(選民)이라고 한다.

하나님의 선민은 본시 '메시아를 위한 가정적인 기대'를 세운 아브라함의 후손으로써 이루어졌었다. 그러므로 아브라함으로부터 시작되는 복귀섭리시대(復歸攝理時代)의 섭리를 이루어 나온 중심민족은 이스라엘 선민이었다. 따라서 이스라엘 민족사는 이 시대에 있어서의 복귀섭리역사의 사료(史料)가 되는 것이다.

그러나 이스라엘 민족은 예수님을 십자가에 내준 후부터 선민의 자격을 상실하게 되었다. 그러므로 이것을 예견하신 예수님은 일찍이 포도원의 비유를 말씀하시고 그 결론으로 하나님의 나라를 너희는 빼앗기고 그 나라의 열매 맺는 백성이 받으리라(마 21 : 43)고 말씀하셨던 것이다. 그리고 또 바울도, 아브라함의 혈통적인 후손이라고 해서 그들이 이스라엘이 되는 것이 아니라, 하나님의 약속의 뜻을 받드는 백성이라야 이스라엘이 된다고 하였던 것이다(롬 9 : 6~8).

사실상 예수님으로부터 시작된 복귀섭리연장시대(復歸攝理延長時代)의 섭리를 이루어 나온 중심민족은 이스라엘 민족이 아니라, 그들이 다하지 못한 하나님의 복귀섭리를 계승한 기독교 신도들이었다. 따라서 기독교사가 이 시대의 복귀섭리역사의 사료가 되는 것이다. 이러한 의미에서 구약시대(舊約時代)의 아브라함의 혈통적인 후손을 제1 이스라엘이라고 한다면, 신약시대(新約時代)의 기독교 신도들은 제2 이스라엘이 되는 것이다.

구약과 신약의 성서를 대조해 보면, 구약성서의 율법서(律法書, 창세기에서 신명기까지의 5권), 역사서(歷史書, 여호수아에서 에스더까지의 12권), 시문서(詩文書, 욥기에서 아가까지의 5권), 예언서(豫言書, 이사야에서 말라기까지의 17권)는 각각 신약성서의 복음서(福音書), 사도행전(使徒行傳), 사도서한(使徒書翰), 요한계시록에 해당되는 것이다. 그런데 구약성서의 역사서에는 제1 이스라엘의 2천년 역사가 전부 기록되어 있지만, 신약성서의 사도행전에는 예수님 당시의 제2 이스라엘(기독교 신도)의 역사만 기록되어 있다. 그러므로 신약성서의 사도행전이 구약성서의 역사서에 해당하는 내용이 되기 위하여는 예수님 이후 2천년 간의 기독교사(基督教史)가 거기에 더 첨가되지 않으면 안 된다. 그러므로 기독교사는 예수님 이후의 복귀섭리역사(復歸攝理歷史)를 꾸미는 사료(史料)가 되는 것이다.

상기(上記)한 제1 제2, 두 이스라엘의 역사를 중심하고 동시성으로 이루어진 복귀섭리시대와 복귀섭리연장시대를 이루고 있는 각 시대의 성격을 대조하여 봄으로써, 사실상 인류역사(人類歷史)는 살아 계신 하나님의 일관한 공식적인 섭리에 의하여 엮어져 왔다는 것을 더욱 명백히 이해할 수 있게 될 것이다.

제 1 절 애급고역시대와 로마제국 박해시대

노아로부터 아브라함까지의 400년 사탄 분립기간은 아브라함의 헌제 실수로 말미암아 사탄의 침범을 당하였으므로, 이 400년 기간을 다시 탕감복귀(蕩減復歸)하기 위한 애급고역시대(埃及苦役時代)에는 야곱과 그의 12자식을 중심한 70가족이 애급(埃及)으로 들어간 이래 그 후손들이 400년 동안 애급인들에게 처참한 학대를 받았었다. 이 시대를 실체적인 동시성으로 탕감복귀하는 로마제국 박해시대(迫害時代)에 있어서도 이스라엘 선민들이 예수님을 산 제물로 바치는 헌제(獻祭)에 실수하여 그를 십자가에 내줌으로써 사탄의 침범을 당하게 된 메시아 강림준비시대(降臨準備時代) 400년의 사탄 분립기간을 탕감복귀하기 위하여, 예수님을 중심한 12제자와 70문도 및 기독교신도들이 로마제국에서 400년 동안 처참한 박해를 당하지 않으면 아니 되었던 것이다.

애급고역시대(埃及苦役時代)에 있어서는 제1 이스라엘 선민들이 할례(割禮)를 하고(출 4 : 25), 희생(犧牲)을 드리며(출 5 : 3), 안식일(安息日)을 지키면서(출 16 : 23) 아브라함의 헌제 실수로 인하여 침범한 사탄을 분립하는 생활을 하였었다. 그러므로 로마제국 박해시대에도 제2 이스라엘 선민들이 성만찬(聖晩餐)과 세례(洗禮)를 베풀고, 성도 자신들을 생축(牲畜)의 제물로 드리며, 안식일을 지키는 것으로써 예수님을 십자가에 내줌으로 인하여 침범한 사탄을 분립하는 생활을 하지 않으면 아니 되었던 것이다.

애급고역시대에 있어서, 400년의 고역이 끝난 후에 모세는 3대 기적(三大奇蹟)과 10재앙(十災殃)의 권능으로 바로를 굴복시키고 제1 이스라엘 선민을 인도하여 애급을 떠나 가나안 땅으로 향하였다. 이와 같이 로마제국 박해시대에 있어서도, 제2 이스라엘 선민들에 대한 4세기 동안의 박해가 끝난 후에 예수님은 심령적인 기적과 권능으로써 많은 신도를 불러일으키셨고, 더 나아가 콘스탄티누스대제를 감화시켜서 313년에 기독교를 공인하게 하셨으며, 392년 테오도시우스 1세에 이르러서는 그처럼 극심한 박해를 하던 기독교를 국교(國敎)로 제정하게 하셨었다. 이리하여 기독교인들은 사탄세계에서 영적으로 가나안에 복귀하게 되었다.

그런데 율법(律法)에 의한 외적인 탕감조건(蕩減條件)으로써 섭리하시던 구약시대(舊約時代)에 있어서는 모세로 하여금 외적인 기사(奇事)와 권능으로써 바로를 굴복시키셨지만, 신약시대(新約時代)는 말씀에 의한 내적인 탕감조건으로 섭리하시는 시대이기 때문에 심령적인 감화로써 역사(役事)하셨다.

애급고역시대(埃及苦役時代)가 끝난 후 모세는 시내산에서 십계명(十誡命)과 말씀을 받음으로써 구약성서의 중심을 세웠고, 석판(石板)과 성막(聖幕)과 법궤(法櫃)를 받듦으로써 제1 이스라엘 선민들이 메시아를 맞기 위한 뜻을 세워 나아가게 되었던 것이다. 이와 마찬가지로 제2 이스라엘 선민들은 로마제국 박해시대가 끝난 후에 구약시대의 십계명과 성막이상(聖幕理想)을 영적으로 이루기 위한 말씀으로서 사도(使徒)들의 기록을 모아 신약성서를 결정하고, 그 말씀을 중심한 교회를 이룩하여 가지고 재림주(再臨主)를 맞기 위한 터전을 넓혀 나오게 된 것이다. 예수님 이후에는 예수님과 성신(聖神)이 직접 성도들을 인도하셨기 때문에, 그 이전 섭리시대와 같이 어느 한 사람을 하늘 대신 전체적인 섭리의 중심인물(中心人物)로 세우지는 않으셨다.

제 2 절 **사사시대와 교구장제 기독교회시대**

모세의 사명을 계승한 여호수아가 이스라엘 선민을 인도하여 가나안 땅에 들어간 후, 옷니엘 사사(士師)를 위시한 12사사에 이어 삼손, 엘리, 사무엘에 이르기까지 도합 15사사가 이스라엘을 지도하였던

400년 간을 사사시대(士師時代)라고 한다. 그들 사사는 다음 시대에 있어 분담된 예언자(豫言者)와 제사장(祭司長)과 국왕(國王)의 사명을 겸임하고 있었다. 그러므로 유대교의 봉건사회(封建社會)는 이때부터 시작되었던 것이다. 이러한 사사시대를 실체적인 동시성으로 탕감복귀하는 시대였던 신약시대(新約時代)의 교구장제 기독교회시대(教區長制基督教會時代)에 있어서도, 역시 교구장들은 기독교 신도들을 영도(領導)하는 면에 있어 사사의 그것에 해당하는 직분을 띠고 있었다.

예수 이전의 시대에는 제1 이스라엘을 중심하고 영육(靈肉) 아울러 '메시아를 위한 기대'를 조성해 나아갔었기 때문에, 정치와 경제와 종교는 하나의 지도자 밑에 통솔되어 나아갔었다. 그러나 예수님 이후의 노정은 이미 조성된 '메시아를 위한 영적 기대' 위에서 영적인 만왕의 왕 되신 예수님을 중심하고 영적인 왕국을 건설해 나아가게 되었기 때문에, 신약시대에 있어서의 제2 이스라엘에 의한 기독교계는 부활하신 예수님을 왕으로 모신 하나의 국토 없는 영적인 왕국인 것이다.

교구장(教區長)은 이러한 영적 왕국 건설에 있어서 사사(士師)와 같은 사명을 가지고 있었기 때문에 때로는 예언자도 되어야 했고, 때로는 제사장의 역할도 해야 했으며, 때로는 교구를 통치하는 국왕과 같은 사명도 해야 했던 것이다. 따라서 기독교봉건사회(基督教封建社會)는 이때부터 시작되었다.

사사시대에 있어서는, 사탄세계인 애급(埃及)에서 출발한 이스라엘 민족은 모두 광야에서 쓰러지고 거기에서 출생한 그들의 후손들만이 오직 남아진 여호수아와 갈렙의 인도함을 따라 가나안 복지(福地)에 들어간 후에, 각 지파에게 분배된 새 땅에서 사사를 중심하고 새로운 선민(選民)을 형성하여 이스라엘 봉건사회의 기틀을 잡았던 것이다.

마찬가지로 교구장제 기독교회시대(教區長制基督教會時代)에 있어서도 기독교는 사탄세계인 로마제국에서 해방된 후, 4세기에 몽고족(蒙古族)의 일파인 훈족의 서침(西侵)에 의하여 서구로 이동된 게르만 민족에게 복음을 전파함으로써, 서구의 새 땅에서 게르만 민족을 새로운 선민으로 세워 기독교봉건사회(基督教封建社會)의 기틀을 형성하였던 것이다.

애급(埃及)을 떠난 이스라엘 민족의 가나안 복귀노정에서, '실체기대(實體基臺)'를 이루기 위하여 성막(聖幕)을 메시아의 상징체인 동시에 아벨 대신의 조건물로 세웠었다는 사실은 이미 모세를 중심한 복귀섭리에서 상론(詳論)한 바이다. 그러므로 사사시대(士師時代)에 있어서의 이스라엘 민족은 사사(士師)들의 지도를 따라 성막의 뜻만을 받들어야 할 것이었는데, 이들은 가나안 7족을 멸하지 않고 그대로 남겨 둠으로써 그들로부터 악습을 받아 우상(偶像)을 섬기게 되었기 때문에 그들의 신앙에 큰 혼란을 가져왔었다. 마찬가지로 교구장제 기독교회시대에 있어서도 기독교 신도들은 교구장의 지도를 따라 메시아의 형상체인 동시에 아벨 대신의 조건물인 교회의 뜻만을 받들어야 할 것이었는데, 그들은 게르만 민족으로부터 잡도(雜道)의 영향을 받았기 때문에 그들의 신앙에 큰 혼란을 가져오게 되었던 것이다.

제 3 절 **통일왕국시대와 기독왕국시대**

통일왕국시대(統一王國時代)에 들어서면서 사사가 제1 이스라엘을 영도하던 시대는 지나가고, 하나님의 명령을 직접 받는 예언자(豫言者)와 성막이나 성전을 받드는 제사장(祭司長)과 백성을 통치하는 국왕(國王)이 정립(鼎立)하여 복귀섭리의 목적을 중심하고 각자의 지도적인 사명을 수행해야 했던 것이다. 그러므로 이 시대를 실체적인 동시성으로 탕감복귀하는 기독왕국시대(基督王國時代)에 있어서도, 교구장이 제2 이스라엘을 영도해 나아가던 시대는 지나고, 예언자에 해당되는 수도원(修道院)과 제사장에 해당되는 교황(敎皇)과 백성을 통치하는 국왕이 복귀섭리의 목적을 중심하고 제2 이스라엘을 지도해 나아가야만 했던 것이다.

당시의 기독교는 예루살렘, 안디옥, 알렉산드리아, 콘스탄티노플, 로마 등의 5대 교구(敎區)로 분립되어 있었다. 그중에서도 가장 우위에 있었던 로마교구장은 다른 교구를 통할(統轄)하는 위치에 있었으므로, 특히 그를 교황이라고 부르게 되었었다.

이스라엘 민족이 애급(埃及)에서 해방되어 나오던 때의 모세의 성막이상(聖幕理想)은 통일왕국시대(統一王國時代)에 이르러서야 비로소 국왕을 중심한 성전이상으로 나타나 왕국을 이루었었는데, 이것은 장차 예수님이 실체성전으로 오셔서 만왕의 왕이 되어 왕국을 건설하실 것의 형상노정(形象路程)이었던 것이다(사 9 : 6). 그와 마찬가지로 기독왕국시대에 있어서도, 기독교 신도들이 로마제국에서 해방되던 때 성어거스틴에 의하여 그의 기독이상(基督理想)으로서 저술되었던 '신국론(神國論)'이 이때에 와서 카알대제에 의하여 기독왕국(카알대제 때부터의 프랑크왕국)으로 나타났던 것인데, 이것은 장차 예수님이 만왕의 왕으로 재림하시어 왕국을 건설하실 것의 형상노정이었던 것이다. 그러므로 이 시대에는 국왕과 교황이 하나님의 뜻을 중심하고 완전히 하나가 되어 기독이상을 실현함으로써, 예수님 이후 '메시아를 위한 영적 기대' 위에서 교황을 중심하고 이루어 나왔던 국토 없는 영적 왕국과 국왕을 중심한 실체적인 왕국이 기독이상을 중심하고 하나되어야 했던 것이다. 만일 그때 그렇게 되었더라면 종교와 정치와 경제는 일치되어 '재림하실 메시아를 위한 기대'를 이루게 되었을 것이었다.

통일왕국시대(統一王國時代)에 있어서 '믿음의 기대'를 복귀하는 중심인물은 예언자를 통해 주시는 하나님의 말씀을 실현해야 할 국왕(國王)이었다. 예언자(豫言者)나 제사장(祭司長)은 하나님의 말씀을 대신하여 나서기 때문에 그 시대에 있어서 아벨의 입장에 서게 된다. 그러나 복귀섭리노정(復歸攝理路程)에 있어서 그는 어디까지나 영계(靈界)를 대신하여 천사장(天使長)의 입장에서 실체세계를 복귀해야 되었기 때문에, 국왕이 설 수 있는 영적인 터전을 마련하고 왕을 축복(祝福)하여 세운 후에는 그 앞에 가인의 입장에 서지 않으면 아니 된다. 따라서 국왕은 예언자의 말씀에 의하여 국가를 통치해야 되고, 예언자는 하나의 국민의 입장에서 국왕에게 순종해야 된다. 그러므로 이 시대에 있어서의 '믿음의 기대'를 복귀하는 중심인물은 국왕이었던 것이다.

사실상 아브라함으로부터 800년 되던 때에, 예언자 사무엘은 하나님의 명을 받들어 사울에게 기름을 부어 축복함으로써 그를 제1 이스라엘 선민의 첫 왕으로 세웠던 것이다(삼상 8 : 19~22, 10 : 1~24). 사울왕이 사사시대(士師時代) 400년 기대 위에서 그의 재위 40년을 뜻맞게 세웠더라면, 그는 애급고역(埃及苦役) 400년과 모세의 바로궁중 40년을 탕감복귀(蕩減復歸)한 입장에 설 수 있었기 때문에, 그는 '40일 사탄 분립기대' 위에서 '믿음의 기대'를 세울 수 있었을 것이었다. 따라서 사울왕이 이 기대 위에서 메시아의 형상체인 성전(聖殿)을 건축하고 그것을 받들었더라면, 그는 모세가 제1차 민족적 가나안복귀에 실패하지 않고 성공하여 성전을 건축하고 그것을 받든 것과 같은 입장에 설 수 있었던 것이다. 그리고 이스라엘 선민들이 사울왕을 중심한 그 '믿음의 기대' 위에서 성전을 받들고 나아가는 이 국왕을 절대로 믿고 순종하였더라면, 그들은 '실체기대(實體基臺)'를 조성하여 '메시아를 위한 기대'를 이루었을 것이었다.

그러나 사울왕은 선지자(先知者) 사무엘을 통하여 내리셨던 하나님의 명령을 거역하였기 때문에(삼상 15 : 1~23) 성전을 건축하지 못하였다. 이와 같이 성전을 건축하지 못한 사울왕은 바로 제1차 민족적 가나안 복귀에 실패한 모세와 같은 입장에 놓여졌었다. 그리하여 사울왕을 중심한 복귀섭리(復歸攝理)도 모세 때와 같이, 다윗왕 40년을 거쳐 솔로몬왕 40년에 이르러서야 그 '믿음의 기대'는 이루어져서 성전을 건축할 수 있게 되었었다. 마치 아브라함의 뜻이 이삭을 거쳐 야곱 때에 이루어진 것과 같이, 아브라함의 입장이기도 하였던 사울왕의 성전 건축의 뜻은 다윗왕을 거쳐 솔로몬왕 때에 이르러 이루어졌던 것이다. 그러나 솔로몬왕이 음란(淫亂)으로 흘러서 '실체헌제(實體獻祭)'를 위한 아벨의 위치를 떠났기 때문에 '실체기대'는 이루어지지 않았었다. 따라서 통일왕국시대에 이루어져야 했던 '메시아를 위한 기대'는 이루어지지 않았던 것이다.

기독왕국시대(基督王國時代)에 있어서는 통일왕국시대(統一王國時代)의 모든 것을 실체적인 동시성으로 탕감복귀해야 되었기 때문에, 이 시대의 '믿음의 기대'를 탕감복귀하는 중심인물은 수도원이나 교황의 기독이상(基督理想)을 실현시켜야 할 국왕이었다. 따라서 교황은 통일왕국시대에 있어서의 예언자의 뜻을 받드는 제사장의 입장에 있었기 때문에, 그는 국왕이 기독이상을 실현해 나아갈 수 있는 영적인 터전을 마련하고, 그를 축복하여 왕으로 세운 후에는 하나의 국민의 입장에서 그에게 순종해야 되고, 한편 국왕은 교황의 이상(理想)을 받들어 국민을 통치해야 될 것이었다. 사실상 이러한 섭리의 목적을 위하여 교황 레오 3세는 기원 800년에 카알대제를 축복하여 금관(金冠)을 씌움으로써 그를 제2 이스라엘 선민의 첫 왕으로 세웠던 것이다.

카알대제는 사사시대(士師時代) 400년을 실체적인 동시성으로 탕감복귀한 교구장제 기독교회시대(教區長制基督教會時代) 400년 기대 위에 섰었기 때문에, 사울왕과 같이 '40일 사탄 분립기대' 위에 서게 되었었다. 따라서 카알대제가 이 기대 위에서 그리스도의 말씀을 받들어 기독이상(基督理想)을 실천해 나아가면, 이 시대의 '믿음의 기대'는 이루어지게 되는 것이었다.

사실상 카알대제는 교황에게 축복을 받고 왕위(王位)에 오름으로써 이 기대를 이루었었던 것이다. 그러므로 당시의 제2 이스라엘이 이러한 입장에 있는 국왕을 절대로 믿고 순종하였더라면 그때에 '실체기대(實體基臺)'는 세워졌을 것이요, 따라서 '재림하실 메시아를 위한 기대'도 이루어졌을 것이었다. 이와 같이 되었어야만 '메시아를 위한 영적 기대' 위에서 교황을 중심하고 세워진 영적인 왕국과 국왕을 중심한 실체적인 왕국이 하나되어, 그 터전 위에 예수님이 다시 오셔서 메시아왕국을 이룰 수 있었을 것이었다. 그러나 국왕이 하나님의 뜻을 받들지 못함으로써 '실체헌제(實體獻祭)'를 하기 위한 아벨의 위치를 떠났었기 때문에 '실체기대'는 이루어지지 않았고, 따라서 '재림하실 메시아를 위한 기대'도 이루어지지 않았던 것이다.

제 4 절 남북왕조분립시대와 동서왕조분립시대

사울왕에 의하여 시작되었던 통일왕국시대(統一王國時代)는 다윗왕을 거쳐 솔로몬왕에 이르러 그가 왕비들이 섬기는 이방인(異邦人)

의 신을 섬겼으므로 (왕상 11 : 5~9), 3대 만에 가인의 입장인 10지파를 중심한 북조(北朝) 이스라엘과 아벨의 입장인 2지파를 중심한 남조(南朝) 유대로 분립되었었다. 그리하여 남북왕조분립시대(南北王朝分立時代)는 오게 되었던 것이다. 이와 같이 카알대제에 의하여 시작되었던 기독왕국(基督王國)도 그 3대에 이르러 손자들 3인 사이에 분쟁이 일어났기 때문에, 이 왕국은 동·서프랑크와 이태리로 3분되었던 것이다. 그러나 이태리는 동프랑크의 지배를 받았기 때문에 실제에 있어서는 동·서프랑크왕국으로 양분된 셈이었다. 한편 동프랑크는 오토 1세로 말미암아 크게 융흥(隆興)되어 신성로마제국이라 부르게 되었고, 로마황제의 이름으로 서구(西歐)를 통치하여 정교(政敎) 2권을 확보하려 하였었다. 이렇게 하여 동프랑크는 서프랑크에 대하여 아벨의 입장에 서게 되었던 것이다.

솔로몬조(朝)의 망명객이었던 여로보암을 중심한 북조 이스라엘은 260년 간에 19왕이 경질되었고, 그들은 서로 살육하여 왕실(王室)이 9차나 변혁되었으며, 열왕(列王) 중에 선한 왕이 하나도 없었다. 따라서 남조 유대로부터 보내온 선지자(先知者) 엘리야를 통하여 갈멜산의 제단(祭壇)에 불을 내리심으로써 바알과 아세라의 선지자 850명을 멸하셨으며(왕상 18 : 19~40), 그 외에도 엘리사, 요나, 호세아, 아모스 같은 선지자들을 보내시어 목숨을 걸고 전도(傳道)하게 하셨다. 그러나 북조 이스라엘왕국은 여전히 사신(邪神)을 숭배하며 회개하지 않았으므로, 하나님께서는 그들을 앗수르에 부쳐 멸망케 하심으로써 영원히 선민(選民)의 자격을 잃게 하셨던 것이다(왕하 17 : 17~ 23).

한편 솔로몬의 아들인 르호보암을 중심한 남조 유대는 다윗으로부터 시드기야에 이르기까지 정통일계(正統一系)였으며, 394년 간에 걸친

20인의 왕 중에 선군(善君)이 많이 있었으나, 요시야왕 이후에는 악한 왕들이 속출하여 북조의 영향을 받음으로써 우상숭배(偶像崇拜)에 빠지게 되어 이들도 역시 바빌로니아에게 포로(捕虜)가 되고 말았었다.

이와 같이 남북왕조분립시대(南北王朝分立時代)에 있어서 이스라엘 민족이 성전이상(聖殿理想)에 배치(背馳)되는 입장에 서게 될 때마다 하나님은 계속 4대선지(四大先知)와 12소선지(十二小先知)를 보내시어 그들을 권고하여 내적 쇄신운동(刷新運動)을 일으키셨다. 그러나 그들은 선지자들의 권고에도 회개하지 아니하였으므로 하나님은 그들을 애급, 갈대아, 시리아, 앗시리아, 바빌로니아 등 이방인들에게 부쳐 외적 확청(廓淸)의 섭리를 하셨던 것이다.

이 시대를 실체적인 동시성으로 탕감복귀하는 동서왕조분립시대(東西王朝分立時代)에 있어서도, 마찬가지로 교황청(教皇廳)이 부패하매 토마스 아퀴나스, 성프란체스코 등 수도원(修道院)의 인물들이 그들을 권고하여 내적인 쇄신운동을 일으켰었다. 그러나 그들도 회개하지 않고 더욱 타락과 부패에 흘렀으므로, 하나님은 그들을 이방인들에게 부쳐 외적인 확청의 섭리를 하셨던 것이니 이것이 곧 십자군전쟁(十字軍戰爭)이었다.

예루살렘의 성지(聖地)가 칼리프제국에 속해 있었을 때에는 기독교의 순례자(巡禮者)들이 후대(厚待)를 받았었으나, 칼리프제국이 망하고 셀주크 터키가 예루살렘을 점령한 후, 그들은 순례자들을 학대하였으므로, 이에 분개한 역대 교황(教皇)들은 이 성지를 회복하려고 십자군전쟁을 일으켰던 것이다. 1096년에 일어난 십자군(十字軍)은 그 후 약 200년 간에 걸쳐 7회의 원정(遠征)을 하였으나 그들은 끝내 패전을 거듭하였다.

남북왕조분립시대에 있어서 북조 이스라엘왕국과 남조 유대왕국의 백성들이 모두 이방인(異邦人)에게 포로가 되어 감으로써, 이스라엘의 군주사회는 붕괴되고 말았던 것이다. 이와 마찬가지로 동서왕조분립시대(東西王朝分立時代)에 있어서도, 십자군이 이교도(異教徒)에게 패하여 교황권이 그 권위와 신망(信望)을 완전히 잃게 되자 국민정신은 그 중심을 잃게 되었다. 그뿐 아니라 봉건사회(封建社會)를 유지하던 영주(領主)들과 기사(騎士)들이 많이 전사하였기 때문에 그들은 정치적인 기반을 잃고 말았으며, 또 거듭되는 패전으로 인하여 막대한 전비(戰費)를 소모하게 되어 그들은 여지없이 경제적인 곤궁에 빠지고 말았다. 여기에서 기독교군주사회(基督教君主社會)는 드디어 붕괴되기 시작하였던 것이다.

제 5 절 유대민족 포로 및 귀환시대와 교황 포로 및 귀환시대

유대민족이 불신으로 돌아가서 회개하지 않음으로 인하여 성전이상(聖殿理想)을 복귀할 수 없게 되었기 때문에, 하나님은 다시 이 뜻을 이루시기 위하여 마치 아브라함의 헌제(獻祭) 실수를 탕감복귀케 하시려고 이스라엘 민족으로 하여금 사탄세계인 애급(埃及)으로 들어가서 고역(苦役)을 당하게 하셨던 것처럼, 유대민족도 사탄세계인 바빌론으로 포로 되어 가서 고역을 당하게 하셨던 것이다.

이와 마찬가지로 이미 위에서 논한 바와 같이, 하나님이 기독왕국시대(基督王國時代)를 세우신 것은 교황(教皇)과 국왕(國王)을 중심하고 '재림하실 메시아를 위한 기대'를 조성하여, 그 기대 위에 메시아로 재림(再臨)하시는 '만왕의 왕'에게 그 나라와 왕위(王位)를 인계해 드림으로써 메시아 왕국을 건설하기 위함이었다(사 9 : 6, 눅 1 : 33). 그러나 국왕과 그를 '실체기대(實體基臺)'의 중심인물로 세우기 위한 영적인 기대를 조성해야 할 교황들이 부패한 가운데서 끝내 회개하지 않았으므로 그들은 '재림하실 메시아를 위한 기대'를 조성하지 못하였다. 이에 하나님께서는 이 기대를 복귀하기 위한 새로운 섭리를 하시기 위하여 교황으로 하여금 포로가 되어 고역을 당하게 하셨던 것이다.

전에 여호아김왕을 비롯하여 다니엘과 기타 왕족들, 그리고 정부대신(大臣)들과 관리(官吏)와 공장(工匠) 등 많은 유대인들이 바빌로니아의 왕 느부갓네살에게 포로로 잡혀 갔던 70년 기간이 있었고(렘 39 : 1~10, 왕하 24, 25장), 페르시아가 바빌로니아를 멸하고 고레스왕이 조서(詔書)를 내려 그들을 해방시킨 후 3차에 걸쳐 고향으로 귀환하여 선지자(先知者) 말라기를 중심하고 메시아를 위한 준비를 하는 민족으로 세워질 때까지의 140년 기간이 있었다. 이 시대를 실체적인 동시성으로 탕감복귀하는 교황 포로 및 귀환시대에 있어서도 이와 같은 노정을 걸어야 했었다.

교황(教皇)과 승려(僧侶)들은 그들의 부도덕(不道德)으로 말미암아 점차로 국민들의 신망을 잃어버리게 되었고, 그 위에 십자군전쟁(十字軍戰爭)에 패함으로 인하여 교황의 권위는 땅에 떨어지게 되었었다. 한편 십자군전쟁 이후 봉건제도(封建制度)가 몰락되고 근대국가가 성립되자 점차로 왕권(王權)이 신장되면서 교황과 국왕과의 충돌은 격화되었던 것이다. 그리하여 교황 보니파키우스 8세는 불왕(佛王) 필립 4세와 충돌하여 일시 그에게 금고(禁錮)를 당하는 데까지 이르렀던 것이다. 그 후 1대를 지나서 1305년에 교황으로 피선된 클레멘스 5세는 1309년에 교황청(教皇廳)을 로마로부터 남불(南佛)의 아비뇽으로 옮기었고, 거기에서 70년 간 역대의 교황들은 불왕의 구속을 받으면서 포로와 같은 생활을 하게 되었었다. 그 후 교황 그레고리우스 11세는 1377년 로마로 귀환하였다.

그가 서거(逝去)한 후에 추기경(樞機卿)들은 이태리의 바리의 감독(監督) 울바누스 6세를 교황으로 선출하였다. 그러나 불인(佛人)이 다수였던 추기경들은 오래지 않아 울바누스를 배척하고, 따로이 클레멘스 7세를 교황으로 선출하여 남불 아비뇽에 또 하나의 교황청을 세우게 되었었다. 이 분리는 다음 세기에 이르러 개혁회의(改革會議)에서 해결될 때까지 계속되었다. 즉 1409년에 추기경들은 이태리의 피사에서 회의를 열어 분리되어 온 두 교황을 모두 폐위(廢位)시키고 알렉산더 5세를 정당한 교황으로 임명하였다. 그러나 폐위된 두 교황이 이에 불복(不服)함으로써 일시 3인의 교황이 정립(鼎立)하게 되었었다. 그 후 다시 감독과 대감독(大監督) 외에 신학자(神學者), 왕후(王侯), 사절(使節) 등 많은 참석자로써 콘스탄트대회를 개최하여, 3인의 교황을 일제히 폐위시키고 다시 마루티누스 5세를 교황으로 선출하였다.

이와 같이 하여 교황 선출의 권한을 추기경들로부터 빼앗아 로마교회의 지상권(至上權)을 주장하던 이 회의에로 옮겼다(1418년). 이 회의는 그 후 스위스의 바젤에서 로마교회 기구를 입헌군주체(立憲君主體)로 할 목적으로 열렸었다. 그러나 교황은 회중(會衆)들의 이러한 주관성을 좋지 않게 생각하고 이 회의에 참석하지 않았을 뿐만 아니라, 그것을 유회(流會)시키려고까지 하였다. 그래도 교황당(教皇黨) 이외의 의원들은 개회를 강행하였으나 1449년에 저절로 해산되고 말았다. 이와 같이 로마교회 내에 입헌군주체를 수립하려던 계획은 수포로 돌아가고, 1309년 이래 잃어버렸던 교황전정(教皇專政)의 기능을 회복하였다.

14세기의 제회의(諸會議)의 지도자들은 평신도들을 대표로 세우고, 이 회의에 최고의 권한을 부여함으로써 부패한 교황과 승려들을 제거하려 하였었다. 그러나 교황권(敎皇權)은 그들의 유수(幽囚) 전과 같은 입장으로 돌아갔을 뿐 아니라, 위클리프나 후스 같은 개혁정신(改革精神)을 가진 지도자들을 극형에 처하게 되었으므로, 이때부터 프로테스탄트 종교개혁운동(宗敎改革運動)은 싹트기 시작하였던 것이다.

이와 같이 교황이 1309년으로부터 70년 간 남불(南佛) 아비뇽에 유수되었다가 3교황으로 분립되었던 노정을 거쳐 다시 로마교회를 중심한 교황전정(敎皇專政)으로 복귀된 후, 1517년에 루터를 중심하고 종교개혁(宗敎改革)이 일어날 때까지의 약 210년 간은, 유대민족이 바빌론에 70년 간 포로 되었다가 3차에 걸쳐 예루살렘으로 귀환하여 말라기를 중심하고 정교(政敎)의 쇄신(刷新)을 일으킬 때까지의 210년 간을 실체적인 동시성으로 탕감복귀(蕩減復歸)하는 기간이었던 것이다.

제 6 절 메시아 강림준비시대와 메시아 재강림준비시대

이스라엘 민족은 바빌론 포로(捕虜)에서 예루살렘으로 돌아온 후, 메시아 강림준비시대(降臨準備時代) 400년을 지나서야 예수님을 맞았다. 그러므로 이것을 탕감복귀하기 위하여는 기독교 신도들도 교황이 아비뇽의 포로생활에서 로마로 돌아온 후 메시아 재강림준비시대

(再降臨準備時代) 400년을 지나서야 재림 예수님을 맞을 수 있는 것이다.

40일 사탄 분립기간(分立期間)으로 '믿음의 기대'를 복귀하기 위한 섭리가 계속적인 사탄의 침범으로 인하여 연장을 거듭하여 내려왔던 아담 이후 4천년 복귀섭리역사(復歸攝理歷史)의 종적인 탕감조건을, 이 역사의 최종적인 한 시대에 횡적으로 탕감복귀(蕩減復歸)하기 위하여 메시아 강림준비시대(降臨準備時代)가 있었다. 그러므로 이 시대를 실체적인 동시성으로 탕감복귀하기 위하여는, 아담으로부터 6천년 복귀섭리역사의 종적인 탕감조건들을 이 역사의 최종적인 한 시대에 횡적으로 탕감복귀하기 위한 메시아 재강림준비시대(再降臨準備時代)가 없어서는 아니 되는 것이다.

바빌론 포로에서 돌아온 이스라엘 민족은 느부갓네살왕에 의하여 파괴되었던 성전(聖殿)을 신축하고, 또 말라기 선지(先知)의 영도에 의하여 사신(邪神)을 숭배하던 과거의 죄를 회개하면서 율법(律法)을 공부하고 신앙의 쇄신운동을 일으킴으로써 '믿음의 기대'를 복귀해 나왔었다. 이와 마찬가지로 교황이 로마로 귀환한 후의 중세 기독교인들은, 루터 등을 중심하고 종교의 개혁운동을 일으키어 중세 암흑시대의 암운(暗雲)을 뚫고 새로운 복음(福音)의 빛을 따라 신앙의 새로운 길을 개척함으로써 '믿음의 기대'를 복귀해 나왔던 것이다.

야곱이 하란에서 가나안으로 귀환하여 애급(埃及)으로 들어갈 때까지의 약 40년 준비기간(準備期間)을 형상적인 동시성으로 탕감복귀하는 시대가 메시아 강림준비시대였다. 그리고 이 시대를 다시 실체적인 동시성으로 탕감복귀하는 시대가 메시아 재강림준비시대인 것이다. 따라서 이 시대의 모든 기독교 신도들은 마치 애급에서 요셉을 만날 때까지의 야곱가정이나 또 예수님을 맞을 때까지의 이스라엘 민족과 같이 갖은 파란과 고난의 길을 걷지 않으면 아니 된다.

복귀섭리시대(復歸攝理時代)는 율법(律法)과 제사(祭祀) 등의 외적인 조건으로 하나님에 대한 신앙을 세워 내려오던 시대였으므로, 메시아 강림준비시대(降臨準備時代)에 있어서의 제1 이스라엘은 페르시아, 희랍(希臘), 애급, 시리아, 로마 등의 이방(異邦)에 속방되어 외적인 고난의 길을 밟았던 것이다. 그러나 복귀섭리연장시대(復歸攝理延長時代)는 예수님의 말씀을 중심한 기도와 신앙의 내적인 조건으로 하나님에 대한 신앙을 세워 나온 시대이므로, 메시아 재강림준비시대(再降臨準備時代)에 있어서의 제2 이스라엘은 내적인 수난의 길을 걷지 않으면 아니 된다. 곧 이 시대에는 문예부흥(文藝復興)의 주도이념인 인문주의(人文主義)와 그에 따라 일어나는 계몽사조(啓蒙思潮), 그리고 종교개혁(宗教改革)에 따라 부르짖게 된 신앙의 자유 등에 의한 영향으로 말미암아 종교와 사상에 일대 혼란을 일으키게 되어 기독교 신도들은 말할 수 없는 내적인 시련을 당하게 되는 것이다.

이와 같이 예수님의 강림(降臨)을 위한 400년 준비시대를 실체적인 동시성으로 탕감복귀(蕩減復歸)하기 위하여 그의 재림(再臨)을 위한 400년 준비기간이 있게 된 것인데, 우리는 여기에서 메시아를 맞기 위한 준비기간인 이 두 시대에 대해서 각각 그 시대적인 배경과 환경이 어떻게 조성되었던가 하는 것을 알아보기로 하자.

초림(初臨) 때에는 하나님이 그의 선민(選民)을 위하여 메시아가 강림하시기 430년 전에 선지자(先知者) 말라기를 보내시어 메시아가 강림하실 것을 예언케 하시고, 한편으로는 유대교를 쇄신하여 메시아를 맞을 수 있는 선민으로서의 준비를 갖추도록 하셨다. 한편 이방인들간에 있어서는 이와 거의 동시대에 인도의 석가모니(B.C. 565~

485)로 하여금 인도교를 발전시켜 불도(佛道)의 새로운 터전을 개척케 하셨고, 희랍에서는 소크라테스(B.C. 470~399)로 하여금 헬라문화시대를 개척케 하셨으며, 또 동양에서는 공자(B.C. 552~479)로 하여금 유교(儒教)로써 인륜도덕(人倫道德)을 세우게 하시는 등, 각각 그 지방과 그 민족에 적응되는 문화와 종교를 세우시어 장차 오실 메시아를 맞이하는 데 필요한 심령적인 준비를 하게 하셨던 것이다. 그러므로 예수님은 이와 같이 준비된 터 위에 오셔서 기독교를 중심하고 유대교(Hebraism)를 수습하고 헬라문화(Hellenism) 및 불교(Buddhism) 유교(Confucianism) 등의 종교를 포섭함으로써, 그 종교와 문화의 전역(全域)을 하나의 기독교문화권 내(基督教文化圈內)에 통합하려 하셨던 것이다.

예수님의 초림(初臨)을 앞두고 메시아 강림에 대한 준비를 위하여 섭리하셨던 그 환경 조성의 시대를 실체적인 동시성으로 탕감복귀(蕩減復歸)하기 위하여 오게 된 시대가 문예부흥시대(文藝復興時代)였다. 그러므로 문예부흥시대는 메시아 재강림(再降臨)을 위한 그 시대적인 배경과 환경을 조성하기 위한 시대였던 것이다. 따라서 오늘날 우리가 보는 바와 같은 정치, 경제, 문화, 과학 등 모든 면에 걸친 비약적인 발전은 모두 이 문예부흥시대로부터 급격히 시작되어 재림(再臨) 예수님을 맞을 수 있는 오늘날의 시대적인 배경과 환경을 성숙시켜 나온 것이다. 즉 예수님 때에는 로마제국의 발흥(勃興)으로 인하여 지중해(地中海)를 중심하고 형성되었던 광대한 정치적 판도와, 사통팔달(四通八達)한 교통편과, 헬라어를 중심하고 형성되었던 광범한 문화적 판도 등으로 말미암아 그리스도를 중심한 이스라엘, 이스라엘을 중심한 로마, 로마를 중심한 세계에로 메시아의 사상이 급속히 확대되어 갈 수 있는 평면적인 기대(基臺)가 이미 조성되어 있었던 것이다.

마찬가지로 그의 재림(再臨) 때인 오늘날에 있어서도 열강(列强)들의 융흥으로 말미암아 자유를 기반으로 한 민주주의(民主主義)의 정치적인 판도는 전세계에 펼쳐졌고, 교통 및 통신의 비약적인 발달로 인하여 동서(東西)의 거리는 극도로 단축되었으며, 언어와 문화는 세계적으로 교류되어 메시아 재강림을 위한 사조(思潮)가 자유롭고도 신속하게 전인류의 가슴속에 흘러 들어갈 수 있도록 이미 그 평면적인 판도가 완전히 조성되어 있는 것이다. 따라서 메시아가 재림하시면, 그의 진리와 사상을 급속도로 전파하여 단시일 내에 세계화시키는 데 이것이 그대로 적호(適好)한 평면적 기대가 되리라는 것은 두말 할 것도 없다.

제 7 절 복귀섭리로 본 역사 발전

창조원리(創造原理)에서 이미 논한 바와 같이, 지상천국(地上天國)은 완성한 사람 하나의 모양과 같은 세계인 것이다. 따라서 타락된 세계는 타락한 사람 하나의 모양을 닮은 것이라고 볼 수 있다. 그러므로 우리는 타락한 사람 하나의 생활을 살펴봄으로써 인류죄악사(人類罪惡史)의 전체적인 움직임을 엿볼 수 있는 것이다.

타락(墮落)한 인간에게는 선을 지향하는 본심(本心)과 이 본심의 명령을 배반하고 악을 지향하는 사심(邪心)이 있어서, 이 두 마음이 항상 싸우고 있다는 사실을 우리는 부정할 수 없다. 따라서 우리는 본심의 명령을 따르는 선행(善行)과 사심의 명령을 따르는 악행(惡行)이 우리들의 한 몸에서 상충되고 있다는 사실도 부정할 수 없는 것이다. 이와 같이 그 자체 내에서 투쟁을 일으키고 있는 개체들이 횡적(橫的)으로 얽혀서 생활을 영위하는 것이 사회이기 때문에 거기에도 역시 투쟁이 일어나지 않을 수 없게 된다. 그런데 이와 같이 투쟁으로 얽히어진 사회생활이 시간의 흐름을 따라 종적(縱的)으로 변전(變轉)하여 내려온 것이 바로 인류역사이므로, 이 역사는 필연적으로 투쟁과 전쟁으로 엮어지는 것이 되지 않을 수 없는 것이다.

그러나 인간은 본심(本心)과 사심(邪心)의 집요한 싸움 가운데서 악을 물리치고 선을 따르려고 부단히 노력을 하고 있다. 따라서 그의 행동도 점차 악행을 버리고 선을 행해 나아가는 방향을 취하게 되는 것이다. 타락된 인간에게도 이와 같이 선을 지향하는 본심의 작용이 있기 때문에, 그들은 하나님의 복귀섭리(復歸攝理)에 대응하여 선의 목적을 이루어 나아가게 되는 것이다.

따라서 이러한 인간들에 의하여 엮어져 내려온 역사는, 선악(善惡)이 교착(交錯)되는 와중에서도 악을 물리치고 선을 지향해 내려온 것이 사실이다. 그러므로 역사가 지향하는 종국적인 세계는 바로 선의 목적이 이루어진 천국이 아닐 수 없는 것이다. 그렇기 때문에 투쟁이나 전쟁은 선의 목적을 이루기 위하여 선과 악을 분립해 나온 하나의 과정적인 현상이기도 하다는 사실을 우리는 알아야 한다. 그러므로 싸움의 결과가 일시 악의 승리로 돌아간다 하더라도, 결국에는 그 악의 결과로 인하여 역사는 보다 더 큰 선의 목적을 이루어 나아가는 섭리노정(攝理路程)으로 바꿔지게 되는 것이다. 이러한 견지에서 우리는 인류역사가 하나님의 복귀섭리에 의하여 부단히 선과 악의 분립역사(分立役事)를 되풀이하면서 선을 지향하고 발전하여 나왔다는 사실을 알게 된다.

그런데 인간이 사탄과 혈연관계(血緣關係)를 맺음으로 말미암아 사탄은 타락된 인간을 중심하고 장차 하나님이 이루시려는 것과 같은 형의 세계를 앞장서 이루어 나왔었기 때문에, 결과적으로 인류역사는 원리형(原理型)의 비원리세계(非原理世界)를 형성하여 나온 것이다. 따라서 인류역사의 종말에 있어서는, 하나님이 지상천국(地上天國)을 복귀하시기 전에 사탄을 중심으로 한 그와 같은 형의 비원리세계가 먼저 이루어지게 되는 것이니, 이것이 바로 공산주의세계(共產主義世界)인 것이다. 사탄은 이처럼 하나님이 이루시려는 뜻을 항상 앞질러 비원리적으로 이루어 나아가고 있기 때문에, 복귀섭리노정(復歸攝理路程)에서는 참것이 나타나기 전에 거짓 것이 먼저 참것과 같은 모양으로 나타나게 되는 것이다. 그리스도에 앞서 적그리스도가 나타날 것을 예언하신 성서의 말씀은 이러한 원리로써만 해명될 수 있는 것이다.

Ⅰ. 복귀섭리시대에 있어서의 역사 발전

타락된 인간들에 의하여 처음으로 이루어진 사회는 원시공동사회(原始共同社會)였다. 이 사회는 사탄을 중심하고 서로가 유무상통(有無相通)하던 사회로서, 원래 하나님이 완성한 인간을 중심하고 이루려 하셨던 공생공영공의주의사회(共生共榮共義主義社會)를 사탄이 앞질러 비원리적으로 이루어 놓은 것이었다. 만약 이 사회에 투쟁도 분열도 없었다면 이 사회는 그대로 영속(永續)할 것이기 때문에, 하나님의 복귀섭리는 이루어질 수 없는 것이다.

그러나 위에서 설명한 바와 같이, 타락인간은 그 개체에 있어 두 마음이 서로 싸우고, 또 이 마음의 싸움이 행동으로 나타나서 개체와 개체가 서로 싸우게 되므로, 원시공동사회가 그대로 평화로이 유지될 수는 없었던 것이다. 더구나 이 사회가 경제적인 이해관계를 서로 달리하는 사회에로 발전함에 따라서, 그 싸움이 더욱 크게 전개되어 온 것은 두말할 필요도 없는 것이다. 이와 같이 하나님의 복귀섭리(復歸攝理)에 대응하려는 인간의 본심(本心)의 작용에 의하여 사탄을 중심하고 조성되었던 원시공동사회에는 일찍부터 싸움에 의한 분열이 일어나고 있었다.

사탄을 중심한 인류 죄악사의 발전과정을 보면, 원시공동사회(原始共同社會)에서 분열된 인간을 중심하고 씨족사회(氏族社會)가 형성되었고, 그것이 더 성장하여 봉건사회(封建社會)를 이루었으며, 그 판도와 주권을 더욱 확장하여 군주사회(君主社會)를 이루었던 것이다. 이것은 장차 하나님이 이 죄악세계에서 선한 개체를 부르시어 그들을 중심하고 선의 씨족사회를 세우고, 나아가 선의 봉건사회를 이루어 가지고 선의 왕국을 건설함으로써 메시아를 맞기 위한 선의 판도와 주권을 수립하려 하셨기 때문에, 사탄이 또한 이것을 먼저 알아가지고 그러한 형의 노정을 앞질러 걸어 나온 것이었다.

실상 하나님은 이러한 죄악세계에서 선의 중심으로 아브라함을 부르시어, 그로부터 하나님의 뜻을 받들 수 있는 자녀를 번식케 함으로써 이스라엘 씨족사회를 세우셨던 것이다. 그 후 아브라함의 자손들은 애급(埃及)에 들어가서 씨족으로부터 부족으로 발전되었으며, 그들이 가나안으로 돌아온 후에는 사사시대(士師時代)를 이루었던 것인데, 이 사사를 중심한 사회가 바로 이스라엘 봉건사회였다.

그러면 이 사회를 어찌하여 봉건사회라고 하는가? 봉건사회의 특성은 봉사와 복종을 전제로 하는 주종관계(主從關係)에 의한 정치제도와 봉토(封土)를 중심한 봉쇄적인 자급자족의 경제체제에 있는 것이다. 그런데 사사시대는 바로 이러한 성격의 사회였던 것이다. 즉 가나안 땅으로 돌아온 이스라엘 민족의 각 지파(支派)에게는 땅이 분배되었고, 그 지파들은 대영주(大領主)와 같은 위치에 있었던 사사(士師)를 중심하고 봉건사회를 형성하였던 것이다. 그렇기 때문에 이 시대를 이스라엘 봉건사회라고 한다.

봉건사회(封建社會)의 백성들은 그 사회의 성격상 그 영주(領主)의 사상(思想)과 영도(領導)에 절대 순종굴복하였다. 따라서 그 영주가 하나님의 뜻 가운데 서 있는 한 그 백성들은 자연히 그를 따라서 하늘편에 서게 되었던 것이다. 한편 또 그들은 이와 같이 주종관계에 의한 봉쇄적인 정치와 경제의 사회제도하에 있었기 때문에, 사탄의 외침(外侵)을 당하지 않는 환경 가운데서 생활할 수 있었던 것이었다. 따라서 씨족사회(氏族社會)가 봉건사회로 발전하게 된 것은, 사탄의 소유를 하늘편으로 빼앗아 넘김으로써 하늘편 주권에 속하는 보다 큰 판도를 형성하여 가지고 사탄의 침범을 막기 위함이었다. 이러한 하나님의 섭리가 있었기 때문에, 또 그것을 안 사탄은 여기에 대비하여 한 걸음 앞질러서 먼저 사탄편 봉건사회를 이룸으로써 사탄주권을 유지하려 하였던 것이다.

또 한편 봉건사회는 보다 더 큰 주권과 판도의 군주사회(君主社會)를 이루기 위한 기대를 조성하기 위하여 오게 되는 것이다. 즉 이스라엘 봉건사회로써 사탄편의 침범을 막을 수 있는 소단위의 하늘편 주권과 백성과 경제적인 판도를 형성한 후에, 다시 이것들을 통합하여 보다 더 큰 주권과 백성과 경제적인 판도로 확장하고 강화하기 위하여 이스라엘 군주사회가 오게 되었던 것이니, 이것이 바로 사울왕으로 시작된 통일왕국시대(統一王國時代)였다.

이미 위에서 언급한 바와 같이, 예수님은 어디까지나 만왕의 왕으로 오신 분이었다(계 11 : 15). 그러므로 하나님이 이스라엘 민족의 군주사회를 형성하신 것은, 장차 메시아가 오셔서 만왕의 왕으로 군림하실 수 있는 터전을 마련하시기 위함이었던 것이다.

하나님이 이러한 섭리 밑에서 이스라엘 군주사회를 세우려 하셨었기 때문에, 사탄편에서는 또다시 이것을 앞질러 먼저 사탄을 중심한 군주사회(君主社會)를 형성함으로써 하늘의 섭리를 막아 왔던 것이다. 그러므로 통일왕국시대(統一王國時代)가 오기 전에 이미 사탄세계에서는 애급왕국(埃及王國)이 기원전 수십 세기에 제1왕조를 세워 그후 30왕조나 계승되었었고, 고 바빌로니아왕국은 기원전 18세기 함무라비왕 때 벌써 전메소포타미아를 통일하였던 것이며, 힛타이트왕국은 기원전 14세기에 시리아를 중심으로 동방(東方)의 최강국(最强國)이 되었었다. 그리하여 사탄편 세계에서도 역시 하나님의 복귀섭리(復歸攝理)에 대응하는 인간 본심의 작용에 의하여 보다 선한 왕국과 보다 악한 왕국이 서로 싸우면서 왕국을 단위로 한 분립역사(分立役事)를 일으켜 나왔던 것이다.

따라서 당시의 솔로몬왕이 끝까지 하나님의 뜻을 받들었더라면, 그는 애급, 메소포타미아, 크레타(혹은 미노아) 등 3대 문명(三大文明)을 흡수한 문화적인 사회환경에서 그의 탁월한 정치능력을 발휘하여 동방제국(東方諸國)을 통일하였을 것이었고, 나아가서는 메시아의 이상을 실현할 수 있는 세계적인 판도를 형성하였을 것이었다. 그러나 솔로몬왕의 타락으로 말미암아 하나님은 이 군주사회를 붕괴시키는 섭리를 하시지 않을 수 없었던 것이다.

이와 같이 통일왕국시대의 왕들이 '메시아를 위한 기대'를 세워 하나님의 주권을 복귀할 수 있는 터전을 마련하지 못하였기 때문에, 결국 하나님은 이 왕국을 남북(南北) 두 왕조로 분립하셨다. 그리하여 하늘 뜻을 배반하였던 북조(北朝)는 이방인 앗시리아(애급, 바빌로니아, 힛타이트 등의 왕국이 쇠미해짐에 따라 이 앗시리아왕국이 강대해져서 기원전 8세기에 애급을 포함한 오리엔트의 중심부를 정복하여 최초의 세계제국을 건설하였었다)에 부쳐 멸망하게 하셨고, 하늘 뜻을 받들던 남조(南朝) 유대도 얼마 안 가 하나님의 뜻을 배반하게 되자 신바빌로니아(앗시리아제국이 멸망한 후 갈대아인에 의하여 바빌론을 수도로 하여 신바빌로니아왕국(혹은 갈대아왕국)이 창건되었었다)에 부쳐서 멸망하게 하셨던 것이다.

하나님은 유대왕국을 멸하신 후, 메시아가 강림하실 때까지 유대민족을 여러 이방(異邦)들에게 속하게 하심으로써 이 민족의 왕위를 비워 두셨다. 특히 유대민족을 민주주의(民主主義)의 기틀이 될 헬라문명권 내에 속방(屬邦)이 되게 하심으로써, 장차 메시아가 강림하실 때 유대민족이 그를 환영하기만 하면 민의(民意)에 의하여서 언제든지 메시아가 왕위에 오를 수 있도록 민주주의형의 사회를 이루어 놓으셨던 것이다. 그러나 유대인들의 민의는 예수님을 왕위에 올려 세우지 못하고 그를 십자가에 살해하고 말았으므로, 이것으로써 아브라함의 혈통적인 후손을 중심하고 이루려 하셨던 2천년의 복귀섭리(復歸攝理)의 목적은 영적으로만 이루어지게 되었던 것이다.

II. 복귀섭리연장시대에 있어서의 역사 발전

1. 복귀섭리와 서양사

기독교(基督教)를 박해하던 로마제국은 4세기 말에 이르러 드디어 돌아가신 예수님 앞에 굴복하고, 기독교를 국교(國教)로 정하게 되었었다. 그러나 당초에 유대민족이 예수님을 메시아로 믿고 모시어 하나가 되었더라면, 로마제국을 중심하고 지중해를 기반으로 한 고대 통일세계는 응당 살아 계신 예수님에게 감화되어, 그를 왕으로 모시고 예루살렘을 중심으로 한 왕국을 이루었을 것이었다. 그러나 유대민족은 불신으로 돌아갔기 때문에 멸망하였고, 메시아왕국을 위한 터전이 되었어야 했던 로마제국도 점차 쇠퇴하기 시작하여 서기 476년에는 서로마가 게르만의 용병대장 오도아케르에 의하여 패망하고 말았다. 그리하여 하나님의 복귀섭리는 원한의 땅 유대에서 서로마의 판도였던 서구(西歐)로 옮겨지게 되었다.

따라서 예수님 이후에 있어서의 기독교에 의한 영적 복귀섭리는 서구를 발판으로 하고 이루어 나왔기 때문에, 이 시대의 복귀섭리역사는 서구에서만 전형노정(典型路程)을 따라서 발전하게 된 것이다. 유물사관(唯物史觀)에서 논하고 있는 역사발전 과정도 서구의 역사에서만 적응되고 있는 바, 그 이유도 바로 여기에 있는 것이다. 이와 같이 되어 서구를 중심한 기독교사는 복귀섭리연장시대(復歸攝理延長時代)를 형성한 중심사료(中心史料)가 된 것이다.

2. 종교사와 경제사와 정치사의 상호관계

하나님이 인간으로 하여금 유형(有形) 무형(無形)의 두 세계를 주관하도록 하시기 위하여 육신(肉身)과 영인체(靈人體)의 두 부분으로써 인간을 창조하셨다 함은 이미 창조원리(創造原理)에서 논술되었다. 그러므로 인간이 타락되지 않았더라면 그의 영인체와 육신이 함께 성장하여 완성됨으로써 영육 양면의 지성(知性)이 동시에 지상의 육신생활 가운데서 완전한 조화를 이루었을 것이다. 그러나 인간은 타락됨으로 인하여 영육 양면의 무지에 빠지게 되었었다. 여기에서 인간의 영적인 무지는 종교에 의하여, 그 육적인 무지는 과학에 의하여 계발

(啓發)되어 나왔던 것이니, 이에 관해서는 이미 전편 제3장 제5절 Ⅰ 에서 논하였다.

그런데 영적인 무지는 종교로써 타락인간 가운데 잠재해 있는 그 본심(本心)을 불러일으킴으로써 그들이 보이지 않는 원인적인 세계를 찾아 나아감에 따라 점차 계발되어 왔다. 그러나 종교는 누구나 다 긴절(緊切)한 필요성을 느끼는 것이 아니기 때문에 영적인 면의 계발은 어느 특수한 인간에 있어서는 비약적이기도 하지만 일반적으로는 대단히 완만한 것이다. 이것은 종교가 세계적으로 보편화되어 있는 오늘에 있어서도 영적인 면에서는 고대인(古代人)이나 대차(大差)없는 인간들이 많이 있다는 사실로써 미루어 알 수 있다.

그런데 이와는 반대로 육적인 무지는 누구나 인식할 수 있는 결과의 세계, 즉 자연계(육계)에 대한 것을 과학적으로 탐구하는 것으로써 계발되어 왔다. 그리고 과학은 현실을 타개하는 것이기 때문에 누구에게나 긴요하다. 그러므로 육적인 무지에 대한 계발은 급진적이면서도 보편적이다.

이렇듯 찾아가는 대상이 종교에 있어서는 보이지 않는 원인(原因)의 세계이므로 초현실적(超現實的)인 것인 데 반하여 과학에 있어서는 보이는 결과(結果)의 세계, 즉 물질세계(物質世界)로서 현실적인 것이기 때문에, 지금까지 종교와 과학은 이론적으로 타협할 수 없는 것으로 상충되어 왔다. 그뿐 아니라 피조세계(被造世界)의 주권을 갖고 있는 사탄이 현실생활을 통하여 인간에게 침범하는 관계로, 지금까지 종교의 길은 현실을 버리지 않고는 갈 수 없는 것으로 생각되어 왔기 때문에, 현실을 추구하는 과학과 서로 조화될 수 없었던 것은 당연하다.

다음 장 제1절에서 상세히 논급하겠거니와, 하나님이 원래 인간의 외적인 육신(肉身)을 먼저 창조하시고 다음으로 내적인 영인체(靈人體)를 창조하셨기 때문에(창 2 : 7), 재창조 원칙(再創造原則)에 의한 복귀섭리(復歸攝理)도 외적인 것에서 내적인 것으로 복귀해 가는 과정을 밟게 된다. 이러한 섭리적 원칙으로 보더라도 과학과 종교가 서로 조화될 수 없는 발전과정을 밟아 나온 것은 사실이다.

이러한 부조화(不調和)는 종교와 경제의 관계에 있어서도 또한 마찬가지이다. 그것은 경제도 역시 과학과 같이 현실세계에 속하는 것으로서, 더욱이 과학의 발달과 밀접한 관계를 가지고 발전하는 것이기 때문이다. 이러한 관계로 인하여 하나님의 내적인 섭리에 의한 종교사(宗教史)와 그 외적인 섭리에 의한 경제사(經濟史)는 그 발전에 있어서 서로 방향과 진도를 달리하지 않을 수 없었던 것이다. 그러므로 이와 같이 하나님의 복귀섭리의 전형노정(典型路程)을 밟아 온 서구에 있어서의 역사발전을 섭리적인 면에서 파악하기 위하여는 기독교사(基督教史)와 경제사를 따로 갈라 가지고 고찰해 보지 않으면 아니 된다.

그런데 종교와 과학이 그러하듯이, 종교와 경제도 타락인간(墮落人間)의 내외 양면의 생활을 각각 분담하여 복귀해야 될 사명을 가지고 있기 때문에, 그것들이 전혀 관계없이 발전할 수는 없는 것이다. 그러므로 종교와 과학, 따라서 종교와 경제는 그 발전과정에 있어서 서로 상충적인 면을 지니면서도, 우리의 사회생활과 결부되어 각각 기독교사와 경제사를 형성해 온 것이다.

그러면 그것들은 우리의 사회생활과 어떻게 결뉴(結紐)될 수 있었던가? 그것은 바로 정치에 의해서였다. 기독교화했던 서구(西歐)에서였기 때문에 더욱 그러하다. 서구에 있어서의 정치는 급진적인 과학의 발달에 따르는 경제발전과, 복귀섭리의 뚜렷한 방향을 잡지 못하고 헤맸던 기독교의 움직임을 사회생활 가운데서 조화시키는 방향으로 나아가지 않을 수 없었기 때문에, 그의 정치사(政治史)는 종교와 경제를 조화시키려는 또 하나의 새로운 방향으로 나아가게 되었던 것이다. 따라서 복귀섭리를 위한 역사의 발전을 정확하게 파악하기 위하여는 정치사도 역시 별도로 고찰하지 않을 수 없게 된다.

이에 대한 실례로서, 17세기 말엽에 있어서의 서구(西歐)의 역사를 놓고 그 발전과정을 고찰해 보자.

먼지 종교사(宗教史)의 면에서 살펴보면, 이 시대에는 이미 기독교민주주의사회(基督教民主主義社會)가 형성되어 있었다. 즉 1517년의 종교개혁(宗教改革)으로 인하여 교황이 독재하던 영적인 왕국이 붕괴됨으로써 중세인들은 교황에 예속되어 있던 신앙생활에서 해방되어 누구나 성서를 중심하고 자유롭게 신앙생활을 할 수 있게 되었었다. 그러나 정치사(政治史)의 면에서 보면 이 시대에는 전제군주사회(專制君主社會)가 대두되어 있었고, 경제사(經濟史)의 면에서는 아직도 장원제도(莊園制度)에 의한 봉건사회(封建社會)가 엄존하고 있었다. 이와 같이 동시대의 동사회가 종교면에서는 민주주의사회가 되고, 정치면에서는 군주주의사회가 되며, 경제면에서는 봉건주의사회가 되기 때문에 복귀섭리의 입장에서 이 시대의 성격을 파악하기 위하여는 그 발전과정을 각각 별도로 고찰하지 않으면 안 된다.

그러면 복귀섭리시대(구약시대)에 있어서의 역사 발전은 어찌하여 그러한 과정을 밟아 나오지 않았는가 하는 것을 우리는 알아야 할 것이다. 고대사회(古代社會)에 있어서는 과학의 발달이 거의 정돈상태(停頓狀態)에 있었기 때문에 경제발전도 역시 그러하였다. 아직도 생활양식이 분화되기 전인 구약시대(舊約時代)의 이스라엘 민족은 지도자들의 명령에 의하여 엄격한 율법(律法)에 추종하는 주종관계

(主從關係)의 사회제도하에서 단순한 생활을 하고 있었기 때문에, 그들의 종교생활은 곧 그들의 사회생활이었던 것이다. 따라서 당시에는 종교와 정치와 경제가 분립된 발전을 할 수 없었던 것이다.

3. 씨족사회

그러면 우리는 여기에서 복귀섭리연장시대(신약시대)에 있어서의 종교와 정치와 경제 등의 각 부면으로 본 역사발전은 어떻게 되었는가 하는 것을 알아보기로 하자.

사탄을 중심한 원시공동사회(原始共同社會)는 하나님의 복귀섭리(復歸攝理)에 대응하는 인간의 본심(本心)의 작용에 의하여 분열되어, 그중에서 하나님의 뜻을 따르는 인간이 분립됨으로써 하늘편 씨족사회(氏族社會)가 형성되었다 함은 이미 위에서 밝힌 바 있다. 이와 마찬가지로 예수님을 살해한 유대민족은 이미 사탄편 계열로 전락되었기 때문에, 하나님은 그 사회를 그대로 두시고는 복귀섭리를 할 수 없으셨던 것이다. 따라서 하나님은 이 사회를 분열시켜 그 가운데서 독실한 기독교 신도들을 부르시어 그들을 중심하고 기독교씨족사회(基督教氏族社會)를 세우셨던 것이다.

구약시대에 있어서 야곱의 12자식을 중심한 70가족이 이스라엘 씨족사회를 형성하여 섭리노정(攝理路程)을 출발했던 것과 같이, 신약시대에 있어서는 예수님을 중심한 12제자와 70문도가 기독교씨족사회를 형성하여 섭리노정을 출발했던 것이다. 기독교씨족사회는 원시기독교사회(原始基督教社會)였기 때문에 그때는 아직도 정치나 경제에 있어서의 어떠한 제도가 필요하지 않았던 시대였다. 따라서 이 시대에는 종교와 정치와 경제가 분립된 발전을 할 수 없었다.

기독교씨족사회(基督教氏族社會)는 지중해를 기반으로 한 고대 통일세계 안에서 로마제국의 극심한 박해를 받아 가면서 번성하여 기독교부족사회(基督教部族社會)를 형성하는 데 이르렀었다. 그리고 4세기 후반으로부터 시작되었던 민족들의 대이동에 의하여 서로마제국은 드디어 476년에 쇠망(衰亡)하였고, 그 판도 안으로 이동해 온 게르만 민족에게 기독교가 침투됨으로써 그들을 중심하고 광범한 기독교사회가 이루어졌던 것이다.

4. 봉건사회

역사의 발전과정에 있어서 씨족사회(氏族社會) 다음에 오는 것은 봉건사회(封建社會)인 것이다. 그리하여 서로마제국의 멸망을 전후하여 왕권(王權)이 쇠미해지고 국가가 무질서한 상태에 빠졌을 때 봉건사회는 형성되기 시작했던 것이다. 이때부터 서구의 기독교사회는 종교와 정치와 경제가 분화되어 각각 상이(相異)한 발전을 해 나아가게 되었다.

봉건사회는 대·중·소의 영주(領主)와 기사(騎士)들 사이에 복종과 봉사를 전제로 하고 맺어진 주종관계에 의한 정치제도(政治制度)와 장원제도(莊園制度)에 의한 봉쇄적인 자급자족의 경제제도로써 형성되었었다. 국토는 많은 영주들에 의하여 분할되었고, 국왕은 사실상 영주 중의 하나였으므로 국왕의 권력도 지방분권적이었다. 영주들은 상부로부터 은대지(恩貸地)로 토지를 분배받아 그들의 독립영지(領地)를 이루고 그 안에서 재판권까지 행사하였었다. 따라서 이 영지는 거의 국가권력을 떠난 사령(私領)이나 다름없었다. 이렇게 되어진 사령을 장원(莊園)이라고 한다.

자작농(自作農)의 하민(下民)들이 주권자들의 보호를 받기 위하여 자기의 소유지를 영주 또는 사원(寺院)에 기증하고, 그 토지를 다시 은대지로 대여받아서 된 장원도 있었다. 이와 같이 되어 장원은 전국에 퍼져 있었던 것이다. 최하급의 기사는 하나의 장원을 할여받아 영주에게 사병(私兵)으로서 종사하였지만, 국왕이나 영주는 수백 수천의 장원을 소유했던 것이다.

종교면에서도 그것은 기독교를 중심하고 위에서 논한 봉건사회(封建社會)와 동일한 방향으로 발전하게 되었으니, 이것을 기독교봉건사회(基督教封建社會)라고 한다. 즉 교구장(教區長), 대주교(大主教), 주교(主教)는 대 · 중 · 소의 영주에 해당되는 지위를 가지고 있었고, 국왕이 영주 중의 하나였던 것과 같이 교황도 교구장 중의 하나였다. 거기에도 절대적인 주종관계에 의한 종교적인 정치제도가 있었고, 주교들은 신자들로부터 기증된 봉토(封土)를 가지게 되어 그들은 봉건적 계급층들 중에서 유력한 지위를 가지고 있던 영주들이기도 하였다.

다음으로 경제면에서 이 시대를 고찰하여 본다면, 이 시대는 고대 노예제도(奴隸制度)에서 장원제도(莊園制度)로 옮겨진 시대였다. 따라서 평민들이 이때부터 토지를 소유할 수 있게 되었던 것이다. 그리하여 이 시대의 토지제도에 의한 신분은 대체로 지주, 자작농, 농노(반자유 신분), 노예(부자유 신분) 등의 4계급으로 갈라져 있었다.

이와 같이 하나님은 게르만 민족을 새로운 선민(選民)으로 교화(教化)하여 봉건사회를 수립함으로써 쇠망한 서로마의 터전에다 종교와 정치와 경제의 3면으로 소단위의 하늘편 판도들을 강화하여, 장차 하늘편 왕국을 건설하기 위한 터전을 마련할 수 있게 되었던 것이다.

5. 군주사회와 제국주의사회

역사의 발전과정에 있어서 봉건사회 다음에 오는 것은 군주사회(君主社會)인 것이다. 그러면 이때의 서구(西歐)에 있어서의 정치면에서 본 군주사회는 어떻게 형성되었는가?

서구에 이동된 게르만 민족이 세웠던 국가들은 모두 그 존립기간(存立期間)이 짧았었으나, 프랑크왕국만은 오래도록 존속되었다. 프랑크는 서게르만의 한 부족이었는데, 그가 메로빙왕조를 세운 후 기독교(基督敎)와 결합하고 로마문명을 흡수하여 서구에다 게르만적인 로마풍의 세계를 이루었던 것이다. 이 왕조(王朝)가 몰락한 후 카알마르텔은 서침(西侵)한 아라비아인을 물리쳐 세력을 폈고, 그의 아들 피핀은 카롤링왕조를 세웠다. 피핀의 아들 카알대제는 일찍부터 성어거스틴의 '신국론(神國論)'을 숭상하였었는데, 왕위(王位)에 오르자 그는 어거스틴의 '신국론'을 국가이념으로 하는 군주국가(君主國家)를 세우려 하였던 것이다. 그리하여 카알대제는 중부유럽을 통일하고, 민족 대이동으로 혼란된 서구를 안정시켜서 강력한 프랑크왕국을 확립하였었다.

다음으로 종교면에 있어서 기독교봉건사회(基督敎封建社會)에 뒤따라 온 기독교군주사회(基督敎君主社會)는 '메시아를 위한 영적 기대' 위에서 교황(敎皇)을 중심하고 세워졌던 국토 없는 영적 왕국사회였다. 그리고 교황 레오 3세가 기원 800년에 카알대제를 축복하고, 그에게 황제(皇帝)의 관을 수여하여 천적(天的)인 기업을 상속함으로써, 교황을 중심하고 이루어진 영적인 왕국과 정치적으로 형성된 프랑크왕국이 하나되어 기독왕국(基督王國)을 이루었던 것이다.

기독왕국시대(基督王國時代)는 구약시대의 통일왕국시대(統一王

國時代)와 동시성의 시대였다. 이처럼 봉건시대(封建時代)에 뒤따라 왕국시대가 왔던 것은 봉건사회를 통합함으로써 더욱 큰 하늘편의 주권과 백성과 판도를 형성하기 위함이었다. 따라서 위에서 이미 논한 바와 같이, 천사장(天使長)의 입장에서 실체세계(實體世界)를 복귀하기 위한 터전을 마련해 온 교황은 국왕을 축복한 후에 가인의 입장에서 그에게 순종하고, 또 국왕은 교황의 이념에 따라 메시아이상을 실현하기 위한 정치를 하여 기독왕국을 완전히 하나님의 뜻 가운데 세웠더라면, 이 시대가 바로 메시아를 맞을 수 있는 말세(末世)가 될 것이었다. 이렇게 되어 그때까지 서로 타협을 보지 못하고 상충되어 왔던 종교와 과학을 하나의 과제로 완전히 해결할 수 있는 진리가 나왔더라면, 그때 바로 종교와 정치와 경제가 하나의 이념을 중심하고 완전히 일치된 방향으로 발전함으로써, 이 터전 위에서 '재림하실 메시아를 위한 기대'는 이루어졌을 것이었다.

그렇기 때문에 기독왕국시대가 옴으로써 봉건시대는 그때에 완전히 끝나야만 할 것이었다. 그러나 교황이나 국왕들이 모두 하나님의 뜻을 벗어나게 됨에 따라서, 카알대제의 본래의 이상(理想)을 실현할 수 없게 되었기 때문에, 완강한 봉건제도(封建制度)의 기틀은 무너지지 않고 그 후 오래도록 존속하게 되었었다. 따라서 종교와 정치와 경제가 여전히 서로 분립됨으로써, 교황을 중심한 영적인 왕국과 국왕을 중심한 실체적인 왕국도 여전히 분립되어 상충적인 입장을 취하게 되었었다.

이와 같이 되어 카알대제는 원숙한 봉건제도의 터전 위에 왕국을 건설하였으나 그 장벽을 무너뜨릴 수 없었기 때문에, 그는 실상 일개 대영주(大領主)의 입장에 불과하였다. 기독왕국(基督王國)이 이렇듯 재림하시는 메시아를 맞을 수 있는 왕국을 이루지 못하였기 때문에,

봉건제도는 점점 더 강화되어 정치면에서의 봉건계급사회(封建階級社會)는 전제군주사회(專制君主社會)가 일어날 때까지 전성(全盛)하였다.

17세기 중엽부터 봉건계급이 몰락됨에 따라 지방으로 분할되었던 영주들의 권력은 국왕을 중심하고 중앙으로 집중되었던 것이다. 그리하여 왕권신수설(王權神授說)을 정치이념으로 하고 군림한 국왕은 절대의 권한을 가지게 되었다. 이와 같이 국왕이 봉건계급사회의 영주의 입장을 벗어나 정치면에서의 군주사회(君主社會)를 사실상 형성하였던 것은 17세기 중엽으로부터 1789년 불란서혁명(佛蘭西革命)이 일어날 때까지라고 볼 수 있는 것이다.

다음으로 종교사의 입장에서 본 기독교군주사회(基督教君主社會)의 귀추는 어떠하였던가? 이 시대의 교황들은 하나님의 뜻 가운데 서지 못하고 세속화(世俗化)하였기 때문에, 그들은 심령적인 면에서 쇠퇴의 길을 밟아 가게 되었었다. 더구나 십자군전쟁(十字軍戰爭)에 패함으로 말미암아 교황의 위신은 땅에 떨어졌고, 한편 또 교황이 남불(南佛) 아비뇽에 유수(幽囚)됨으로써 그들은 허명무실(虛名無實)한 입장에 떨어지게 되었었다. 그리하여 교황을 중심한 영적인 왕국이었던 기독교군주사회는 1517년 종교개혁(宗教改革)이 일어날 때까지 존속되었던 것이다.

이 시대의 경제면에서의 발전과정을 보면, 봉건적 경제제도는 봉건적인 정치제도가 몰락되고 중앙집권화한 전제군주사회에 있어서도 의연히 존속되어 불란서혁명 때까지 이르게 되었던 것이다. 그리하여 농업경제(農業經濟)의 면에서는 말할 것도 없거니와, 자본주의화해 가던 다른 경제면에 있어서도 봉건제도의 영역을 넘을 수 없었다. 즉 자영농민(自營農民)들도 봉건 영주의 지배에 대항하기 위하여 국왕의 권력에 의뢰하였으나 그들도 봉건제도의 영역을 벗어나지 못하였고, 또 매뉴팩처(manufacture)의 경영자들도 봉건적인 분열이 불리하다는 것을 알고 중앙집권의 국왕과 결탁하였으나 결국 그들도 역시 봉건화한 상업자본가(商業資本家)가 되고 말았던 것이다.

역사의 발전과정에서 봉건사회(封建社會)에 뒤이어 오는 것이 군주사회(君主社會)라면, 경제면에 있어서의 봉건사회에 뒤이어 오는 것은 무엇일 것인가? 그것은 바로 자본주의사회(資本主義社會)와 그 뒤에 따라오는 제국주의사회(帝國主義社會)인 것이다. 국정(國政)에 대한 독재가 군주주의의 특색인 것같이, 금융자본(金融資本)에 대한 독점이 자본주의 특히 제국주의의 특색이기 때문이다. 자본주의는 17세기 중엽 전제군주사회(專制君主社會)가 시작될 무렵부터 싹이 터 영국의 산업혁명기(産業革命期)로부터는 점차 원숙기로 들어가게 되었던 것이다. 이처럼 자본주의사회가 오게 된 것은 봉건적인 경제제도에 의하여 확보된 소단위의 경제기대(經濟基臺)를 더 큰 기대로 확립하기 위함이었다. 그리고 더 나아가 세계적인 경제기대를 복귀하기 위하여 자본주의는 제국주의 단계로 이행하게 되었던 것이다.

여기에서 다시 기억해야 될 것은 하나님의 복귀섭리의 전형노정(典型路程)은 서구(西歐)를 중심하고 형성되었다는 점이다. 따라서 여기에서 논하는 제국주의도 서구를 중심하고 전개된 것을 지칭하는 것이다.

서구에서 팽창된 제국주의사상(帝國主義思想)은 서구의 각 기독교국가로 하여금 제1차 세계대전(第一次世界大戰)을 전후하여 지구의 전역에 걸쳐 식민지를 획득하게 하였다. 이렇게 되어 세계는 급진적으로 기독교문화권(基督教文化圈)으로 들어오게 되었던 것이다.

6. 민주주의와 사회주의

군주주의시대(君主主義時代)에 뒤이어 온 것은 민주주의시대(民主主義時代)였다. 그런데 군주주의시대가 오게 되었던 이유는 이미 위에서 밝힌 바와 같이, 장차 메시아를 왕으로 모실 수 있는 왕국을 건설하기 위함이었다. 그러나 이 시대가 그러한 사명을 다하지 못하였으므로, 하나님은 이 사회를 깨뜨리고 메시아의 왕국을 재건하기 위한 새로운 섭리를 하시기 위하여 민주주의를 세우신 것이다.

민주주의(民主主義)는 주권을 인민(人民)에게 둠으로써, 인민이 그 민의(民意)를 따라 인민을 위한 정치를 하는 주의를 말한다. 따라서 민주주의는 메시아왕국을 건설하시려는 하나님의 뜻을 벗어난 군주주의(君主主義)의 독재를 깨뜨리고, 메시아를 왕으로 모시기 위한 복귀섭리의 목적을 이룰 수 있는 새로운 정치제도를 세우려는 데 그 목적이 있는 것이다.

인간은 역사가 흐름에 따라 복귀섭리(復歸攝理)의 시대적인 혜택을 받아서 그 심령(心靈)이 점차 밝아지게 되므로, 이 섭리에 대응하는 인간의 본심(本心)은 자기도 모르게 종교를 찾게 되고, 또 종교를 찾는 그 본심은 결국 하나님이 최종적인 종교로 세우시고 섭리하시는 기독교를 찾게 되는 것이다. 오늘날 세계가 하나의 기독교문화권(基督教文化圈)을 형성해 가고 있는 원인은 실로 여기에 있다.

그러므로 역사가 종말에 가까워 갈수록 민의는 점차 기독교적으로 흘러갈 수밖에 없으며, 이러한 민의에 따르는 민주정체(民主政體)도 또한 기독교적으로 변이(變異)하지 않을 수 없게 된다. 이와 같이 되어 기독정신(基督精神)으로 원숙한 민주정체의 사회로 메시아가 재림(再臨)하시면, 그는 민의에 의하여 하나님의 주권을 지상에 세워 지상천국(地上天國)을 복귀할 수 있게 되는 것이다. 그러므로 민주주의는 결국 사탄편의 독재를 없이 하고, 재림하시는 예수님을 중심한 하나님의 주권을 민의에 의하여 복귀하시려는 최종적인 섭리에서 나온 주의임을 알아야 한다. 그리하여 18세기 말엽에 이르러 전제군주주의(專制君主主義)에 대항하여 일어난 민주주의(民主主義)는 영(英)·미(美)와 불란서(佛蘭西)에서 민주주의 혁명을 일으키어 군주사회(君主社會)를 붕괴하고 민주사회의 기초를 확립하였다.

우리는 위에서 역사발전의 관점에서 민주주의를 고찰하였거니와, 히브리사상과 헬라사상의 섭리적인 흐름으로 본 민주주의에 대하여는 다음 장으로 미루기로 한다.

다음으로 종교면에서의 역사발전 과정에 있어서도, 1517년 종교개혁(宗教改革)으로 인하여 교황을 중심한 국토 없는 영적인 왕국이 붕괴된 후에 기독교민주주의시대(基督教民主主義時代)가 왔다. 기독교민주주의는 종교개혁을 일으킴으로써 교황이 독재하여 내려오던 영적인 왕국을 붕괴시켰다.

원래 교황을 중심한 이 왕국은 위에서 이미 논한 바와 같이 교황이 국왕과 하나가 되어 재림하실 메시아를 맞을 수 있는 왕국을 이루어야 할 것이었다. 그런데 교황이 이 사명을 다하지 못하였기 때문에 마치 전제군주사회(專制君主社會)의 독재적인 주권을 깨뜨리기 위하여 민주주의가 나오게 되었던 것과 같이, 하나님의 뜻을 벗어난 교황의 독재적인 주권을 깨뜨리기 위하여 기독교민주주의가 나오게 된 것이다. 따라서 종교개혁 이후에는 교황이나 승려를 통하지 않고 각자가 성서를 중심하고 자유롭게 하나님을 찾아갈 수 있는 기독교민주주의시대가 오게 되었던 것이다.

이와 같이 종교면에 있어서도 신도들이 어디에도 예속되지 않고 자유의지(自由意志)에 의하여 신앙길을 찾아갈 수 있는 시대에로 들어왔다. 이리하여 기독교민주주의(基督教民主主義)는 장차 메시아가 어떠한 형태로 재림(再臨)하신다 하더라도 그를 자유롭게 찾아갈 수 있는 기독교적인 사회환경을 조성할 수 있게 되었다.

한편 경제사(經濟史)의 발전과정에 있어서도 그 발전법칙에 의하여 제국주의(帝國主義)를 깨뜨리고 민주주의적인 경제사회(經濟社會)를 이룩하기 위하여 사회주의(社會主義)가 나오게 되는 것이다. 그리하여 제1차 세계대전은 제국주의국가들의 식민지 획득을 위한 전쟁이라고도 볼 수 있으나, 제2차 세계대전이 끝날 무렵부터는 제국주의의 식민정책(植民政策)을 타파하기 위한 국가적 민주주의가 대두하여 열강(列强)들은 식민정책을 포기하고 약소국가(弱小國家)들을 해방하지 않을 수 없게 된 것이다. 따라서 자본주의의 경제시대는 제국주의의 붕괴를 전기로 하여 사회주의적인 경제시대에로 전이(轉移)하게 되는 것이다.

공산주의사회(共産主義社會)를 지향하는 사탄편의 세계에서 이 사회주의를 부르짖게 되는 것은 당연한 주장이 아닐 수 없다. 왜냐하면 그 방향과 내용은 전혀 다르나 사회주의적인 경제체제에로 나아가려는 하늘편의 노정을 사탄편에서 앞질러 먼저 이루려 하기 때문이다.

하나님의 창조이상(創造理想)으로 보면, 인간에게 부여된 창조본연(創造本然)의 가치에 있어서는 그들 사이에 서로 어떠한 차이도 있을 수 없다. 따라서 하나님은 마치 우리 인간의 부모가 그 자식을 대하듯이, 누구에게나 균등한 환경과 평등한 생활조건을 주시려 하는 것이다. 그러므로 생산(生産)과 분배(分配)와 소비(消費)는 마치 인체에 있어서의 위장(胃腸)과 심장(心臟)과 폐장(肺臟)과 같이 유기적인 관계를 가져야 하므로, 생산과잉(生産過剩)에 의한 판로경쟁이나 편파적인 분배로 인하여 전체적인 생활목적에 지장을 가져오는 축적이나 소비가 있어서는 아니 되는 것이다. 필요하고도 충분한 생산과 공평하고도 과부족(過不足) 없는 분배와 전체적인 목적을 위한 합리적인 소비를 할 수 있어야 하며, 마치 인체에 있어서의 간장(肝臟)과 같이 기능 전체의 원활한 활동을 위한 적의(適宜)한 저축(貯蓄)을 하지 않으면 아니 되는 것이다.

인간은 이러한 이상(理想)으로써 창조되었기 때문에, 그 이상을 복귀할 수 있는 섭리역사(攝理歷史)의 종말기에 이르러 민주주의적인 자유를 찾아 인간의 본성을 더듬어 나아가게 되면, 결국 누구나 이러한 사회주의적인 생활체제를 요구하지 않을 수 없게 되는 것이다. 따라서 민의(民意)가 이러한 것을 요구하게 되면 민의에 의한 정치도 그러한 방향으로 나아가지 않을 수 없게 되기 때문에, 최후에 가서는 하나님을 중심한 사회주의사회가 오고야 마는 것이다.

고대 기독교사회(古代基督敎社會)에서도 우리는 사회주의적인 사상을 찾아볼 수 있고, 16세기 영국의 토마스 모어의 유토피아사상도 이러한 사회주의적인 것이었으며, 한편 또 영국의 산업혁명기(産業革命期)에 일어났던 오웬의 인도주의(人道主義)에 입각한 사상도 그러했으며, 또는 19세기로 들어오면서 영국의 킹슬리의 기독교사상에 의하여 가톨릭사회주의와 프로테스탄트사회주의 등이 나오게 되었던 것은 모두 창조이상(創造理想)을 지향하는 인간 본성의 자연적인 발로에서 일어났던 것이라고 보지 않을 수 없는 것이다.

7. 공생공영공의주의와 공산주의

하나님의 복귀섭리의 시대적인 혜택은 사탄의 침범으로 말미암아 발휘할 수 없게 되었던 인간의 창조본성(創造本性)을 계발하여 나아가므로, 인간은 이와 같은 창조본성의 욕구에 의하여 자기도 모르게 하나님의 창조이상(創造理想)의 세계를 동경하고 그것을 찾아 나아가게 되는 것이다. 따라서 하늘편의 사회주의사회(社會主義社會)를 지향하는 인간의 본심은 마침내 공생공영공의주의(共生共榮共義主義)를 부르짖어 하나님의 창조목적을 완성한 이상세계(理想世界)를 이루는 데까지 나아가지 않을 수 없는 것이니, 이 세계가 바로 재림하시는 예수님을 중심한 지상천국(地上天國)인 것이다.

사탄은 하나님의 섭리를 앞질러 먼저 이루어 나아가는 것이므로, 사탄편에서는 먼저 유물사관(唯物史觀)에 입각한 소위 과학적 사회주의를 부르짖어 공산주의세계(共産主義世界)에로 나아가는 것이다. 그들은 이러한 역사발전관(歷史發展觀)에 입각하여 인류역사는 원시공산사회(原始共産社會)에서 다시 공산주의사회에로 돌아간다고 주장하고 있으나 그 원인은 전혀 모르고 있다.

하나님은 인간을 창조하시고 그에게 지상천국(地上天國)의 실현을 약속하셨던 것이므로, 인간과 혈연관계(血緣關係)를 먼저 맺은 사탄이 타락인간을 중심하고 원리형(原理型)의 비원리세계(非原理世界)를 먼저 이루어 나아가는 것을 허락하시지 않을 수 없는 것이다. 그리하여 하나님이 복귀하시려는 지상천국을 사탄이 앞질러 이루어 놓은 원리형의 비원리세계가 바로 공산세계인 것이다.

마치 군주주의(君主主義)의 정치적인 독재를 막고 그 주권을 인민의 것으로 돌리려는 데서 민주주의(民主主義)가 나오게 된 것과 같이, 국가의 재산이 어느 특수한 개인이나 계급에 독점을 당하는 제국주의적(帝國主義的)인 경제체제를 타파하고 인민들이 그것을 균등하게 향유(享有)할 수 있는 경제체제를 수립하기 위하여 사회주의(社會

主義)를 거쳐서 하늘편에서는 공생공영공의주의(共生共榮共義主義)를 지향하고, 사탄편에서는 그것을 앞질러 먼저 공산주의(共産主義)를 지향하는 것이다. 따라서 사회주의는 진정한 민주주의적 경제사회를 이루기 위하여 나오게 되는 것이다.

우리는 위에서 서구(西歐)를 중심하고 이루어진 복귀섭리역사(復歸攝理歷史)가 종교사와 정치사와 경제사의 3면으로 분립되어 각각 공식적인 노정을 통하여 발전하여 나왔다는 사실을 밝혔다. 그러면 이것들이 어떻게 하여서 서로 동일한 역사노정에서 융합되는 섭리역사로 종결을 지어, 재림이상(再臨理想)의 터전을 마련할 수 있게 될 것인가?

이미 위에서 우리는 인간의 영육(靈肉) 양면의 무지(無知)를 타개하기 위한 종교와 과학이 하나의 과제로서 해결되지 않았기 때문에, 역사발전이 3분되어 발전하여 왔다는 것을 밝혔다. 따라서 이렇게 3부면(三部面)으로 발전해 온 역사가 하나의 이상(理想)을 실현하는 초점으로 귀결되기 위하여서는, 종교와 과학을 완전히 통일된 하나의 과제로서 해결해 줄 수 있는 새로운 진리(眞理)가 나와야 한다. 그리고 이러한 진리에 입각한 종교에 의하여 온 인류가 하나님의 심정(心情)에 귀일(歸一)함으로써 하나의 이념을 중심한 경제의 기대 위에 창조이상(創造理想)을 실현하는 정치사회가 이루어질 것이니, 이것이 바로 공생공영공의주의에 입각한 메시아왕국인 것이다.

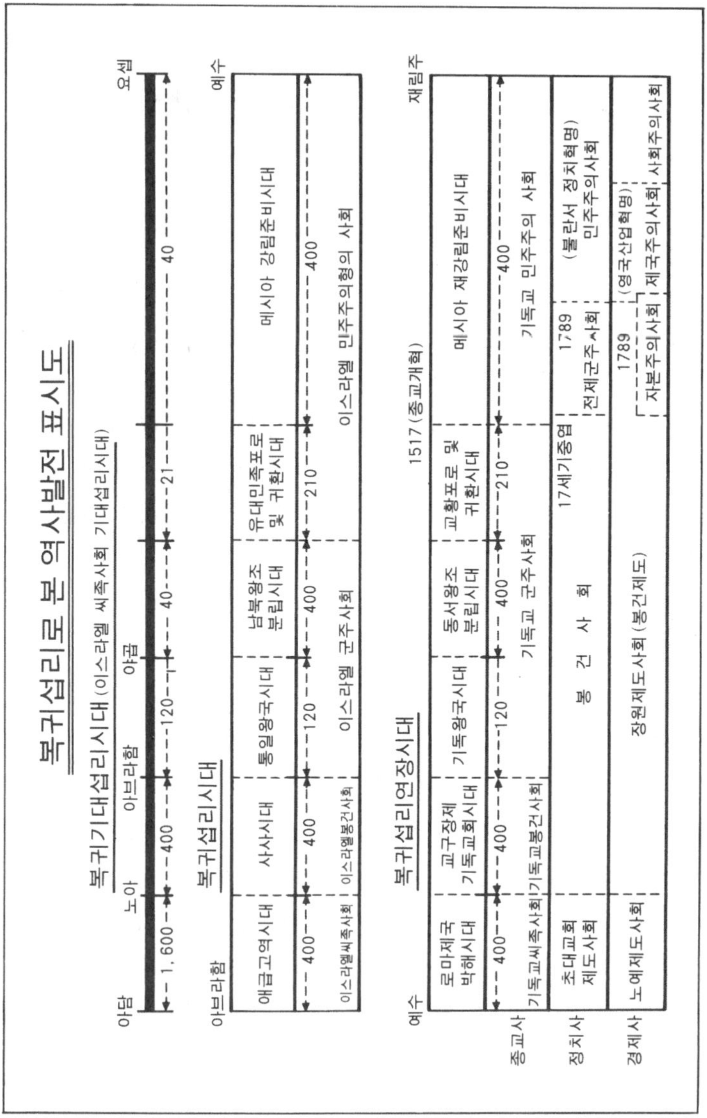
복귀섭리로 본 역사발전 표시도
복귀기대섭리시대 (이스라엘 씨족사회 기대섭리시대)
아담
노아
아브라함
야곱
요셉
1,600
400
120
40
21
40
복귀섭리시대
아브라함
예수
애급고역시대
사사시대
통일왕국시대
남북왕조 분립시대
유대민족포로 및 귀환시대
메시아 강림준비시대
400
400
120
400
210
400
이스라엘씨족사회
이스라엘봉건사회
이스라엘 군주사회
이스라엘 민주주의형의 사회
복귀섭리연장시대
예수
1517 (종교개혁)
재림주
로마제국 박해시대
교구장제 기독교회시대
기독왕국시대
동서왕조 분립시대
교황포로 및 귀환시대
메시아 재강림준비시대
400
400
120
400
210
400
종교사
기독교씨족사회
기독교봉건사회
기독교 군주사회
기독교 민주주의 사회
정치사
초대교회 제도사회
봉 건 사 회
17세기중엽
전제군주사회
1789
(불란서 정치혁명)
민주주의사회
경제사
노예제도사회
장원제도사회 (봉건제도)
1789
자본주의사회
(영국산업혁명)
제국주의사회
사회주의사회

제 5 장 메시아 재강림준비시대

메시아 재강림준비시대(再降臨準備時代)는 서기 1517년 종교개혁(宗教改革)이 일어난 때부터 1918년 제1차 세계대전(第一次世界大戰)이 끝날 때까지의 400년 간을 말한다.

이 시대의 성격에 관한 대강은 동시성(同時性)으로 본 메시아 강림준비시대(降臨準備時代)와의 대조에서 이미 논술되었으나, 여기에서 좀더 상세한 것을 알아보기로 하겠다. 그런데 복귀섭리(復歸攝理)로 보아 이 기간은 종교개혁기, 종교 및 사상의 투쟁기, 정치와 경제 및 사상의 성숙기 등 3기간으로 구분된다.

제 1 절 종교개혁기(1517~1648)

서기 1517년 독일에서 루터가 종교개혁의 기치를 든 때부터 1648년 베스트팔렌조약으로 신 · 구종파의 싸움이 끝날 때까지의 130년 기간을 종교개혁기라고 한다. 그리고 이 기간의 성격은 중세 봉건사회(中世封建社會)의 소산인 문예부흥(文藝復興)과 종교개혁으로써 형성된다. 하나님이 중세사회를 통하여 이루려 하셨던 섭리의 목적을 이룰 수 없게 되었을 때, 이것을 새로운 섭리역사의 방향으로 전환시켜서 '재림하시는 메시아를 위한 기대'를 조성하여 나아가는 중추적인 사명을 한 것이 바로 문예부흥(Renaissance)과 종교개혁이었다. 따라서 이에 관한 것을 알지 못하고는 이 시대에 대한 성격을 알 수 없는 것이다. 문예부흥과 종교개혁이 중세 봉건사회의 소산이라면, 이 사회가 중세 인간들의 본성에 어떠한 영향을 주어서 그것들을 해산하게 하였는가?

중세는 봉건제도와 로만 가톨릭의 세속적(世俗的)인 타락으로부터 오는 사회환경으로 말미암아 인간의 본성이 억압되어 그 자유로운 발전을 기할 수 없게 된 때였다. 원래 신앙은 각자가 하나님을 찾아가는 길이기 때문에, 그것은 개인과 하나님 사이에 직접적으로 맺어지는 종적인 관계로써 이루어지는 것이다. 그럼에도 불구하고 교황과 승려들의 간섭과 형식적인 종교의식과 그 규범은 당시 인간들의 신앙생활의 자유를 구속하였고, 그 엄격한 봉건계급제도(封建階級制度)는 인간의 자주적인 신앙활동을 속박하였던 것이다. 뿐만 아니라 승려의 승관매매(僧官賣買)와 인민에 대한 착취로써 그들의 생활은 한층 더 사치와 향락으로 흘렀었다. 따라서 교황권(教皇權)은 일반사회의 권력기관과 다름없이 비신앙적인 입장에 서게 되어 그들은 국민의 신앙생활을 지도할 수 없게 되었던 것이다.

이와 같이 되어 중세 봉건시대(中世封建時代)의 사회환경은 인간이 그 창조본성(創造本性)을 복귀할 수 있는 길을 막고 있었다. 그러므로 이러한 환경 가운데 구속되어 있었던 중세인(中世人)들은 본성적으로 그 환경을 타파하고 창조본성을 복귀하려는 방향으로 움직이게 되었다. 그리하여 인간의 그 본성은 뚜렷이 내외 양면의 성향을 가지고 나타났던 것이니, 그의 창조원리적 근거는 어디에 있는가 하는 것을 알아보기로 하자.

창조원리(創造原理)에 의하면, 인간은 하나님의 이성성상(二性性

相)에 대한 형상적인 실체대상(實體對象)이므로 하나님의 본성상(本性相)과 본형상(本形狀)을 닮았다. 그리고 그 성상(性相)과 형상(形狀)은 내적인 것과 외적인 것의 관계를 가지고 있다. 인간은 이러한 내적인 성상과 외적인 형상의 수수작용(授受作用)에 의하여 생존하도록 창조되었기 때문에, 이와 같이 창조된 인간의 본성도 내외 양면의 욕망을 추구하게 된다. 그리하여 하나님이 이러한 인간에 대한 복귀섭리(復歸攝理)를 하심에 있어서도 인간 본성의 양면의 추구에 대응하는 섭리를 하시지 않을 수 없는 것이다.

그런데 하나님은 원래 인간의 외적인 육신을 먼저 창조하시고 다음으로 내적인 영인체를 창조하셨기 때문에(창 2 : 7), 재창조(再創造)를 위한 복귀섭리도 외적인 것에서 내적인 것으로 복귀해 들어가는 섭리를 하시는 것이다. 이미 후편 제1장에서 논한 바와 같이, 타락인간은 외적인 '상징헌제(象徵獻祭)'를 한 터전 위에 서야 내적인 '실체헌제(實體獻祭)'를 할 수 있었고, 여기에서 성공함으로써만 보다 내적인 '메시아를 위한 기대'가 이루어지게 되는 이유도 여기에 있다. 따라서 타락인간을 복귀하심에 있어서도 구약 전 시대(舊約前時代)에는 헌제에 의하여 '종들의 종'의 입장(창 9 : 25)을, 구약시대(舊約時代)에는 율법(律法)으로써 종의 입장(레 25 : 55)을, 그리고 신약시대(新約時代)에는 믿음으로써 양자(養子)의 입장(롬 8 : 23)을, 성약시대(成約時代)에는 심정(心情)으로써 참자녀의 입장을 복귀하는 순서로 해 나오시는 것이다(후편 제2장 제3절 III 2).

또 과학에 의하여 먼저 외적인 사회환경을 복귀해 가면서, 종교를 세워서 내적인 인간의 심령(心靈)을 복귀하는 섭리를 해오신 이유도 여기에 있는 것이다. 천사와 인간이 창조된 순서를 보더라도 외적인 천사장이 먼저였고 내적인 인간이 나중이었다. 따라서 천사와 타락인간을 복귀함에 있어서도, 먼저 외적인 천사세계를 세우시어 역사(役事)케 하심으로써 인간의 육신을 중심한 외적인 실체세계(實體世界)를 복귀하신 다음, 이어서 영인체를 중심한 내적인 무형세계(無形世界)를 복귀하시는 순서로 섭리해 나오시는 것이다.

'믿음의 기대'를 복귀하는 내적인 사명을 다해야 했던 교황들의 윤락(淪落)으로 말미암아 침범한 사탄을 분립하고 창조본성(創造本性)을 복귀하려는 중세 인간들은, 그 본성의 내외 양면의 추구에 의하여 중세적 지도정신을 가인 아벨 두 형의 사상에 대한 복고운동(復古運動)으로 분립하였던 것이니, 먼저는 가인형인 헬라사상의 복고운동이요, 다음은 아벨형인 히브리사상의 복고운동이었다. 그리하여 헬라사상의 복고운동은 인본주의(人本主義)의 발현인 문예부흥(文藝復興)을 일으켰고, 히브리사상의 복고운동은 신본주의(神本主義)의 부활을 위한 종교개혁(宗教改革)을 일으켰던 것이다.

그러면 먼저 헬라사상과 히브리사상의 흐름이 어떻게 역사적으로 교류되어 이 시대에 이르렀는가 하는 것을 알아보기로 하자.

기원전(紀元前) 2천년대에 에게해의 크레타도(島)를 중심하고 미노아문명권이 형성되었었다. 이 문명은 희랍(希臘)으로 흘러 기원전 11세기에 이르러 인본주의의 헬라사상(Hellenism)을 지도정신으로 하는 가인형의 헬라문명권을 형성하였고, 한편 이와 거의 동시대(同時代)에 서아시아에서는 신본주의의 히브리사상(Hebraism)을 지도정신으로 하는 아벨형의 히브리문명권을 형성하였으니, 이때가 바로 통일왕국시대(統一王國時代)였었다.

당시의 이스라엘 왕들이 '믿음의 기대'를 세워 가지고 인민들과 함께 성전(聖殿)을 받듦으로써 이루어지는 '실체기대(實體基臺)' 위에서 '메시아를 위한 기대'를 조성하여 메시아를 맞았더라면, 그때에 히브리문명권은 헬라문명권을 흡수하여 하나의 세계적인 문명권을 형성하였을 것이었다. 그러나 그들이 하나님의 뜻 가운데 서지 못하게 됨으로 말미암아 이 뜻은 이루어지지 않았다. 그리하여 그들이 바빌론으로 포로(捕虜) 되어 갔다가 귀환한 후 기원전 333년 희랍(希臘)에 속방(屬邦)된 때로부터 기원전 63년 헬라문명권 내에 있었던 로마에 속방되어 예수님이 오실 때까지의 기간은, 히브리사상이 헬라사상에 지배를 당하는 입장에 처하였던 시대이다.

전장(前章)에서 이미 논술한 바 있거니와, 유대인들이 예수님을 신봉(信奉)하여 그를 중심하고 하나가 되었더라면 당시의 로마제국은 예수님을 중심한 메시아왕국을 이루었을 것이다. 만일 그렇게 되었더라면 그때에 히브리사상은 헬라사상을 흡수하여 하나의 세계적인 히브리문명권을 형성하였을 것이다. 그러나 유대인들이 예수님을 배반함으로써 이 뜻이 이루어지지 않았기 때문에, 히브리사상은 그대로 헬라사상의 지배하에 머물러 있게 되었었다.

서기 313년에 이르러 콘스탄티누스대제가 밀라노칙령으로 기독교(基督教)를 공인한 후부터는 점차 히브리사상이 헬라사상을 극복하기 시작하여, 서기 700년대에 이르러서는 희랍정교문명권(希臘正教文明圈)과 서구문명권(西歐文明圈)을 형성하게 되었었다.

중세사회(中世社會)에 있어서 '믿음의 기대'를 복귀해야 할 중심인물이었던 교황과 국왕들이 타락되지 않았더라면, 그때에 '재림하시는 메시아를 위한 기대'가 이루어짐으로써, 히브리사상은 헬라사상을 완전히 흡수 융합하여 세계는 하나의 문명권을 형성하였을 것이었다. 그러나 위에서 논한 바와 같이, 그들의 윤락(淪落)으로 인하여 히브리사상을 중심한 중세적 지도정신이 사탄의 침범을 당하게 되었으므로, 이에서 하나님은 사탄 분립의 섭리를 하시지 않을 수 없게 되었었다. 그러므로 하나님은 마치 아담에게 침범한 사탄을 분립하시기 위하여 그를 가인과 아벨로 분립하셨던 것과 같이, 이때에도 그 지도정신을 두 사상으로 재분립(再分立)하는 섭리를 하셨던 것이니, 그것이 바로 가인형의 헬라사상 복고운동(復古運動)과 아벨형의 히브리사상 복고운동이었다. 그리하여 그것들은 마침내 각각 문예부흥(文藝復興)과 종교개혁(宗敎改革)으로 나타났던 것이다.

그런데 이 시대에는 인본주의(人本主義)를 주도이념으로 하여 문예부흥이 일어남에 따라서 헬라사상이 히브리사상을 지배하는 입장에 서게 되었던 것이다. 그리하여 이 시대는 메시아 강림준비시대(降臨準備時代)에 있어서 유대민족이 희랍(希臘)에 속방(屬邦)됨으로써, 헬라사상이 히브리사상을 지배하던 시대를 실체적인 동시성으로 탕감복귀(蕩減復歸)하는 시대가 되는 것이다. 마치 가인이 아벨에게 굴복함으로써만 아담에게 침범하였던 사탄을 분립하여 메시아를 맞기 위한 '실체기대(實體基臺)'를 이룰 수 있었던 것처럼, 가인형인 헬라사상이 아벨형인 히브리사상에 완전히 굴복함으로써 비로소 중세적 지도정신에 침범하였던 사탄을 분립하여 재림주(再臨主)님을 맞기 위한 '실체기대'가 세계적으로 조성될 수 있었던 것이다.

Ⅰ. 문예부흥(Renaissance)

중세 사회인들의 본성(本性)의 외적인 추구에 의하여 헬라사상의 복고운동이 제기되었고, 이 운동으로 말미암아 문예부흥이 일어났다는 것은 이미 위에서 논술한 바이다. 그러면 그 본성의 외적인 추구는 무엇이었으며, 또 어떻게 되어 인간이 그것을 추구하게 되었는가를 알아보기로 하자.

창조원리(創造原理)에 의하면 인간은 하나님도 간섭할 수 없는 인간 자신의 책임분담(責任分擔)을 그의 자유의지(自由意志)에 의하여 완수함으로써만 완성되도록 지어졌기 때문에, 인간은 본성적으로 자유를 추구하게 된다. 또 인간은 자유의지로써 자기의 책임분담을 완수하여 하나님과 일체를 이루어 개성을 완성함으로써 인격의 절대적인 자주성(自主性)을 갖도록 창조되었기 때문에, 인간은 본성적으로 그 인격의 자주성을 추구하게 되어 있다. 그리고 개성을 완성한 인간은 하나님으로부터 어떠한 계시(啓示)를 받지 않아도 그의 이지(理智)와 이성(理性)으로써 하나님의 뜻을 알고 생활하도록 창조되었기 때문에, 인간은 또한 본성적으로 이지와 이성을 추구하게 된다. 인간은 또 자연계(自然界)를 주관하도록 창조되었으므로, 과학으로써 그 속에 숨겨진 원리를 찾아 현실생활의 환경을 스스로 개척하지 않으면 안 된다. 따라서 인간은 본성적으로 자연과 현실과 과학을 추구하게 되는 것이다.

그런데 중세 사회인들은 그 봉건제도(封建制度)에 의한 사회환경으로 말미암아 그들의 본성이 억압을 당하고 있었기 때문에, 그 본성의 외적인 욕망에 의하여 위와 같은 것들을 더욱 추구하게 되었던 것이다. 그리고 이미 위에서 논한 바와 같이, 중세인(中世人)들은 십자군전쟁(十字軍戰爭) 이래 동방(東方)으로부터 흘러 들어온 헬라사상의 고전(古典)을 연구하게 되었는데, 헬라의 고대정신이 바로 인간의 자유와 인격의 자주성과 이지와 이성의 존엄성과 자연을 숭상하고 현실에 치중하며 과학을 세우는 것 등 인간 본성의 외적인 추구에 의한 것이어서, 이것들이 그대로 중세인의 본성적인 욕망에 부합되었으므로 헬라사상의 복고운동(復古運動)은 불길같이 일어나 드디어 인본주의(人本主義)가 대두하게 되었던 것이다.

르네상스는 불란서어(佛蘭西語)로서 '재생(再生)' 또는 '부흥(復興)' 이라는 뜻이다. 이 르네상스는 14세기 경부터 헬라사상에 관한 고전 연구의 본산인 이태리(伊太利)에서 태동되었었다. 이 인본주의(人本主義) 운동은 처음에는 중세인으로 하여금 그리스의 고대로 돌아가 그 정신을 모방케 하려는 운동으로 시작되었었으나, 더 나아가 이 운동은 그 고전문화(古典文化)를 재생하여 중세적인 사회생활에 대한 개혁운동으로 옮겨지게 되었고, 또 이것은 비단 문화에만 그친 것이 아니라 정치, 경제, 종교 등 사회 전반에 걸친 혁신운동으로 확대되어 사실상 근대사회를 형성하는 외적인 원동력이 되었던 것이다. 이와 같이 인간 본성의 외적인 욕망을 추구하는 시대적인 사조(思潮)였던 인본주의(혹은 인문주의)로 말미암아 봉건사회(封建社會) 전반에 대한 외적인 혁신운동으로 전개된 현상을 르네상스(문예부흥)라고 부른다.

II. 종교개혁

중세사회(中世社會)에 있어서의 교황을 중심한 복귀섭리(復歸攝理)는 교황과 승려의 세속적인 타락으로 말미암아 이룰 수 없게 되었었다. 그리하여 위에서 논한 바와 같이, 중세인들이 인본주의를 부르짖게 됨에 따라 인간의 자유를 구속하는 형식적인 종교의식과 규범에 반항하게 되었고, 인간의 자주성을 유린하는 봉건계급제도(封建階級制度)와 교황권(教皇權)에 대항하게 되었던 것이다. 나아가 그들은 또 인간의 이성(理性)과 이지(理智)를 무시하고, 무엇이든지 교황에 예속시키는 데서만 해결된다고 생각하는 고루한 신앙생활에 반발하게 되었으며, 자연과 현실과 과학을 무시하는 둔세적(遁世的), 타계적

(他界的), 금욕적(禁慾的)인 신앙태도를 배격하게 된 것이다. 이와 같이 되어 마침내 중세 기독교인들은 교황정치(敎皇政治)에 반항하게 되었다.

이와 같이 중세 사회인들이 그 본성(本性)의 외적인 욕망을 추구함에 따라서 억압되었던 그 본성의 내적인 욕망도 추구하게 되어, 드디어 사도(使徒)들을 중심하고 하나님의 뜻만을 따르기에 열렬했던 초대 기독정신(基督精神)에로의 복고(復古)를 부르짖게 되었으니, 이것이 곧 중세에 있어서의 히브리사상의 복고운동이다.

그리하여 14세기에 영국 옥스포드대학의 신학교수 위클리프(Wycliffe 1324~1384)는 성서를 영역(英譯)하여, 신앙의 기준을 교황이나 승려에게 둘 것이 아니고 성서 자체에다 둬야 한다고 주장하는 동시에, 교회의 제도나 의식이나 규범은 성경에 아무런 근거도 없는 것이라고 증언하면서 승려의 윤락(淪落)과 그들의 민중에 대한 착취 및 권력 남용을 통박하였다.

이와 같이 종교개혁운동(宗敎改革運動)은 십자군전쟁(十字軍戰爭)에 의하여 교황의 위신이 떨어진 후 14세기부터 이미 영국에서 태동되었고, 15세기 말엽에는 이태리(伊太利)에서도 이 운동이 일어났으나 모두 실패하여 처형을 당하고 말았다. 그러다가 1517년 교황 레오 10세가 성베드로사원의 건축기금을 모으기 위하여 사후(死後)에 구원(救援)을 받는 속죄(贖罪)의 표라고 선전하면서 면죄부(免罪符)를 팔게 되자, 이 폐해에 대한 반대운동이 도화선이 되어 결국 독일에서 비텐베르크대학의 신학교수로 있던 마르틴 루터를 중심하고 종교개혁운동은 폭발되었다. 그리하여 이 혁명운동의 불길은 점차로 증대되어 불란서(佛蘭西)에서는 칼빈, 스위스에서는 쯔빙글리 등을 중심으로 활발히 진전되어 갔고, 그것은 영국, 화란(和蘭) 등 제국(諸國)으로 확대되었다.

이와 같이 되어 신교운동(新教運動)을 둘러싸고 일어났던 국제간의 싸움은 백여년 간이나 계속되어 오다가, 마침내 독일을 중심하고 일어났던 30년전쟁(三十年戰爭)이 1648년 베스트팔렌조약으로 인하여 끝나면서 신·구종파의 싸움은 일단락을 짓게 되었다. 그 결과 북구(北歐)는 게르만 민족을 중심한 신교(新教)의 승리로 돌아갔고, 남구(南歐)는 라틴 민족을 중심한 구교(舊教)의 판도로서 남아지게 되었던 것이다.

이 30년전쟁은 독일을 중심하고 프로테스탄트와 가톨릭교도 간에 일어났던 싸움이었다. 그러나 이 전쟁은 단순한 종교전쟁(宗教戰爭)에 그치지 않고 독일제국의 존폐(存廢)를 결(決)하는 정치적인 내란이기도 하였다. 따라서 이 전쟁을 종식시킨 베스트팔렌강화회의(講和會議)는 신·구교파에 동등한 권한을 부여하는 종교회의(宗教會議)인 동시에 독일, 불란서(佛蘭西), 서반아(西班牙), 스웨덴 등 제국간(諸國間)의 영토문제를 해결하는 정치적인 국제회의(國際會議)이기도 하였다.

제 2 절 종교 및 사상의 투쟁기(1648~1789)

이 기간은 서기 1648년 베스트팔렌조약으로 신교운동이 성공한 이후 1789년 불란서혁명(佛蘭西革命)이 일어날 때까지의 140년 기간을 말한다. 문예부흥(文藝復興)과 종교개혁(宗教改革)에 의하여 인간본성의 내외 양면의 욕망을 추구하는 길을 개척하게 된 근세인(近世人)들은, 신교(信教)와 사상의 자유로부터 일어나는 신학 및 교리의 분열과 철학의 싸움을 면할 수 없게 되었었다.

그런데 지금까지 후편에서 논해 온 바와 같이, 복귀섭리(復歸攝理)는 오랜 역사의 기간을 두고 개인에서 세계에 이르기까지 가인 아벨 두 형의 분립역사(分立役事)에 의하여 이루어져 나오고 있다. 따라서 역사의 종말에 있어서도 이 타락세계(墮落世界)는 가인형의 공산세계(共産世界)와 아벨형의 민주세계(民主世界)로 분립되는 것이다. 그리하여 마치 가인이 아벨에게 순종굴복함으로써만 '실체기대(實體基臺)'가 이루어질 수 있었던 것과 같이, 이때에도 가인형의 세계가 아벨형의 세계에 굴복함으로써만 재림주님을 맞기 위한 세계적인 '실체기대'가 이루어져서 하나의 세계를 복귀하게 된다. 이와 같이 가인 아벨 두 형의 세계가 이루어지려면 그를 위한 두 형의 인생관(人生觀)이 확립되어야 하는데, 기실 이 두 형의 인생관은 이 기간에 확립되었던 것이다.

Ⅰ. 가인형의 인생관

인간 본성의 외적인 추구는 헬라사상의 복고운동을 일으키어 인본주의(人本主義)를 낳았고, 인본주의를 뒷받침으로 하여 일어난 반중세적(反中世的)인 문예부흥운동(文藝復興運動)은 신에의 귀의와 종교적인 헌신을 가벼이 하고 모든 것을 자연과 인간 본위로 대치시켰다. 즉 신에 복종한 나머지 자연이나 인간의 육신을 천시하여 죄악시하는 데까지 이르렀던 중세적인 인생관에서, 이성(理性)과 경험(經驗)에 의한 합리적인 비판과 실증적인 분석을 통하여 인간과 자연을 인식함으로써 그들의 가치를 높이는 인생관을 확립하였던 것이다. 이러한 인생관은 자연과학의 발달로부터 오는 자극으로 인하여 인생에 대한 인식(認識) 사유(思惟)의 방법론에 두 가지 형식을 밟게 되었다. 그리하여 이것들이 근세철학(近世哲學)의 2대 조류를 이루게 되었으니 하나는 연역법(演繹法)에 의한 이성론(理性論)이요, 또 하나는 귀납법(歸納法)에 의한 경험론(經驗論)이다.

불란서(佛蘭西)의 데카르트(Descartes 1596~1650)를 비조(鼻祖)로 하는 이성론은, 모든 진리는 인간이 나면서부터 가지고 있는 이성에 의하여서만 탐구된다고 주장하였다. 그들은 역사성이나 전통을 타파하고 연역법을 근거로 하여 '나는 생각한다. 그러므로 나는 있다'는 명제를 세우고 이로부터 연역함으로써 비로소 외계(外界)를 긍정하려는 것이다. 따라서 그들은 신(神)이나 세계나 자기까지도 부정하는 입장에 서려 했던 것이다.

이에 대하여 영국의 베이컨(Bacon 1561~1626)을 비조로 하는 경험론은 모든 진리는 경험에 의하여서만 탐구된다고 주장하였다. 인간의 마음은 마치 백지와 같아서 새로운 진리를 체득하려면 모든 선입관을 버리고 실험과 관찰에 의하여 인식해야 된다고 하였다. 이와 같이 신을 떠나서 이성(理性)을 존중시하는 합리주의사상(合理主義思想)과 경험에 토대를 둔 인간 중심의 현실주의사상(現實主義思想)은 한가지로, 신비와 공상을 배격하고 인간생활을 합리화하며 현실화하여 자연과 인간을 신으로부터 분리하였던 것이다.

이와 같이 문예부흥(文藝復興)은 인문주의(人文主義)로부터 흘러온 두 사조(思潮)를 타고, 인간이 그의 내적인 성향을 따라 하나님 앞으로 돌아가고자 하는 길을 막고 외적인 성향만을 따라서 사탄편으로 돌아가는 길을 열어 주는 인생관을 낳게 되었으니, 이것이 바로 가인형의 인생관이었다. 이 가인형의 인생관은 18세기에 이르러서는 역사와 전통을 타파하고, 인생의 모든 것을 이성적 또는 현실적으로만 판단하며, 불합리한 것이나 비현실적인 것을 철저히 배격하여 신을 부정하고 합리적인 현실에만 치중하게 되었던 것이니, 이것이 바로 계몽사상(啓蒙思想)이었다. 이와 같이 경험론과 이성론(理性論)을 주류로 하여 피어 오른 계몽사상은 불란서혁명(佛蘭西革命)의 원동력이 되었다.

이러한 가인형의 인생관의 영향을 받아 영국에서는 허버트(Herbert 1583~1648)를 시조(始祖)로 하여 초월신교(Deism)가 생겼다. 토마스 아퀴나스 이래 천계(天啓)와 이성(理性)의 조화에 기초를 두고 발전한 신학에 대하여 초월신교(超越神教)는 단순히 이성을 기초로 한 신학을 세우려 한 것이었다. 그들의 신관(神觀)은 단순히 인간과 우주를 창조하였다는 일의(一意)에만 국한시키려 하고, 인간에게 있어 신의 계시나 기적은 필요 없는 것이라고 주장하였다. 19세기 초엽 독일의 헤겔(Hegel 1770~1831)은 18세기 이후에 일어난 관념론(觀念論) 철학을 대성하였다. 그러나 이 헤겔철학도 계몽사상을 바탕으로 하고 불란서에서 일어난 무신론(無神論)과 유물론(唯物論)의 영향을 받아 그를 반대하는 헤겔좌파(左派)의 파생을 가져왔다. 그리하여 이들 헤겔좌파는 헤겔의 논리를 뒤집어서 오늘의 공산세계(共產世界)를 이룩한 변증법적 유물론(辨證法的 唯物論)이란 철학을 체계화하였다. 헤겔좌파인 슈트라우스(Strauss 1808~1874)는 '예수전'을 저술하여 성서에 나타난 기적은 후세의 날조라고 부정하였고, 포이에르바하(Feuerbach 1804~1872)는 그의 '기독교의 본질'에서 사회적 또는 경제적 여건이 종교 발생의 원인이 된다고 설명하였으며, 이러한 그들의 학설은 유물론의 뒷받침이 되었다.

마르크스(Marx 1818~1883)와 엥겔스(Engels 1820~1895)는 슈트라우스나 포이에르바하의 영향을 받았으나, 그보다도 불란서의 사회주의사상(社會主義思想)에서 더 큰 영향을 받아 변증법적 유물론을 제창함으로써, 문예부흥(文藝復興) 이후에 싹트기 시작하여 계몽사조(啓蒙思潮)로 발전해 온 무신론과 유물론을 집대성하는 데 이르렀다. 그 후에 가인형의 인생관은 더욱 성숙하여 오늘날의 공산주의세계(共產主義世界)를 이루게 된 것이다.

II. 아벨형의 인생관

우리는 중세사회(中世社會)로부터 근대사회(近代社會)에로의 역사의 흐름을 신이나 종교로부터 인간을 분리 혹은 독립시키는 과정으로만 보기 쉽다. 이것은 어디까지나 중세 사회인의 본성의 외적인 추구에 의하여 일어났던 가인형의 인생관에 입각해서만 보았기 때문에 그러하다. 그러나 중세인들의 본성적인 추구는 이러한 외적인 것에만 멎어졌던 것이 아니라, 한편으로는 보다 더욱 내적인 것을 추구하는 데 이르렀던 것이다. 그리하여 그들의 본성의 내적인 추구가 히브리사상의 복고운동(復古運動)을 일으킴으로써 종교개혁운동(宗教改革運動)이 일어났고, 이 운동으로 말미암아 철학과 종교는 창조본성(創造本性)을 지향하는 입체적인 인생관을 수립하게 되었으니, 이것을 우리는 아벨형의 인생관이라고 한다. 따라서 가인형의 인생관은 중세인을 신과 신앙으로부터 분리 혹은 독립시키는 방향으로 이끌어 갔지만, 이 아벨형의 인생관은 그들로 하여금 더욱 고차적으로 신을 지향하여 나아가도록 이끌어 주었던 것이다.

독일의 칸트(Kant 1724~1804)는 서로 대립하여 나왔던 경험론(經驗論)과 이성론(理性論)을 흡수하여 새로이 비판철학(批判哲學)을 세움으로써, 내외 양면을 추구하는 인간 본성(本性)의 욕망을 철학적으로 분석하여 철학적인 면에서 아벨형의 인생관을 개척하였다.

즉 우리의 다양한 감각은 대상(對象)의 촉발로 인하여 생기는 것이지만, 이것만으로는 인식(認識)의 내용만 주어질 뿐이고 인식 자체는 성립되지 않는다. 그 인식이 성립되기 위하여는 다양한 그 내용(이것은 후천적이며 경험적인 것이다)을 일정한 관계에 의하여 통일하는 형식이 없어서는 아니 된다. 그 형식은 바로 나의 주관(主觀)이다. 그러므로 사유(思惟)하는 능력 즉 나의 오성(悟性)의 자발적인 작용에 의하여, 나의 주관적인 형식(이것은 선천적이며 초경험적이다)을 가지고 대상으로부터 오는 다양한 감각을 통합하고 통일하는 데서 인식이 성립되는 것이라고 하였다. 이와 같이 칸트는 대상으로 인하여 주관을 형성한다는 종래의 모사설(模寫說)을 뒤집어, 주관이 대상을 구성한다는 학설을 세우게 되었다.

칸트의 학설을 받아, 그의 제1 후계자인 피히테(Fichte 1762~1814)를 비롯하여 쉘링(Schelling 1775~1854), 헤겔(Hegel 1770~1831)등이 배출되었던 것인데, 특히 헤겔은 그의 변증법(辨證法)으로 철학의 새로운 면을 개척하였다. 그들의 이러한 관념론(觀念論)은 철학적인 면에 있어서의 아벨형의 인생관을 형성하였다.

종교계에 있어서는, 당시의 사조(思潮)인 합리주의(合理主義)의 영향을 받고 있던 종교계의 경향을 반대하고 종교적 정열과 내적 생명을 중요시하여, 교리와 형식보다도 신비적 체험에 치중하는 새로운 운동이 일어나게 되었던 것이다.

그 대표적인 예를 들어 보면 첫째, 경건주의(Pietism)로서 이것은 독일의 스페너(Spener 1635~1705)를 중심하고 일어났던 것인데, 정통적 신앙을 따르려는 보수적인 경향이 강하고 신비적인 체험에 치중하였던 것이다. 이 경건파(敬虔派)의 운동이 영국에 파급되어 영국민(英國民)의 생활 속에 스며 있던 종교심(宗敎心)과 융화하여 웨슬

레(Wesley) 형제를 중심한 메소디스트(Methodist)파를 일으키게 되었던 것이다. 그리하여 이 교파는 침체상태에 빠져 있던 당시의 영국 교계에 크게 부흥의 기운을 일으켰었다.

또 영국에는 신비주의자 폭스(Fox 1624~1691)를 비조로 한 퀘이커(Quaker)파가 일어났다. 폭스는 그리스도는 신자의 영혼을 비치는 내적인 빛이라고 주장하면서, 성령(聖靈)을 받아서 그리스도와 신비적으로 연합하여 내적 광명을 체휼하지 않으면 성서의 진의(眞意)를 알 수 없다고 주장하였다. 이 교파는 미대륙(美大陸)에서도 많은 박해를 받으며 포교하였다.

다음으로 스웨덴보리(Swedenborg 1688~1772)는 저명한 과학자이면서 영안(靈眼)이 열려서 천계(天界)의 많은 비밀을 발표하였다. 그의 발표는 오랫동안 신학계에서 무시를 당하여 왔으나, 최근에 이르러 영계(靈界)에 통하는 사람이 많아짐에 따라 점차 그 가치를 인정하기에 이르렀다. 이와 같이 아벨형의 인생관은 성숙하여 오늘의 민주주의세계(民主主義世界)를 이루어 놓게 된 것이다.

제 3 절 **정치 경제 및 사상의 성숙기** (1789~1918)

전 시기에 있어서 종교 및 사상의 투쟁은 가인 아벨 두 형의 인생관(人生觀)을 수립하였고, 이 시기에 들어서면서 이 두 형의 인생관은 각자의 방향대로 성숙하게 되었다. 그리고 그의 성숙에 따라서 가인 아벨의 두 형의 세계가 형성되어 갔으며, 사회의 구조도 이 두 인생관에 입각한 사회 형태에로 정리되어 가면서, 정치와 경제와 사상도 이상사회(理想社會)에로 전환될 수 있는 전 단계에까지 진전하였다. 불란서혁명(佛蘭西革命)과 영국의 산업혁명(産業革命)이 있은 후로부터 제1차 세계대전(第一次世界大戰)이 끝날 때까지가 바로 이러한 섭리의 기간이었던 것이다.

Ⅰ. 민주주의

역사발전의 관점에서 본 민주주의(民主主義)에 관하여는 이미 전장(前章)에서 논술하였다. 그러나 그것은 어디까지나 민주주의가 나오게 된 외적인 경위였다. 이제 우리는 그러한 역사의 굽이침 속에서 어떠한 사상의 흐름을 타고 오늘의 민주주의가 나오게 되었는가 하는 내적인 경위를 알아야 한다.

이미 후편 제4장 제7절 Ⅱ에서 논한 바와 같이, 기독왕국시대(基督王國時代)에 있어 교황을 중심한 영적인 왕국과 국왕을 중심한 실체의 왕국이 하나되어 메시아 왕국을 위한 군주사회(君主社會)를 이루어서 '메시아를 위한 기대'를 조성했더라면, 그때에 봉건시대(封建時代)는 끝났을 것이었다. 그러나 이 섭리가 이루어지지 않았기 때문에 이 시대는 연장되어 정치사와 종교사와 경제사가 서로 분립된 노정을 따라 발전하게 되었던 것이다. 중세 봉건시대에 있어 지방 제후(諸侯)에게 분산되어 있었던 정치권력은 십자군전쟁(十字軍戰爭) 이후 기울어지기 시작하여, 문예부흥(文藝復興)과 종교개혁(宗敎改革)을 거쳐 계몽기(啓蒙期)에 이르러서는 더욱 쇠미(衰微)해졌던 것이다. 그리하여 17세기 중엽에 이르러 제후들은 민족을 단위로 하는 통일국가를 세워 국왕 밑에 집중함으로써, 중앙집권에 의한 절대주의국가(전제주의국가)를 형성하게 되었던 것이다. 이때는 왕권신수설(王權神授說)

등의 영향으로 왕에게 절대적인 권한이 부여되어 있는 전제군주시대(專制君主時代)였다.

이 시대가 오게 되는 원인을 사회적인 면에서 보면, 첫째로 시민계급(市民階級)이 국왕과 결합하여 봉건계급(封建階級)과 대항하기 위함이었고, 둘째로 경제적인 활동에 있어 무역경제의 지배를 위하여 봉건제도를 벗어난 강력한 국가의 배경을 필요로 하였으며, 아울러 국민의 전체적인 복리(福利)를 위하여 강력한 국가의 보호와 감독에 의한 중상주의(重商主義) 경제정책이 요망된 데 있었던 것이다.

한편 복귀섭리(復歸攝理)로 본 역사발전의 입장에서 보면, 봉건시대(封建時代) 이후에는 하늘편의 군주사회(君主社會)가 이루어져야 했던 것인데, 이 시대의 교황과 국왕이 하나되지 못하였기 때문에 이 사회는 완성되지 못하고, 교황을 중심한 그 사회는 도리어 사탄이 앞질러 이루어 나온 노정을 따라 사탄편 전제군주사회(專制君主社會)로 전화되었던 것이다.

이제 가인형의 인생관을 중심한 공산세계(共産世界)와 아벨형의 인생관을 중심한 민주세계(民主世界)를 이루어 나아가고 있는 복귀섭리의 입장에서, 전제군주사회의 귀추를 고찰하기로 하자.

마치 중세 봉건사회(中世封建社會)가 히브리사상에도 헬라사상에도 한가지로 배치(背馳)되는 사회였기 때문에 이 두 사상이 함께 그것을 타파하여 가인 아벨 두 형의 인생관에 입각한 두 형의 사회를 수립하였던 것처럼, 전제군주사회도 역시 종교개혁(宗敎改革) 이후의 기독교민주주의(基督敎民主主義)에 의한 신교(信敎)의 자유를 속박하는 것이어서 그것은 아벨형 인생관의 목적 달성에도 배치되는 사회였었고, 또 그 사회는 그 안에 의연히 남아 있던 봉건제도(封建制度)가 무신론자(無神論者)와 유물론자(唯物論者)들이 지도하는 시민계급의 발전을 막고 있어서 가인형 인생관의 목적 달성에도 배치되는 사회였었기 때문에, 이 두 형의 인생관이 함께 이 사회를 타파하는 방향으로 나아가 드디어 가인 아벨 두 형의 민주주의에 입각한 공산(共産)과 민주(民主) 두 형의 사회를 형성한 것이다.

1. 가인형의 민주주의

가인형의 민주주의는 불란서혁명(佛蘭西革命)으로 인하여 형성되었다. 따라서 이 문제를 논하기 위하여는 먼저 불란서혁명에 관한 것을 논하지 않으면 아니 된다. 당시의 불란서는 가인형의 인생관으로 말미암아 무신론(無神論)과 유물론(唯物論)으로 흘러가던 계몽사상(啓蒙思想)이 팽배한 시대에 있었다. 따라서 이렇듯 계몽사상에 물들어 있던 시민계급은 절대주의(絕對主義)에 대한 모순을 자각하게 되었으며, 그에 따라서 절대주의사회 안에 아직도 깊이 뿌리박고 있는 구제도(舊制度)의 잔해를 타파하려는 의식이 고조되고 있었던 것이다. 거기에서 시민들이 1789년 계몽사상의 대조(大潮)에 의하여 절대주의사회의 봉건적 지배계급을 타파하는 동시에, 제3계급(시민)의 자유 평등과 해방을 위하여 민주주의를 부르짖고 일어난 혁명이 곧 불란서혁명이었다.

이 혁명으로 인하여 인권선언(人權宣言)이 공표됨으로써 불란서의 민주주의는 수립되었었다. 그러나 불란서혁명으로 인한 민주주의는, 어디까지나 가인형의 인생관을 세우기 위하여 유물사상(唯物思想)으로 흘러간 계몽사상이 절대주의사회(絕對主義社會)를 타파하면서 출현된 것이기 때문에, 이것을 가인형의 민주주의라고 하는 것이다. 그러므로 계몽사상의 주요인물들도 그러하지만, 불란서혁명의 사상가

디드로(Diderot 1713~1784)나 달랑베르(d' Alembert 1717~1783)등도 무신론 또는 유물론계의 학자들이었다. 이 혁명의 경위를 보아서도 알 수 있는 것이지만, 불란서의 민주주의는 개성의 자유와 평등보다도 전체주의(全體主義)에로 전화되는 경향성을 내포하고 있었던 것이 사실이었다.

이와 같이 가인형의 인생관은 계몽사상(啓蒙思想)을 세워 불란서혁명(佛蘭西革命)을 일으킴으로써 가인형의 민주주의를 형성하였고, 이것이 신에게로 돌아가려는 인간 본성의 내적인 추구의 길을 완전히 막고 외적으로만 더욱 발전하여, 독일에서의 마르크스주의와 러시아에서의 레닌주의로 체계화됨으로써 마침내 공산주의세계(共産主義世界)를 형성하기에 이르른 것이다.

2. 아벨형의 민주주의

영국이나 미국에서 실현된 민주주의(民主主義)는 불란서의 대혁명(大革命)으로 인하여 실현된 민주주의와 그 발단부터가 다르다. 후자는 가인형 인생관의 소산인 무신론 및 유물론의 주창자들이 절대주의 사회를 타파하는 것으로써 실현한 가인형의 민주주의였음에 반하여, 전자는 아벨형 인생관의 결실체인 열광적인 기독교 신도들이 신교(信敎)의 자유를 찾기 위하여 절대주의와 싸워 승리함으로써 실현한 아벨형의 민주주의였던 것이다.

그러면 영(英)·미(美)에서는 어떻게 하여 아벨형의 민주주의를 수립하였는가를 알아보기로 하자.

영국에서는 찰스 1세가 전제주의(專制主義)와 국교(國敎)를 강화함으로 말미암아 많은 청교도(淸敎徒)들이 신앙의 자유를 찾아 유럽

내의 타국(他國) 또는 신대륙(新大陸)으로 이동하였고, 일찍이 스코틀랜드에서는 종교적인 압박을 받던 일부의 청교도들이 국민맹약(國民盟約)을 결의하고 국왕에 항거하였던 것이다(1640년). 그리고 잉글랜드에서는 의회의 핵심이었던 청교도들이 크롬웰(Cromwell 1599~1658)을 중심하고 청교도혁명(清教徒革命)을 일으켰던 것이다(1642년). 그뿐 아니라 제임스 2세의 전제(專制)와 국교 강화가 극심하여지자, 그의 사위로서 네덜란드 총독으로 있었던 오렌지공 윌리엄(William III 1650~1702)은 1688년에 군대를 거느리고 신교(信教)의 자유와 민권(民權)의 옹호를 위하여 영국에 상륙하여 무혈로 왕위에 올랐던 것이다. 윌리엄이 왕위에 오르자 그는 의회에서 상신한 '권리의 선언' 을 승인하여 의회의 독립적인 권리를 인정함으로써, 이것이 영국 헌법의 기본이 되었었다. 그리고 이 혁명은 무혈로 성공하였기 때문에 이것을 명예혁명(名譽革命)이라고 한다.

이와 같이 영국에 있어서의 이 혁명은 외적으로 보면 물론 시민계급(市民階級)이 귀족 승려 등 대지주계급(大地主階級)으로부터 정치적인 자유와 해방을 얻으려고 한 데도 그 원인이 있었지만, 보다 더 주요한 원인은 그러한 혁명을 통하여 내적인 신교(信教)의 자유와 해방을 얻으려는 데 있었던 것이다.

그리고 영국의 전제주의(專制主義) 왕정하에서 탄압을 받고 있던 청교도(清教徒)들이 신교(信教)의 자유를 얻기 위하여 아메리카의 신대륙을 찾아가서 1776년에 독립국가를 설립함으로써, 미국의 민주주의(民主主義)를 수립하게 된 것이다.

이와 같이 영(英)· 미(美)에서 수립된 민주주의는, 아벨형의 인생관을 중심하고 신교(信教)의 자유를 찾기 위하여 절대주의사회(絕對主義社會)를 개혁하려는 혁명으로써 수립되었기 때문에, 이것을 아벨형의 민주주의라고 한다. 이렇게 되어 아벨형의 민주주의는 오늘날의 민주주의세계를 형성하는 데 이르렀다.

II. 삼권분립의 원리적 의의

삼권분립사상(三權分立思想)은 절대주의(絶對主義)의 정치체제로 인하여 국가의 권력이 특정한 개인이나 기관에 집중하는 것을 분산시키기 위하여 계몽사상파(啓蒙思想派)의 중진이었던 몽테스키외(Montesquieu 1689~1755)에 의하여 제창되었던 것인데, 그것은 불란서혁명(佛蘭西革命) 때 '인권선언'의 선포로써 실현되었다. 그러나 원래 이 삼권분립은 하늘편에서 이루려 했던 이상사회(理想社會)의 구조로서, 복귀섭리(復歸攝理)의 전노정이 그러하듯이 이것 또한 사탄편에서 앞질러 비원리적(非原理的)인 원리형(原理型)으로 먼저 이루어 놓은 것이었다. 그러면 우리는 여기에서 이상사회의 구조가 어떠한 것인가 하는 것을 알아보기로 하자.

창조원리(創造原理)에서 밝힌 바와 같이, 피조세계(被造世界)는 완성한 인간 하나의 구조를 본(本)으로 하여 창조되었다. 뿐만 아니라 완성한 인간들로써 이루어지는 이상사회도 역시 완성한 인간 하나의 구조와 기능을 닮게 되어 있었던 것이다. 인체의 모든 기관이 두뇌의 명령에 의하여 기동(起動)하는 것과 같이, 이상사회의 모든 기관도 오직 하나님으로부터의 명령에 의하여 영위되어야 하며, 또 두뇌로부터의 모든 명령이 척수(脊髓)를 중심한 말초신경(末梢神經)을 통하여 사지백체(四肢百體)에 전달되는 것과 같이, 하나님으로부터의 명령은 척수에 해당되는 그리스도와 그를 중심한 말초신경에 해당되는 성도들을 통하여 사회 전체에 유루(遺漏) 없이 미쳐져야 한다. 그리고 인체에 있어서의 척수를 중심한 말초신경은 한 국가의 정당에 해당되기 때문에, 이상사회(理想社會)에 있어서의 정당에 해당한 역능(役能)은 그리스도를 중심한 성도들이 하게 되어 있는 것이다.

폐장(肺臟)과 심장(心臟)과 위장(胃腸)이 말초신경(末梢神經)을 통하여 전달되는 두뇌(頭腦)의 명령을 따라 서로 상충이 없이 원만한 수수(授受)의 작용을 유지하고 있는 것과 같이, 이 3장기(三臟器)에 해당되는 이상사회의 입법(立法)·사법(司法)·행정(行政)의 3기관도 정당(政黨)에 해당되는 그리스도를 중심한 성도들을 통하여 전달되는 하나님의 명령에 의하여 서로 원리적인 수수의 관계를 맺을 수 있어야 한다. 인간의 사지(四肢)가 두뇌의 명령을 따라 인간의 생활목적을 위하여 활동하고 있는 것과 같이, 사지에 해당되는 경제기구는 하나님의 명령을 따라 이상사회의 목적을 달성하기 위하여 실천하는 방향으로 움직여야 하는 것이다. 그리고 인체에 있어서 간장(肝臟)이 전신(全身)을 위하여 영양을 저축하는 것과 같이, 이상사회에 있어서도 항상 전체적인 목적 달성을 위하여 필요한 저축을 해야 하는 것이다.

그리고 또 인간의 사지백체(四肢百體)가 두뇌와 종적인 관계를 가지고 있기 때문에, 지체(肢體)들 사이에 자동적으로 횡적인 관계가 맺어져서 불가분(不可分)의 유기체(有機體)를 이루고 있는 것처럼, 이상사회도 모든 사회인들이 하나님과 종적인 관계를 맺음으로써 횡적인 관계를 맺게 되기 때문에, 희로애락(喜怒哀樂)을 같이하는 하나의 유기체를 이루게 되는 것이다. 그러므로 이 사회에 있어서는 남을 해치는 것이 바로 자기를 해치는 결과로 돌아오기 때문에 범죄를 행할 수 없는 것이다.

다음으로 우리는 또 복귀섭리(復歸攝理)가 이 사회구조를 어떻게 복귀하여 왔는가 하는 것을 알아보기로 하자.

서구에 있어서의 역사발전의 과정을 보면, 입법(立法)·사법(司法)·행정(行政)의 3권과 정당(政黨)의 기능을 통틀어 국왕 한 사람이 전담하여 오던 시대가 있었다. 그러나 이것이 변천하여 국왕이 3권을 장악하고, 교황을 중심한 교회가 정당과 같은 사명을 담당하던 시대로 바뀌었던 것이다. 그리고 이 시대의 정치제도는 다시 불란서혁명(佛蘭西革命)에 의하여 입법·사법·행정의 3권으로 분립되었고, 정당이 뚜렷한 정치적인 사명을 가지게 되어 민주주의 입헌정치체제(立憲政治體制)를 수립함으로써 이상사회 제도의 형만은 갖추게 되었다.

이와 같이 오랜 역사의 기간을 두고 내려오면서 정치체제가 변천해온 것은, 타락된 인간사회가 복귀섭리에 의하여 완성한 인간 하나의 구조와 기능을 닮은 이상사회로 복귀되어 가기 때문이다. 이와 같이 되어 오늘날의 민주주의정체(民主主義政體)는 3권으로 분립되고 또 정당이 생겨남으로써 드디어 인간 하나의 구조를 닮기에 이르렀으나, 그것은 어디까지나 복귀되지 않은 타락인간(墮落人間)과 같은 것이어서 창조본연(創造本然)의 기능을 발휘하지 못하고 있는 것이다. 곧 정당이 하나님의 뜻을 모르고 있으므로, 그것은 두뇌의 명령을 전달할 수 없게 된 척수(脊髓)와 그를 중심한 말초신경(末梢神經)과 같은 것이라 하겠다. 즉 헌법(憲法)이 하나님의 말씀으로 되어 있지 않기 때문에, 입법·사법·행정의 세 기관은 마치 신경계통이 끊어져 두뇌로부터 오는 명령에 감응할 수 없게 된 3장기와 같이 되어서, 그것들은 상호간에 질서와 조화를 잃어버리고 항상 대립하고 충돌할 수밖에 없는 것이다.

그러므로 재림이상(再臨理想)의 목적은, 예수님이 오셔서 타락인간 하나의 구조를 닮고 있는 현재의 정치체제(政治體制)에 완전한 중추신경(中樞神經)을 이어 줌으로써, 하나님의 뜻을 중심한 그 본연의 기능을 완전히 발휘하도록 하려는 데 있는 것이다.

Ⅲ. 산업혁명의 의의

하나님의 창조이상(創造理想)은 단지 죄 없는 사회를 이루는 것만으로는 이루어지지 않는다. 인간은 만물을 주관하라 하신 하나님의 축복(祝福)의 말씀대로(창 1 : 28) 피조세계에 숨어 있는 원리를 찾아 과학을 발달시킴으로써 행복한 사회환경까지 이루어 놓아야 하는 것이다. 이미 전편에서 논한 바와 같이, 타락인간의 영육(靈肉) 양면의 무지에 대한 극복은 종교와 과학이 각각 담당해 가지고 이상사회(理想社會)를 복귀해 나왔기 때문에, 역사의 종말(終末)에는 영적인 무지를 완전히 제거할 수 있는 말씀이 나와야 하고, 육적인 무지를 완전히 제거할 수 있도록 과학이 발달되어 이상사회를 이룰 수 있는 전 단계의 과학사회를 건설해야 되는 것이다. 이러한 하나님의 섭리로 보아 영국의 산업혁명(産業革命)은 어디까지나 이상사회의 생활환경을 복귀하기 위한 섭리에서 일어난 것이었음을 우리는 알 수 있다.

이상사회의 경제기구(經濟機構)도 완성된 인체의 구조와 같아야 하므로, 위에서도 언급한 바와 같이 생산과 분배와 소비는 인체에 있어서의 위장과 심장과 폐장과 같이 유기적인 수수(授受)의 관계를 가져야 한다. 따라서 생산과잉(生産過剩)으로 인하여 파괴적인 판로경쟁(販路競爭)을 하거나, 편파적인 분배에 의하여 전체적인 생활 목적을 그르치는 축적이나 소비를 하여서는 아니 되는 것이다. 그러므로 필요하고도 충분한 생산과 공평하고도 과부족(過不足) 없는 분배와 전체적인 목적을 위한 합리적인 소비를 할 수 있어야 된다.

그런데 산업혁명에 의한 다량생산은 영국으로 하여금 상품시장과 원료 공급지로서의 광대한 식민지를 급속도로 개척케 하였었다. 그리하여 산업혁명은 이상사회를 위한 외적인 환경 복귀뿐만 아니라 복음전파를 위한 광범한 판도를 조성함으로써 내적인 복귀섭리(復歸攝理)의 사명도 하게 하였던 것이다.

Ⅳ. 열국의 강화와 식민지 분할

문예부흥(文藝復興) 이후 가인 아벨의 두 형으로 갈라져 성숙하여 온 인생관은 각각 두 형의 정치혁명(政治革命)을 일으키어 두 형의 민주주의(民主主義)를 수립하였고, 이 두 형의 민주주의는 다 같이 영국의 산업혁명의 영향을 받으면서 급속도로 강화되어 민주(民主)와 공산(共産) 두 계열의 세계를 형성해 가게 되었다.

즉 산업혁명에 뒤이어 비약적인 과학의 발달에 따라 일어난 공업의 발달은 생산과잉(生産過剩)의 경제사회를 초래하였다. 그리하여 과잉한 생산품의 판로와 공업원료의 획득을 위한 신지역(新地域)의 개척을 요하게 되어, 급기야 세계 열강은 식민지 쟁탈전을 계속하면서 급속도로 강화되어 갔다. 이와 같이 가인 아벨 두 형의 인생관의 흐름과 과학의 발달에 따르는 경제발전은 정치적으로 이 세계를 민주와 공산의 두 세계로 분립케 하였다.

Ⅴ. 문예부흥에 따르는 종교 정치 및 산업의 혁명

가인형인 헬라사상의 반중세적 복고운동(反中世的 復古運動)은 인본주의(Humanism)를 낳아 문예부흥(Renaissance)을 일으켰고, 이것이 더 사탄편으로 발전하여 제2의 문예부흥사조(文藝復興思潮)라고 볼 수 있는 계몽사상(啓蒙思想)을 낳게 되었었다. 그리고 이 계몽사상이 더욱 사탄편으로 성숙하여 제3의 문예부흥사조라고 볼 수 있는 유물사관(唯物史觀)을 낳아 공산주의사상(共産主義思想)을 성숙케 하였다.

이와 같이 사탄편에서 하늘의 섭리를 앞질러 먼저 이루어 나아감에 따라 종교(宗教), 정치(政治), 산업(産業) 각 방면에 있어서도 3차의 혁명이 따라오게 된다. 즉 제1차 문예부흥(文藝復興)에 뒤이어 루터를 중심한 제1차 종교개혁(宗教改革)이 있었으며, 제2차 문예부흥에 뒤이어 종교계에서는 웨슬레, 폭스, 스웨덴보리 등을 중심한 새로운 영적 운동이 말할 수 없는 박해 가운데서 일어났던 것이니, 이것이 제2차 종교개혁운동이었다. 그러므로 제3차 문예부흥에 뒤이어서 제3차 종교개혁이 있게 될 것은 역사발전 과정으로 보아 필지(必至)의 사실이라 하겠다. 사실상 오늘의 기독교(基督教)의 현실은 그 개혁을 절실히 요구하고 있는 것이다.

한편 정치적인 면에 있어서도 3단계의 변혁과정이 있었음을 간파할 수 있다. 즉 제1차 문예부흥과 제1차 종교개혁의 영향으로 중세 봉건사회(中世封建社會)가 붕괴되었고, 제2차 문예부흥과 제2차 종교개혁의 영향으로 전제군주사회(專制君主社會)가 붕괴되었던 것이다. 그리고 제3차 문예부흥에 의한 정치혁명으로 말미암아 공산주의사회(共産主義社會)가 성립되기에 이르렀다. 이제는 장차 올 제3차 종교개혁으로 말미암아 하늘편의 민주세계가 이념적으로 사탄편의 공산세계를 굴복시킴으로써, 이 두 세계는 필연적으로 하나님을 중심한 하나의 지상천국(地上天國)으로 통일될 것이다.

한편 우리는 종교와 정치의 변혁에 따르는 경제개혁도 3단계의 과정을 거치어 발전되어 왔다는 사실을 알 수 있게 된다. 즉 증기(蒸氣)에 의한 공업발달로 제1차 산업혁명(産業革命)이 영국에서 일어났고, 이어서 전기와 가솔린에 의한 제2차 산업혁명이 선진 제국(先進諸國)에서 일어났었다. 이제는 원자력(原子力)에 의한 제3차 산업혁명이 일어나 이것으로 말미암아 이상세계의 행복된 사회환경이 세계적으로 건설될 것이다. 이 메시아 재강림준비시대(再降臨準備時代)에 있어서의 3차의 문예부흥에 따르는 종교, 정치 및 산업 등 3분야에 걸친 3차 혁명은 3단계의 발전법칙에 의한 이상사회(理想社會) 구현에의 필연적 과정인 것이다.

제 4 절 **세계대전**

Ⅰ. 탕감복귀섭리로 본 세계대전의 원인

전쟁이란 언제나 정치, 경제, 사상 등이 원인이 되어 일어나게 되는 것이다. 그러나 이러한 것들은 어디까지나 외적인 원인에 불과하다. 거기에는 반드시 또 내적인 원인이 있음을 알아야 한다. 이것은 마치 인간의 행동에 내외 양면의 원인이 있는 것과 같다. 즉 인간의 행동은 당면한 현실에 대응하려는 외적인 자유의지(自由意志)에 의하여 결정됨은 물론이거니와, 복귀섭리(復歸攝理)의 목적을 지향하여 하나님의 뜻에 순응하려는 내적인 자유의지에 의하여 결정되는 것도 있는 것이다. 그러므로 인간의 행동에 대한 선악(善惡)을 그 외적인 원인만으로 판단해서는 안 된다. 그런데 인간의 자유의지에 의하여 일어나는 행동과 행동의 세계적인 부딪침이 곧 세계대전(世界大戰)이기 때문에, 여기에도 내외 양면의 원인이 있다는 것을 알아야 한다. 따라서 세계대전을 정치, 경제, 사상 등 그 외적인 원인만을 중심하고 다루어 가지고는 그에 대한 섭리적인 의의를 파악할 수 없는 것이다.

그러면 탕감복귀섭리(蕩減復歸攝理)로 본 세계대전(世界大戰)의 내적인 원인은 무엇일 것인가?

첫째, 주권을 빼앗기지 않으려는 사탄의 최후의 발악으로 인하여 세계대전은 일어나게 된다. 위에서도 이미 보아 온 바와 같이, 인간시조(始祖)가 타락됨으로 인하여 원래 하나님이 이루시려던 원리세계(原理世界)를 사탄이 앞질러 원리형(原理型)의 비원리세계(非原理世界)로 이루어 나왔고, 하나님은 그 뒤를 따라 나오시면서 사탄 주관하의 이 비원리세계를 빼앗아 선의 판도를 넓히심으로써 점차적으로 원리세계를 복귀하는 섭리를 해 나오셨다. 따라서 복귀섭리노정(復歸攝理路程)에는 언제나 참것이 오기 전에 거짓 것이 먼저 나타나게 된다. 그리스도가 오시기 전에 적그리스도가 먼저 오리라 하신 것은 그 대표적인 예라 하겠다.

그런데 사탄을 중심한 악주권(惡主權)의 역사는 재림주님이 나타나심으로써 그 종말을 짓고 하나님을 중심한 선주권(善主權)의 역사로 바뀌게 되는 것이므로, 그때에 사탄은 최후의 발악을 하게 된다. 모세를 중심한 민족적 가나안 복귀노정에 있어서, 애급(埃及)을 떠나려는 이스라엘 선민(選民)에 대하여 사탄은 바로를 시켜서 최후의 발악을 하였기 때문에 하늘편에서는 3대 기적(三大奇蹟)으로써 그를 치고 떠났었던 것이다. 이와 같이 역사의 종말기에 있어서도 세계적 가나안 복귀노정을 출발하려는 하늘편에 대하여 사탄이 최후의 발악을 하기 때문에, 이것을 3차에 걸쳐 치는 것이 3차의 세계대전으로 나타나게 되는 것이다.

둘째, 하나님의 3대 축복(三大祝福)을 이룬 형의 세계를 사탄이 앞서 비원리적으로 이루어 왔으므로, 이것을 복귀하는 세계적인 탕감조건(蕩減條件)을 세우기 위하여 세계대전(世界大戰)이 일어난다. 하나님은 인간을 창조하시고 그의 개성을 완성할 것과 자녀를 번식할 것과 피조세계(被造世界)를 주관할 것 등의 3대 축복을 하셨다(창 1 : 28). 따라서 인간은 이 축복을 이룸으로써 지상천국(地上天國)을 세워야 할 것이었다. 하나님은 인간을 창조하시고 이러한 축복을 하셨던 것이므로 그 인간이 타락되었다고 해서 이 축복을 파기하실 수는 없기 때문에, 타락한 인간이 사탄을 중심하고 그 축복형의 비원리세계를 앞질러 이루어 나아가는 것을 허락하시지 않을 수 없는 것이다. 따라서 인류역사의 종말에는 사탄을 중심한 개성, 사탄을 중심한 자녀번식, 사탄을 중심한 피조세계 주관 등 3대 축복 완성형의 비원리세계를 이루게 되는 것이다. 그러므로 하나님의 3대 축복을 복귀하는 세계적인 탕감조건을 세우기 위하여는, 사탄을 중심한 3대 축복 완성형의 비원리세계를 소생(蘇生)·장성(長成)·완성(完成)의 3단계에 걸쳐서 치는 3차의 세계대전이 일어나지 않을 수 없는 것이다.

셋째, 예수님의 3대 시험(三大試驗)을 세계적으로 넘게 하기 위하여 세계대전이 일어나게 된다. 예수님의 노정은 바로 성도들이 걸어야 할 노정이므로, 성도들은 예수님이 광야에서 당하신 3대 시험을 개인적으로, 가정적으로, 국가적으로, 더 나아가 세계적으로 넘어야 한다. 그리하여 전인류가 예수님의 이 3대 시험을 3차에 걸쳐 세계적으로 넘어가는 것이 바로 이 3차에 걸친 세계대전인 것이다.

넷째, 주권복귀(主權復歸)를 위한 세계적인 탕감조건을 세우기 위하여 세계대전이 일어나게 된다. 인간이 타락되지 않고 성장기간(成

長期間)의 3단계를 거쳐서 완성되었더라면 하나님 주권의 세계가 이루어졌을 것이다. 그러므로 이 타락세계(墮落世界)를 가인 아벨 두 형의 세계로 분립한 다음, 아벨형의 하늘세계가 가인형의 사탄세계를 쳐서 가인이 아벨을 죽인 것을 세계적으로 탕감복귀(蕩減復歸)하여, 하나님 주권의 세계를 찾아 세우는 최종의 전쟁을 수행함에 있어서도 3단계를 거쳐야 하기 때문에 3차의 세계대전이 오게 되는 것이다. 그러므로 세계대전은 종적인 섭리노정(攝理路程)에서 주권복귀를 위하여 있었던 모든 싸움의 목적을 횡적으로 탕감복귀해야 하는 최종적인 전쟁인 것이다.

II. 제1차 세계대전

1. 제1차 세계대전에 대한 섭리적인 개요

가인 아벨 두 형의 인생관으로 말미암아 일어났던 가인 아벨 두 형의 민주주의 혁명으로 인하여 전제군주정체(專制君主政體)는 붕괴되었으며, 이에 따라서 일어난 산업혁명(産業革命)은 봉건주의사회(封建主義社會)를 자본주의사회(資本主義社會)로 이끌어 마침내는 제국주의사회(帝國主義社會)가 오게 되었었다. 그러므로 제1차 세계대전(第一次世界大戰)은 정치적인 면에서 보면 아벨형의 민주주의에 의하여 복귀섭리(復歸攝理)의 목적을 지향하는 민주주의정체(民主主義政體)와 가인형의 민주주의에 의하여 복귀섭리의 목적을 반하는 전체주의정체(全體主義政體)와의 전쟁이었으며, 한편 또 경제적인 면에서 보면 하늘편 제국주의와 사탄편 제국주의와의 전쟁이었던 것이다. 따라서 이 대전은 일면 구미 제국(歐美諸國) 중의 선진 자본주의

국가들과 후진 자본주의 국가들이 식민지(植民地) 쟁탈을 위하여 벌인 전쟁이기도 하였던 것이다.

또 제1차 세계대전(第一次世界大戰)을 사상적인 면에서 보면, 당시의 기독교를 박해하던 회회교국가(回回教國家)인 터키 및 이것을 지지하던 독일이나 오스트리아 등 가인형의 국가군과, 주로 기독교를 신봉하던 영(英)·미(美)·불(佛) 등 아벨형의 국가군 사이에 벌어진 전쟁이었던 것이다. 결론적으로 제1차 대전은 아벨형 인생관의 목적을 실현해야 할 민주주의가 소생적(蘇生的)인 승리의 기반을 조성하는 전쟁이었던 것이다.

2. 하늘편과 사탄편은 무엇으로 결정되는가

하늘편과 사탄편은 하나님의 복귀섭리(復歸攝理)의 방향을 기준으로 하여 결정된다. 하나님의 복귀섭리의 방향과 동일한 방향을 취하거나 간접적으로나마 이 방향에 동조하는 입장을 하늘편이라 하고, 이와 반대되는 입장을 사탄편이라 한다. 그러므로 하늘편이냐 사탄편이냐 하는 것은 우리의 상식이나 양심의 판단과 반드시 일치한다고는 할 수 없는 것이다. 모세가 애급인(埃及人)을 죽인 사실은 하나님의 섭리를 모르는 사람은 누구나 악이라고 할 것이다. 그러나 복귀섭리의 입장에서 보면 그것은 선이었다. 뿐만 아니라 이스라엘 민족이 아무 이유도 없이 가나안 땅을 침입하여 수많은 이방민(異邦民)을 전멸시킨 사실도, 하나님의 섭리를 모르는 자리에서 보면 악이라고 하지 않을 수 없을 것이다. 그러나 이것도 역시 복귀섭리의 입장에서 보면 선이었던 것이다. 가나안 민족 중에 이스라엘 민족보다 훨씬 더 양심적인 사람이 있었다고 해도 당시의 그들은 일률적으로 사탄편이었고,

이스라엘은 일률적으로 하늘편이었던 까닭이다.

더 나아가 이 예를 종교면(宗教面)에서 들어 보기로 하자. 모든 종교는 그 목적이 동일하게 선에 있기 때문에 그것은 모두 하늘편이다. 그러나 어떤 종교가 사명적으로 보아 그보다 더 하늘 앞에 가까운 종교가 가는 길을 방해하게 될 때 그 종교는 사탄편에 속하게 된다. 또 각 종교는 시대적인 사명을 가지고 있기 때문에, 어떤 종교가 그의 사명기(使命期)가 지난 후, 다음 시대의 새로운 사명을 담당하고 나타난 종교의 길 앞에 장애가 되는 입장에 서게 될 때 그 종교는 사탄편이 된다. 예수님이 나타나시기 전에는 유대교나 그 민족은 모두 하늘편이었다. 그러나 그들이 유대교의 목적을 이루시기 위하여 새로운 사명을 가지고 오셨던 예수님을 박해하게 되었을 때에는, 그들은 과거에 아무리 하나님을 잘 섬겨 왔다고 하더라도 그 날부터 사탄편이 되지 않을 수 없었던 것이다.

근세(近世) 이후에 있어서는 아벨형의 인생관의 계통은 모두 하늘편이요, 가인형의 인생관의 계통은 모두 사탄편이다. 이러한 의미에서 유물론자(唯物論者)는 가인형의 인생관의 결실이기 때문에, 인간적으로 볼 때 아무리 양심적이고 남을 위해 헌신을 한다고 해도 그는 사탄편이다. 따라서 공산세계는 사탄편 세계가 되는 것이다. 이에 반하여 신앙의 자유가 허여(許與)되어 있는 민주세계는 아벨형의 인생관으로 존립하는 세계이기 때문에 하늘편이 된다.

전편에서 이미 논술한 바와 같이, 기독교(基督教)는 모든 종교의 목적을 이루기 위한 최종적인 사명을 가지고 있는 중심 종교로 세워졌기 때문에, 복귀섭리(復歸攝理)의 입장에서 보면 이 섭리의 목적을 지향하는 기독교의 길을 방해하는 것은 무엇이든지 사탄편이 되는 것이다. 따라서 기독교를 박해하거나 또는 그의 발전을 직접 혹은 간접으로 방해하는 국가는 모두 사탄편이 된다. 그러므로 제1차 세계대전(第一次世界大戰)에 있어서 영(英)·미(美)·불(佛)·로(露) 등 연합국(聯合國)측의 주동국가들은 기독교국가일 뿐 아니라, 회회교국(回回敎國)인 터키 내에서 박해를 받고 있는 기독교도를 해방하려 했던 국가들이었기 때문에 그것들은 모두 하늘편이 되고, 독일이나 오스트리아 등 동맹국(同盟國)측의 주동국가들은 기독교를 박해하는 회회교국가였던 터키를 지지하였으므로 그것들은 모두 터키와 함께 사탄편이었던 것이다.

3. 복귀섭리로 본 제1차 세계대전의 원인

복귀섭리(復歸攝理)로 보아 제1차 세계대전(第一次世界大戰)이 일어나게 된 내적인 원인의 그 첫째는, 하나님의 3대 축복(三大祝福)을 복귀하는 소생적(蘇生的)인 탕감조건(蕩減條件)을 세계적으로 세우려는 데 있었다. 이미 위에서 밝힌 바와 같이, 사탄은 하나님이 아담을 중심하고 이루시려던 세계와 유사한 형의 세계를 앞질러 이루어 나왔기 때문에, 역사의 종말에 이르러서는 한 때 반드시 사탄편 아담형의 인물을 중심하고 3대 축복의 소생급 완성형의 비원리세계(非原理世界)가 나타나게 된다. 따라서 하늘편에서는 이 세계를 쳐서 하나님을 중심하고 그 축복을 완성한 원리세계(原理世界)를 복귀하는 소생적인 탕감조건을 세계적으로 찾아 세우지 않으면 아니 된다. 이러한 목적을 위하여 제1차 세계대전이 일어나게 되었던 것이다.

그러므로 제1차 세계대전을 도발한 독일의 카이젤은 사탄편 아담의 소생급(蘇生級) 개성완성형의 인물로서, 범게르만주의를 주창함으로써 자녀 번식의 형을 이루었고, 세계제패(世界制覇)의 정책을 세움으로써 만물 주관의 형을 이루어 사탄을 중심한 3대 축복(三大祝福)의 소생급 완성형의 비원리세계(非原理世界)를 이루었던 것이다. 따라서 하늘편이 이러한 사탄편을 치고 승리함으로써, 하나님을 중심하고 3대 축복을 완성한 세계를 복귀하는 소생적인 탕감조건(蕩減條件)을 세계적으로 세우기 위하여 제1차 세계대전은 일어나지 않으면 안 되었던 것이다.

둘째로는, 예수님에 대한 사탄의 첫째 시험을 하늘편 지상인으로 하여금 세계적으로 넘게 하기 위하여 제1차 세계대전(第一次世界大戰)이 있어야 한다. 그러므로 예수님이 당하셨던 시험을 중심하고 보면, 하늘편에서는 제1차 대전에 승리하여 하나님의 제1축복(第一祝福)을 세계적으로 복귀할 수 있는 탕감조건을 세워야 하였던 것이다. 왜냐하면 예수님이 광야에서 첫째 시험에 승리함으로써 돌로 표시된 자신을 찾아 세워 개성복귀(個性復歸)의 기대를 조성하셨던 것과 같이, 하늘편에서 제1차 세계대전에 승리함으로 말미암아 사탄편 세계와 그 중심이 망한 반면에, 하늘편 세계가 세워지고 그 중심인 재림주(再臨主)님이 탄생하시어 개성을 복귀할 수 있는 기대를 조성하지 않으면 안 되었기 때문이다.

셋째로는, 주권복귀(主權復歸)의 소생적(蘇生的)인 기대를 조성하기 위하여 제1차 세계대전이 있어야 한다. 우리는 이미 후편 제4장 제7절 II 6에서, 전제주의사회(專制主義社會)를 타파하고 하나님의 주권을 복귀하기 위한 최종적인 정체(政體)로서 민주주의정체(民主主義政體)가 나오게 되었다고 논하였거니와, 결과적인 사실이 보여준 바와 같이, 제1차 대전에서 하늘편 국가가 승리하여 정치 판도를 크게 넓힘으로써 세계를 기독교화(基督教化)하고, 하늘편의 광범하고도 확고한 정치 및 경제의 기대를 조성함으로써 민주주의의 소생적인 기대를 확립함과 동시에 하늘편 주권복귀의 소생적인 기대를 이룩하지 않으면 안 되었던 것이다.

4. 복귀섭리로 본 제1차 세계대전의 결과

제1차 세계대전(第一次世界大戰)에서 하늘편이 승리함으로 말미암아 하나님의 3대 축복(三大祝福)을 세계적으로 복귀하기 위한 소생적(蘇生的)인 탕감조건(蕩減條件)을 세우게 되었고, 예수님에 대한 사탄의 시험을 세계적으로 넘는 입장에서 보면 하나님의 제1축복(第一祝福)을 세계적으로 복귀할 수 있는 탕감조건을 세웠으며, 여기에서 민주주의가 소생적인 승리를 거두게 되어 하늘편 주권복귀(主權復歸)의 소생적인 기대를 조성하였다. 그리고 사탄편 세계와 그 세계의 왕(王)으로 군림했던 카이젤이 패망한 반면에, 하늘편 세계의 소생적인 승리의 기대가 세워짐으로써 하늘편 세계의 왕으로 오실 재림주님이 탄생하실 수 있는 기대가 조성되었다. 그리고 이에 뒤이어 사탄편의 재림주 상징형인 스탈린을 중심한 공산세계(共産世界)가 일어나게 되었다.

왜냐하면 재림주님은 공생공영공의주의(共生共榮共義主義)의 지상천국이상(地上天國理想)을 가지고 오시는 분이시므로, 사탄편에서는 하늘편의 이러한 이상을 앞질러 먼저 이루기 위하여 사탄편 재림주형의 인물을 중심하고 지상천국형의 세계를 이루려 하기 때문이었다. 그러므로 제1차 세계대전이 하늘편 승리로 끝남으로써 메시아 재강림(再降臨)의 기대가 조성되었고, 그때부터 재림역사(再臨役事)의 소생기(蘇生期)는 시작되었던 것이다.

Ⅲ. 제2차 세계대전

1. 제2차 세계대전에 대한 섭리적인 개요

이미 중세 이후의 역사에서 보아 온 대로, 민주주의(民主主義)의 근본정신은 아벨형 인생관의 목적을 실현하려는 데 있는 것이다. 그러므로 민주주의는 인간 본성의 내외 양면의 성향을 따라 필연적으로 창조이상(創造理想)의 세계를 추구하게 된다. 그러므로 제2차 세계대전(第二次世界大戰)은 제1차 대전으로 인하여 소생적(蘇生的)인 승리의 기대 위에 서게 된 민주주의가, 인간 본성이 지향하는 길을 막는 전체주의(全體主義)와 싸워서 그 장성적(長成的)인 승리의 기반을 조성하는 전쟁이었던 것이다.

2. 전체주의란 무엇인가

1930년대에 있어서 경제공황(經濟恐慌)이 세계적으로 휘몰아쳤을 때, 특히 이러한 역경을 극복하기 어려운 고립된 환경에 처해 있었던 독(獨)·일(日)·이(伊) 등의 국가들은 그 난경(難境)을 타개하는 길을 전체주의에서 찾으려 하였던 것이다. 그러면 이 전체주의란 무엇인가?

전체주의는 근대국가(近代國家)의 민주주의 정치사상(政治思想)의 기본인 인간의 개성에 대한 존중과 언론(言論), 출판(出版), 집회(集會), 결사(結社)의 자유와 국가에 대한 기본적인 인권 및 의회제도(議會制度) 등을 부정하고, 민족 국가의 '전체'만을 궁극의 실재로

봄으로써, 개인이나 단체는 민족 국가 전체의 존립과 발전을 위하여 있어야 한다고 주장하는 정치이념(政治理念)이다. 그러므로 이 제도 하에서의 자유는 개인이 주장하고 향유할 수 있는 권리가 아니고 전체 앞에 바쳐야 할 하나의 의무요 또한 희생으로 정의된다.

전체주의(全體主義)의 지도원리는 모든 권위를 다수(多數)에 두지 않고 한 사람의 지배자에게 둔다. 그리하여 그 지배자의 의지로써 국가 민족의 이념으로 삼으려는 것이다. 이러한 지도이념에 의한 전체주의 정치체제의 실례를 들어 보면, 이태리에 있어서의 무솔리니, 독일에 있어서의 히틀러, 일본에 있어서의 군벌(軍閥)에 의한 독재정체(獨裁政體)들이 각각 그것에 해당한다고 하겠다.

3. 제2차 세계대전에 있어서의 하늘편 국가와 사탄편 국가

제2차 세계대전(第二次世界大戰)은 민주주의로 결탁된 미(美)·영(英)·불(佛)의 하늘편 국가와 전체주의로 결탁된 독(獨)·일(日)·이(伊)의 사탄편 국가와의 대전(對戰)이었다. 그러면 어찌하여 전자는 하늘편이고 후자는 사탄편인가? 전자는 아벨형의 인생관을 중심으로 하여, 복귀섭리(復歸攝理)의 최종단계의 정치이념으로 세워진 민주주의를 근본이념으로 하는 국가들이었기 때문에 하늘편이었고, 후자는 그 정치이념이 가인형의 인생관을 중심한 반민주주의적(反民主主義的)인 전체주의국가(全體主義國家)들이었기 때문에 사탄편이었다. 그리고 또 전자는 기독교(基督教)를 지지하는 국가들이었고, 후자는 반기독교적(反基督教的)인 입장에 섰었던 국가들이었기 때문에 각각 하늘편과 사탄편으로 구별되었던 것이다.

이제 그 내용을 좀더 밝혀 보기로 하자. 당시대에 있어서 추축국(樞

軸國)의 중심이었던 독일은 인간의 기본 자유를 박탈하였고, 그의 사상통제는 종교분야에까지 미쳤던 것이다. 즉 히틀러는 로마 교황(教皇)과는 별도로 협약(協約)을 맺고, 엄중한 게르만의 원시적 종교사상을 도입하여 민족적 종교를 창설한 후, 그 전국 주교(主教) 밑에 모든 신교(新教)를 통할하려 하였기 때문에 신교는 물론 구교(舊教)까지 이에 강력한 반대운동을 하였던 것이다. 뿐만 아니라 히틀러는 6백만의 유대인들을 학살하였다.

그리고 대전(大戰) 당시의 일본의 군벌(軍閥)은 한국의 각 교회에 일본 신도(神道)의 가미다나(神棚)를 강제로 설치케 하는 한편, 기독교인(基督教人)들을 일본 신사(神社)에 강제로 끌어내어 참배케 하였고, 이에 불응하는 신도들을 투옥 학살하였다. 특히 일본의 속박을 피하여 자유를 찾아 만주에 이민(移民)한 한국 기독교인들을 도처에서 집단 학살하였던 것이다. 이와 같이 대전 말기에 이르면서 그들이 강행하였던 한국 기독교 말살정책은 실로 극악한 것이었다.

그리고 이태리는 사탄편에 섰던 독일과 하나되어 추축국가가 되었으며, 무솔리니는 국민 사상을 통합하기 위하여 고의로 구교(舊教)를 국교로 세움으로써 하나님의 복귀섭리(復歸攝理)에 역행(逆行)하는 길을 걸었다. 이러한 근거에서 당시의 독(獨)·일(日)·이(伊)는 함께 사탄편의 국가들로 규정되는 것이다.

4. 하늘편과 사탄편이 각각 3대국으로 대립한 이유

상세한 것은 다음 항목에서 논술될 것이나, 제2차 세계대전(第二次世界大戰)은 예수님을 중심하고 이루려다가 이루지 못하였던 하나님의 3대 축복(三大祝福)을 복귀하는 장성적(長成的)인 탕감조건(蕩

滅條件)을 세계적으로 찾아 세우기 위하여 일어났던 것이다. 그런데 원래 하나님의 3대 축복이 이루어지지 않았던 것은 아담, 해와, 천사장(天使長)의 3존재가 타락된 때문이었다. 그러므로 3대 축복의 복귀에도 그것들을 탕감복귀(蕩減復歸)하기 위한 3존재의 관여가 필요하기 때문에, 후아담으로 오셨던 예수님과 해와의 신성(神性)으로 오신 성신(聖神)과(전편 제7장 제4절 I) 천사장의 3존재가 합하여서 비로소 영적 구원섭리를 이루시어 하나님의 3대 축복을 영적으로 복귀하셨던 것이다. 따라서 예수님을 중심한 3대 축복을 복귀하기 위한 장성적인 탕감조건을 세계적으로 세워야 할 제2차 세계대전도 아담, 해와, 천사장을 상징하는 하늘편 국가들이 중심이 되어 동일한 형을 갖춘 사탄편 국가들과 싸워 이겨서 그것을 탕감복귀하는 조건을 세우지 않으면 아니 된다. 그러므로 이것을 알고 있는 사탄은 이 섭리에 앞질러 사탄편 아담, 해와, 천사장형의 국가들을 먼저 단합하게 하여, 하늘편의 그러한 형의 국가들에게 공세를 취하게 하였던 것이다.

그리하여 미국은 남성국가로서 하늘편 아담을, 영국은 여성국가로서 하늘편 해와를, 그리고 불란서(佛蘭西)는 중간적인 국가로서 하늘편의 천사장을 각각 상징하였고, 독일은 남성국가로서 사탄편 아담을, 일본은 여성국가로서 사탄편 해와를, 그리고 이태리는 중간적인 국가로서 사탄편의 천사장을 각각 상징하였던 것이다. 그 앞서 제1차 세계대전에 있어서의 미(美)·영(英)·불(佛)과 독(獨)·오(墺)·토(土)도 역시 각각 이러한 유형으로 편성된 소생적(蘇生的)인 상징형으로서의 하늘편과 사탄편의 국가들이었던 것이다.

그러면 제2차 대전에 있어서, 사탄편 국가인 소련은 왜 하늘편에 가담하게 되었던가? 교황을 중심한 서구의 중세사회(中世社會)가 복귀섭리(復歸攝理)의 목적을 이룰 수 없는 입장에 서게 되었을 때,

하나님은 이것을 가인 아벨 두 형의 인생관의 세계로 분립하여 공산(共産)과 민주(民主)의 두 세계를 이루어 나아가는 섭리를 하시지 않을 수 없게 되었었다. 그런데 봉건사회(封建社會)나 전제군주사회(專制君主社會)나 제국주의사회(帝國主義社會)는 모두 이러한 섭리를 이루는 데 있어서 하늘편이 가는 길을 막는 동시에 사탄편이 가는 궁극의 길도 막는 것이 되었기 때문에, 하늘편과 사탄편이 합하여 그 사회를 타파하게 되었던 것이다.

복귀섭리(復歸攝理)는 시대의 흐름을 따라서 발전한다. 따라서 하나님의 복귀섭리를 앞질러 이루어 나아가는 비원리세계(非原理世界)도 시대의 흐름을 따라서 사탄의 목적을 지향하여 진전하지 않을 수 없게 된다. 그러므로 사탄세계에 있어서도 낡은 사회는 진보적인 사회를 이루는 데 장애가 되기 때문에 그것을 청산하는 싸움을 하게 되는 것이다.

이러한 역사적인 추세에 의하여, 제2차 세계대전(第二次世界大戰)에 있어서의 전체주의(全體主義)는 하늘편에 있어서 그러한 것처럼 사탄편이 가는 길에 있어서도 역시 장애가 되었던 것이다. 그런데 하나님은 사탄편이 공산주의세계를 이루는 것을 탕감복귀섭리상 일시적으로나마 허락하시지 않을 수 없었기 때문에, 소련이 하늘편 국가와 협력하여 전체주의국가를 타도함으로써 공산세계가 조속히 그로서의 결실을 하도록 하셨던 것이다. 그러나 제2차 세계대전이 끝나자마자 민주와 공산의 두 세계는 물과 기름같이 갈라지게 되는 것이다.

5. 복귀섭리로 본 제2차 세계대전의 원인

복귀섭리로 보아 제2차 세계대전이 일어나게 된 내적인 원인의 그 첫째는, 하나님의 3대 축복(三大祝福)을 복귀하는 장성적(長成的)인 탕감조건(蕩減條件)을 세계적으로 세우려는 데 있었다. 하나님은 아담이 타락됨으로 인하여, 제2차로 후아담 된 예수님을 보내시어 그를 중심하고 하나님의 3대 축복을 완성한 세계를 복귀하려 하셨던 것이다. 그러나 예수님은 유대인들의 불신으로 십자가에 돌아가심으로써 이것을 영적으로만 이루셨던 것이다. 한편 사탄은 또 예수님이 이루시려던 그 세계와 유사한 형의 세계를 앞질러 이루어 나아가는 것이다. 그러므로 역사의 종말에 이르러서는 반드시 사탄편 예수형의 인물을 중심하고 3대 축복의 장성급 완성형의 비원리세계(非原理世界)가 이루어지게 된다. 따라서 이 세계를 쳐서 하나님을 중심하고 그 축복을 완성한 원리세계(原理世界)로 복귀하는 장성적인 탕감조건을 세계적으로 찾아 세우지 않으면 아니 된다. 이러한 목적을 위하여 제2차 세계대전이 일어나게 되는 것이다.

이 사탄편 예수형의 인물이 바로 히틀러였다. 그러므로 히틀러는 그 사상이나 그 독신생활(獨身生活)이나 그의 비참한 죽음이나 또는 행방불명(行方不明) 된 그의 시체 등 모든 면에 있어서, 그 뜻을 반대로 했을 뿐 예수님의 그것들과 유사하였던 것이다. 따라서 제2차 세계대전을 도발한 독일의 히틀러는 사탄편 아담의 장성급 개성완성형의 인물로서 범게르만주의를 주창함으로써 자녀 번식의 형을 이루었고, 세계제패(世界制覇)의 정책을 수립함으로써 만물 주관의 형을 이루어 사탄을 중심한 3대 축복의 장성급 완성형의 비원리세계를 이루었던 것이다. 여기에서 하늘편은 제2차 세계대전에서 승리함으로써 3대 축복을 완성한 세계를 복귀하는 장성적인 탕감조건을 세계적으로 찾아 세우지 않으면 안 되었던 것이다.

둘째로는, 예수님에 대한 사탄의 둘째 시험을 하늘편 지상인으로 하여금 세계적으로 넘게 하기 위하여 제2차 세계대전이 오게 된다. 그러므로 예수님이 당하셨던 시험을 중심하고 보면, 하늘편에서는 제2차 대전에 승리함으로써 하나님의 제2축복(第二祝福)을 세계적으로 복귀할 수 있는 탕감조건을 세우지 않으면 안 되었다. 왜냐하면 예수님이 광야에서 둘째 시험에 승리함으로써 자녀복귀의 기대를 조성하셨던 것과 같이, 하늘편 세계가 제2차 대전에서 승리함으로 말미암아 민주주의(民主主義)의 장성적인 기대를 조성하여 하늘편 인간들이 그 세계적인 기반을 닦아야 하였기 때문이다.

셋째로는, 주권복귀(主權復歸)의 장성적(長成的)인 기대를 조성하기 위하여 제2차 세계대전(第二次世界大戰)이 오게 되었던 것이다. 제1차 대전이 하늘편의 승리로 돌아감으로 인하여 민주주의세계는 그 소생적(蘇生的)인 기반을 가지게 되었고, 그에 따라 가인형의 세계를 이루어 나오던 사탄편에서도 제1차 대전이 끝나자 제국주의(帝國主義)를 극복하고 공산주의세계의 소생적인 기반을 닦게 되었었다. 그러므로 제2차 대전은 그 결과적인 사실이 보여 준 바와 같이 민주와 공산의 두 세계를 완전히 분리시켜 각각 그 장성적인 기반을 닦도록 하지 않으면 안 되었던 것이다. 민주주의세계가 이와 같이 그 장성적인 기반을 가지게 됨에 따라서 하늘편 주권복귀는 그 장성적인 기대를 조성하게 되는 것이다.

6. 복귀섭리로 본 제2차 세계대전의 결과

제2차 세계대전이 하늘편의 승리로 끝남으로 말미암아 하나님의 3대 축복(三大祝福)을 세계적으로 복귀하기 위한 장성적인 탕감조건(蕩減條件)을 세울 수 있게 되었고, 예수님에 대한 사탄의 시험을 세계적으로 넘는 입장에서 보면 하나님의 제2축복(第二祝福)을 세계적으로 복귀할 수 있는 탕감조건을 세웠으며, 또 민주주의세계(民主主義世界)가 장성적인 기반을 닦게 됨으로써 주권복귀의 장성적인 기대를 조성하게 되었던 것이다.

그리고 탕감복귀(蕩減復歸)의 원리로 보아, 사탄편 예수형의 인물인 히틀러와 그 나라가 망하고 사탄편 재림주형(再臨主型)의 인물인 스탈린을 중심한 공산세계(共産世界)가 세계적인 기반을 가지고 나타나게 된 것은, 부활하신 예수님을 중심하고 영적인 왕국을 건설해 나아가던 시대는 지나가고 재림하신 예수님을 중심하고 새 하늘과 새 땅을(계 21 : 1~7) 건설할 때가 되었음을 보여 주는 것이다.

이와 같이 2차대전(二次大戰)이 끝난 후부터는 재림역사(再臨役事)의 장성기(長成期)로 들어가기 때문에, 많은 성도들이 예수 재림에 관한 계시를 받아 신령역사(神靈役事)는 세계적으로 일어나게 되는 것이다. 이에 따라서 모든 기성종교(旣成宗敎)는 더욱 혼돈되고 분열됨으로써 세속적으로 흘러 종교적인 생명을 잃어버리게 되는 것이니, 이것은 최종적인 새 진리에 의하여 모든 종교를 하나로 통일하기 위한 하나님의 종국적인 섭리로 말미암아 일어나는 하나의 말세적인 현상인 것이다.

Ⅳ. 제3차 세계대전

1. 제3차 세계대전은 기필코 일어나게 될 것인가

하나님은 원래 인간 시조(始祖)를 창조하시고 그에게 세계를 주관하라고 축복하셨기 때문에(창 1 : 28), 사탄이 타락인간(墮落人間)을 앞세워 가지고 먼저 이 축복을 완성한 형의 비원리세계(非原理世界)를 이루어 나아가는 것을 허락하시지 않을 수 없었으며, 그 반면에 하나님은 복귀섭리(復歸攝理)에 의하여 그 뒤를 따라 나오시면서 그것을 하늘편으로 빼앗아 넘기는 역사(役事)를 해오셨다는 것은 우리가 익히 알고 있는 사실이다. 그러므로 인류역사(人類歷史)의 종말에는 사탄편도 하늘편도 모두 세계를 주관하는 데까지 나아가지 않을 수 없게 되어 민주(民主)와 공산(共産)의 두 세계가 양립(兩立)하게 된다. 그리하여 이러한 두 세계의 최종적인 분립과 통합을 위하여 세계대전(世界大戰)은 오게 되는 것이다.

이와 같이 제1차, 제2차의 대전은 세계를 민주와 공산의 두 세계로 분립하기 위한 싸움이었으므로, 다음에는 이 분립된 두 세계를 통일하기 위한 싸움이 와야 하는 것이니, 이것이 곧 제3차 대전(第三次大戰)이다. 그러므로 제3차 대전은 반드시 있어야 하는데, 그 싸움에는 두 가지 길이 있는 것이다.

첫째는 무기로써 사탄편을 굴복시켜 통일하는 길이다. 그러나 통일된 후에 와야 할 이상세계(理想世界)는 온 인류가 다 같이 기뻐하는 세계여서, 이 세계는 원수를 무기로써 외적으로만 굴복시켜서는 결코 이루어지지 않는 것이기 때문에, 그들을 다시 내적으로도 굴복시켜서 충심으로 기뻐하게 하지 않으면 안 된다. 그러기 위해서는 인간의 본성적인 욕구를 만족시킬 수 있는 완전무결한 이념(理念)이 없어서는 아니 되는 것이다.

그리고 이 싸움의 둘째 길은 무기로 인한 외적인 싸움을 하지 않고, 전적으로 이념에 의한 내적인 싸움으로써 곧장 사탄세계를 굴복시켜 통일하는 길이다. 인간은 이성적(理性的)인 존재이기 때문에, 결국 이성으로 굴복하고 이성으로 하나될 때에만 완전한 하나의 세계가 이루어지게 되는 것이다. 이 두 가지 싸움의 길 중에서 어느 길에 의하여 하나의 세계가 이루어질 것인가 하는 것은 인간의 책임분담(責任分擔) 수행 여부에 따라서 결정될 문제이다. 그러면 이 길에 필요한 새 세계의 이념은 어디서 나오게 될 것인가?

인류를 하나의 이상세계(理想世界)에로 인도할 수 있는 이념은 가인형의 인생관으로 세워진 공산주의세계(共産主義世界)에서 나올 리는 만무한 것이다. 왜냐하면 가인형의 인생관은 인간 본성의 내적인 성향을 막고 있기 때문이나. 그러므로 이 이념은 반드시 아벨형의 인생관으로 세워진 민주주의세계(民主主義世界)에서 나와야 할 것인데, 우리가 지금까지 알고 있는 바 민주주의세계의 어떠한 기존 이념도 공산주의의 이념을 굴복시킬 수 없었다는 것은 이미 역사적으로 증명된 사실이다. 그렇다면 이 이념은 기필코 민주주의세계에서 새로이 나오지 않으면 아니 되는 것이다.

새로운 이념이 나오기 위하여는 새로운 진리(眞理)가 나와야 할 것이니, 이 새로운 진리가 바로 아벨형의 인생관의 근본이며, 따라서 민주주의의 근본이 될 것은 물론이다. 지금까지 시대를 따라 보다 더 새로운 진리를 찾아 나온 역사발전 과정이 그러했던 것과 같이, 이러한 새로운 진리가 나오게 되면 그것은 많은 인간들이 지금까지 진리라고 믿어 온 낡은 것과 서로 상충하게 될 것이므로, 오늘의 민주주의세계에 있어서도 또다시 가인 아벨의 두 입장으로 분립되어 서로 싸우게 될 것이다. 그러나 이 새로운 진리가 민주주의세계에서 승리의 기반을 가지게 되고, 더욱 나아가 공산주의의 이념을 굴복시킬 때에 마침내 하나의 진리에 의한 하나의 세계는 이루어질 것이다.

하나님이 이 새로운 진리를 주시어 온 인류를 하나의 이념으로 통합하시려는 섭리(攝理)를 사탄이 먼저 알고, 자기를 중심하고 인류를 통합하려고 거짓 것을 참것인 양 내놓은 사탄편 진리가 바로 변증법적 유물론(辨證法的 唯物論)이다. 변증법적 유물론은 이론적인 근거를 세워 영적인 존재를 말살하려 한다. 이러한 유물론의 입장은 신(神)이 없다는 것을 증거하려 하다가 결과적으로 사탄 자신도 없다는 논리를 스스로 뒤집어쓰지 않을 수 없는 자멸(自滅)의 경지에 빠지고 말았다. 더욱이 사탄은 역사의 종말(終末)을 알고 있으므로 자신이 멸망할 것도 잘 알고 있다. 따라서 결국은 사탄 자신이 섬김을 받지 못할 때가 올 것을 상정하여, 자신의 희생을 각오하고 신을 부정하고 나선 것이 바로 변증법적 유물론인 것이다. 그러므로 민주주의세계(民主主義世界)에서 그 이론을 뒤집어 놓을 수 있는 진리를 내놓지 못하는 한, 하늘편은 언제나 사탄의 이론적인 공세를 면할 길이 없는 것이다. 여기에 하늘편에서 새로이 완성적인 진리를 선포하지 않으면 안 되는 복귀섭리사적(復歸攝理史的)인 근거가 있는 것이다.

2. 제3차 세계대전에 대한 섭리적인 개요

제3차 대전(第三次大戰)은 복귀섭리를 시작하신 이래, 최종적으로 민주세계(民主世界)로 하여금 공산세계(共産世界)를 굴복시킴으로써 이상세계를 복귀하게 하시려는 전쟁이다. 복귀섭리의 관점에서 보면, 제1차 대전까지 하늘편 세계에서는 식민지(植民地)를 세계적으로 확보함으로써 복귀섭리를 위한 정치와 경제의 판도를 넓혀 민주주의의 소생적(蘇生的)인 기대를 세웠고, 제2차 대전으로는 민주주의의 장성적(長成的)인 기틀을 세계적으로 수립함으로써 민주세계의 판도를 공고히 하였다. 이제 제3차 대전으로는 새로운 진리에 의하여 완전한 아벨형의 인생관을 세움으로써 민주주의의 완성적(完成的)인 기대를 조성해야 되며, 이 기대 위에서 온 인류를 하나의 세계에로 이끌어 가야만 하는 것이다. 그러므로 제3차 세계대전은, 복귀섭리(復歸攝理)의 역사노정에서 3단계까지 연장하면서 하늘 뜻을 세우려다가 사탄에게 내주었던 모든 것을 역사의 종말기에 이르러 하늘편에서 횡적으로 탕감복귀하는 최종적인 전쟁인 것이다.

3. 복귀섭리로 본 제3차 세계대전의 원인

위에서 논한 바와 같이, 제3차 대전(第三次大戰)이 무력에 의하여 종결될 것인가 혹은 이념의 싸움으로 끝날 것인가 하는 것은, 오직 하나님의 섭리를 받드는 인간 자신의 책임분담(責任分擔) 수행 여하에 따라서 결정될 문제이지만, 여하간 어떠한 길로든지 세계적인 싸움이 한 번 더 있어야 할 것만은 틀림이 없다. 그러면 복귀섭리로 보아 제3차 세계대전이 오게 되는 내적인 원인은 무엇인가?

그 첫째는, 하나님의 3대 축복(三大祝福)을 복귀하는 완성적인 탕감조건(蕩減條件)을 세계적으로 세우려는 것이다. 유대인들의 불신으로 말미암아 예수님을 중심한 복귀섭리는 결국 영적으로만 이루어졌으므로, 예수님은 다시 지상에 오셔서 하나님의 3대 축복을 완성한 세계를 영육(靈肉) 아울러 복귀하시지 않으면 안 된다. 그러므로 사탄은 또 예수님이 재림(再臨)하셔서 이루시려는 세계와 유사한 형의 비원리세계(非原理世界)를 앞질러 이루어 나아가게 된다. 따라서 역사의 종말에는 반드시 사탄편 재림주형(再臨主型)의 인물을 중심하고 3대 축복을 복귀한 형의 비원리세계가 이루어지게 되는 것이다. 그러므로 하늘편에서 사탄을 중심한 이 세계를 쳐서 하나님을 중심하고 3대 축복을 완성한 세계를 복귀하는 완성적인 탕감조건을 세계적으로 찾아 세우지 않으면 아니 된다. 이러한 목적을 위하여 제3차 세계대전이 일어나지 않을 수 없는 것이다.

그 사탄편 재림주형(再臨主型)의 인물이 바로 스탈린이었다. 따라서 스탈린은 사탄편 개성완성형의 인물로서, 민주세계에 대항하여 농어민(農漁民), 노동자의 대동단결(大同團結)을 주창함으로써 자녀번식의 형을 이루었고, 세계 적화(世界赤化)의 정책을 수립함으로써 만물 주관의 형을 이루어 3대 축복(三大祝福)을 완성한 형의 공산세계를 이룬 것이다. 그러므로 공산주의세계는 장차 올 하나님 중심의 공생공영공의주의세계(共生共榮共義主義世界)를 사탄이 앞질러 이루어 놓은 비원리세계(非原理世界)라는 것을 우리는 알아야 하는 것이다.

둘째로는, 예수님에 대한 사탄의 셋째 시험을 하늘편 지상인(地上人)으로 하여금 세계적으로 넘게 하기 위하여 제3차 대전(第三次大戰)이 오게 된다. 그러므로 예수님이 당하셨던 시험을 중심하고 보면, 하늘편에서는 제3차 대전에 승리함으로써 하나님의 제3축복(第三祝福)을 세계적으로 복귀할 수 있는 탕감조건(蕩減條件)을 세우지 않으면 안 된다. 왜냐하면 예수님이 광야에서 셋째 시험에 승리함으로써 만물에 대한 주관성 복귀의 기대를 조성한 것과 같이, 하늘편이 제3차 대전에 승리함으로써 피조세계(被造世界) 전체에 대한 인간의 주관성을 복귀하지 않으면 안 되기 때문이다.

셋째로는, 주권복귀(主權復歸)의 완성적인 기대를 조성하기 위하여 제3차 대전이 있어야 한다. 하늘편에서 제3차 대전에 승리함으로써 공산주의세계를 괴멸하고 모든 주권을 하나님에게 돌아오게 하여 천주주의(天宙主義)의 이상세계(理想世界)를 실현하지 않으면 안 되기 때문이다.

4. 복귀섭리로 본 제3차 세계대전의 결과

하나님은 일찍이 아담가정에서 가인과 아벨을 세워 복귀섭리(復歸攝理)를 완성하려 하셨다. 그러나 가인이 아벨을 죽임으로 인하여 인류 죄악역사가 시작되었기 때문에, 이것을 탕감복귀(蕩減復歸)하시려는 선악(善惡)의 분립역사는 개인적인 것에서 시작하여 가정, 종족, 사회, 민족, 국가적인 것을 거쳐서 세계적인 것으로 그 범위를 넓혀 내려오셨다. 하나님은 복귀섭리의 최종적 역사인 3차의 대전에 승리함으로써 3단계까지 연장을 거듭하여 온 섭리노정(攝理路程)의 전체를 탕감복귀하시려는 것이다. 태초(太初)에 인간 조상은 사탄의 유혹의 말에 끌려 넘어감으로써 하나님에 대한 심정(心情)을 잃어버리게 되었고, 그로 인한 내적인 영적 타락과 외적인 육적 타락으로 말미암아 사탄의 혈통을 이어받았던 것이다. 그러므로 복귀섭리는 타락인간이 하나님의 생명의 말씀에 의하여 하나님에 대한 심정을 복귀하고, 영육(靈肉) 아울러 구원함을 받아 하나님의 혈통을 다시 이어받음으로써 완성되는 것이다(후편 제2장 제3절 III 2 참조).

이제 3차에 걸친 세계대전에서의 하늘편 승리는 이러한 복귀섭리의 모든 기대(基臺)를 완전히 탕감복귀함으로써, 인간이 타락된 이후 유구한 역사의 기간을 두고 하나님이 이루려 하셨던 창조본연(創造本然)의 이상세계(理想世界)를 이룩하게 될 것이다.

제 6 장 재림론

예수님은 재림(再臨)하실 것을 분명히 말씀하셨다(마 16 : 27). 그러나 그 날과 그 때는 천사(天使)도 예수님도 아무도 모른다고 하셨다(마 24 : 36). 그러므로 지금까지 예수님이 언제 어떻게 어디로 오실 것인가 하는 데 대하여는 알려고 하는 것조차 무모한 것으로 알고 있었다.

그러나 예수님이 계속하여 말씀하신 바 오직 아버지만 아시느니라고 하신 사실과, 아모스 3장 7절에 주 여호와께서는 자기의 비밀을 그 종 선지자들에게 보이지 아니하시고는 결코 행하심이 없으시리라고 하신 말씀을 종합하여 보면, 그 날과 그 때를 알고 계시는 하나님께서는 주의 재림에 관한 모든 비밀을 반드시 어떤 선지자(先知者)에게 알려 주시고야 역사(役事)하시리라는 것을 알 수 있다.

그렇기 때문에 예수님은 도둑같이 오시겠다고(계 3 : 3) 말씀하신 바 있지만, 그 반면에 데살로니가전서 5장 4절을 보면 빛 가운데 있는 사람에게는 도둑같이 임하지 못하시리라고 하신 말씀도 있다.

예수님의 초림(初臨) 때에 되어진 일을 보아도 예수님은 어둠 가운데 있었던 제사장(祭司長) 교법사(敎法師)들에게는 도둑같이 임하셨던 것이 사실이었지만, 빛 가운데 있었던 세례 요한의 가정에게는 그의 탄생에 관한 것을 미리부터 알려 주셨고, 또 그가 탄생하셨을 때에는 동방박사(東方博士)와 시므온, 안나, 그리고 목자(牧者)들에게 그 사실을 알려 주셨던 것이다. 그리고 누가복음 21장 34절 내지 36절에 예수님께서 그의 재림(再臨)하실 날이 뜻밖에 덫과 같이 임할 것이기 때문에 항상 기도함으로써 이것을 피하도록 하라고 말씀하신 것을 보아도, 빛 가운데 있는 성도들에게는 그 재림의 날을 위하여 준비할 수 있도록 미리 알려 주실 것이 분명하다.

복귀섭리노정(復歸攝理路程)에 나타난 예를 보아도, 하나님은 노아의 심판 때나 소돔과 고모라를 멸하실 때나 혹은 메시아의 강림(降臨) 때에 있어서 매양 그 사실을 선지자(先知者)들에게 미리 알려 주시고야 행하셨던 것이다.

따라서 하나님은 주의 재림에 관하여도, 말세에는 하나님의 영(靈)을 물 붓듯 부어 주시마고 약속하신 대로(행 2 : 17), 빛 가운데 있는 모든 성도들을 통하여 들을 수 있는 귀와 볼 수 있는 눈을 가진 사람들에게는 반드시 듣고 볼 수 있도록 계시하여 주실 것이 분명하다.

제 1 절 예수님은 언제 재림하실 것인가

예수님이 재림하실 때를 우리는 말세(末世)라고 한다. 그런데 현세(現世)가 바로 말세라는 사실은 이미 전편의 인류역사 종말론(人類歷史終末論)에서 밝힌 바 있다. 따라서 우리는 현세가 바로 예수님이 재림하실 때라는 것을 알 수 있는 것이다. 그런데 복귀섭리역사(復歸攝理歷史)에서 보면, 예수님은 탕감복귀섭리시대(구약시대)의 2천년이 지난 후에 강림하셨다. 그렇기 때문에 탕감복귀(蕩減復歸)의 원칙에서 볼 때에, 전 시대를 실체적인 동시성으로 탕감복귀하는 재탕감복귀섭리시대(신약시대)의 2천년이 끝날 무렵에 주(主)께서 재림하시리라는 것을 우리는 알 수 있는 것이다.

그리고 제1차 세계대전(第一次世界大戰)에 관한 항목에서 상론(詳論)한 바와 같이, 제1차 대전에서 독일이 패전함으로써 사탄편 아담형의 인물인 카이젤이 망하고 사탄편 재림주형(再臨主型)의 인물 스탈린이 공산주의세계(共産主義世界)를 이루었던 것은, 예수님이 재림하셔서 공생공영공의주의세계(共生共榮共義主義世界)를 탕감복귀하실 것을 보여 준 것이었다. 따라서 우리는 제1차 세계대전이 끝난 후부터 재림기(再臨期)가 시작된다고 보아야 할 것이다.

제 2 절 **예수님은 어떻게 재림하실 것인가**

I. 성서에 대한 관점

하나님은 때 아닌 때에 때의 것을 암시(暗示)하여, 어느 시대 어떤 환경의 사람이든지 자유롭게 그 지능과 심령의 정도에 따라서 하나님의 섭리에 대한 시대적인 요구를 깨닫도록 하시기 위하여, 모든 천륜(天倫)의 중요한 문제들을 상징과 비유로써 교시(教示)해 나오셨다 (요 16 : 25). 그러므로 성서는 각각 그 정도의 차는 있지만, 모든 해석자들에게 상이(相異)한 관점을 세워 주는 결과를 가져오게 된다. 교파가 분열되는 주요한 원인은 바로 여기에 있는 것이다. 그러므로 성서를 해석함에 있어서도 그 관점을 어디에다 두는가 하는 것은 가장 중요한 문제가 아닐 수 없다.

세례 요한에 관한 문제만 하여도 그 하나의 예가 되는 것으로서(전편 제4장 제2절 III), 우리는 예수님 이후 2천년 간이나 세례 요한이 그의 책임을 다했다고 하는 선입관으로써 성서(聖書)를 보아 왔기 때문에,

성서도 또한 그렇게 보였던 것이다. 그러나 그와 반대의 입장에서 성서를 다시 상고(詳考)할 때, 세례 요한은 책임을 다하지 못하였다는 사실을 명백히 알게 되었다(전편 제4장 제2절 III).

이와 같이 우리는 오늘에 이르기까지 성서의 문자에만 붙들려서 예수님이 구름을 타고 오신다고 단정하는 입장에서 성서를 보아 왔기 때문에, 성서도 또한 그렇게만 보였던 것이다. 그러나 예수님이 구름을 타고 오신다는 것은 현대인의 지성으로써는 도저히 이해할 수 없는 사실이므로, 이제 우리는 성서의 문자가 말하고 있는 그 참뜻을 파악하기 위하여 종래와 다른 각도에서 다시 한 번 성서를 상고해 볼 필요가 있는 것이다.

우리는 성서의 세례 요한에 관한 부분에서 또 하나의 새로운 관점을 발견하였다. 예언자 말라기는 메시아의 강림(降臨)에 앞서 이미 승천(昇天)한 엘리야가 먼저 오리라고 예언한 바 있었다(말 4 : 5). 따라서 예수님 당시의 유대인들은, 승천한 바로 그 엘리야가 재림(再臨)하는 것이었기 때문에 의당 그는 하늘로부터 내려올 것이라고 믿고 그 날만을 고대하였었다. 그러나 의외에도 예수님은 사가랴의 아들로 태어난 세례 요한(눅 1 : 13)을 가리켜서 엘리야라고 분명히 말씀하셨던 것이다(마 11 : 14).

우리는 여기에서 엘리야의 재림이 당시 유대인들이 믿고 있었듯이 그가 하늘에서 내려오는 것으로써 이루어지지 않고, 지상에서 세례 요한으로 출생하는 것으로써 이루어졌다는 사실을 바로 예수님의 증언에 의하여서 알게 되었다. 이와 마찬가지로 오늘에 이르기까지의 많은 신도들은 예수님이 구름을 타고 다시 오실 것으로 믿어 왔으나, 일찍이 엘리야 재림의 실제가 우리에게 보여 준 대로 재림 때에도 초림(初臨) 때와 마찬가지로 그가 지상에서 육신을 쓰고 탄생하시리라는 것을 부정할 아무런 근거도 없는 것이다. 그렇다면 이제 우리는 여기에서 예수님이 지상에서의 육신 탄생으로 재림하시게 될는지도 모른다는 관점에서, 이에 관한 성경의 많은 기록을 다시 한 번 상고(詳考)해 볼 필요가 있는 것이다.

예수님의 초림(初臨) 때에도 많은 학자들은 메시아가 유대 베들레헴에서 다윗의 후손으로 탄생할 것으로 알고 있었다(마 2 : 5~6). 그러나 한편 다니엘서에 내가 또 밤 이상 중에 보았는데 인자 같은 이가 하늘 구름을 타고 와서(단 7 : 13)라고 기록된 말씀에 의하여, 메시아가 구름을 타고 강림(降臨)하실 것으로 믿은 성도들이 있었으리라는 것은 추단(推斷)하기 어렵지 않다. 그렇기 때문에 예수님이 십자가에 돌아가신 후에도 유대인들 중에는 지상에서 육신을 쓰고 태어난 예수는 메시아가 될 수 없다고 반기독교운동(反基督教運動)을 일으켰던 것이다. 그랬기에 사도 요한은 이들을 경고하기 위하여 미혹하는 자가 많이 세상에 나왔나니 이는 예수 그리스도께서 육체로 임하심을 부인하는 자라 이것이 미혹하는 자요 적그리스도니(요이 1 : 7~8)라고 하여, 육신 탄생으로 나타나신 예수님을 부인하는 자들을 적그리스도로 규정하였던 것이다.

다니엘 7장 13절의 말씀은 예수 재림(再臨) 때에 되어질 것을 예언한 것이라고 주장하는 학자들도 있다. 그러나 모든 선지자와 및 율법의 예언한 것이 요한까지니(마 11 : 13)라고 하신 말씀이나, 그리스도는 모든 믿는 자에게 의를 이루기 위하여 율법의 마침이 되시니라(롬 10 : 4)고 기록되어 있는 말씀을 보아도 알 수 있지만, 구약시대(舊約時代)에는 메시아의 강림으로써 복귀섭리(復歸攝理)의 전목적을 완성하시려는 섭리를 해오셨기 때문에, 예수님 자신이 스스로 재림하실 것을 말씀하시기 전까지는 한번 오셨던 메시아가 재림하시게 되리라는 것은 누구도 상상할 수 없게 되어 있었던 것이다. 따라서 예수님 당시의 유대인들은 누구도 다니엘 7장 13절의 말씀이 메시아의 재림(再臨)에 관한 예언이라고는 생각할 수 없었다. 그 때문에 당시의 유대인들은 이 예언의 말씀을 예수님의 초림(初臨) 때에 되어질 현상으로 알고 있었던 것이다.

이와 같이 예수님의 초림 때에도 성서적인 근거에서 메시아는 구름을 타고 오실 것으로 믿은 신도들이 많았다. 그러나 예수님은 실제에 있어 지상에서 육신을 쓰고 탄생하셨으므로, 재림하실 때도 그와 같이 될는지 모른다는 입장에서 우리는 성서를 다시 한 번 상고(詳考)해 보지 않을 수 없는 것이다.

II. 예수님의 재림은 지상 탄생으로 이루어진다

누가복음 17장 24절 내지 25절을 보면, 예수님은 장차 그가 재림하실 때에 되어질 일들을 예상하시면서 인자도 자기 날에 그러하리라 그러나 그가 먼저 많은 고난을 받으며 이 세대에게 버린 바 되어야 할지니라고 말씀하셨다. 만일 예수님이 성서의 문자 그대로 구름을 타고 천사장(天使長)의 나팔소리와 더불어 하나님의 영광 중에 재림하신다면(마 24 : 30~31), 아무리 죄악이 관영(貫盈)한 세대라 할지라도 이러한 모양으로 오시는 주님을 모시고 받들지 않을 사람이 어디에 있을 것인가? 그러므로 예수님이 구름을 타고 오신다면, 고난을 당하신다든가 이 세대로부터 버림을 받는 것 같은 일은 절대로 생길 수 없는 것이다.

그러면 예수님은 어찌하여 재림하실 때에 그와 같이 불행하게 될 것으로 말씀하셨을 것인가?

예수님 당시에 유대인들은 선지자(先知者) 말라기가 예언한 대로(말 4 : 5), 메시아에 앞서 엘리야가 하늘로부터 재림하여 메시아의 강림(降臨)에 관한 것을 가르쳐 줄 것으로 고대하고 있었다. 그런데 유대인들은 아직도 엘리야가 왔다는 소식조차 듣지 못하고 있을 때에, 예수님이 미미한 존재로서 도둑같이 메시아로 나타나셨기 때문에 그들은 예수님을 멸시하고 천대하였던 것이다(전편 제4장 제2절 II). 예수님은 이러한 자신을 살펴볼 때, 재림하실 때에도 또한 초림 때와 같이 하늘만을 쳐다보며 메시아를 고대하고 있을 기독교 신도들 앞에, 지상에서 탄생하시는 몸으로 도둑같이 나타나시면(계 3 : 3) 다시 그들에게 이단자(異端者)로 몰리어 고난을 당하시게 될 것이 예상되었기 때문에, 그와 같이 이 세대에 버린 바 될 것으로 말씀하셨던 것이다. 따라서 이 성구(聖句)는 예수님이 육신을 쓰고 재림하셔야만 이루어지지, 그렇지 않고 구름을 타고 오셔서는 결코 이루어지지 않는다는 것을 우리는 알아야 한다.

그리고 누가복음 18장 8절에는 예수님이 내가 너희에게 이르노니 속히 그 원한을 풀어 주시리라 그러나 인자가 올 때에 세상에서 믿음을 보겠느냐고 하신 말씀이 있다. 끝날이 가까워 올수록 잘 믿으려고 애쓰는 성도들은 점차 늘어가고 있는데, 구름을 타시고 천사(天使)의 나팔소리와 함께 하나님의 영광 가운데 나타나시는 주님을 어찌하여 신앙이라는 말조차 찾아볼 수 없을 정도로 성도들이 불신하게 될 것인가? 이 말씀도 역시 예수님이 구름을 타고 재림하셔서는 결코 그대로 이루어질 수 없는 것이다.

우리가 예수님 당시의 모든 사정을 회상해 보면, 유대인들은 장차 엘리야가 하늘로부터 하강(下降)한 후에야 메시아가 베들레헴에서 유대인의 왕(王)으로 탄생하시리라고 믿고 있었다(마 2 : 6). 그런데 아직 엘리야도 나타나지 않았던 때에 뜻밖에 나사렛에서 목수(木手)의 아들로 자라난 한 청년이 메시아로 자처하고 나섰던 것이니, 저들 유대인 가운데서 죽음을 각오하고 그를 따르려는 독실한 믿음은 찾아보려야 찾아볼 수 없었던 것이다. 예수님은 이러한 실정을 서럽게 생각하시면서 장차 재림하실 때에도 모든 성도(聖徒)들은 예수께서 구름을 타고 재림하실 것으로 믿고 하늘만을 쳐다보고 있을 것이기 때문에, 자신이 다시 지상에 육신을 쓰고 나타나시게 되면 그들도 필시 이 유대인들과 같이 믿음이란 말조차 찾아볼 수 없을 정도로 불신으로 돌아가게 될 것을 예상하시고 그와 같이 탄식하셨던 것이다. 그러므로 이 성구도 예수님이 지상에서 탄생하시지 않고는 결코 그대로 이루어질 수 없는 것이다.

한편 이 성구를 끝날의 신도들이 당할 환난(患難)이 너무나 크기 때문에 그들이 모두 불신으로 돌아가서 그렇게 될 것이라고 해석하는 학자들도 있다. 그러나 복귀과정(復歸過程)에 있어서도 환난이 능히 성도들의 신앙의 길을 막을 수 없었거든, 하물며 성도들이 신앙의 최후의 관문으로 들어가는 끝날에 있어서랴! 환난과 고통이 심하면 심할수록 하늘로부터의 구원(救援)의 손길을 더욱 열망하여 하나님을 찾게 되는 것이 누구에게나 공통된 신앙생활의 실태라는 것을 우리는 알아야 하겠다.

다시 우리는 예수님이 마태복음 7장 22절 내지 23절에서, 그 날에 많은 사람이 나더러 이르되 주여 주여 우리가 주의 이름으로 선지자 노릇하며 주의 이름으로 귀신을 쫓아내며 주의 이름으로 많은 권능을 행치 아니하였나이까 하리니 그 때에 내가 저희에게 밝히 말하되 내가 너희를 도무지 알지 못하니 불법을 행하는 자들아 내게서 떠나가라 하리라고 하신 말씀을 볼 수 있다. 주(主)의 이름으로 기사 이적(奇

事異蹟)을 행할 정도로 잘 믿는 성도(聖徒)라면, 영광 가운데서 구름을 타고 오시는 주님을 그 얼마나 잘 믿고 모시고 따르게 될 것인가! 그러면 예수님은 어찌하여 그들이 주님에게 그처럼 배척을 당하게 될 것으로 말씀하셨는가? 그렇듯 잘 믿는 성도들이 예수님에게 버림을 받게 된다면 끝날에 구원(救援)을 받을 성도는 한 사람도 없을 것이다. 따라서 이 말씀도 역시 예수님이 구름을 타고 오셔 가지고는 결코 그대로 이루어질 수 없는 것이다.

예수님 당시에도 기사와 이적을 행할 정도로 잘 믿는 성도들이 많았을 것이다. 그러나 메시아에 앞서 엘리야가 하늘로부터 내려오리라고 믿고 있던 그들은 세례 요한이 바로 그들이 고대하던 엘리야임을 몰랐었고(요 1 : 21), 따라서 오신 메시아까지도 모르고 배척해 버렸기 때문에 예수님으로서도 눈물을 머금고 그들을 버릴 수밖에 없었다. 그와 같이 그가 재림(再臨)하실 때에도 지상에서 탄생하시게 되면, 예수님이 구름 타고 오실 것으로 믿고 있는 신도들은 기필코 주님을 배척할 것이기 때문에, 아무리 잘 믿던 성도들이라 할지라도 그들은 불법을 행하는 자로서 주님으로부터 버림을 당하지 않을 수 없으리라는 것을 토로하신 것이었다.

누가복음 17장 20절 이하에 기록되어 있는 말세관(末世觀)도 예수님이 구름을 타고 재림하신다면 그대로 이루어질 수는 없다. 따라서 예수님이 지상에서 탄생하신다는 전제 밑에서만 이 성구들은 완전히 풀리는 것이다. 그러면 우리는 여기에서 이 성구들을 하나하나 들어 가지고 그 내용을 좀더 자세히 살펴보기로 하자.

하나님의 나라는 볼 수 있게 임하는 것이 아니요(17 : 20) : 만일 예수님이 구름을 타고 오신다면 하나님의 나라는 누구나 다 볼 수 있도록 임하게 될 것이다. 그러나 초림(初臨) 때에도 예수님이 탄생하심으로써 이미 그 나라가 임하였던 것이 사실이었으나, 엘리야가 공중으로 재림(再臨)할 것으로 알고 고대하던 유대인들은 예수님을 믿지 못하게 되었었기 때문에, 모처럼 임한 그 나라를 보지 못하고 말았던 것이다. 이와 같이 재림 때에도 예수님이 지상에서 탄생하심으로써 하나님의 나라는 임할 것이나, 구름 타고 재림하실 것으로 믿고 있는 신도들은 지상으로 재림하신 주님을 불신하게 되어 모처럼 임한 그 나라를 볼 수 없게 될 것이기 때문에 그렇게 말씀하셨던 것이다.

천국(하나님의 나라)은 너희 안에 있느니라(17 : 21) : 예수님의 초림 때에도 그를 먼저 메시아로 믿고 따라 모신 사람들은 벌써 그 마음속에 천국을 이루었던 것이다. 그와 같이 재림하실 때에도 그가 지상에서 탄생하시기 때문에 그를 먼저 알고 모시는 성도들을 중심하고 보면 천국은 먼저 그들의 마음속에 이루어지는 것이고, 이러한 개인이 점점 많아져서 사회를 이루고 국가를 형성하게 되면 그 천국은 점차로 볼 수 있는 세계로서 나타나게 될 것이다. 따라서 예수님은 구름을 타고 오셔서 일시에 볼 수 있는 천국을 이루어 놓는 것이 아니라는 것을 알아야겠다.

인자의 날 하루를 보고자 하되 보지 못하리라(17 : 22) : 만일 예수님이 천사장(天使長)의 나팔소리와 더불어 구름을 타고 재림하신다면 누구나 다 같이 그를 볼 것이기 때문에 그 인자(人者)의 날을 보지 못하게 될 리가 없다. 그러면 어찌하여 인자의 날을 보지 못하리라고 말씀하셨는가? 초림 때에도 예수님이 지상에 탄생하심과 함께 인자의 날은 이미 임하였던 것이나 불신으로 돌아간 유대인들은 이 날을 보지 못하고 말았던 것이다. 이와 같이 재림 때에도 예수님이 지상에 탄생하시는 날로 인자의 날은 오는 것이지만, 예수님이 구름 타고 오실 것으로 믿고 있는 신도들은 예수님을 보아도 그를 메시아로 믿고 따르지 않을 것이기 때문에, 인자의 날은 이미 와 있을지라도 기실 그날을 그날로 보지 못하게 될 것임이 사실이다.

사람이 너희에게 말하되 보라 저기 있다 보라 여기 있다 하리라 그러나 너희는 가지도 말고 좇지도 말라(17 : 23) : 이미 부활론(復活論)에서 논한 바와 같이, 말세(末世)에는 심령(心靈)이 어느 기준에 달한 성도들은 '너는 주(主)라'는 계시를 받게 되는데, 그럴 때에 그들이 이러한 계시를 받게 되는 원리를 모르면 스스로 재림주(再臨主)로 자처하게 되어 오시는 주님 앞에 적그리스도가 된다. 그러므로 이러한 사람들에게 미혹당할 것을 염려하여 이런 권고의 말씀을 주신 것이었다.

번개가 하늘 아래 이편에서 번뜻하여 하늘 아래 저편까지 비췸같이 인자도 자기 날에 그러하리라(17 : 24) : 예수님이 탄생하셨을 때에, 유대인의 왕(王)이 나셨다는 소식은 사탄세계의 헤롯왕에게까지 들려 온 예루살렘이 소동하였다고 기록되어 있다(마 2 : 2~3). 재림 때에 있어서는 교통과 통신기관이 극도로 발달되어 있을 것이기 때문에, 재림에 관한 소식은 마치 번갯불과 같이 빠르게 동서간(東西間)에 왕래하게 될 것이다.

17장 25절에 관해서는 위에서 이미 논술(論述)한 바이다.

노아의 때에 된 것과 같이 인자의 때에도 그러하리라(17 : 26) : 노아는 홍수심판(洪水審判)이 있을 것을 알고 백성들에게 방주(方舟) 안으로 들어오라고 외쳤으나, 그들은 듣지 않고 있다가 모두 멸망해 버리고 말았다. 이와 같이 예수님도 지상으로 재림(再臨)하셔서 진리의 방주 안으로 들어오라고 외치실 것이다. 그러나 주님이 구름을 타고 재림하시리라고 하늘만을 바라보고 있는 성도들은, 땅에서 들려오는 이 말씀에는 귀도 기울이지 않고 도리어 그를 이단자(異端者)로 배척하다가 노아 때와 같이 모두들 섭리의 뜻을 받들지 못하는 입장에 떨어지게 될 것이다.

무릇 자기 목숨을 보존하고자 하는 자는 잃을 것이요 잃는 자는 살리리라(17 : 33) : 구름을 타고 천사(天使)의 나팔소리와 함께 영광 중에 재림하시는 주님을 믿는데 죽음을 각오해야 할 일은 있을 수 없는 것이다. 예수님이 지상 탄생으로 재림하시기 때문에, 구름을 타고 재림하시리라고 믿고 있는 성도들에게는 그가 이단(異端)으로 보일 수밖에 없을 것이니, 그를 믿고 따르려면 죽을 각오를 하지 않으면 안 된다. 그런 각오를 하고서라도 믿고 따르면 그 결과는 살게 될 것이나, 현실적인 환경에 영합하여 그를 이단으로 배척하고 살겠다고 뒷걸음을 치다 보면 그 결과는 오히려 사망에 이르게 될 것이다.

주검 있는 곳에는 독수리가 모이느니라(17 : 37) : 예수님은 그 제자들이 그의 재림하실 장소를 묻는 말에 이같이 대답하셨다. 우리는 아브라함의 제단(祭壇)에 놓였던 쪼개지 않은 비둘기 위에 솔개가 내렸던 사실을 알고 있다(창 15 : 11). 이것은 성별(聖別)되지 않은 것이 있는 곳에는 그것을 취하기 위하여 사탄이 따른다는 것을 표시한 것이다. 그러므로 예수님의 이 마지막 대답은 주검이 있는 곳에 그 주검을 취하러 사탄이 모이는 것같이, 생명의 근원이신 주님은 생명이 있는 곳으로 오신다는 것을 의미한다. 결국 이 말씀은 주님은 독실한 성도들 가운데 나타나실 것을 뜻하는 것이다.

이미 부활론(復活論)에서 논한 바와 같이, 예수님의 재림기(再臨期)에는 많은 영인들의 협조에 의하여 독실한 성도들이 한 곳으로 모이게 되는데, 이곳이 바로 생명 있는 곳으로서 주님이 현현(顯現)하실 곳이 되는 것이다. 예수님은 초림(初臨) 당시에도 하나님을 가장 잘 받들어 온 선민(選民) 가운데서 탄생하셨고, 선민 중에서도 그를 믿고 따르는 제자들 가운데서 비로소 메시아로 나타나셨던 것이다.

이와 같이 예수님이 재림(再臨)하실 때에는 그가 지상에서 탄생하시기 때문에, 요한계시록 12장 5절에 여자가 아들을 낳으니 이는 장차 철장으로 만국을 다스릴 남자라 그 아이를 하나님 앞과 그 보좌 앞으로 올려가더라는 기록이 있는 것이다. 여기의 철장(鐵杖)은 죄악세계를 심판하고 지상천국(地上天國)을 복귀할 하나님의 말씀을 의미한다. 인류역사 종말론(人類歷史終末論)에서 상술(詳述)한 바와 같이, 불심판은 곧 혀 심판이요 따라서 말씀 심판이다(약 3 : 6). 그러므로 예수님이 하시던 그 말씀이 저들을 심판한다고 하셨고(요 12 : 48), 말씀으로 하늘과 땅을 불살라 심판한다고 하셨으며(벧후 3 : 7), 주께서 입의 기운으로 불법(不法)한 자들을 죽인다고도 하셨다(살후 2 : 8). 그러므로 세상을 심판하실 예수님의 입의 막대기, 곧 혀와 입술의 기운, 곧 그의 말씀이 바로 철장인 것이다(사 11 : 4). 그래서 요한계시록 2장 27절에는 철장을 가지고 저희를 다스려 질그릇 깨뜨리는 것과 같이 하리라는 기록이 있다.

그런데 이 남자는 분명히 여자의 몸에서 태어나신다고 하였고, 또 그를 하나님 앞과 그 보좌 앞으로 데려가더라고 기록되어 있다. 그러면 여자의 몸에서 하나님의 보좌에 앉을 수 있는 분으로 태어나 하나님의 말씀으로 만국을 다스릴 남자는 누구시겠는가? 그는 바로 지상에서 만왕의 왕으로 탄생하시어 지상천국을 이루실 재림하시는 예수님이 아닐 수 없는 것이다.

마태복음의 서두(序頭)를 보면 예수님의 조상에 4음녀(四淫女)가 있음을 알 수 있다. 이것은 만민의 구주(救主)는 죄악의 혈통을 통하여 죄 없는 인간으로 오셔서 죄악의 혈통의 후손을 구원하실 것을 보여 주시기 위함이었다.

지금까지 위의 성구의 '여자'를 교회(教會)로 해석하는 성도들이 많았다. 그러나 이것은 예수님이 구름을 타고 오신다는 전제 밑에서 이 성구를 해석하려니까 교회라고 해석할 수밖에 없었던 것이다. 그리고 요한계시록 12장 17절에 기록되어 있는 '여자의 남은 자손'은 그 아래 씌어 있는 바와 같이 예수를 믿음으로써 그의 증거를 가진 자들로서, 하나님의 양자격(養子格)으로(롬 8 : 23) 선 성도들을 의미하는 것이다.

예수님의 재림(再臨)에 관하여 어떤 학자들은 성령(聖靈)의 강림으로 인하여(행 8 : 16) 예수님이 각자의 마음속에 내재(內在)하게 되는 것을(요 14 : 20) 그의 재림이라고 믿고 있다. 그러나 예수님은 그가 십자가에 돌아가신 직후 오순절(五旬節)에 성령이 강림하신 때부터(행 2 : 4) 오늘에 이르기까지, 누구든지 그를 믿는 사람의 마음속에 언제나 내재하시게 된 것이므로, 이런 것이 재림이라면 그 재림은 이미 2천년 전에 이루어졌다고 보아야 할 것이다.

또 어떤 교파에서는 예수님이 영체(靈體)로 재림하실 것을 믿고 있다. 그러나 예수님은 이미 무덤에서 3일 만에 부활(復活)하신 직후에, 그의 생시(生時)와 조금도 다름없는 모습으로 제자들을 찾아오셨으며(마 28 : 9), 그 후로부터 오늘에 이르기까지 심령기준(心靈基準)이 높은 신도들에게는 언제든지 자유롭게 찾아오셔서 모든 것을 지시하여 오셨다. 그러므로 이러한 재림도 이미 2천년 전에 이루어진 것으로 보아야 할 것이니, 그렇다면 우리가 오늘날 새삼스럽게 그 재림의 날을 역사적인 소망의 날로 고대할 필요는 없을 것이다.

예수님의 제자들은 예수님의 영체와는 수시로 만나고 있으면서도 재림하실 날을 고대하고 있었던 것으로 보아, 제자들이 고대한 것은 영체로서의 재림이 아니라는 것을 알 수 있다. 뿐만 아니라 요한계시록 22장 20절에 예수님은 영적으로 항상 만나고 계시는 사도 요한에게 내가 진실로 속히 오리라고 말씀하셨고, 또 이 말씀을 들은 요한은 주 예수여 오시옵소서 하고 대답하였다. 여기에서 예수님 자신도 영체로서 찾아오시는 것은 재림이 아니라는 것을 나타내셨으며, 사도 요한도 또한 예수님이 영체로서 나타나시는 것을 그의 재림으로 보지 않았음을 알 수 있는 것이다. 이와 같이 예수님이 영체로서 재림하시는 것이 아니라면 초림시(初臨時)와 같이 육신을 쓰고 재림하실 수밖에 없다는 것은 극히 자명한 사실이다.

창조원리(創造原理)에서 상술(詳述)한 바와 같이, 하나님은 무형(無形) 유형(有形) 두 세계를 창조하시고, 하나님의 축복의 말씀대로 이 세계를 주관케 하시기 위하여 인간을 창조하시되 영인체(靈人體)와 육신(肉身)의 두 부분으로 하셨던 것이다. 그러나 아담이 타락하였기 때문에 인간은 이 두 세계의 주관자로 설 수 없게 되었으므로, 주관자를 잃어버린 피조물(被造物)은 탄식하며 자기를 주관해 줄 하나님의 아들들이 나타나기를 고대하게 되었다(롬 8 : 19~22). 그러므로 예수님은 완성한 아담으로서 이 두 세계의 완전한 주관자로 오셔서 (고전 15 : 27) 모든 성도들을 그에게 접붙이어(롬 11 : 17) 그와 한 몸 되게 함으로써, 그들도 모두 피조세계(被造世界)의 주관자로 서게 해 주시려 하였던 것이다.

그러나 유대민족이 예수님을 배반하게 되자, 그들과 전인류를 하나님 앞에 복귀(復歸)하시기 위한 대속(代贖)의 조건으로 예수님의 몸을 사탄에게 내주시어 그의 육신은 사탄의 침범을 당하게 되었다. 따라서 육적 구원은 이루어지지 않아 후일 재림하셔서 그것을 이루시기로 약속하고 가셨던 것이다(전편 제4장 제1절 IV). 그러므로 지금까지 지상에서 영육(靈肉) 아울러 완성되어 무형 유형 두 세계를 주관함으로써, 그것들을 하나로 화동시켜 준 존재는 하나도 없었던 것이다.

따라서 이러한 기준의 완성실체로 다시 오시는 예수님은 영체(靈體)로 오셔서는 아니 되는 것이다. 초림 때와 같이 영육 아울러 완성한 존재로 오셔서 온 인류를 영육 아울러 그에게 접붙이어 한 몸 되게 함으로써(롬 11 : 17), 그들로 하여금 영육 아울러 완성하여 무형 유형 두 세계를 주관하도록 하시지 않으면 아니 되는 것이다.

예수님은 지상천국(地上天國)을 복귀하시어 복귀된 전인류의 참부모가 되시고 그 나라의 왕(王)이 되셔야 할 것이었다(사 9 : 6, 눅 1 : 31~33). 그러나 유대인들의 불신으로 인하여 이 뜻을 이룰 수 없게 되었으므로, 장차 재림하셔서 이루실 것으로 약속하시고 십자가(十字架)에 돌아가셨다. 따라서 그가 재림하시어서도 초림 때와 마찬가지로 지상천국을 이루시고, 거기에서 인류의 참부모가 되시고 또 왕이 되셔야 하는 것이다. 따라서 예수님은 재림하실 때에도 초림 때와 같이 육신을 쓰시고 지상에서 탄생하시지 않으면 아니 된다.

또 인간의 속죄(贖罪)는 그가 지상에서 육신을 쓰고 있을 때만 가능하다(전편 제1장 제6절 Ⅲ 3). 그렇기 때문에 예수님은 이 목적을 이루시기 위하여 육신을 쓰고 오셔야 했던 것이다. 그런데 예수님의 십자가로 인한 구원은 영적 구원뿐이어서 아직도 우리의 육신을 통하여 유전되어 온 원죄(原罪)는 그대로 남아 있기 때문에, 예수님은 이것을 속죄하시어 인간의 육적 구원까지 완성하시기 위하여 재림하셔야 하는 것이다. 따라서 예수님이 영체로 재림하셔서는 이 목적을 달성하실 수 없기 때문에, 초림 때와 같이 육신을 쓰고 오시지 않으면 아니 되는 것이다.

우리는 위에서 예수님의 재림은 영체 재림(靈體再臨)이 아니라 초림 때와 같이 육신 재림(肉身再臨)이라는 것을 여러모로 밝혔다. 예수님이 설혹 영체로 재림하신다 하더라도, 시간과 공간을 초월하여 영안(靈眼)으로만 볼 수 있는 영체가 물질로 된 구름을 타고 오신다는 것은 더욱 이치에 닿지 않는 말이다. 더구나 그의 재림이 영체로서가 아니고 육신으로서 이루어지는 것이 사실일진대, 그 육신으로서 공중의 어디에 가 계시다가 어떻게 구름을 타고 오실 것인가? 이에 대해서는 무소불능(無所不能)하신 하나님이 무슨 기적인들 행치 못하실 것인가고 반문할 사람도 있을 것이다. 그러나 하나님은 스스로 세우신 법도를 스스로 무시하는 입장에는 서실 수 없는 것이다. 따라서 하나님은, 우리와 조금도 다름없는 육신을 쓰고 재림하셔야 할 예수님이 구태여 지구 아닌 다른 어떤 천체(天體)의 공간 속에 계시다가 구름을 타고 재림하시도록 하시는 그러한 비원리적인 섭리는 하실 필요도 없고 또 하실 수도 없는 것이다. 위에서 살펴 온 모든 논증에 입각해 볼 때, 예수님의 재림이 지상에서 육신을 쓰고 탄생하시는 것으로써 이루어진다는 것은 누구도 의심할 여지가 없을 것이다.

Ⅲ. 구름 타고 오신다는 성구는 무엇을 의미하는가

예수님의 재림(再臨)이 지상 탄생(地上誕生)으로 이루어진다면, 구름을 타고 오신다는 말씀은 무엇을 의미하는 것인가를 알아야 한다. 그리고 이것을 알기 위하여서는 먼저 구름은 무엇을 비유하였는가를 알아야 할 것이다.

요한계시록 1장 7절에 볼지어다 구름을 타고 오시리라 각인의 눈이 그를 보겠고 그를 찌른 자들도 볼 터이요 땅에 있는 모든 족속이 그를 인하여 애곡하리니 그러하리라 아멘이라고 기록되어 있는 말씀을 보면, 모든 사람들이 반드시 재림하시는 예수님을 볼 수 있게 되어 있다. 그런데 스데반이 순교(殉敎)를 당할 때에, 하나님의 우편(右便)

에 서 계신 예수님을 본 사람은 영안(靈眼)이 열린 성도들뿐이었다(행 7 : 55). 따라서 영계에 계시는 예수님이 영체(靈體) 그대로 재림하신다면 그는 영안이 열린 사람들에게만 보일 것이기 때문에, 결코 각인(各人)의 눈이 다 영체로 재림하시는 예수님을 볼 수는 없는 것이다. 그러므로 성경(聖經)에 각인의 눈이 다 재림하시는 주님을 볼 수 있다고 한 것은, 그가 육신을 쓰고 오시기 때문임을 알아야 한다.

한편 육신을 쓴 예수님은 구름을 타고 오실 수는 없는 것이기 때문에 여기의 구름은 분명코 무엇인가를 비유하고 있음에 틀림이 없다. 그런데 또 같은 성구(聖句) 가운데, 저를 찌른 자도 볼 것이라고 한 기록이 있다. 예수님을 찌른 자는 로마 병정이었다. 그러나 로마 병정은 재림하시는 주님을 볼 수는 없는 것이다. 왜냐하면 이미 죽어 버린 로마 병정이 지상에서 재림하시는 예수님을 볼 수 있으려면 부활(復活)해야 될 터인데, 요한계시록 20장 5절의 기록에 의하면 예수님이 재림하실 때에 부활될 사람은 첫째 부활에 참여할 사람들뿐이요, 그 밖의 죽은 자들은 천년왕국시대(千年王國時代)가 지나간 후에야 부활할 수 있다고 하셨기 때문이다. 그러므로 여기에서 말한 '찌른 자'는 부득이 비유로 해석하여, 예수님이 구름을 타고 재림하실 것으로 믿고 있다가 뜻밖에 그가 지상에서 육신 탄생으로 재림하시게 될 때 그를 몰라보고 핍박하게 될 무리들을 지칭하는 것으로 보지 않으면 안 된다. 이와 같이 '찌른 자'를 비유로 해석할 수밖에 없다면, 같은 구절 안에 있는 '구름'이라는 어구(語句) 역시 비유로 해석해서 안 될 리는 없는 것이다.

그렇다면 구름은 과연 무엇을 비유하였을 것인가? 구름은 지상에서 더러운 물이 증발(정화)되어 올라간 것을 말한다. 그런데 요한계시록 17장 15절을 보면 물은 타락(墮落)한 인간을 상징하고 있다. 그렇다면 구름은 타락한 인간이 중생(重生)하여 그 마음이 항상 땅에 있지 않고 하늘에 있는 독실한 성도들을 의미하는 것임을 알 수 있다. 또 구름은 성서나 고전(古典)에서 군중을 표시하는 말로 씌어졌다(히 12 : 1). 뿐만 아니라 오늘날 동서양의 언어생활에 있어서도 그렇게 쓰이고 있음을 볼 수 있다. 그리고 모세노정에 있어서 이스라엘 민족을 인도한 낮(+)의 구름기둥은 앞으로 같은 민족의 인도자로 오실 예수님(+)을 표시하였고, 밤(−)의 불기둥은 예수님의 대상존재(對象存在)로서 불의 역사(役事)로써 이스라엘을 인도하실 성신(−)을 표시한 것이었다.

우리는 위의 설명에 의하여 예수님이 구름을 타고 오신다는 뜻은 중생한 성도(聖徒)들의 무리 가운데서, 제2 이스라엘인 기독교 신도들의 인도자로 나타나신다는 것을 의미하는 것임을 알 수 있다. 위에서도 상고(詳考)한 바와 같이 제자들이 예수님께 재림하실 곳을 물었을 때에(눅 17 : 37) 예수님이 주검 있는 곳에 독수리가 모인다고 대답하신 말씀의 본 뜻도, 독실한 성도들이 모이는 곳으로 오시겠다는 것을 의미하는 것으로서 구름 타고 오신다는 말씀과 동일한 내용의 것임을 알 수 있다.

구름을 이와 같이 비유로서 해석하고 보면, 예수님은 초림시(初臨時)에도 하늘에서 구름을 타고 오셨던 분이라고 볼 수 있다. 왜냐하면 고린도전서 15장 47절에 첫 사람(아담)은 땅에서 났으니 흙에 속한 자이거니와 둘째 사람(예수님)은 하늘에서 나셨느니라고 말씀하셨고, 또 요한복음 3장 13절에 하늘에서 내려온 자 곧 인자 외에는 하늘에 올라간 자가 없느니라고 한 말씀대로, 예수님은 사실 지상에서 탄생하셨어도 그 뜻이나 가치로 보아서는 분명히 하늘에서 내려오신 분이기 때문이다. 다니엘 7장 13절에 초림 때에도 예수님은 구름을 타고 오실 것으로 보여 주셨던 이유는 여기에 있다.

Ⅳ. 예수님은 왜 구름 타고 재림하실 것으로 말씀하셨는가

예수님이 구름을 타고 재림(再臨)하실 것으로 예언하신 데는 두 가지 이유가 있다.

첫째는, 적그리스도의 미혹(迷惑)을 막기 위함이었다. 만일 예수님이 지상에서 육신 탄생에 의하여 재림하실 것으로 밝혀 놓았더라면 적그리스도의 미혹에 의한 혼란을 막을 길이 없었을 것이다. 예수님이 미천한 가운데서 메시아로 나타나셨던 것이었으므로, 어떠한 미천한 사람들일지라도 영적으로 어느 기준에 달하게 되면 제각기 재림주(再臨主)로 자칭하고 나서서 세상을 현혹케 할 것이기 때문이다. 그러나 다행히도 모든 신자들이 예수님께서 구름을 타고 오실 줄로 알고 하늘만을 우러러보고 나왔기 때문에 이 혼란을 모면할 수 있었던 것이다. 그러나 이제는 때가 되었기 때문에, 예수님이 다시 지상에서 탄생하실 것을 바로 가르쳐 주시지 않을 수 없게 된 것이다.

둘째로는, 어려운 신앙노정(信仰路程)을 걷고 있는 성도(聖徒)들을 격려하시기 위함이었다. 예수님은 이밖에도 하나님의 뜻을 속히 이룰 수 있도록 성도들을 격려하시기 위하여, 전후가 잘 맞지 않는 듯한 말씀을 하신 사례가 적지 않다. 그 실례를 들어 보면 마태복음 10장 23절에 예수님은 제자들로 하여금 그의 재림이 곧 이루어질 것으로 믿게 하시기 위하여, 내가 진실로 너희에게 이르노니 이스라엘의 모든 동리를 다 다니지 못하여서 인자가 오리라고 하신 말씀이 기록되어 있고, 또 요한복음 21장 18절 내지 22절에 기록된 말씀을 보면,

예수님께서 장차 베드로가 순교(殉教)당할 것을 말씀하시자 이를 받아 요한은 어떻게 될 것인가고 묻는 베드로에 대하여, 예수님은 내가 올 때까지 그를 머물게 하고자 할지라도 네게 무슨 상관이냐고 응수하셨다. 이 말씀에 의하여 요한이 세상을 떠나기 전에 예수님이 재림하시지나 않을까 하고 고대한 제자들도 있었던 것이다. 또 마태복음 16장 28절에 예수님은 진실로 너희에게 이르노니 여기 섰는 사람 중에 죽기 전에 인자가 그 왕권을 가지고 오는 것을 볼 자들도 있느니라고 말씀하셨기 때문에, 제자들은 자기들이 살아 있는 동안에 재림하시는 예수님을 만날 수도 있을 것으로 생각하기도 하였던 것이다.

이와 같이 예수님은 곧 재림(再臨)하실 것으로 말씀하셨기 때문에, 제자들은 예수님의 재림을 열망하는 일념에서, 로마제국의 압정(壓政)과 유대교의 핍박 가운데서도 오히려 성신(聖神)의 충만한 은혜를 받아서(행 2 : 1~4) 초대교회(初代教會)를 창건하였던 것이다. 예수님이 구름을 타고 하나님의 권능과 영광 가운데서, 하늘로부터 천사의 나팔소리와 더불어 강림하셔서 번개같이 모든 것을 이루실 것으로 말씀하신 것도 많은 고난 가운데 있는 성도들을 고무(鼓舞)하고 격려하시기 위함이었다.

제 3 절 **예수님은 어디로 재림하실 것인가**

예수님이 영체(靈體)로 재림하시는 것이 아니고 지상에서 육신을 쓴 인간으로 탄생하신다면, 그는 하나님이 예정하신 그 어느 곳의 택함받은 어떤 민족 가운데서 탄생하실 것이다. 그러면 예정된 그곳은 어디이며, 또 택함을 입은 그 민족은 어느 민족일 것인가?

Ⅰ. 예수님은 유대민족 가운데 재림하실 것인가

요한계시록 7장 4절에 예수님이 재림(再臨)하실 때 이스라엘 자손의 모든 지파(支派) 중에서 맨 처음으로 구원의 인(印)을 맞을 자가 14만 4천이라고 기록되어 있는 말씀이나, 제자들이 이스라엘의 모든 동리(洞里)를 다 다니지 못하여 인자(人子)가 오리라(마 10 : 23)고 하신 말씀이나, 또는 예수님의 말씀을 듣고 있는 사람들 중에 살아 있다가 인자가 그 왕권(王權)을 가지고 임하는 것을 볼 자가 있다(마 16 : 28)고 하신 말씀 등을 근거로 하여, 예수님은 유대민족 가운데 재림하실 것으로 알고 있는 신도들이 많이 있다. 그러나 이것은 모두 하나님의 근본섭리(根本攝理)를 알지 못하기 때문에 그렇게 생각하게 되는 것이다.

마태복음 21장 33절 내지 43절에 의하면, 예수님은 포도원 주인과 농부 그리고 그 아들과 그 종의 비유로써 자기를 살해하는 민족에게는 재림하시지 않을 뿐 아니라, 그 민족에게 맡겼던 유업(遺業)까지도 빼앗아 그의 재림을 위하여 열매 맺는 다른 나라와 그 백성에게 주시겠다고 분명히 말씀하셨다. 이 비유에 있어서 주인은 하나님을, 포도원은 하나님의 유업을, 또 농부는 이 유업을 맡은 이스라엘 선민(選民)을, 종은 선지자(先知者)들을, 주인의 아들은 예수님을, 그 열매 맺는 다른 나라 백성은 재림주님을 맞아서 하나님의 뜻을 이루어 드릴 수 있는 다른 어떤 나라 백성을 각각 의미하는 것이다.

그러면 어찌하여 예수님은 이스라엘 후손에게 재림하실 것으로 말씀하셨던가? 이 문제를 해명하기 위하여 먼저 우리는 이스라엘이란 무슨 뜻인가를 알아보기로 하자.

이스라엘이란 이름은 야곱이 '실체헌제(實體獻祭)'를 위한 아벨의 입장을 확립하기 위하여 얍복강에서 천사(天使)와 씨름하여 승리함으로써 '승리했다'는 뜻으로 받은 이름이다(창 32 : 28). 야곱은 이와 같이 아벨의 입장을 확립한 후 '실체헌제'에 성공함으로써 '메시아를 위한 가정적인 기대'를 이루었었다. 그러므로 이 기대(基臺) 위에서 그 뜻을 계승한 후손을 이스라엘 선민(選民)이라고 하는 것이다.

이에서 이스라엘 선민이라고 하는 것은 믿음으로 승리한 민족을 의미하는 것이므로, 야곱의 혈통적(血統的)인 후손이라고 해서 그들을 전부 말하는 것은 아니다. 그러므로 세례 요한은 유대인들에게 속으로 아브라함이 우리 조상이라고 생각지 말라 내가 너희에게 이르노니 하나님이 능히 이 돌들로도 아브라함의 자손이 되게 하시리라(마 3 : 9)고 하였다. 뿐만 아니라 바울은 대저 표면적 유대인이 유대인이 아니요 표면적 육신의 할례가 할례가 아니라 오직 이면적 유대인이 유대인이며 할례는 마음에 할지니(롬 2 : 28~29)라고 하면서, 이스라엘에게서 난 그들이 다 이스라엘이 아니요(롬 9 : 6)라고 증언하였다. 이 말씀은 곧 하나님의 뜻대로 살지도 않으면서, 공연히 아브라함의 혈통적인 후손이란 사실만을 가지고서 선민이라고 자랑하는 유대인들을 책망한 말씀이었다.

그러므로 야곱의 후손들이 모세를 중심하고 애급인(埃及人)들과 싸우면서 그 땅을 떠날 때는 이스라엘 선민이었지만, 그들이 광야(曠野)에서 하나님을 반역(反逆)할 때에는 이미 이스라엘 선민이 아니었다. 그러므로 하나님은 그들을 모두 광야에서 쓸어 버리고, 모세를 따르는 그 후손만을 이스라엘 선민으로 삼아 가나안으로 들어가게 하셨던 것이다. 그리고 다 같이 가나안 땅에 들어간 후손이었지만, 그중에서 하나님을 배반한 10지파로 된 북조(北朝) 이스라엘은 벌써 이스라엘 선민이 아니었기 때문에 멸망하였고, 하나님의 뜻을 따르는 2지파로 된 남조(南朝) 유대만이 이스라엘 선민이 되어 예수님을 맞게 되었던 것이다. 그러나 그 유대인들도 예수님을 십자가에 내줌으로써 이스라엘 선민의 자격을 완전히 상실하고 말았다. 거기에서 바울은 그들에 대해서 위에서 예거(例擧)한 것과 같은 말씀으로써 선민에 대한 의의를 밝혔던 것이다.

그러면 예수님이 십자가(十字架)에 돌아가신 이후에 있어서의 이스라엘 선민은 누구일 것인가? 그는 바로 아브라함의 믿음을 이어받아 그 후손이 다하지 못한 사명을 계승하여 온 기독교(基督敎) 신도들이다. 그러므로 로마서 11장 11절에 저희(유대인)의 넘어짐으로 구원이 이방인에게 이르러 이스라엘로 시기나게 함이니라고 하여, 하나님의 복귀섭리(復歸攝理)의 중심이 이스라엘 민족에서 이방인(異邦人)에게로 옮겨졌음을 밝혔다(행 13 : 46). 그러므로 '재림하실 메시아를 위한 기대'를 조성해야 될 이스라엘 선민은, 아브라함의 혈통적인 후손이 아니라 아브라함의 믿음을 계승한 기독교 신도들을 이르신 것임을 알 수 있다.

II. 예수님은 동방의 나라로 재림하신다

마태복음 21장 33절 이하에 예수님이 비유하여 말씀하신 대로, 유대인들은 예수님을 십자가에 내줌으로써 포도원 주인의 아들을 살해한 농부의 입장으로 돌아가고 말았다. 그러면 유대인들로부터 빼앗은 하나님의 유업(遺業)을 상속받아 열매 맺을 나라는 어느 나라일 것인가? 성서는 그 나라가 동방(東方)에 있다고 가르쳐 주고 있다.

요한계시록 5장 1절 이하의 말씀을 보면, 하나님의 오른손에는 안팎으로 말씀을 기록하고 일곱 인(印)으로 봉한 책이 쥐어져 있는데,

하늘 위에나 땅 위에나 땅 아래에나 능히 이 책을 펴거나 보거나 할 이가 없었으므로 요한은 통곡을 하였다. 그때에 어린양(예수님)이 나아와서 보좌에 앉으신 이의 오른손에서 책을 취하여(계 5 : 7) 그 인을 하나씩 떼기 시작하였다(계 6 : 1).

요한계시록 6장 12절에 예수님이 여섯째 인봉(印封)의 개봉을 마치신 것을 기록하고, 최후의 인봉을 떼기 전의 중간 삽경(揷景)으로서 제7장을 기록하였다. 그런데 그 7장 2절 내지 3절을 보면, 해 돋는 곳 즉 동방으로부터 천사가 올라와 최후의 심판에서 택함을 받은 자에게 인을 쳤는데, 그 인 맞은 자의 수가 14만 4천이라고 하였다. 그리고 요한계시록 14장 1절에는 그 14만 4천 무리와 함께 어린양 즉 예수님이 계시더라고 씌어 있다.

우리는 이 성구들로 미루어 예수님은 해 돋는 곳, 곧 동방나라에 탄생하시어 그곳에서 먼저 택함받은 14만 4천 무리의 이마에 어린양과 아버지의 인을 치신다는 것을(계 14 : 1) 알 수 있다. 따라서 하나님의 유업을 받아, 예수님의 재림(再臨)을 위한 열매를 맺을 나라는(마 21 : 43) 동방에 있다는 것을 알게 되는 것이다. 그러면 동방의 여러 나라 중에서 어느 나라가 바로 이 나라가 될 것인가?

Ⅲ. 동방의 그 나라는 바로 한국이다

이제까지 위에서 밝힌 바와 같이, 예수님은 아브라함의 혈통적인 후손에 재림하시지 않고 그들의 유업(遺業)을 상속하여 열매 맺는 나라에 재림하실 것을 우리는 알았고, 또 그 열매 맺는 나라는 동방나라 중의 하나라는 것도 알았다. 자고로 동방나라는 한국, 일본, 중국 등 동양 3국을 말한다. 그런데 그중의 일본은 대대로 천조대신(天照大

神)을 숭배해 온 나라로서, 더구나 전체주의국가(全體主義國家)로서 재림기(再臨期)를 당하였었고, 또 앞에 논술되어 있는 바와 같이 그 당시 한국의 기독교를 혹독히 박해한 나라였던 것이다(후편 제5장 제4절 Ⅲ 3 참조). 그리고 중국은 공산화(共産化)해 온 나라이다. 그렇기 때문에 이 두 나라는 모두 사탄편 국가인 것이다. 그러므로 단적으로 말해서 예수님이 재림하실 동방의 그 나라는 바로 한국인 것이다.

그러면 이제부터 한국(韓國)이 재림하시는 예수님을 맞을 수 있는 나라가 되는 연유를 원리(原理)에 입각하여 다각도로 논증해 보기로 하겠다. 메시아가 강림(降臨)하시는 나라는 다음과 같은 조건들을 갖추지 않으면 안 된다.

1. 이 나라는 탕감복귀의 민족적인 기대를 세워야 한다

한국이 메시아를 맞을 수 있는 나라가 되기 위하여는, 원리적으로 보아 천주적(天宙的)인 가나안 복귀를 위한 '40일 사탄 분립의 민족적인 기대'를 세워야 한다. 그러면 한민족(韓民族)이 이 기대를 세워야 할 근거는 무엇인가?

예수님이 한국으로 재림하신다면 한국 민족은 제3 이스라엘 선민(選民)이 되는 것이다. 구약시대(舊約時代)에 하나님의 뜻을 받들고 애급(埃及)에서 박해를 받아 나온 아브라함의 혈통적인 후손이 제1 이스라엘 선민이었고, 제1 이스라엘 선민에게 이단자(異端者)로 몰리면서 부활하신 예수님을 받들고 제2차로 복귀섭리를 계승해 나온 기독교 신도들이 제2 이스라엘 선민이었다. 그런데 누가복음 17장 25절 이하에 예수님이 재림하실 때에도 노아 때와 같이 먼저 많은 고난을 받으실 것으로 예언하신 것과 같이, 그는 제2 이스라엘 선민 된 온 기독교 신도들에게도 이단자로 몰릴 수밖에 없다는 것을 우리는 이미 위에서 논술한 바에 의하여 알고 있다. 만일 그렇게 된다면 마치 하나님이 예수님을 배척한 유대인들을 버리셨듯이, 재림하신 예수님을 핍박하는 기독교 신도들도 버리실 수밖에 없을 것이다(마 7 : 23). 그렇게 되면 재림주님을 받들고 하나님의 제3차 섭리를 완수해야 할 한국 민족은 제3 이스라엘 선민이 되는 것이다.

그런데 제1 이스라엘 선민은 민족적 가나안 복귀노정을 출발하기 위한 '40일 사탄 분립의 기대'를 세우기 위하여 당시 사탄세계였던 애급에서 400년 간을 고역(苦役)하였다. 그와 같이 제2 이스라엘 선민도 세계적 가나안 복귀노정을 출발하기 위한 '40일 사탄 분립의 기대'를 세우기 위하여 당시 사탄세계였던 로마제국에서 400년 간 박해를 받으면서 싸워 이겼다. 따라서 한국 민족도 제3 이스라엘 선민이 되어 천주적 가나안 복귀노정을 출발하기 위한 '40일 사탄 분립의 기대'를 세우려면 사탄편의 어떠한 국가에게서 40수에 해당되는 연수의 고역을 당하지 않으면 아니 되는 것이니, 이것이 바로 일본제국(日本帝國)에 속방(屬邦)되어 박해를 당한 40년 기간이었던 것이다.

그러면 한국 민족은 어떤 경위로써 일본제국 밑에서 40년 간의 고역을 당하게 되었던가?

1895년 황궁(皇宮)에 침입하여 왕비를 학살하는 등 잔학무도(殘虐無道)한 일을 자행하기도 했던 일본의 한국에 대한 제국주의적(帝國主義的)인 침략의 손길은 을사보호조약(乙巳保護條約)에 의하여 뻗쳐졌었다. 즉 1905년에 일본의 이등박문(伊藤博文)과 당시의 한국 학부대신(學部大臣)이었던 친일파 이완용(李完用) 등에 의하여서 한국의 외교권 일체를 일본제국의 외무성(外務省)에 일임하는 조약이 성립되었다. 그리하여 일본은 한국에 그 통감(統監)을 두고 필요한

지역마다 이사관(理事官)들을 두어 일체의 내정(內政)을 간섭함으로써 사실상 한국으로부터 정치, 외교, 경제 등 주요 부문의 권리를 박탈하였던 것이니, 이것이 바로 을사보호조약이었다.

서기 1910년 일본이 강제로 한국을 합병(合倂)한 후로는 한국 민족의 자유를 완전히 박탈하여 수많은 애국자들을 투옥 학살하였고, 1919년 3월 1일 한국 독립운동시(獨立運動時)에는 전국의 도처에서 수많은 양민(良民)을 살육하였다. 더구나 1923년에 일어났던 일본 관동대진재시(關東大震災時)에는 그들이 터무니없는 모함을 조작하여 동경(東京)에 거주하던 무고한 한국인들을 학살하기 부지기수였다.

한편 수다(數多)한 한국인들은 일본의 학정(虐政)을 견디지 못하여 기름진 고국산천을 일본인들에게 내주고, 자유를 찾아 황막한 만주벌판으로 이민(移民)하여 와신상담(臥薪嘗膽)의 시련을 쌓으며 조국광복(祖國光復)에 진력하였었다. 일군(日軍)은 이러한 한민족의 여러 부락을 찾아다니며 노인에서부터 유아에 이르기까지의 전동민(全洞民)들을 한 건물 안에 감금하고 방화 몰살하였다. 일본은 이와 같은 학정(虐政)을 그 제국이 멸망하는 날까지 계속하였던 것이다.

이와 같이 3·1독립운동(三·一 獨立運動)에서 혹은 만주벌판에서 쓰러진 민중은 주로 기독교 신도들이었거니와, 더구나 제정(帝政) 말기에는 기독교 신도들에게 신사참배(神社參拜)를 강요하여 이에 불응(不應)하는 수많은 신도들을 투옥 학살하였다. 이뿐 아니라 8·15해방(八·一五解放) 직전 일본제국주의의 한국 기독교 탄압정책은 실로 극악무도(極惡無道)한 것이었다. 그러나 일본 천황(天皇)이 제2차 대전(第二次大戰)에서의 패전을 선언함으로써 한국 민족은 드디어 그 기반(羈絆)으로부터 해방되었던 것이다.

이와 같이 한국 민족은 1905년의 을사보호조약(乙巳保護條約) 이

후 1945년 해방될 때까지 40년 간 제1, 제2 이스라엘 선민이 애급(埃及)이나 로마제국에서 당한 것에 못지않은 박해(迫害)를 받았던 것이다. 그리고 이 독립운동(獨立運動)이 주로 국내외의 기독교 신도들을 중심하고 일어났으므로, 박해를 당한 것이 주로 기독교 신도들이었음은 말할 것도 없다.

2. 이 나라는 하나님의 일선인 동시에 사탄의 일선이어야 한다

하나님은 아담에게 피조세계(被造世界)를 주관하라고 축복하셨으므로, 사탄이 타락한 아담과 그 후손을 앞세우고 그 축복형의 비원리세계(非原理世界)를 먼저 이루어 나아가는 것을 허락하시지 않을 수 없었던 것이다. 그리하여 하나님은 그 뒤를 따라 이 세계를 하늘편으로 복귀하여 나오셨기 때문에, 역사의 종말에 이르면 이 세계는 필연적으로 민주(民主)와 공산(共産)의 두 세계로 갈라지게 된다는 것은 전술(前述)한 바와 같다.

그런데 예수님은 타락세계(墮落世界)를 창조본연(創造本然)의 세계로 복귀하시려고 재림(再臨)하시는 것이기 때문에, 먼저 그가 재림하실 나라를 중심하고 공산세계(共産世界)를 하늘편으로 복귀하시려는 섭리를 하실 것은 명백하다. 그러므로 예수님이 재림하실 한국은 하나님이 가장 사랑하시는 일선인 동시에 사탄이 가장 미워하는 일선이 되어서 민주와 공산의 두 세력은 여기에서 서로 부딪치게 되는 것이니, 그 부딪치는 선이 바로 삼팔선(三八線)이다. 즉 한국의 삼팔선은 이러한 복귀섭리(復歸攝理)에 의하여 형성된 것이다.

하나님과 사탄의 대치선에 그 판가리의 조건으로 놓여지는 것이 제물(祭物)이다. 그런데 한국 민족은 천주복귀(天宙復歸)를 위하여 이 일선에 놓여진 민족적인 제물이기 때문에, 마치 아브라함이 제물을 쪼개야 했듯이 이 민족적인 제물도 쪼개야 하므로, 이것을 삼팔선으로 쪼개어 가인 아벨 두 형의 민족으로 갈라 세운 것이다. 따라서 이 삼팔선은 민주와 공산의 최일선인 동시에 하나님과 사탄의 최일선이 되는 것이다. 그러므로 삼팔선에서 일어났던 6·25동란(六·二五動亂)은 국토 분단에 기인한 단순한 동족상쟁(同族相爭)이 아니라 민주와 공산 두 세계간의 대결이었고, 나아가서는 하나님과 사탄과의 대결이었던 것이다. 6·25동란에 유엔의 여러 회원 국가들이 동원되었던 것은 이 동란이 복귀섭리의 목적을 위한 세계성을 띠고 있었기 때문에, 자기들도 의식하지 못하는 가운데서 이 섭리의 뜻에 맞추어 조국광복(祖國光復)의 역사(役事)에 가담하기 위함이었던 것이다.

인간 시조(始祖)가 타락될 때에 하늘편과 사탄편이 한 점에서 서로 갈렸기 때문에 생명과 사망, 선과 악, 사랑과 증오, 기쁨과 슬픔, 행복과 불행도 또한 한 점에서 갈라져서 오랜 역사의 기간을 두고 부딪쳐 내려왔었다. 그리하여 이것들이 가인 아벨 두 형의 세계의 것으로 각각 분리됨으로써 민주와 공산의 두 세계로 결실되었고, 이것들이 다시 한국을 중심하고 세계적인 것으로 부딪치게 된 것이다. 그러므로 종교와 사상, 정치와 경제 등 모든 것이 한국에서 마찰되고 충돌되어 큰 혼란이 일어남으로써 이것이 세계에로 파급되어 가는 것이다. 왜냐하면 먼저 영계(靈界)에서 벌어진 이러한 현상이 복귀섭리의 중심인 한국을 중심하고 실체적으로 벌어지게 되고, 이것이 더 나아가 세계적인 것으로 확대돼 가게 되어 있기 때문이다. 그러나 예수님이 그 가지가 연하여지고 잎사귀를 내면 여름이 가까운 줄을 아나니(마 24 : 32)라고 말씀하신 대로, 이러한 혼란이 오는 것은 새로운 질서의 세계가 올 것을 보여 주는 전조(前兆)임을 알아야 한다.

일찍이 제자들이 예수님에게 그 재림(再臨)하실 곳을 물었을 때, 예수님은 주검 있는 곳에 독수리가 모인다고 대답하셨다(눅 17 : 37). 하나님의 일선이요 또한 사탄의 일선인 한국에서 영원한 생명과 영원한 사망이 맞부딪치게 되므로, 사망의 무리를 찾아서 독수리로 상징된 사탄이 이 땅으로 모이는 동시에 생명의 무리를 찾는 주님도 이 땅으로 오시게 되는 것이다.

3. 이 나라는 하나님의 심정의 대상이 되어야 한다

하나님의 심정(心情)의 대상이 되기 위하여는 먼저 피와 땀과 눈물의 길을 걸어야 한다. 사탄이 인간을 주관하게 됨으로 인하여 인간은 하나님과 대립하게 되었으므로, 하나님은 자녀를 잃어버린 부모의 심정으로 서러워하시며 패역무도(悖逆無道)한 그들을 구원하시기 위하여 죄악세계를 헤매셨다. 그뿐 아니라 하나님은 하늘을 반역(反逆)하는 인간들을 구원하시기 위하여 사랑하는 자녀들을 원수 사탄에게 희생시켰으며, 나중에는 독생자(獨生子) 예수님까지 십자가(十字架)에 내주시는 설움을 당하셨던 것이다. 그러므로 하나님은 인간이 타락된 이후 오늘에 이르도록 하루같이 서러워하셨으며, 하나님의 뜻을 대신하여 사탄세계와 싸우는 개인이나 가정이나 민족은 피와 땀과 눈물의 길을 면할 수 없었던 것이다.

서러워하시는 부모님의 심정의 대상이 되어 충효(忠孝)의 길을 가는 자식이 어떻게 그 길을 안일하게 갈 수 있을 것인가? 그러므로 메시아를 맞을 수 있는 민족은 하나님의 심정의 대상으로 섬으로써 효자 효녀(孝子孝女)가 되어야 하기 때문에, 피와 땀과 눈물의 길을 걷지 않으면 아니 된다. 제1 이스라엘도 고난의 길을 걸었고, 제2 이스라엘도 그와 같은 길을 걸어 나왔으니, 제3 이스라엘 된 한민족(韓民族)도 응당 그 길을 걷지 않으면 아니 되는 것이다.

한민족이 걸어 나온 비참한 역사노정은 이와 같이 하나님의 선민(選民)으로서 걷지 않으면 안 될 마땅한 길이었던 것으로, 실상 그 고난의 길이 결과적으로 한민족을 얼마나 큰 행복으로 인도한 것이 되었는지 모른다.

다음으로 하나님의 심정(心情)의 대상이 되는 민족은 어디까지나 선한 민족이어야 한다. 한국 민족은 단일혈통의 민족으로서 4천년의 장구(長久)한 역사를 가졌고, 고구려(高句麗) 신라시대(新羅時代) 등 막강한 국세(國勢)를 자랑하던 때에도 침공해 온 외세(外勢)를 밀어내는 데 그쳤을 뿐 한 번도 다른 나라를 침략해 본 적이 없었다. 사탄의 제1근성이 침략성이라는 것을 생각하면, 이런 면에서 보더라도 한민족은 하늘편인 것이 분명하다. 하늘의 작전은 언제나 공격을 당하는 입장에서 승리를 거두어 나온다. 그러므로 역사노정에서 수많은 선지자(先知者)들과 선인(善人)들이 희생을 당하였고, 독생자(獨生子) 예수님까지도 십자가에 달리셨으나 결과적으로 승리는 하늘 것으로 돌아갔던 것이다. 제1차, 제2차의 세계대전(世界大戰)에 있어서도 공격을 한 것은 사탄편이었으나 매양 승리는 하늘편으로 돌아갔다. 이와 같이 한민족도 역사 이래 수다(數多)한 민족으로부터 침략을 당해 왔다. 그러나 이것은 어디까지나 한민족이 하늘편에 서서 최후의 승리를 거두기 위함이었다.

한민족은 선천적(先天的)으로 종교적인 천품(天稟)을 가지고 있다. 그리고 그 종교적인 성향은 언제나 현실을 떠난 곳에서 현실 이상의 것을 찾으려 하는 것이었다. 그러므로 한민족은 민도(民度)가 대단히 낮던 고대로부터 오늘에 이르기까지 경천사상(敬天思想)이 강하여, 부질없이 자연을 신화(神化)함으로써 거기에서 현실적인 행복을 구하는 따위의 종교는 숭상하지 않았다. 그리고 한국 민족은 자고로 충(忠)·효(孝)·열(烈)을 숭상하는 민족성을 가지고 있는 것이다. 이 민족이 심청전(沈清傳)이나 춘향전(春香傳)을 거족적으로 좋아하는 것은 충·효·열을 숭상하는 민족성의 힘찬 저류(底流)에서 나온 성향인 것이다.

4. 이 나라에는 예언자의 증거가 있어야 한다

한민족(韓民族)에게 내린 뚜렷한 예언자(豫言者)의 증거로서, 첫째 이 민족은 계시(啓示)에 의하여 메시아사상을 가지고 있다는 사실이다. 제1 이스라엘 선민이 예언자들의 증언을 따라(말 4 : 2~5, 사 60 : 1~22) 장차 메시아가 왕(王)으로 오셔서 왕국을 세우고 자기들을 구원해 줄 것을 믿고 있었으며, 제2 이스라엘 선민들이 메시아의 재림(再臨)을 소망으로 하고 어려운 신앙의 길을 걸어 나온 것과 같이, 제3 이스라엘 선민 된 한민족도 이조(李朝) 5백년 이래 이 땅에 의(義)의 왕이 나타나서 천년왕국(千年王國)을 건설하고 세계만방(世界萬邦)의 조공(朝貢)을 받게 된다고 하는 예언을 믿는 가운데서 그 때를 바라보며 고난의 역사노정을 걸어온 것이니, 이것이 바로 정감록(鄭鑑錄) 신앙에 의한 한민족의 메시아사상이다.

한국에서 새로운 왕이 나온다는 예언이기 때문에 집권자들은 이 사상을 막아 왔고, 더구나 일제시대의 집권자들은 이 사상을 말살하기 위하여 서적을 소각(燒却)하는 등의 탄압을 가해 왔으며, 또 기독교가 들어온 후 이 사상은 미신(迷信)으로 몰려 왔었다. 그러나 한민족의 심령 속에 깊이 박힌 이 메시아사상은 오늘에 이르기까지 연면(連綿)하게 흘러 내려온 것이다. 이제 알고 보니 한민족이 고대해 온 의의 왕 정도령(正道令, 하나님의 바른 말씀을 가지고 오시는 분이라는 뜻)은, 바로 한국으로 재림(再臨)하실 예수님에 대한 한국식 이름이었던 것이다. 하나님은 아직 한국 안에 기독교가 들어오기 전에 장차 메시아가 한국으로 재림하실 것을 정감록(鄭鑑錄)으로 가르쳐 주셨다. 그리고 오늘에 이르러서는 이 책의 많은 예언이 성서의 예언과 일치된다는 사실을 수다한 학자들이 확인하기에 이르렀다.

둘째, 이 민족이 믿고 있는 각 종교의 도주(道主)들이 모두 한국으로 재림할 것이라는 계시를 그 신도들이 받고 있다는 사실이다. 이미 전편 제3장에서 상술(詳述)한 바이지만, 문화권 발전사로 보아도 모든 종교는 하나의 기독교(基督敎)로 통일되어 가는 것이 사실이므로, 끝날의 기독교는 지금까지의 수많은 종교의 목적을 완성해 주는 최종적인 종교이기도 한 것이다. 따라서 기독교의 중심으로 재림하시는 예수님은 그 모든 종교의 교조(敎祖)들이 지상에서 이루려 하였던 도(道)의 목적을 일괄하여 완성하시게 되기 때문에, 재림주님은 사명으로 보아 그 모든 교조들의 재림자가 되기도 하는 것이다(전편 제5장 제2절 IV). 따라서 여러 종교에 있어서 계시에 의하여 한국에 재림할 것으로 믿겨지고 있는 그들의 교조는, 각각 다른 분들이 아니라 사실은 장차 오실 재림주님 한 분일 뿐인 것이다. 즉 장차 예수님이 재림하실 것을 불교에서는 미륵불(彌勒佛)이, 유교에서는 진인(眞人)이, 천도교에서는 최수운(崔水雲)이, 그리고 정감록에서는 정도령(正道令)이 현현하는 것으로 교단마다 각이(各異)한 계시를 받아 왔던 것이다.

셋째는, 예수님의 한국 재림에 관한 영통인(靈通人)들의 신령역사

(神靈役事)가 우후(雨後)의 죽순(竹筍)과 같이 일어나고 있다는 사실이다. 사도행전 2장 17절에 말세에는 하나님의 영(靈)을 물 붓듯 하시마고 약속하신 말씀이 있는데, 이 말씀이 그대로 오늘의 한민족 가운데서 이루어지고 있는 것이다. 그러므로 수많은 수도자(修道者)들이 잡영계(雜靈界)로부터 낙원급(樂園級) 영계에 이르기까지의 여러 층의 영인(靈人)들과 접촉하는 가운데서, 각기 주님의 한국 재림에 관한 명확한 계시를 받고 있는 것이다. 그러나 아직도 영적인 무지로 인하여 이러한 사실을 외면한 채 잠들고 있는 것은 현 기독교계의 지도층이다. 이것은 마치 예수님 당시에 점성술자(占星術者)들과 목자(牧者)들은 계시에 의하여 메시아 강림에 관한 소식을 알고 있었던 반면에, 누구보다도 먼저 이것을 알았어야 할 제사장(祭司長)들과 교법사(敎法師)들은 영적인 무지로 인하여 전혀 모르고 있었던 것과 같은 것이다.

예수님이 천지의 주재이신 아버지여 이것을 지혜롭고 슬기 있는 자들에게는 숨기시고 어린아이들에게는 나타내심을 감사하나이다(마 11 : 25)라고 말씀하신 것은, 당시 유대교계의 지도층의 영적인 무지를 개탄하시는 동시에, 무식하나마 어린이들같이 순진한 신도들에게 하늘의 일을 교시(敎示)하여 은혜를 내려 주신 것을 감사하는 말씀이었다. 그때와 동시성(同時性)의 시대인 오늘의 한국 교계에 있어서도 그와 동일한 사실들이 더 고차적인 것으로 반복되고 있다. 하나님은 어린이같이 순진한 평신도층을 통하여 끝날에 관한 하늘의 새로운 사실들을 많이 계시로써 알려 주시고 있다. 그러나 그들이 그 내용을 발표하면 교직자(敎職者)들에게 이단(異端)으로 몰려 추방을 당하게 되므로 그에 관하여는 일절 발표하지 않고 비밀에 부치고 있는 것이 오늘날의 한국 기독교계의 실정이다.

마치 제사장(祭司長)과 교법사(敎法師)들이 그러했듯이 오늘의 많은 기독교 지도자들은 성서(聖書)의 문자를 풀이하는 지식을 자랑하고, 많은 신도들로부터 추앙을 받는 것으로 낙(樂)을 삼으며, 그 직권 행사에 만족하고 있을 뿐, 끝날에 대한 하나님의 섭리는 전혀 모르고 있으니 실로 이보다 더 통탄스러운 일이 어디에 있을 것인가?

5. 이 나라에서 모든 문명이 결실되어야 한다

위에서 이미 언급한 바와 같이(전편 제3장 제5절 Ⅰ), 인간의 양면(兩面)의 무지(無知)를 타개하기 위하여 나온 종교와 과학 또는 정신문명(精神文明)과 물질문명(物質文明)이 하나의 과제로서 해명되어야만, 인생의 근본문제가 모조리 풀려 하나님의 창조이상세계(創造理想世界)가 이루어질 수 있는 것이다. 그런데 예수님이 재림하셔서 이루셔야 할 세계는 과학이 최고도로 발달된 세계이어야 하기 때문에, 복귀섭리(復歸攝理)의 종적인 역사노정에서 발달해 온 모든 문명도 재림하시는 주님을 중심한 사회에서 횡적으로 일시에 모두 복귀되어 최고도의 문명사회를 이루지 않으면 아니 된다. 그러므로 유사이래(有史以來) 전세계에 널려서 발달해 온 종교와 과학, 따라서 정신과 물질 양면의 문명이 한국을 중심하고 모두 하나의 진리 밑에 흡수되고 융합되어 하나님이 바라시는 이상세계(理想世界)의 것으로 결실하지 않으면 아니 되는 것이다.

그러므로 첫째로, 육지에서 발달한 모든 문명도 한국에서 결실하지 않으면 아니 된다. 따라서 애급(埃及)에서 발상한 고대(古代)의 대륙문명(大陸文明)은 희랍(希臘), 로마, 이베리아 등의 반도문명(半島文明)으로 옮겨졌고, 이 반도문명은 다시 영국의 도서문명(島嶼文

明)으로 옮겨졌으며, 이 도서문명은 다시 미국의 대륙문명을 거치어 일본의 도서문명으로 되돌아왔다. 이제 이 문명의 순례는 예수님이 재림하실 한국에서 반도문명으로 종결되어야 한다.

둘째로, 하천과 해안을 중심한 문명도 한국이 있는 태평양문명(太平洋文明)으로 결실해야 된다. 나일강, 티그리스강, 유프라테스강 등을 중심하고 발달한 하천문명은 희랍(希臘), 로마, 스페인, 포르투갈 등의 지중해(地中海)를 중심한 문명으로 옮겨졌고, 이 지중해문명(地中海文明)은 다시 영국, 미국을 중심한 대서양문명(大西洋文明)으로 옮겨졌고, 이 문명은 또 미국, 일본, 한국을 잇는 태평양문명으로 결실하게 되는 것이다.

셋째로, 기후(氣候)를 중심한 문명도 한국에서 결실되어야 한다. 기후를 중심하고 보면 모든 생물의 활동과 번식은 봄에서부터 시작되어 여름에는 무성하고 가을에는 결실하여 겨울에는 간직하게 되는 것이다. 이와 같이 춘하추동(春夏秋冬)의 변전(變轉)은 해(년)를 두고만 그렇게 돌아가는 것이 아니라, 하루를 보더라도 아침은 봄, 낮은 여름, 저녁은 가을, 밤은 겨울에 각각 해당되는 것이며, 인생 일대의 유(幼)·청(青)·장(壯)·노(老)도 그렇다 하겠으며, 또 역사의 전기간도 이렇게 짜여 있는 것이니, 이것은 하나님이 이러한 절후적(節候的)인 조화의 원칙으로써 피조세계(被造世界)를 창조하셨기 때문이다.

하나님이 아담과 해와를 창조한 시대는 봄 절기와 같은 때였다. 따라서 인류의 문명은 에덴의 온대문명(溫帶文明)으로 시작되어 여름 절기와 같은 열대문명(熱帶文明)으로 옮겨지고, 다음으로는 가을 절기와 같은 양대문명(涼帶文明)으로 옮겼다가, 마지막으로 겨울 절기와 같은 한대문명(寒帶文明)으로 돌아가야 할 것이었다. 그러나 인간이 타락됨으로 인하여 야만인으로 떨어지면서 온대문명을 이루지 못하고 바로 열대에서 원시인(原始人)의 생활을 하게 됨으로써, 애급대륙(埃及大陸)을 중심한 열대문명을 먼저 이루게 되었던 것이다. 그리하여 이 문명은 대륙에서 반도(半島)와 도서(島嶼)로 옮겨져서 양대문명을 이루었고, 이것이 다시 소련으로 넘어가 한대문명까지 이루게 되었다. 이제는 새 에덴의 온대문명이 이루어져야 할 것이니, 이것은 응당 모든 문명이 결실되어야 할 한국에서 이루어지지 않으면 아니 되는 것이다.

제 4 절 동시성으로 본 예수님 당시와 오늘

예수님의 초림시(初臨時)와 그의 재림시(再臨時)는 섭리적인 동시성의 시대인 것이다. 그러므로 오늘날 기독교(基督教)를 중심으로 벌어지고 있는 모든 사정은 예수님 때에 유대교를 중심하고 벌어졌던 모든 사정들과 흡사하다.

이러한 실례를 들어 보면, 첫째로 오늘의 기독교는 유대교와 같이 교권(教權)과 교회의식(教會儀式)에 붙들려 있는 한편 내용이 부패하고 있다는 점이다. 예수님 당시의 제사장(祭司長)과 교법사(教法師)들을 중심으로 한 지도층은 형식적인 율법주의(律法主義)의 노예가 되어 그 심령생활(心靈生活)이 부패하였으므로, 양심적인 신도들일수록 심령의 갈급을 채우기 위하여 이단자(異端者)로 몰리던 예수님을 벌떼같이 따라다녔던 것이다. 이와 같이 오늘의 기독교에 있어서도 교직자(教職者)를 비롯한 지도층이 그 교권과 교회의식의 노예가 되어 심령적으로는 날로 암매(暗昧)해 가고 있다. 그러므로 독실한 기독교 신도들은 이러한 환경을 벗어나 신앙의 내적 광명을 체휼(體

恤)하려고 참된 길과 새로운 지도자를 찾아 산과 들로 헤매고 있는 실태인 것이다.

다음으로 오늘의 기독교인들도 예수님 초림(初臨) 때의 유대교인들과 같이, 예수님이 재림(再臨)하시면 그들이 먼저 주를 핍박하게 되리라는 것은 위에서 이미 상론(詳論)한 바와 같다. 예수님은 예언자(豫言者)들에 의한 구약성경(舊約聖經)의 말씀을 이루시고 그 터전 위에서 새 시대를 세우시기 위하여 오신 분이셨기 때문에, 그는 구약 말씀을 되풀이하는 데 그치시지 않고 새 시대를 위한 새 말씀을 주셔야 했던 것은 당연한 일이었다. 그런데 제사장(祭司長)과 교법사(敎法師)들은 예수님의 언행(言行)을 모두 구약성경의 문자가 허락하는 범위 안에서 비판하였기 때문에, 거기에서 오는 차질로 인하여 마침내 예수님을 십자가에 내주는 결과에 이르렀던 것이다.

이와 같이 예수님이 재림하시는 목적도 기독교 신도들이 닦아 놓은 신약시대(新約時代)의 영적 구원섭리의 터전 위에 새 하늘과 새 땅을 건설하시려는 데 있는 것이기 때문에(계 21 : 1~4), 장차 그가 재림하시면 이미 2천년 전 옛날에 주고 가셨던 신약의 말씀을 되풀이하시지 않고 새 하늘과 새 땅을 건설하는 데 필요한 새 말씀을 주실 것임에 틀림이 없다. 그러나 성서의 문자에 붙들려 있는 오늘의 기독교 신도들은 초림 때와 같이 재림주님의 언행을 신약성경의 문자가 보여 주는 범위 안에서 비판하게 될 것이니, 결국 그를 이단자(異端者)로 몰아 핍박할 것임은 명약관화(明若觀火)하다. 예수님이 그가 재림하실 때에 먼저 많은 고난을 받게 될 것이라고 말씀하셨던 이유는 바로 여기에 있는 것이다(눅 17 : 25).

한편 또 예수님의 재림에 관한 계시나 재림하셔서 주실 말씀을 받아들이는 데 있어서도 초림 때와 똑같은 양상이 나타나게 된다. 초림 때에 있어 하나님은 메시아가 오셨다는 소식을 제사장(祭司長)이나 교법사(敎法師)들에게는 주시지 않고 이방의 점성술자(占星術者)와 순진한 목자(牧者)들에게 주셨던 것이니, 마치 친자식이 무지하기 때문에 의붓자식에게 통정(通情)한 것과 같은 격이다. 또한 예수님의 재림에 관한 소식도 진부한 신앙태도를 묵수(墨守)하고 있는 오늘의 기독교 지도자들에게보다는 도리어 평신도(平信徒)들이나 그들이 이방인(異邦人)으로 취급하는 이교도(異敎徒) 혹은 양심적으로 사는 불신자들에게 먼저 계시해 주실 것이다. 그리고 초림 때에 예수님의 복음을 받아들였던 사람이 선민(選民)인 유대교의 지도층이 아니고 그 하민(下民)이나 이방인들이었던 것과 같이, 예수님의 재림시에도 선민 된 기독교의 지도층들보다 평신도나 비기독교인(非基督敎人)들이 먼저 그의 말씀을 받아들이게 될 것이다. 예수님이 예비한 잔치에 참석할 자는 미리 청함받은 손님들이 아니고 행길에서 만나는 대로 불러들여진 사람들일 것이라고 개탄하셨던 이유는 바로 여기에 있었다(마 22 : 8~10).

다음으로는 재림 때에도 초림 때와 같이 천국을 바라고 나선 길로 해서 지옥으로 가게 될 신도들이 많을 것이다. 제사장과 교법사들은 하나님의 선민을 지도할 사명을 가지고 있었기 때문에, 메시아가 오신 것을 누구보다도 먼저 알아 가지고 솔선하여 그 선민을 메시아 앞으로 인도해야 할 것이었다. 예수님은 그들이 이 사명을 다하도록 하시기 위하여 먼저 성전을 찾아가셔서 그들에게 복음을 전하셨던 것이다. 그러나 그들이 받지 않았기 때문에 할수없이 갈릴리 바닷가를 헤매시어 어부(漁夫)로써 제자를 삼으셨고, 또한 주로 죄인과 세리(稅吏)와 창녀(娼女) 등 미천한 사람들을 대하셨다. 그리하여 마침내 제사장과 교법사들은 예수님을 살해하는 데까지 나아갔다. 그리고 그들은 하나님의 역적을 처단한 줄로만 알고 여생을 성직(聖職)에 충성하여 경문(經文)을 외우고 십일조(拾壹條)를 바치며 제사를 드려 곧장 천국에의 길로 달렸다. 그러나 결국 육신을 벗고서 다다른 곳은 뜻밖에도 지옥이었던 것이다. 불행히도 그들은 천국을 바라고 나선 길을 통하여 지옥으로 빗나가 버렸던 것이다.

이러한 일들이 끝날에도 그대로 일어날 현상이라는 사실을 알게 될 때에, 우리는 누구나 다시 한 번 자기 스스로를 심각히 되살펴 보지 않을 수 없게 된다. 오늘날의 많은 기독교 신도들은 저마다 천국에의 길을 달리고 있다. 그러나 잘못하면 그 길이 바로 지옥으로 통하는 길이 되고 말 것이다. 그렇기 때문에 예수님은 일찍이 끝날에 있어 주의 이름으로 사귀(邪鬼)를 쫓고 모든 기사(奇事)를 행할 정도로 잘 믿던 성도들을 대하여 불법을 행하는 자들아 내게서 떠나가라(마 7 : 23)고 책망케 될 것으로 말씀하셨다.

알고 보면 오늘날과 같은 역사의 전환기(轉換期)에 살고 있는 성도들처럼 위험한 입장에 있는 사람은 없을 것이다. 그들이 만일 예수님 당시의 유대인의 지도자들과 같이 그 신앙의 방향을 잘못 잡으면, 아무리 독실한 신앙생활을 하여 왔다 할지라도 그것은 모두 수포(水泡)로 돌아가고 말 것이다. 그렇기 때문에 다니엘은 오직 지혜 있는 자는 깨달으리라(단 12 : 10)고 하였던 것이다.

제 5 절 언어 혼잡의 원인과 그 통일의 필연성

인간이 타락되지 않고 완성되어 하나님을 머리로 하고 모두 그 지체가 되어 한 몸과 같은 대가족(大家族)의 세계를 이루었더라면, 이 땅 위에 서로 통하지 않는 언어가 생겨났을 까닭이 없는 것이다. 인간이 언어가 달라서 서로 통할 수 없게 된 것은, 결국 타락으로 말미암아 하나님과의 종적(縱的)인 관계가 끊어지면서 인간들 상호간의 횡적(橫的)인 관계도 끊어지게 됨으로써 오랫동안 서로 떨어진 지리적 환경 가운데서 서로 갈리어 다른 민족을 형성하였기 때문이다.

한편 당초에 동일한 언어를 사용하던 노아의 후손들이 갑자기 서로 언어가 통할 수 없게 되어 혼잡을 일으켰던 성서의 기록이 있는데, 그 경위(經緯)는 다음과 같은 것이었다.

하나님 앞에 범죄하였던 노아의 둘째 아들 함의 후손인 가나안족들이 사탄의 뜻을 높이려고 바벨탑을 높이 쌓던 일이 있었다. 그런데 하늘편에 있었던 셈과 야벳의 족속들이 이 공사를 협조하였기 때문에, 저들이 서로 의사를 상통(相通)하지 못함으로써 사탄의 일을 돕지 못하게 하시기 위하여 하나님은 그들의 언어를 혼잡케 하셨던 것이다(창 11 : 7).

한 부모의 같은 자손으로서 동일한 희로애락(喜怒哀樂)의 감정을 가지고 있으면서, 이것을 표현하는 언어가 다름으로 인하여 서로 그것을 통할 수 없게 된 것보다 더 큰 불행은 없을 것이다. 그러므로 재림(再臨)하시는 주님을 부모로 모시는 하나의 대가족의 이상세계(理想世界)가 이루어지려면, 반드시 언어가 통일되지 않으면 안 된다. 사탄의 뜻을 높이려던 바벨탑으로 인하여 언어가 혼잡해졌기 때문에, 이번에는 탕감복귀 원칙(蕩減復歸原則)을 따라 하나님의 뜻을 높이는 하늘탑을 중심하고 모든 민족의 언어가 하나로 통일되지 않으면 아니 된다.

그러면 그 언어는 어느 나라 말로 통일될 것인가? 그 물음에 대한 답은 너무나 자명하다. 자식은 부모의 말을 배우는 법이기 때문이다. 인류의 부모 되신 예수님이 한국으로 재림하시는 것이 사실이라면,

그분은 틀림없이 한국 말을 쓰실 것이므로 한국어(韓國語)는 바로 조국어(祖國語)가 될 것이다. 따라서 모든 민족은 이 조국어를 사용하지 않을 수 없게 될 것이다. 이리하여 온 인류는 한 나라 말을 사용하는 한 민족이 되어 한 나라를 이루게 될 것이다.

원 리 강 론

1966년 5월 1일 초 판 발행
2022년 12월 20일 60쇄(표준횡서) 발행

저작자 세계평화통일가정연합
발행처 (주)천원사
서울특별시 용산구 청파로63길 3(청파동1가)
TEL (02)701-0110, FAX (02)701-1991
신고년월일 1961년 5월 20일
신 고 번 호 제302-1961-000002호

정가 30,000원
ISBN 978-89-7132-425-7 03200

ISBN 978-89-7132-425-7